제3판

MICRO ECONOMICS

미시경제학

박성훈 | 이상학 | 노상채

法 文 社

제3판 머리말

제2판이 나온 지 3년이 되었다. 제2판을 강의교재로 사용해 주신 분들과 독자들에게 감사드린다. 제2판에서 초판의 오류를 수정하고 설명을 명확하게 하고자 했지만 제2판에서도 다수의 오탈자와 오류가 발견되었다. 제2판으로 공부한 독자들과 강의교재로 사용한 분들께 지면으로나마 송구함을 전한다. 이번 개정작업에서는 제2판에서 발견된 오류를 수정하고, 독자들에게 미시경제학의 내용을 좀 더 효율적으로 전달하고자 하였다. 책 전반에 걸쳐서 수정과 보완이 이루어졌는데 그 중 중요한 부분은 다음과 같다.

1 미시경제학의 기초를 쉽게 이해할 수 있도록 설명을 더욱 가다듬었다. 특히 각 장의 내용을 전체적으로 살펴보는 도입부의 설명을 더욱 간결하게 가다듬었다.

2 독자들이 연습문제를 풀어봄으로써 기본개념을 잘 이해할 수 있도록 다양한 연습문제를 추가하고 기존의 연습문제들을 가다듬었다.

3 미시경제학을 공부하는 궁극적 목적은 현실을 잘 이해하고 현실문제에 답을 제시하는 것이다. 소득분배 등의 통계를 최근 자료로 업데이트하여 독자들이 우리의 현실을 이해하는 데 도움이 되도록 하였다.

개정판을 준비하면서 주위 여러분의 도움을 많이 받았다. 많은 도움을 주신 선후배 교수님들과 독자들에게 감사드린다. 특히 제2판의 오류와 오탈자 등을 지적해주신 교수님들과 독자들에게는 송구함과 고마움을 다시 표하고자 한다. 오탈자를 찾고 이를 일일이 정리해준 제자 노태완 군과 이승준 군에게 감사의 마음을 전한다. 이 책에는 그림과 수식이 많다. 독자들이 알기 쉽도록 그림, 수식, 문장을 매끄럽게 편집해 주신 법문사 편집부 김제원 이사님과 편집진에게 감사드린다.

책의 오류를 최소화하고, 내용을 쉽게 이해할 수 있게 하려고 개정과정에서 노력하였지만, 아직 미진함이 남아 있을까 봐 두렵기도 하다. 개정판의 내용에 대해 문의할 사항이 있으면 저자들에게 연락하시기 바란다(노상채: scno@chosun.ac.kr, 이상학: slee@kookmin.ac.kr, 박성훈: park@chosun.ac.kr). 성심성의껏 답할 것을 약속드린다.

시대가 빨리 변하지만 그래도 원리와 원칙의 생명은 길다. 인공지능(AI) 시대에 대비하는 시작은 컴퓨터 코딩(Coding)이라고 알려져 있다. 날로 복잡해지는 현대경제를 잘 이해하는 첫걸음은 미시경제학을 통해 경제학의 기본개념을 충실하게 이해하는 것이라고 믿는다. 저자들이 바라는 것은 하나. 독자들이 경제학의 기본개념을 이해하는데 이 책이 조그마한 도움이 되는 것이다. 저자들은 가르치고 연구하는 교수라는 직업을 천직으로 생각하고 있다. 저자들에게 천직을 허락해주신 하나님께 감사드린다.

2020년 2월

노상채 · 이상학 · 박성훈

제2판 머리말

대형서점이나 온라인 서점에서 훌륭한 미시경제학 책을 다수 발견할 수 있다. 저자들의 연구실에도 국내외의 학자들이 저술한 좋은 책들이 미소를 머금고 우리를 바라보고 있다. 그럼에도 불구하고 저자들이 미시경제학(초판)을 펴냈던 것은 '깊이 있는 미시경제학'을 독자가 '쉽게' 접할 수 있게 하고 싶었기 때문이다. 그렇지만 3년 동안 초판본을 교재로 사용하면서 저자들의 마음속에는 미진하다는 느낌이 쌓여갔다. 오탈자가 다수 발견되었을 뿐 아니라 일부 오류도 발견되었다. 내용을 매끄럽게 다듬고 싶은 욕심도 생겼다. 그래서 개정판 작업에 나서게 되었다. 초판으로 공부한 독자에게는 미안한 마음뿐이다. 너그러이 참아주신 초판본의 독자에게 머리 숙여 감사를 드린다.

이번 개정 작업에는 국민대학교 이상학 교수가 참여하여 3인의 저자들이 공동으로 수정작업을 수행하였다. 수정과 보완이 책 전반에 걸쳐 다수 이루어졌는데 그중 중요한 부분을 대략적으로 설명하면 다음과 같다.

1 독자가 미시경제학의 수학적 기초를 보다 쉽게 이해할 수 있도록 더욱 평이하고 간결하게 설명하고자 노력하였다.

2 초판의 제6장 불확실성하의 선택과 제13장 게임이론에서 발견된 오류를 수정하였다. 또한 초판 제6장에 있던 '역선택과 도덕적 해이' 부분은 제18장 정보경제학으로 이동시켜서 책 전체의 흐름을 매끄럽게 하였다.

3 초판 제19장 미시경제정책 부분은 중요하기는 하지만 관련 내용을 산업조직론 등에서 공부할 기회가 있을 것이고, 책의 흐름상 반드시 필요하지는 않다고 보

아 삭제하였다. 또한 초판 제18장 정보경제학과 제20장 환경경제학은 제18장으로 묶었다.

4 중요한 경제용어에는 영어뿐 아니라 한자도 병기하여, 한자문화권 출신 유학생들이 미시경제학을 보다 쉽게 이해할 수 있도록 하였다.

이 책을 쓰면서 다수의 미시경제학 교재와 논문들을 참조하였다. 주로 참고한 책들은 Mas-Colell, Whinston, and Green의 『Microeconomic Theory』, Pindyck and Rubinfeld의 『Microeconomics』, Snyder and Nicholson의 『Microeconomic Theory – Basic Principles and Extensions』, 국내문헌으로는 김영산 · 왕규호, 신봉호, 이영환, 그리고 이준구 교수의 『미시경제학』 등이다. 지면을 통해서나마 저자들에게 감사를 드린다.

개정판은 주위 여러분들의 도움으로 세상에 나오게 되었다. 개정 작업동안 적절한 조언과 도움을 아끼지 않은 선후배 교수님들께 감사드린다. 또 색인작업을 맡아 준 김선진 군과 박희서 양에게 감사드린다. 법문사 최문용 차장과 편집진은 수식과 그림이 많아 까다로운 이 책을 멋진 편집으로 매끄럽게 만들어 주었다.

개정하는데 나름대로 노력을 기울였다고는 하지만 독자에게 또 다른 미안함을 갖게 되지 않을까 하는 염려가 있는 것도 사실이다. 개정판의 내용에 대해 문의할 사항이 있으면 저자들에게 질문해 주기 바란다(노상채: scno@chosun.ac.kr, 이상학: slee@kookmin.ac.kr, 박성훈: park@chosun.ac.kr). 성심성의껏 질문에 답하도록 노력할 것이다.

교수란 참 좋은 직업이면서 동시에 책임감이 큰 직업이다. 연구하는 재미, 학생들을 만나는 재미, 가르치면서 느끼는 보람 등이 교수직에서 얻는 큰 기쁨이다. 그리고 기쁨이 큰 만큼 책임감도 크다는 것을 느낀다. 저자들에게 '교편'을 잡도록 해주신 하나님께 감사드린다.

2017년 2월

노상채 · 이상학 · 박성훈

머리말

모두들 경제학이 어렵다고 말한다. 쉽게 읽을 수 있으면서도 깊이 있는 미시경제학 책이 있다면 얼마나 좋을까? 해외는 물론 국내에도 선후배 학자들에 의해 저술된 훌륭한 미시경제학 책이 많이 나와 있음에도 불구하고 저자들이 이 책을 또 내놓는 것은 '쉽고도 깊이 있는 미시경제학'에 대한 열망 때문이다.

다음 몇 가지 사항은 그러한 열망을 독자에게 전달하고자 하는 시도이다. 저자들의 이러한 시도가 미시경제학을 접하는 독자에게 도움이 되었으면 한다.

1 내용을 기술하는 방법에 있어서 일상적이고 쉬운 주제로 시작해서 이론에 접근하도록 배려했다. 이 책을 기술하면서 고민했던 것은 수리 부문이다. 경제학도는 대개 수학에 익숙한 독자가 아니다. 하지만 미시경제학을 공부함에 있어서 수학을 피할 수는 없다. 피할 수 없으면 즐겨야 한다. 본서는 피할 수 없는 수학을 제일 첫 장에 소개하되, 기본적인 주제를 이해하기 쉽도록 평이한 문장을 사용하여 설명하였다.

2 최근에 경제학의 여러 분야에서 영향력을 넓혀가고 있는 게임이론을 소개하였다. 게임이론은 우선 과점시장에서 기업의 행동을 논리적으로 이해하는데 도움이 될 뿐만 아니라 합리적인 인간의 행동원리를 이해하는데 도움을 줄 것이다. 오늘날 가계와 기업 그리고 정부 등 경제주체는 늘 전략적 상황에 노출되어 있다. 또 개인의 삶도 항상 전략적 상황에 직면하곤 한다. 이 경우 게임이론은 상황을 파악하고 합리적인 계획을 세우는데 도움이 되리라 생각한다.

3 이 책은 각 장(章)이 짝수 페이지로 시작된다. 따라서 책을 폈을 때 장의 개

요와 이론을 한 눈에 볼 수 있다. 즉 왼쪽 페이지에 장 목차가, 오른쪽 페이지에 이론의 시작인 제1절이 나타난다. 이러한 편집은 독자에게 장의 흐름을 파악하면서 이론 공부에 들어가도록 도와준다. 학문을 할 때 부분과 전체를 동시에 보는 것은 이해하는데 도움이 될 뿐만 아니라 균형 잡힌 시각을 갖게 해준다.

4 곳곳에 이론과 관련된 풍부한 읽을거리를 배치했다. 이러한 읽을거리는 내용 파악에 도움을 줄 뿐만 아니라 쉼터 역할도 할 수 있을 것이다. '어렵다는' 미시경제학 공부 중간 중간에 머리를 식힐 수 있는 기회가 되기를 기대한다.

5 그림을 쉽게 이해하도록 배려했다. 경제학을 공부하는 이들이 지르는 비명은 그림이 어렵다는 것이다. 경제학에 나오는 그림에는 변화 전과 후, 그리고 고려할 사항 등 '전후좌우'가 압축되어 있다. 하지만 평면 위에 그려진 그림은 오로지 그 결과만 보여준다. 그래서 이해하기 어렵다는 말이 나온다. 이 책은 가능하면 그 변화의 전후를 설명하고 관련된 사항을 먼저 따로 설명한 뒤 마지막에 모두를 묶어서 설명하고 있다. 예를 들어 최적소비를 설명함에 있어서 대부분의 미시경제학 교과서는 완성된 그림 하나만 보여준다. 반면에 이 책은 예산선으로 제약조건을 알아보고 얻고자 하는 효용은 무차별곡선으로 알아본 다음, 두 그림을 합하여 최적소비점을 찾아내도록 함으로써 효용극대화의 '전후좌우'를 직관적으로 이해하도록 했다.

책을 쓰면서 주로 참고한 책들은 Mas-Colell, Whinston, and Green의 『Microeconomic Theory』, Pindyck and Rubinfeld의 『Microeconomics』, Snyder and Nicholson의 『Microeconomic Theory-Basic Principles and Extensions』과 국내문헌으로는 김영산 · 왕규호, 신봉호, 이영환, 그리고 이준구 교수들의 『미시경제학』 책들이다. 글을 통해 감사를 드린다.

이 책은 주변에 계신 여러분들의 도움으로 세상에 나오게 되었다. 집필하는 동안 적절한 조언과 도움을 아끼지 아니한 동료 교수들께 먼저 감사를 드린다. 또 교정작업에 참여해준 제자들 신춘련, 선석민, 조현영, 곽그린 군, 색인작업을 맡아준 김민철 군에게 감사를 드린다. 특히 이들은 내용을 독자의 입장에서 읽고 검토함으로 읽기 쉬운 책이 되도록 도와주었다. 아울러, 수식과 그림이 많아 까다로운 이 책을 멋진 편집으로 매끄럽게 만들어 준 법문사의 최문용 차장님과 편집진에게 감사드린다.

많은 이들의 도움을 받았으면서도 막상 탈고하면서 보니 좋은 책을 만들려는 욕심에 비해 아쉬움이 남는다. 이 책에 대해 조언이나 내용에 대해 문의할 사항이 있으면 저자들의 이메일을 이용하여 의견을 개진하고 질문해 주기 바란다(박성훈: park@chosun.ac.rk, 노상채: scno@chosun.ac.kr).

교수란 참 좋은 직업이다. 연구하는 재미, 학생들을 만나는 재미, 가르치면서 느끼는 보람 등 모두가 교수직에서 얻는 큰 기쁨이다. 저자들에게 '교편'을 잡도록 해 주신 하나님께 감사드리며…

2013년 2월

박성훈 · 노상채

차 례

제 1 부 미시경제학의 기초

제 1 장 미시경제학 개요

제 1 절 흥미로운 미시경제학 ············ 3

제 2 절 경제학과 미시경제학 ············ 8

2.1 경제학 8
2.2 미시경제학 9
2.3 미시경제학의 쓰임새 11

제 3 절 시장과 경제체제 ············ 12

3.1 시장의 개념 12
3.2 경제체제 12

제 4 절 미시경제학의 수학적 기초 ············ 16

4.1 함 수 16
4.2 미분과 미분법 18
4.3 편미분과 전미분 21
4.4 한계의 개념 23
4.5 탄력성 25

◆ 요 약 26
◆ 연습문제 27

제 2 장 수요와 공급

제 1 절 수요함수와 공급함수 …… 29
1.1 수요와 수요함수 29
1.2 공급과 공급함수 33
1.3 수요량의 변화와 수요의 변화 37
1.4 수요 · 공급의 균형과 가격의 기능 40
제 2 절 수요와 공급의 탄력성 …… 41
2.1 수요의 가격탄력성 43
2.2 수요의 소득탄력성 49
2.3 수요의 교차탄력성 50
2.4 공급의 가격탄력성 51
제 3 절 시장균형과 안정성 …… 52
3.1 균 형 52
3.2 거미집이론: 동적 안정성 53
제 4 절 수요 · 공급이론의 응용 …… 58
4.1 소비자잉여와 생산자잉여 58
4.2 가격통제 60
4.3 조세부과의 효과 63
보 론 ▷▶ 수요법칙의 예외현상 70
◆ 요 약 74
◆ 연습문제 76

제 2 부 소비이론

제 3 장 선호와 효용

제 1 절 소비자의 선호 …… 81
1.1 상품묶음 81
1.2 선호관계 83

제 2 절 효용함수 …… 86

제 3 절 한계효용 …… 88

3.1 효용과 한계효용 89
3.2 한계효용체감 현상의 응용 92
3.3 한계효용불변과 한계효용체증 96

제 4 절 무차별곡선 …… 97

4.1 무차별곡선 98
4.2 무차별곡선의 성질 100
4.3 소비의 대체 102
4.4 예외적인 무차별곡선 106

보 론 ▷▶ MRS_{XY}의 수리적 분석 109

◆ 요 약 111
◆ 연습문제 112

제 4 장 소비자의 최적화

제 1 절 예산선 …… 117

1.1 예산선의 개념 117
1.2 예산선의 이동 119

제 2 절 소비자의 효용극대화 …… 120

2.1 소비자의 효용극대화 121
2.2 예외적인 무차별곡선과 소비자의 효용극대화 124

제 3 절 소비자최적의 변화 …… 128

3.1 소득소비곡선: *ICC* 128
3.2 가격소비곡선: *PCC* 133

제 4 절 가격효과 분해: 대체효과와 소득효과 …… 137

4.1 가격효과 137
4.2 힉스적 분석과 슬러츠키적 분석 139

제 5 절 보상수요곡선 …… 141

5.1 통상수요곡선과 보상수요곡선 141
5.2 보상변화와 동등변화 144

보 론 ▷▶ 대수적 접근방법에 의한 소비자문제의 해 유도 144
◆ 요 약 147
◆ 연습문제 148

제5장 소비이론의 확장

제 1 절 소비이론의 응용 …… 153
1.1 할증 · 할인 요금체제의 효과 분석 153
1.2 최적 여가소비 157
1.3 소득보조정책의 효과 분석 158
제 2 절 현시선호이론 …… 164
2.1 현시선호이론과 공리 164
2.2 현시선호이론과 효용이론 167
제 3 절 지수이론 …… 171
3.1 수량지수 172
3.2 가격지수 176
◆ 요 약 177
◆ 연습문제 178

제6장 불확실성하의 선택

제 1 절 불확실성의 개념 …… 183
1.1 확실성과 불확실성 183
1.2 불확실성의 표현 184
1.3 불확실성하에서의 선호 185
제 2 절 기대효용이론 …… 186
2.1 불확실성하에서의 합리적 선택 186
2.2 기대효용 187
2.3 위험에 대한 태도 – 세 가지 유형 189
2.4 보험료와 도박 참가비 194
제 3 절 조건부상품이론 …… 195

3.1 조건부상품의 의미 195
3.2 조건부상품의 무차별곡선 200
3.3 소비자의 예산선 203
3.4 조건부상품의 최적소비점 204

제 4 절 선물 및 옵션시장 ······ 209

4.1 선물시장 209
4.2 옵션시장 211

◆ 요 약 213
◆ 연습문제 214

제 3 부 생산이론

제 7 장 기업과 생산

제 1 절 기업과 생산기술 ······ 219

1.1 기업, 생산, 그리고 생산기술 219
1.2 생산함수 220
1.3 함수의 형태와 생산기술 222

제 2 절 생산물곡선 ······ 222

2.1 총생산물곡선 222
2.2 수확체감의 법칙 224
2.3 평균생산물과 한계생산물 226

제 3 절 등량곡선 ······ 230

3.1 등량곡선의 의의와 성질 231
3.2 요소투입의 대체 233
3.3 분계선 238
3.4 규모에 대한 수확 239

제 4 절 콥－더글러스 생산함수 ······ 240

4.1 콥－더글러스 생산함수 240
4.2 대체탄력성과 CES생산함수 242

제 5 절 기술진보 ………… 244
5.1 기술진보와 경제발전 244
5.2 기술진보의 형태 246
제 6 절 생산가능곡선 ………… 247
6.1 생산가능곡선 247
6.2 한계변환율 249
보론 1 ▷▶ 콥-더글러스 생산함수의 대수적 성질 251
보론 2 ▷▶ 생산공정과 등량곡선 253
◆ 요 약 257
◆ 연습문제 259

제 8 장 비용제약과 최적 생산요소조합

제 1 절 경제적 비용 ………… 263
1.1 비 용 263
1.2 예산선 267
제 2 절 최적 생산요소조합 ………… 270
2.1 최적 생산요소조합의 기하학적 접근 271
2.2 최적 생산요소조합의 대수적 접근 275
제 3 절 생산비 분석 ………… 279
3.1 확장경로 279
3.2 비용곡선 280
◆ 요 약 293
◆ 연습문제 294

제 9 장 기업의 목표와 행동

제 1 절 이윤극대화 가설 ………… 299
1.1 이윤극대화 299
제 2 절 대체 가설 ………… 303

2.1 매출액극대화 303
2.2 경영자재량모형 305
2.3 그 외의 모형 307
제 3 절 결합생산물의 적정생산 …… 308
3.1 수입곡선 309
3.2 결합생산물의 적정생산 309
3.3 범위의 경제 311
◆ 요 약 312
◆ 연습문제 313

제 4 부 시장조직

제 10 장 완전경쟁시장이론

제 1 절 완전경쟁시장이론 개요 …… 317
1.1 참깨와 화장품 317
1.2 조용한 완전경쟁시장 317
1.3 완전경쟁시장 성립조건 318
1.4 완전경쟁기업이 만나는 수요곡선 320
1.5 완전경쟁기업의 수입 321
제 2 절 완전경쟁시장의 균형 …… 324
2.1 단기균형 324
2.2 장기균형 331
2.3 완전경쟁시장의 효과 333
◆ 요 약 335
◆ 연습문제 336

제 11 장 독점시장이론

제 1 절 독점시장이론 개요 …… 339

1.1 독점의 성립 339
1.2 독점기업의 수입 340

제 2 절 독점시장의 균형 …… 343

2.1 단기균형 343
2.2 장기균형 346
2.3 독점시장균형의 특성 348
2.4 다공장 독점기업의 행동 348

제 3 절 독점기업의 가격차별 …… 350

3.1 가격차별의 의의와 성립요건 350
3.2 가격차별의 종류 351
3.3 가격차별의 효과 360

제 4 절 독점의 시장효과와 규제 …… 362

4.1 독점의 시장효과 362
4.2 독점규제 365

보 론 ▷▶ 수요독점이론 374

◆ 요　　약 376
◆ 연습문제 378

제 12 장 과점시장이론

제 1 절 과점시장이론 개요 …… 385

제 2 절 독자적 행동모형 …… 387

2.1 꾸르노모형 387
2.2 스타켈버그모형 394
2.3 버트란드모형 398
2.4 굴절수요곡선모형 399

제 3 절 담합모형 …… 402

3.1 지배기업에 의한 가격선도모형 402

3.2 카르텔모형 405
제 4 절 독점적 경쟁시장이론 ······ 407
4.1 독점적 경쟁시장의 개요 407
4.2 독점적 경쟁시장의 균형 410
4.3 독점적 경쟁시장의 효과 413
제 5 절 경합시장 모형 ······ 413
5.1 경합시장 414
5.2 경합시장 평가 417
◆ 요 약 418
◆ 연습문제 419

제 13 장 게임이론

제 1 절 게임이론 개요 ······ 423
1.1 기본 개념 424
1.2 용의자의 딜레마 427
1.3 비협조게임과 협조게임 428
1.4 전개형과 정규형 429
1.5 용의자의 딜레마와 전략적 사고 432
제 2 절 내쉬균형 ······ 434
2.1 용의자의 딜레마와 내쉬균형 437
2.2 우월전략 438
2.3 성대결 게임 438
2.4 동전맞추기 게임 441
제 3 절 혼합전략 ······ 442
3.1 혼합전략의 정의 442
3.2 혼합전략 내쉬균형 443
3.3 내쉬균형의 존재 445
제 4 절 최소극대화 전략과 안장점 ······ 446
4.1 최소극대화 전략 446
4.2 안장점 447
제 5 절 순차게임 ······ 449

5.1 두 정유사간 가격경쟁 449
5.2 하부게임완전균형 452
5.3 역진귀납 453

제 6 절 불완전 정보 454

6.1 완전하지 못한 정보하의 게임 454
6.2 불완전정보게임 455

◆ 요 약 456
◆ 연습문제 457

제 5 부 분배이론

제 14 장 요소시장이론

제 1 절 생산요소의 수요 463

1.1 요소시장과 파생수요 463
1.2 요소수요곡선 464

제 2 절 생산요소의 공급 470

2.1 기업의 노동요소 구입비용 470
2.2 노동공급곡선 472

제 3 절 요소시장의 균형 475

3.1 상품시장과 요소시장이 둘 다 경쟁적인 경우 476
3.2 상품시장 경쟁, 요소시장에서 수요독점인 경우 478
3.3 상품시장 독점, 요소시장은 경쟁적인 경우 479
3.4 상품시장 독점, 요소시장에서 수요독점인 경우 481

보론 1 ▷▶ 노동의 공급 484
보론 2 ▷▶ 자본의 수요와 공급 487
보론 3 ▷▶ 지대이론 493

◆ 요 약 500
◆ 연습문제 502

제 15 장 소득분배이론

제 1 절 소득분배이론의 의의 …… 505

제 2 절 소득불평등 문제 …… 506

2.1 소득불평등의 원인 506
2.2 쿠즈네츠의 U자형 가설 508
2.3 절대적 빈곤과 상대적 빈곤 510

제 3 절 계층별 소득분배 …… 512

3.1 10분위분배율과 5분위배율 513
3.2 로렌츠곡선과 지니계수 515
3.3 앳킨슨지수 519

보 론 ▷▶ 기타 소득 불평등지수 520

제 4 절 기능별 소득분배이론 …… 522

4.1 신고전학파의 한계생산력설 523
4.2 힉스의 상대적 분배 결정이론 528

◆ 요 약 530
◆ 연습문제 532

제 6 부 후생 및 공공의 경제

제 16 장 일반균형 및 후생경제 분석

제 1 절 미시적 일반균형 …… 537

1.1 부분균형분석 537
1.2 일반균형분석 538

제 2 절 일반균형과 파레토최적 …… 539

2.1 파레토최적 539
2.2 소비의 일반균형과 파레토최적 541

2.3 생산의 일반균형과 파레토최적 545

제 3 절 생산과 소비의 종합적 일반균형 …… 548

3.1 생산가능곡선과 기술적 효율 및 경제적 효율 548

3.2 생산과 소비의 일반균형 550

제 4 절 후생경제학 …… 554

4.1 후생경제학의 등장 554

4.2 사회후생함수 554

4.3 효용가능곡선과 사회후생 561

4.4 일반균형과 후생 568

◆ 요 약 572

◆ 연습문제 574

제 17 장 시장실패

제 1 절 시장실패의 의의와 원인 …… 577

제 2 절 불완전경쟁 …… 578

제 3 절 외부효과 …… 580

3.1 외부효과 580

3.2 외부효과의 시장효과와 보완 581

제 4 절 경합성과 배제성 …… 585

4.1 상품재와 공공재 585

4.2 공공재 시장공급의 어려움 586

4.3 공공재의 적정공급 589

제 5 절 불확실성 …… 591

◆ 요 약 593

◆ 연습문제 594

제 18 장 정보경제학과 환경경제학

제 1 절 정보경제학 597

1.1 정보와 경제 597
1.2 역선택과 그 대책 601
1.3 도덕적 해이와 그 대책 610
1.4 주인-대리인 문제와 그 대책 612

제 2 절 환경경제학 615

2.1 공해의 비용 615
2.2 공해균형: 최적공해수준의 도출 617
2.3 공해의 규제 621

◆ 요 약 632
◆ 연습문제 634

국문색인 635

영문색인 643

인명색인 648

part 1

미시경제학의 기초

Chapter 1 미시경제학 개요
Chapter 2 수요와 공급

미시경제학 개요

chapter 1

이 장에서는 경제학(經濟學)과 미시경제학(微視經濟學)의 개요를 공부한다. 미시경제학은 시장경제체제(市場經濟體制)를 전제로 하는 학문이다. 따라서 시장경제의 특징을 이해할 필요가 있다. 한편 미시경제학 공부에는 약간의 수학적 도구가 필요하다. 특히 간단한 미분(微分)은 미시경제학 공부에 꼭 필요한 도구인데, 다행히 미시경제학에 필요한 미분은 그리 어렵지 않다. 이 장에는 경제학이론에 자주 사용되는 미분의 기본적인 내용을 모아 놓았다. 하지만 처음부터 미분의 내용을 다 이해하지 않아도 좋다. 책을 읽다가 미분에 대한 이해가 더 필요하면 이 장으로 돌아와 다시 공부하기를 권한다.

눈물을 흘리며 씨를 뿌리는 자는 기쁨으로 거두리로다.

- 시편 126: 5 -

제 1 절 흥미로운 미시경제학

사람들은 경제학을 현실과는 거리가 먼 학문으로 생각하기도 한다. 그러나 경제학은 현실에서 나타나는 경제현상을 분석하고, 이를 해석하여 원리를 찾아 체계화시킨 학문이다. 미시경제학 역시 현실의 경제현상을 해석하고 법칙을 발견하여 체계화한 학문이다. 우리 주위에 있음직한 다음 몇 가지 경제현상을 미시경제학에서는 어떻게 해석하는지 알아보자.

값싼 할인티켓

젊은이들의 해외 배낭여행에서 큰 부담이 되는 지출항목은 항공요금이다. 그리고 비용을 많이 줄일 수 있는 부분도 역시 항공요금이다. 여행안내서에 흔히 나와 있듯이 항공요금은 천차만별이며, 운이 좋으면 공짜에 가까운 값싼 할인티켓을 구할 수 있다.

어떻게 파격적인 가격으로 할인티켓이 나올 수 있는 것일까. 어느 항공사에서 운항하는 항공기의 평균탑승률이 80% 라고 하자. 200인승 비행기라면 40석은 평균적으로 빈자리라는 이야기이다. 항공사는 가끔 할인요금을 받고 이 빈자리를 채운다. 심지어 운송단가에도 미치지 못하는 요금을 받고 손님을 태우기도 한다. 항공사는 할인승객이라도 태우지 않으면 빈자리가 있는 비행기를 그대로 출발시켜야 한다. 그런데 그 빈자리에 승객을 태울 때, 그 승객 때문에 추가로 들어가는 비용은 기껏해야 기내식, 주스 몇 잔, 화장실에서 물 내리는 비용 정도가 아니겠는가. 물론 따지고 또 따진다면, 항공유도 조금은 더 들겠지만 말이다. 경제학에서는 이 한 사람을 더 태우느라 추가로 드는 비용을 한계비용(限界費用, marginal cost)이라고 한다. 그 한계비용은 기껏해야 10만 원 쯤 될까. 그렇다면 그 사람에게서 10만 원 이상만 받으면 추가 이익이 발생한다. 이러한 사정으로 해서 값싼 티켓이 나올 수 있는 것이다. 즉 항공사의 입장에서는 할인요금이 한계비용만 넘는다면 승객을 추가로 태우는 것이 유리하고, 젊은이에게는 파격적으로 값싼 티켓을 구할 수 있는 기회가 되는 것이다.

차라리 벌금이 좋아

아기 놀이방의 운영자는 오후의 정한 시간에 부모가 자녀를 데리러 오기를 원한다. 그러나 많은 부모들이 자주 지각을 한다. 때문에 일과가 끝난 후에도 놀이방에는 지각한 부모를 기다리는 어린아이들이 남게 되고, 이들을 돌봐주어야 할 교사가 한 사람은 남아 있어야 한다. 부모의 지각을 줄이려면 어떻게 하는 것이 좋을까? 이에 대해 일부 경제학자들은 게으른 부모에게 벌금을 물리자는 제안을 했다. 실제로 이스라엘의 하이파(Haifa)에 있는 한 놀이방은 지각한 부모에게 3달러를 내게 하는 벌금제도를 도입하였다. 그런데, 예상하지 못한 의외의 상황이 벌어졌다. 오히려 부모들의 지각이 늘어난 것이다. 그것도 두 배로 증가했다고 한다. 왜 그런 일이 생긴 것일까? 벌금제도가 시행되자 부모들은 이제 3달러만 내면 죄책감 없이 자기의 지각을 정당화할 수 있게 되었다. 즉 한 달 내내 지각을 해도 60달러 정도면 해결이 된다. 벌금 덕분에 부모들은 죄책감 없이 지각을 하면서 볼 일을 느긋이 처리할 수 있게 된 것이다. 부모들은 의식적이든 무의식적이든 지각이 초래하는 비용과 편익(便益)을 비교하여 '합리적으로' 행동한 것이다. 지각한 부모가 속으로 하는 말, "3달러 벌금 덕분에 100달러 내고 들어간 뮤지컬을 끝까지 보고 나왔네."

이러한 의외의 현상은 자동차의 안전장치와 사고율의 관계에서도 나타났다.[1] 시카고대학의 펠츠만(S. Peltzman) 교수는 미국에서 안전장치를 의무화하는 법률이 자동차 사고에 어떤 영향을 주었는지 조사하였다. 조사 결과는 자동차 사고가 줄었으리라는 예상과 전혀 달랐다. 안전장치 의무화 이후에 자동차 사고 건수가 훨씬 증가한 것이다. 즉 안전장치의 의무화가 자동차 사고 발생을 증가시키는 펠츠만 효과(Peltzman effect)를 발생시킨 것이다. 역설적으로 보이지만, 이 또한 합리적인 현상이다. 자동차를 천천히 운행하면 시간이 많이 지체되고 피로 누적 등에 따른 비용이 증가한다. 안전장치가 있는 운전자들은 당연히 비용을 감소시키려고 빠르게 운전할 것이다. 더구나 속도감이 주는 쾌감까지 얻을 수 있다. 그래서 오히려 사고율이 높아진 것이다. 더욱 안타까운 것은 안전장치 의무화를 시행한 이후 애꿎은 보행자 사망률이 높아졌다는 것이다.

---

1) 스티븐 레비트 외, 『괴짜경제학』, 안진환 역, 2005, 웅진 지식하우스; 그레고리 맨큐, 『맨큐의 경제학』, 김경환 · 김종석 역, 2015, Cengage Learning.

사람들에게 자동차 범퍼에 수류탄을 설치하고 운행하도록 의무화 하면 어떻게 될까. 어쩌면 사망률은 영(0)이 될 수도 있을 것이다. 자동차는 아무에게도 팔리지 않을 테니 말이다.

유명 연예인의 가사노동의 비용

유명 연예인의 가사노동에는 비용이 많이 든다는데, 맞는 말일까? 예를 들어 '전지현씨가 집에서 가사노동을 할 때 매우 큰 비용이 발생한다'라고 하면, 그 말은 옳을까? 얼른 생각하면 틀린 말로 보인다. 즉 전지현씨가 집안 구석구석을 청소하고 아름답게 꾸미는 것은 득이 되었으면 되었지 비용이 들지 않을 것이라고 생각할 수 있다. 그런데 사실은 그렇지 않다. 전지현씨의 가사노동에는 비용이 발생한다. 그것도 매우 큰 비용이 발생한다. 그 비용은 가사노동을 위해 전지현씨가 연예활동으로 벌어들일 수 있는 소득을 포기한 만큼이다. 전지현씨가 아무리 살림솜씨가 뛰어나도 가사노동의 가치는 한정적이다. 이에 반해 전지현씨가 연예활동으로 벌어들일 수 있는 돈은 그 보다 훨씬 클 것이다. 가사노동으로 인해 밖에서 훨씬 더 큰 소득을 얻을 수 있는 기회를 잃어버리는 것, 그것이 전지현씨가 지불해야 하는 비용인 것이다.

좀 복잡하게 설명한 이 이야기를 경제학에서는 '전지현씨의 가사노동의 기회비용(機會費用, opportunity cost)은 매우 크다.'라고 표현한다. 여기서 경제학에서 자주 언급되는 기회비용의 개념을 알아보기로 하자. 기회비용이란 어떤 것을 선택할 때 이로 인해 포기할 수밖에 없는 선택 가능한 것 중에서 가장 선호하는 것의 가치이다.[2] 전지현씨가 가사노동을 하고 있다면, 기회비용은 무엇일까? '연예활동을 포기한 대가'가 아닐까?

한편 기회비용이라는 개념 덕분에 '경제학자들이 환경오염을 부추긴다'는 세간의 오해에서 벗어날 수 있다. 다음을 보기로 하자.

---

2) 다시 말하면 기회비용은 최선의 선택(best alternative)을 위해 포기한 차선의 기회(next best opportunity)이다.

경제학자는 환경보호론자가 될 수 없는가

일반적으로 경제학자는 효율성을 중시한다. 이러한 사실로 인해, 사람들은 경제학자를 개발론자와 동일시하여 환경보호론자와 친할 수 없다고 생각한다. 실제로 그럴까? 반드시 그런 것은 아니다. 경제학자가 오히려 더 적극적인 환경보호론자가 될 수 있다. 그것은 개발에 따른 기회비용을 생각하는 습관이 경제학자에게 있기 때문이다.

4대강사업에 대해 환경보호론자는 반대하고 경제학자는 찬성한다는 생각은 잘못된 것이다. 경제학자는 4대강사업의 경제적 효과를 계산할 때, 그 사업으로 얻어지는 긍정적인 효과와 함께 기회비용도 따져본다. 사라질 환경자원이 갖는 가치를 환경보호론자들이 다양한 방법으로 설명할 때, 경제학자는 '환경자원의 기회비용'이라는 말로 표현하면서 그 중요성을 부각시킨다. 경제학자는 어떤 개발이 가져다주는 편익만 주장하는 것이 아니다. 그 부작용을 기회비용이라는 말로 표현하여 문제점을 부각시키기도 하는 것이다.

화낼 일은 아니다

하포드(T. Harford)는 『경제학 콘서트』에서 기업의 재미있는 가격차별 전략을 소개한다.[3)] IBM은 두 종류의 프린터 모델을 판매하였다. '레이저라이트 E'는 낮은 가격으로 판매되고 '레이저라이터'는 높은 가격으로 판매되었는데, 흥미롭게도 두 모델에는 똑같은 부품이 사용되었다. 다만 저가 모델에는 속도를 늦춰주는 칩이 추가로 설치되어 있을 뿐이라는 것이다. IBM은 생산비를 낮추기 위해 동일한 설계로 프린터를 대량으로 생산한 후, 두 모델로 분리하여 서로 다른 가격에 판매하였던 것이다. 이는 사람들이 속도가 빠른 비싼 프린터를 사도록 유도하기 위해서이다. 재미있는 것은 저가 모델에는 속도를 늦춰주는 칩이 추가로 설치되어 있어 오히려 생산원가가 높다는 것이다. 소프트웨어도 마찬가지다. 소프트웨어 제품은 흔히 비싼 전문가용과 그보다 저렴한 일반인용 버전으로 나뉘어 판매된다. 어느 버전을 개발하는데 비용이 더 많이 들까? 정답은 일반인용이다. 기업이 소프트웨어를 개발할 때는 통상적으로 전문가용 버전을 먼저 설계하고, 이 중 일부 기능을 제한한 일반인용 버전을 나중에 만든다. 따라서 일반인용 버전은 공정을 한 단계 더

---

3) 팀 하포드, 『경제학 콘서트』, 김명철 역, 2005, 웅진 지식하우스.

거치기 때문에 전문가용 버전보다 생산원가가 더 높다. 낮은 비용으로 만든 전문가용 버전을 높은 가격에 판매한다는 것은 흥미로운 일이다.

그렇다고 화낼 일은 아니다. 기업이 이윤극대화를 추구하는 것을 나무랄 수 없다. 사실 이러한 가격차별 전략은 기업의 이윤을 증가시키지만, 슬기롭게 이용하면 소비자도 득을 보게 된다. 그 예가 앞에서 설명한 천차만별인 항공요금이다.

흥미로운 미시경제학

그러고 보니 미시경제학을 잘 이해하면 값싸게 비행기 타고, 화 안내는 지혜도 배우고, 환경보전도 하고, 기업은 돈을 많이 벌 수 있다니, 그 공부 한번 할만하다.

그러나 19세기 영국의 사상가 카알라일(T. Carlyle)은 경제학을 음울한 과학(dismal science)이라고 불렀다. 그 이유는 당시 경제학이 빈곤과 불평등을 당연시하며 효율성이나 합리성을 너무 따지기 때문이었을 것이다. 우리 경제학도는 그런 평가에 기죽을 필요는 없다. 마셜(A. Marshall)과 같은 훌륭한 경제학자가 많이 있기 때문이다. 마셜은 젊었을 때 '런던의 빈민가를 지나다가 뒷골목 사람들의 비참한 모습을 보고, 이들을 돕는 방법을 연구하기 위하여 경제학을 공부하기 시작하였다'라는 일화가 있다. 그는 자연과학보다는 경제학이 우월하다고 생각하였고, 우리 젊은이들에게 "가슴은 뜨겁게, 머리는 차갑게"라는 귀한 잠언을 남기기까지 하였다. 더구나 경제학이 '경세제민(經世濟民)' 한다면, 즉 세상을 다스려 백성의 어려움을 구제한다면 우리 경제학도들이 공부하는 보람은 매우 클 것이다.

제 2 절 경제학과 미시경제학

2.1 경제학

경제학(economics)을 정의하기 전에 우선 경제(economy)라는 용어에 대해 알아보자.[4)]

경제란 재화와 서비스를 생산, 교환, 분배, 그리고 소비하는 일과 관련된 사회질서와 인간행위이다. 인간은 생산, 교환, 분배, 그리고 소비하는 과정에서 어떤 원칙에 따라 행동할까? 인간은 각 과정에서 비용과 편익을 비교하여 행동한다. 비용과 편익을 비교하는 일은 미시경제학에 많이 나오는 경제주체의 행동원리이다.

앞 절에서 언급한 예들은 인간이 비용과 편익을 비교하여 행동하는 모습을 보여주고 있다. 심지어 자동차 안전장치와 자동차 사고율의 관계에서도 비용과 편익을 비교하여 행동한다는 것을 알 수 있었다. 즉, 경제주체는 편익과 비용의 차이를 극대화하는 '선택(選擇, choice)'을 한다.

경제학에서 불포만성(non-satiation), 희소성(scarcity), 그리고 선택(choice)이라는 단어가 자주 언급된다. 경제적 자원(economic resources)은 유한한데 욕망은 무한하므로 사람은 희소한 경제적 자원을 선택을 통해 효율적으로 배분해야 한다.[5)] 아울러 그 선택에는 기본적으로 합리성이 요구된다.[6)] 경제학이란 이러한 선택행위를 연구하는 학문이라고 할 수 있다.

---

4) Economy는 그리스어에서 나왔는데 그 어원은 오이코스(집, oikos)와 노미아(관리, nomia)의 합성어인 오이코노미아(oikonomia)이다. 글자 그대로 직역하면 집의 관리라는 뜻이다. 이처럼 오이코노미아라는 말은 생활과 관련되어 있다. 생활자체가 경제요, 경제가 바로 생활인 것이다. 한편 동양권에서 쓰는 경제(經濟)라는 말은 경세제민(經世濟民)이라는 말에서 나왔다. 경세제민은 '세상을 다스리고 백성을 구한다'는 뜻이다.

5) 창(A. C. Chiang)과 웨인라이트(K. Wainwright) 역시 "경제학은 선택의 과학이라고도 보아도 무방하다(Economics is essentially a science of choice)"고 하였다. 「Fundamental Methods of Mathematical Economics」, 4th edition. 2005, p. 221.

6) 선택의 과정에서 요구되는 합리성의 정도는 상황에 따라 다르다. 인간이 모든 일에 있어서 수퍼컴퓨터 정도의 계산력과 합리성을 지니고 있는 것으로 가정하는 것은 아니다. 물론 인간은 감정을 지닌 존재이며 때로는 비합리적으로 행동하기도 한다. 경제이론은 이러한 가능성을 충분히 인식하고 이러한 경우를 별도로 분석하기도 한다.

경제학: 희소한 경제적 자원을 효율적으로 선택하여 상품을 생산, 교환, 분배, 그리고 소비하는 등의 과정을 연구하는 학문

2.2 미시경제학

경제학은 미시경제학(microeconomics)과 거시경제학(巨視經濟學, macroeconomics)으로 구분된다. 우선, 미시경제학에 대해 설명한 후에 거시경제학에 대해 설명하기로 하자.

미시경제학

미시경제학은 가계와 기업이 자신의 경제적 여건[7]을 고려하면서 최적선택을 하는 과정을 분석하는 것으로부터 출발한다. 또한, 개별경제주체의 최적선택의 결과로서 형성되는 시장수요와 시장공급이 상호작용하는 과정을 분석한다.[8] 나아가서, 경제적 여건이 변화하는 경우에 개별경제주체의 최적선택이 어떻게 달라지는지, 최적선택이 변함에 따라 시장수요와 시장공급이 어떻게 반응하는지를 분석한다. 이를 요약하면, 미시경제학이란 가계와 기업의 경제행위와 그 상호작용을 연구하는 학문이다.

미시경제학: 가계와 기업의 경제행위와 그 상호작용을 연구하는 학문

미시경제학이 관심을 갖는 중요한 경제변수는 가격이다. 가격은 개별경제주체의 행동지표가 된다. 상품의 가격에 반응하여 개별경제주체는 최적선택을 하게 되고, 이에 따라 상품의 시장수요와 시장공급이 반응하게 된다. 이러한 시장에서의 반응은 다시 상품의 가격에 영향을 주게 되고, 개별경제주체는 새로운 최적선택을 하게 되며, 상품의 시장수요와 시장공급이 새로운 반응을 하게 된다.

미시경제이론은 시장경제이론(市場經濟理論, market economy theory) 또는

7) 자원의 희소성과 연관되는 경제적 여건은 희소한 자원, 개별 경제주체의 초기 부, 그리고 시간 등을 의미한다.

8) 즉, 개별 경제주체의 최적선택의 결과로서 상품 및 생산요소의 가격과 수급량이 어떻게 결정되는가를 분석한다.

가격이론(價格理論, price theory)으로 불리기도 한다.[9] 즉, 미시분석은 개별경제주체의 행동을 분석하고 거기에서 얻은 결론을 가지고 국민경제에서 일어나는 경제현상을 설명하려는 시도이다. 고전학파(古典學派, classical school)에서는 개별경제에 적용되는 경제원칙을 국민경제에 그대로 적용할 수 있다고 보았기 때문에 개별경제의 운동법칙만을 주로 분석하였다. 그래서 미시경제학은 개별경제주체인 가계와 기업의 경제활동 원리나 경제활동과 관련된 가격현상을 설명하는 가격 분석이 주요 연구대상이 되었던 것이다.

거시경제학과의 관계

거시경제학은 한 나라 전체의 소득 및 고용, 물가 등의 결정 원리를 분석한다. 즉 거시경제학은 물가 및 고용, 국민생산을 결정하는 다른 경제지표들[10]간에 상호관계가 있는지, 경제정책은 경제지표를 어떻게 변화시키는지 등을 연구 대상으로 한다. 거시경제학은 국가 전체적 시각에서 국민경제를 직접 분석하므로 국민소득이론(國民所得理論)으로 불리기도 한다.

1930년대 대공황시기에 세계 자본주의는 가격의 조절기능이 제대로 작동하지 않았고, 유효수요가 부족하여 경제가 불안하고 불완전고용에 빠지게 되었다. 미시적 분석만으로 이러한 상황을 만족스럽게 설명할 수 없게 되자 거시적 분석에 입각한 케인즈류의 거시경제학이 나타나게 된 것이다. 그렇다고 미시경제학이 완전히 그 존재가치를 상실했다는 것은 아니다. 왜냐하면 완전고용이 달성되면 자원의 효율적 배분문제는 결국 미시경제학의 영역이기 때문이다. 따라서 미시경제학과 거시경제학은 상호보완관계라고 할 수 있다. 예를 들어 소득을 분석할 때 미시경제학에서는 개별기업의 노동투입량과 가격, 소득분배의 상태를 분석한다. 거시경제학에서는 국가적으로 소득수준은 얼마가 되며, 그 국민소득은 어떤 변수들에 의하여 어떻게 결정되는가를 연구한다. 거시적 분석의 여러 지표들이 개별경제주체들의 경제행위에 의하여 결정되는 것을 생각하면 미시경제학은 거시경제학의 기초인 것이다.

---

9) 미시경제학에서 관심을 갖는 가격변수는 상대가격이며, 거시경제학에서 관심을 갖는 변수는 절대가격이다.

10) 거시경제학에서 관심을 갖는 경제지표로는 물가, 고용(실업), 국민생산 이외에 총소비, 총공급, 총투자, 통화량, 정부지출, 이자율, 환율, 경제성장, 그리고 국제수지 등이 있다.

2.3 미시경제학의 쓰임새

미시경제학은 다음과 같은 주제들을 연구하고, 그 문제의 해결을 시도한다. 첫째, 최적상황을 찾아낸다. 미시경제학에서는 최적화(最適化, optimization)라는 용어가 자주 나온다. 최적화란 극대화(極大化, maximization)와 극소화(極小化, minimization)를 총칭하는 말로, 자원의 희소성에 직면한 개별경제주체의 합리적인 선택이 바로 최적화라고 할 수 있다. 미시경제학은 최적화이론을 통하여 개별경제주체인 가계와 기업이 주어진 경제적 여건을 고려하면서 최적의 선택을 하는 과정을 분석한다.

둘째, 시장에서 가격이 어떻게 결정되는지에 대해 말해준다. 즉, 개별경제주체의 최적선택의 결과로서 시장수요와 시장공급이 형성되며, 수요와 공급의 상호작용으로부터 시장가격이 결정되는 과정을 보여준다. 또한 시장에서 결정된 가격이 효율성과 형평성을 갖는지를 알아보고, 효율성이나 형평성을 갖지 않는다면 정부가 시장에 개입해야 하는지에 대해 연구한다.

셋째, 시장조직은 어떤 구조와 효과를 가지고 있는가, 그 시장조직의 장단점은 무엇인가, 어떤 시장조직이 바람직한가 등에 대해 분석한다.

넷째, 경제를 분석하는데 필요한 도구를 제공해 준다. 미시경제학에는 경제학의 기본이 되는 내용이 들어 있다. 즉 미시경제학은 경제학의 기초 역할을 한다. 미시적 분석기법은 거시경제학이나 무역학에 광범위하게 응용된다. 미시경제학의 비용분석은 회계학과 재무관리학의 기초를 형성해 준다. 그래서 미시경제학을 도구교과(道具敎科)라고도 한다. 이러한 미시경제학의 주제들과 연구범위를 보면 미시경제학이 현실 문제를 해결해 주는 실용학문이라는 것을 알 수 있다. 즉, 미시경제학은 경제학이라는 광범위한 학문의 기초이자 도구이며, 동시에 응용력도 있는 교과인 것이다. 그래서 저자들은 이렇게 말하고 싶다. “미시경제학을 잘 배우면 경제학을 잘 이해할 수 있다”.

제 3 절 시장과 경제체제

3.1 시장의 개념

우리는 생활하면서 시장이란 용어를 자주 사용한다. 그런데 시장이 무엇인지에 대해 정의하기는 쉽지 않다. 우선 시장에 대한 학자들의 설명을 들어보자.

쉐퍼드(W. Shephard)는 시장이란 대체성이 높은 상품들을 교환하는 판매자와 구매자의 집단이라고 설명한다. 꾸르노(A. Cournot)는 매매가 이루어지는 구체적 장소가 아니라 판매자와 구매자들이 자유로운 거래를 통해 동일상품의 가격이 신속하고 어려움 없이 같아지는 경향을 갖는 지역 전체라고 설명한다. 제본스(W. Jevons)는 시장이 처음에는 사람들이 여러 가지 상품을 판매하려고 내놓은 공공장소를 뜻하였으나, 점차 그 의미가 확대되어 이제는 긴밀한 영업관계 아래 상품의 거래를 광범위하게 수행하는 사람들의 조직체를 의미한다고 설명한다. 이러한 설명들을 종합해 보면, 시장이란 어떤 상품을 팔고 사기 위해 서로 접촉하는 경제주체들의 모임이라고 할 수 있다.

시장: 어떤 상품을 팔고 사기 위해 서로 접촉하는 경제주체들의 모임

즉 시장이란 상품의 거래가 이루어지는 구체적인 장소뿐만 아니라 상품의 수요와 공급에 관한 정보가 공급자와 수요자 사이에 교환되고, 그 상품의 판매와 구매가 이루어지는 실체적 또는 추상적인 모임이다.

3.2 경제체제

국민경제(national economy)가 해결해야 할 과제를 자원의 배분(효율), 소득의 분배(형평), 그리고 경제의 안정과 성장으로 정리할 수 있다. 이러한 과제를 해결하기 위해서는 경제주체들의 활동을 총괄하는 질서가 필요한데, 이러한 질서를

경제체제(economic system)라고 한다. 경제체제는 크게 시장경제체제, 계획경제체제, 혼합경제체제로 분류된다.

(1) 시장경제체제

시장경제체제(market economic system)란 자유경쟁 원칙에 의하여 생산, 분배, 교환, 소비가 이루어지는 경제적 질서를 말한다. 시장경제체제에서는 생산요소의 사적 소유와 거래의 자유를 폭넓게 인정하며 모든 것을 시장에 맡긴다. 이러한 상황에서 모든 상품에 각각의 가격이 결정되고, 그 가격을 기준으로 생산 및 소비가 이루어진다. 즉 시장주의의 경제적 질서는 전적으로 가격기구(price mechanism) 또는 시장기구(market mechanism)에 의존한다. 이 시장경제체제는 자본주의에 바탕을 두고 있다.

자본주의경제

자본주의경제(資本主義經濟, capitalistic economy)란 이윤추구를 목적으로 하는 자본이 중요한 역할을 하는 경제를 말한다. 자본주의경제는 18세기 중엽부터 영국과 프랑스 등을 중심으로 발달하여 산업혁명에 의해서 확립되었으며, 19세기에 들어와 독일과 미국 등으로 파급되었다.

자본주의경제는 다음과 같은 특성을 지닌다.

a. 개별경제주체의 소유권을 인정한다.
b. 모든 상품에 시장가격이 매겨진다.
c. 기업은 이윤을 얻기 위해 생산한다.
d. 노동력을 상품으로 간주한다.

자본주의경제에서는 모든 상품에 가격이 매겨지는데, 그 가격은 시장에서 형성되므로 시장가격이라고 불린다. 자본주의경제의 장점은 시장가격을 기준으로 생산 및 소비가 이루어진다는 것이다. 즉 생산자는 시장가격을 보고 그 가격에 상품을 사고자 하는 사람이 있음을 알 수 있으며, 소비자 역시 그 가격에 상품을 판매하고자 하는 사람이 있음을 알 수 있다. 자본주의의 경제적 질서는 시장가격이 제공하는 정보에 의하여 유지된다. 이러한 정보가 제공되는 자본주의 시장경제체제는 자원의 배분(효율) 측면에서는 높은 점수를 받을 수 있지만, 소득의 분배(형평) 측면에서는 높은 점수를 받을 수 없다. 따라서 자본주의경제체제를 채택한 국가들은 분배의 형평성 문제를 완화하기 위해 계획경제체제를 어느 정도 받아들이고 있다.

(2) 계획경제체제

계획경제체제(計劃經濟體制, planned economic system)란 중앙집권적 계획과 통제에 의하여 생산, 분배, 교환, 소비가 이루어지는 경제적 질서를 말한다. 계획경제라는 말은 자본주의경제를 시장경제라고 부르는데 대한 대칭적 용어이다. 중앙당국은 생산해야 할 상품의 종류와 수량을 결정하고, 이를 생산하기 위한 생산요소(자원)의 배분을 결정한다.

산업혁명이 진행되면서 자원배분의 효율성은 증가하였는데, 이러한 효율성의 증가는 노동자를 기계로 대체하면서 이루어졌다. 이에 따라 소득분배의 문제, 즉 형평성이 새로운 문제로 부각되었다. 계획경제에서는 분배의 문제를 해결하기 위해 "능력에 따른 노동과 노동에 따른 분배"를 지향한다. 이러한 계획경제체제는 독일의 경제학자 마르크스(K. Marx)의 과학적 사회주의에 바탕을 두고 있다.

사회주의경제

생산수단을 공유하면서 생산능력에 따른 분배를 지향하는 경제를 사회주의경제(社會主義經濟, socialist economy)라고 한다. 19세기 초에 사회주의가 본격적으로 나타난 이후에 20세기 전반까지 약 120년 동안 사회주의는 생산수단의 사회적(공적) 소유와 사회적 관리에 의한 사회개조의 사상 및 운동으로 이해되었다.[11) 이 시기의 사회주의 사상가들은 민주주의가 자유와 평등을 실현하지 못하는 이유는 소유권을 지닌 개인이 자신의 이윤을 목적으로 운영하는 경제적 개인주의, 즉 자본주의 때문이라고 생각하였다. 따라서 자유와 평등을 실현하려면 이 자본주의를 폐지하고 사회주의로 대체하여야 한다고 생각하였다. 이러한 생각은 실행에 옮겨졌는데, 1917년 러시아에서 일어난 노동자와 농민들의 혁명이 시발점이었다.

하지만 생산수단의 사회화를 만능으로 여겨온 사회주의 계획경제는 자원의 배분뿐 아니라 소득의 분배 측면에서도 높은 점수를 받지 못했다. 사회주의경제는

11) 사회주의의 역사적 뿌리는 아주 깊다. 19세기는 산업혁명으로 자본의 역할이 증대된데 대항하여 노동자 계급 및 일부 지식인을 중심으로 한 사회주의가 자본주의의 대항세력으로 등장한 시기이다.

"능력에 따른 노동과 노동에 따른 분배"를 지향하는데, 능력에 따른 노동은 자원배분의 효율성을 의미하고, 노동에 따른 분배는 소득분배의 형평성을 의미하므로 얼핏 보면 두 측면에서 높은 점수를 받을 것으로 생각할 수 있다. 하지만 그렇지 않다. 사회주의경제가 갖고 있던 문제는 중앙집권적 계획과 통제로 적절한 자원배분과 소득분배를 할 수 없다는 것이다. 이를 조정의 문제라고 한다. 즉, 가계와 기업의 개별적 경제행위를 능력에 따라 조정한다는 것은 현실적으로 불가능하다. 한 개별경제주체의 경제행위를 정확히 조정하지 못한다면, 그 경제주체는 능력에 따른 경제행위를 하지 못한다는 것을 의미하며, 이는 생산능력에 따른 분배가 이루어지지 않는다는 것을 말해준다. 이러한 조정의 실패는 그 경제주체에 한정되는 것이 아니라 연쇄적으로 일어날 것이다. 예를 들어 최근 800만 관중이 모이는 야구게임에 필요한 야구선수를 육성하지 않고 팔굽혀펴기게임에 투입할 선수를 육성한다고 하자. 팔굽혀펴기게임에 열광하는 경제주체는 그리 많지 않을 것이며, 많은 팔굽혀펴기 선수는 경기에 참여하지 않게 되어 실업자가 될 수 있으며, 자연히 소득은 감소하게 된다. 또한 야구에 열광했던 사람들은 수준 높은 야구경기를 보지 못하게 되어, 야구시장의 규모는 작아질 것이다.

(3) 혼합경제체제

모든 경제활동과 자원배분을 시장기구에 의존하는 경제체제는 현실 세계에서 존재하지 않는다. 특히, 대공황을 겪은 뒤 자유방임주의 시장경제체제에 대한 회의와 반성이 일어나면서 정부가 경제활동에 적극적으로 개입하는 경향이 증대되었다. 그렇다고 해서, 완전한 의미에서 통제경제라 할 수 있는 계획경제체제가 지구상에 존재하는 것은 아니다. 대부분의 국가는 시장기구에 의존하면서도 시장기구에 개입하고 있다. 이러한 경제체제를 시장경제적인 요소 위에 계획경제적인 요소가 약간 포함된 혼합경제체제(混合經濟體制, mixed economic system)라고 한다.

혼합경제체제에서 정부는 경제활동에 개입할 뿐 아니라 경제의 안정과 성장을 이루기 위한 정책을 실시한다. 또한 시장에서 과소생산되거나 생산이 불가능한 상품을 공급하기도 한다. 하지만 혼합경제체제에서도 생산, 분배, 교환, 소비는 자유경쟁 원칙에 의해 이루어진다.

읽을 거리

마셜(Alfred Marshall, 1842~1924)

영국의 경제학자로서 신고전학파의 창시자이다. 1885년 케임브리지대학 경제학 교수가 되었으며, 케인즈(J. Keynes), 피구(A. Pigou) 로빈슨(J. Robinson)을 비롯하여 수많은 제자를 양성, 신고전학파 즉 케임브리지학파의 아버지라고 일컬어진다. 마셜의 주요 저서로는「경제학원리: Principles of Economics, 1890」가 있다. 그는 세상이 점진적으로 개선될 수 있다고 믿었으며, 빈곤의 원인을 연구하고 이의 극복을 통한 인간사회의 진보가능성을 추구하였다. 그는 외부경제, 탄력성, 소비자잉여 등의 개념을 경제학에 도입하였다.

제 4 절 미시경제학의 수학적 기초

범 피하려다 호랑이 만난다

경제이론은 문장, 수학적 표현인 함수, 또는 기하학적 표현인 그림 등을 이용하여 설명될 수 있다. 본 절에서는 경제이론을 수학적으로 표현하는 방법에 대해 설명한다.[12)]

4.1 함 수

수학적 방법을 이용하여 경제이론을 정립하는 과정을 모형화(模型化), 그리고 수학적 방법으로 표현된 경제이론을 수학적 모형(數學的 模型) 또는 경제모형(經濟模型)이라 부른다.[13)] 경제모형이란 경제변수들 사이에 존재하는 인과관계를 표현한 것이며, 경제모형에서 변수들 사이의 관계는 함수의 형태로 표현된다. 미시경제학에서 자주 만나는 '함수로 표현된 경제모형'의 예를 보기로 하자.

12) 기하학적 표현인 그림을 이용하는 방법은 미시경제학 전장에서 다루어 질 것이다.
13) 박진석,『기초경제수학』, 조선대학교 출판부, 개정판, 2012.

첫째, 효용극대화 모형이다. X와 Y라는 두 개의 상품의 단위당 가격을 각각 P_X, P_Y라고 하자. 그리고 소득이 M인 소비자의 효용함수가 $u = u(x, y)$라고 하자. 이 소비자의 최적화문제는 다음과 같은 예산제약하의 효용극대화 모형으로 표현된다.

$$\max.\ u = u(x, y),\ \text{subject to } M \geq P_X \cdot x + P_Y \cdot y \tag{1-1}$$

$\max.\ u = u(x, y)$는 효용함수의 값을 최대화하는 x, y 값을 정하라는 표현으로 x, y가 선택변수임을 의미한다. 'subject to'는 목적함수의 값을 최적화할 때 제약조건인 '$M \geq P_X \cdot x + P_Y \cdot y$'를 만족해야 한다는 뜻이다.

둘째, 이윤극대화 모형이다. 어떤 기업이 상품을 Q만큼 생산하고 있는데, 상품의 단위당 가격을 P라고 하자.[14] 그리고 상품을 생산하는데 드는 비용을 $C(Q)$라고 하자. 이 기업의 이윤을 $\pi(Q)$라고 하면, 최적화문제는 다음과 같은 기업의 이윤극대화 모형으로 표현된다.

$$\max.\ \pi(Q) = P \cdot Q - C(Q) \tag{1-2}$$

셋째, 수요함수 모형이다. 핸드폰 수요량을 Q^D, 핸드폰 단위당 가격을 P라고 하면 핸드폰 시장수요함수를 나타내는 경제모형은 다음과 같이 표현된다.

$$Q^D = a - bP\ (\text{단, } a > 0,\ b > 0) \tag{1-3}$$

넷째, 공급함수 모형이다. 핸드폰 공급량을 Q^S, 핸드폰 단위당 가격을 P라고 하면 핸드폰 시장공급함수를 나타내는 경제모형은 다음과 같이 표현된다.[15]

$$Q^S = c + dP\ (\text{단, } c > 0,\ d > 0) \tag{1-4}$$

다섯째, 시장모형이다. 핸드폰의 수요량을 Q^D, 핸드폰의 공급량을 Q^S, 그리고 핸드폰의 단위당 가격을 P라고 하면 핸드폰이 거래되는 시장모형은 다음과 같다.

$$\begin{aligned} Q^D &= a - bP\ (\text{단, } a > 0,\ b > 0) \\ Q^S &= c + dP\ (\text{단, } c > 0,\ d > 0) \end{aligned} \tag{1-5}$$

---

14) 나중에 다시 설명하겠지만, 가격은 완전경쟁시장에서는 주어진 것으로 받아들여 P, 불완전경쟁시장에서는 생산량의 함수인 $P(Q)$로 표현된다.

15) 뒤에 설명하겠지만, 공급함수는 완전경쟁시장에서만 표현될 수 있는 경제모형이다.

$$Q^D = Q^S$$

미시경제학이란 '가계와 기업의 경제행위와 그 상호작용을 연구하는 학문'이라고 하였다. 이제, 식(1−1) ~ 식(1−5)로 표현된 경제모형들을 사용하여 미시경제학의 정의에 대해 구체적으로 살펴보자.

우선, 경제주체의 경제행위에 대해 알아보자. 식(1−1)과 식(1−2)는 각각 소비자와 기업의 최적화행위를 분석하는 경제모형이다. 식(1−1)로 표현된 소비자의 효용극대화 행위로부터 한 소비자의 수요곡선이 도출되며, 소비자들의 수요곡선을 수평으로 더함으로써, 시장수요곡선(또는 시장수요함수, Q^D)이 유도된다. 이러한 시장수요곡선은 식(1−3)으로 표현된다. 소비자의 수요곡선은 일반적으로 우하향하며, 이에 따라 시장수요곡선 역시 우하향한다. 식(1−2)로 표현된 기업의 이윤극대화 행위로부터 한 기업의 공급곡선이 도출되며, 기업들의 공급곡선을 수평으로 더함으로써 시장공급곡선(또는 시장공급함수, Q^S)이 유도된다. 이러한 시장공급곡선은 식(1−4)로 표현된다. 기업의 공급곡선은 대개 우상향하며, 이에 따라 시장공급곡선 역시 우상향한다.

이제, 경제주체의 상호작용에 대해 알아보자. 즉, 식(1−3)과 식(1−4)로 표현된 수요와 공급이라는 상반된 힘의 균형에 대해 분석해 보자. 우리는 식(1−5)의 완전경쟁시장 모형을 이용하여 이러한 균형을 설명할 수 있게 된다. 즉 식(1−5)를 이용하면 시장에서의 균형가격과 균형수급량(균형거래량)을 유도할 수 있다.

이 밖에도 생산함수 모형, 기대효용 모형, 비용함수 모형 등 다양한 경제모형들이 각각의 함수로 표현될 수 있다.

4.2 미분과 미분법[16)]

$y = f(x)$라는 함수관계에서 x의 작은 변화에 따라 y가 어떤 방향으로 얼마나 변하는지를 나타내는 수학적 개념이 미분이다. x의 변화가 y에게 미치는 영향은 다음

16) 여기서는 미분공식을 간략하게 소개한다. 이외에도 연쇄법칙, 역함수의 미분법, 그리고 지수함수 및 로그함수의 미분법 등이 있다. 미분법의 정확한 개념에 대해서는 Chiang and Wainwright(2005)를 참고하기 바란다.

과 같이 도함수(derivative)로 표현할 수 있다.[17]

$$\frac{dy}{dx} \equiv \lim_{\Delta x \to 0} \frac{\Delta y}{\Delta x} \equiv f'(x) \tag{1-6}$$

x의 변화가 y를 어느 방향으로 변하게 하는지는 $f'(x)$의 부호를 보면 알 수 있으며, x의 변화에 따라 y가 얼마나 변하는지에 대해서는 $f'(x)$의 값을 보면 알 수 있다. 식(1−6)은 x에서 함수 $y = f(x)$의 1계미분이라고 한다. $f'(x_0) = 0$, 즉 x_0에서 1계미분한 값이 0이 되는 점은 함수의 기울기가 수평인 점이며, 이 점은 (상대적) 최적값[(상대적) 극대값, 또는 (상대적) 극소값]을 나타낸다. 함수로 표현된 경제모형을 1계미분하면 그 경제모형에서의 최적화행위를 분석할 수 있다. 이제 다양한 함수의 1계미분법에 대해 알아보자.

상수함수의 미분법

상수함수(constant function)인 $y = f(x) = k$를 1계미분하면 항상 0이다.

$$\frac{dy}{dx} = \frac{dk}{dx} = f'(x) = 0 \tag{1-7}$$

멱함수의 미분법

멱함수(power function)인 $y = f(x) = x^n$를 1계미분하면 nx^{n-1}이다.

$$\frac{dy}{dx} = \frac{dx^n}{dx} = f'(x) = nx^{n-1} \tag{1-8}$$

합과 차의 미분법

두 함수 $f(x)$와 $g(x)$에 대한 합과 차의 1계미분은 다음과 같다.

$$\frac{d}{dx}[f(x) \pm g(x)] = \frac{d}{dx}f(x) \pm \frac{d}{dx}g(x) = f'(x) \pm g'(x) \tag{1-9}$$

17) 식(1−6)과 같이, 도함수를 구하는 과정을 미분이라고 한다.

곱의 미분법

두 함수 $f(x)$와 $g(x)$가 곱하기 형태로 주어지는 경우의 1계미분은 다음과 같다.

$$\frac{d}{dx}[f(x) \cdot g(x)] = \frac{d}{dx}f(x) \cdot g(x) + \frac{d}{dx}g(x) \cdot f(x) \tag{1-10}$$

$$= f'(x) \cdot g(x) + g'(x) \cdot f(x)$$

몫의 미분법

두 함수 $f(x)$와 $g(x)$가 몫의 형태, 즉 분수형태로 표현된 함수의 1계미분은 다음과 같다.

$$\frac{d}{dx}\frac{f(x)}{g(x)} = \frac{f'(x) \cdot g(\mathrm{x}) - f(x) \cdot g'(x)}{[g(x)]^2} \tag{1-11}$$

2계미분

지금까지 우리는 1계미분만을, 예를 들어 함수가 $y = f(x)$인 경우에는 $f'(x)$만을 고려하였다. 1계미분은 유도된 함수이다. $f'(x)$ 역시 x의 유도된 함수, 즉 도함수이다. 따라서 도함수가 x의 함수이면 도함수 역시 미분할 수 있다. $f'(x)$를 미분한다는 것은 $f(x)$를 두 번 미분한다는 의미에서 $y = f(x)$의 2계도함수라고 부른다. 2계도함수는 다음과 같이 표기된다.

$$\frac{d}{dx}\frac{dy}{dx} = \frac{d^2y}{dx^2} = f''(x) \tag{1-12}$$

2계미분은 (상대적) 최적값이 (상대적) 극대값인지 (상대적) 극소값인지를 알 수 있도록 해준다. 예를 들어 함수 $y = f(x)$인 경우에 $f'(x_0) = 0$이 되는 점은 (상대적) 최적값이다. 그러나 x_0에서 1계미분한 값이 0이 되는 점이 (상대적) 극대값인지 (상대적) 극소값인지 판별할 수 없다. 1계도함수에서 $f'(x_0) = 0$이 되는 최적값을 구할 수 있으며 동시에 2계도함수에서 모든 x에 대해 $f''(x) < 0$이면 함수 $y = f(x)$의 기울기가 감소한다는 것을 의미한다. 이러한 경우 $f(x_0)$을 극대값이라고 한다. 또한 1계도함수에서 $f'(x_0) = 0$이 되는 최적값을 구할 수 있으며 동시에 2계도함수에서 모든 x에 대해 $f''(x) > 0$이면 함수 $y = f(x)$의 기울기가 증가한다는 것을 의미한다. 이러한 경우 $f(x_0)$을 극소값이라고 한다.

또한 1계도함수에서 $f'(x_0) = 0$이 되는 최적값을 구할 수 있으며 동시에 2계도함수에서 $f''(x_0) < 0$인 경우에는 $f(x_0)$을 상대적 극대값이라고 한다. 또한 1계도함수에서 $f'(x_0) = 0$가 되는 최적값을 구할 수 있으며 동시에 2계도함수에서 $f''(x_0) > 0$인 경우에는 $f(x_0)$을 상대적 극소값이라고 한다.

이렇게 수학적 모형을 이용하여 1계도함수 및 2계도함수를 유도하면, 경제주체의 최적화 행위를 보일 수 있다.

4.3 편미분과 전미분

지금까지 1변수 함수, 즉 외생변수가 하나인 함수의 미분에 대해 논의하였다. 현실 경제에서 어떤 경제변수가 하나의 경제변수(외생변수)에 의해서 결정되는 경우는 거의 없으며 여러 가지 경제변수들의 영향을 받는 경우가 일반적이다. 이는 '다변수 함수로 표현된 경제모형이 더욱 일반적이라는 것'을 의미한다. 어떤 경제변수 y가 다양한 경제변수들인 $x_1, x_2, x_3, \cdots x_n$에 영향을 받는 경우에, 경제모형은 다음과 같이 다변수 함수로 표현될 수 있다.

$$y = f(x_1, x_2, x_3, \cdots x_n) \tag{1-13}$$

식(1-13)에서 하나의 내생변수는 y이고 n개의 외생변수들은 $x_1, x_2, x_3, \cdots x_n$이다. 내생변수 y는 다음과 같은 경우에 변할 수 있다: n개의 외생변수들 중에서 (1) 하나의 외생변수만 변하는 경우, (2) n개의 외생변수들 모두가 변하는 경우, (3) n개의 외생변수들 중에서 특정 외생변수들이 변하는 경우이다. (1)의 경우를 수학적 표현을 하면 편도함수(偏導函數, partial derivative), (2)의 경우를 전도함수(全導函數, total derivative)라고 부른다.

편미분

우선 식(1-13)에서 각 외생변수가 서로 독립적이어서 각 외생변수는 다른 외생변수에 영향을 주지 않는다고 가정하자.[18] 다음으로 다른 외생변수들은 고정되어 있는데 외생변수 x_1만 변한다고 가정해 보자. x_1의 변화에 따라 y에게 미치는 영향은 다음과 같이 편미분(偏微分)으로 표현될 수 있다.[19]

$$\frac{\partial y}{\partial x_1} \equiv \lim_{\Delta x_1 \to 0} \frac{\Delta y}{\Delta x_1} \equiv f_1 \tag{1-14}$$

식(1−14)를 편도함수라고 부르는 이유는 x_1을 제외한 나머지 외생변수들이 모두 고정되어 있기 때문이다. 마찬가지로 다른 외생변수들의 변화가 y에게 주는 영향에 대해서도 편도함수를 이용하여 정의할 수 있으며 식(1−13)에서 i번째 외생변수인 x_i의 변화에 따라 y에게 주는 영향은 다음과 같이 편도함수로 표현될 수 있다.

$$\frac{\partial y}{\partial x_i} \equiv \lim_{\Delta x_i \to 0} \frac{\Delta y}{\Delta x_i} \equiv f_i \tag{1-15}$$

전미분

이제 서로 독립적인 외생변수들이 모두 변하는 경우를 가정해 보자. 이러한 상황은 다음과 같이 전미분(全微分)으로 표현될 수 있다.

$$dy = \frac{\partial y}{\partial x_1}dx_1 + \frac{\partial y}{\partial x_2}dx_2 + \frac{\partial y}{\partial x_3}dx_3 + \cdots + \frac{\partial y}{\partial x_n}dx_n \tag{1-16}$$

다음으로 n개의 외생변수들 중에서 특정 외생변수들이 변화하고 나머지 외생변수들은 고정되어 있는 상황을 가정하자. 예를 들어 x_1과 x_2는 변화하고 x_3, x_4, ⋯ x_n은 변화하지 않는 상황을 고려하자. 이러한 경우에 식(1−16)은 다음과 같이 표현될 수 있다.

$$dy = \frac{\partial y}{\partial x_1}dx_1 + \frac{\partial y}{\partial x_2}dx_2 \tag{1-17}$$

식(1−17)은 식(1−16)으로 부터 변화가 없는 외생변수에 해당하는 변화(여기에서는 dx_3, dx_4, ⋯ dx_n)를 '0'으로 처리한 것이다.

---

18) 항상 '서로 독립적'이라는 가정이 필요한 것은 아니다. 변수들이 서로 독립적이지 않은 경우에 대한 분석은 Chiang and Wainwright(2005) 등을 참고하기 바란다.

19) 식(1−14)와 같이, 편도함수를 구하는 과정을 편미분이라고 한다. 또한 식(1−14)에서 편미분 기호로는 d 대신에 ∂(round라고 읽는다)를 사용한다. 만약 외생변수가 하나인 경우에는 $\frac{dy}{dx}=\frac{\partial y}{\partial x}$로 표현할 수 있다.

4.4 한계의 개념

경제학은 한계(marginal)라는 개념을 자주 사용한다. 특히 미시경제학은 한계로 시작해서 한계로 끝난다 해도 과언이 아니다. 그런데 경제학에서 사용하는 '한계'는 우리 일상생활에서 '능력의 한계를 느낀다'는 등의 말에 쓰이는 개념과는 다르다. 대부분 (편)미분의 개념이다. 경제학에서 쓰는 한계라는 용어의 뜻은 '추가되는 마지막 단위'이다. 추가라는 것은 변화이고, 이 변화가 0에 가까우면 미분이 된다. 한편, 미분을 기하학적으로 표현하면 '접선의 기울기'이다. 지금까지 설명한 한계의 개념을 간추리면 다음과 같다.

1) 서술적으로는 '추가되는 마지막 단위'이다.
2) 대수적으로는 '(편)미분'이다.
3) 기하학적으로는 '접선의 기울기'이다.

한계의 개념을 이용하는 주요 용어

경제학에서 자주 사용하는 한계와 관련된 표현은 다음과 같다.

우선 한계효용(marginal utility)에 대해 알아보자. 효용함수가 $u = u(x, y)$라고 하자. 이때 상품 Y의 소비는 고정시켜 놓고 상품 X의 소비를 미세하게 증가시키는 경우에 효용의 변화분은 다음과 같이 한계효용으로 표현할 수 있다.

$$X\text{의 소비량 증가에 따른 한계효용: } MU_X = \frac{\partial u(x, y)}{\partial x} \tag{1-18}$$

둘째, 한계이윤(marginal profit)에 대해 알아보기로 한다. 기업의 이윤함수가 $\pi = \pi(Q)$라고 하자. 기업이 상품의 생산량(Q)을 변화시키는 경우에 이윤의 변화분은 다음과 같이 표현할 수 있다.

$$\text{상품의 생산량 증가에 따른 한계이윤: } \frac{\partial \pi(Q)}{\partial Q} \tag{1-19}$$

셋째, 한계비용(marginal cost)에 대해 알아보자. 기업의 비용함수가 $C = C(Q)$라고 하자. 기업이 상품의 생산량(Q)을 미세하게 변화시키는 경우에 비용의 변화분은 다음과 같이 표현할 수 있다.

$$\text{상품의 생산량 증가에 따른 한계비용: } MC = \frac{\partial C(Q)}{\partial Q} \quad (1-20)$$

넷째, 한계생산(marginal product)에 대해 알아 보자. 기업이 노동 L과 자본 K를 투입하여 상품을 생산할 때, 이러한 관계는 $Q = Q(L, K)$로 표현될 수 있다. 기업이 노동을 변화시키는 경우 생산의 변화분과 자본을 변화시키는 경우의 생산의 변화분은 각각 다음과 같이 표현될 수 있다.

$$\text{노동요소}(L)\text{ 증가에 따른 한계생산: } MP_L = \frac{\partial Q(L, K)}{\partial L} \quad (1-21)$$

$$\text{자본요소}(K)\text{ 증가에 따른 한계생산: } MP_K = \frac{\partial Q(L, K)}{\partial K} \quad (1-22)$$

이 밖에도 한계라는 표현을 사용하는 경우는 한계대체율, 한계기술대체율, 그리고 한계변환율 등이 있다.

읽을거리

한계혁명(marginal revolution)

19세기 후기에 영국의 제본스,[20] 오스트리아의 멩거,[21] 프랑스의 왈라스[22] 등은 각각 독립적으로 동일한 이론을 제창하였다. 이들은 당시까지 지배적이었던 객관적 가치에 기초한 노동가치설을 부정하고, 재화의 가치는 인간이 느끼는 주관적인 만족감, 즉 효용에 의해 결정된다는 주관적 가치론을 주장하였다. 이것을 한계혁명이라고 한다. 가격기구를 중심으로 하는 이러한 이론은 현재에 이르기 까지 경제이론, 특히 소비이론의 주류를 이루고 있다. 후에 마셜은 공급측면의 비용을 고려하여, 가위의 양날과 같이 수요와 공급에 의해 가치가 결정된다고 주장하였다.

20) 제본스(W. Jevons, 1835~1882)는 영국의 경제학자로, 고센(H. Gossen)과 함께 한계효용이론의 주창자로 알려져 있다.

21) 멩거(C. Menger, 1840~1921)는 비저(von Wieser), 뵘 바베르크(von Böhm-Bawerk)와 함께 오스트리아학파 경제학자의 3대 기둥이며『국민경제학원리』의 저자이다. 제본스, 고센과 함께 한계혁명 3 주역의 한 사람이다.

22) 왈라스(L. Walras, 1834~1910)는 프랑스의 경제학자로 로잔느학파의 창시자이다.

4.5 탄력성

탄력성(彈力性, elasticity)은 원래 물리학에서 사용하는 용어이다. B에 어떤 힘을 가했을 때 A가 보이는 반응의 정도를 탄력성이라고 한다. 경제학에서 탄력성의 개념을 활용하는 이유에 대해 알아보자. 현실에서 거래되는 상품들은 다양하다. 어떤 상품은 무게를 단위로, 어떤 상품은 낱개로, 어떤 상품은 시간을 단위로 거래된다. 이렇듯 다양한 상품이 다양한 기준으로 거래되기 때문에 경제상황의 변화에 따라 어떤 상품의 수요 혹은 공급이 더 민감하게 반응하는지에 대해 분석하는 방법이 필요하였으며, 이러한 분석 방법이 탄력성이다.

경제학에서 나오는 탄력성으로는 수요의 가격탄력성, 수요의 소득탄력성, 수요의 교차탄력성, 그리고 공급의 가격탄력성 등이 있다. 탄력성을 측정하는 기본 공식은 다음과 같다.

$$A\text{의 } B\text{탄력성} = \frac{\Delta A/A}{\Delta B/B} = \frac{A\text{의 변화율}}{B\text{의 변화율}} \tag{1-23}$$

식(1−23)은 '원인(B)'의 변화율로 '결과(A)'의 변화율을 나눔으로써 정의된다. 즉 B가 변할 때 A가 얼마나 반응하는가의 비율을 나타낸다. 구체적으로 수요의 소득탄력성을 보기로 하자. 식(1−23)을 적용하면 수요의 소득탄력성이란 '소득(M)이 변할 때 수요(Q)가 얼마나 반응하는가의 비율'이다. 식(1−24)는 수요의 소득탄력성이라는 개념을 수학적으로 표현한 것이다.

$$\text{수요의 소득탄력성} = \frac{\Delta Q/Q}{\Delta M/M} = \frac{\text{수요의 변화율}}{\text{소득의 변화율}} \tag{1-24}$$

요 · 약

01. 경제학(economics)이란 희소한 자원을 선택적으로 사용하여 재화와 서비스를 생산 · 교환 · 소비 · 분배하는 과정을 연구하는 학문이다.

02. 미시경제학(microeconomics)이란 가계와 기업의 경제행위와 그 상호작용을 연구하는 학문이다. 미시경제학은 다음과 같은 주제들을 연구하고, 그 문제의 해결을 시도한다.

- 최적상황을 찾아낸다.
- 시장에서 가격은 어떻게 결정되며, 기업들은 어떤 원리로 가격을 설정하는가, 그 가격은 효율성 또는 형평성이 높은가, 효율성이나 형평성이 낮다면 어떻게 바로잡을 것인가를 연구한다.
- 시장구조는 어떤 의의와 효과를 가지고 있는가, 그리고 시장구조의 최적화 방안은 무엇인가를 연구한다.
- 경제학의 가장 기본이 되는 내용이 함축되어 있으며, 모든 경제분석의 도구를 제공하여 준다.

03. 미시경제학은 시장경제체제를 전제로 하고 있다. 시장경제의 중요한 특징은 생산요소의 소유권을 인정한다는 것이다. 다음으로 시장경제는 상품의 수요 · 공급 조절이 가격이라는 매개를 통하여 이루어진다.

04. 미시경제학을 공부하기 위해 몇 가지의 수학공식과 그림을 잘 이해하는 것이 필요하다.

05. 간단한 미분은 경제학 공부에 필요하다. 경제학에서 쓰는 한계라는 용어의 뜻은 추가되는 마지막 단위이고, 이는 미세한 변화분이라는 미분(微分)의 개념과 일치한다. 다음은 가장 기본적인 한계 개념의 공식들이다.

- 한계효용(marginal utility) MU는 효용 u를 소비량에 대해 편미분한 것이다.

  상품 소비의 한계효용: $MU = \dfrac{\partial u}{\partial Q}$

- 한계비용(marginal cost) MC는 비용 C를 생산량에 대해 편미분한 것이다.

  상품 생산의 한계비용: $MC = \dfrac{\partial C}{\partial Q}$

- 한계생산(marginal product) MP는 총생산 Q를 생산요소에 대해 편미분한 것이다.

  노동요소(L)의 한계생산, $MP_L = \dfrac{\partial Q(L, K)}{\partial L}$

  자본요소(K)의 한계생산, $MP_K = \dfrac{\partial Q(L, K)}{\partial K}$

연 · 습 · 문 · 제

01. 재화와 서비스를 상품이라고도 한다. 세 용어를 구별하여 설명하시오.

02. 미시경제학이란 어떤 학문이며 어떤 효용을 갖는지 설명하시오.

03. 경제(經濟)라는 말은 어디서 나왔는가?

04. 카알라일은 경제학을 음울한 과학이라고 했다. 이에 대한 견해를 말하시오.

05. 미시경제학은 어떤 경제체제를 전제로 하고 있는가. 그 이유에 대해 설명하시오.

06. 자본주의 경제체제의 특성은 무엇인가?

07. 시장경제체제란 무엇이며 그 중요한 특징은 무엇인가?

08. 혼합경제체제가 등장하게 된 배경은 무엇인가?

09. 거시경제학이란 어떤 학문인가, 그리고 미시경제학과는 어떤 점에서 구별되는지 설명하시오.

chapter

2

수요와 공급

이 장에서는 수요와 공급에 대해서 공부한다. 수요와 공급의 개념은 경제학의 기초라 할 수 있다. 앵무새에게도 수요와 공급을 가르치면 경제학자가 될 수 있다는 말이 있을 정도다.[1] 수요와 공급은 미시경제학의 핵심적 개념이다. 미시경제학의 주요 주제가 가격의 분석인데, 가격은 수요와 공급에 의해 결정되기 때문이다. 한편, 수요와 공급이론에서 큰 비중을 가지는 내용이 다양한 탄력성의 개념이다. 이 장은 다양한 탄력성의 개념과 그 적용방법에 대해서도 소개한다.

1) P. A. Samuelson and W. D. Nordhaus, 「ECONOMICS」, 14th ed., McGraw-Hill, 1992, p. 48.

구하라 그리하면 너희에게 주실 것이요 찾으라, 그리하면 찾아낼 것이요,
문을 두드리라 그리하면 너희에게 열릴 것이니, 구하는 이마다 받을 것이요,
찾는 이는 찾아낼 것이요, 두드리는 이에게는 열릴 것이니라.

- 마태복음 7: 7~8 -

제1절 수요함수와 공급함수

1.1 수요와 수요함수

삼촌네 가게 떡이라도 싸야 사먹지

(1) 수요

수요는 소비자의 효용극대화 행위와 밀접한 관련이 있다. 어떤 상품에 대한 수요(需要, demand)란 소비자가 그 상품을 구입하려는 욕구를 말한다. 그리고 수요량(需要量, quantity demanded)이란 소비자가 구입하고자 하는 상품의 양을 말한다. 경제이론에서 수요는 다음과 같은 성질을 가진다. 첫째, 수요란 소비자의 구입하려는 의도(willingness to pay)를 나타내며, 수요량이란 실제로 구입한 양이 아니라 주어진 조건에서 소비자가 구입하려는 양을 말한다. 둘째, 거의 모든 경우에 수요량은 유량(流量, flow)의 성질을 갖고 있다.[2] 즉 수요량은 어느 기간 동안의 의도된 구입량으로 정의되며 수요량을 말할 때는 '매 기당(per unit time) 얼마' 하는 식으로 기간을 표시해 주어야 한다.

(2) 시장수요함수

시장수요(市場需要)는 경제적 요인뿐 아니라 비경제적 요인에도 영향을 받는

2) 유량(flow)에 속하는 경제변수는 시간의 차원을 가지는 변수로서 일정 기간 동안 변하는 양을 나타내는 변수이다. 이러한 경제변수로는 대부분의 상품 수요량, 소득, 그리고 수출입량 등이 있다. 저량(貯量, stock)에 속하는 경제변수로는 일정 시점에서 끊어 보았을 때 크기를 측정할 수 있는 변수이다. 이러한 경제변수로는 자산, 통화량, 그리고 외환보유고 등이 있다. 소득의 경우 연별 또는 월별로 번 돈이 얼마가 되는지를 측정하므로 유량의 개념이지만, 자산의 경우 특정한 시점에 자산의 가치가 얼마인지를 측정하므로 저량의 개념이다. 수요량은 거의 모든 경우 유량변수이지만 저량변수인 경우도 있다. 예를 들면 아파트에 대한 수요량은 저량변수이다. 따라서 수요량이 반드시 유량변수일 필요는 없다. 그러나 현실적으로 대부분의 수요량이 유량변수이므로 이 책에서는 유량변수인 수요량과 수요함수를 중심으로 설명하고자 한다.

다. 시장수요에 영향을 주는 중요한 요인들에 대해 알아보자.

① 그 상품의 가격 P(price of the good): 가격은 상품의 수요량을 결정하는 가장 중요한 요인이다. 일반적으로 어떤 상품의 가격이 높으면 그 상품의 수요량이 적고, 가격이 낮으면 수요량이 많다. 그리고 이러한 현상을 수요의 법칙(law of demand)이라고 한다.

② 그 상품과 관련이 있는 다른 상품들의 가격 P_R(prices of related goods): 그 상품과 관련이 있는 다른 상품의 가격은 그 상품의 수요에 영향을 미친다. 예를 들어 국내선 항공료가 인상되면 소비자는 항공기 대신 버스나 철도를 이용하므로 버스와 철도 수송의 수요를 증가시키게 된다. 이와 반대로 프린터의 값이 상승하면 잉크카트리지의 수요는 감소한다.

③ 소비자의 소득수준 M(money income): 대부분의 상품은 소득의 증가에 따라 수요가 증가한다. 그러나 어떤 상품은 소득이 증가할 때 수요가 오히려 감소하기도 한다.

④ 인구의 수(numbers)와 구성 N: 인구수의 증가 또는 인구 구성의 다양성은 상품의 수요에 영향을 미치게 된다. 예를 들어 어떤 지역에 학생의 수가 많은가, 아니면 노인의 수가 많은가에 따라 볼펜의 수요가 변할 수 있다.

⑤ 상품에 대한 광고 A(advertisement): 매스컴의 영향력이 높은 현대사회에서 광고도 수요에 영향을 주는 중요한 변수이다. 광고는 소비자에게 상품의 질과 용도 등에 관한 정보를 제공하거나, 구매 욕구를 일으켜 수요를 증가시키는 역할을 하게 된다.

⑥ 소비자의 예상 E(expectation): 상품의 가격이나 공급에 대한 소비자의 예측도 수요에 영향을 미친다. 예를 들어 아파트에 대한 투기수요는 소비자의 예상에 따라 형성된다.

⑦ 소비자의 기호 T(taste): 어떤 상품에 대한 소비자의 기호가 달라지면 그 상품에 대한 수요도 달라진다.[3)]

이 일곱 가지 외에도 수요에 영향을 미치는 여러 가지 요인들이 있을 것이다. 지금까지 설명한 수요량과 주요 변수들 사이의 관계는 다음과 같은 함수식으로 나타낼 수 있다.

---

3) 기호(T)는 수요에 영향을 주는 모든 비경제적 요인을 포함한다. 기호 이외의 비경제적 요인으로는 유행, 제도, 관습 및 날씨 등이 있다.

$$Q_D = f(P, P_R, M, N, A, E, T, ...) \qquad (2-1)$$

이 함수식을 어떤 상품의 시장수요함수(市場需要函數, market demand function)라고 한다. 시장수요함수는 어떤 상품의 시장수요에 영향을 미치는 여러 요인들과 그 상품의 수요(량)과의 관계를 나타내는 다변수함수이다. 앞에서 밝혔듯이 대부분의 수요량이 유량의 성질을 갖고 있으므로, 이 책에서는 수요량과 수요함수를 중심으로 설명할 것이다. 따라서 식(2−1)의 수요량도 특정한 기간에 대해서 정의된 것으로 봐도 무방하다.

(3) 시장수요곡선

식(2−1)로 표현된 수요(량)과 이를 결정하는 주요 변수들의 관계는 그림으로 나타낼 수 있다. 이 식은 일곱 개의 독립변수를 갖고 있으므로 이를 그대로 도형화하기 위해서는 8차원의 그림을 그려야 한다. 그런데 저자들을 포함한 독자들은 평면 위에 2차원의 그림을 자연스럽게 그릴 수 있을 뿐, 3차원 이상의 그림은 그릴 수 없다. 따라서 여러 독립변수들 중 가장 중요한 것 하나를 골라 그것의 변화만을 허용하고 다른 독립변수들은 변화하지 않는다고 가정하는 것이 필요하다. 이 때 쓰이는 유명한 말이 'ceteris paribus'라는 라틴어인데 '다른 모든 조건이 변하지 않는다면(other things being equal)'이라는 뜻이다.

ceteris paribus: 다른 조건이 변하지 않는다면

어떤 상품에 대한 시장수요에 영향을 미치는 변수들 중에서 가장 중요한 것은 그 상품의 가격이다. 따라서 우리는 식(2−1)을 다음과 같이 약간 바꾸어 표현한 다음 이를 그림으로 옮기게 된다.

$$Q_D = f(P; P_R, M, N, A, E, T, ...) \qquad (2-1)'$$

식(2−1)′에서 괄호 안을 보면, 그 상품의 가격을 나타내는 변수(P)를 다른 변수들과 세미콜론으로 구분해 놓고 있음을 알 수 있다. 그 상품의 가격만 변화를 허용하고, 다른 변수들은 주어진 수준에서 변하지 않는다는 뜻이다. 결과적으로 식(2−1)′로 표현된 함수는 각 가격수준에 대응하여 소비자들이 매 기간 당 구매하려는 상품의

그림 2-1 수요곡선 그리기

(a) 가격수준과 수요량

가격(원)	21	18	15	12	9	6
수요량(개)	3	6	10	15	21	28

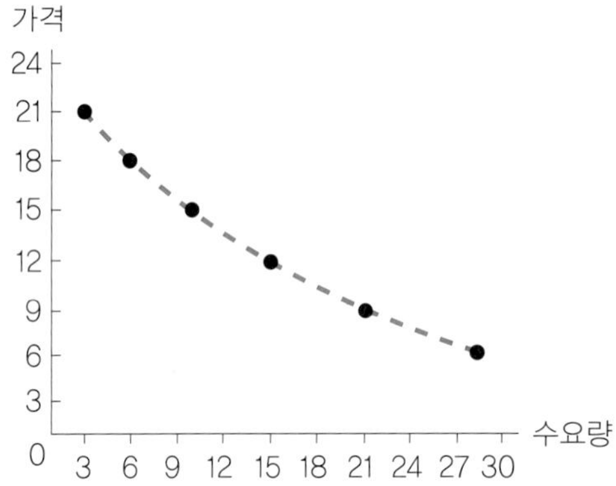

(b) 좌표에 옮기면

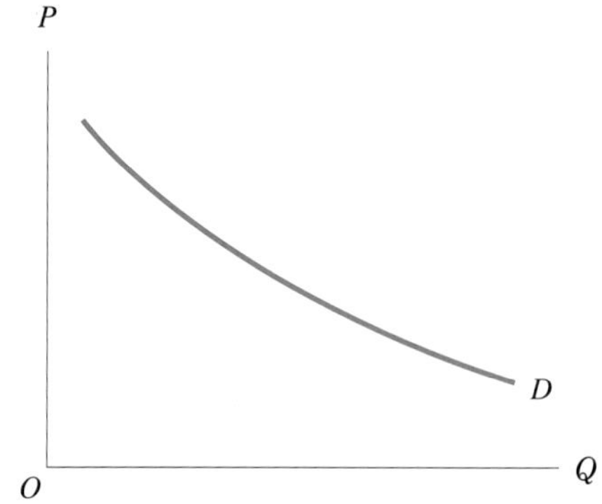

(c) 일반적인 수요곡선

수량을 나타내며, '다른 모든 조건이 변하지 않는다면'이라는 가정이 들어 있다는 것을 항상 염두에 두기 바란다. 이 함수를 가로축에 수요량이, 세로축에는 가격이 측정되는 평면 위의 한 곡선으로 나타낼 수 있다.

[그림 2-1]은 수요곡선을 유도하는 과정을 보여준다.

(a)는 어떤 상품에 대한 가상의 수요표이다. 이 표는 각 가격수준에서 소비자가 구매하고자 하는 상품의 양을 나타낸다. 이 가격과 수요량의 관계를 그림으로 나타낸 것이 (b)이다. 그림에서 세로축은 가격수준을, 가로축은 수요량을 나타낸다. 이 꺾은선의 그림을 부드러운 곡선으로 일반화시킨 것이 (c)의 수요곡선이다. 수요곡선은 일반적으로 우하향(右下向, downward-sloping)의 형태를 보인다. 즉 상품의 가격이 하락하면 그 상품의 수요량이 증가하고, 가격이 상승하면 수요량이 감소한다. 이 관계를 수요의 법칙이라고 부른다.

수요곡선에는 개별수요곡선과 시장수요곡선이 있다. 개별수요곡선은 어떤 상품에 대한 소비자 한 사람의 수요를 나타낸 것이다. 시장수요곡선은 그 상품에 대한 시장 전체의 수요를 나타낸 것이다. 시장수요곡선은 개별수요곡선의 횡적(橫的)인 합계이다. 여기에서 '횡적인 합계'의 의미는 무엇일까. 그 의미를 알기 위해 볼펜에 대한 수요에 대해서 생각해 보자. 볼펜 한 자루 값이 200원이라면 소비자 *A*는 한 자루, 소비자 *B*는 세 자루, 소비자 *C*는 열 자루, … 등을 구입할 용의가 있다. 이들의 수요를 개별수요라고 한다. 이들이 200원의 가격에 구입할 의사가 있는 각각의 볼펜의 개수를 모두 더하면 시장수요가 된다. 즉 시장수요는 개별수요의 횡적인 합계이다.[4)]

(4) 최대한의 가격(maximum price)

수요곡선의 높이는 각 수요량 수준에서 소비자가 지불할 용의가 있는 최대한의 가격(maximum price)이라는 성질을 갖는다. 수요곡선의 높이가 최대한의 가격이라는 것은 각 수요량 수준에서 소비자가 수요곡선의 위쪽 가격으로는 구입할 의사가 없고 아래쪽 가격에는 구입할 의사가 있다는 것을 뜻한다. 소비자가 지불할 용의가 있는 가격을 수요가격(demand price)이라고 한다.

수요곡선이 갖는 'maximum price'라는 성질은 나중에 공부하는 물품세 부과의 효과, 소비자잉여, 독점기업의 가격차별 등의 분석에 매우 유용하니 기억해 두기 바란다.

1.2 공급과 공급함수

컴퓨터가격이 상승한다면 특근을 해서라도 더 생산하련만

– 공장장 –

공급은 기업의 이윤극대화 행위와 밀접한 관련이 있다. 어떤 상품에 대한 공급(供給, supply)이란 생산자가 그 상품을 판매하려는 욕구를 말한다. 그리고 공급량(供給量, quantity supplied)이란 생산자가 주어진 상품의 가격에서 판매하고자 하

4) 시장수요곡선이 언제나 개별수요곡선의 횡적인 합계는 아니다. 공공재에 대한 시장수요곡선은 개별 수요곡선을 위로 더하는 종적인 합계이다. 이에 대해서는 제17장 시장실패에서 다시 설명한다.

는 양을 의미한다.

경제이론에서 공급은 다음과 같은 성질을 가진다. 첫째, 공급이란 생산자의 공급하려는 의도(willingness to supply)를 나타낸다. 공급량이란 실제로 공급한 양이 아니라 주어진 조건에서 공급자가 판매하려는 양을 말한다. 이 공급량은 수요량과 일치할 수도 있고 다를 수도 있다. 어떤 상품이 충분히 공급되지 않으면 초과수요가 발생할 수 있고, 반대의 경우에는 초과공급이 발생할 수 있다. 둘째, 공급량은 유량(flow)의 성질을 갖고 있으므로, 기간을 표시해 주어야 한다. 그래서 공급량은 수요량을 표현할 때와 마찬가지로 '매 기당 얼마'하는 식으로 표현한다.

(1) 시장공급함수

개별공급자의 공급, 즉 개별공급(個別供給, individual supply)이 모여 시장공급(市場供給, market supply)을 형성한다. 수요에 영향을 주는 요인이 여러 가지일 수 있는 것처럼, 공급에 대해 영향을 미치는 요인에도 여러 가지가 있다. 그 중에서 중요한 변수들에 대해 알아보자.

① 그 상품의 가격 P(price of the good): 가격은 상품의 공급량을 결정하는 가장 중요한 요인이다. 일반적으로 어떤 상품의 가격이 높으면 그 상품의 공급량이 많고, 가격이 낮으면 공급량이 적다. 이러한 현상을 공급의 법칙(law of supply)이라고 한다.

② 그 상품과 관련이 있는 다른 상품들의 가격 P_R(prices of related goods): 공급자의 입장에서 볼 때 여러 상품은 서로 대체관계나 보완관계를 가진다. 그래서 한 상품의 공급은 관련 있는 다른 상품 가격에 영향을 받는다. 대체관계에 있는 다른 상품 Y재의 가격이 높으면 Y재를 생산하는 것이 유리하기 때문에 X재의 공급은 감소한다.

③ 생산요소 가격 w(wage): 생산요소의 가격이 높으면 그 상품의 생산비가 높아지기 때문에 공급은 적어질 것이다. 생산요소는 노동뿐 아니라 자본, 토지 등이 있으므로 생산요소 가격으로 임금뿐 아니라 자본이자, 토지에 대한 지대 등을 들 수 있다.

④ 기술수준 T(technology): 생산에 있어서 기술수준은 매우 중요한 변수가 된다. 기술수준의 향상은 생산성을 높이고 요소비용을 절감하여 공급을 증가시킨다.

⑤ 경영(management)기술과 기업의 목표 M: 기업이 어떤 경영방침과 경영철학을 가지고 어떤 수준의 경영을 하는가는 공급에 직접적인 영향을 미친다.

이 다섯 가지 외에도 공급에 영향을 미치는 여러 가지 요인들이 있을 것이다. 편의상 다른 요인들을 생략하면 어떤 상품의 시장공급함수(市場供給函數, market supply function)는 다음과 같다.

$$Q_S = g(P, P_R, w, T, M) \qquad (2-2)$$

식(2-2)의 Q_S는 공급량을 나타낸다. 함수기호로는 f를 사용하지 않고 g를 사용하는데, 이는 수요함수와 구분하기 위해서이다.

수요함수와 마찬가지로, 어떤 상품의 공급량을 결정하는데 있어서 그 상품 가격 이외 다른 요인들의 영향력은 비교적 작다. 가격 이외의 다른 요인들을 불변이라고 가정하면 공급함수는 다음과 같이 된다.

$$Q_S = g(P; P_R, w, T, M) \qquad (2-2)'$$

식(2-2)′를 보면 어떤 상품의 공급량수준은 그 상품의 가격수준에 의해 결정된다는 것을 알 수 있다. 공급함수를 이렇게 단순화시키는 이유는 앞의 수요함수에서 설명한 바와 같이 모든 조건을 동시에 고려해서 분석하기가 어렵거나 불가능하기 때문이다.

(2) 시장공급곡선

이 공급함수가 나타내는 가격과 공급량의 관계를 그림으로 옮기면 공급곡선이 된다. 일반적으로 공급곡선은 우상향(右上向, upward-sloping)한다. 상품의 가격이 상승하면 기업의 생산이 증가하여 공급량이 증가하고, 가격이 하락하면 공급량이 감소한다.

[그림 2-2]는 공급곡선을 유도하는 과정을 보이고 있다.

(a)는 어떤 상품에 대한 가상의 공급표이다. 이 표는 각 가격수준에서 생산자가 공급하고자 하는 상품의 양을 나타낸다. 이 가격과 공급량의 관계를 그림으로 나타낸 것이 (b)이다. 그림에서 세로축은 가격수준을, 가로축은 공급량을 나타낸다. 이 꺾은선의 공급곡선을 부드러운 곡선으로 일반화시킨 것이 (c)의 공급곡선이다.

그림 2–2 공급곡선 그리기

(a) 가격수준과 공급량

가격(원)	6	9	12	15	18	21
공급량(개)	2	9	15	20	24	27

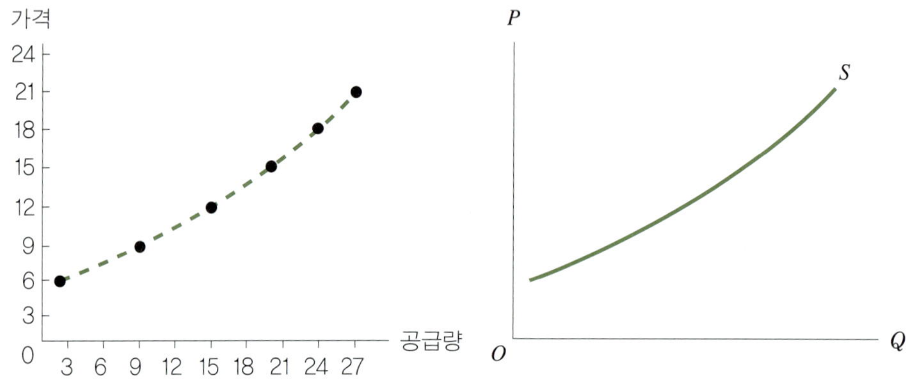

(b) 좌표에 옮기면 (c) 일반적인 공급곡선

개별공급자들의 공급, 즉 개별공급이 모여서 시장공급을 형성한다. 또 시장공급은 개별공급의 횡적인 합계이다.

(3) 최소한의 가격(minimum price)

공급곡선의 높이는 각 공급량 수준에서 공급자가 받고자 하는 최소한의 가격(minimum price)을 의미한다. 공급곡선의 높이가 최소한의 가격이라는 것은 각 공급량 수준에서 생산자가 공급곡선의 위쪽 가격으로는 공급할 의사가 있지만 아래쪽 가격에는 공급할 의사가 없다는 것을 뜻한다. 공급곡선의 높이가 최소한의 가격이라는 의미를 가지고 있다는 사실은 생산자잉여, 물품세 부과의 효과, 전용수입 및 독점의 효과 분석에 유용하니 꼭 기억하도록 하자. 한편 공급자가 받고자 하는 최소한의 가격을 공급가격(supply price)이라고 한다.

1.3 수요량의 변화와 수요의 변화

한 상품의 수요량이나 공급량의 변화는 그 상품가격이 변할 때 일어난다. 다시 말하면 그 상품의 가격만 변화하고 다른 변수들의 값은 고정되어 있는 경우에 수요량과 공급량의 변화를 말할 수 있다. 이에 반해 수요나 공급의 변화는 그 상품가격과 기타 변수들의 값이 고정되어 있고 한 변수의 값만 변할 때 일어난다. 경제학에서는 이렇듯 수요량이나 공급량의 변화를 수요와 공급의 변화와 구분하여 표현한다 [제1장에서 배운 편미분의 개념과 본 장에서 소개된 시장수요함수와 시장공급함수를 기억하기 바란다].

여기서는 수요량의 변화와 수요의 변화에 대해 설명하기로 한다.

(1) 수요량의 변화

휘발유가격이 오르면 사람들은 휘발유의 소비를 줄인다. 즉 휘발유의 수요량이 감소한다. 이처럼 어떤 상품의 가격이 변하면 그 상품의 수요량도 변하게 된다. 이러한 현상을 수요량의 변화(change in quantity demanded)라고 부른다. 좀 더 정확히 말하면, 어떤 상품의 가격이 변할 때 그 상품에 대해 의도된 구입량이 변하는 것을 수요량의 변화라고 한다. 식(2−1)′로 표현된 시장수요함수에서 P가 변할 때 Q_D가 변하는 것이 수요량의 변화이다.

수요량의 변화: 어떤 상품의 가격이 변할 때 일어나는 의도된 구입량의 변화

수요량의 변화를 그림으로 보면 같은 수요곡선을 따라가며 이동(movement along the demand curve)하는 것으로 나타난다.

[그림 2−3]에서 이 현상을 확인해 보자.

(a)는 어떤 상품의 수요곡선이다. 그 상품의 가격이 P_1일 때 수요량은 Q_1이고, 점 A는 가격과 수요량의 조합이다. (b)는 수요량의 변화를 나타낸다. 만약 이 상품의 가격이 P_1에서 P_2로 하락하면 새로운 수요량은 Q_2가 되고, 가격과 수요량의 조합점은 B이다. 즉 가격이 하락하면 그 조합점이 A에서 B로 '수요곡선을 따라 이동'한다. 수요량의 변화를 그림으로 보면 수요곡선을 따라 이동하는 것을 확인할 수 있다. 한편 가격이 상승하면 수요량은 감소하게 된다. 즉 조합점이 B에서 A로 옮겨

그림 2-3 수요량의 변화

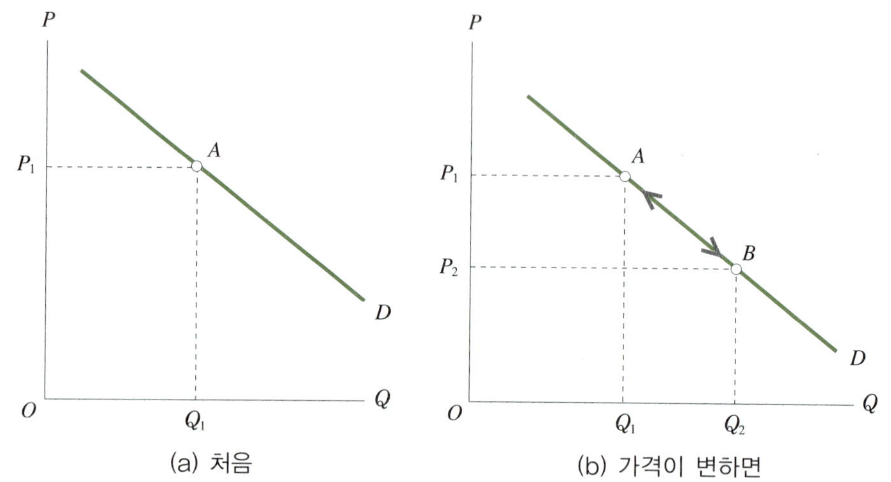

간다.

(2) 수요의 변화

식(2-1)′로 표현된 함수에서 볼 수 있듯이 수요는 다른 상품의 가격(P_R), 소득수준(M), 인구수(N), 그 상품에 대한 광고(A), 그 상품에 대한 소비자의 기대(E), 그 상품에 대한 소비자의 기호(T) 등의 변화에도 영향을 받는다. 단지 분석의 편의상 가격 외의 요인들은 불변이라는 가정을 하고, 요인에서 제외했을 뿐이다. 만약 불변이라고 가정했던 요인들이 변한다면 수요함수 자체가 변하고, 따라서 수요곡선도 새로이 그려지거나 이동되어야 한다.

2006년도에 음료수 시장에서 석류음료를 만드는 기업이 영화배우 이준기 씨를 광고에 등장시켰다. 원래 석류는 여성에게 특히 좋은 과일이라고 한다. 여기에 '왕의 남자'로 인기를 얻은 이준기 씨가 등장하여 '미녀는 석류를 좋아해'를 반복해서 노래하며 석류음료 마시기를 권하는 것이다. 이 광고는 미를 추구하는 여성의 감성을 자극하며, 남성에게는 좋아하는 여성에게 이 음료를 사주고 싶은 생각이 들게 하였다. 한국방송광고진흥공사가 조사해보니 당시 우리나라 소비자들에게 가장 인상적인 광고는 '미녀는 석류를 좋아해'였다고 한다. 또 '미녀는 석류를 좋아해'

CM송은 인터넷을 통해 다양하게 패러디되며 광고 자체의 인기를 이어갔다. 광고가 소비자에게 좋은 인상을 남기고 인기를 얻게 되면 그 제품의 수요가 증가하게 된다. 즉 '효율적인 광고 ⇒ 수요 증가' 현상이 일어나게 된다.

[그림 2-4]는 광고의 등장으로 인한 '미녀는 석류를 좋아해' 수요의 변화이다.

(a)는 광고 이전의 석류음료 수요이다. 이준기 씨의 광고 등장 전 석류음료의 수요는 한 달에 약 200만 병이었다. (b)는 이준기 씨의 광고 등장 후 수요 상황이다. 이 광고가 인기를 끌면서 '미녀는 석류를 좋아해'는 가격이 변하지 않았는데도 수요가 340만 병으로 증가하고 있다. 이렇게 가격의 변화 없이 수요가 증가하면, 그림의 처음 수요곡선만 가지고는 수요의 증가를 나타낼 수가 없다. 가격변화 없이 수요증가를 나타내려면 수요곡선 자체가 오른쪽으로 이동해야 된다. 따라서 수요곡선 D_O는 이준기 씨 등장 후에 오른쪽으로 옮겨가 D_A로 된다. 광고로 수요의 변화가 발생한 것이다. 이와 같이 그 상품가격 이외 요인의 변화에 의해 수요곡선 자체가 이동(shift in the demand curve)하고 수요가 변하는 것을 '수요의 변화(changes in demand)'라고 한다.

수요의 변화: 해당 상품가격 이외의 다른 요인이 변할 때 일어나는 의도된 구입량의 변화

이러한 수요의 변화는 광고의 변화뿐만 아니라 다른 상품의 가격이 변할 때, 소

그림 2-4 광고로 인한 수요의 변화

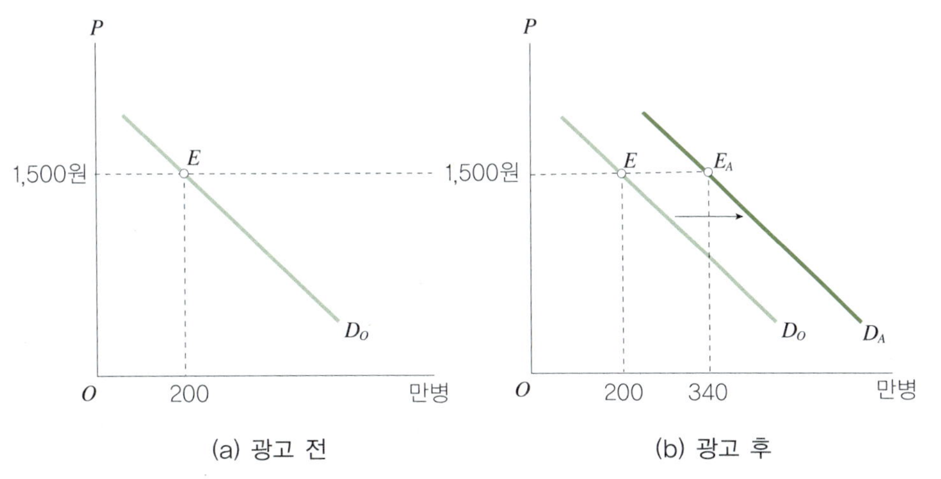

득수준이 변할 때, 인구의 수가 변할 때, 소비자의 기호가 변할 때도 일어난다.

이와 같은 현상은 공급곡선에서도 마찬가지이다. 가격이 변하면 '공급량의 변화'가 있게 되고 공급곡선을 따라가며 이동(movement along the supply curve)하는 것으로 나타난다. 반면에 그 상품의 가격이 변하지 않으면서, 불변이라고 가정하였던 다른 요인의 변화가 있게 되면 '공급의 변화'가 있게 되고 공급곡선 자체의 이동(shift in the supply curve)이 일어난다. 예를 들어 노동가격인 임금이 하락하면 공급곡선은 아래로(혹은 오른쪽으로) 이동하게 되며, 반대로 임금이 상승하면 공급곡선은 위로(혹은 왼쪽으로) 이동하게 된다.

지금까지 설명한 내용을 종합하면 다음과 같다. ① 수요량 및 공급량의 변화는 그림의 양 축이 나타내는 변수 중 하나인 가격이 변할 때 일어나고 곡선을 따라가는 이동(movement)으로 나타난다. ② 수요 및 공급의 변화는 그 상품 가격 이외의 요인이 변할 때 일어나고, 곡선 자체의 이동(shift)이 일어난다.

1.4 수요 · 공급의 균형과 가격의 기능

시장수요와 시장공급이 일치하는 점에서 시장이 균형(均衡, equilibrium)을 이루고, 수급량과 가격이 형성된다. 가격이란 어떤 상품 한 단위를 얻기 위하여 지불해야 하는 다른 상품 또는 화폐의 양이다.[5)]

가격은 그 성격에 따라 여러 종류로 분류될 수 있다. 어떤 상품의 가격을 다른 상품의 양으로 표시할 때 이 수치를 상대가격(相對價格, relative price)이라 하며, 화폐단위로 표시한 것을 절대가격(絕對價格, absolute price)이라고 한다. 또 시장경제에서 수요와 공급에 의해 결정되는 가격을 시장가격(市場價格, market price)이라고 하며, 시장이 경쟁시장이냐 아니면 독과점시장이냐에 따라 경쟁가격과 독과점가격으로 나눌 수 있다.[6)] 또 어떤 상품의 기회비용을 정확하게 반영한 가격을 잠재가격(潛在價格, shadow price)이라고 부른다.

5) 화폐가 존재하지 않는 곳에도 가격은 존재한다. 교환비율 자체가 가격이기 때문이다.
6) 시장이 형성되지 않는 계획경제체제에서 계획을 수립할 때 계산을 쉽게 하기 위해 상품이나 생산요소에 인위적인 가격을 부여하는 것을 계산가격이라 한다.

가격의 기능

가격은 소비자의 소비활동과 생산자의 생산활동을 조절하는 기능을 갖는다. 즉 가격은 소비활동과 생산활동의 지표가 된다. 소비자는 그의 소득과 다른 상품에 관한 정보 및 소비에 의한 한계효용 등을 고려하여 가격이 높다고 생각하면 구매하지 않고, 낮다고 생각하면 구매한다. 한편 생산자는 주어진 가격으로 이윤이 발생할 수 있는지를 고려하여 생산 여부를 결정한다. 이처럼 시장가격은 생산과 소비활동을 하는데 유용한 신호 역할을 하거나 유인을 마련해 준다.

다음으로 가격은 자원을 자율적으로 배분하는 기능을 가지고 있다. 한 사회에서 생산되는 상품의 양은 자원의 제약으로 인하여 일정한 범위 내로 제한된다. 그런데 공급자는 가장 높은 가격으로 사려는 사람에게 팔고, 소비자는 가장 낮은 가격에 판매하려는 사람으로부터 사려고 한다. 따라서 한정된 상품은 가장 높은 가치를 부여하고 가장 비싼 가격을 지불하려는 수요자 순으로 배분이 이루어진다. 반면에 생산자의 경우, 가장 싸게 공급할 수 있는 생산자 순으로 시장에서 팔 수 있게 된다. 이처럼 가격은 상품이 가장 필요한 사람에게 우선적으로 배분되도록 하는 한편, 가장 효율적으로 생산할 수 있는 생산자가 우선적으로 공급할 수 있도록 해 준다. 이처럼 생산자와 소비자가 가격을 기준으로 자유롭게 경제활동을 수행하면, 가격의 자율적인 배분기능에 따라 시장에서 수요와 공급이 자동적으로 균형을 이루게 된다. 이러한 기능을 가격의 매개변수적 기능(parametric function of price)이라고 한다. 한편 생산요소의 가격은 그 요소를 소유하고 생산활동에 서비스를 제공하는 경제주체의 소득을 형성한다.

제2절 수요와 공급의 탄력성

2019년에 기획재정부는 전자담배의 가격 인상을 고려하였다. 전자담배 가격이 오르면 전자담배 수요량이 감소할 것이다. 하지만 전자담배는 중독성이 있어, 수요량의 감소 폭에 대해서는 예단할 수 없다. 이때 경제학자가 필요하다. 경제학자는 수요의 가격탄력성을 이용하여, 전자담배 수요의 감소 폭을 측정하고, 정책제언을 한다. 또한, 전자담배의 가격 인상은 일반담배의 수요에 영향을 줄 수 있다. 이때 경제학자는 수요의 교차탄력성을 이용하여 일반담배 수요의 증가 폭을 측정한다.[7)]

탄력성(elasticity)은 물리학에서 사용하는 용어이며, 물체가 외부에서 힘을 받을 때 튀는 힘이 있는 성질을 말한다. 수요의 가격탄력성을 비롯한 여러 탄력성 개념들은 이 탄력성의 개념을 차용한 것이다. 수요의 가격탄력성이란 상품의 가격이 변할 때 그 상품의 수요량이 얼마나 반응하는가의 비율을 말한다. 수요의 가격탄력성은 가격변화에 대한 소비자의 반응을 하나의 숫자로 간결하게 나타내주는 것이다.

경제학에서 분석하는 탄력성에는 수요의 탄력성만 있는 것이 아니라 공급의 탄력성도 있다. 또 수요의 탄력성에도 가격탄력성 외에 소득이 변할 때의 반응인 소득탄력성, 그리고 다른 상품의 가격이 변할 때의 반응인 교차탄력성 등이 있다.

이 탄력성들은 하나의 공식으로 나타낼 수 있다. B가 변하여 A에 영향을 준다고 하자. 이러한 상황을 탄력성으로 나타내면 'A의 B탄력성'이라고 한다. A의 B탄력성은 B의 변화율과 이에 반응하는 A의 변화율의 비율을 말한다. 우리가 제1장에서 보았듯이 A의 B탄력성 공식은 다음과 같으며, 이러한 탄력성을 구간탄력성(block elasticity)이라고 한다.

$$A\text{의 } B\text{탄력성} = \frac{\Delta A/A}{\Delta B/B} \qquad (2-3)$$

식(2−3)을 구간탄력성이라고 표현하는 이유는 ΔA와 ΔB가 각각 일정한 구간의 변화량을 나타내기 때문이다.

호탄력성

실제로 탄력성을 계산해보자. 예를 들어 식(2−3)에서 B가 2에서 3으로 변화할 때 A가 8에서 4로 변한다고 가정하자. 이러한 예에서 탄력성은 어떻게 구할 수 있

7) 실제로 정부는 한국조세연구원에 이에 대한 연구를 의뢰하였으며, 연구원은 액상형 전자담배에 대한 세율을 조정할 때 전자담배 기기에 대한 과세까지 함께 고려할 필요가 있음을 제언하였다.

을까? B는 50% 증가한 것인가(상승분 1을 처음의 값 2로 나눈 것), 아니면 33.3% 증가한 것인가(상승분 1을 새로운 값 3으로 나눈 것). A는 50% 감소한 것인가(감소분 4를 처음의 값 8로 나눈 것), 아니면 100% 감소한 것인가(감소분 4를 새로운 값 4로 나눈 것). 이러한 질문에는 정확한 답이 없다. 처음의 A와 B를 사용한다면 $-50\%/50\% = -1$, 새로운 A와 B를 사용한다면 $-100\%/33\% \fallingdotseq -3.0$이 된다.

이러한 문제는 호탄력성(arc elasticity)을 사용하여 해결할 수 있다. 즉 A와 B에 대한 각각의 평균인 $\overline{A}$와 $\overline{B}$를 사용하는 방식이다. 이와 같은 호탄력성은 다음과 같이 표현된다.

$$A\text{의 }B\text{탄력성} = \frac{\Delta A}{\Delta B} \cdot \frac{\overline{B}}{\overline{A}} \tag{2-4}$$

점탄력성

식(2-3)에서 ΔB가 충분히 작아져서 '0'에 수렴하는 경우를 점탄력성(point elasticity)이라 부른다. 식(2-5)는 점탄력성을 보여준다.

$$A\text{의 }B\text{탄력성} = \lim_{\Delta B \to 0} \frac{\Delta A/A}{\Delta B/B} = \frac{dA}{dB} \cdot \frac{B}{A} \tag{2-5}$$

2.1 수요의 가격탄력성

(1) 수요의 가격탄력성의 의미

가격의 변화에 따른 수요량의 변화정도를 측정하는 지표가 수요의 가격탄력성(price elasticity of demand)이다.

> 수요의 가격탄력성: 한 상품의 가격에 작은 변화가 생길 때, 가격의 변화율에 대한 수요량의 변화율의 상대적 크기

수요의 가격탄력성을 E_D라 하고, 이를 공식으로 나타내면 다음과 같다.

$$E_D = (-)\,\frac{\text{수요량 변화율}}{\text{가격 변화율}} \tag{2-6}$$

$$= (-)\,\frac{\Delta Q/Q}{\Delta P/P} = (-)\,\frac{\Delta Q}{\Delta P}\cdot\frac{P}{Q}$$

탄력성 공식에 (−)를 붙이는 것은 가격 변화와 수요량 변화의 방향이 서로 반대이기 때문에 탄력성 수치가 항상 마이너스로 나오는 것을 피하기 위해서이다. 만약 ΔP가 충분히 작아져서 0에 수렴한다면 식(2−6)은 다음과 같이 될 것이다.

$$E_D = (-)\lim_{\Delta P \to 0}\frac{\Delta Q/Q}{\Delta P/P} = (-)\,\frac{dQ}{dP}\cdot\frac{P}{Q} \tag{2-7}$$

이렇게 계산한 탄력성을 수요의 점탄력성이라고 한다. 수요의 점탄력성은 수요곡선 어느 한 점에서의 순간적인 변화율을 고려한 탄력성이다. 수요의 가격탄력성 공식에서 dQ/dP는 수요곡선 기울기의 역수이고, P/Q는 수요곡선상 한 점에서의 수요량과 가격의 비율을 나타낸다. 식(2−7)을 보면 수요의 가격탄력성의 크기는 수요곡선의 기울기와 수요곡선에서의 위치에 따라 결정된다는 것을 알 수 있다.

먼저, 탄력성의 크기와 수요곡선 기울기의 크기는 P, Q에 큰 변화가 없다면, 즉 서로 멀리 떨어지지 않은 수요곡선 위의 점들에 대한 탄력성을 비교하는 경우에는, 서로 반대방향으로 움직이는 관계이다. 수요곡선이 완만하여 기울기가 작으면 일반적으로 수요의 탄력성은 크고, 수요곡선이 가팔라서 기울기가 크면 탄력성은 작아진다. 또한 수요의 탄력성 크기는 수요곡선에서의 위치에 따라 달라진다. 수요곡선의 기울기에 큰 변화가 없을 때, 수요곡선의 오른쪽 아래로 갈수록 탄력성은 작아지고, 반대로 왼쪽 위로 갈수록 탄력성은 커진다.

(2) 수요의 가격탄력성 크기의 의미

수요의 가격탄력성은 이론상 0에서 무한대까지의 크기를 가질 수 있다. 수요의 가격탄력성을 그 크기에 따라 분류하면 다음과 같다.

① $E_D = 0$: 수요의 가격탄력성이 0인 경우를 수요가 가격에 대하여 완전비탄력적(perfectly inelastic)이라고 한다. 수요의 가격탄력성이 0이라는 것은 가격이 변해도 수요가 전혀 변하지 않는다는 것을 의미한다. 수요가 가격에 대하여 완전비

탄력적인 상품의 가격을 낮추면 수요량의 증가는 없기 때문에 기업의 총수입이 감소한다. 반대로 가격을 높이는 경우에는 수요량이 변하지 않으므로 총수입이 증가한다. 수직선 모양 수요곡선의 탄력성은 언제나 0이다. 또 수요곡선이 가로축과 만나는 지점에서의 수요의 가격탄력성도 0이다.

② $0 < E_D < 1$: 탄력성이 0보다 크고 1보다는 작은 경우를 비탄력적(inelastic)이라 한다. 수요가 가격에 대하여 비탄력적이라는 것은 상품의 가격변화율에 비하여 수요량의 변화율이 작다는 것을 의미한다. 이 경우에 가격을 인하하면 가격인하율보다 더 낮은 비율로 수요량이 증가하고, 따라서 기업의 총수입은 감소한다. 반대로 가격을 인상하면 수요량의 감소비율이 가격의 상승비율보다 작으므로 기업의 총수입은 증가한다.

③ $E_D = 1$: 수요의 가격탄력성이 1인 경우를 단위탄력적(unit elastic)이라 한다. 이 경우에는 가격변화율과 수요량의 변화율이 같다. 상품의 가격이 변하는 비율만큼만 수요량이 변한다. 따라서 가격이 변하더라도 기업의 총수입에는 증감이 없다. 직각쌍곡선 모양의 수요곡선에서는 모든 가격수준에서 탄력성이 1이다. 그리고 직선인 수요곡선의 중간지점에서도 탄력성이 1이다.

④ $1 < E_D < \infty$: 탄력성이 1보다는 크고 무한대보다는 작은 경우를 탄력적(elastic)이라 한다. 상품의 가격변화율보다 수요량의 변화율이 큰 경우이다. 수요가 가격에 대하여 탄력적인 상품의 가격을 낮추면 기업의 총수입이 증가하고, 높이면 총수입이 감소한다.

⑤ $E_D = \infty$: 탄력성이 무한대인 경우를 완전탄력적(perfectly elastic)이라 한다. 수요가 가격에 대하여 완전탄력적이라는 것은 약간의 가격상승으로 수요가 0이 되고, 반대로 약간의 가격하락에서도 수요가 무한대로 증가한다는 것을 의미한다. 그러므로 가격을 높이면 총수입은 0이 되고, 반대로 가격을 낮추면 총수입이 무한대로 증가한다. 이러한 수요곡선은 수평선 모양이 된다. 수요곡선이 수평선이라는 것은 다른 가격이 존재하지 않는다는 것을 의미한다. 수요곡선이 세로축과 만나는 지점도 탄력성이 무한대가 되나, 실생활에서는 찾아보기 힘들다.

수요의 가격탄력성 크기

완전비탄력적	비탄력적	단위탄력적	탄력적	완전탄력적
$E_D=0$	$0<E_D<1$	$E_D=1$	$1<E_D<\infty$	$E_D=\infty$

(3) 수요의 가격탄력성과 기업의 수입

수요의 가격탄력성과 기업의 수입(revenue)은 밀접한 관계를 갖는다.

[그림 2-5]는 수요의 가격탄력성과 기업의 판매수입의 관계를 보여준다.

(a)는 우하향하는 직선 모양의 수요곡선이다. (b)는 총수입곡선이다. 이 그림의 세로축은 기업의 총수입(TR: total revenue)을 나타내고 가로축은 판매량을 나타낸다.

그림 2-5 수요의 가격탄력성과 기업의 총수입

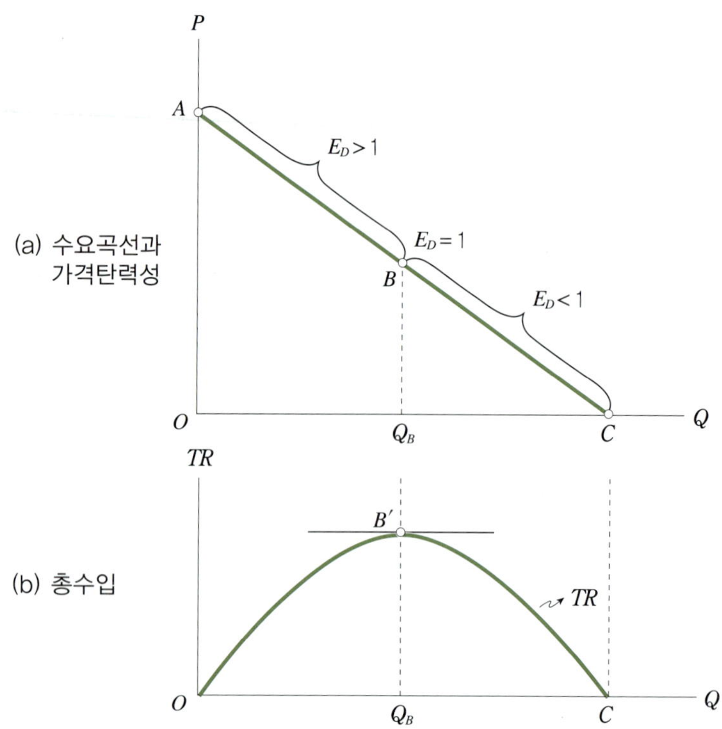

(a)의 수요곡선 위의 *A*에서 출발하여 *B*로 이동할 때, (b)에 그려진 총수입이 어떻게 변하는지 알아보자. 수요곡선 위의 *A*에서 *B*로 이동하면, 즉 상품의 가격이 하락하면 총수입이 증가한다. 그 이유는 다음과 같다. 수요곡선 *AB* 구간에서 수요의 가격탄력성은 1보다 크다. 따라서 가격 하락비율보다 수요량 증가비율이 더 크다. 이는 가격이 하락한 이상으로 상품이 많이 팔려서 판매수입이 증가한다는 것을 의미한다. 또한 그 판매수입은 *B*에서 극대가 된다. 만약 *B*를 넘어 이동이 계속되면, 즉 가격하락이 계속되면 그때부터는 판매수입이 감소하기 시작한다. 그 이유는 다음과 같다. *B* 오른쪽 아래의 수요곡선 구간은 수요의 가격탄력성이 1보다 작은 구간이다. 가격이 하락해도 그만큼의 수요량 증가가 따라주지 못하는 것이다. 당연히 판매수입은 감소하게 된다.

한편 기업의 판매수입은 (a)에서도 측정할 수 있다. (a)에서 수요곡선의 한 점이 가격축과 수량축에 그리는 사각형의 넓이에 해당한다. 즉 $TR = P \cdot Q$이다. 또한 $E_D = 1$인 점, 즉 수요곡선의 중간지점에서 총수입이 극대가 된다는 점도 기억해 두도록 하자.

(4) 수요의 가격탄력성 크기를 결정하는 요인

수요의 가격탄력성 크기를 결정하는 요인으로는 대체재의 존재 여부, 소비에서 차지하는 구입비용의 비중, 그 상품이 필수재인지의 여부, 그리고 그 상품의 용도가 다양한지 등을 들 수 있다.

① 대체재의 존재 여부: 어떤 상품에 밀접한 대체재가 있으면 그 상품의 가격탄력성은 크고, 대체재가 없으면 탄력성이 작다. 밀접한 대체재가 있을 경우에는 가격이 조금만 올라도 수요가 대체재로 이동해 간다. 또 가격이 내리면 수요가 대체재에서 이동해 온다. 따라서 수요가 가격변화에 매우 탄력적으로 반응하는 것이다.

② 소득에 대한 구입비용의 비중: 어떤 상품에 대한 구입비용이 소비자의 소비에서 차지하는 비중이 클수록 탄력성은 커지는 경향이 있다. 냉장고와 자동차의 탄력성은 비교적 크고, 볼펜과 책의 탄력성은 비교적 작다. 3,000만 원짜리 승용차와 200원짜리 볼펜의 가격이 각각 10%씩 상승한다고 하자. 승용차의 가격 상승분인 300만 원은 가계에 상당한 부담을 주지만 볼펜의 상승분인 20원은 가계에서 차

지하는 비중이 작다. 따라서 승용차의 탄력성은 비교적 크며, 볼펜의 탄력성은 비교적 작게 나타난다.

③ 생활필수품과 사치품: 상품이 생활필수품인가 사치품인가에 따라 수요의 가격탄력성은 다르다. 일반적으로 생활필수품은 탄력성이 작고 사치품은 크다.

④ 소비활동 시간의 길이: 소비 활동의 시간이 길면 탄력성이 크고 시간이 짧으면 탄력성이 작다. 해외여행을 할 때 공항에 도착했는데 시간 여유가 있으면 버스나 공항철도를 이용할 수 있지만, 시간이 없으면 비싼 공항택시를 이용해야 한다.

읽을거리

좌석버스 요금과 가격탄력성

좌석버스의 승객수요는 요금에 대하여 얼마나 탄력적일까? 좌석버스 수요의 가격탄력성은 적어도 1보다는 커서 '탄력적'이라는 사실이 밝혀졌다. 내용인즉 다음과 같다.

2000년 8월경 광주시의 시내버스업자들은 적자운영을 이유로 버스요금의 인상을 시 당국에 요구하였다. 시 당국은 두 번이나 물가대책위원회의 회의를 거친 뒤, 좌석버스 요금은 1,000원에서 1,200원으로 인상하도록 허용하였다. 그 후 3개월이 지나자 시내버스업자들은 좌석버스의 요금을 1,000원으로 자진하여 인하하는 조치를 취하였다. 그 이유는 요금을 인상하자 수요의 감소로 오히려 수입이 감소하였다는 것이다. 이러한 시내버스 요금의 자진 인하조치는 처음 있는 일이라고 한다.

업자들의 이야기를 들어보면, 당시에 일반버스 요금도 500원에서 600원으로 20%씩 같이 인상하였는데, 일반버스의 수입은 증가한 반면, 좌석버스의 수입은 감소하였다는 것이다. 이 요금조정 해프닝에서 우리는 몇 가지의 탄력성이론을 볼 수 있다. 첫째, 좌석버스수요는 요금에 대하여 매우 탄력적이라는 것이다. 둘째, 좌석버스와 택시간의 교차탄력성이 크다는 것이다(시내버스업자들은 손님을 주로 택시에 빼앗기게 되었다고 설명함). 다른 말로 표현하면 좌석버스에는 택시라는 밀접한 대체재가 존재한다는 것이다. 밀접한 대체재의 존재는 탄력성을 크게 한다는 것을 다시 한 번 확인할 수 있다. 셋째, 2000년에 좌석버스는 광주시의 시민에게는 사치재에 가까웠다는 것이다. 일반버스는 같은 비율로 요금을 인상하였어도 수요가 그리 감소하지 않은 것과 대조된다.

2.2 수요의 소득탄력성

어떤 상품에 대한 수요는 그 상품가격의 변화뿐만 아니라 소득의 변화에도 반응을 보인다. 우리는 앞에서 소득은 '변하지 않는다'고 가정하였다. 이러한 가정은 어디까지나 분석의 편의를 위한 것이었다. 소득은 변할 수 있으며, 소득이 변하면 수요도 변한다. 소득의 변화에 대한 수요 변화의 반응 정도를 수요의 소득탄력성(income elasticity of demand)이라 한다.

수요의 소득탄력성: 한 소비자의 소득에 작은 변화가 생길 때, 소득의 변화율에 대한 수요의 변화율의 상대적 크기

수요의 소득탄력성(所得彈力性)은 소득의 변화율에 대한 수요의 변화율 비율로 측정된다. 수요의 소득탄력성 E_M은 다음과 같다.

$$E_M = \frac{\text{수요 변화율}}{\text{소득 변화율}} \tag{2-8}$$

$$= \frac{\Delta Q/Q}{\Delta M/M} = \frac{\Delta Q}{\Delta M} \cdot \frac{M}{Q}$$

식(2–6)으로 표현된 수요의 가격탄력성과는 달리 식(2–8)에서는 '–' 부호가 들어가지 않는다. 수요의 소득탄력성은 플러스(+)의 값을 가질 수도 있고 마이너스(–)의 값을 가질 수도 있다. 즉 수요의 소득탄력성에서는 부호가 중요한 의미를 갖는다. 수요의 소득탄력성 부호와 크기에 따라 상품은 다음과 같이 분류된다.

① $E_M > 0$: 어떤 상품에 대한 수요의 소득탄력성이 0보다 크다면 그 상품은 정상재(normal goods)라고 한다. 정상재는 소득탄력성의 크기에 따라 다시 두 종류로 분류된다. 첫째, $E_M > 1$이면 사치재(luxuries)라고 한다. 사치재란 소득증가 비율보다 수요증가 비율이 더 큰 상품이다. 둘째, $0 < E_M < 1$ 이면 필수재(必須財, necessities)라고 한다. 필수재란 소득이 증가할 때 수요도 증가하되, 수요증가율이 소득증가율보다 작은 상품이다.

② $E_M < 0$: 소득탄력성이 0보다 작은 상품을 열등재(劣等財, inferior goods)라고 한다. 열등재란 소득이 증가하면 오히려 수요가 감소하는 상품이다.

여기서 주의할 점이 있다. 어떤 상품은 정상재이고 어떤 상품은 열등재라고 단

정적으로 말하기는 어렵다. 상품을 분류하는 기준은 절대적인 것이 아니고 상대적이라는 것을 염두에 두어야 한다. 가난한 서민에게는 부대찌개에 들어가는 스팸이 사치재이지만, 여유있는 사람들에게는 열등재일 것이다.

수요의 소득탄력성 크기에 의한 상품의 분류

정상재($E_M > 0$)		열등재
사치재	필수재	
$E_M > 1$	$0 < E_M < 1$	$E_M < 0$

2.3 수요의 교차탄력성

한 상품의 가격은 그 상품의 수요뿐 아니라 다른 상품의 수요에도 영향을 준다. 예를 들어 잉크젯프린터의 가격이 상승하면 이 프린터의 수요가 감소하기 때문에 잉크카트리지의 수요가 영향을 받는다. 한 상품의 수요가 다른 상품의 가격변화에 대해서 반응하는 정도를 수요의 교차탄력성(cross price elasticity of demand)이라고 한다.

수요의 교차탄력성: 한 상품의 가격에 작은 변화가 생길 때, 그 상품가격의 변화율에 대한 다른 상품수요량 변화율의 상대적 크기

X재 수요의 Y재 가격에 대한 교차탄력성(交叉彈力性)을 E_{XY}라고 하면 수요의 교차탄력성은 다음과 같다.

$$E_{XY} = \frac{\Delta Q_X / Q_X}{\Delta P_Y / P_Y} = \frac{\Delta Q_X}{\Delta P_Y} \cdot \frac{P_Y}{Q_X} \tag{2-9}$$

수요의 소득탄력성과 같이 식(2-9)로 표현된 수요의 교차탄력성에서도 '−' 부호가 들어가지 않는다. 즉 수요의 교차탄력성에서는 부호가 중요한 의미를 갖는다. 수요의 교차탄력성의 부호와 크기에 따라 상품을 다음과 같이 분류할 수 있다.

① $E_{XY} < 0$: 두 상품이 서로 보완재(補完財, complementary goods)인 경우 교차탄력성은 마이너스(−)의 값을 가진다. 잉크젯프린터의 가격이 상승하면 이 프린

터의 수요량이 감소하기 때문에 보완재인 잉크카트리지의 수요가 감소한다. 따라서 잉크젯프린터와 잉크카트리지의 교차탄력성은 마이너스(−)의 값을 가진다.

② $E_{XY} > 0$: 반대로 잉크젯프린터의 가격이 상승하면 이 프린터의 수요량은 감소하고 대신 레이저프린터의 수요가 늘어날 것이다. 그러므로 잉크젯프린터와 레이저프린터의 교차탄력성은 플러스(+)의 값을 가진다. 이러한 관계를 가지는 두 상품을 대체재(代替財, substitute goods)라고 한다. 앞에서 언급했던 전자담배와 일반담배는 서로 대체재일 것이다. 이는 전자담배의 가격이 오르면 일반담배의 수요가 늘어나고, 일반담배의 가격이 오르면 전자담배의 수요가 늘어날 것이기 때문이다.

③ $E_{XY} = 0$: 한편 어떤 상품의 가격이 변해도 다른 상품의 수요에 전혀 영향을 주지 못하는 경우도 있다. 두 상품이 가격과 수요에 있어서 아무 관계가 없는 경우이다. 그것은 두 상품이 서로 대체성도 없고 보완성도 없기 때문이다. 이처럼 서로 아무런 관계가 없는 두 상품을 독립재(獨立財, independent goods)라고 한다. 독립재 관계인 두 상품의 교차탄력성은 0이다. 고급 그랜드피아노의 가격이 오른다고 해서 가난한 서민들의 콩나물 수요가 변하지 않는다. 가난한 서민층에게 있어서 콩나물과 고급 그랜드피아노는 독립재 관계이다.

수요의 교차탄력성 크기에 의한 상품의 분류

보완재	대체재	독립재
$E_{XY} < 0$	$E_{XY} > 0$	$E_{XY} = 0$

2.4 공급의 가격탄력성

어떤 상품의 가격이 변할 때 그 상품의 공급량이 얼마나 변할 것인가를 측정하는 척도가 공급의 가격탄력성(price elasticity of supply)이다.

공급의 가격탄력성: 한 상품의 가격에 작은 변화가 생길 때, 가격의 변화율에 대한 공급량의 변화율의 상대적 크기

공급의 가격탄력성을 E_S라고 하면 구간탄력성과 점탄력성은 각각 다음과 같다.

$$E_S = \frac{\text{공급량 변화율}}{\text{가격 변화율}} \tag{2-10}$$

$$= \frac{\Delta Q/Q}{\Delta P/P} = \frac{\Delta Q}{\Delta P} \cdot \frac{P}{Q}$$

$$E_S = \lim_{\Delta P \to 0} \frac{\Delta Q/Q}{\Delta P/P} = \frac{dQ}{dP} \cdot \frac{P}{Q} \tag{2-11}$$

공급의 가격탄력성 공식은 부호만 다를 뿐, 수요의 가격탄력성 공식과 같다. 그것은 공급(수요)의 탄력성은 가격변화에 대한 공급량(수요량)의 반응 정도를 나타내고 있기 때문이다.

제 3 절 시장균형과 안정성

3.1 균 형

시장에서 수요와 공급이라는 서로 상반된 힘이 만나면 균형이 이루어지고 균형수급량, 균형가격이 성립된다. 균형이란 어느 한 쪽으로 치우치지 않고 고르다는 뜻이다. 수요와 공급을 가지고 말하면, 수요와 공급이 일치하여 상품이 남거나 부족하지 않는 상황을 말한다. 그런데 균형이라 하여도 그 균형이 계속 유지된다는 보장은 없다.

[그림 2-6]은 안정적 균형, 불안정적 균형, 그리고 불균형을 직관적으로 보여준다. 먼저 1번 공은 불안정적 균형을 보여주고 있다. 우연히, 또는 일시적으로는 콜럼버스가 세운 달걀처럼 뾰족한 부분에 공이 올라앉아 있을 수 있지만 작은 변화가 와도, 즉 조금만 힘이 가해져도 그 공은 굴러 떨어져 버리고 만다. 다음으로 2번 공은 잠시도 머물러 있을 수 없기 때문에 균형이 아니다. 즉 불균형이다. 이에 비하여 3번 공은 안정적 균형이라 부를 수 있다. 상당한 힘이 가해져도 다시 원래

그림 2-6 균형과 불균형

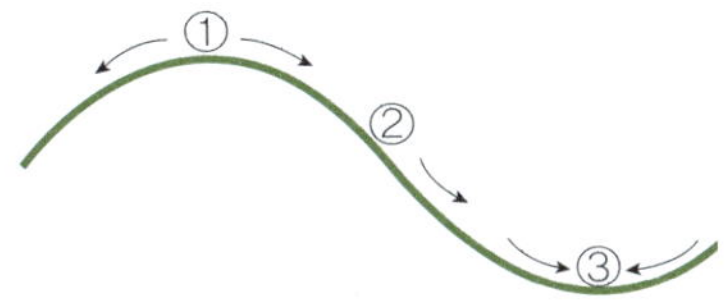

의 위치로 돌아올 수 있는 것이다. 다시 말해서 균형으로 수렴한다.

3.2 거미집이론: 동적 안정성

'내년 등록금 걱정은 말아라,
올 가을 참깨값이 좋았거든. 우리도 참깨 많이 심을거다.'
– 시골에 계신 아버지 전화 –

올해 참깨값이 좋으니 내년에 참깨를 많이 심어 아들의 등록금을 마련하겠다는 농부의 바램은 이루어질 것인가? 시장균형의 동태성(動態性)을 흥미롭게 설명해 주는 이론이 있으니 바로 거미집이론(cob-web theorem)[8] 이다.

거미집이론: 생산자의 가격반응에 따라 상품의 생산량과 가격이 순환변동하는 현상을 설명하는 이론

거미집이론이라고 부르는 이유는 [그림 2-7], [그림 2-8], [그림 2-9]에서 보듯이 수요 및 공급곡선을 가지고 설명하는 조정과정이 거미집모양과 같기 때문이다. 수요 · 공급곡선의 거미집현상은 주로 농산물시장에서 발생한다.[9] 대부분의 농산물은 계절에 따라 생산이 이루어지기 때문에 가격변화에 대한 공급반응에 시차(時差, time lag)가 발생한다. 올해(t기)의 생산량은 전기($t-1$)의 가격을 보고 결

8) Ezekiel이 개발한 이론이다: M. Ezekiel(1938), "The Cobweb Theorem", *Quarterly Journal of Economics*, Vol 52, pp. 250~280.

9) 애초에 거미집이론은 corn-hog cycle 현상을 발전시킨 것이다. corn-hog cycle이란 옥수수와 옥수수를 사료로 하는 돼지사육의 관계에서 일어나는 가격과 공급량의 순환적 변화를 의미한다.

정한다. 따라서 이러한 농산물의 공급함수는 다음과 같은 시차모형이 된다.

$$S_t = f(P_{t-1}) \tag{2-12}$$

그리고 수요함수는 다음과 같다.

$$D_t = f(P_t) \tag{2-13}$$

이제 참깨가격과 생산의 예를 들어 거미집이론의 내용을 알아보자. 농부는 올해에 참깨가격이 높으면 다음 해에 참깨 재배면적을 늘릴 것이고, 가격이 낮다면 재배면적을 줄일 것이다. 그런데 올해에 참깨가격이 높아 농부들이 재배면적을 늘리면 내년에 참깨의 생산량은 증가하게 되고 가격은 하락할 것이다. 내년에 참깨가격이 하락하면 그 다음 해에 생산이 감소할 것이고 가격은 상승할 것이다. 이렇게 가격에 대해 공급조정이 한 해 늦게 반응을 보이면서, 그 공급량에 따라 참깨가격이 오르고 내리는 진동을 보이게 된다. 이 진동은 시간이 흐를수록 진폭이 작아질 수도 있고 커질 수도 있다. 진폭이 작아진다면 균형가격에 수렴(收斂, converge)한다고 하고, 진폭이 커지면 확산(擴散, diverge)한다고 한다. 또 어떤 경우에는 줄지도 커지지도 않고 일정한 진폭을 유지하며 가격이 계속해서 오르내릴 수도 있다.

이러한 현상은 공급자의 반응 행태에 따라 결정된다. 가격변화에 대하여 공급자의 공급량 조절반응이 매우 크다면 확산형이 될 것이고, 반대라면 수렴형이 될 것이다. 가격변화가 확산할 것인가 수렴할 것인가는 수요곡선과 공급곡선의 기울기가 결정해 준다. 수요곡선 기울기의 절대치와 비교하여 공급곡선의 기울기가 클 때는(반응이 작을 때는) 수렴형이 되고, 공급곡선의 기울기가 상대적으로 완만하여 가격에 대한 반응이 민감할 때는 확산형이 된다. 이제 이러한 세 가지 경우를 그림을 통하여 알아보자.

(1) 수렴형

[그림 2-7]은 수렴형의 동태적 과정이다.

(a)는 수요와 공급에 의한 가격과 수급량을 보이고 있다. 여기에서 공급은 가격에 대하여 1기 늦게 반응한다는 것을 염두에 두자. 어떤 해의 참깨가격이 균형가격

그림 2-7 수렴형(안정적 균형)

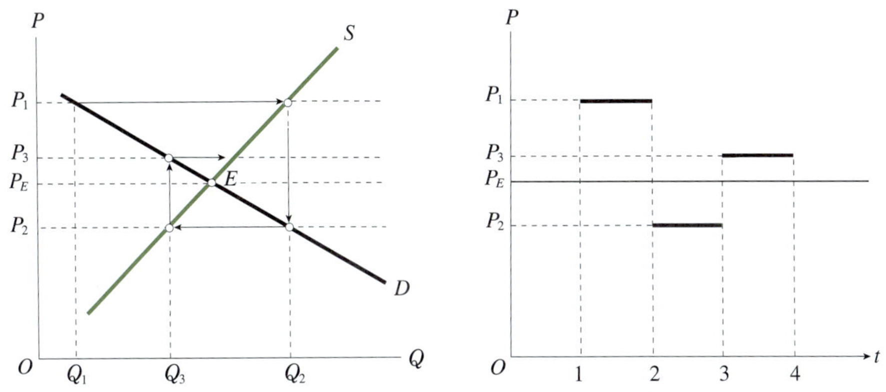

(a) 수요와 공급 (b) 시간의 흐름과 가격변화

보다 높은 P_1이면 그 다음 해에는 그 가격수준에 상응하는 Q_2만큼의 참깨가 생산되어 초과공급량이 발생한다. 따라서 그 해의 가격수준은 P_2로 하락하게 될 것이다. 가격수준 P_2는 낮은 편이어서 그 이듬해, 즉 셋째 해의 참깨 생산량은 감소하여 Q_3의 수준이 될 것이다. Q_3의 생산량 수준에서는 초과수요가 발생할 것이며, 이에 따라 참깨가격은 P_3로 상승할 것이다. 그런데 그림을 보면 가격이 상승한다 하여도 첫 해의 P_1보다는 낮다. 즉 가격변화의 폭이 작아지고 있다.

어느 해에 균형가격보다 높은 가격이 형성되면 다음 해에 초과생산으로 인해 가격이 하락하게 되고, 그 다음 해에는 생산량이 감소하므로 가격이 상승하게 된다. 그리고 이 과정을 계속 반복하게 된다. 그림에서처럼 수요곡선이 공급곡선보다 더 완만하면 시간이 지남에 따라 초과수요나 초과공급이 점점 감소하여 가격변화의 폭도 점점 작아지게 된다. 그리하여 가격 및 생산량의 조합이 균형점을 향해 수렴하게 된다. 이렇게 공급곡선의 기울기의 절대치가 수요곡선 기울기의 절대치보다 클 경우, 즉 공급곡선이 수요곡선보다 더 가파를 경우 가격은 균형가격으로 수렴하여 그 균형은 동적 안정성(動的 安定性, dynamic stability)을 갖게 된다.

거미집모형에서의 안정조건: 공급곡선 기울기의 절대치가 수요곡선 기울기의 절대치보다 크면 안정적인 균형을 갖는다.

(b)는 시간이 흘러감에 따라 가격이 변하는 모습을 보이고 있다. 이 그림의 세

로축은 가격을 나타내며, 가로축은 시간의 흐름을 나타낸다. 오른쪽으로 가면서, 즉 시간이 흐르면서 가격의 진폭이 점점 줄어들어 균형가격 수준을 향해 접근하는 것을 알 수 있다. 이러한 수렴형의 거미집모양은 농민들이 다음 해의 생산량을 결정할 때 그 해의 가격수준을 고려하되, 공급량의 변화가 그리 크지 않은 경우에 나타난다.

(2) 확산형과 규칙적 진동형

이번에는 공급곡선의 기울기가 수요곡선보다 완만한 경우를 생각해 보자. 수요곡선보다 공급곡선 기울기의 절대치가 작으면 가격과 생산량의 조합은 진동하면서 발산하여 균형이 동태적으로 불안정하게 된다. 즉 확산하는 모양을 보인다. 이 과정은 [그림 2-8]에서 확인할 수 있다.

다음으로 수요곡선과 공급곡선 기울기의 절대치가 같은 경우를 고려하자. 이러한 경우에는 가격과 생산량의 조합점은 균형에 수렴하거나 확산하지 않고 규칙적인 진동을 계속하게 된다. 즉, P_1과 P_2는 안정적이기는 하지만 점근적(asymptotic) 안정성을 갖지는 않는다. 이와 같은 동태적 과정을 그림으로 나타내면 [그림 2-9]와 같다.

그림 2-8 확산형(불안정적 균형)

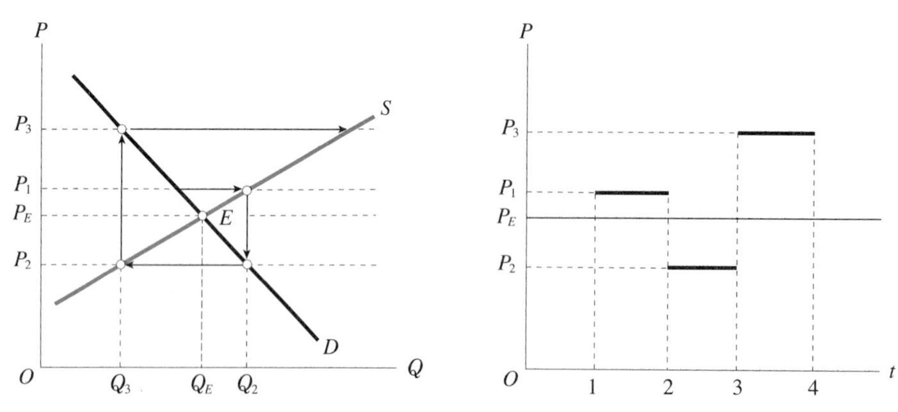

(a) 수요와 공급 (b) 시간의 흐름과 가격변화

그림 2-9 규칙적 진동형(안정적 균형)

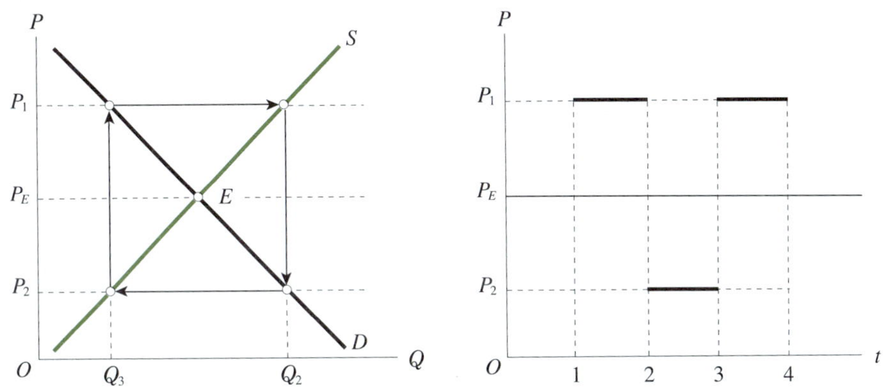

(a) 수요와 공급 (b) 시간의 흐름과 가격변화

읽을거리 전어(錢魚) 양식에 나타난 거미집 현상

'가을 전어 굽는 냄새에 집나간 며느리도 돌아온다'는 속담이 있다. 전어는 그만큼 맛이 있고 소비자에게 인기가 있는 어종이다. 조선 후기 실학자인 서유구는 그의 책 「임원경제지」에서 전어에 대해 찾는 사람들이 돈을 생각하지 않아 전어(錢魚)라고 했다고 말하였다. 또 정약전의 「자산어보」에는 전어가 기름이 많고 달콤하다고 기록되어 있다. 그런데 전어의 공급과 수요에 거미집 현상이 일어나고 있다. 다음 내용은 신문에 보도된 내용을 발췌한 것이다.

▶ **전어 값 폭락**

인천지역 양식 전어 값이 폭락, 전어 양식업이 최대의 위기를 맞고 있다.

업계에 따르면 양식 전어 도매가는 지난 달 1kg에 15,000원을 유지해 왔으나 추석연휴가 끝난 이달 중순부터는 5,000원에도 팔리지 않고 있다. 인천지역의 양식장에서는 모두 1, 900여만 마리를 키웠다. 그러나 현재까지 팔린 전어는 전체 양의 0.5%에도 못 미치는 90만 마리에 불과하고 나머지 전어는 판로를 찾지 못하고 있는 실정이다. 양식 전어는 1년산으로 오는 11월까지 팔지 못할 경우 모두 죽게 돼 폐기 처분해야 한다.

양식 전어의 가격폭락은 사실 지난달 초 출하 당시부터 예견된 일이었다.

지난해 인천지역 양식 전어 출하량이 100만 마리였던 것이 올해는 1천 900여만 마리로 엄청나게 증가했기 때문이다. 지난해 전어 양식으로 적지 않은 소득을 올리자 너도나도 전어 양식에 뛰어든데다, 기존 전어양식업자들도 입식량을 크게 늘렸다. 폭발적으로 늘어난 공급량에 비해 소비자들의 수요는 크게 변하지 않자 가격은 폭락하고 양식업자들은 엄청난 적자를 봐야 할 형편이다.

– 한국일보 2006년 10월 27일 발췌 –

제 4 절 수요 · 공급이론의 응용

수요이론과 공급이론은 여러 가지 현실경제 분석에 유용한 분석도구가 될 수 있다. 이 절에서는 수요이론과 공급이론을 몇 가지 경제문제에 응용해 보자.

4.1 소비자잉여와 생산자잉여

소비자잉여(consumer's surplus)라는 개념은 수요곡선과 관련된 대표적인 경제현상 분석 중 하나이다. 이 개념은 사회후생 분석에 매우 유용한 도구이다. 한편 생산자잉여(producer's surplus)는 공급곡선의 특성에서 나오는 현상으로, 소비자잉여와 마찬가지로 경제분석을 위한 유용한 도구이다.

소비자잉여

소비자잉여(消費者剩餘)란 용어는 분업과 교역의 발달에 따라 소비자들이 얼마나 많은 혜택을 입고 있는가를 설명하기 위해 마셜(A. Marshall)이 처음 사용한 말이다. 마셜에 의하면, 소비자잉여란 "소비자가 어떤 상품을 구입해서 소비하기 위해 지불해도 좋다고 생각하는 금액이 그가 실제로 지불한 금액을 초과하는 부분"이다. 다시 말해서 소비자잉여란 소비자가 어떤 상품을 소비하기 위해 지불할 용의가 있는 가격과 실제로 지불한 가격과의 차액이다.

소비자잉여: 소비자가 어떤 상품을 소비하기 위해 지불할 용의가 있는 금액과 실제로 지불한 금액의 차액

소비자잉여는 수요곡선의 성질에서 나온다고 말할 수 있다.[10] 앞에서 설명한 대로, 수요곡선의 높이는 소비자가 지불할 용의가 있는 maximum price, 즉 최대한의 가격이다. 그런데 우리가 실생활에서 어떤 상품을 구입할 때는 매 단위마다 지

10) 나중에 설명하겠지만 수요곡선은 소비자의 효용극대화 행위로부터 유도된다.

그림 2-10 소비자잉여와 생산자잉여

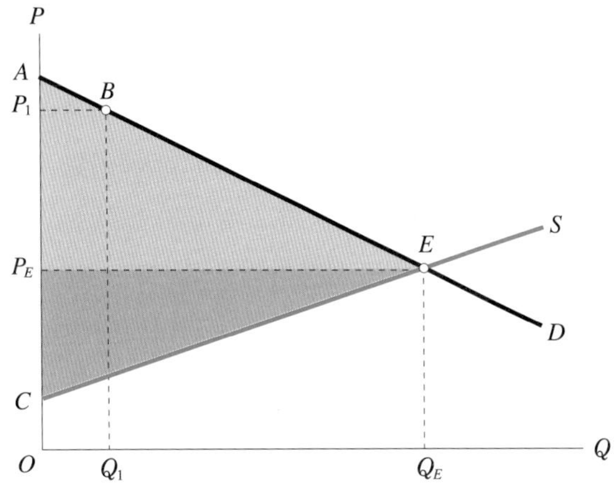

불할 용의가 있는 최대한의 가격을 지불하는 것이 아니라 수요곡선이 공급곡선과 만나는 점에서 생겨난, 지불할 용의보다 낮은 시장가격만 지불하면 된다. 더 높은 가격이라도 지불할 용의가 있는데 실제로 지불한 가격은 그보다 낮으니 소비자가 잉여로 얻은 후생이란 뜻에서 소비자잉여라 부르는 것이다.

이제 소비자잉여를 [그림 2-10]으로부터 유도해 보자. 수요곡선은 소비자들이 각 가격수준에 대응해서 구입하고자 하는 상품의 양을 나타낸다. 즉 가격수준이 P_1이면 소비자들은 Q_1을 구입하고자 한다. 상품의 양이 Q_1뿐이라면 소비자들은 P_1의 가격까지도 지불할 용의가 있는 것이다.

그러나 시장가격은 수요곡선과 공급곡선이 만나는 점에서 결정된 P_E이고, 균형수급량은 Q_E이다. 소비자들이 실제로 지불한 금액은 직사각형 OP_EEQ_E의 넓이 만큼이다. 그리고 소비자들이 Q_E만큼 구입하는데 지불해도 좋다고 생각하는 금액은 사다리꼴 $OAEQ_E$의 넓이 만큼이다. 소비자들이 지불해도 좋다고 생각하는 금액과 실제로 지불한 금액의 차액인 삼각형 P_EAE의 넓이는 소비자가 잉여로 얻는 후생, 즉 소비자잉여인 것이다.

생산자잉여

생산자잉여(生産者剩餘)란 생산(공급)자들이 그만한 가격이면 공급(판매)해도 좋다고 생각하는 가격수준과 실제로 시장에서 판매한 가격수준과의 차액을 의미한다. 생산자잉여의 개념은 공급곡선의 성질에서 나온다. 공급곡선의 높이는 공급자가 받고자 하는 최소한의 가격, 즉 minimum price이다. 공급자는 최소한의 가격에도 공급할 용의가 있다. 그런데 실제로 공급자가 받는 가격은 수요곡선과 공급곡선이 만나는 점에서 이루어진 시장가격으로, 이는 최소한의 가격에 비해 높다. 이 차액을 공급자가 잉여로 얻는 후생이라는 의미에서 생산자잉여라고 한다.

생산자잉여: 공급자가 어떤 상품을 실제로 판매해서 받은 금액과 판매할 용의가 있는 금액의 차액

[그림 2-10]에서 균형가격이 P_E이고 균형수급량이 Q_E이면 생산자들이 공급해도 좋다고 생각하는 공급비용은 사다리꼴 $OCEQ_E$의 넓이만큼이고, 실제로 시장에서 판매한 수입액은 직사각형 OP_EEQ_E의 넓이만큼이다. 그러므로 직사각형 OP_EEQ_E에서 사다리꼴 $OCEQ_E$를 뺀 나머지인 삼각형 CP_EE의 넓이는 생산자가 잉여로 얻는 후생, 즉 생산자잉여인 것이다.

소비자잉여와 생산자잉여의 합계는 분업과 교역의 발달에 따라 경제사회가 추가로 얻게 되는 사회적잉여(社會的剩餘, social surplus)에 해당된다. 이 사회적잉여는 사회후생과 관련되므로 삼각형 ACE를 후생삼각형(厚生三角形, welfare triangle)이라 한다.

4.2 가격통제

가격통제란 가격의 자동조정기능에 차질이 생겼을 때, 또는 어떤 목적을 수행하기 위하여 정부가 직접적으로 가격 형성에 간섭하는 것을 말한다. 가격통제의 대표적인 형태는 공정가격의 설정이다. 공정가격이란 일정한 정책목적을 실현하기 위하여 적당하다고 판단되는 수준으로 정부가 직접 결정하는 가격이다. 공정가격은 정책 목적에 따라 여러 가지 형태를 취하게 된다. 가장 흔한 예인 최고가격

제(maximum price system)와 최저가격제(minimum price system)에 대하여 알아보자.

최고가격제

최고가격제(또는 가격상한제, price ceiling)는 물가상승의 압력이 강하게 나타날 때 물가안정과 소비자보호를 위하여 정부가 실시하는 가격통제의 한 방식이다. 최고가격제란 최고가격을 설정하여, 상품을 거래할 때 그 가격 이하의 가격으로 거래하는 것은 허용되지만 그 가격보다 높은 가격으로 거래하는 것은 규제되는 가격통제 제도이다.

[그림 2-11]은 최고가격제의 효과를 보이고 있다.

(a)는 가격통제 이전의 시장균형이다. 정부의 간섭이 없으면 E에서 균형이 이루어져 균형가격은 P_E이고 균형수급량은 Q_E이다.

(b)는 최고가격제가 실시된 상황이다. 정부가 최고가격을 P_R로 통제한다고 하자. 이처럼 최고가격이 균형가격 이하로 설정되면 공급량은 균형수급량에 비해 작은 반면에 수요량은 균형수급량에 비해 클 것이다. 즉 이 시장에는 RK만큼의 공급부족(초과수요)이 발생한다. 이 초과수요를 해결하는 방법에는 여러 가지가 있

그림 2-11 최고가격제의 효과

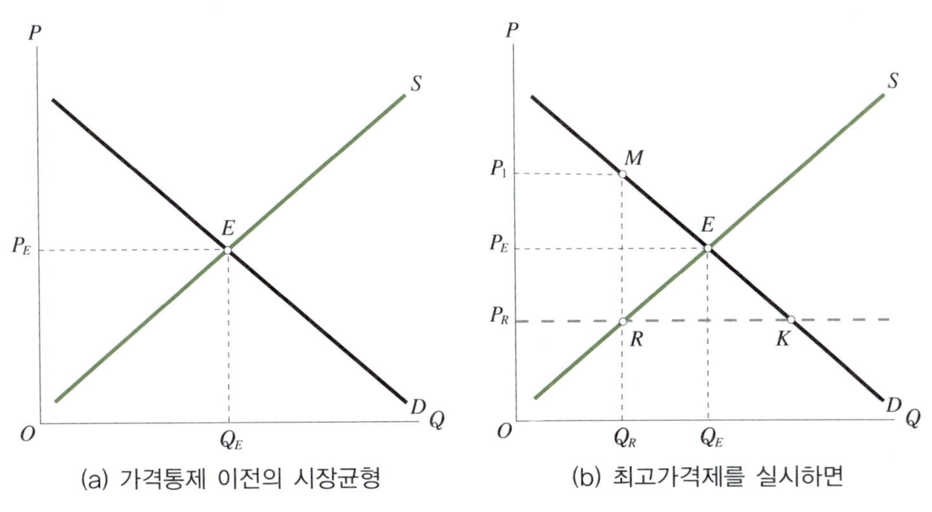

다. 예를 들면 상점이 고객들에게 선착순에 따라 상품을 판매하거나, 부족한 상품의 배급을 상점주인의 재량에 맡기기도 하고, 전쟁 중에는 정부가 상품의 배급표(coupon)를 발행해서 그 상품을 가장 필요로 하는 계층에게 이 배급표를 나누어 주기도 한다.

이상과 같이 가격기구 이외의 방법으로 상품의 배급이 이루어진다면 대개의 경우 암시장(black market)이 발생하게 된다. 공급자는 최고가격에 상응하는 Q_R만큼만 공급하려 한다. 그런데 소비자들은 Q_R의 양이라면 P_1의 가격을 지불할 용의가 있다. 이렇게 되면 자연히 공급자와 수요자들은 비합법적으로 암시장에서 거래를 하게 될 것이고, 소위 암시장가격이 형성된다. 최고가격제도는 이러한 부작용을 초래하기 때문에 긴박한 상황에서만, 그것도 단기적으로 실시해야 한다.

최저가격제

최저가격제(또는 가격하한제, price floor)는 기업들의 과도한 경쟁을 방지하거나 어떤 산업을 보호하기 위해서 정부가 최저가격을 정하고 그 가격 이하로 매매하는 것을 규제하는 가격통제 제도이다.

[그림 2-12]는 최저가격제의 효과를 보이고 있다.

그림 2-12 최저가격제의 효과

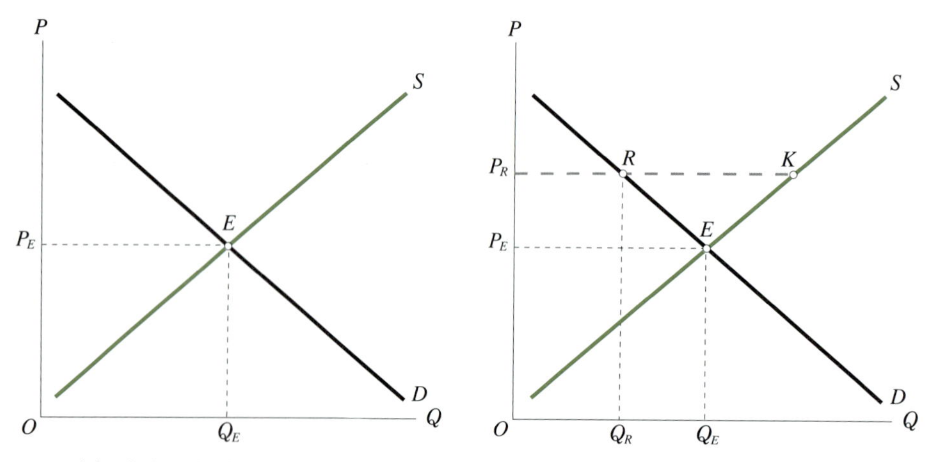

(a) 가격통제 이전의 시장균형 (b) 최저가격제를 실시하면

(a)는 가격통제 이전의 시장균형이다. 정부의 간섭이 없으면 점 E에서 균형이 이루어져 균형가격은 P_E이고 균형수급량은 Q_E이다.

(b)는 최저가격제가 실시된 상황이다. 정부가 최저가격을 P_R로 통제한다고 하자. 최저가격이 균형가격보다 높은 수준인 P_R로 결정되면, 이 가격수준에서 공급량은 균형수급량에 비해 많은 반면에 수요량은 균형수급량에 비해 적을 것이다. 즉 이 시장에는 RK만큼의 수요부족(초과공급)이 발생한다. 이렇게 되면 암시장이 발생하고, 공급자들은 남아도는 상품을 낮은 가격에라도 비합법적으로 팔아버리려 할 것이다.

이와 같은 최저가격제는 상품에 대해서만 적용되는 것이 아니고 노동임금에 대해서도 적용될 수 있다. [그림 2-12]를 사용하여 최저임금제(minimum wage system)의 효과를 분석해 보자. 이 경우에 그림의 세로축은 임금수준을 나타내고, 가로축은 노동의 수급량을 나타내게 된다.

(a)는 임금 통제 전 노동시장의 균형이다. 노동시장은 E에서 균형이 이루어져 균형임금은 P_E이고 균형 노동수급량은 Q_E이다. (b)는 최저임금제가 실시된 상황을 보여준다. 정부에서 서민들의 최저생계비를 고려하여 최저임금 수준을 P_R로 설정한다고 하자. 이처럼 법정 최저임금이 P_R로 결정되면, 노동자는 K만큼 노동을 공급하려 하고 기업은 R만큼만 노동을 수요하려 할 것이다. 따라서 노동에 대한 수요가 RK만큼 부족하여 그만큼의 비자발적 실업자가 발생하게 된다. 최저임금제의 실시는 노동자의 대량실업을 유발할 수 있으며, 이렇게 되면 정부는 실업해소를 위하여 또 다른 대책을 세워야 한다.

4.3 조세부과의 효과

동서고금을 막론하고 세금을 좋아하는 사람은 없을 것이다. 물론 거두어들이는 권력자는 빼고 말이다. 필요악처럼 여겨지는 세금은 경제에 어떤 영향을 미치는가? 우선 다음 읽을거리로 머리를 식힌 다음, 조세부과의 효과를 분석하기로 하자.

읽을 거리

세금이야기

1. 창문세(window tax) 이야기

유럽의 고풍스러운 도시에 가면 어떤 건물의 벽에는 창문을 그려 놓은 것이 가끔 눈에 띈다. 왜 처음부터 벽에 창문을 만들 것이지 구차하게 그림으로 그려 놓았을까.

이 창문그림의 유래는 세금과 관계가 있다.

영국에서는 한 때 벽난로세(hearth tax)를 도입하여 세금을 징수하였다. 처음에는 굴뚝의 수로 벽난로의 수를 짐작하여 세금을 매겼다. 주민들은 세금을 피하기 위해 굴뚝을 없애버렸다. 이에 세리(稅吏)들은 할 수 없이 집집마다 방문하여 벽난로의 수를 파악하고, 세금을 매겨야 했다. 벽난로의 수를 파악하기 위해 집에 들어오려는 세리들과 주민 간의 충돌이 자주 일어나는 등 벽난로세는 커다란 사회문제가 되었다. 정부는 결국 벽난로세를 폐지하였다.

그 후로 등장한 것이 창문세이다. 창문세란 창문의 수에 따라 세금을 매기는 제도이다. 창문은 밖에서도 그 수를 셀 수 있어서 이 세금은 징수하기에 수월했다. 그러나 이번에도 주민들은 세금을 피하기 위해 아예 창문을 없애버렸다. 기존 건물들의 창문은 벽돌로 막아버리고, 신축 건물에는 처음부터 창문을 달지 않았다. 창문 없는 건물은 건강에도 좋지 않았으려니와 미관상 좋지 않았지만, 세금을 피하려는 주민들의 저항도 끈질긴 것이었다.

한편 어떤 주민은 밋밋한 건물의 벽에 창문그림을 그려 넣었다. 그 후 벽에 창문그림을 그리는 것이 전통이 되기도 했다. 이러한 창문그림은 조세당국과 주민 사이의 세금 숨바꼭질을 보여주는 단적인 예이다. 사연 많던 창문세도 결국에는 폐지되었다.

2. 고디바 부인 이야기

11세기 경, 영국 코벤트리(Coventry) 성의 영주는 세금을 혹독하게 거두어들였다. 남편의 가렴주구(苛斂誅求)를 보다 못한 영주의 부인 고디바(Godiva)는 남편에게 세금을 낮추어 주라고 권하였다. 영주는 아내의 말을 들으려고 하지 않았다. 그러다가 아내가 하도 끈질기게 요구하니까 "당신이 벌거벗은 채 시내를 한 바퀴 돈다면 세금을 내려주겠다"고 농담처럼 말하였다. 아내는 이튿날 정말로 옷을 벗은 채 말을 타고 시내를 한 바퀴 돌았다.

고디바가 옷을 벗은 채 거리에 나서자 어느 노인이 크게 외쳤다.

"부인의 몸을 보는 자가 있다면 눈이 멀리라!"

주민들은 모두 창문을 닫아 자기들을 위해 수치를 당하는 고디바에게 예의를 표하였다. 결국 내기에서 고디바가 이겼고, 영주는 세금을 내렸다고 한다.

그 후 고디바는 그림과 조각 등 예술작품의 단골 소재가 되었고, 오늘날 코벤트리 시는 이 에피소드를 관광상품으로 개발하여 수익을 올리고 있다.

다음은 후일담 셋.

하나, 벨기에의 드랩스라는 사람이 초콜릿에 '고디바'라는 상표를 붙였다. 오늘날 고디바 초콜릿은 벨기에를 대표하는 세계적인 상품이다.
둘, 고디바이즘(godivaism)이라는 말을 탄생시켰다. 전해 내려오는 관습이나 상식을 깨는 파격적인 정치행동을 고디바이즘이라고 한다.
셋, 피핑 톰(peeping Tom)이라는 말을 탄생시켰다. 당시 코벤트리 주민 중 톰이라는 재단사가 있었는데, "한 눈은 포기하고 영주부인의 알몸을 볼까"하였다고 한다. 엿보기를 좋아하는 관음증을 가진 사람을 피핑 톰이라고 한다.

정부나 지방자치단체가 세금을 부과하면 그 효과는 다양하게 나타난다. 세금이란 거두어들이는 측에게는 수입을 가져다준다. 그러나 세금을 부담하는 측에게는 생산비의 증가 또는 가처분소득의 감소를 초래한다. 따라서 조세가 부과되면 생산과 소비가 감소한다. 생산과 소비의 감소는 사회적 후생의 감소를 수반한다. 그래서 세금은 조세저항을 불러일으키기도 한다.

한편 세금이 부과되면 그 세금은 시장기구를 통해 조정되고 누군가가 부담하게 된다. 부과된 세금이 시장기구를 통해 조정되어 최종적으로 누군가에게 부담되어지는 현상을 조세의 귀착(incidence of tax)이라고 한다.

조세의 귀착: 어떤 경제주체에게 부과된 세금이 시장을 통해서 조정되어 최종적으로 누군가에게 부담되는 현상

공급자에게 부과된 세금이 시장기구의 조정과정을 통하여 소비자에게 귀착되거나, 소비자에게 부과한 세금이 공급자에게 귀착되는 과정을 조세의 전가라고 한다. 조세의 이러한 효과는 세금부과의 방식 및 대상에 따라 다양하게 나타난다. 이 중 공급자에게 부과되는 부가가치세, 수출입에 부과되는 관세의 효과를 분석해보기로 하자.[11)]

(1) 부가가치세 부과의 효과

공급자에게 부과되는 세금으로는 부가가치세(VAT: value added tax)가 있다. 부가가치세는 간접소비세의 일종으로, 상품이나 유통단계에서 생성된 부가가치에

11) 소비자에게 부과하는 세금의 효과에 대해서는 공급자에게 부과하는 부가가치세를 공부한 후, 독자가 스스로 확인해 보기 바란다.

대해 부과되는 세금이다.[12)]

유통단계에서 부과된 부가가치세는 일반적으로 상품가격에 포함되기 때문에 소비자들은 세액만큼 상품의 가격이 상승한 것으로 인식한다. 즉 물품세(excise tax)로 인식한다. 물품세란 상품의 판매량에 비례하여 부과하는 세금이다. 물품세는 정액세(per unit tax) 또는 정률세(ad valorem tax) 방식으로 부과된다. 판매 단위당 일정한 금액을 세금으로 부과하는 방법을 정액세라 하고, 판매가격의 일정비율을 세금으로 부과하는 방법은 정률세라고 한다. 우리나라의 부가가치세는 정률세 방식이다.

여기에서는 편의상 부가가치세를 정액세 방식으로 부과하는 경우의 효과를 분석하기로 한다.[13)]

[그림 2-13]은 정액세 방식으로 부과되는 부가가치세의 효과를 나타내고 있다.

(a)는 부가가치세 부과 이전의 시장균형이다. 이때 시장균형은 점 E에서 이루

그림 2-13 부가가치세의 효과

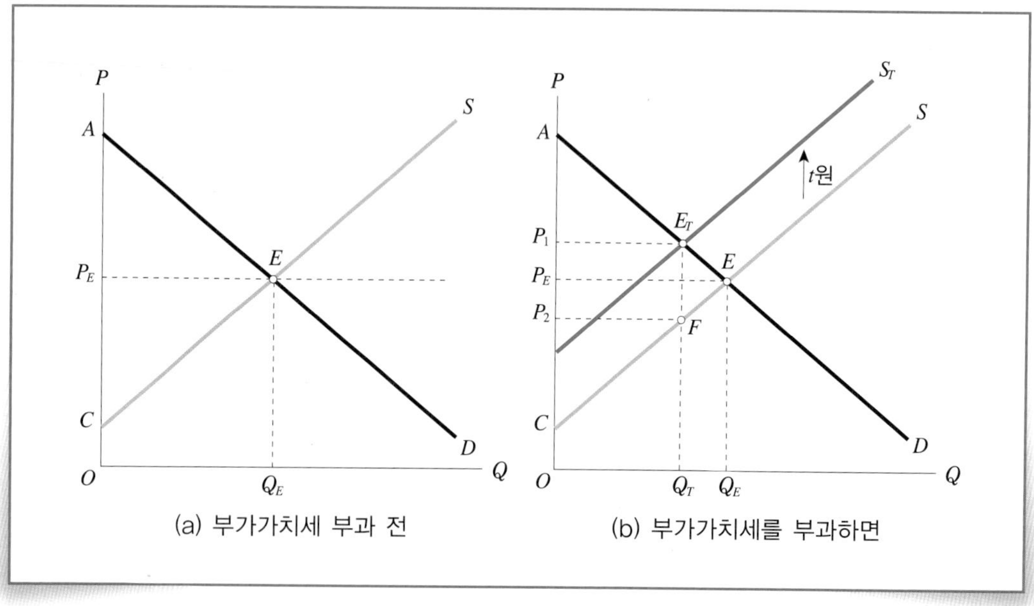

12) 우리나라는 1977년에 물품세, 유흥음식세 등을 폐지하고 부가가치세를 도입하였다.
13) 이 분석은 흔히 '물품세의 효과'라고 소개된다.

어지고 있으며, 이 때 균형가격은 P_E이고 균형수급량은 Q_E이다.

(b)는 부가가치세 부과 이후의 시장균형이다. 상품 한 단위당 t원의 세금이 부과된다고 하자. 한 단위당 t원의 세금이 부과되면 공급자의 입장에서는 단위당 생산비가 t원 증가한 것과 같기 때문에 공급곡선이 t원 만큼 위로 이동한다. 즉, 단위당 t원을 더 받아야 종전과 같은 양을 공급한다. 세금부과 후의 새로운 공급곡선은 S_T이다. 이처럼 부가가치세가 부과되면 균형점은 E_T로 이동하며 균형수급량은 Q_T로 줄어들고 가격은 P_1으로 상승한다. 결국 소비자는 P_1P_E만큼 더 부담하게 된다. 공급자의 경우 조세 부과 전에는 P_E만큼의 가격을 받을 수 있었으나 조세부과 후에는 P_2만큼만 받는다. 물론 가격은 P_1이지만 이 중 P_1P_2만큼, 즉 t원은 세금으로 정부에 납부해야 하는 것이다. 정부가 상품 한 단위당 t원의 세금을 부과한 결과 소비자는 P_1P_E만큼, 그리고 공급자는 P_2P_E만큼 더 부담하게 되는 것이다. 결국 공급자에게 부과한 세금 중 일부만 그 공급자가 부담하고 나머지는 소비자에게 귀착되는 것이다. 즉 조세의 전가가 일어나는 것이다.

조세전가의 크기는 수요와 공급의 가격탄력성에 의존한다. 좀 더 구체적으로 말하면 수요자와 공급자 중 가격탄력성이 작은 측이 상대적으로 많이 부담하게 된다. 가격에 탄력적이지 못하면 '떠넘기지 못하고' 고스란히 당하는 셈이다.

그림에서 보면, 수요곡선이 가파를수록 소비자의 부담이 크고, 공급곡선이 가파르면 공급자의 부담이 크게 된다. 만약에 수요곡선이 수직선이어서 완전비탄력적이면 세금 부과액 전액을 소비자가 부담하게 된다. 반면에 수요곡선이 수평이어서 완전탄력적이면 조세는 소비자에게 조금도 전가되지 못한다.

부가가치세 부과의 효과를 정리하면 다음과 같다. 첫째, 생산량이 감소한다($Q_E \to Q_T$). 둘째, 가격이 상승한다($P_E \to P_1$). 셋째, 세금의 일부가 소비자에게 전가된다. 수요가 가격에 비탄력적일수록, 즉 수요의 가격탄력성이 작을수록 조세의 전가가 크게 일어난다. 넷째, 사회후생이 감소한다. 그림의 삼각형 EE_TF만큼 사회후생의 순손실이 일어난다. 조세 부과로 인하여 생산량이 감소하고, 가격은 상승함으로써 소비자에게는 소비자잉여가 감소하고 생산자에게는 생산자잉여가 감소하는 것이다.

(2) 수입관세 부과의 효과

무역이 없거나 수입금지가 되어 있는 상품은 국내의 수요곡선과 공급곡선이 만나는 점에서 균형을 이룬다. 만일 자유무역이 이루어진다면 국내시장에 어떤 영향을 미칠 것인가? 국내산업을 보호하고 세수도 확보하기 위하여 수입관세를 부과하면 어떤 영향을 미칠 것인가를 연이어 분석하여 보자.

[그림 2-14]는 수입금지, 자유무역, 그리고 관세부과의 효과를 보이고 있다.

그림 2-14 수입관세 부과의 효과

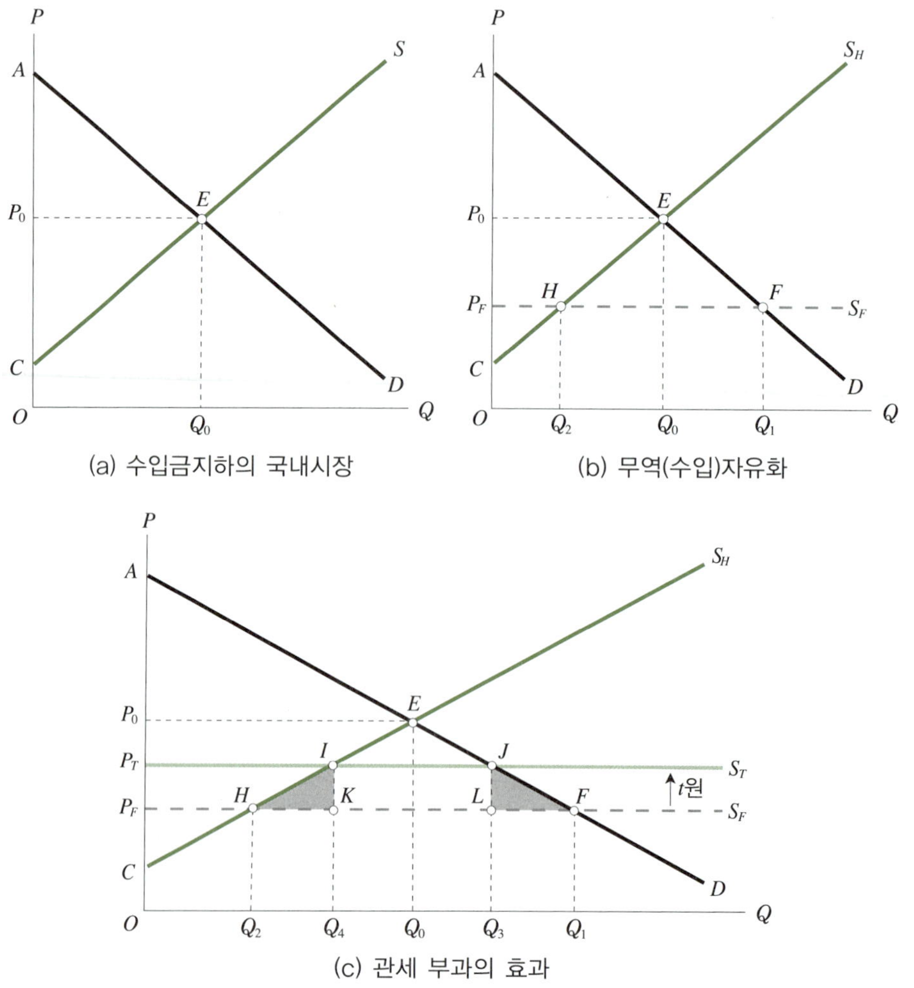

(a)는 무역이 아직 이루어지지 않고 있는 국내시장의 균형이다. 균형가격은 P_0이고, 균형수급량은 Q_0이다. 소비자는 삼각형 P_0AE만큼의 소비자잉여를, 그리고 생산자는 삼각형 CP_0E만큼의 생산자잉여를 얻고 있다. 따라서 사회 전체적으로는 삼각형 ACE만큼의 후생이 발생하고 있다.

(b)는 자유무역이 허용되어 수입자유화가 이루어지고 있는 경우를 나타내고 있다. 이 상품의 국제가격(P_F)이 국내 시장가격(P_0)보다 낮은 수준이라고 하자. 그러면 P_F에 해당하는 높이의 수평선은 공급곡선 역할을 하게 된다. 즉 굵은 점선 S_F는 해외에서의 공급곡선이 된다. 또 S_H는 국내산업의 공급곡선이다. 이 상황에서 국내시장의 균형은 어떻게 이루어질 것인가? 수요곡선은 그대로 D이다. 국제가격(P_F) 아래의 가격에서는 국내공급만 존재하며, P_F에서는 무한대로 수입할 수 있다. 따라서 국내공급과 해외공급(수입)을 합한 공급곡선은 $OCHF$로 이어지는 선분이다. 결국 국내 전체의 균형은 F에서 이루어지고, 이때의 가격은 P_F, 수급량은 Q_1이다. Q_1의 소비량 중 국내공급은 Q_2만큼이다. P_F 수준의 가격이라면 국내기업은 Q_2만큼만 생산하는 것이다. 따라서 수입량은 국내 소비량과 국내 생산량의 차이인 Q_2Q_1이다. 이제 수입금지상태에서 수입자유화로 인한 사회후생의 변화를 생각해보자. 우선 소비자잉여는 삼각형 P_FAF가 되고 생산자잉여는 삼각형 CP_FH가 된다. 수입자유화로 인하여 소비자잉여는 많이 증가하고, 생산자잉여는 적게 감소한다. 결과적으로 사회전체의 후생은 삼각형 FEH만큼 증가한다. 이처럼 국내가격보다 국제가격이 낮은 경우에 수입자유화가 이루어지면 국내 시장가격이 낮아지면서 소비가 증가하여 주로 소비자의 후생이 증대된다. 그런데 수입자유화는 생산자잉여를 감소시키면서 해당 산업이 위축되거나 존속하기 어려운 경우를 초래하기 쉽다. 이 때 정부는 국내 산업을 보호하기 위한 정책으로 수입관세를 부과하기도 한다.

(c)는 수입자유화(자유무역)상태에서 관세부과의 효과를 보이고 있다. 편의상 수입상품 한 단위당 t원의 관세를 부과한다고 하자. 이때 공급곡선은 t원만큼 위쪽으로 이동한다. 관세부과에 의해 이동한 새로운 공급곡선을 S_T라고 하면 이 S_T와 수요곡선이 만나는 J에서 새로운 시장가격과 시장수급량이 형성된다. 소비자는 Q_3만큼의 상품을 P_T의 가격에 소비하게 되고, 이 경우 국내의 생산량은 Q_4, 수입량은 Q_4Q_3이다. 즉 수입량은 감소하고 국내산업의 생산량은 증가한다. 소비자잉여는 삼

각형 P_TAJ로 관세를 부과하기 전보다는 다소 줄어들지만 수입금지 때에 비해 여전히 크다. 생산자잉여는 사다리꼴 P_FP_TIH만큼 증가한다.

수입관세 부과의 효과를 종합하면 다음과 같다. 첫째, 국내기업의 생산량이 증가한다($Q_2 \rightarrow Q_4$). 둘째, 소비가 억제된다($Q_1 \rightarrow Q_3$). 셋째, 관세수입이 발생한다(사각형 $KIJL$). 넷째, 수입량이 감소한다($Q_2Q_1 \rightarrow Q_4Q_3$). 다섯째, 사회후생이 감소한다(사회후생감소분 삼각형 HIK 그리고 삼각형 LJF).

보론 수요법칙의 예외현상

우리는 경제이론을 전개하면서 소비자들이 독립적으로 행동한다고 전제한다. 그러나 소비자는 외부의 영향을 받을 수도 있다. 소비수요에 다른 사람의 영향이 작용하는 외부효과(external effect)가 있게 된다면 수요행위는 어떻게 될까?

라이벤슈타인(H. Leibenstein)은 있음직한 수요법칙의 예외현상 세 가지를 설명하고 있다.[14] 이러한 현상들은 현실에서 충분히 일어날 수는 있지만 어디까지나 '예외적' 현상이라고 보는 것이 적절할 것이다.

(1) 동행효과(bandwagon effect)

bandwagon이란 서커스나 악단의 선두에 서서 행렬을 끌고 가는 선도차를 말한다. bandwagon이 앞에서 트럼펫을 연주하면서 나아가면 다른 차량과 어린아이들이 줄을 지어 졸졸 따라다닌다. 우리 속담에 '이웃이 장에 가면 퇴비짐 지고 따라간다'는 말이 있는데, 소비에 있어서 이런 현상이 일어나는 경우가 있다. 즉 어떤 소비자는 다른 사람들이 그 상품을 많이 소비하는 것을 보고 자기도 소비를 늘리는 현상이 있다는 것이다. 이처럼 어느 소비자의 수요가 다른 사람의 수요에 편승하는 현상을 bandwagon effect라 하고, 우리 말로는 동행효과(同行效果) 또는 편승효과(便乘效果)라고도 한다. 어떤 상품의 수요에 동행효과가 발생하면 그 상품의 가

---

14) H. Leibenstein(1950), "Bandwagon, Snob, and Veblen effects in the Theory of Consumer's Demand", *Quarterly Journal of Economics*, pp. 183~207. 라이벤슈타인은 X-비효율성의 연구로도 유명하다.

그림 2-15 bandwagon effect

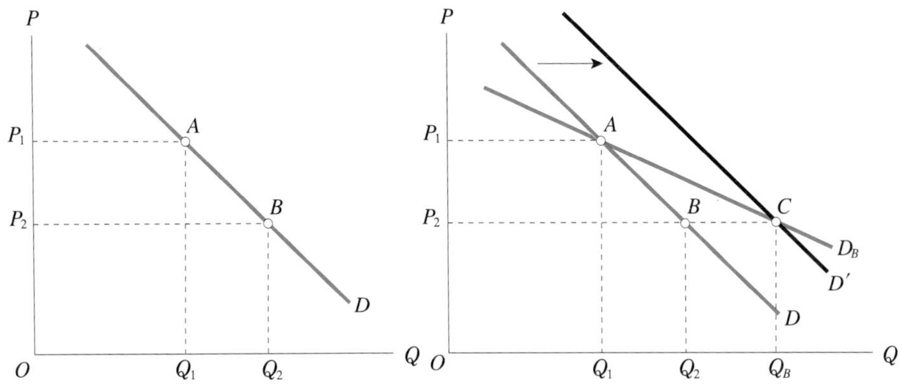

(a) 일반적인 경우 (b) bandwagan effect 발생

격변화로 인한 정상적인 수요량의 변화폭보다 더 큰 수요의 변화가 생긴다.

[그림 2-15]는 동행효과를 보이고 있다.

(a)는 일반적인 수요곡선이다. 가격이 P_1에서 P_2로 변할 때 수요량은 Q_1에서 Q_2로 증가하며, 균형점이 A에서 B로 수요곡선 위에서 이동한다.

(b)는 동행효과가 발생한 경우이다. 소비자들이 유행에 매우 민감하게 반응한다고 하자. 이 경우에 가격이 하락하면 수요량이 증가할 뿐만 아니라 유행으로 수요의 증가가 일어나 수요곡선 자체의 오른쪽 shift가 일어난다. 즉 '수요량의 증가'와 '수요의 증가'가 동시에 일어나게 된다. 이렇게 되면 균형점은 B가 아니라 C로 이동하게 된다. 따라서 동행효과를 감안한 새로운 수요곡선은 A와 C를 잇는 완만한 곡선이 된다. 이 수요곡선을 편승수요곡선(bandwagon demand curve)이라고 한다.

(2) 속물효과(snob effect)

수요법칙의 두 번째 예외현상으로는 속물효과가 있다. 속물효과는 동행효과와는 달리, 다른 사람이 어떤 상품을 많이 소비하고 있을 때 자신의 차별화를 위하여 소비를 줄이는 현상이다.

그림 2-16 snob effect

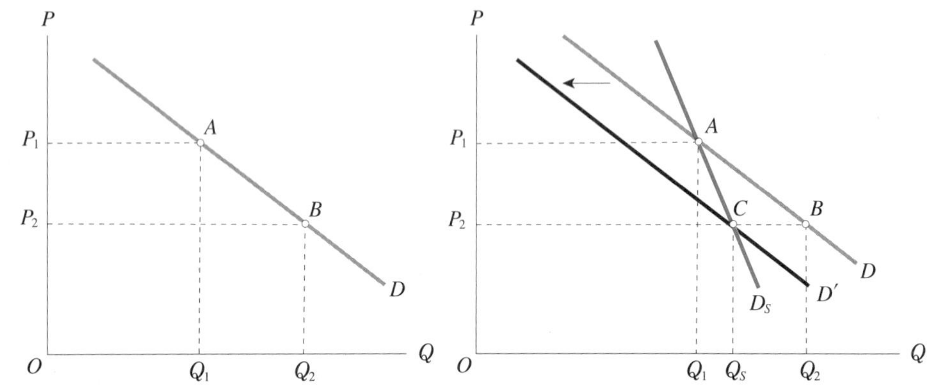

(a) 일반적인 경우 (b) snob effect 발생

[그림 2-16]은 속물효과를 보이고 있다.

(a)는 일반적인 수요곡선이다. 상품가격이 P_1에서 P_2로 하락하면 수요량은 Q_1에서 Q_2로 증가하며, 균형점은 A에서 B로 이동한다.

(b)는 속물효과가 발생한 경우이다. 어떤 사람이 자기를 다른 사람과 차별화시키기 위하여 어긋나는 행동을 한다고 하자. 이 경우에 상품의 가격이 하락하면 한편으로는 수요량이 증가하기도 하지만 다른 한편으로는 어긋나는 행동 때문에 수요의 감소가 일어나 수요곡선의 왼쪽 shift가 생기게 된다. 즉 '수요량의 증가'와 '수요의 감소'가 동시에 일어난다. 이 경우에는 가격이 하락해도 균형점은 B가 아니라 C로 이동하고, 새로운 수요곡선은 A와 C를 잇는 가파른 곡선이 된다. 이 새로운 수요곡선을 스놉수요곡선(snob demand curve)이라고 한다.

(3) 베블렌효과(Veblen effect)

수요법칙 세 번째 예외현상으로 베블렌효과가 있다.

미국의 제도학파 경제학자의 한 사람인 베블렌(T. Veblen)[15]은 그의 저서『유한계급론』에서 소비에 있어서의 과시효과(demonstration effect)를 설명하였다. 사치

15) T. Veblen(1857~1929)의 첫 저작인『유한계급론(The Theory of the Leisure Class)』은 1899년에 출판되었다. 그는 경제제도의 연구에 다윈의 진화론을 적용하고자 노력하였다.

그림 2-17 Veblen effect

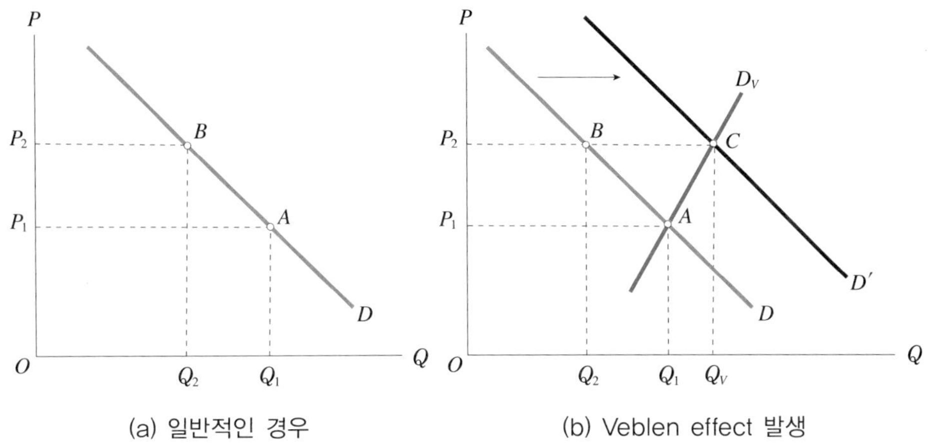

품 등의 가격이 상승할수록 그 제품을 구입하여 사회경제적 지위를 과시하는 현상이 있다는 것이다. 이러한 과시소비현상을 베블렌효과라고 부른다. 부도 직전의 기업들이 오히려 사업확장을 하면서 허세를 부리기도 하고, 복부인들이 값비싼 밍크코트를 가격이 오를 때 더 구입하려 드는 현상도 모두 베블렌효과인 셈이다.

[그림 2-17]은 베블렌효과를 보이고 있다.

(a)는 일반적인 수요곡선이다. 상품가격이 P_1에서 P_2로 상승하면 수요량이 Q_1에서 Q_2로 감소하고, 균형점은 A에서 B로 이동한다.

(b)는 베블렌효과가 발생한 경우를 보이고 있다. 가격이 오르면 수요량이 감소하여 Q_2가 되겠지만, '과시효과' 때문에 수요의 증가가 일어나 수요곡선의 오른쪽 shift가 일어나고, 수요량은 Q_V로 된다. 가격이 상승할 때 수요를 감소시키는 것이 아니라 오히려 증가시킨 것이다. 이에 따라 베블렌효과를 반영하는 수요곡선은 A와 C를 지나는, 즉 우상향하는 곡선이 된다.

요 · 약

01 수요함수란 수요에 영향을 미치는 여러 요인들과 한 상품의 수요량의 관계를 나타낸 함수이다. 수요함수는 다음과 같다.

$$Q_D = f(P, P_R, M, N, T, A, E, ...)$$

그 상품의 가격(P)의 변화를 허용하고 다른 변수들의 변화는 허용하지 않는 경우에 수요량은 $Q_D = f(P; P_R, M, N, A, E, T, ...)$가 된다.

02. 수요곡선의 높이는 지불할 용의가 있는 최대한의 가격(maximum price)이라는 성질을 갖는다. 이 최대한의 가격이라는 성질 때문에 소비자는 소비자잉여를 얻기도 한다. 또한 제11장에서 배울 독점기업의 가격차별도 최대한의 가격이라는 성질이 중요한 역할을 한다.

03. 공급에 영향을 미치는 변수들을 고려하여 함수로 만든 식을 공급함수라고 한다.

04. 공급곡선의 높이는 공급자가 받아야 할 최소한의 가격(minimum price)을 의미한다.

05. 수요의 변화란 가격 이외의 다른 요인의 변화로 인한 소비자의 의도된 구입량의 변화를 말하며, 이때 수요곡선 자체의 shift가 일어난다.

06. shift: 불변이라고 가정했던 변수가 변함으로 곡선 자체가 이동하는 현상. 그림에서는 두 축이 나타내는 변수 이외의 변수가 변할 때 shift가 일어난다.

07. 가격의 변화에 대응하여 수요량이 변하는 정도를 계산하는 척도가 수요의 가격탄력성이다. 수요의 가격탄력성 크기는 수요곡선에서의 위치에 따라 달라진다.

08. 소득의 변화에 대한 수요변화의 반응정도를 수요의 소득탄력성이라 한다. 그 반응정도에 따라 정상재(사치재, 필수재), 열등재 등의 분류가 가능하다.

09. 어떤 상품의 수요가 다른 상품의 가격변화에 대해서 반응하는 정도를 수요의 교차탄력성 또는 간접탄력성이라 한다. 교차탄력성의 크기에 따라 두 재화의 관계는 대체재, 보완재, 그리고 독립재로 분류된다.

10. 거미집이론은 생산자의 공급하는 행태에 따른 상품의 가격과 생산량의 순환적 변동을 설명하는 이론이다.

- 시장에서 자율적인 조정을 통하여 가격과 수급량이 균형점에 수렴하는 것을 안정적 균형이라 하고, 균형점에 이르지 못하고 확산하는 것을 불안정적 균형이라 한다.

11. 소비자잉여란 소비자가 어떤 상품을 소비하기 위하여 지불할 용의가 있는 가격과 실제로 지불한 가격과의 차액이다.

- 생산자잉여란 공급자가 공급할 의사가 있는 가격과 실제로 판매한 가격과의 차액을 말한다.

12. 수요법칙의 예외현상으로 동행효과와 속물효과, 그리고 베블렌효과가 있다.

- 동행효과(bandwagon effect)는 다른 사람들이 그 상품을 많이 소비하리라고 생각할 경우 자기도 수요를 늘리는 현상이다.
- 속물효과(snob effect)는 다른 사람이 어떤 상품을 많이 소비하고 있기 때문에 자신의 차별화를 위하여 오히려 소비를 줄이는 현상이다.
- 베블렌효과(Veblen effect)는 상품이 고가일수록 오히려 구매를 늘리는 현상이다.

연 · 습 · 문 · 제

01. 수요함수란 어떻게 구성되는가, 그리고 그 수요함수와 수요곡선은 어떤 관계인지 설명하시오.

02. '*ceteris paribus*'란 무슨 뜻이며 경제이론에서의 역할은 무엇인가 설명하시오.

03. 수요곡선의 높이가 '지불할 용의가 있는 최대한의 가격'이라는 점과 소비자잉여의 관계를 설명하시오.

04. 공급곡선의 높이는 minimum price라고 하는데 그 말의 뜻은 무엇인가?

05. 수요의 변화와 수요량의 변화를 비교하여 설명하시오.

06. 수요곡선의 이동(shift)을 초래하는 요인의 예를 들어보시오. 공급곡선에서 이동(shift)의 예를 들어보시오.

07. 인기 연예인 L양이 광고에 출연하면서 W 정수기의 수요가 증가하고 있다. 이 현상을 설명하고, 그림을 그려 나타내시오.

08. 자정을 넘어서면 택시요금은 할증료가 추가되기 때문에 평소보다 비싸진다. 이에 따라 택시회사들의 운송수입이 증가하는 이유를 수요의 가격탄력성개념을 이용하여 설명하시오.

09. 자동차 수요의 가격탄력성은 0.5이고 소득탄력성은 1.0이라고 한다. 자동차의 가격이 10% 상승하여도 자동차의 소비가 이전과 같다면 소득은 얼마나 변하였을까 계산하고, 이를 그림으로 그려 보이시오.

10. 다음과 같은 거미집모형에서 (1) 균형가격을 구하고, (2) 균형의 안정성 여부를 판정하시오.

$$D_t = -4P_t + 25$$
$$S_t = 3P_{t-1} - 5$$

11. 정상재, 사치재, 필수재, 그리고 열등재에 대해서 설명하시오.

12. 대체재, 보완재, 그리고 독립재에 대해 설명하시오.

13. 지하철 요금이 인상되자 마을버스 수요는 감소하고 택시 수요는 증가하였다. (1) 지하철과 마을버스, (2) 지하철과 택시의 대체, 보완 관계를 판정하시오.

14. 안정적 균형과 불안정적 균형에 대해서 설명하시오.

15. 거미집이론에서의 안정조건을 말하시오.

16. 소비자잉여를 설명하고 그 예를 들어보시오.

17. 수요함수가 $Q = 10 - P/2$인 시장에서 정부의 새로운 조세정책의 결과로 균형가격이 10에서 12로 상승하였다. 소비자잉여는 얼마나 감소하였는지 계산하시오.

18. 바나나에 대한 수요함수는 $P = 243 - 10Q$이고, 공급함수는 $P = 9 + 3Q$이다. 바나나 한 단위당 26원의 세금이 공급자에게 부과된다면 거래량은 얼마가 되겠는지 계산하시오. 또한 26원의 세금은 누가 부담하게 되는지 설명하시오.

19. 수입관세 부과의 효과를 설명하시오. 단, 수입금지조치하의 국내균형, 수입자유화의 효과와 함께 설명하시오.

20. 동행효과란 무엇인지 설명하시오.

21. 속물효과란 무엇인지 설명하시오.

22. 베블렌효과란 무엇인지 설명하시오.

해답 및 풀이

07. {풀이} 광고로 인한 수요의 변화이며 수요곡선을 오른쪽으로 이동시킨다.

08. {해답} 자정을 넘기면 택시수요는 가격에 대하여 비탄력적이기 때문에 요금이 할증되어도 수요가 그리 줄지 않는다. 따라서 택시회사의 총수입은 증가할 것이다.

09. {해답} 5% 증가

{풀이} 가격변화로 인한 자동차소비의 변화를 계산하면 10% × 0.5 = 5%(감소)이다. 이 감소한 5%를 소득증가로 보충해야 이전 소비와 같아진다. 필요한 소득증가는 $1 \times x\% = 5\%$에서 x를 찾아내면 된다. 이 식에서 $x = 5\%$이다. 즉 5%의 소득증가가 필요하다.

10. {해답} (1) 30/7 (2) 안정적이다.

{풀이} (1) 균형가격은 시차에 관계없이 수요곡선과 공급곡선이 만나는 점에서 결정된다. 즉 $D_t = S_t$일 때 시장균형이 성립된다. $-4P + 25 = 3P - 5$에서 $P = 30/7$이다. (2) 거미집이론에서 안정성은 공급곡선과 수요곡선의 기울기의 절대치 크기에 의해 결정된다. 두 함수식을 수요함수를 보면 수요곡선의 기울기는 $-1/4$이고, 공급곡선의 기울기는 1/3이다. 공급곡선의 기울기의 절대치가 더 커서 수요곡선보다 가파르므로 이 균형은 안정적이다.

13. {해답} (1) 지하철과 마을버스: 보완 관계 (2) 지하철과 택시: 대체 관계

{풀이} (1) 지하철 요금의 인상 → 지하철 수요량의 감소 → 보완 관계인 마을버스 수요의 감소. (2) 지하철 요금의 인상 → 지하철 수요량의 감소 → 대체 관계인

택시 수요의 증가.

17. {해답} 9

{풀이} 주어진 수요함수 $Q = 10 - P/2$를 P에 대해 정리하면 $P = 20 - 2Q$가 된다. 가격이 10에서 12로 상승하면 수요량은 5에서 4로 감소한다. 이 때 소비자잉여의 감소분은 회색 부분의 넓이 만큼이다. 즉 $4 \times 2 + (1 \times 2)/2 = 9$이다.

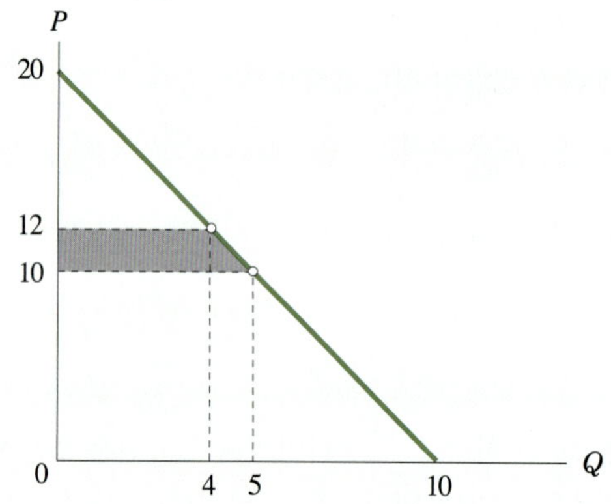

18. {해답} 16

{풀이} 조세 부과 전 균형수급량은 수요곡선과 공급곡선이 만나는 $243 - 10Q = 9 + 3Q$에서 $Q = 18$이다. 한편 정부가 공급자에게 한 단위당 26원의 세금을 부과하면, 즉 종량세를 부과하면 공급곡선이 26원만큼 위로 이동하여 $P = 35 + 3Q$가 된다. 단 수요함수는 $P = 243 - 10Q$ 그대로이다. 이 때 새로운 균형은 $243 - 10Q = 35 + 3Q$를 풀면 된다. 즉 $Q = 16$이다.

part 2

소비이론

Chapter 3 선호와 효용
Chapter 4 소비자의 최적화
Chapter 5 소비이론의 확장
Chapter 6 불확실성하의 선택

chapter 3

선호와 효용

미시경제학에 대한 배움이 이제 본격적으로 시작된다. 그 시작은 소비자의 선호체계(選好體系)이다. 소비자의 선호체계를 알아 본 후 효용(效用)과 효용함수(效用函數)에 대해 배울 것이며, '한계효용체감의 법칙'에 대해 배운다. 경제학에서 자주 사용되는 '한계'란 마지막 단위, 미분, 기울기 등을 의미한다. 이 장에서 한계의 개념을 확실히 이해해 두면 '한계'가 들어가는 경제용어들을 손쉽게 이해할 수 있을 것이다. 그리고 최적화행동 분석에 유용한 도구인 무차별곡선(無差別曲線)에 대해서도 배운다.

소비자의 선택행동을 분석하는 이론에는 세 가지가 있다. 첫 번째는 한계효용이론으로 멩거, 제본스, 왈라스가 개발하였다. 두 번째는 무차별곡선이론으로 파레토, 슬러츠키, 힉스 등이 발전시켰다. 세 번째는 현시선호이론으로 사뮤엘슨, 호테커가 개발하였다. 이 장에서는 한계효용이론과 무차별곡선이론을 설명하고, 현시선호이론은 제5장에서 설명한다.

살구꽃 핀 마을
살구꽃 핀 마을은 어디나 고향 같다
만나는 사람마다 등이라도 치고 지고
뉘집을 들어서면은 반겨 아니 맞으리.

- 이 호 우 -

제1절 소비자의 선호

소비자는 자신의 소득으로 어떤 상품을 얼마나 구입할 것인가를 결정해야 한다. 다시 말해 소비자는 한정된 소득을 여러 상품에 어떻게 배분할 것인지를 선택해야 한다. 이러한 소비자의 선택은 주어진 여건에서 자신의 효용을 극대화하는 행위이며, 이러한 행위는 소비활동의 궁극적 목표라고 할 수 있다.

그렇다면 한 소비자의 효용극대화 행위는 어떻게 분석할 수 있을까? 이에 대한 해답을 얻기 위해서는 소비자의 선호가 어떤 성격을 갖고 있는지부터 알아야 한다. 개별 소비자는 동일 상품에 대한 가치를 다르게 느낄 수 있다. 예를 들어, 여성용 화장품에 대해서 여학생은 크게 관심을 갖는 반면에, 상대적으로 남학생은 관심을 갖지 않는다. 심지어 한 명의 소비자가 동일한 상품에 대해 시점, 장소, 그리고 상태에 따라 다른 가치를 느낄 수 있다. 예를 들어, 영화관에서 사랑하는 연인과 함께 먹는 팝콘과 자취방에서 혼자 먹는 팝콘의 가치는 다를 것이다. 따라서 개별 소비자의 최적화 행위를 분석하기 위해서는 우선 소비자의 선호가 어떤 성격을 갖고 있는지부터 살펴보아야 한다.

1.1 상품묶음

상품묶음(commodity bundle)은 하나 또는 그 이상의 상품들의 조합을 의미한다.[1] 또한 모든 상품묶음들로 구성된 것을 상품집합 또는 소비집합(消費集合, consumption set)이라고 한다. 독자들은 근처의 가게에서 여러 가지 과일들이 담긴 바구니를 쉽게 발견할 수 있는데, 이것이 상품묶음의 예이다. 현실세계에서는 과일뿐 아니라 셀 수 없을 정도로 다양한 상품들이 있다. 분석의 편의를 위해 상품묶음은 두 가지 상품인 쌀(X)과 옷(Y)의 조합이라고 가정하자. 이 때 소비자의 선

1) 상품조합이라고도 하며, 소비묶음(consumption bundle) 그리고 시장바스켓(market basket)을 상품묶음과 똑같은 의미로 사용하는 학자도 있다.

택 대상은 상품묶음 (x, y)이다. 소비자는 어떠한 상품묶음을 합리적으로 선택할 것인가?[2] 예를 들어, 소비자는 한 달 동안 얼마만큼의 쌀과 얼마만큼의 옷을 구매하는가. 각 소비자의 선택은 대부분의 경우에 자신의 만족감을 크게 하는 상품묶음이다.

[그림 3-1]에서 쌀(X재)과 옷(Y재)의 조합으로 구성된 상품집합은 제1사분면에서 볼 수 있으며, 가로축은 쌀의 양(x)을, 세로축은 옷의 양(y)을 나타낸다. 상품집합은 '수많은 상품묶음들'로 구성되어 있는데,[3] 그림은 세 개의 상품묶음을 대표적으로 보여주고 있다. 점 A는 쌀 2단위와 옷 6단위를 포함하고 있는 상품묶음 (2, 6), 점 B는 쌀 5단위와 옷 5단위를 포함하는 상품묶음 (5, 5), 그리고 C는 쌀 6단위와 옷 2단위를 포함하고 있는 상품묶음 (6, 2)를 각각 나타낸다.

그림 3-1 상품묶음

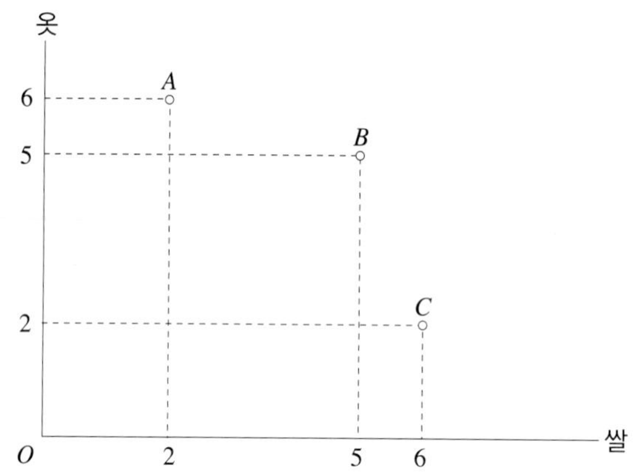

2) 제1장에서도 밝힌 바와 같이 선택은 희소성과 같이 언급되어야 한다. 소비자 측면에서 상품묶음의 선택에 있어 가장 고려해야 할 희소한 자원은 소득(또는 예산)이다. 소비자는 주어진 예산제약 하에서 여러 상품묶음 가운데 가장 큰 만족을 주는 것을 선택할 것이다. 그런데, 소비자가 주어진 상품묶음들 중에서 어떤 상품묶음을 더 좋아하고 덜 좋아하는지를 알기 위해서는, 즉 소비자의 선호를 알기 위해서는 희소성의 문제를 배제해야 한다. 따라서 본 절에서는 희소성의 문제를 고려하지 않는 소비자의 선호를 다루게 된다.

3) 여기서 '수많은 상품묶음들'이란 표현을 사용한 것은 '각 상품을 무한히 작은 단위로 나눌 수 있다'는 가정이 내재되어 있음을 의미한다. 물론 현실세계에서는 있을 수 없지만, 이러한 가정을 하는 이유는 경제이론을 '연속함수로 표현된 경제모형'으로 설명함으로써 '(편)미분'이라는 수학적 기법을 사용할 수 있고, 나중에 설명할 한계효용, 한계효용체감의 법칙, 한계대체율 등의 매우 중요한 개념들을 공부할 수 있기 때문이다.

1.2 선호관계

앞에서 소비자의 선택 대상은 상품묶음이라고 설명하였다. 그러므로 선호관계(preference relation)는 두 개의 상품묶음을 비교하면서 어느 것을 선호(그리고 선택)하는지에 대한 표현을 하는 것이다.

선호관계의 의미

그림에는 세 상품묶음 (2, 6), (5, 5), 그리고 (6, 2)를 각각 나타내는 *A*, *B*, 그리고 *C*가 표시되어 있다. 선호관계는 '두 상품묶음 중에서 어느 상품묶음을 선호(그리고 선택)하는지를 표시해 주는 것'이다. 선호관계는 강선호관계, 무차별관계, 그리고 약선호관계로 분류할 수 있다. 두 상품묶음 *A*와 *B*를 이용하여 선호관계를 정의하여 보자.

선호관계: 두 상품묶음 중에서 어느 상품묶음을 선호(그리고 선택)하는지를 표시해 주는 것

강선호관계(strict preference relation)는 '상품묶음 *A*와 상품묶음 *B* 중에서 어느 것을 더 선호한다'로 표현되며, 이러한 강선호관계는 $>$ 라는 부호를 사용해서 표시할 수 있다. 만약 어떤 소비자가 '상품묶음 *A*를 상품묶음 *B*보다 더 선호한다(*A* is preferred to *B*)'면, '$A > B$'로 나타낼 수 있다.

무차별관계(indifference relation)는 '두 상품묶음 *A*와 *B*를 동일하게 선호한다'로 표현되며, 이러한 무차별관계는 ~라는 부호를 사용해서 표시할 수 있다. 만약 어떤 소비자가 '상품묶음 *A*와 상품묶음 *B*를 동일하게 선호한다(*A* and *B* are equally attractive)'면 '$A \sim B$'로 나타낼 수 있다.

약선호관계(weak preference relation)는 '상품묶음 *A*와 상품묶음 *B* 중에서 한 상품묶음은 최소한 다른 상품묶음만큼 선호한다'로 표현된다. 이러한 약선호관계는 >와 ~를 결합해서 표시할 수 있다. 예를 들어 '상품묶음 *A*를 최소한 상품묶음 *B*만큼 선호한다(*A* is at least as good as *B*)'면 '$A \succsim B$'로 나타낼 수 있다.

합리적 선택의 조건

소비자이론에서 중요한 기본가정 중의 하나는 '개별 소비자는 합리적으로 상품묶음을 선택한다'는 것이다. 이러한 가정이 성립되기 위해서는 개별 소비자의 선호 또는 선호관계가 일관성을 지니고 있어야 한다. 여기에서는 선호관계가 일관성을 갖기 위한 조건들에 대해 알아본 후, 연속적인 효용함수(continuous utility function)를 고려하기 위한 추가적인 가정에 대해 설명할 것이다. 우선 선호관계의 일관성의 필요조건, 즉 합리적 선택의 조건에 대해 알아보자.

완비성(完備性, completeness): 어떤 두 개의 상품묶음을 놓고 비교할 때, 위에서 언급한 강선호관계($\succ$), 무차별관계($\sim$), 또는 약선호관계($\succsim$)로 소비자의 선호를 표시할 수 있어야 한다.[4]

이행성(移行性, transitivity): 세 개의 대표적 상품묶음 A, B, 그리고 C가 있다고 하자. 이때 $A \succsim B$이고 $B \succsim C$이면 $A \succsim C$라고 표시할 수 있어야 한다.[5]

위의 두 가지 조건이 성립되지 않으면 왜 선호관계가 일관성을 갖지 못하는 것일까. 먼저 완비성이 성립하지 않는다는 것은 어떤 사람이 '두 개의 상품묶음 중에서 어떤 것을 선택해야 할지 모르겠다'고 표현한 것을 의미한다. 이러한 표현은 무차별관계, 즉 '두 개의 상품묶음이 모두 괜찮다'는 표현과는 구분해야 한다. 만약 어떤 사람이 두 개의 상품묶음 중에서 어떤 것을 선택해야 할지 모르면, 그 사람은 합리적인 선택을 할 수 없을 것이다.

다음으로 이행성이 성립하지 않는 경우를 고려해 보자. 예를 들어 어떤 남학생에게 '여자친구와 함께 야구경기를 보는 것'과 '여자친구와 함께 영화를 보는 것 중에서 어느 것을 선호하냐고 질문하였을 때, 그 남학생은 '여자친구와 함께 영화를 보는 것'을 선호한다고 대답하였다고 하자. 그 다음 '여자친구와 함께 축구경기를 보는 것'과 '여자친구와 함께 야구경기를 보는 것'중에서 어느 것을 선호하냐고 물었더니, '여자친구와 함께 야구경기를 보는 것'을 선호한다고 대답했다. 마지막으로 '여자친구와 함께 영화를 보는 것'과 '여자친구와 함께 축구경기를 보는 것'중에서 어느 것을 선호하냐고 물었더니, '여자친구와 함께 축구경기를 보는 것'을 선호

4) 어떤 학자는 완비성을 완전성이라고 부르기도 한다.
5) 여기에서는 $\succsim$의 관계에 이행성이 있다고 하는 것인데, 이는 $\succ$과 $\sim$의 관계에도 역시 각각 이행성이 존재함을 의미한다. 이행성은 전이성라고 부르기도 한다.

한다고 대답하였다고 하자. 그 남학생의 대답에는 일관성이 결여되어 있는데, 이렇게 선호관계에 일관성이 없는 사람은 합리적인 선택을 할 수 없을 것이다.

선호관계가 완비성과 이행성을 충족시키면 선호관계는 효용함수로 표현할 수 있다. 이제 선호관계를 '연속적인 효용함수'로 설명하기 위한 조건을 추가해 보자.

연속성(連續性, continuity): 소비자의 선호관계가 변화해 나갈 때 갑작스런 변화는 나타나지 않아야 한다.

이제 선호관계가 완비성, 이행성, 그리고 연속성을 충족하였으므로, 우리는 선호관계를 연속적인 효용함수로 표현할 수 있게 되었다.[6)]

참고

연속성을 위배하는 예는 사전편찬법식 선호(lexicographic preference)가 있다. 예를 들어 영어사전에서 'bee'와 'love'를 찾는 경우에 'bee'가 먼저 나온다. 그런데 'belief'를 찾으면 이 단어 역시 'love'보다 먼저 나온다. 즉 'love'가 짧다고 해서 'belief'보다 먼저 나오지 않는다. 이와 같이 사전편찬법식 선호란 사전을 편찬(editing)하듯이, 어떤 상품이 아무리 많아도 다른 상품의 수량이 일정한 수준에 도달하지 않으면 그 상품묶음은 선호되지 않는 경우이다. 그러나 사전편찬법적 선호도 완비성과 이행성을 충족시키므로 상품묶음이 유한하다면 효용함수로 표현할 수 있다는 점을 유의하기 바란다. 우리는 책 전반에서 상품묶음은 유한하다고 가정할 것이다.

이 외에도 선호에 대한 기본 가정으로 불포만성(不飽滿性, non-satiation) 또는 단조성(單調性, monotonicity)을 추가시키는 학자도 있다. 이 두 개의 가정은 재화는 바람직한 것(좋은 것)이라는 암묵적인 가정을 내포하고 있는 것으로, 다르게 말하면 상품묶음에 있는 상품의 수량이 많을수록 좋다(the more, the better)로 해석할 수 있다. 우리는 단조성의 가정을 본 장 제2절에서 배울 효용함수의 가정으로 분류할 것이다.

6) 선호의 연속성은 연속적인 효용함수를 고려하기 위한 기술적인 가정이다.

제2절 효용함수

사람들은 벌어들인 소득으로 상품을 구입하고 소비한다. 그것은 상품을 소비함으로써 만족을 얻을 수 있기 때문이다. 소비자가 어떤 상품묶음으로부터 얻는 주관적인 만족감을 효용(效用, utility)이라고 한다. 또한 효용극대화는 소비활동의 궁극적 목표라고 할 수 있다.

선호관계와 효용함수

선호관계가 완비성, 이행성, 그리고 연속성을 충족시키면 연속적인 효용함수(utility function)로 표현할 수 있다. 그렇다면 왜 효용함수를 배워야 하는 것일까. 제1절에서 두 상품의 조합으로 구성된 무수히 많은 상품묶음들(상품집합)이 제1사분면에 존재하며, 선호관계는 '두 상품묶음 중에서 어느 상품묶음을 선호하는지를 표시해 주는 것'이라고 배웠다. 따라서 우리는 선호관계에 기초해 소비자가 어떤 상품묶음을 선호 할지, 즉 합리적 소비자가 어떤 상품묶음을 선택할지 알 수 있다. 그러나 상품집합에서 상품묶음의 짝들을 일일이 비교하는 것은 효율적인 방법이 아니다.

합리적 선택의 조건인 완비성과 이행성을 만족시키면 선호관계는 효용함수에 의해 실수(實數, real number)로 표현될 수 있는 것이 입증되었다.

이제 앞에 있는 [그림 3-1]에 있는 쌀(X)과 옷(Y)의 조합으로 구성된 세 개의 대표적인 상품묶음을 가지고 설명하여 보자. 상품묶음 A가 주는 만족수준 또는 효용은 $u(A)$로 표현할 수 있다. 두 상품묶음 A와 B의 선호관계를 $A \succsim B$라고 하면, 상품묶음 A의 효용이 상품묶음 B의 효용에 비해 크다는 것을 의미한다. 따라서 $A \succsim B$이면 $u(A) \geq u(B)$가 성립된다. 또한 $A \succsim B \succsim C$이면 $u(A) \geq u(B) \geq u(C)$가 성립된다.[7] 효용 및 효용함수는 다음과 같이 정의된다.

효용: 한 소비자가 어떤 상품묶음으로부터 얻는 주관적인 만족감을 수치로 표현한 것

효용함수: 한 소비자가 각 상품묶음으로부터 얻는 주관적인 만족감의 크기를 부여하는 공식

7) 역도 성립된다. 따라서 $A \succsim B \succsim C$일 필요충분조건은 $u(A) \geq u(B) \geq u(C)$이다.

분석의 편의를 위해, 우선 쌀과 옷 중에서 옷의 수량은 항상 0이라고 가정하자. 이때 한 소비자가 쌀을 x만큼 소비하여 u만큼의 효용을 얻는다면 효용함수는 다음과 같은 형태로 나타낼 수 있다.

$$u = u(x) \tag{3-1}$$

만약 소비 대상이 되는 상품이 두 종류(예를 들어, 쌀과 옷)이고 쌀을 x만큼 그리고 옷을 y만큼 소비하여 u만큼의 효용을 얻는다면 효용함수는 다음과 같다.

$$u = u(x, y) \tag{3-2}$$ [8]

기수적 효용과 서수적 효용

효용은 기수적 효용과 서수적 효용으로 나누어 볼 수 있다. 기수적 효용(基數的 效用, cardinal utility)이란 '소비자가 각 상품묶음의 소비에서 느끼는 만족감의 차이를 실제적인 수치로 나타낼 수 있는 효용'을 말한다. 즉 기수적 효용은 '만족도의 차이를 측정할 수 있다'는 입장에서 측정될 수 있다.[9] 예를 들어 소비자 1이 상품묶음 A를 소비하는 경우에 $u_1(A) = 100$이고 상품묶음 B를 소비하는 경우에 $u_1(B) = 1$이면, $u_1(A) \geq u_1(B)$일뿐 아니라 $u_1(A) - u_1(B) = 99$라는 것이다. 또한 소비자 2가 상품묶음 A를 소비하는 경우에 $u_2(A) = 80$이면, $u_1(A) \geq u_2(A)$일뿐 아니라 $u_1(A) - u_2(A) = 20$이 된다는 것이다.

서수적 효용(序數的 效用, ordinal utility)이란 '한 소비자가 각 상품묶음의 소비에서 느끼는 만족감의 차이를 실제적인 수치로 나타낼 수 없는 효용'을 말한다. 즉 만족도를 수치로 나타낼 수는 있지만, 단지 크기의 비교만 가능하다는 입장이다.[10] 예를 들어 서수적 효용을 고려한다는 것은 소비자 1의 경우에 $u_1(A) = 100$이

---

8) X재, Y재, 그리고 Z재를 소비하는 경우의 효용함수는 $u = u(x, y, z)$로 표시될 수 있으며, 상품이 n개로 유한한 경우에도 각 상품의 소비량과 효용의 관계를 효용함수로 표시할 수 있다.

9) 이러한 기수적 효용이론은 멩거(C. Menger), 제본스(S. Jevons), 그리고 왈라스(L. Walras) 등에 의해 연구되었다. 이들 경제학자들에 대해서는 제1장의 읽을거리인「한계혁명(marginal revolution)」을 참조하시오.

10) 이러한 서수적 효용이론은 파레토(V. Pareto), 슬러츠키(E. Slutsky), 그리고 힉스(J. Hicks) 등에 의해 발전되었다. 파레토(1848~1923)는 이탈리아 경제학자로서 로잔느학파의 창시자인 왈라스의 후계자이다. 파레토는 효용의 크기를 측정하지 않더라도 무차별곡선이라는 분석 도구를 사용하여 소비자이론을 설명할 수 있다는 것을 보였다. 즉 상품묶음의 짝들을 비교하여 어느 상품을 선호하는지를 표시하는 것이 효용의 본질이라고 생각하였다. 이러한 생각은 영국의 경제학자인 힉스(1904~1989)에 의해 '선호이론'으로 정착되었다. 1972년 노벨경제학상을 수상한 힉스는 거시경제학에 $IS-LM$ 분석을 도입하였으며, 임금이론에서의 '한계생산력설'을 제창하였다. 힉스의 저서로는「임금이론」,「가치와 자본」등이 있다.

고 $u_1(B) = 1$이면, $u_1(A) \geq u_1(B)$만 고려될 뿐 두 효용의 차이는 측정될 수 없다는 것이다. 서수적 효용의 다른 특성으로는 한 소비자의 효용을 다른 소비자의 효용과 비교할 수 없다는 점을 들 수 있다. 예를 들어 소비자 1의 경우에 $u_1(A) = 100$이고 소비자 2의 경우에 $u_2(A) = 80$이면 두 효용의 차이를 측정할 수 없을 뿐 아니라 크기의 비교도 불가능하다는 것이다. 최근에는 대부분 서수적 효용의 개념에 기초해 경제이론을 설명하고 있다. 독자들은 효용함수의 미분에 대해 공부한 것을 기억할 것이다. 효용은 '한 소비자가 어떤 상품묶음으로부터 얻는 주관적인 만족감을 수치로 표현한 것'이라고 정의하였다. 따라서 독자 여러분은 효용을 서수적 효용의 개념으로 설명할 수 있다는 것을 알 수 있다. 또한 본 장의 제3절에서 설명할 한계효용이론 역시 서수적 효용의 개념으로 설명할 수 있다. 우리는 제1장에서 미분의 개념에 대해 공부하였다. 이곳에 다시 한 번 설명해 보자. 미분이란 $y = f(x)$라는 함수관계에서 x의 변화에 따라 y가 어떤 방향으로 얼마나 빨리 변하는지를 나타내는 수학적 개념이다. 효용함수 식(3−1)의 1계미분은 $\frac{du}{dx} \equiv u'(x)$이며, 이 식의 부호를 통해 상이한 상품묶음에 대한 효용을 비교할 수 있게 되는 것이다. 따라서 한계효용이론을 설명할 때는 서수적 효용이론을 사용해도 무방하다.

제3절 한계효용

한계(限界)라는 개념은 소비이론, 생산이론, 시장이론, 요소시장이론, 그리고 후생경제이론 등에서 매우 광범위하게 쓰이는 분석의 도구이다. 그 중에서도 대표적인 것이 소비이론에서의 한계효용(限界效用, marginal utility)이다. '한계'의 원리는 어느 부문의 분석에서나 그 원리가 동일하다. 따라서 한계효용의 개념을 잘 이해해 두면, 생산이론이나 시장이론 등 다른 분야의 분석에서도 큰 도움을 받을 수 있을 것이다.

3.1 효용과 한계효용

어떤 상품의 효용은 그 상품의 소비량에 의존한다. 일반적으로 소비가 증가하면 효용도 증가한다. 그러나 소비가 증가한다고 해서 효용이 한없이 증가하지는 않는다. 포화상태에 이르면 그 이상의 소비는 효용을 오히려 감소시킬 수도 있다.

[그림 3-2]는 어떤 상품 소비량과 효용의 관계를 보이고 있다. 분석의 편의를 위해 상품묶음은 하나의 상품으로 구성되었다고 가정하자.

(a)는 어떤 상품의 소비량을 증가시킴에 따라 변해가는 효용을 나타내고 있다. 즉 상품의 소비량과 그에 따른 효용 및 한계효용의 관계를 나타낸 표이다. 이 표를 보면 첫째 행은 소비량의 변화를, 둘째 행은 소비량의 변화에 따른 효용의 변화를 보이고 있다. 셋째 행은 한계효용이다. 이 셋째 행은 한 단위 더 소비량을 증가시킬 때 효용이 얼마나 증가 또는 감소하는가를 보여준다. 예를 들어 2단위를 소비하다가 한 단위를 더 소비하면 효용은 20에서 27로 증가한다. 이때 한계효용은 7로 나타나는데, 이는 27과 20의 차이다. 이와 같이 한계효용이란 어떤 상품의 소비량을 증가시키는 경우, 추가되는 효용의 변화분을 말한다.

한계효용: 어떤 상품의 소비를 추가하는 경우에 발생하는 효용의 변화분

효용은 처음에는 증가하다가 계속 소비가 증가하면 마침내 감소한다. 표의 내용을 그림에 나타낸 것이 (b)와 (c)이다.

(b)는 소비량의 변화에 따른 효용의 변화를 보이고 있다. 효용은 소비증가에 따라 증가하다가 6단위 소비를 할 때 극대가 되고, 더 이상 소비하면 감소한다.

(c)는 소비량의 변화에 따라 추가 또는 감소되는 한계효용을 나타낸다. 이 한계효용은 (a)에서 추가 또는 감소되는 부문만 따로 떼어낸 것이다.

(d)는 경제학에서 일반적으로 사용하는 효용과 한계효용을 보여준다. 여기서 효용은 부드러운 곡선으로 표현되었는데, 이것은 효용함수가 연속적이고 미분가능하다는 것을 의미한다. 그림을 보면 효용곡선은 소비량의 증가에 따라 상승하다가 한계효용곡선이 가로축과 교차하는 점, 즉 한계효용이 0이 되는 점에서 극대가 되고, 그 이상의 소비수준에서는 하강하고 있다.

일반적으로 소비자는 어떤 상품을 포화상태를 넘을 때까지 소비하지는 않는다.

그림 3-2 총효용과 한계효용

(a) 소비량과 효용의 관계

소 비 량	0	1	2	3	4	5	6	7	8
총 효 용	0	11	20	27	32	35	36	35	32
한계효용		11	9	7	5	3	1	−1	−3

(b) 총효용

(c) 한계효용

(d) 일반적인 효용곡선

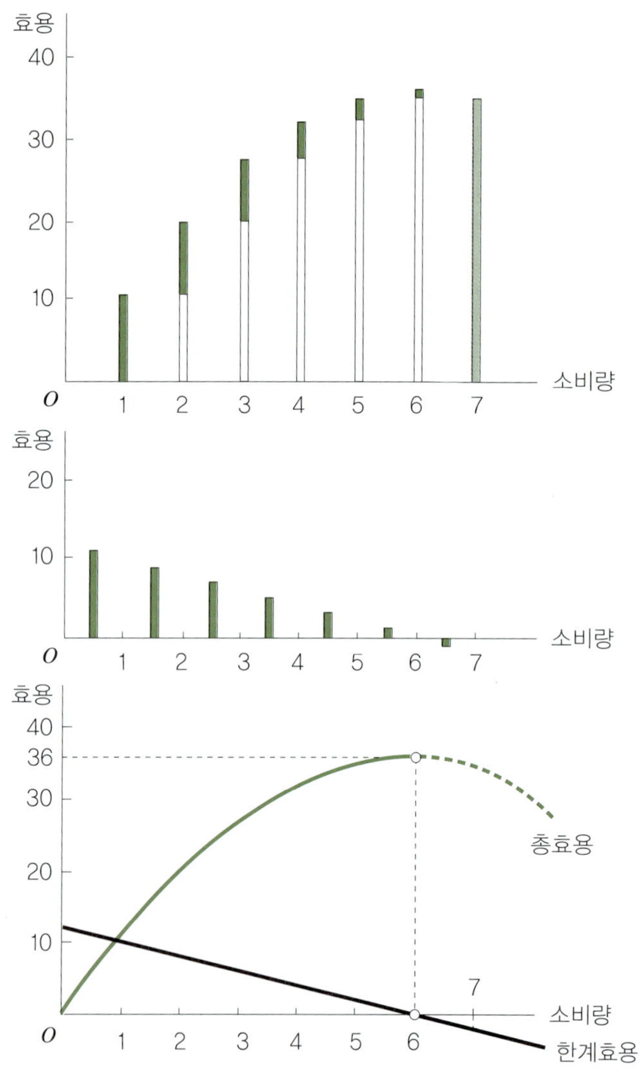

어떤 경제학자들은 이러한 현상을 선호의 불포만성 또는 단조성이라 부르며, 선호관계의 가정에 추가시킨다. 우리는 불포만성 또는 단조성을 효용함수에 대한 가정 중의 하나로 분류한다. 이제 단조성의 가정을 추가함으로써 우리는 한계효용을 설명할 수 있게 되었다.

지금까지 한계효용을 쉽게 설명하기 위해 상품묶음은 하나의 상품으로 구성되었다고 가정하였다. 이제 가정을 완화하여 상품묶음은 두 상품의 조합이라고 하자. 이때 효용함수는 식(3−2)로 표현할 수 있다. 연속적인 효용함수의 불포만성(단조성)을 고려하는 경우에 상품 X(X재)의 한계효용(MU_X)과 상품 Y(Y재)의 한계효용(MU_Y)은 각각 식(3−3)과 식(3−4)와 같이 표현할 수 있다.

$$MU_X(x, y) = \frac{\partial u(x, y)}{\partial x} > 0 \tag{3-3}$$

$$MU_Y(x, y) = \frac{\partial u(x, y)}{\partial y} > 0 \tag{3-4}$$

식(3−3)은 Y재의 소비량은 고정시키고 X재의 소비량을 미세하게 증가시킬 때($\Delta x \to 0$), 효용의 증가분을 의미하며, 식(3−4)는 X재의 소비는 고정시키고 Y재의 소비를 미세하게 증가시킬 때($\Delta y \to 0$), 효용의 증가분을 의미한다. 식(3−3)과 식(3−4)에 의하면 [그림 3−2]에서 총효용이 감소하는 부분은 고려대상이 아니다.

효용함수를 설명하기 위해서는 효용함수에 대한 추가적인 가정이 필요하다. 그것은 바로 '무차별곡선의 성격'이다. 이에 대해서는 제4절에서 알아보기로 한다.

한계효용체감

일정기간 동안에 소비되는 상품의 수량이 증가함에 따라 그 소비증가에서 얻게 되는 한계효용은 점점 감소한다. 이처럼 소비를 증가시켜감에 따라 한계효용이 감소해 가는 현상을 한계효용체감(限界效用遞減, diminishing marginal utility)이라 한다.[11)]

한계효용체감: 어떤 상품의 소비를 증가시켜감에 따라 그 한계효용이 감소해 가는 현상

---

11) 한계효용이 체감하는 현상을 고센의 제1법칙 또는 욕망포화(慾望飽和)의 법칙이라고도 한다.

X재와 Y재의 한계효용의 체감은 다음과 같이 각 재화에 대한 2계 편미분으로 표현할 수 있다.

$$MU_{XX}(x, y) = \frac{\partial^2 u(x, y)}{\partial x^2} < 0 \qquad (3-5)$$

$$MU_{YY}(x, y) = \frac{\partial^2 u(x, y)}{\partial y^2} < 0 \qquad (3-6)$$

3.2 한계효용체감 현상의 응용

한계효용체감 현상은 현실에서 자주 발견된다. 여기서는 한계효용체감 현상이 응용되는 몇 가지 사례를 소개한다.

스미스의 역설

흉년의 떡도 많이 나오면 값이 싸다

스미스(A. Smith)는 상품가치를 사용가치(使用價値)와 교환가치(交換價値)로 나누면서, 다이아몬드는 물에 비하여 사용가치가 훨씬 못한데도 값이 비싼 것에 대해 가치의 역설이라고 하였다. 이를 스미스의 역설(Smith's paradox)이라고도 부른다. 우선 스미스의 고민부터 들어보자. 다음은 스미스의『국부론』에 나오는 내용이다.[12)]

"가치라는 것은 2개의 상이한 의미를 가지고 있음을 주의하지 않으면 안 된다. 즉 때로는 어떤 특정물의 효용을 표시하고 때로는 그 특정물의 소유로 인해 따르게 되는 타 재화에 대한 구매력을 표시한다. 전자는 사용가치라고 부르고 후자는 교환가치라고 불러도 좋을 것이다. 최대의 사용가치를 가지고 있는 물건이 가끔 지극히 작은 교환가치만을 가지고 있거나 전혀 가지고 있지 않는 경우도 있다. 이

12) 아담 스미스의『국부론』(An Inquiry into the Nature and Causes of the Wealth of Nations)은 1776년 출간되었다. 이 책은 스미스의 역설뿐 아니라 일반균형과 분업 등 경제학 주요 개념 등에 대해 설명하고 있다.

와 반대로 최대의 교환가치를 가지고 있는 물건이 사용가치는 거의 없거나 전혀 가지고 있지 않는 경우도 있다. 물보다 더욱 유용한 것은 없지만 물과 교환해서 어떤 물건을 얻을 수는 없다. 이와 반대로 다이아몬드는 거의 사용가치를 가지고 있지 않지만 흔히 다량의 상품과 교환된다."

이러한 모순을 스미스는 명확하게 설명하지 못하였다. 그래서 이 모순을 스미스의 역설이라고 한다. 이 역설은 후에 한계효용학파에 의하여 설명되었다. 가격이라는 것은 그 상품의 한계효용이 결정한다는 것이다. 사용가치도 없는 다이아몬드가 비싼 것은 그 공급량이 적어서 한계효용이 크기 때문이다. 물은 공급량이 많기 때문에 한계효용은 거의 0에 가깝고 그래서 가격도 싼 것이다.

소득재분배 효과

일반적으로 소득재분배(所得再分配)는 고소득자로부터 저소득자로 이전되는 방향으로 이루어진다. 소득재분배정책을 통하여 고소득자의 100만 원이 저소득자에게 이전된다고 하자. 화폐도 보통의 상품과 마찬가지로 보유량의 증가에 따라 한계효용이 체감하는 것이 일반적이다. 그렇다면 고소득자에게 100만 원이 가지는 한계효용은 저소득자에게 비하여 작을 것이다. 이 100만 원이 저소득자에게 이전된다면 그 한계효용은 고소득자에게 머물러 있을 때보다 증가한다.

[그림 3-3]은 소득재분배의 효과를 나타낸 것이다.

그림에서 보는 바와 같이 똑같은 100만 원이라도 고소득자에게는 한계효용이 작고 저소득자에게는 크다. 고소득자의 소득에서 100만 원을 저소득자에게 재배분한다면 저소득자는 고소득자의 희생보다 훨씬 큰 후생의 증가를 얻게 된다.[13)]

---

13) 여기서 주의해야 할 점은 이러한 소득재분배정책이 소득분배에 대한 형평성은 개선시킬 수 있지만, 자원배분의 효율성을 개선시킨다는 보장은 없다는 것이다. 또한 이러한 소득재분배정책이 과연 공정하고 정당한 정책인가에 대해서는 논란의 여지가 있다. 고소득자가 '정당한 방법'으로 고소득을 얻었다면 국가나 사회가 이를 강제적으로 환수하여 재분배하는 정책의 정당성은 낮을 것이다.

그림 3-3 소득재분배의 효과

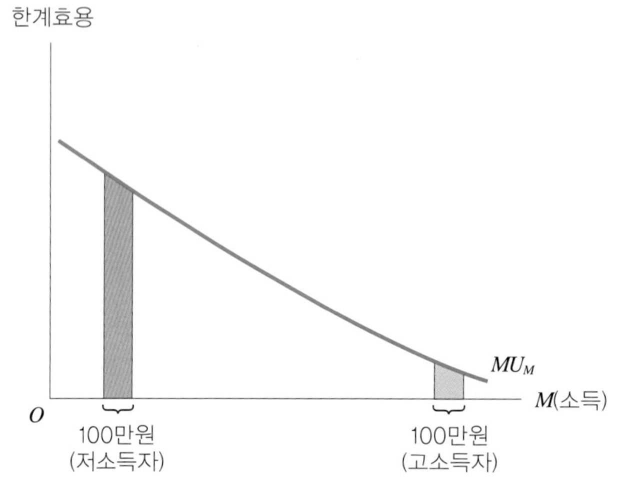

페테르부르크의 역설

놓친 고기가 더 크게 보인다

공정한 내기라 해도 사람들은 도박에 쉽사리 응하지 않는다. 심지어 유리한 내기에도 대부분의 사람들은 도박에 쉽게 응하지 않는다.

제정 러시아의 수도였던 화려한 도시 상트 페테르부르크(St. Petersburg)에는 도박장도 많고 도박의 종류도 많았다. 그 중에는 기대수익이 무한대인 도박도 있었다. 기대수익이 무한대라면 참가자에게 유리한 게임이며, 따라서 그 도박에 응하는 것이 합리적인 데도 실제로는 그 도박에 응하는 사람이 없었다. 유리한 내기인데도 도박에 참여하기를 기피하는 현상을 페테르부르크의 역설(St. Petersburg's paradox)이라고 한다.

페테르부르크의 역설: 유리한 내기인데도 도박 참가를 기피하는 현상

페테르부르크의 역설을 논리적으로 규명하여 보자. 유리한 내기인 도박을 기피하는 이러한 현상도 결국은 화폐의 한계효용이 체감하기 때문이다. 예를 들어보자. 여러분이 만약 현금 3만 원을 가지고 데이트하러 남산공원을 지나고 있는데 할

아버지가 확률이 절반인 만 원짜리 내기를 하자고 부른다고 하자. 여러분이 내기에 응하여 이기게 되면 여러분은 4만 원을 갖고 데이트를 할 수 있지만 지게 되면 2만 원으로 데이트를 해야 한다. 3만 원에서 4만 원이 될 때 추가되는 만 원의 효용과, 3만 원에서 2만 원이 됨에 따라 잃게 되는 만 원의 효용 중에서 어느 것이 더 크게 느껴질까. 당연히 잃게 되는 만 원의 효용이 더 크게 느껴질 것이다. 놓친 고기가 더 크게 보인다는 말도 있지 않은가. 돈을 잃고서 데이트 상대 몰래 호주머니속의 돈을 속으로 계산해야 하는 지경에 이른다면 잃은 돈의 효용은 더욱 커 보일 것이다.

[그림 3-4]는 도박으로 잃게 될 효용과 얻게 될 효용을 보이고 있다. 도박에 이기면 회색부분 만큼의 효용을 추가할 수 있다. 그러나 도박에 지면 녹색부분만큼 효용을 잃게 된다. 그림에서 보는 바와 같이 얻게 될 효용보다 잃게 될 효용이 더 크다. 그래서 대부분의 사람들은 도박을 기피하게 된다. 더구나 만일 등록금을, 그것도 겨우 그 금액만 정확히 마련해 가지고 가다가 도박에 응한다고 하자. 만 원을 얻어서 용돈이 생기는 효용과 만 원을 잃고 그 만 원이 부족하여 등록을 못하게 될 때 잃게 되는 효용은 그 차이를 비교할 수도 없을 것이다.

엄밀히 말하면 페테르부르크의 역설은 도박에 참여하는 사람의 기대수익보다 기대효용에 초점을 맞추어서 설명되어야 한다. 그러나 독자들이 아직 불확실성이

그림 3-4 도박과 한계효용

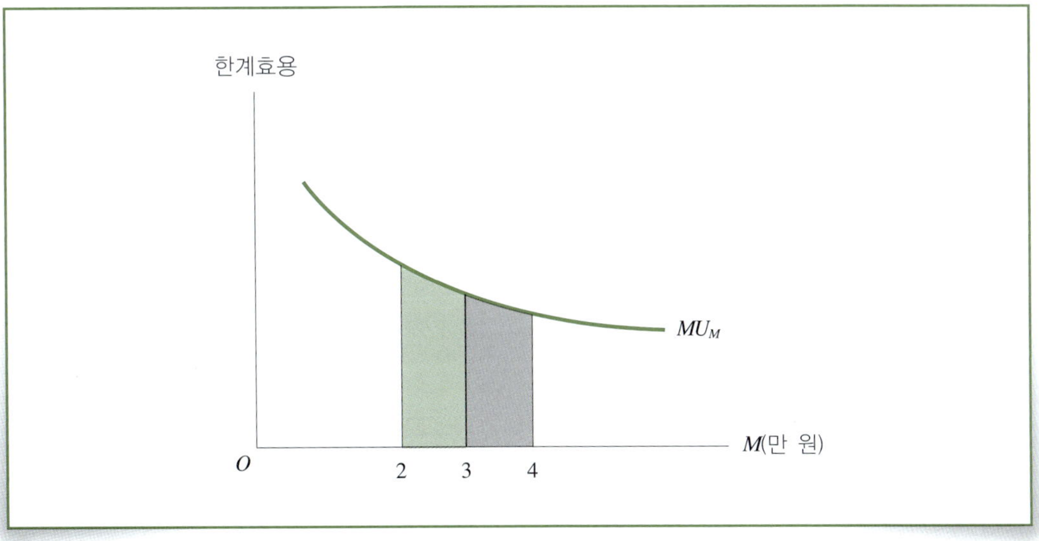

개재된 소비자이론을 배우지 않았기 때문에 한계효용의 체감으로 설명하는 것임을 유념하기 바란다. 페테르부르크의 역설에 대해서는 제6장에서 자세히 설명할 것이다.

뷔페식당 경영 원리

뷔페에서는 일정한 식사비만 내면 수십 종의 다양한 음식을 얼마든지 먹을 수 있다. 손님이 음식을 한없이 먹어버린다면 그 식당주인은 바로 손해를 보는데, 어떻게 그런 무모한 전략을 세울 수 있는가. 그 해답은 바로 한계효용체감의 법칙이다.

사람들은 뷔페식당에서도 음식을 한없이 먹지는 않는다. 음식을 계속 먹는 동안에 한계효용은 점점 감소할 것이고, 그래도 계속하여 더 먹는다면 오히려 효용이 감소될 것이다. 즉, 한계효용이 마이너스(−)이다. [그림 3−2]의 (d)를 보면 이해가 쉬울 것이다. 말하자면 음식의 한계효용이 점점 감소하다가 0인 지점이 있을 것이고, 그 이상 먹으면 한계효용은 마이너스가 된다. 따라서 마음대로 먹게 두어도 어느 정도 이상은 먹을 수 없는 것이다. 한계효용이 0이 되는 지점은 사람마다 다르겠지만 경험이나 계산에 의하여 어떤 평균점을 산출할 수 있을 것이고, 그 양만큼으로 식사비를 정하면 되는 것이다. 뷔페식당 − 그것은 바로 한계효용체감의 법칙을 활용하는 경영전략으로부터 탄생했다.

3.3 한계효용불변과 한계효용체증

최근 소비자이론은 한계효용체감만 고려하는 것이 아니라 한계효용불변과 한계효용체증도 함께 고려한다. 물론, 효용함수의 단조성에 대한 가정은 한계효용체감, 불변, 그리고 체증에 모두 해당한다. 단조성은 식(3−3)과 식(3−4)와 같이, 그리고 한계효용체감은 식(3−5)와 식(3−6)과 같이 표현할 수 있었다. 한계효용불변(constant marginal utility)이란 어떤 재화의 한계효용이 일정한 경우를 말하며 식(3−7)과 식(3−8)은 각 상품에 대한 한계효용이 일정한 것을 표현하고 있다.

$$MU_{XX}(x, y) = \frac{\partial^2 u(x, y)}{\partial x^2} = 0 \tag{3-7}$$

$$MU_{YY}(x, y) = \frac{\partial^2 u(x, y)}{\partial y^2} = 0 \tag{3-8}$$

한계효용체증(increasing marginal utility)이란 어떤 재화의 한계효용이 증가하는 경우를 말하며 식(3−9)와 식(3−10)은 각 상품에 대한 한계효용이 체증하는 것을 표현하고 있다.

$$MU_{XX}(x, y) = \frac{\partial^2 u(x, y)}{\partial x^2} > 0 \tag{3-9}$$

$$MU_{YY}(x, y) = \frac{\partial^2 u(x, y)}{\partial y^2} > 0 \tag{3-10}$$

제 4 절 무차별곡선

상품묶음에 대한 선호관계가 완비성과 이행성을 충족시키면, 우리는 선호관계를 효용함수로 표현할 수 있음을 배웠다. 또한 연속적인 효용함수를 고려하기 위해 선호관계가 연속적이라는 가정을 추가하였다. 마지막으로 효용함수가 연속적이면서 단조증가한다는 가정으로부터 미분가능한 효용함수를 고려하였다. 제4절에서는 무차별곡선의 특성을 이해함으로써 소비자의 최적화 행위를 기하학적으로 분석할 수 있는 기초를 마련하게 된다.

4.1 무차별곡선

무차별곡선(無差別曲線, indifference curve)은 에지워스(F. Edgeworth)가 개발하고 파레토(V. Pareto)가 발전시킨 것으로, 오늘날 경제이론에 자주 등장하는 경제분석의 도구이다. 이 무차별곡선은 소비이론에서 뿐만 아니라 생산이론, 그리고 후생이론에서도 중요한 역할을 한다.

효용무차별 상품묶음

편의상 X재와 Y재라는 두 상품만을 구입하여 소비한다고 가정하자. 수많은 상품묶음 중에서 다음과 같은 두 상품묶음에 대하여 생각해 보자. 한 상품묶음에는 X재 4단위와 Y재 12단위가 들어있고, 다른 상품묶음에는 X재 5단위와 Y재 8단위가 들어있다. 즉 한 상품묶음에는 상품이 각각 (4, 12)이고, 다른 상품묶음은 (5, 8)이다. 그런데 소비자가 이 두 상품묶음에서 느끼는 효용이 동일하다고 하자. 즉 두 상품묶음의 선호관계는 $(4, 12) \sim (5, 8)$이다. 이때 우리는 두 상품묶음에 대한 선호관계가 무차별관계라고 하며, 두 상품묶음의 효용이 '무차별'하다고 한다.[14] 생각해 보면 두 상품묶음인 (4, 12), (5, 8)과 동일한 효용을 주는 상품묶음은 많을 것이며, 우리는 이러한 상품묶음의 조합을 찾을 수 있다. 그 근거는 선호관계의 완비성에 있다. 즉, 완비성에 의해 수많은 상품묶음들 중에서 임의로 두 개의 상품묶음을 비교하는 작업을 계속하면서, 동일한 효용을 주는 상품묶음들을 찾을 수 있다.

무차별곡선

만약 효용이 동일한, 즉 선호관계가 무차별관계에 있는 상품묶음의 조합을 그림의 좌표에 나타내고, 그 조합들을 연결하면 어떤 모양이 될까?

[그림 3-5]는 위의 가정을 토대로 하여 무차별곡선을 도출하는 과정이다.

(a)는 동일한 만족을 주는 가상의 상품묶음들이다. 이 상품묶음들을 보면 어떤 상품묶음은 X재가 많고 또 어떤 상품묶음은 Y재가 많다. 이처럼 상품묶음을 구성하는 두 상품의 수량은 다르지만 각 상품묶음에 대한 효용은 같다.

---

14) 독자여러분은 제1절에서 선호관계를 강선호관계, 무차별관계, 그리고 약선호관계로 분류하였으며, 각각의 정의에 대해 공부한 것을 기억할 것이다.

그림 3-5 무차별곡선 그리기

X재 소비량	4	5	6	8	10	14
Y재 소비량	12	8	6	4	3	2

(a) 만족도가 동일한 상품조합

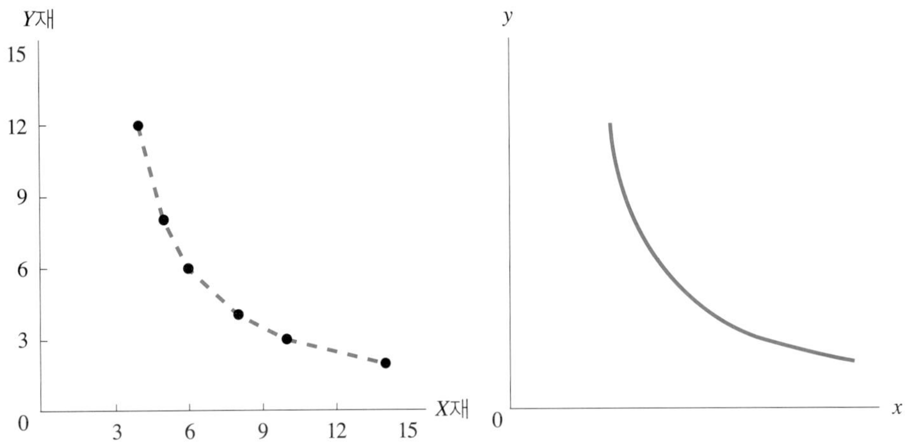

(b) 좌표에 옮기면

(c) 일반적인 무차별곡선

(b)는 이 상품묶음을 그림의 좌표로 옮긴 것이다. 그림의 가로축은 X재의 양을, 세로축은 Y재의 양을 나타낸다. 그림의 꺾은선은 동일한 만족을 주는 상품묶음으로 표현된 점들을 연결한 선이다.

(c)는 꺾은선을 부드러운 곡선으로 옮겨서 일반화시킨 것이다. 이 부드러운 곡선은 소비자에게 동일한 만족을 주는 상품묶음의 궤적이다. 그래서 이 곡선을 무차별곡선이라고 한다.

무차별곡선: 소비자에게 동일한 만족수준을 주는 상품묶음의 집합을 그림으로 나타낸 것

무차별곡선은 만족도의 차별이 없는 상품묶음들의 조합점을 연결한 궤적이다.[15] 한편 이러한 무차별곡선은 하나만 있는 것이 아니다. 앞의 표에서 가정한 만

15) 무차별곡선은 등효용곡선(等效用曲線)이라고 표현할 수도 있다. 제7장에서도 형태가 같은 곡선이 나오는데, 이 곡선은 생산량이 동일한 생산요소들의 조합을 연결한 것으로 등량곡선(等量曲線)이라 한다.

그림 3-6 만족도가 다른 여러 무차별 곡선

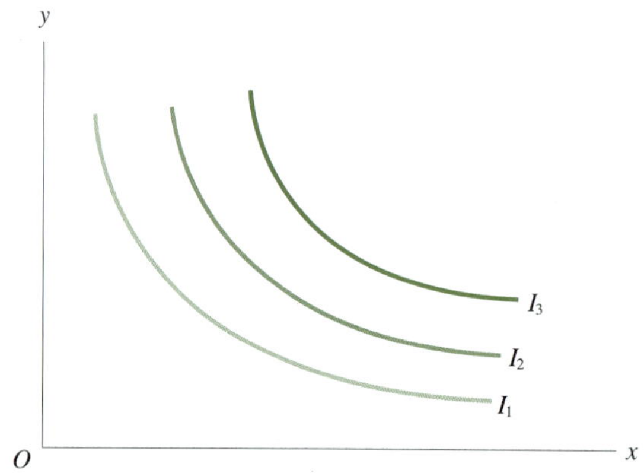

족수준보다 약간 큰 만족을 가져다주는 어떤 수준의 만족도가 있을 것이고, 그와 동일한 만족도를 유지해주는 다른 상품묶음들을 찾아 연결하면 그것도 또한 무차별곡선이 된다. 또 앞의 표에서 가정한 만족도보다 약간 작은 만족을 가져다주는 어떤 수준의 만족도가 있을 것이고 그와 동일한 만족도를 유지해주는 다른 상품묶음들을 찾아 연결하면 그것도 또한 제3의 무차별곡선이 된다. 마찬가지 원리로 제4, 제5의 무차별곡선을 얼마든지 더 그릴 수 있다. 여러 개의 무차별곡선을 그려 놓으면 그 무차별곡선들이 마치 지도의 등고선처럼 보이게 된다. 그래서 이를 무차별곡선지도(indifference curve map)라고 한다.

[그림 3-6]은 만족도가 다른 여러 무차별곡선들이 그려진 무차별곡선지도이다.

4.2 무차별곡선의 성질

이제 무차별곡선의 성격을 정리할 시간이다. 무차별곡선의 성질은 정확히 명시하기 어렵다. 예를 들어 우리가 앞에서 배운 사전편찬법식 선호는 완비성과 이행성을 충족시키며, 이는 (연속은 아니지만) 효용함수로 표현할 수 있으며, 무차별한 효용을 갖는 상품묶음의 조합을 찾을 수 있다는 것을 의미한다. 따라서 사전편찬법식 선호에서도 (아래에 명시한 무차별곡선의 일반적 성질을 충족시키지는 못하지만) 무차별곡선을 도출할 수 있다. 여기에서는 소비자이론에서 설명하는 일반적인 무차별곡선을 고려한다. 이러한 일반적인 무차별곡선은 다음과 같은 성질을 가지고 있다.

(1) 무차별곡선은 우하향한다.
(2) 무차별곡선은 원점에 대하여 볼록하다.
(3) 서로 다른 무차별곡선은 교차하지 않는다.
(4) 무차별곡선은 원점에서 멀어질수록 만족도, 즉 효용이 크다.

첫 번째 성질, 즉 무차별곡선이 우하향이라는 것은 선분의 모양이 오른쪽으로 가면서 아래쪽으로 향한다는 것을 의미한다. 한 상품의 소비를 증가시키면서도 동일한 효용을 유지시키려면 다른 상품의 소비는 감소시켜야 하고, 따라서 무차별곡선은 우하향의 모양이 되는 것이다. 이러한 가정은 효용함수의 가정인 단조성(불포만성)과 관련이 있다. 예를 들어, 무차별곡선이 우상향한다면 더 많은 상품을 소비하더라도 동일한 효용을 준다는 것을 의미하며, 이는 불포만성을 위배하는 것이다.

두 번째 성질, 즉 무차별곡선이 원점에 대하여 볼록하다는 것은 한계대체율(*MRS*: marginal rate of substitution)이 체감한다는 것을 의미한다. 한계대체율이 체감하면 무차별곡선은 원점에 대하여 볼록한 모양이 된다.[16)]

세 번째 성질, 즉 무차별곡선이 서로 교차하지 않는다는 것은 두 개의 서로 다른 무차별곡선이 교차하는 경우, 선호(관계)의 필요조건인 이행성이 위배됨을 보임으로써 증명할 수 있다.[17)]

[그림 3-7]에는 두 개의 무차별곡선이 있고, 두 무차별곡선이 서로 교차하고 있다. 그리고 상품묶음 A와 상품묶음 B는 각각 다른 무차별곡선상에 있는 점이다. 따라서 두 상품묶음의 효용은 서로 다를 것이다. 한편 상품묶음 A와 상품묶음 C는 동일한 무차별곡선상에 있다. 즉 두 상품묶음에 대한 선호는 무차별관계이며, 효용은 동일하다: $A \sim C \Leftrightarrow u(A)=u(C)$. 그런데 그림을 보면 상품묶음 B와 상품묶음 C도 동일한 무차별곡선상에 있다. 그렇다면 상품묶음 B와 상품묶음 C의 효용 역

16) 한계대체율에 대해서는 다음 항에서 자세히 설명할 것이다.
17) 이러한 무차별곡선의 성질은 선호(관계)의 조건인 이행성과 관련되어 있다.

그림 3-7 무차별곡선이 만약 교차한다면

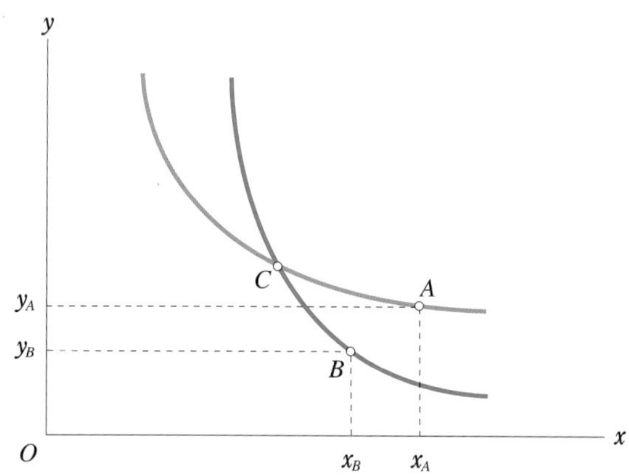

시 같을 것이다: $B \sim C \Leftrightarrow u(B) = u(C)$. 이제 이행성에 의해 우리는 다음과 같이 선호관계와 효용을 표현할 수 있어야 한다: $A \sim B \sim C \Leftrightarrow u(A) = u(B) = u(C)$. 그러나 우리는 상품묶음 A와 상품묶음 B는 각각 다른 무차별곡선상에 있다는 것을 알고 있다. 즉, 두 무차별곡선이 서로 교차하면 선호관계의 이행성 조건을 위배하는 모순된 결과를 초래한다.

네 번째 성질, 즉 원점에서 멀어질수록 만족도가 크다는 사실은 다다익선의 원리에 의하여 자명하다. 원점에서 멀어진다는 것은 두 상품 모두의 소비가 증가한다는 것이고 따라서 만족도가 커지는 것이다. 이러한 네 번째 성질 역시 첫 번째 성격과 같이 효용함수의 가정인 단조성(불포만성)과 관련이 있다.

4.3 소비의 대체

우하향하는 무차별곡선상의 한 점에서 다른 점으로 이동한다는 것은 상품묶음에서 한 상품의 일부를 덜어내고 그 대신 다른 상품을 보충해 준다는 것을 의미한다. 어느 상품묶음(x, y)에서 X재를 덜어내면서도 똑같은 효용을 유지하고자 하면 다른 상품, 즉 Y재를 보충해 주어야 한다는 논리이다.

한계대체율(限界代替率) : MRS_{XY}

두 재화에 대한 소비자의 주관적인 평가를 의미하는 한계대체율(MRS_{XY}: marginal rate of substitution of X for Y)은 무차별곡선상에서 똑같은 효용을 유지하면서 두 상품을 서로 대체하는 비율이다.

> **한계대체율**: 무차별곡선상에서 동일한 만족수준을 유지하면서 두 상품을 대체하는 비율이며, 두 재화에 대한 소비자의 주관적인 평가를 의미

만약 Y재 소비를 Δy만큼 줄이고, 대신 X재 소비를 Δx만큼 증가시킨다면 그 때의 두 상품 사이의 한계대체율은 다음과 같다.

$$MRS_{XY} = -\frac{\Delta y}{\Delta x} \qquad (3-11)$$

이 식에서 마이너스(−)를 붙이는 것은 두 상품 중 한 쪽이 증가하면 다른 쪽은 감소하므로 서로 부호가 반대이기 때문이다. 한계대체율은 다음 두 가지 특성을 갖는다.

첫째, 무차별곡선의 기울기이다. 한계대체율은 그림으로 볼 때 무차별곡선 한 점에서의 기울기의 절대값이다.

[그림 3−8]은 한계대체율이 무차별곡선의 기울기의 절대값이라는 것을 보여주고 있다.

(a)는 두 상품 소비의 대체관계를 보인다. 무차별곡선상 점 A에서 점 B로 이동한다는 것은 Y재를 Δy만큼 줄이고, 대신 X재를 Δx만큼 보충한다는 것을 의미한다. 즉 대체율이 $(-)\Delta y/\Delta x$이다.

(b)는 대체량이 매우 적은 경우이다. 만약 Δx가 무한히 작아져서 0에 가까운 값을 갖게 되면, 결국 B는 A에 겹치게 되고, $(-)\Delta y/\Delta x$는 순간변화율을 나타내게 된다. 순간변화율이라는 것은 기하학적으로 말하면 접선의 기울기이다. 즉 한계대체율은 무차별곡선 한 점에서 접선의 기울기(절대값)이다 이러한 관계를 수식으로 나타내면 다음과 같다.

$$MRS_{XY} = \lim_{\Delta x \to 0}(-)\frac{\Delta y}{\Delta x} = -\frac{dy}{dx} \qquad (3-12)$$

그림 3-8 한계대체율은 무차별곡선의 기울기

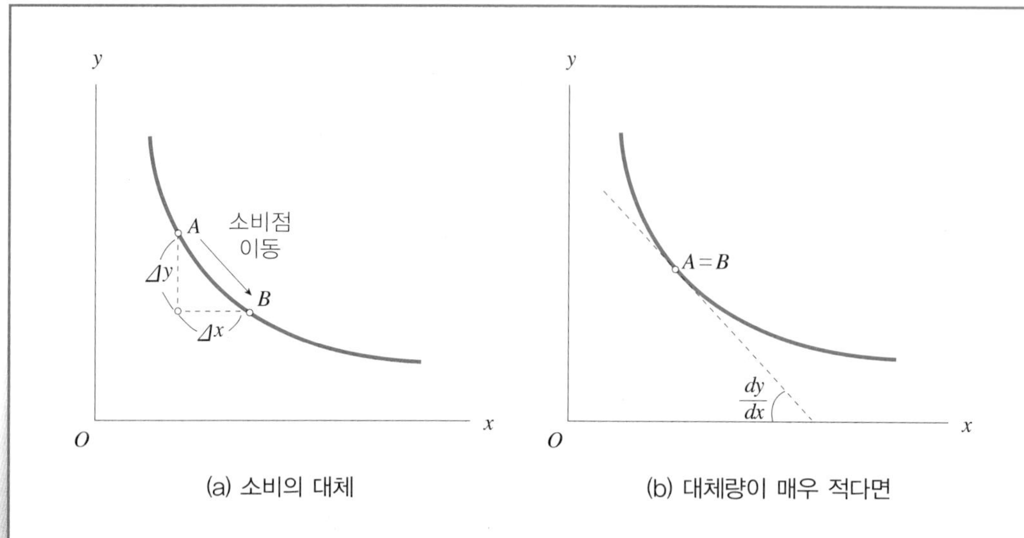

둘째, 각 상품에 대한 한계효용의 비율이다. 한계대체율은 두 상품의 한계효용과 밀접한 관계를 가지고 있다. *A*와 *B*의 효용이 동일하게 유지되려면 *Y*재의 소비 감소량 Δy로 인한 효용 감소분과 *X*재의 소비 추가량 Δx로 인한 효용 증가분이 같아야 한다.

$$dx \cdot MU_X = -\, dy \cdot MU_Y \tag{3-13}$$

식(3-13)을 변형하면 다음과 같다.

$$-\frac{dy}{dx} = \frac{MU_X}{MU_Y} \tag{3-14}$$

즉 한계대체율이란 두 상품 한계효용의 비율이다. 이처럼 한계대체율은 무차별곡선의 기울기이자 두 상품 한계효용의 비율이다. 이 두 가지 성질을 묶으면, '무차별곡선의 기울기는 두 상품 한계효용의 비율'이라고 말할 수 있다. 지금까지 설명한 내용을 정리하면 한계대체율이란 다음과 같다.[18]

---

18) 만약 반대로 *X*재를 *Y*재로 대체해 간다면 한계대체율은 MRS_{YX}가 된다:

$$MRS_{YX} = \lim_{\Delta y \to 0}(-)\frac{\Delta x}{\Delta y} = -\frac{dx}{dy} = \frac{MU_Y}{MU_x}$$

$$MRS_{XY} = -\frac{dy}{dx} = \frac{MU_X}{MU_Y} \tag{3-15}$$

한계대체율체감의 법칙

만약 두 상품을 연속해서 대체해 간다면 그 대체비율의 크기는 어떤 변화를 보이게 될까. 소비자가 [그림 3-9]의 무차별곡선을 따라 소비점을 A에서 B로 이동하는 경우를 생각해 보자. 소비자는 X재 1단위를 더 얻기 위하여 Y재 4단위를 포기할 수 있다. 이 경우의 한계대체율은 4이다. 마찬가지로 B에서 C로 이동할 때, 소비자는 X재 1단위를 더 얻기 위하여 Y재 2단위를 포기하므로 한계대체율은 2이다. 이렇게 Y재를 X재로 계속 대체해 감에 따라 그 대체율은 4에서 2로 감소하는 것을 볼 수 있다.

일반적으로 소비자는 어떤 상품의 보유량이 증가하면 그 상품의 중요성을 상대적으로 낮게 평가하는 반면, 그 상품의 보유량이 감소하면 그 상품의 중요성을 높게 평가한다. 그러므로 A에서와 같이 Y재는 많고 X재는 적을 경우에는 좀 더 중요한 X재 1단위를 얻는 대신 덜 중요한 Y재를 비교적 많이(4단위) 내놓으려 한다. 그러나 B에서와 같이 X재의 보유량이 많아지면 X재의 상대적 중요성은 작아지고, 따라서 또 다시 X재 한 단위를 더 얻기 위해서는 Y재를 적게(2단위) 포기하면 된다. 이와 같이 대체를 통하여 어떤 상품의 보유량이 많아질수록 그 상품의 상대적

그림 3-9 한계대체율체감

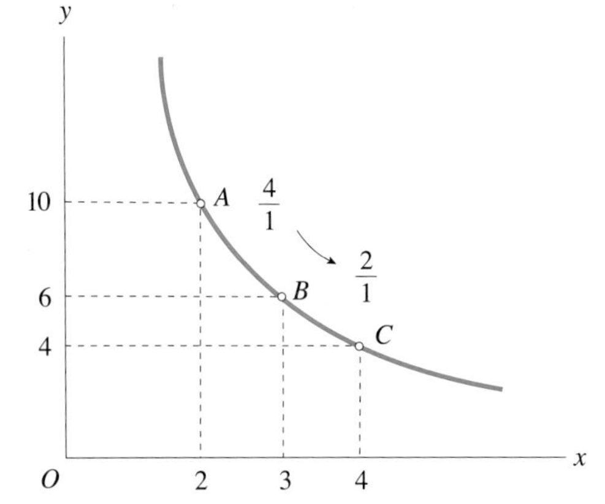

중요성은 감소하게 되고, 두 상품간의 대체비율이 감소하게 된다. 이를 한계대체율체감의 법칙(law of diminishing MRS)이라고 한다.

한계대체율체감의 법칙: 무차별곡선상에서 어떤 상품을 다른 상품으로 대체해 갈 때 그 대체비율이 감소해 가는 현상

이러한 한계대체율체감(限界代替率遞減) 현상은 무차별곡선을 원점에 대해 볼록하게 한다. 즉, 무차별곡선이 원점에 대하여 볼록한 것은 한계대체율이 체감하기 때문이다.

4.4 예외적인 무차별곡선

지금까지 설명한 무차별곡선의 속성들은 정상적인 경우에만 해당된다. 그런데 두 종류 이상의 상품을 동시에 선택할 때, 어떤 상품의 선택이 효용에 영향을 주지 않는 경우도 있고, 심지어 효용을 감소시키는 경우도 있다. 또 두 종류 이상의 상품들이 완전한 대체관계를 보이기도 하고 완전한 보완관계를 보이기도 한다. 상품의 이러한 다양성은 다양한 무차별곡선으로 표현될 수 있다.

[그림 3-10]은 예외적인 모양의 무차별곡선이다.

(a)는 완전대체재의 무차별곡선이다. 두 상품 사이에 완전한 대체관계가 이루어진다면 무차별곡선은 직선모양이 된다. 즉 두 상품간의 대체성이 완전하여 한계대체율이 체감하지 않고 일정한 경우이다. 이 경우 두 상품을 완전대체재(perfect substitutes)라고 한다. 완전대체재의 예로는 100원짜리 빨간색 우표와 파란색 우표를 들 수 있다.[19] 또 다른 예로는 5,000원과 10,000원권 지폐를 들 수 있다. 두 지폐는 2:1의 비율로 완전대체가 가능하기 때문에 무차별곡선은 −의 기울기를 가지는 직선이 된다.

(b)는 완전보완재의 무차별곡선이다. 두 상품간에 완전한 보완관계가 이루어진다면 무차별곡선은 L자 모양이 된다. 즉 두 상품간의 대체가 불가능하며 한계대

19) 빨간색 우표와 파란색 우표의 소비량을 각각 x, y라고 할 때, 이 경우의 효용함수의 예로 $u = x + y$를 들 수 있다.

체율이 존재하지 않는다. 이 경우 두 상품을 완전보완재(perfect complements)라고 한다. 완전보완재의 예로는 오른쪽 구두와 왼쪽 구두를 들 수 있다. 그림에서 보는 것처럼 상품묶음 *A*는 왼쪽 구두와 오른쪽 구두가 각각 한 짝씩으로, 한 켤레의 효용수준을 나타내고 있다. 만약 오른쪽 구두가 하나인데 왼쪽 구두만 두 개 있어 보았자(상품묶음 *B*) 신을 수 있는 것은 한 켤레에 불과하므로 이때의 효용수준은 상품묶음 *A*와 동일하다. 이 경우에는 한계대체율이 잘 정의되지 않는다. 무차별곡선의 수평구간에서는 $MRS_{XY} = 0$, 수직구간에서는 $MRS_{XY} = \infty$, 그리고 상품묶음 *A*로

그림 3-10 예외적인 모양의 무차별곡선

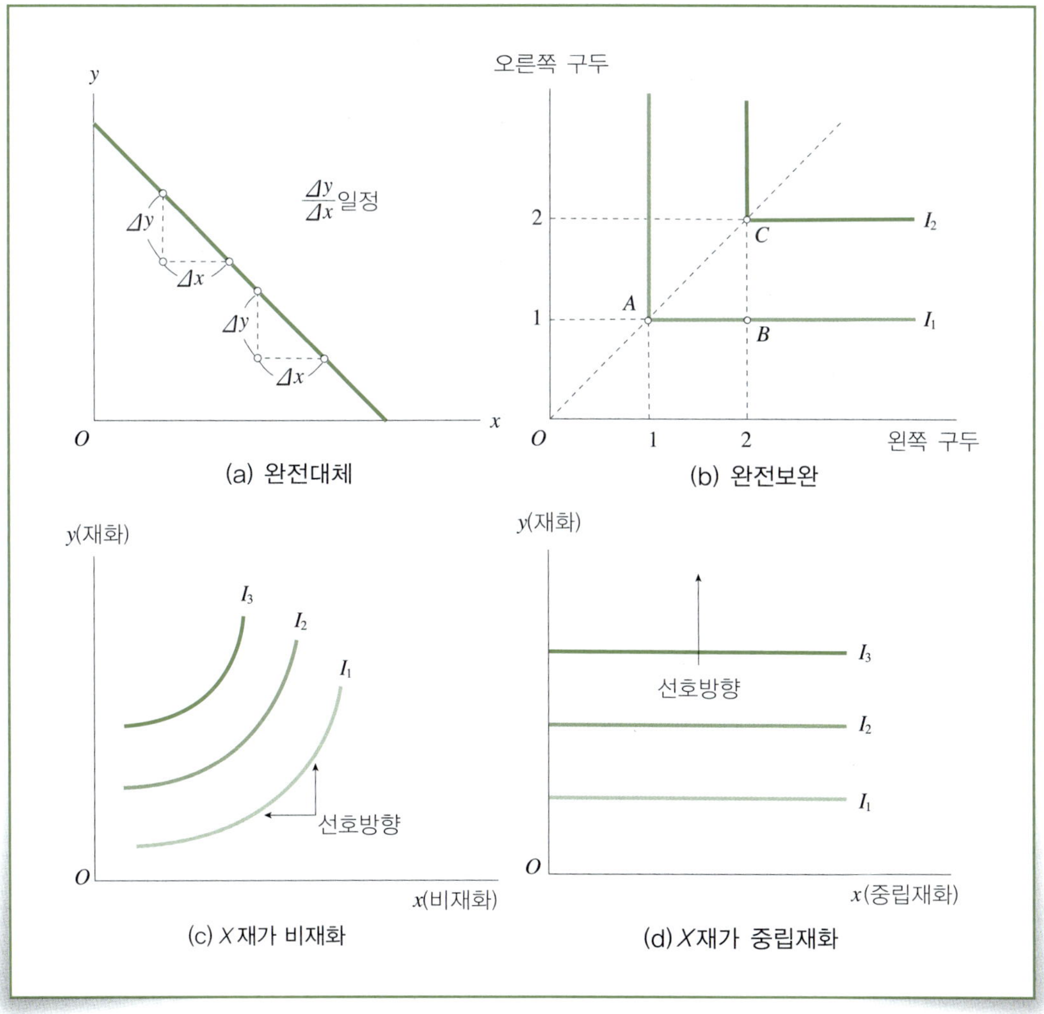

표현된 부문에서 한계대체율은 정의되지 않는다.[20]

지금까지 고려대상이 되는 두 재화가 모두 플러스(+)의 효용을 준다고 가정하였다. 그러나 만약 두 상품 중 하나는 플러스(+)의 효용을 주는 재화(goods)이고 다른 하나는 마이너스(−)의 효용을 주는 비재화(bads)라면 무차별곡선은 우상향하면서 비재화의 축에 비스듬하게 볼록한 모양으로 나타난다.

(c)는 X재가 비재화인 경우이다. 그림에서 X재의 소비는 일정한 양으로 고정시키고 Y재의 소비를 증가시키면 계속해서 상위의 무차별곡선을 만나게 된다. 그러나 Y재의 소비를 일정한 수준에 고정시키고 X재의 소비를 증가시켜감에 따라 오히려 효용이 감소하는 것이다. 이 경우 X재를 비재화라고 한다.

어떤 재화가 소비자에게 특별히 만족을 주는 것도 아니지만 그렇다고 해서 마이너스(−)의 효용을 주는 것도 아니면 그것을 중립재(neutral goods or neuter)라고 한다. 야구선수인 이대호에게 오른쪽 글러브나 음악가인 베토벤에게 골프채는 아마 중립재일 것이다.

(d)는 X재가 중립재인 경우이다. 이 경우 X재는 소비를 증가시켜도 효용이 증

그림 3-11 두 상품 모두 소비 증가 때 비재화로 되는 경우

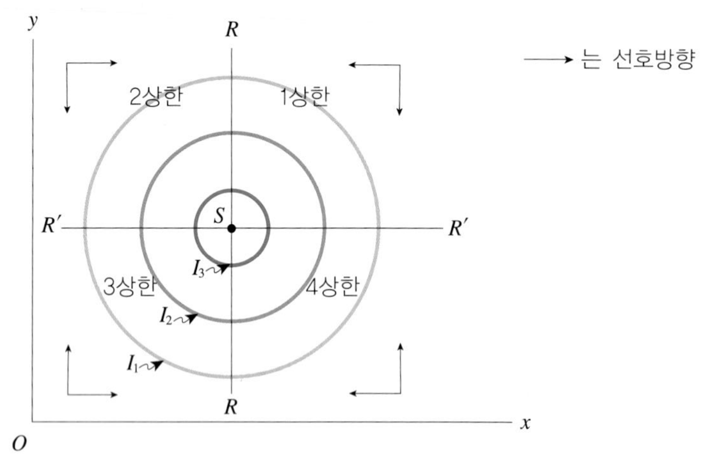

20) [그림 3-9]의 (b)에 있는 무차별곡선은 연속이지만 상품묶음 A로 표현된 점에서는 미분이 불가능하다. 따라서 완전보완재간의 한계대체율은 명확히 표현되지 않는다. 이와 같은 선호체계를 대표하는 효용함수의 예로는 $u = \min(x, y)$가 있는데, 이러한 효용함수를 레온티에프(Leontief) 효용함수라고 한다.

가하거나 감소하지 않는다.

이 외에도 다양한 무차별곡선들이 있다. 예를 들어, [그림 3-11]에는 포화점이 있는 경우의 무차별곡선이 그려져 있다. 이러한 무차별곡선은 선호체계의 특성 중에서 강단조성이 성립하지 않는 경우이다. 그림에서 상품묶음 S는 효용수준이 최대수준이 되는 포화점(飽和點, saturation point)이다. 포화점에서 어느 방향으로 움직이든 효용이 작아진다.

보론 MRS_{XY}의 수리적 분석

MRS_{XY}는 본문에서 그림을 이용하여 설명한 대로 무차별곡선의 기울기이자 두 상품 한계효용의 비율이다.

$$MRS_{XY} = -\frac{dy}{dx} = \frac{MU_X}{MU_Y} \quad \cdots\cdots ①$$

이러한 성질은 수리적으로도 설명이 가능하다.

무차별곡선을 대표하는 효용함수는 $u = u(x, y)$이다. 이 식을 전미분(全微分)하면 다음과 같다.

$$du = \frac{\partial u}{\partial x}dx + \frac{\partial u}{\partial y}dy$$

무차별곡선의 정의상 한 무차별곡선이 나타내는 효용인 u는 일정하므로(말하자면 상수이므로) 전미분은 0이 된다. 즉 $du = 0$이다. 따라서 위 식은 다음과 같이 쓸 수 있다.

$$0 = \frac{\partial u}{\partial x}dx + \frac{\partial u}{\partial y}dy \quad \cdots\cdots ②$$

한편 무차별곡선의 기울기는 $(-)dy/dx$ 이다. 위 ②식에서 무차별곡선의 기울기를 도출해 내면 다음과 같다.

$$-\frac{dy}{dx} = \frac{\partial u/\partial x}{\partial u/\partial y} \quad \cdots\cdots ③$$

그런데 $\frac{\partial u}{\partial x} = MU_X$이고 $\frac{\partial u}{\partial y} = MU_Y$이다. 따라서 ③식은 다음과 같이 된다.

$$-\frac{dy}{dx} = \frac{MU_X}{MU_Y} \cdots\cdots ④$$

①식과 ④식을 연결하면

$$MRS_{XY} = -\frac{dy}{dx} = \frac{\partial u/\partial x}{\partial u/\partial y} = \frac{MU_X}{MU_Y}$$

즉 한계대체율이란 두 상품 한계효용의 비율이다.

한편 한계대체율이 체감한다는 것은 'MRS_{XY}의 기울기'가 점점 작아진다는 것을 의미한다. 다시 말해서 '한계대체율'을 미분한 것이 0보다 작다는 것, 즉 $\frac{d}{dx}\left(\frac{MU_X}{MU_Y}\right) < 0$인 것이다. 이를 좀 더 자세히 알아보자. 엄밀히 표현하면 $-\frac{d}{dx}\left(\frac{MU_X}{MU_Y}\right) = \frac{d^2y}{dx^2}$이므로, 한계대체율의 체감은 $\frac{d^2y}{dx^2} > 0$을 의미한다. 이를 풀어쓰면 다음과 같다.

$$\frac{d^2y}{dx^2} = \frac{d}{dx}\left(-\frac{MU_X}{MU_Y}\right) = -\frac{1}{(MU_Y)^2}\left(MU_Y\frac{dMU_X}{dx} - MU_X\frac{dMU_Y}{dx}\right)$$

또는

$$\frac{d^2y}{dx^2} = \frac{d}{dx}\left(-\frac{\partial u/\partial x}{\partial u/\partial y}\right) = -\frac{1}{(\partial u/\partial y)^2}\left(\frac{\partial u}{\partial y}\frac{d(\partial u/\partial x)}{dx} - \frac{\partial u}{\partial x}\frac{d(\partial u/\partial y)}{dx}\right) \cdots ⑤$$

식⑤에서 $\frac{d(\partial u/\partial x)}{dx} = \frac{\partial^2 u}{\partial x^2} + \frac{\partial^2 u}{\partial y \partial x}\frac{dy}{dx}$, 그리고 $\frac{d(\partial u/\partial y)}{dx} = \frac{\partial^2 u}{\partial x \partial y} + \frac{\partial^2 u}{\partial y^2}\frac{dy}{dx}$이므로 $\frac{d^2y}{dx^2}$은 다음과 같이 정리할 수 있다.

$$\frac{d^2y}{dx^2} = -\frac{1}{(\partial u/\partial y)^2}\left\{\frac{\partial u}{\partial y}\frac{\partial^2 u}{\partial x^2} - 2\frac{\partial^2 u}{\partial x \partial y}\frac{\partial u}{\partial x} + \frac{\partial^2 u}{\partial y^2}\left(\frac{\partial u}{\partial x}\right)^2 / \left(\frac{\partial u}{\partial y}\right)\right\} \cdots\cdots ⑥$$

식⑥에서 $\frac{d^2y}{dx^2} > 0$이기 위해서는 다음과 같은 조건이 성립되어야 한다.

$$2\frac{\partial^2 u}{\partial x \partial y}\frac{\partial u}{\partial x}\frac{\partial u}{\partial y} - \frac{\partial^2 u}{\partial x^2}\left(\frac{\partial u}{\partial y}\right)^2 - \frac{\partial^2 u}{\partial y^2}\left(\frac{\partial u}{\partial x}\right)^2 > 0 \cdots\cdots ⑦$$

이 조건은 다음 장에서 분석할 소비자최적화의 제2차조건이 되기도 한다. 이것은 한계대체율체감의 법칙이 성립하면, 즉 $\frac{d^2y}{dx^2} > 0$이면 소비자최적화의 제2차조건이 만족됨을 의미한다.

요 · 약

01. 상품을 소비함으로 얻는 주관적인 만족감을 효용(utility)이라고 한다. 효용함수란 소비자가 얻는 효용의 크기를 소비하는 각 상품의 함수로 나타낸 것이다.

02. 효용은 기수적효용(cardinal utility)과 서수적효용(ordinal utility) 두 가지로 생각할 수 있다. 기수적효용이란 '소비자가 각 상품묶음의 소비에서 느끼는 만족감의 차이를 실제적인 수치로 나타낼 수 있는 효용'을 말한다. 서수적 효용이란 '한 소비자가 각 상품묶음의 소비에서 느끼는 만족감의 차이를 실제적인 수치로 나타낼 수 없는 효용'을 말한다.

03. 소비량의 증가에 따른 총효용의 증가분은 점차 감소한다. 이러한 현상을 한계효용체감의 법칙이라고 하며, 고센의 제1법칙 또는 욕망포화의 법칙이라고도 한다. 한계효용이 체감하여도 0보다 큰 동안은 총효용이 증가한다.

04. 경제학에서 한계란 마지막 단위를 말하며, 대수적으로는 미분을, 기하학적으로는 기울기를 의미한다.

05. 유리한 내기인데도 도박에 참가하기를 기피하는 현상을 페테르부르크의 역설이라고 한다.

06. 무차별곡선이란 소비자에게 주는 만족도가 동일한 두 상품 조합점들의 궤적이다. 즉 효용이 같다는 뜻이다.

07. 무차별곡선은 다음과 같은 네 가지 성질을 가지고 있다.
- 우하향한다.
- 원점에 대하여 볼록하다.
- 교차하지 않는다.
- 원점에서 멀어질수록 만족도가 크다.

08. 한계대체율이란 무차별곡선상에서 동일한 만족수준을 유지하면서 두 상품을 서로 대체해 가는 비율이다. 한계대체율은 무차별곡선의 기울기이자 두 상품 한계효용의 비율이다.

09. 한계대체율체감의 법칙: 무차별곡선상에서 어떤 상품을 다른 한 상품으로 대체해 갈 때 그 대체비율이 점점 체감해 가는 현상을 말한다. 한계대체율이 체감하기 때문에 무차별곡선은 원점에 대하여 볼록한 모양을 가진다.

10. 무차별곡선에는 다양한 모양이 있다. 한계대체율이 일정한 완전대체재의 경우는 직선의 모양이고, 완전보완재의 경우는 L자 모양이 된다. 그 외에도 중립재화나 비재화의 경우는 각각 독특한 모양을 가진다.

연 · 습 · 문 · 제

01. 기수적효용과 서수적효용을 비교하여 설명하시오.
02. 한계효용체감의 법칙에 대해 설명하시오.
03. 한계효용과 총효용의 관계를 설명하시오.
04. "한계효용이 체감하면 총효용도 감소한다." 이 말이 맞는 말인가 설명하시오.
05. 경제학에서 말하는 '한계' 개념에 대하여 자세히 설명하시오.
06. 스미스의 역설이란 무엇인가, 그리고 그 역설은 어떻게 해결되었는가 설명하시오.
07. 정부가 추진하는 소득재분배정책의 이론적 타당성을 한계효용체감의 법칙과 관련지어 설명하시오.
08. 유리한 내기인데도 사람들이 도박참여를 기피하는 현상을 무엇이라고 하는가. 그리고 그 이유는 무엇인가 설명하시오.
09. 무차별곡선이란 무엇인가 설명하시오.
10. 무차별곡선은 어떻게 유도되는가 설명하시오.
11. 일반적인 무차별곡선의 성질에 대해서 설명하시오.
12. 무차별곡선이 우하향하는 이유를 설명하시오.
13. 무차별곡선이 교차하지 않는 이유를 설명하시오.
14. 한계대체율이란 무엇인가 설명하시오.
15. 어떤 사람의 효용함수는 $U = x^2y$이다. 이 사람이 X재를 3단위, Y재를 2단위 소비하고 있을 때의 한계대체율은 얼마인가?
16. 한계대체율체감의 법칙이란 무엇인가 설명하시오.
17. 한 상품이 비재화일 때의 무차별곡선은 어떤 모양을 이루는가?
18. 한 상품이 중립재화일 때 무차별곡선은 어떤 모양을 가지는가?
19. 완전대체재의 무차별곡선이 직선인 이유를 설명하시오. 아울러 완전보완재의 무차별곡선이 L자형인 이유를 설명하시오.
20. 한계대체율의 체감, 체증, 불변 여부와 무차별곡선의 모양은 어떤 관계를 가지는가 설명하시오.
21. 다음 세 사람의 쌀과 보리 소비의 무차별곡선을 그려보시오.
    (1) 김미호 : 쌀밥만 먹는다. 보리가 섞이면 싫어한다.
    (2) 김양호 : 쌀이나 보리의 효용이 꼭 같다. 쌀밥이건 보리밥이건 또는 섞인 밥이건 가리지 않고 먹는다.
    (3) 김특호 : 쌀과 보리를 1 : 3으로 섞은 밥만 좋아한다.
22. 효용함수가 다음과 같다. 각각의 무차별곡선을 그리시오.
    (1) $u = x + y$ (2) $u = xy$ (3) $u = min(x, y)$

해답 및 풀이

15. {해답} $\frac{4}{3}$

{풀이} 한계대체율이 양 상품 한계효용의 비율이라는 성질을 이용한다.

즉, 한계대체율 $MRS_{XY} = \frac{2xy}{x^2} = \frac{4}{3}$

21. {해답} (1) 김미호 씨 (2) 김양호 씨 (3) 김특호 씨

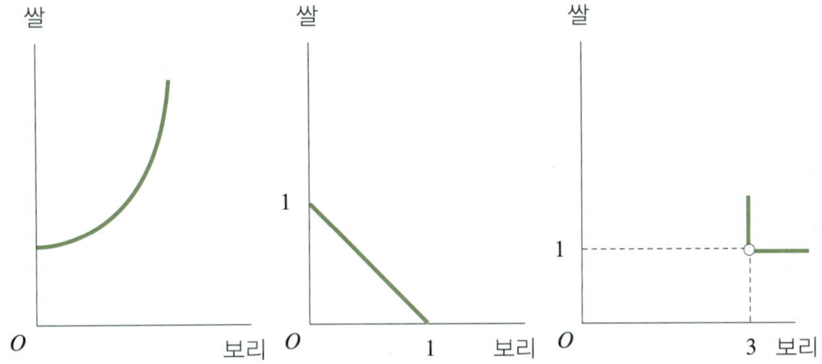

{풀이} (1) 김미호 씨에게는 보리가 비재화이다. (2) 김양호 씨에게는 쌀과 보리가 완전대체재이다. (3) 김특호 씨에게는 보리와 쌀이 완전보완재이다.(엄밀하게 말하면 무차별곡선의 모서리만 해당된다.)

22. {해답} (1) (2) (3)

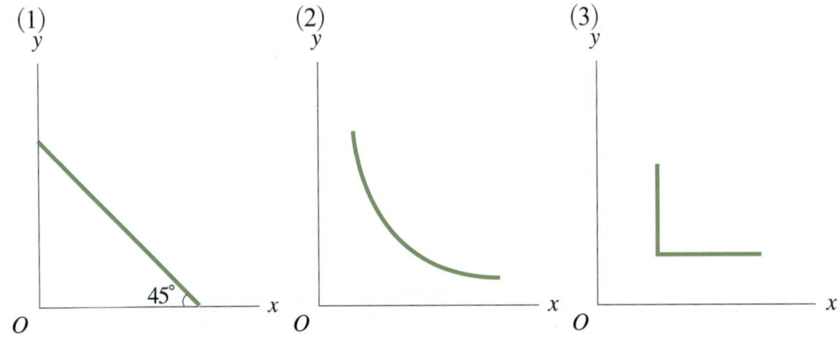

{풀이} (1) 완전대체재 관계의 기울기가 (−)45°인 직선. (2) 전형적인 직각쌍곡선 모양. (3) 완전보완재 관계의 L자 모양.

읽을 거리

"69조원 전 재산, 타인 생명 살리는 데 쓰겠다…성공 안겨준 세상에 보답"

마이크로소프트의 공동창업자이자 세계 2위 부호인 빌 게이츠가 650억달러(약 69조1,299억원)에 이르는 자신의 재산을 타인의 생명을 살리는 데 쓰겠다고 밝혔다. 이를 위한 조치로 우선 향후 6년 동안 18억달러(약 1조9,208억원)를 전 세계 소아마비 퇴치운동에 쓸 계획이라고 텔레그래프 등 영국 언론이 보도했다.

게이츠는 "다른 사람들을 위해 더 많은 일을 하고 싶으며 그것이 나에게 성공을 안겨준 세상에 보답하는 길"이라고 말했다. 그는 "나에게 돈은 일정 수준을 넘어서면 아무런 효용이 없다"며 "돈의 효용은 세계의 극빈층을 위한 조직을 만들고 재원을 모으는 데 있다"고 밝혔다.

게이츠와 그의 아내 멜린다 게이츠는 1990년대 중반 그들의 이름을 딴 자선재단을 세워 여기에 280억달러를 출연했고, 이 가운데 80억달러 이상이 세계 보건 수준을 향상시키는 데 사용됐다. 재단은 '모든 생명은 동등한 가치를 가진다'라는 기치를 내걸고 저개발국가의 빈곤과 보건 문제를 해결하는 데 힘써왔다. 워런 버핏도 이 재단에 175억달러를 기부했다.

게이츠는 "아내와 나는 오랫동안 우리의 재산을 세상에 가장 의미 있는 방식으로 돌려줄 것에 대해 의논해왔다"고 말했다. 그는 "우리 둘은 세상에서 가장 가난한 이들을 돕는 데 초점을 맞췄다"며 "우리가 소아마비에 대해 하는 것처럼 여러분들도 질병을 퇴치하는 데 함께 할 수 있다"고 덧붙였다.

그는 "40대에는 마이크로소프트가 나의 주요한 관심사였지만 재단을 나의 첫 번째 목표로 삼기로 결심하면서 커다란 전환이 있었다"며 "커다란 변화였지만 한편으론 과학자들과의 협업이 필요하고 목표 완수에 대해 회의적인 주변의 시각을 극복해야 한다는 공통점이 있다"고 말했다. 게이츠는 여전히 마이크로소프트의 회장으로 있지만 '전업'으로 일하지는 않는다. 그는 "남은 인생 동안 재단 일에 모든 시간을 쓸 것"이라면서도 "지금 내가 하는 일을 하도록 준비하게 해준 마이크로소프트를 사랑한다"고 밝혔다.

게이츠는 예방접종을 늘려 소아마비를 퇴치하면 아동 사망률을 더 줄일 수 있을 것으로 기대하고 있다. 그는 "정부의 예산과 해결해야 할 문제의 어려움과 비교하면 재단의 재산은 그다지 크지 않다"며 문제를 해결하는 데 국가의 지도적 역할을 강조했다.

지난 해에는 연례서한을 통해 자선재단의 다음 목표로 농업 혁명을 꼽은 바 있다. 생산성 향상에 어려움을 겪는 제3세계의 가난한 농부들을 돕자는 것이다. 그는 세계 인구의 15% 정도인 10억명이 빈곤한 농촌에서 매 끼니를 걱정해야 하는 고통 속에 살고 있다면서 이 문제를 해결할 필요성이 있다고 지적했다.

– 경향신문 주영재 기자(2013. 1. 22)의 글 발췌 –

소비자의 최적화

chapter 4

이 장에서는 소비자의 최적화에 대해 알아본다. 주어진 소득으로 어떤 상품을 얼마나 구입하면 가장 만족스러울까? 소비자최적화는 가중된 한계효용균등의 법칙이 성립될 때 이루어진다. 소비자최적 상태를 그림으로 나타내면 무차별곡선과 예산선(豫算線)의 접점이다. 무차별곡선은 이미 제3장에서 분석하였다. 이 장에서는 예산선이 등장한다. 상품의 가격과 예산선의 기울기가 어떤 관계가 있는지, 예산선을 왜 기회비용곡선이라고 부르는가에 대해서 알아본다.

한편 소비자최적이 달성된 상태에서 소득이나 상품의 가격이 변화하면 소비자의 최적선택은 변하게 된다. 소득의 변화에 따른 새로운 최적점들을 연결한 소득소비곡선, 상품 가격의 변화에 따른 새로운 최적점들을 연결한 가격소비곡선에 대해 알아본다. 소득소비곡선에서 엥겔곡선이 유도되며 가격소비곡선에서 수요곡선이 유도된다. 특히 상품가격의 변화로 인한 가격효과는 대체효과와 소득효과로 분해된다. 이와같은 대체효과와 소득효과로의 분해는 소비이론의 꽃이라고 볼 수 있다.

이어서 통상수요곡선과 보상(補償)수요곡선에 대해 알아본다. 보상수요곡선이란 가격이 변화하는 경우에 상대가격은 변하지만, 실질소득이 변하지 않도록 조정하는 경우에 유도된 수요곡선이다. 즉 가격변화 시 소득효과를 제외하고 대체효과만을 반영한 것이다.

나는 언제나 사막을 사랑해 왔다.
사막에서는 모래 언덕에 앉으면 아무 것도 보이지 않는다.
그러나 무엇인가 침묵 속에서 빛나는 것이 있는 것이다.
"사막이 아름다운 것은 그것이 어딘가에 샘을 숨기고 있기 때문이지…"

\- 어린 왕자에서 -

제1절 예산선

1.1 예산선의 개념

제3장에서는 소비자의 선호, 효용(효용함수), 그리고 무차별곡선에 대해 알아보았다. 이제 소비자행동의 제약조건이 되는 예산선(budget line)에 대하여 알아보도록 하자. 여기서 제약조건이라는 말이 나오는 것은 바로 자원의 희소성 때문이다.

소비자가 자신의 효용을 증가시키려면 상품을 많이 소비하면 된다. 그러나 소득이 한정되어 있으므로 상품을 무한정 소비할 수 없다. 소비자는 한정된 소득 내에서 선택을 통하여 효용을 극대화 시키는 행동을 하게 된다. 즉, 소비자의 최적화를 위해서는 '주어진 소득'이라는 제약을 고려해야 한다. 경제학에서는 '주어진 소득'이라는 제약을 예산제약(budget constraint)이라고 부른다.

예산제약식

소비자의 소득(예산)을 M이라고 하고, 그가 구입하려는 X재와 Y재 두 상품의 가격이 각각 P_X, P_Y이며, 구입량은 각각 x와 y라고 하자. 소비자가 소득 전부를 두 종류의 상품 구입에만 지출하는 경우, 다음과 같은 조건식이 성립한다.

$$M = P_X x + P_Y y \qquad (4-1)$$

이 식을 예산제약식(豫算制約式)이라고 한다. 이 식을 y에 대하여 나타내면 다음과 같다.

$$y = -\frac{P_X}{P_Y}x + \frac{M}{P_Y} \qquad (4-2)$$

예산제약식을 그림으로 나타내면 예산선이 된다.

예산선

[그림 4−1]은 예산선이다.

예산선(豫算線, budget line)이란 주어진 소득으로 구입할 수 있는 두 상품의 조합들로 이루어진 선분이다. 그림에서 조합점 A는 Y재만 구입하는 경우이다. 이 점은 주어진 소득 전부를 가지고 구입할 수 있는 Y재의 양을 나타낸다. 따라서 세로축의 절편은 $\frac{M}{P_Y}$이 된다. 그리고 조합점 B는 주어진 소득 전부를 가지고 구입할 수 있는 X재의 양을 나타낸다. 따라서 가로축의 절편은 $\frac{M}{P_X}$이 된다. 각 상품에 대한 최대 구입량을 나타내는 점 A와 점 B를 연결하면 예산선이 된다. 즉 예산선은 주어진 소득으로 구입이 가능한 두 상품의 여러 조합을 나타내는 것이다. 그래서 예산선을 소비가능곡선이라고 부르기도 한다.

예산선과 x, y 두 축이 만드는 삼각형 내부는 주어진 예산으로 구입이 가능한 조합들이다. 그러한 의미에서 예산선을 포함한 예산선 내부를 가취득집합이라고 한다. 또한 가취득집합(可取得集合)은 예산집합(豫算集合, budget set) 혹은 기회집합(機會集合, opportunity set)이라고도 부른다.

한편 예산선의 기울기는 $-\frac{P_X}{P_Y}$, 즉 상품 가격의 비율이다. 또 예산선은 Y재로 표시한 X재의 기회비용(opportunity cost)을 나타낸다. 기회비용이란 한 가지를 얻

그림 4−1 예산선

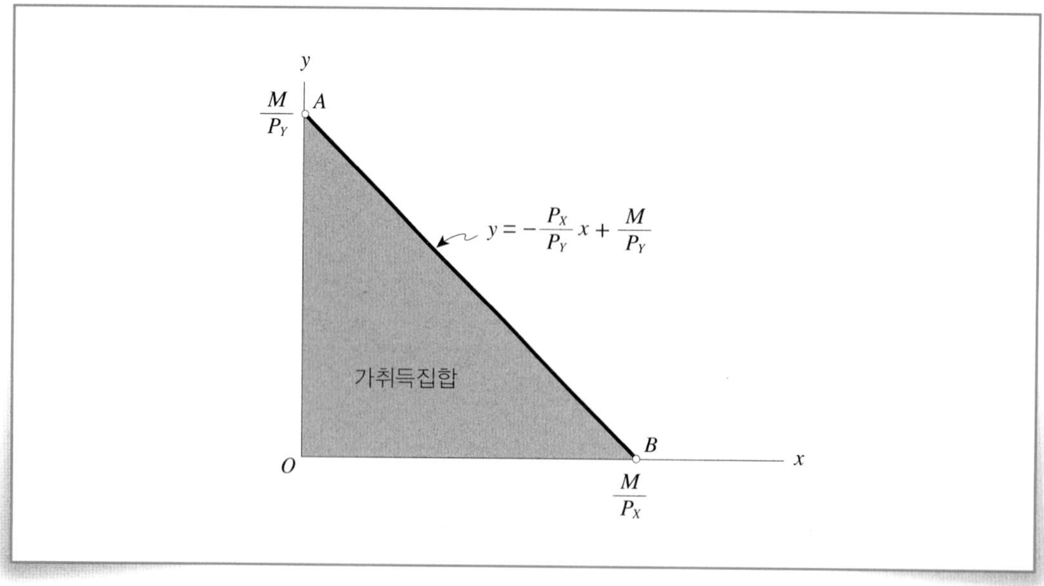

기 위해 포기하는 대가를 말한다.[1] 예산선은 소비자가 X재를 더 구입하기 위해서는 Y재의 구입을 일부 포기해야 한다는 것을 나타낸다. 이처럼 예산선은 기회비용을 나타내기 때문에 기회비용곡선(opportunity cost curve)이라고도 한다.[2]

1.2 예산선의 이동

소비자의 소득이나 상품의 가격이 변화하면 예산선은 이동한다.

[그림 4-2]는 소득이나 상품의 가격이 변화할 때 예산선이 이동하는 모습이다.

(a)는 소득이 변할 때 예산선이 이동하는 모습이다. 두 상품의 가격이 일정할 때, 소득이 증가하면 예산선은 우측(또는 위쪽)으로 평행이동하며, 반대로 소득이 감소하면 좌측(또는 아래쪽)으로 평행이동한다. 위의 식(4-2)와 [그림 4-1]을 보면 이러한 상황을 쉽게 이해할 것이다. 세로축과 가로축의 절편은 각각 $\frac{M}{P_Y}$과 $\frac{M}{P_X}$

그림 4-2 예산선의 이동

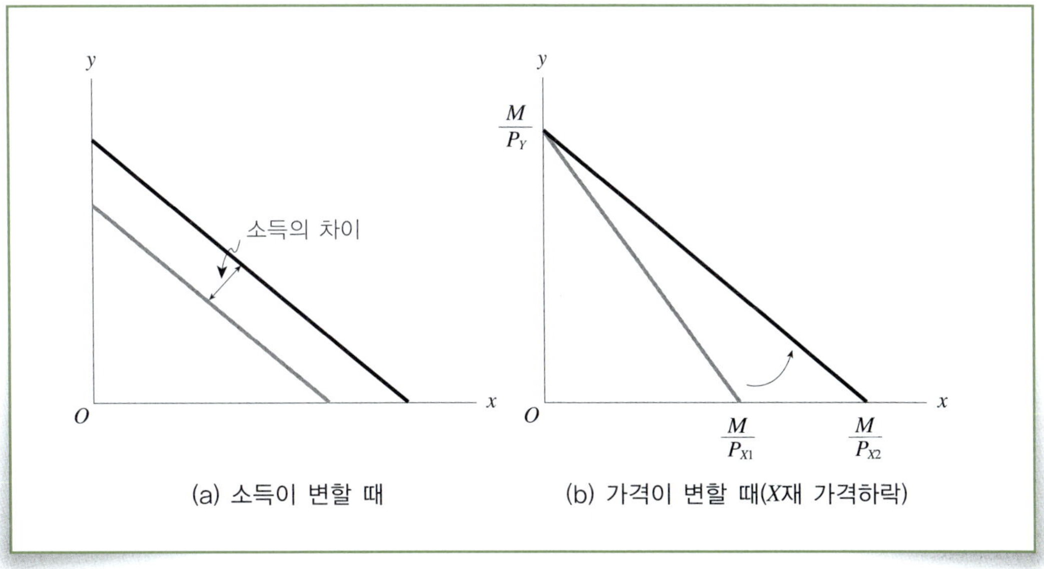

1) 기회비용에 대한 자세한 의미는 제8장을 참고하기 바란다.
2) 예산선을 가격선(price line)이라고 부르는 학자도 있다.

이 된다. 한편 예산선의 기울기는 $-\frac{P_X}{P_Y}$이다. 소득이 변하면 예산선의 기울기는 변하지 않고 세로축과 가로축의 절편이 이동하게 된다.

(b)는 소득이 고정된 상태에서 X재의 가격이 변할 때 예산선이 이동하는 모습이다. 예산선의 기울기는 두 상품의 가격비, 즉 상대가격을 나타낸다. 그러므로 한 상품의 가격이 변하여 상대가격이 달라지면 예산선의 기울기가 변하게 되는 것이다. 식(4-2)와 [그림 4-1]을 보면 이러한 상황을 쉽게 이해할 것이다. (b)에서 X재의 가격이 하락하면 세로축 절편은 변동이 없지만 가로축 절편은 우측으로 이동을 하며, 예산선의 기울기는 완만해진다. 즉, y축 절편을 중심으로 시계 반대방향으로 회전한다. 반대로 X재의 가격이 상승하면 세로축 절편은 변동이 없지만 가로축 절편은 좌측으로 이동을 하며, 예산선의 기울기는 급해진다. 즉, y축 절편을 중심으로 시계 방향으로 회전한다. Y재의 가격 변화와 예산선의 이동은 독자들이 연구해 보기 바란다.

한편 두 상품의 가격이 동시에 같은 비율로 변하는 경우도 생각할 수 있다. 이러한 경우에 세로축과 가로축의 절편은 같은 비율로 변화한다. 그러나 예산선의 기울기는 변하지 않는다. 이러한 경우는 실질소득의 변화를 말해주는 것이다. 그러므로 이 경우에는 [그림 4-2]의 (a)와 같이 예산선이 평행이동하게 된다. 두 상품의 가격에 이어 소득도 같은 비율로 변화한다면 예산선은 변하지 않는다.

제 2 절 소비자의 효용극대화

자취하는 두 학생

A: 라면값이 싸니 라면을 많이 사자

B: 아냐, 쌀의 효용이 크니 쌀을 많이 사자

경제학도: 예산제약을 고려한 후 쌀과 라면 1원어치의 한계효용을 비교해 봐야지

소비자가 주어진 예산을 가지고 두 상품을 소비하는 경우, 그 상품들의 구입량

을 적절하게 결정하여 소비함으로써 가장 큰 만족을 누리는 상태를 소비자의 효용극대화라고 한다. 소비자의 효용극대화를 알아보는 방법으로는 기하학적 방법, 대수적 방법, 논리적 방법이 있다.[3] 이 절에서는 기하학적인 방법으로 효용극대화 원리를 알아보고 대수적인 방법은 보론에 소개한다. 논리적인 방법은 두 설명 속에 포함되어 있다고 볼 수 있다.

2.1 소비자의 효용극대화

예산제약이 주어진 상태에서 소비자의 효용극대화는 무차별곡선과 예산선을 사용하여 도출할 수 있다. 3장에서 공부한 바와 같이, 무차별곡선은 원점에서 멀리 있을수록 더 큰 만족을 소비자에게 가져다 준다. 따라서 소비자는 가능한 원점에서 멀리 떨어져 있는 무차별곡선을 선택하고 싶어 한다. 그러나 세상 일이 어찌 욕심대로만 되겠는가. 소비자에게는 예산범위 내에서라는 제약이 있는 것이다. 소비자는 예산선상이나 그 안쪽에 있는 조합들만 선택이 가능하다.

소비자는 예산범위 내에서 효용이 가장 큰 무차별곡선을 만나려는 행동을 하게 된다.

[그림 4-3]은 소비자의 효용극대화를 기하학적으로 도출하는 과정이다.

(a)는 예산선이다. 소득 범위 내에서라는 제한이 있기 때문에 소비자는 가취득집합 안에서만 소비할 수 있다. (b)는 무차별곡선이다. 소비자는 가능한 원점에서 먼 무차별곡선을 택하고 싶어 한다. (a)와 (b) 두 그림을 연관 지으면 '예산선 범위 안에서 원점에서 가장 먼 무차별곡선을 고르시오'라는 주문이 된다. (c)는 이 시도가 달성된 상태, 즉 소비자의 효용극대화이다.

그림에서 보는 바와 같이 소비자의 효용극대화는 예산선과 무차별곡선의 접점 E에서 달성된다. 이 점은 최적소비점이라고 한다.

3) 소비자의 효용극대화는 소비자의 최적화(consumer's optimization)이다. 어떤 경제학자는 소비자균형(consumer equilibrium)으로 표현하고 있지만, 최근 많은 미시경제학 저서에서는 최적화와 균형을 구별해서 사용하고 있다. 이 책에서도 최적화와 균형을 구분하여 사용할 것이다.

그림 4-3 소비자의 효용극대화

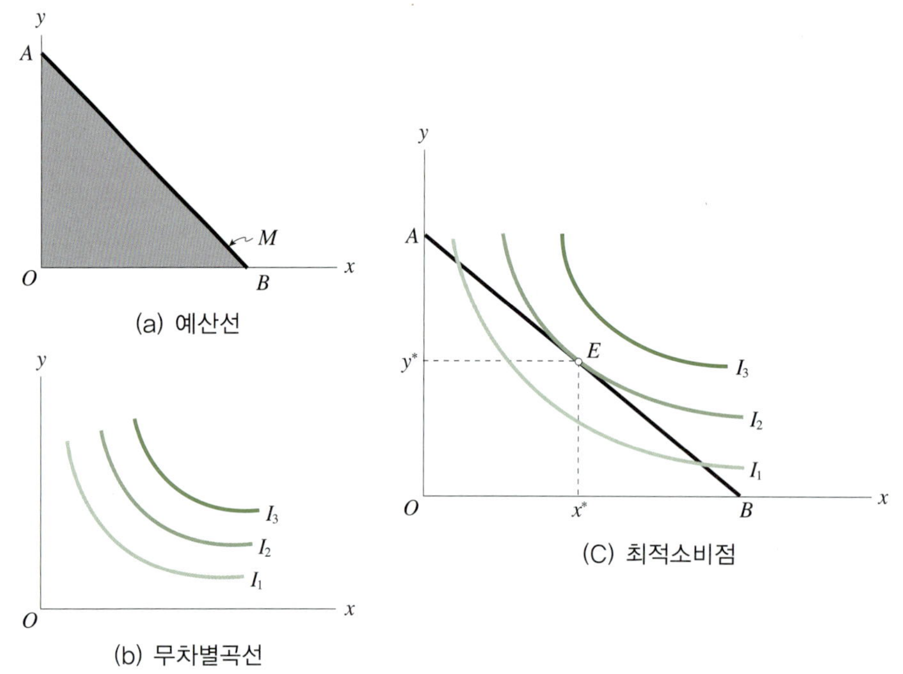

이보다 좋을 순 없다

소비자에게는 이 최적소비점 E를 선택하여 X재를 x^*만큼 구입하여 소비하고 Y재를 y^*만큼 구입하여 소비하는 것이 주어진 예산으로 택할 수 있는 최상의 선택이다. 이때 소비자는 무차별곡선 I_2가 나타내는 수준의 효용을 누리게 된다. I_2 안쪽의 I_1과 같은 무차별곡선은 선택은 가능하지만 하위의 무차별곡선이기 때문에 효용이 떨어진다. 따라서 소비자는 선택하지 않는다. I_2보다 원점에서 멀리 떨어진 I_2와 같은 무차별곡선은 주어진 예산으로는 선택이 불가능한 집합이다. 그러고 보면 I_2보다 더 좋은 무차별곡선을 만날 수 없다. 이보다 좋을 순 없다.

앞에서도 설명한 바와 같이 예산선이 최상의 무차별곡선을 만나게 해주는 E는 예산선과 무차별곡선의 접점이다. 즉 최적소비는 예산선과 무차별곡선이 접하는 점에서 이루어진다. 이 접점의 성질을 분석하면 소비자최적의 조건을 알아낼 수 있다.

같은 값이면 다홍치마

어떤 곡선과 선분이 접하면서 지나간다면 그 접점에서 곡선과 선분의 기울기는 같다. 따라서 무차별곡선과 예산선이 접하는 최적소비점 E에서는 무차별곡선과 예산선의 기울기가 같다. 그런데 무차별곡선의 기울기는 한계대체율(두 상품의 주관적 교환 비율)이며, 예산선의 기울기는 두 상품의 가격 비율(두 상품의 객관적 교환 비율)이다. 따라서 두 선분의 기울기가 같다는 것은 두 상품의 한계효용 비율과 가격 비율이 같다는 것을 의미한다.[4)]

즉 최적소비점에서는 다음과 같은 조건이 성립한다.

$$MRS_{XY} = \frac{MU_X}{MU_Y} = \frac{P_X}{P_Y} \tag{4-3}$$

두 선분의 기울기가 같다는 조건을 좀 더 분석해 보자. 최적소비점을 기준으로 하여 왼쪽 위 구간에서는 무차별곡선 기울기의 절대치가 예산선 기울기의 절대치보다 크다. 이 말은 두 상품 한계효용의 비율이 두 상품 가격의 비율보다 크다는 것을 의미하며, 이것은 소비자가 주관적으로 평가하는 X재의 가치가 시장에서 객관적으로 평가된 X재의 가치보다 크다는 것을 의미한다. 따라서 예산선상 E의 왼쪽 위 부분에서는 $\frac{MU_X}{MU_Y} > \frac{P_X}{P_Y}$의 상태가 된다. 이는 소비자의 효용극대화가 아니다.

어떻게 하면 소비자의 효용극대화를 달성할 수 있을까. 합리적인 소비자는 X재의 소비를 증가시켜 X재의 한계효용을 감소시키고, Y재의 소비를 감소시켜 Y재의 한계효용을 증가시킨다(제3장에서 배운 한계효용체감의 법칙을 상기하자!).

이러한 소비자의 상품묶음의 선택은 $\frac{MU_X}{MU_Y} = \frac{P_X}{P_Y}$이 될 때까지, 즉 식(4−3)이 성립할 때까지 진행될 것이다. 따라서 식(4−3)을 소비자의 효용극대화 조건이라고 한다.

그리고 최적소비점 E의 오른쪽 아래 부분에서는 무차별곡선의 기울기가 예산선의 기울기보다 더 작다. 이것은 소비자가 주관적으로 평가하는 X재의 가치가 시장에서 평가되는 가치보다 작다는 것을 의미한다. 즉 $\frac{MU_X}{MU_Y} < \frac{P_X}{P_Y}$인 것이다. 이 구간에서는 X재 소비를 감소시키고 Y재 소비를 증가시키면 왼쪽 항의 값이 커져서 양변은 동등하게 되어 식(4−3)이 성립하게 된다. 즉 소비자의 효용극대화가 달성

---

4) 즉, 소비자의 두 상품에 대한 주관적 교환 비율이 시장에서 두 상품에 대한 객관적 교환 비율과 같다는 것이다.

상대적으로 높다면 소비자는 Y재만 구입하기 때문에 y축의 모서리에서 코너해가 이루어진다. 반대로 X재의 가격이 상대적으로 낮다면 x축의 모서리에서 코너해가 이루어진다. 한편 두 상품의 '한계효용의 비율'과 '상대가격의 비율'이 같다면 예산선과 무차별곡선과 기울기가 같게 된다. 이런 경우에는 예산선과 무차별곡선이 겹치게 되어 예산선 전체가 최적소비점들이다. 즉, 두 상품이 완전대체재인 경우에는 두 종류의 최적소비점이 존재한다. 그 중 하나는 코너해이고, 다른 하나는 예산선 전체가 해인 경우이다.

그림 4-4 코너해

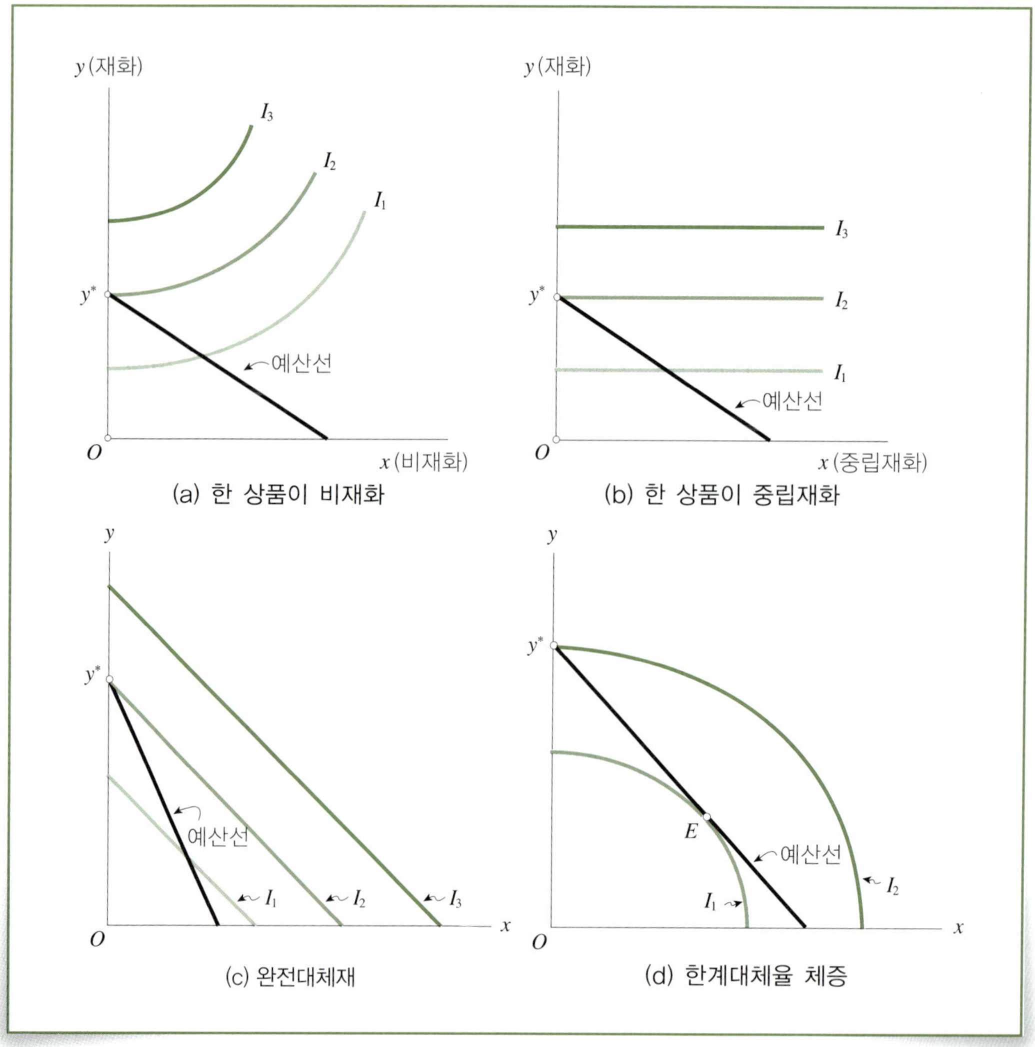

(d)는 한계대체율이 체증하는 경우이다. 무차별곡선이 원점을 향해 오목하면, 소비자의 최적점이 예산선과 무차별곡선의 접점에서 이루어지는 것이 아니라 코너에서 이루어진다. 왜 그럴까? 만약 예산선과 무차별곡선의 접점인 E를 택하면 I_1 만큼의 효용을 누릴 수 있다. 그러나 y^*를 택하여 Y재만 구입하는 경우에는 상위의 무차별곡선인 I_2만큼의 효용을 누릴 수 있다. 이 선택 또한 코너해이다. 단 X재 가격이 상대적으로 낮아 예산선의 기울기가 완만하다면 코너해는 x축에서 이루어지게 된다.

독자 여러분은 코너해가 유도될 수 있는 다른 상황을 생각해보기 바란다.

기타 최적소비점

두 상품이 서로 완전보완재이면 무차별곡선은 L자 모양이 된다. [그림 4-5]는 완전보완재인 경우에 무차별곡선의 모서리가 최적소비점인 것을 보여주며, 이 최적소비점은 두 상품의 가격비와 관계없이 이루어진다. 즉 완전보완재는 예산선의 기울기에 관계없이 항상 무차별곡선의 모서리에서 최적소비가 달성된다. 왜 그럴까? 완전보완재는 한 상품의 가격이 비싸다고 해서 그 상품의 소비를 다른 상품으로 대체할 수 없는 상품이다. 안경테의 값이 비싸다고 해서 안경알만 두 알 사서 쓰고 다닐 수는 없는 것 아닌가.

그림 4-5 완전보완재의 최적소비점

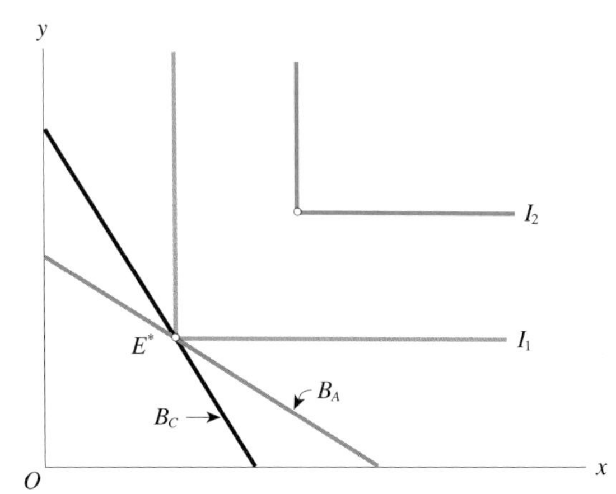

제3절 소비자최적의 변화

소비자의 소득이 변하거나 상품의 가격이 변하면 소비자의 최적화 행위(즉 각 상품량의 최적 선택)도 변한다. 이 절에서는 소득이나 상품가격이 변하면 최적소비점이 어떻게 변하는지에 대해 알아본다.

3.1 소득소비곡선: *ICC*

다른 조건이 불변일 때 소비자의 소득이 변하면 예산선이 이동하게 된다. 예산선이 이동하면 최적소비점도 이동하게 된다.

소득소비곡선

소득변화로 인한 새로운 최적점들을 연결한 궤적을 소득소비곡선(*ICC*, income consumption curve)이라고 한다.[5)]

소득소비곡선: 소득의 변화에 따른 최적소비점들을 연결한 곡선

[그림 4−6]은 소득소비곡선을 유도하는 과정이다.

(a)는 처음의 최적소비점이다. 그림을 보면 소득이 M_1일 때 소비자의 최적화가 점 E_1에서 달성되고 있다. 이 소비자는 주어진 소득으로 X재를 x_1만큼, Y재를 y_1만큼 소비하여 최대 만족을 누리고 있다. 이제 소득이 증가한다고 하자. 소득이 증가하면 예산선은 원점에서 먼 쪽으로 이동하게 된다. 따라서 최적소비점도 원점에서 먼 쪽으로 이동하게 된다.

(b)는 소득이 변할 때 예산선의 이동과 그에 따르는 최적소비점의 이동을 보이고 있다. 소득이 M_2로 증가하면 새로운 소비자최적은 상위의, 즉 더 높은 효용수준

---

5) 소득확장경로(income expansion path)라고 부르는 학자도 있다.

그림 4-6 소득소비곡선

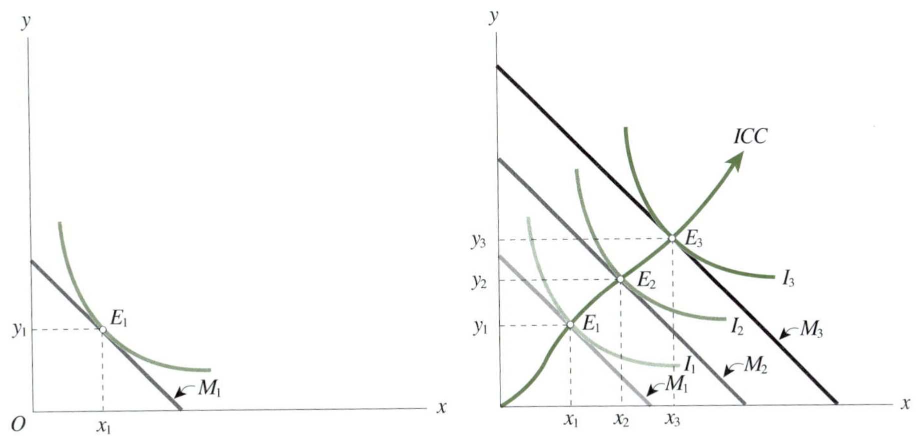

을 나타내는 무차별곡선과 접하는 E_2에서 이루어진다. 마찬가지로 소득이 M_3가 되면 소비자최적은 E_3에서 이루어진다. 원점에서 시작하여 최적소비점들을 차례로 이어주면 이 선분은 소득이 변화함에 따라 두 상품의 소비가 변화해가는 과정을 연속적으로 나타내게 된다. 소득 변화에 따른 소비의 변화를 나타내주는 궤적이라는 의미에서 이 선분을 소득소비곡선이라 한다.

한편 소득소비곡선은 일반적으로 우상향하는 형태를 취한다. 이것은 소득이 증가하는 경우, 두 상품 모두의 소비량이 증가한다는 것을 의미한다. 그러나 소득소비곡선이 항상 우상향하는 것은 아니다. 소득의 증가에 대하여 그 상품의 소비가 어떤 변화를 보이느냐에 따라 소득소비곡선의 모양이 달라진다.

엥겔곡선

이제 우리가 그 중의 어떤 한 상품의 소득 변화에 따른 소비 변화에 관심을 가져보자. 즉 '소득 증가'와 어느 한 상품의 '소비 변화'의 관계를 분석해 보자. 이 분석을 위해 소득과 소비와의 관계를 그림으로 나타낸 것을 엥겔곡선이라고 한다. 이 엥겔곡선은 소득소비곡선에서 유도할 수 있다.

[그림 4-7]은 소득소비곡선에서 엥겔곡선을 유도하는 과정을 보이고 있다.

PART 02

그림 4-7 엥겔곡선의 유도

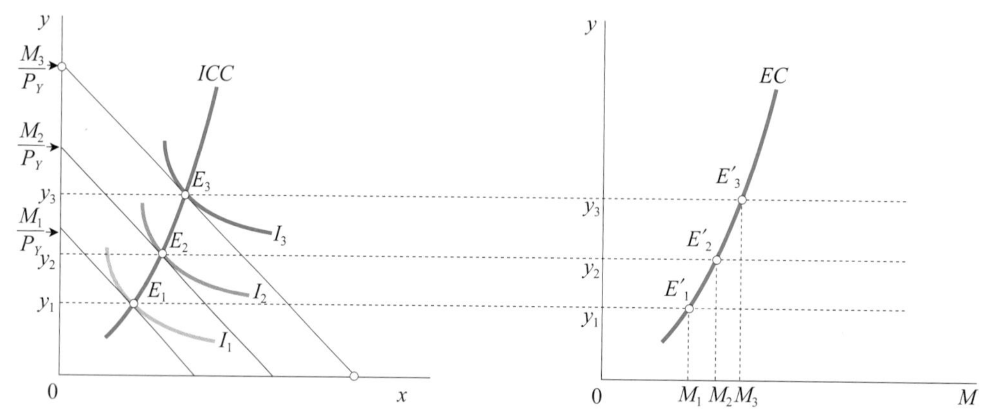

(a) 소득소비곡선 (b) 엥겔곡선

(a)는 소득소비곡선이다. 그림을 보면 소득이 증가함에 따라 소비자최적점이 원점에서 멀어지는 쪽으로 이동하고 따라서 두 상품의 소비가 증가하고 있는 것을 알 수 있다. 소득소비곡선에서 소비자최적점들이 세로축에 만나도록 수평선을 긋고 만나는 점들을 각각 y_1, y_2, y_3라고 하면, 이는 소득이 M_1일 때 Y재의 최적소비량이 y_1이고, 소득이 M_2일 때 Y재의 최적소비량이 y_2이고, 그리고 소득 M_3일 때 Y재의 최적소비량이 y_3임을 의미한다.

(b)는 소득과 소비의 관계를 나타내는 엥겔곡선이다. 그림의 세로축은 Y재의 소비량을 나타내고 가로축은 소득의 크기를 나타낸다. 그림을 보면 소득이 M_1에서 M_2, M_3로 증가하는 모습을 보인다. 이제 소득이 M_1일 때를 보자. 왼쪽 그림 (a)에서 소득수준이 M_1이면 소비자최적점은 E_1에서 이루어지고, 이때의 Y재에 대한 소비수준은 y_1이다. 이 M_1과 y_1의 좌표를 (b)에서 찾아 그리면 E_1'이다. 또 소득수준이 M_2로 증가하면 Y재에 대한 소비수준은 y_2가 되고, 이를 (b)에 옮기면 소득과 소비의 조합 E_2'을 찾을 수 있다. 마찬가지 방법으로 소득이 더욱 증가하는 경우에는 E_3'을 찾을 수 있다. 이들 조합점 셋을 차례로 연결해 보자. 소득과 어떤 상품 소비의 관계를 나타내는 곡선을 얻을 수 있다. 이처럼 소득 변화에 따른 어떤 특정한 상

품 소비량의 조합점들을 연결한 곡선을 엥겔곡선(Engel curve)이라고 한다.[6)]

엥겔곡선: 소득과 어떤 상품 소비량의 관계를 나타낸 곡선

소득소비곡선과 엥겔곡선은 두 곡선 모두 소득과 소비의 관계를 나타낸다. 이 중 소득소비곡선은 소득의 변화와 두 상품 소비 변화의 관계를 나타낸다. 이에 비하여 엥겔곡선은 소득의 변화와 한 상품 소비 변화의 관계를 나타낸다. 엥겔곡선의 모양은 수요의 소득탄력성의 크기와 밀접한 관계를 가지고 있다. 즉 엥겔곡선은 한 상품의 소비가 소득 변화에 얼마나 탄력적인가에 따라 그 모양이 달라진다.

[그림 4−8]은 엥겔곡선의 모양으로 본 상품(Y재)의 분류이다.

(a)는 소득증가에 따라 Y재의 소비가 증가하되, 소비증가율이 소득증가율보다 더 높은 경우이다. 즉 수요의 소득탄력성이 1보다 큰 경우이다. 이러한 상품을 사치재라고 한다.[7)] (b)는 소득이 증가함에 따라 Y재의 소비가 증가하되, 소비증가율이 소득증가율에는 미치지 못하는 경우이다. 이 상품에 대한 수요의 소득탄력성은 0보다 크지만 1보다는 작다. 이러한 상품을 필수재라고 한다.[8)] 마지막으로 (c)는 소득의 증가에 대하여 Y재의 소비가 감소하는 경우이다. 이러한 상품에 대한 수요의 소득탄력성은 0보다 작다. 이러한 상품을 열등재라고 한다.[9)]

---

6) 독일의 통계학자 엥겔(E. Engel, 1825~1896)은 소비행위에 대해 통계적으로 분석하여 몇 개의 법칙을 발견했다. 그중에서 소득수준이 낮을수록 식료품비의 비중이 높다는 법칙은 아직까지 유효한 것으로 받아들여지고 있으며 이를 엥겔법칙이라고 한다. 이는 그의 저서『작센왕국의 생산 및 소비상황』에서의 분석에서 유래되었다.

7) 상품묶음이 두 상품으로 이루어져 있고 한 상품의 소득탄력성이 1보다 커서 사치재라고 하자. 이와 같은 경우에 나머지 상품은 필수재 또는 열등재이다. 독자들은 소득소비곡선과 엥겔곡선을 이용하여 스스로 확인해 보기 바란다.

8) 두 상품 중에서 한 상품의 소득탄력성이 1보다 작아서 필수재라고 하자. 이와 같은 경우에 다른 상품은 사치재이다.

9) 두 상품 중에서 한 상품의 소득탄력성이 0보다 작아서 열등재라고 하자. 이와 같은 경우에 다른 상품은 사치재이다.

그림 4–8 엥겔곡선의 모양과 상품의 분류

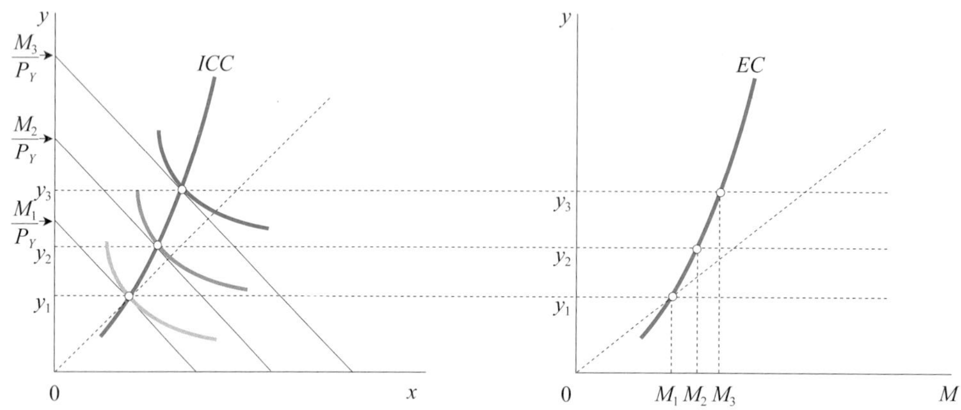

(a) 사치재

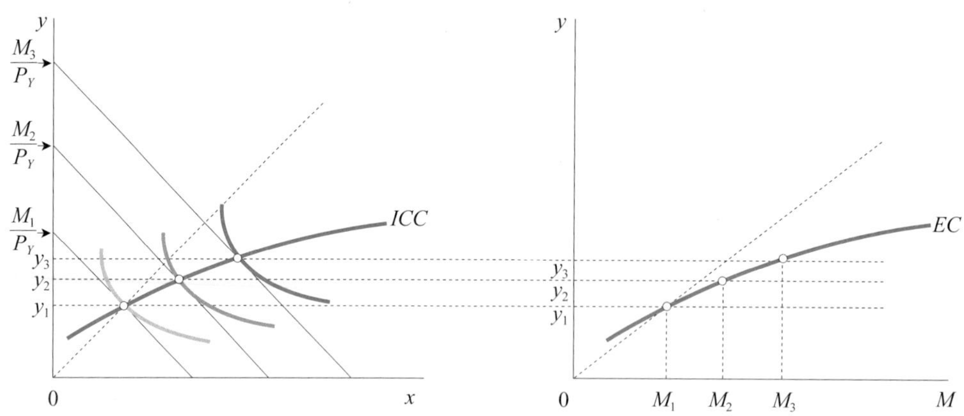

(b) 필수재

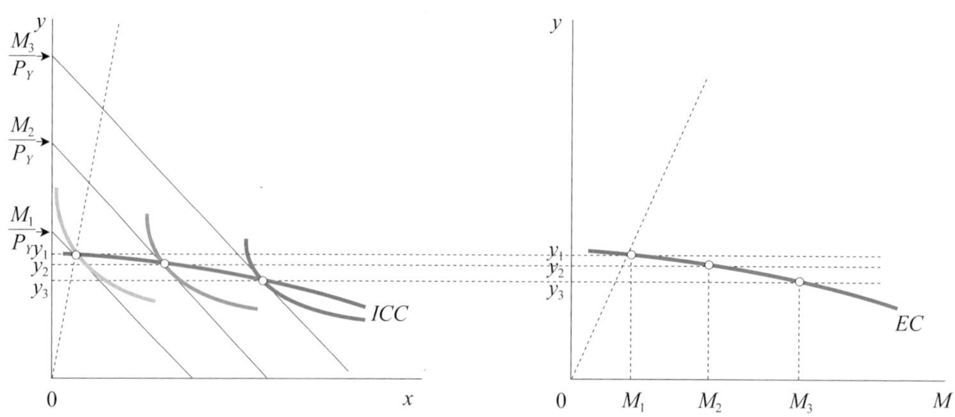

(c) 열등재

3.2 가격소비곡선: *PCC*

한 상품의 가격이 변하면 그 상품의 소비량도 변하게 된다. 이에 따라 새로운 소비자최적점들이 탄생하게 된다. 이처럼 가격의 변화에 의해 새로이 생성되는 최적점들을 연결한 곡선을 가격소비곡선(*PCC*, price consumption curve)이라고 한다.[10)]

가격소비곡선: 한 상품의 가격변화에 따른 소비자최적점들의 궤적을 연결한 곡선

이 가격소비곡선은 앞에서 분석한 소득소비곡선과 비슷하다. 단 소득소비곡선은 소득이 변할 때의 소비 변화를 나타내고, 가격소비곡선은 가격이 변할 때의 소비 변화를 나타낸다.

[그림 4-9]는 가격소비곡선을 유도하는 과정을 보이고 있다.

(a)는 처음의 최적소비점이다. (b)는 한 상품의 가격이 연속적으로 하락하는 경우의 최적소비점의 이동을 보이고 있다. 소득은 일정한데 한 상품의 가격이 변한다면 예산선은 회전이동을 하게 된다. 만약 X재의 가격이 하락하면 예산선은 y절편을 축으로 하여 시계 반대방향으로 회전하게 된다. X재의 가격이 하락하여 예산선이 회전하면 최적소비점은 E_1에서 E_2로, 또 E_3로 계속해서 옮겨간다. 각 최적소비점을 연결한 선분이 바로 가격소비곡선이다. 가격소비곡선의 모양은 X재 수요가 가격의 변화에 보이는 반응, 즉 가격탄력성의 크기에 따라 달라진다.

X재의 가격탄력성이 1보다 크면 가격소비곡선은 우하향한다. 가격탄력성이 1보다 클 경우 X재의 가격이 하락하면 X재에 대한 지출은 증가하게 된다. 그렇게 되면 Y재의 소비는 감소하게 되고, 가격소비곡선은 우하향하게 되는 것이다.

X재의 가격탄력성이 1이면 가격소비곡선은 수평 모양이 된다. 가격탄력성이 1인 경우에는 X재의 가격이 하락해도 X재에 대한 지출은 불변이다. 따라서 Y재의 소비도 변해야 할 이유가 없으므로 가격소비곡선은 수평 모양이 되는 것이다.

X재의 가격탄력성이 0보다 크고 1보다 작으면 가격소비곡선은 우상향한다. 이러한 경우에는 X재의 가격이 하락하면 X재에 대한 지출은 감소하게 된다. 그렇게 되면 Y재의 소비는 증가하고, 가격소비곡선은 우상향하게 되는 것이다.

X재의 가격탄력성이 0이면 가격소비곡선은 수직 모양이 된다. 이러한 모양은 X재의 가격이 변해도 X재에 대한 소비의 변화가 없다는 것을 의미한다. 즉 Y재의 소비만 증가할 것이

10) 가격오퍼곡선(price offer curve)라고 부르는 학자도 있다.

그림 4-9 가격소비곡선

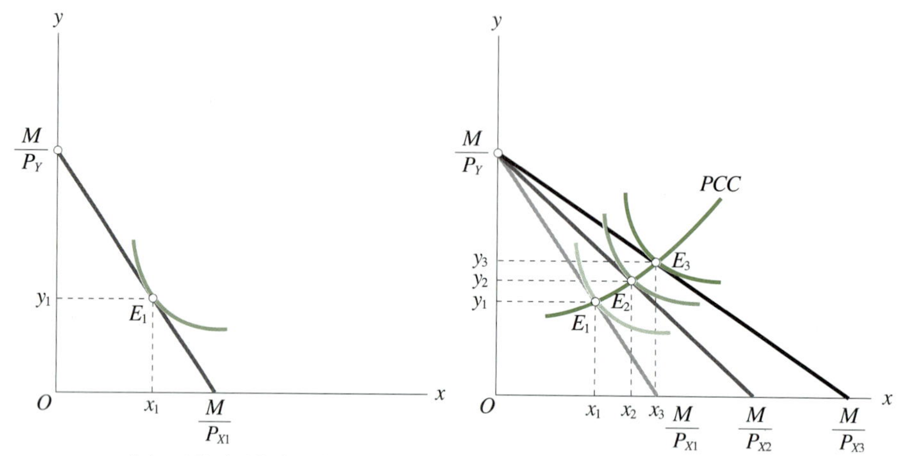

기 때문에 가격소비곡선은 수직 모양이 된다.

매우 특이한 경우로 한 재화의 가격이 하락할 때 그 재화의 소비가 감소할 수 있다. 그림에서 이러한 재화가 X재라면 이 재화의 소비는 감소하고 Y재의 소비만 증가하게 되고 가격소비곡선은 좌상향 모양이 된다. 또한 이러한 재화를 기펜재(Giffen goods)라고 한다.

가격소비곡선과 수요곡선

이제 가격소비곡선에서 수요곡선을 유도하자. 수요곡선을 유도하는 방법은 가격소비곡선에서 가격이 변하는 상품의 가격과 그 상품의 소비량을 찾아 관계를 맺어주는 것이다.

[그림 4-10]은 가격소비곡선에서 수요곡선을 유도하는 과정을 보이고 있다.

(a)는 가격소비곡선이다. 그림을 보면 X재의 가격이 계속 하락함에 따라 최적소비점이 이동하면서 X재의 수요가 증가하고 있다. 이 가격소비곡선에서 한 상품의 가격과 소비의 관계를 찾아서 (b)에 옮기면 수요곡선이 된다.

(a)에서 E_1은 X재의 가격이 P_{X1}일 때의 최적점이며, 이 경우의 수요량은 x_1이다. 이 가격과 소비의 조합을 (b)에 옮기면 가격 P_{X1}과 수요량 x_1의 조합 E_1'을 찾을

그림 4-10 수요곡선의 유도

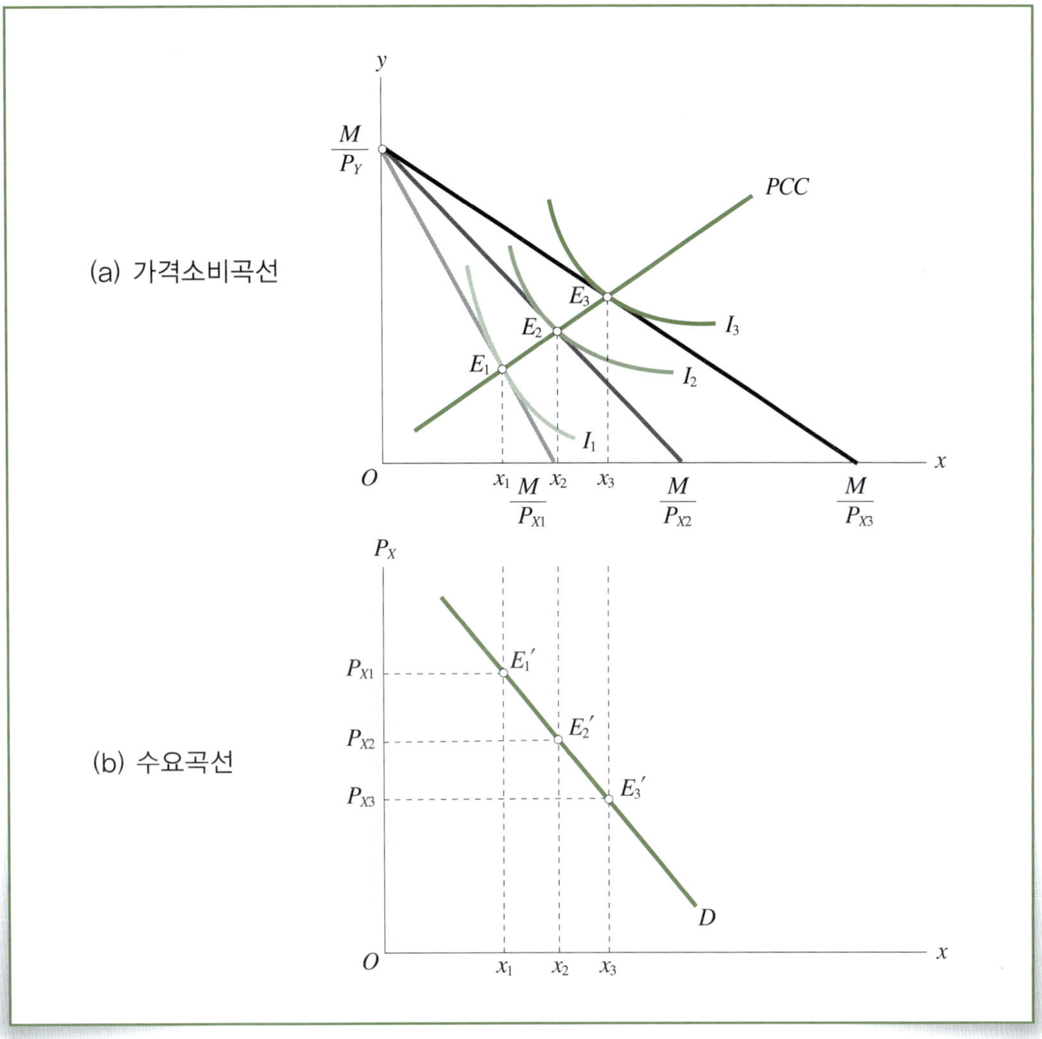

수 있다. 같은 방법으로 가격이 P_{X2}일 때에는 수요량 x_2의 조합 E_2'을, 가격이 P_{X2}일 때에는 수요량 x_3의 조합 E_3'을 찾아낼 수 있고, 이 점들을 연결한 선분이 수요곡선이다.

수요법칙의 예외 - 기펜재의 수요곡선

수요곡선이 반드시 우하향하기만 하는 것은 아니다. 기펜재의 수요곡선은 우상

향하는 모양이며 양(+)의 기울기를 보인다.[11)]

[그림 4-11]은 기펜재의 수요곡선을 유도하는 과정을 보이고 있다.

(a)는 X재가 기펜재인 경우의 가격소비곡선이다. 그림을 보면 가격소비곡선의 모양이 좌상향이다. 즉 X재의 가격이 하락함에 따라 소비가 x_1에서 x_2로 오히려 감소하고 있다. 따라서 이를 반영한 (b)의 수요곡선 모양은 가격이 하락함에 따라 소비가 감소하는 쪽으로 좌하향하고 있다. 결과적으로, 수요곡선은 우상향의 모양이 된다. 이처럼 가격이 하락하면 소비가 감소하는 상품을 기펜재라고 한다. 주의할

그림 4-11 수요곡선의 유도: 기펜재

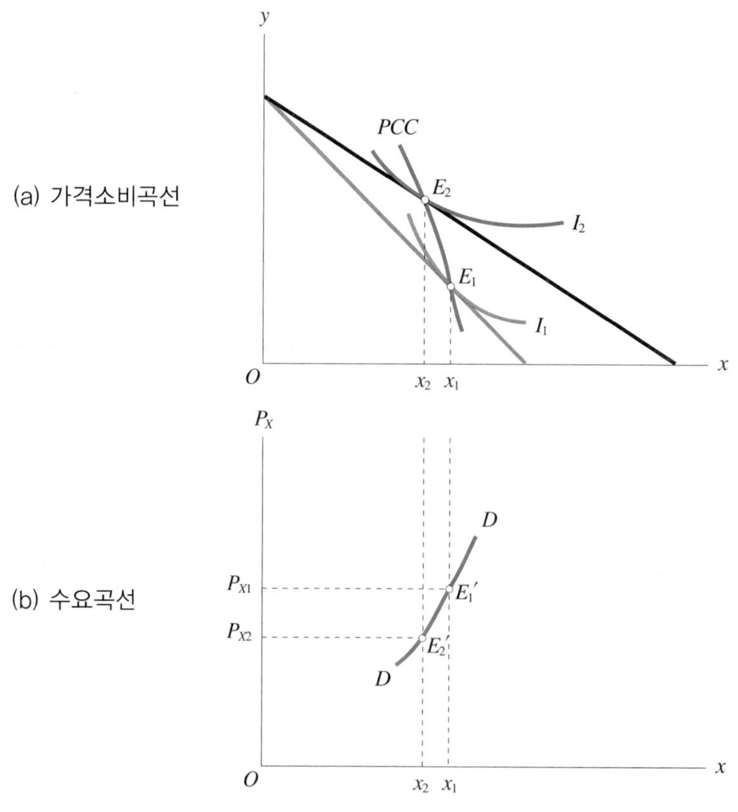

11) 영국의 경제학자인 기펜(R. Giffen, 1837~1910)은 한 상품이 수요의 법칙을 충족하지 않을 수 있는 아이디어를 제시하였으며, 마셜(A. Marshall)은 자신의 책『경제원론』(Principles of Economics)에서 기펜의 이름을 따서 수요의 법칙에 상충되는 재화를 '기펜재'라고 하였다.

것은 기펜재는 현실세계에서 발견하기 매우 어렵다는 점이다.

제 4 절 가격효과 분해: 대체효과와 소득효과

다른 상품의 가격과 명목소득이 일정한 상태에서 한 상품의 가격이 변하면 그 상품의 소비량이 변하게 된다. 상품의 가격이 변할 때 소비량이 변하는 현상을 가격효과(price effect)라고 한다.

4.1 가격효과

한 상품의 가격 변화로 인한 소비 변화는 두 가지 변화의 합이다. 하나는 한 상품의 가격이 변함으로써 다른 상품과의 상대가격이 달라지기 때문에 생기는 소비 변화이고, 다른 하나는 명목소득은 같지만 가격변화로 인하여 실질소득이 변하기 때문에 생기는 소비 변화이다. 예를 들어 자취하는 학생이 매달 일정한 예산을 가지고 쌀과 라면을 사서 주식으로 하고 있는데 쌀값이 내렸다 하자. 그는 우선 쌀값이 라면에 비해 상대적으로 싸졌기 때문에 쌀 소비를 증가시킬 것이다. 다음으로 그는 전보다 쌀 구입에 더 적은 금액만 지출해도 되기 때문에 실질소득이 증가한 셈이 되어 쌀 소비를 증가시킬 것이다. 이처럼 쌀값의 하락으로 생기는 쌀 소비의 변화는 쌀이 상대적으로 싸졌기 때문에 생기는 변화와, 소비자의 실질소득이 증가한데서 생기는 변화의 합이다. 앞의 경우를 대체효과(substitution effect)라고 하고, 뒤의 경우를 소득효과(income effect)라고 한다. 즉 가격효과는 대체효과와 소득효과의 합이다.

대체효과와 소득효과

이제 [그림 4-12]를 이용하여 가격효과를 대체효과와 소득효과로 분해해 보자.

(a)는 가격효과이다. X재의 가격이 하락하면 예산선은 시계 반대방향으로 회전한다. 이에 따라 최적소비점은 E_1에서 E_2로 이동하게 되고, X재의 소비량은 x_1에서 x_2로 증가한다.

(b)는 가격효과를 대체효과와 소득효과로 분해한 것이다. 가격효과를 분해할 때 우선 해야 할 일은 보조예산선을 그리는 것이다. 그림에는 가격 변화 후의 예산선에 평행하면서 가격 변화 이전의 처음 무차별곡선에 접하는 보조예산선이 굵은 점선으로 나타나 있다. 이 보조예산선은 '나중 예산선과 평행하면서 처음 무차별곡선과 접하도록' 그려진 것이다. 이 보조예산선과 처음 무차별곡선이 접하는 점을 E'라 하자. 그러면 E_1에서 E_2까지의 가격효과로 인한 소비점 이동은 두 단계, 즉 $E_1 \rightarrow E'$와 $E' \rightarrow E_2$의 이동으로 분리할 수 있다. 여기서 E_1에서 E'까지의 이동으로 인한 소비 변화 $x_1 \rightarrow x'$는 대체효과이다. 이 구간의 소비 변화를 왜 대체효과라고

그림 4-12 가격효과의 분해

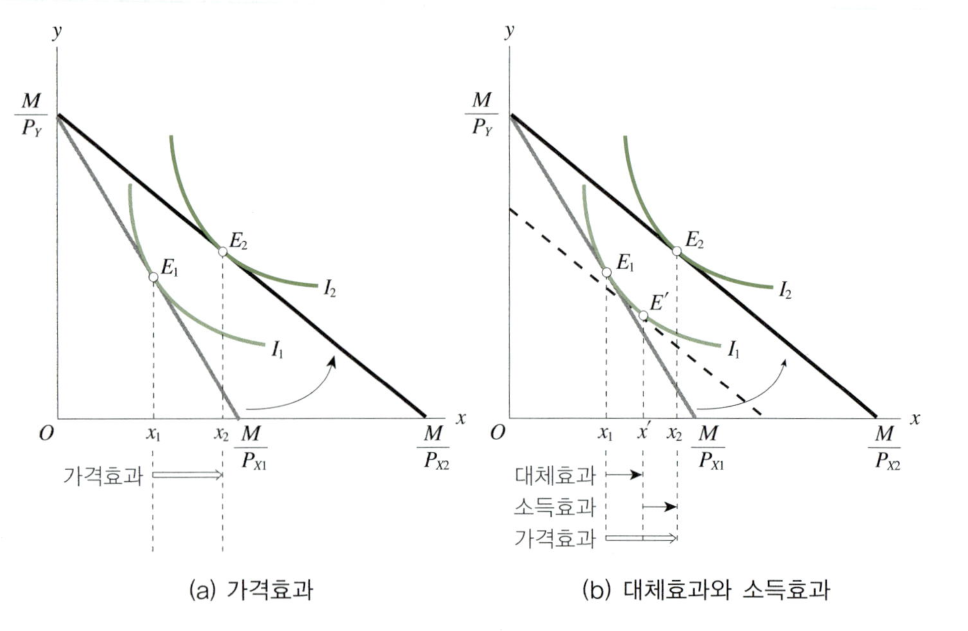

부를까. E_1에서 E'로의 이동은 동일한 무차별곡선상에서 이동이기 때문에 두 소비점의 효용은 동일하다. 이 효용 동일을 '실질소득 동일'이라고 볼 수 있다. 단 두 점에서 예산선의 기울기는 서로 다르다. 예산선의 기울기가 다르다는 것은 상대가격이 다르다는 것을 뜻한다. 그렇다면 $x_1 \rightarrow x'$의 소비 변화는 '실질소득은 불변인 상태에서 상대가격의 변화로 인하여 발생'하는 변화이다. 이처럼 실질소득이 불변인 상태에서 한 상품의 가격이 변함에 따라 발생하는 소비의 변화를 대체효과라고 한다.

대체효과: 실질소득이 불변인 상태에서 한 상품의 가격이 변함으로 인해 발생하는 소비의 변화

이 대체효과는 가격이 변화하는 방향에 대해 언제나 반대 방향으로 작용한다. 다음으로 E'에서 E_2로의 소비점 이동에 대하여 생각해 보자. 그림에서 E'를 지나는 '보조예산선'과 E_2를 지나는 '나중 예산선'은 기울기가 서로 같으므로 상대가격 비율이 서로 같다. 다만 원점에서의 거리가 서로 다르므로 소득에 차이가 있다. 따라서 E'에서 E_2로의 이동은 '상대가격은 변화가 없는 상태에서 실질소득의 변화로 인한 이동'이라고 볼 수 있고, 이를 소득효과라고 한다. 즉 $x' \rightarrow x_2$ 부분은 소득효과이다.

소득효과: 상대가격이 불변인 상태에서 실질소득이 변함으로 인해 발생하는 소비의 변화

소득효과는 대체효과와는 달리, 한 방향으로만 작용하지는 않는다. 실질소득이 증가할 때 정상재는 소비가 증가하나, 열등재는 오히려 소비가 감소한다. 다만 이 그림의 경우는 정상재를 나타낸 것이 때문에 소득효과가 플러스(+) 방향으로 나타난다.

4.2 힉스적 분석과 슬러츠키적 분석

가격효과를 대체효과와 소득효과로 분리하는 방식에는 두 가지가 있다. 하나는 힉스(Hicks)의 방식이고 다른 하나는 슬러츠키(Slutsky)의 방식이다. 앞에서 설

명한 대체효과와 소득효과에 대한 분석은 힉스적 방식을 사용한 것이다. 힉스는 '실질소득의 동일'이라는 조건이 '효용의 동일'이면 충족되는 것으로 보았다. 그러나 슬러츠키의 관점은 다르다. 슬러츠키는 '실질소득의 동일'을 유지하기 위해서는 '효용의 동일'이 아니라 '구매력의 동일'을 유지하는 것이 필요하다고 생각하였다.

[그림 4-13]은 힉스와 슬러츠키에 의한 각각의 대체효과와 소득효과 분석이다. 효용의 동일을 실질소득의 동일로 간주한 힉스에 의하면 점 E_1에서 E_H로의 이동은 대체효과, 그리고 E_H에서 E_2로의 이동은 소득효과이다. 이는 앞에서 설명한 그대로이다. 단, 슬러츠키 방식과 구별하기 위해서 앞으로는 이를 각각 '힉스의 대체효과'와 '힉스의 소득효과'라고 부른다.

한편 슬러츠키는 '구매력의 동일'을 '실질소득의 동일'이라고 본다. 슬러츠키는 구매력의 동일을 유지하기 위하여 '처음 최적점'을 지나면서 '나중 예산선'과 평행한 보조예산선을 그린다. 그림의 SS가 슬러츠키의 견해를 반영한 보조예산선이다. 이 보조예산선과 제3의 무차별곡선이 접하는 점을 E_S라 하자. 점 E_1에서 E_S로의 이

그림 4-13 힉스와 슬러츠키에 의한 가격효과 분해

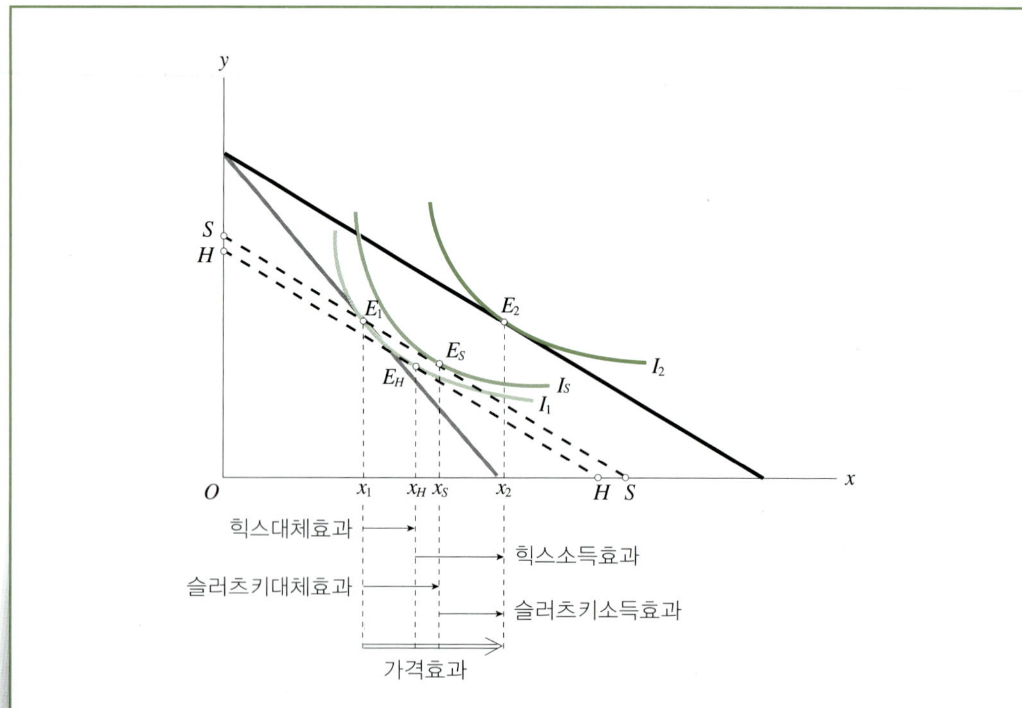

동은 동일한 예산선상의 이동이기에 '실질소득이 동일한 상태로 상대가격의 변화로 인한 효과'를 반영하고 있다. 따라서 이 이동은 대체효과이며, 슬러츠키의 견해를 반영한다고 해서 슬러츠키의 대체효과라고 부른다. 다음으로 점 E_S에서 E_2로의 이동을 생각해 보자. 두 점을 지나는 각각의 예산선은 기울기가 같고 원점에서의 거리는 다르다. 이 이동은 '상대가격은 동일한데 소득이 달라질 때'의 효과를 반영하고 있다. 즉 이 이동은 소득효과이며, 슬러츠키의 견해를 반영한다고 해서 슬러츠키의 소득효과라고 부른다.

제 5 절 보상수요곡선

가격소비곡선에서 유도되는 일반적인 수요곡선에는 '명목소득의 동일'이라는 가정이 들어있다. 그런데 가격효과를 대체효과와 소득효과로 분해하는 과정에서는 실질소득의 동일을 고려한다. 그렇다면 명목소득이 동일하다는 가정 아래 유도된 수요곡선과 실질소득이 동일하다는 가정 아래 유도된 수요곡선은 서로 다른 모양을 보일 것이다.

5.1 통상수요곡선과 보상수요곡선

명목소득이 동일하다는 가정 아래 가격소비곡선에서 유도한 보통의 수요곡선을 통상수요곡선이라 한다. 통상수요곡선은 명목소득동일수요곡선 또는 마셜적 수요곡선(Marshallian demand curve)이라고도 한다.

통상수요곡선 : 명목소득이 동일하다는 가정 아래 가격소비곡선에서 유도한 보통의 수요곡선

보상수요곡선 : 실질소득이 동일하다는 가정하에 가격소비곡선에서 유도한 수요곡선으로, 소득효과를 제(除, compensate)하고 대체효과만을 반영한 것

소득효과를 제거하는 방법에 있어 힉스와 슬러츠키는 다른 개념을 가지므로 보상수요곡선 역시 힉스적 수요곡선(Hicksian demand curve)과 슬러츠키적 수요곡선(Slutsky demand curve)으로 분류할 수 있다. 결과적으로 수요곡선에는 마셜적 수요곡선, 힉스적 수요곡선, 슬러츠키적 수요곡선의 세 종류가 있다.

첫째, 마셜적 수요곡선은 우리가 수요곡선을 지칭할 때 사용되는 수요곡선이다. 둘째, 힉스적 수요곡선은 가격효과 중에서 힉스의 소득효과를 제하고 힉스의 대체효과만을 반영한 수요곡선이다. 셋째, 슬러츠키적 수요곡선은 가격효과 중에서 슬러츠키의 대체효과만을 반영한 수요곡선이다.

[그림 4−14]는 이 세 가지 수요곡선이 유도되는 과정을 보이고 있다.

(a)는 가격효과의 분해이다. 그림에서 $x_1 \rightarrow x_H$는 힉스의 대체효과를, $x_H \rightarrow x_2$는 힉스의 소득효과를 나타낸다. 그리고 $x_1 \rightarrow x_S$는 슬러츠키의 대체효과를, $x_S \rightarrow x_2$는 슬러츠키의 소득효과를 나타낸다. (b)는 (a)에서 유도된 세 종류의 수요곡선이다. X재의 가격이 P_{X1}에서 P_{X2}로 하락함에 따라 수요량은 x_1에서 x_2로 증가한다. 이 가격변화와 수요량의 변화를 반영한 수요곡선이 D_M이며, 지금까지 항상 보아 온 마셜적 수요곡선이다. 이에 비하여 D_H는 힉스의 대체효과를 반영한 힉스적 수요곡선이고 D_S는 슬러츠키의 대체효과를 반영한 슬러츠키적 수요곡선이다. 힉스적 수요곡선과 슬러츠키적 수요곡선을 보상수요곡선이라고 한다. 두 보상수요곡선을 보면 가격 하락으로 인한 수요량의 변화가 통상수요곡선보다 적게 나타나고 있다. 그 것은 보상수요곡선이 가격효과 중 소득효과를 제한 것이기 때문이다.

한편 가격효과의 분해를 위하여 임의로 그린 보조예산선은 '보상된 예산선'(compensated budget line)이라고 부른다. 가격의 변화로 인한 소득효과를 보상하였다는 뜻이다.

보상된 예산선: 가격변화로 인한 실질소득의 변화를 보상한 예산선[12)]

물론 이 경우의 보상은 플러스(+)일 수도 있고 마이너스(−)일 수도 있다. 가격

12) 보상된 예산선은 보정된 예산선 또는 보전된 예산선이라고도 부른다. 또 보상수요곡선을 보정수요곡선, 보전수요곡선이라고도 부른다.

그림 4-14 보상수요곡선의 유도

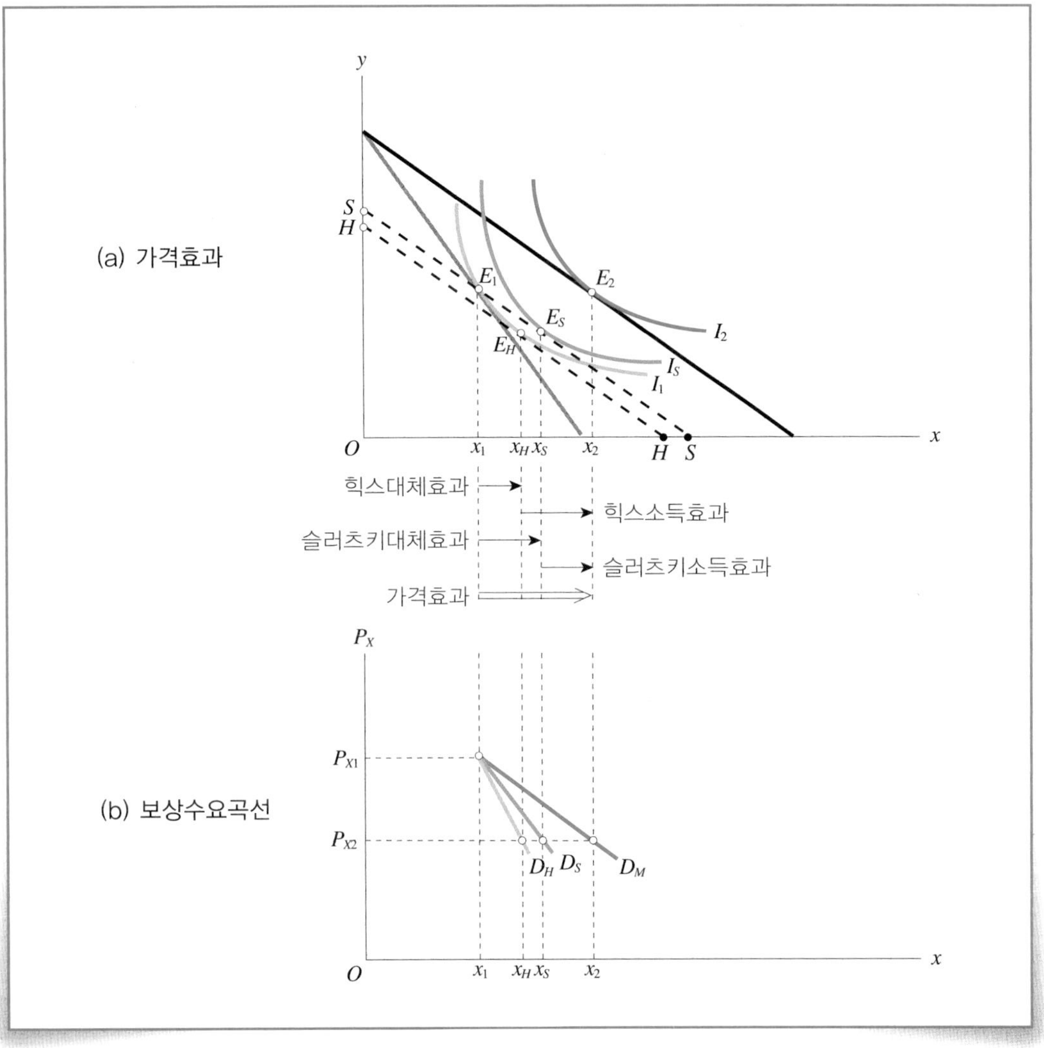

이 하락한 경우는 실질소득이 증가한 것과 같은 효과를 상쇄하기 위하여 예산선을 원점 쪽으로 이동시키는 마이너스 보상을 하게 되며, 반대로 가격이 상승할 경우에는 소득효과를 상쇄하기 위하여 예산선을 우상방으로, 즉 원점에서 멀어지는 쪽으로 플러스(+) 보상을 하게 된다.

한편 기펜재의 수요곡선은 [그림 4-11]에서 보는 바와 같이 보통재의 수요곡선과 모양이 다르다.

5.2 보상변화와 동등변화

보상수요곡선을 유도하려면 한 상품의 가격변화로 생기는 소득효과를 제거해 주어야 한다. 가격이 상승하는 경우에는 실질소득이 감소하는 셈이 되므로 소득을 증가시켜주는 조정을 한다. 반대로 가격이 하락하는 경우에는 실질소득이 증가하는 셈이 되므로 소득을 감소시켜주는 조정을 한다. 한 상품의 가격 변화가 있을 때, 가격 변화 이전에 누렸던 효용수준을 유지하도록 소득을 증가시키거나 감소시켜주는 조정을 보상이라고 하며, 이 보상액을 보상변화(*CV*: compensating variation)라고 한다.

한편 소비자가 새로운 가격체제에서 누릴 수 있는 효용수준을 처음 가격체제에서도 누릴 수 있도록 해 주기 위해서는 얼마만큼의 소득 보상을 해 주어야 하는가? 앞의 보상변화는 가격 변화 이전 수준의 효용을 달성하는데 필요한 소득 보상인데 비하여, 이번에는 가격 변화 후의 효용을 누리는데 필요한 소득 보상이 얼마나 필요한가를 알아보는 것이다. 이 보상분은 나중의 효용수준을 누리기 위해서는 소득을 얼마나 조정해 주어야 하는가를 말한다. 이를 동등변화(*EV*: equivalent variation)라고 한다.[13] 보상변화나 동등변화의 정도를 금액으로 나타낼 수 있는 것은 어느 상품의 가격 변화가 소비자의 후생에 어떤 영향을 미치는지를 금전적으로 계산하도록 도와준다.

보 론 대수적 접근방법에 의한 소비자문제의 해 유도

소비자최적 조건은 대수적인 방법으로도 찾아낼 수 있다. 다음은 Lagrange 함수법에 의한 소비자최적 조건의 유도이다.

효용함수가 $u = u(x, y)$이고 예산제약식이 $M = xP_X + yP_Y$라 하자. 이 효용함수와 예산제약식으로 다음과 같은 수리모형을 만들 수 있다.

13) 대등변화라고 하기도 한다.

$$max.\ u = u(x, y)$$
$$s.t.\ \ M = xP_X + yP_Y$$

여기에서 *max.*는 maximize의 약자로 효용을 극대화하라는 주문이고, *s.t.*는 subject to의 약자로 '조건하에서'라는 뜻을 가지고 있다. 즉 '이 예산을 가지고 효용을 극대화하시오'라는 주문이다. 이 두 식의 해를 얻기 위하여서는 보통 Lagrange 함수법을 이용한다. 우선 Lagrange함수를 만들어 보면 다음과 같다.

$$max.\ \mathfrak{L} = u(x, y) + \lambda(M - xP_X - yP_Y)$$

여기서 $\mathfrak{L}$은 Lagrange함수를 이용할 때의 임의의 함수기호이다. λ는 lambda라고 읽으며 Lagrange승수이다. λ로 곱해주는 ( )안은 0이 되기 때문에 위 식은 효용함수식 그대로인 셈이다. 위 식이 해를 갖는다고 가정하면 그 극대값을 얻기 위해서는 우선 제1계조건을 만족시켜야 한다. 제1계조건은 x와 y 및 λ로 편미분하여 0으로 놓는 것이다. 즉, 극값을 구하기 위해서는 1차미분하여 0이 되는 조건이 필요하다. 위 식을 각각 편미분하여 0으로 놓으면 다음과 같다.

$$\frac{\partial \mathfrak{L}}{\partial x} = \frac{\partial u}{\partial x} - \lambda P_X = 0 \cdots\cdots ①$$

$$\frac{\partial \mathfrak{L}}{\partial y} = \frac{\partial u}{\partial y} - \lambda P_Y = 0 \cdots\cdots ②$$

$$\frac{\partial \mathfrak{L}}{\partial \lambda} = M - xP_X - yP_Y = 0 \cdots\cdots ③$$

여기서 ③식을 보자. 이는 바로 예산제약 조건식이다. 그렇다면 애초의 제약조건이 그대로 존재하고 있는 셈이다. ①식과 ②식을 연립해서 풀면 최적소비 조건을 알아낼 수 있다.

①식에서

$$\lambda = \frac{\partial u / \partial x}{P_X}$$

②식에서

$$\lambda = \frac{\partial u/\partial y}{P_Y}$$

따라서

$$\frac{\partial u/\partial x}{P_X} = \frac{\partial u/\partial y}{P_Y} \quad \cdots\cdots\cdots\cdots\cdots\cdots\cdots\cdots\cdots\cdots\cdots\cdots \text{④}$$

그런데, 여기서 $\frac{\partial u}{\partial x}$는 MU_X이고 $\frac{\partial u}{\partial y}$는 MU_Y이다. 따라서 ④식은 다음과 같이 나타낼 수 있다.

$$\frac{MU_X}{P_X} = \frac{MU_Y}{P_Y}$$

이 식이 바로 최적소비의 조건이다. 이 조건식을 보면, 대수적인 접근을 통해서도 가중된 한계효용 균등의 법칙이 최적소비의 조건이라는 것을 알 수 있다. 우리가 기하학적인 방법으로 찾아낸 소비자최적 조건식을 또 다시 확인해 주고 있다. 그러나 여기서 한 가지 유의해야 할 것이 있다. 수리적인 성질상 1차 미분해서 0이 되는 지점은 극값이라는 의미이지 '극대'를 보장해 주지는 못한다. '극소'일 수도 있다. 따라서 효용극대화 조건을 구하려면 2계조건의 보충이 필요하다. 2계조건은 2차미분해서 0보다 작아야 한다는 것이다. 이 말은 2계 도함수들을 원소로 하는 행렬식, 즉 테두른 헤시안행렬식의 값이 +이어야 한다는 것을 의미한다. 그 조건은 앞의 제3장 보론에서 보았던 다음의 한계대체율체감 조건과 일치한다.

$$2\frac{\partial^2 u}{\partial x \partial y}\frac{\partial u}{\partial x}\frac{\partial u}{\partial y} - \frac{\partial^2 u}{\partial x^2}\left(\frac{\partial u}{\partial y}\right)^2 - \frac{\partial^2 u}{\partial y^2}\left(\frac{\partial u}{\partial x}\right)^2 > 0$$

2계조건이란 무차별곡선이 원점에 대하여 볼록할 것을 주문하는 것이다. 즉 최적소비의 1계조건은 무차별곡선과 예산선이 접할 것을 요구하고, 2계조건은 그 접점이 있는 무차별곡선의 부분이 원점에 대하여 볼록할 것을 요구한다.

요 · 약

01. 소비에는 소득의 크기라는 제약이 따른다. 소득이라는 제약조건을 그림으로 나타낸 것이 예산선이다. 예산선이란 주어진 가격에서 일정소득으로 살 수 있는 두 재화의 조합들로 이루어진 직선이다. 예산선 내부는 가취득집합이다.

02. 소비자최적은 가중된 한계효용균등의 법칙이 성립될 때 이루어진다. 그림으로 말하면 무차별곡선과 예산선의 접점이다.

03. 한 가지 상품은 보통재이고, 다른 한 쪽의 상품은 비재화이거나 중립재화일 경우 최적소비는 보통재 한 가지만 구입하는 코너해가 이루어진다. 최적소비가 한 쪽 구석에서 이루어지는 경우를 코너해라고 한다.

04. 소득 변화로 인한 새로운 균형점들을 연결한 선을 소득소비곡선이라 한다. 즉 소득소비곡선은 소득이 연속적으로 변하여 갈 경우 최적소비점들의 궤적이다.

05. 한 상품 가격의 변화에 의해 생긴 새로운 최적소비점들을 연결한 곡선이 가격소비곡선이다.

06. 가격소비곡선을 이용하여 수요곡선을 유도할 수 있다. 보통재의 수요곡선은 우하향이지만 기펜재의 수요곡선은 우상향이 된다.

07. 한 상품 가격의 변화로 인한 그 상품 소비의 변화를 가격효과라고 한다. 가격효과는 대체효과와 소득효과로 분해된다.
    - 대체효과: 실질소득이 불변인 상태에서 한 상품의 가격이 변함으로써, 즉 두 상품 사이의 상대가격이 변화함으로써 일어나는 소비의 변화
    - 소득효과: 상대가격이 불변인 상태에서 실질소득이 변화함으로 일어나는 소비량의 변화
    - 힉스는 효용이 동일한 것을 실질소득동일로, 슬러츠키는 구매력이 동일한 것을 실질소득동일로 보았다.

08. 통상수요곡선이란 명목소득동일 가정 아래 가격소비곡선에서 유도한 보통의 수요곡선으로, 명목소득동일수요곡선 또는 마셜적 수요곡선이라고도 한다.

09. 보상수요곡선은 실질소득동일 가정 아래 유도한 수요곡선으로, 가격 변화시 소득효과를 제하고 대체효과만을 반영한 것이다. 힉스수요곡선과 슬러츠키수요곡선이 있다.

10. 보상된 예산선이란 가격 변화로 인한 소득의 변화를 보상한 예산선을 말한다.

11. 실질소득을 상품가격이 변하기 전의 처음 수준에 머물도록 소득을 증가시키거나 감소시키는 것을 소득의 보상변화라고 한다. 동등변화란 가격 변화가 일어나기 전의 효용수준에서 가격 변화 후의 효용수준을 확보하기 위하여 필요한 소득 변동분을 말한다.

연·습·문·제

01. 원룸에서 자취를 하는 A군은 월 30만원의 예산으로 포대 당 2만원인 쌀과 박스 당 1만원인 라면을 구입하려 한다.

(1) 이 경우의 예산선

(2) 라면 값이 2만 원으로 상승할 경우 예산선의 변화

(3) 두 상품 값은 처음 그대로인데 예산이 40만원으로 증가할 경우 예산선의 변화를 나타내시오.

02. 어떤 사람의 예산선이 (1)에서 (2)로 변하였다. 이 사람이 소비하는 X재와 Y재 소비량은 어떻게 될지 예측하시오(선호체계는 그대로 유지됨).

(1) $M = x \cdot P_X + y \cdot P_Y$

(2) $2M = x \cdot 2P_X + y \cdot 2P_Y$

03. 예산선 내부를 가취득집합이라고 하는 이유를 설명하시오.

04. 예산선 양쪽 절편의 값이 갖는 의미를 설명하시오.

05. 한 상품의 가격이 변할 때 예산선이 회전이동을 하는 이유를 설명하시오.

06. 소비자최적이란 무엇인가 설명하시오.

07. 어느 소비자의 현재 소비점에서 $\frac{MU_X}{MU_Y} > \frac{P_X}{P_Y}$ 이다. 이 경우 소비자최적을 달성하려면 소비자는 어떤 조치를 해야 하는가, 그리고 그 이유는 무엇인가 설명하시오.

08. 어느 소비자의 현재 소비점에서 $\frac{MU_X}{P_X} < \frac{MU_Y}{P_Y}$ 이다. 이 경우 소비자최적을 달성하려면 소비자는 어떤 조치를 해야 하는가, 그리고 그 이유는 무엇인가 설명하시오.

09. 어떤 사람이 20,000원의 예산으로 다음 표에서와 같이 김밥과 라면을 소비한다고 한다. 효용극대화를 위해서 이 사람이 취해야 할 행동은 무엇인가?

	가 격	구매량	총효용	한계효용
김 밥	1,000원	14	500	30
라 면	500원	12	1,000	20

10. X, Y 두 재화를 소비하는 어느 소비자의 효용함수가 $u = \min(2x, y)$라고 한다. 두 상품 구입을 위해 사용할 수 있는 예산은 60만 원이고, X와 Y재의 가격이 각각 1만 원 일 때, 두 상품의 최적소비량은 각각 얼마인가?

11. 두 상품의 시장가격 $P_X = 12$, $P_Y = 6$이고, 소비자가 효용을 극대화하고 있는 상태에서 Y재의 한계효용이 8이라면 X재의 한계효용은 얼마인가?

12. 시장에서 두 상품(X재, Y재)의 상대가격이 0.5이다(즉, $P_X/P_Y = 0.5$). 그런데 어떤 상품묶음에서 한 소비자의 X재의 Y재에 대한 한계대체율은 1.5이다. 이 소비자의 소비행태는 어떠하고 소비자최적을 달성하기 위해서는 어떤 행동을 취해야 하는가?

13. 코너해란 무엇인가 설명하시오.
14. 소득소비곡선과 가격소비곡선을 비교하여 설명하시오.
15. 가격소비곡선을 이용하여 수요곡선을 유도하시오.
16. 가격소비곡선을 이용하여 기펜재의 수요곡선을 유도하시오.
17. 가격효과를 대체효과와 소득효과로 분해함에 있어 힉스와 슬러츠키 방법의 차이는 무엇인가 설명하시오.
18. 대체효과란 무엇인가 설명하시오. 왜 대체효과라고 말하는가 밝히시오.
19. 소득효과란 무엇인가 설명하시오. 왜 소득효과라고 말하는가 밝히시오.
20. 기펜재의 가격이 하락하였다. 이 경우 대체효과와 소득효과는 어떻게 나타나는가?
21. 통상수요곡선이란 무엇인가 설명하시오.
22. 보상수요곡선이란 무엇인가 설명하시오.
23. 보상된 예산선이란 무엇인가 설명하시오.
24. 보상변화란 무엇인가 설명하시오.
25. 동등변화란 무엇인가 설명하시오.

PART 02

해답 및 풀이

01. {풀이} (1) 직각좌표에서 쌀 소비를 나타내는 축의 절편은 15, 라면을 나타내는 축의 절편은 30이다. 이 두 절편을 이으면 예산선이 된다. (2) 위 그림에서 라면의 절편이 30에서 15로 이동한다. (3) 쌀의 절편은 20으로, 라면의 절편은 40으로 변한다.

02. {해답} 변화가 없다.

{풀이} 상품의 가격과 소득이 동일한 비율로 변화하면 예산선은 변하지 않는다. 선호체계가 그대로 유지된다면 X재와 Y재의 구입량은 불변이다.

07. {해답} X재 소비를 증가시키고 Y재 소비를 감소시킨다.

{풀이} 왼쪽 항이 크다는 것은 무차별곡선 기울기의 절대치가 예산선의 기울기보다 크다는 것을 나타낸다. 이것은 두 상품 한계효용의 비율이 가격의 비율보다 크다는 것을 의미하며, 소비자가 주관적으로 평가하는 X재의 가치가 시장에서 평가된 가치보다 크다는 것을 의미한다. 이 경우 X재 소비를 증가시켜 한계효용을 감소시키고, Y재 소비를 감소시켜 한계효용을 증가시키면 양변은

동등하게 된다. 즉 소비자최적을 달성하게 된다.

08. {해답} X재 소비를 감소시키고 Y재 소비를 증가시킨다.

{풀이} 이 상황은 X재 소비에 있어서 그 가격에 비하여 한계효용이 작다는 것을 의미한다. 이럴 때는 X재 소비를 감소시킴으로 최적소비에 이를 수 있다.

09. {해답} 김밥 소비를 감소시키고 라면 소비를 증가시킨다.

{풀이} 이 상황은 $\frac{MU_{김밥}}{P_{김밥}} = \frac{30}{1,000} < \frac{20}{500} = \frac{MU_{라면}}{P_{라면}}$ 이다. 소비자최적을 달성하려면 양쪽이 동등해야 한다. 따라서 김밥을 덜 소비하고 라면을 더 소비해야 한다.

10. {해답} 1 : 2

{풀이} 이 문제에서는 두 상품이 완전보완관계에 있는 L자형 무차별곡선을 가정하고 있다. 소비자의 최적선택이 이루어질 때 X재와 Y재의 구입비율은 1 : 2가 된다. 이것을 그림으로 나타내면 다음과 같다.

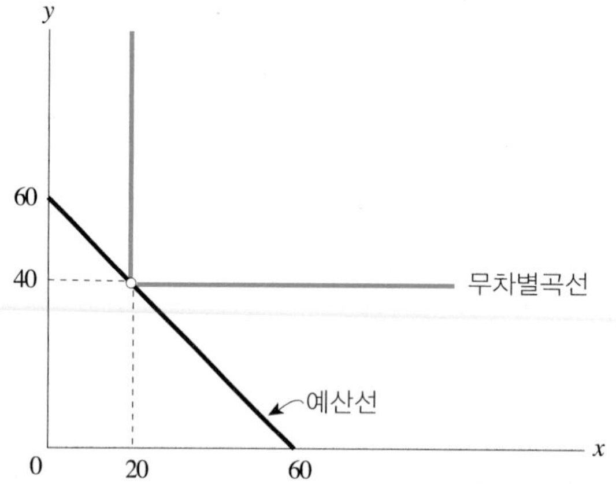

11. {해답} 16

{풀이} 소비자의 효용극대화는 $\frac{MU_X}{P_X} = \frac{MU_Y}{P_Y}$ 조건을 충족시킬 때 이루어진다. 따라서 $\frac{MU_X}{12} = \frac{8}{6}$에서 $MU_X = 16$이다

12. {해답} X재 소비를 증가시키고 Y재 소비를 감소시킨다.

{풀이} $\frac{MU_X}{MU_Y} = \frac{P_X}{P_Y}$ 조건을 달성하기 위해서는 X재의 소비증가가 필요하다. 자세한 설명은 문제 7번의 풀이를 참고하시오.

소비이론의 확장

이 장에서는 현실에서 소비이론이 어떻게 적용되는지에 대해 알아본다. 우선, 생활 속에서 흔히 볼 수 있는 누진(累進)요금제나 할인(割引)요금제의 효과에 대해 알아본다. 이어서 저소득층을 도와주는 세 가지 정책, 즉 현물보조, 현금보조, 가격보조의 효과를 비교하고 분석한다. 이러한 보조정책 효과의 분석을 통해 미시경제학이 경제정책에 유용하게 이용될 수 있음을 확인한다. 이론과 현실의 거리를 좁혀주는 내용을 공부하면서 미시경제학이 다양한 현실 경제문제에 대해 적절한 답을 제시하고 있음을 보게 될 것이다. 마지막으로 사뮤엘슨, 호테커 등에 의해 개발된 현시선호이론에 대해 알아본다.

chapter

5

게으른 자여 개미에게 가서 그가 하는 것을 보고 지혜를 얻으라.
개미는 두령도 없고 감독자도 없고 통치자도 없으되
먹을 것을 여름 동안에 예비하여 추수 때에 양식을 모으느니라.

- 잠언 6: 6~8 -

제 1 절 소비이론의 응용

소비이론은 소비자의 소비행태를 분석하는 이론이다. 제3장에서 소비자의 선호관계가 완비성과 이행성을 만족시키면 효용함수로 표시할 수 있고, 추가적으로 선호가 연속성을 만족시키면 선호관계는 연속적인 효용함수로 표시할 수 있다는 것을 배웠다. 제4장에서는 효용함수의 단조성 가정과 무차별곡선의 일반적인 특성을 보인 후, 소비자의 최적화행위를 분석하였다. 또한 제4장에서는 최적화행위에서 유도된 소득소비곡선, 가격소비곡선, 가격효과(대체효과와 소득효과), 마셜적 수요곡선과 보상수요곡선, 보상변화와 동등변화 등에 대해 배웠다.

본 장에서는 제3장과 제4장에서 배운 소비이론이 현실에서 어떻게 응용되는지 살펴보기로 한다.

1.1 할증 · 할인 요금체제의 효과 분석

제4장에서 설명한 소비이론은 직선형의 일반적인 예산선을 가지고 분석한 것이다. 그런데 예산선은 상품이나 서비스의 판매 방식에 따라 그 형태가 달라진다. 예를 들면 소비절약을 유도하기 위한 할증(premium)요금제나 판매증대를 위한 할인(discount)요금제를 채택하면 소비자의 예산선은 그 형태가 달라진다. 예산선의 형태가 달라지면 최적소비점도 달라진다.

수돗물 소비와 소비자최적(할증요금제 하의 소비자최적)

우리나라의 수도요금 체제는 누진제이다. 즉 수돗물 소비의 절약을 유도하기 위해 물 사용량의 증가에 따라 요금을 누진적으로 할증해서 부과하고 있다. 누진단계를 정하는 구체적인 방법은 지방자치단체에 따라 다르지만, 대개 사용량에 따라 대여섯 단계로 나누어 차등적으로 부과하는 방식이다. 여기서는 편의상 두 단계로 나누어 차등적으로 부과하는 경우를 예를 들어 분석한다.

어느 시에서 한 달 동안에 수돗물을 20톤 이상 사용하면 수도료를 할증식으로 부과한다고 하자. 이 경우 가계의 예산선이 어떤 형태가 되는가 알아보자.

[그림 5-1]은 할증요금제하의 소비자최적을 나타내고 있다.

(a)는 할증요금 적용시 가계의 예산선이다. 그림의 세로축은 가계의 소득을 나타내고, 가로축은 수돗물 소비량을 나타낸다. 이 가계는 한 달 생활비 M을 그대로 간직할 수도 있고, 수돗물 소비에 지출할 수도 있다. 할증 요금이 적용되지 않을 때 이 가계가 생활비 전체를 수돗물 소비에만 지출한다면 한 달에 t_1만큼 소비할 수 있다. 가계의 소비가능곡선은 선분 Mt_1이며, 이 소비가능곡선은 예산선 구실을 한다. 그리고 이 예산선의 기울기는 수돗물 톤당 요금이다. 앞에서 가정한대로 수돗물을 20톤 이상 사용하면 요금이 할증되어 부과된다고 하자. 그러면 이 예산선은 수돗물 사용량이 20톤을 넘어서면 굴절되어 더 가파른 기울기를 가지게 된다. 그리고 생활비 전체를 투입하여 사용할 수 있는 소비 가능량은 t_0로 감소된다. 2단계 할증

그림 5-1 할증요금제와 최적소비

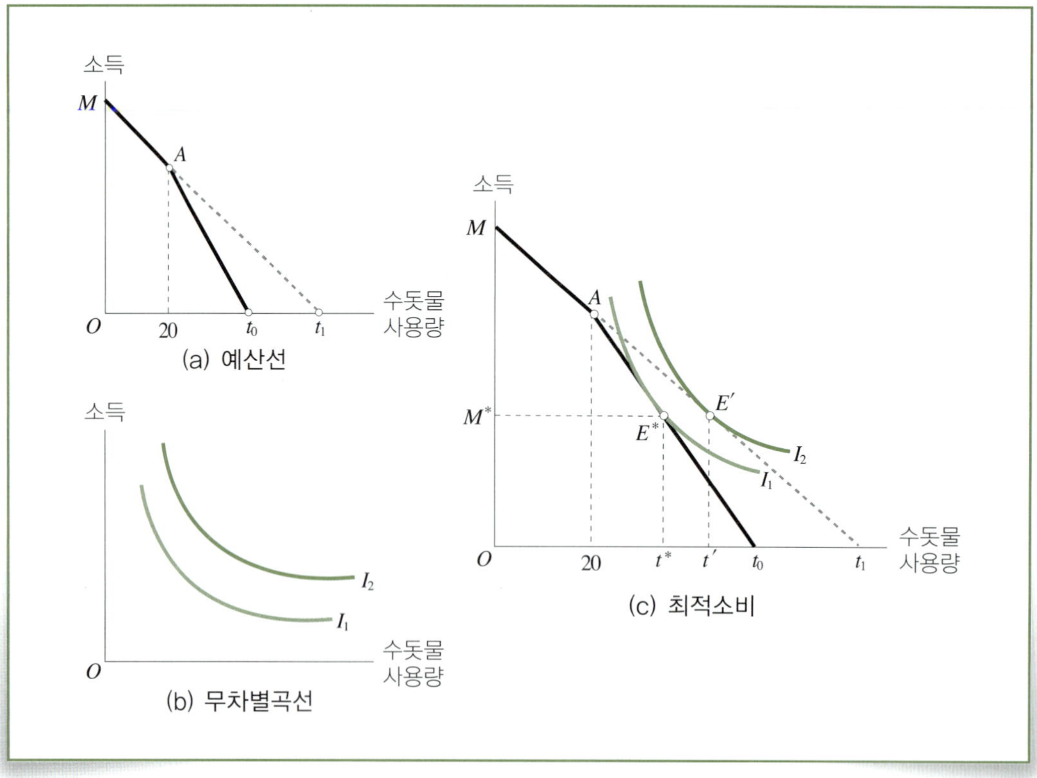

료 적용시 예산선은 MAt_0로 굴절된 모양이 된다.

(b)는 무차별곡선이다. 소득과 수돗물 모두 정상재이므로, 무차별곡선은 원점을 향해 볼록한 일반적인 모양을 가지게 된다.

(c)는 할증요금제 적용시의 최적소비점이다. 소비자의 최적화는 예산선과 무차별곡선의 접점인 E^*에서 달성된다. 소비자의 최적화가 달성되면 이 가계는 t^*만큼의 수돗물을 사용하고 M^*M만큼의 요금을 지불하게 된다. 다시 말해서 이 가계는 't^*만큼의 수돗물과 M^*만큼의 소득을 보유'하는 것이다. 만약 수도요금이 소비량에 비례하여 일정률로 부과된다면 최적소비점은 E'에서 이루어지고, 수돗물 소비량은 t'일 것이다. 할증요금제가 도입됨으로 가계의 수돗물 소비가 t^*t'만큼 감소되어 소비절약 효과가 발생하게 된다는 것을 알 수 있다. 그러나 거시적으로는 소비절약 효과가 발생하지만 미시적으로 가계의 효용은 감소한다. 이러한 결과는 경제정책이 지닌 양면성을 보여준다.

생각해 보면 공급이 무한대인 것처럼 여겨지던 여러 부존자원이 사실은 유한하고, 또 어떤 자원은 공급이 완전히 바닥나서 그 자원이 사라질 위기에 처한 것도 있다. 원유 등 화석연료를 비롯한 각종 지하자원은 말할 것도 없고 심지어는 무한대의 대명사로 쓰이던 물마저 세계적으로 부족 현상이 심화되고 있다. 이제 이러한 자원의 소비절약 정책이 고안되어야 하고, 그 정책 목적 달성을 위해서는 가계의 효용 감소를 감수해야 함을 시사하고 있다.

할인요금제하의 소비자최적

통신서비스산업에 경쟁체제가 도입되면서 각 통신회사들은 다양한 방식의 요금할인제도로 소비자들의 이용 증가를 도모하고 있다. 가장 흔한 방식은 소비량이 증가함에 따라 요금을 할인해 주는 것이다.

[그림 5-2]는 할인요금 적용시의 소비자최적을 나타내고 있다.

(a)는 할인요금 적용시의 예산선이다. 사용량에 따라 할인되는 요금제에서의 예산선은 기울기가 작아지는 형태로 굴절된다. (b)는 무차별곡선이다. 소득이나 통신서비스 모두 정상재라고 할 수 있고, 따라서 무차별곡선은 원점을 향해 볼록한 일반적인 모양을 가진다.

(c)는 할인요금제하의 소비자최적이다. 소비자최적화는 예산선과 무차별곡선

그림 5-2 할인요금제와 최적소비

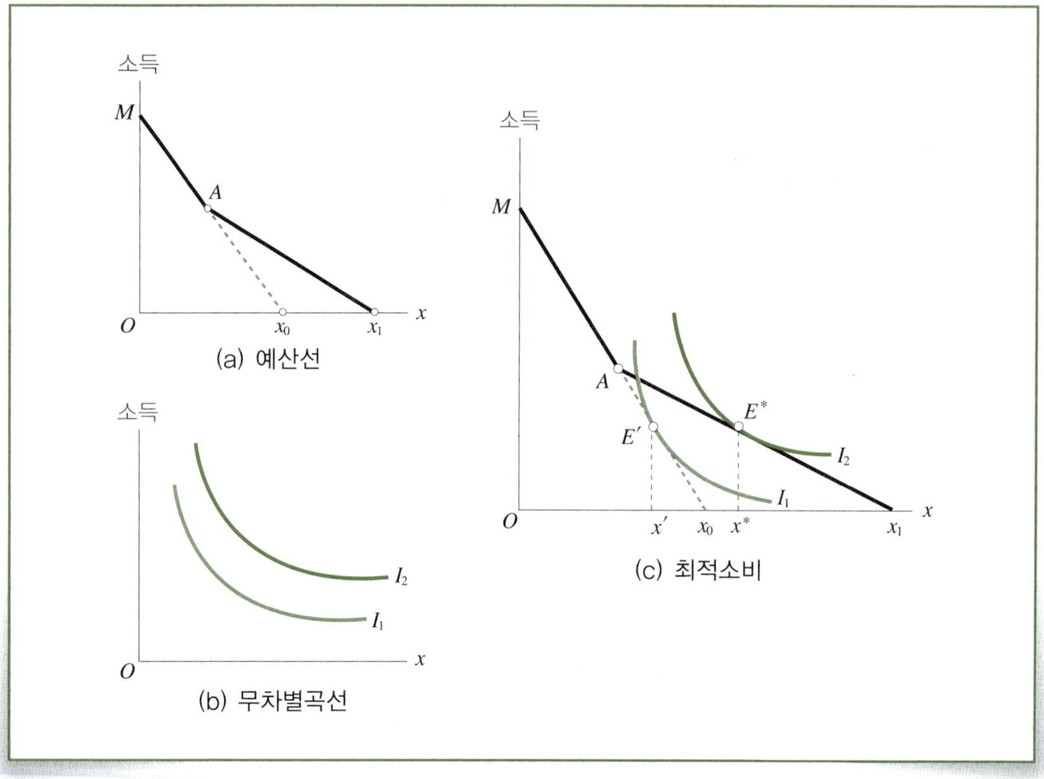

의 접점인 E^*에서 이루어지고 있다. 만약 할인요금제가 아니라면 최적소비점은 E'일 것이다. 할인요금제가 적용됨으로 해서 소비가 증가하고 소비자의 후생은 증가한다. 즉 E^*에서 만나는 무차별곡선은 E'에서 만나는 무차별곡선보다 상위의 무차별곡선이다. 할인요금제를 적용함으로써 공급자는 판매를 증가시킬 수 있고 소비자의 후생은 증대된다. 할인요금제를 적용함으로써 생산자의 판매량이 증가하고 소비자의 후생이 증가하는 것을 생각하면 할인요금제도는 바람직한 마케팅전략이라고 생각할 수 있다. 특히 생산에 자원이 많이 들어가지 않고 수확체증의 법칙이 작용하는 서비스 분야에는 할인요금제도가 타당하다. 그러나 자원을 많이 사용하는 산업에 이 요금제도가 적용되면 과소비로 자원의 고갈과 환경파괴 등 사회적비용의 증가를 초래할 수 있다.

1.2 최적 여가소비

소비자최적의 원리를 응용하는 경제분석으로 가장 잘 알려진 것은 아마 여가소비에 대한 분석일 것이다. 여가소비 분석에도 예산선과 무차별곡선이 이용될 수 있다. 우선 여가소비의 원리를 알아보기 위하여 다음과 같은 가정을 해보자.

노동자는 주어진 시간을 노동과 여가(L: leisure)에 적절히 배분하여 효용을 극대화한다. 노동자가 하루 중 마음대로 사용할 수 있는 총시간을 T시간이라고 하자. 노동자는 이 시간의 일부는 여가로 사용하고 나머지 시간($T - L$)은 노동을 하여 소득을 얻을 수 있다. 시간당 임금(률)을 w원이라고 하면 소득은 시간당 임금(률)과 노동시간의 곱인 $w \cdot (T - L)$원이 된다. 만약 이 노동자가 사용할 수 있는 시간 전부를 노동에 투입한다면 소득은 $w \cdot T$원이 되고, 노동은 전혀 하지 않고 가용시간 전부를 여가로만 사용한다면 소득은 0이 된다.

그림 5-3 여가와 소득 사이의 최적소비

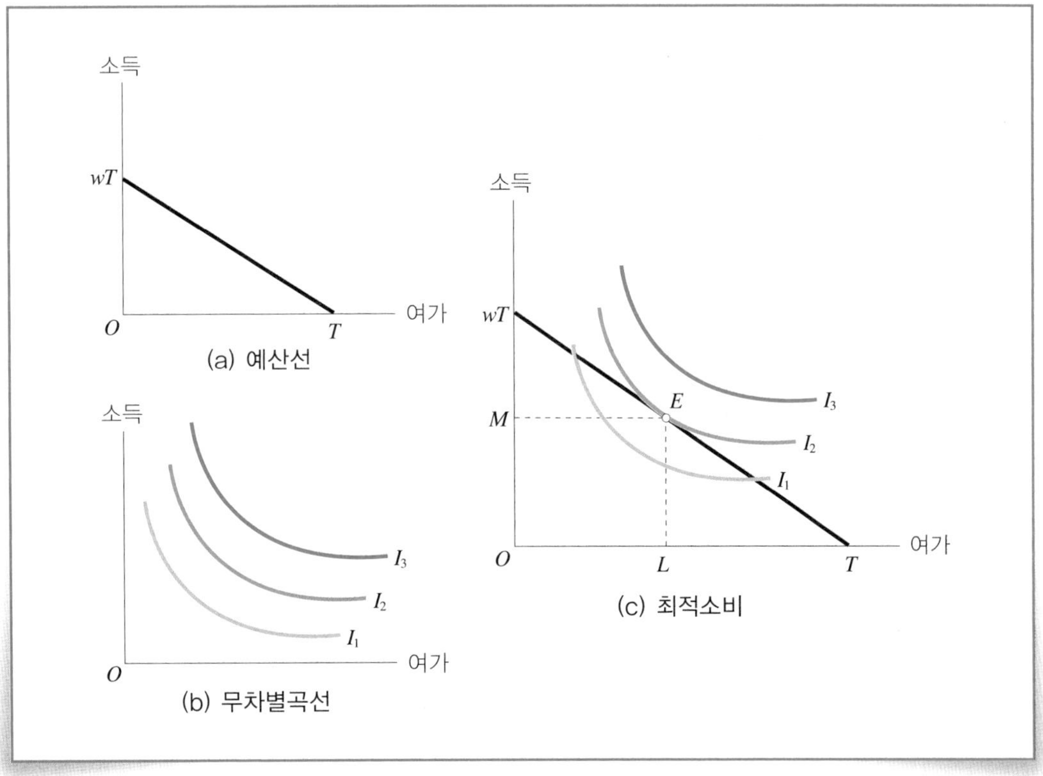

이러한 가정을 나타낸 것이 [그림 5-3]의 (a) 소득과 여가에 대한 예산선이다. 그림의 세로축은 소득수준을 나타내고, 가로축은 여가 소비량을 나타낸다. 가로축에서 오른쪽 이동은 여가소비의 증가를 의미하고, 왼쪽 이동은 노동공급의 증가를 의미한다. 가로축의 절편 T는 노동자가 사용할 수 있는 가용시간이다. 세로축의 절편 wT는 시간당 임금이 w이고 가용시간 모두를 노동에 투입했을 때의 소득수준이다. 양 축의 절편 T와 wT를 연결하면 여가와 소득의 예산선이 된다.

한편 여가와 소득 사이의 무차별곡선은 (b)의 모양이 될 것이다. 일반적으로 여가와 소득은 두 가지 모두 노동자에게 정상재로 볼 수 있다. 따라서 여가와 소득 사이의 무차별곡선은 원점에 대하여 볼록한 일반적인 모양이 된다. 예산선과 무차별곡선이 도출되면 최적소비점을 찾아낼 수 있다.

(c)는 여가와 소득 사이의 소비자최적이다. 여가와 소득 사이의 소비자최적은 예산선과 무차별곡선이 접하는 E에서 이루어진다. 이 노동자는 시간당 임금이 w일 때 L의 여가를 취하고, $T-L$의 노동을 공급하여 $w \cdot (T-L)$의 소득을 얻는다.

한편 시간당 임금이 상승하면 예산선의 기울기가 커지면서 최적소비점이 이동하게 된다. 최적소비점이 이동하면 여가소비가 변하면서 노동공급도 변하게 된다. 여가와 소득의 관계를 노동공급과 소득의 관계로 대체하면 노동공급곡선을 구할 수 있다. 이 노동공급곡선은 처음에는 우상향하다가 좌상향으로 굴절하게 된다. 이와 같은 노동공급곡선을 후방굴절노동공급곡선(backward bending supply curve of labor)이라고 한다. 후방굴절노동공급곡선은 제14장에서 다시 설명할 것이다.

1.3 소득보조정책의 효과 분석

소득보조정책의 효과에 대해 알아보자. 국가에서 저소득층을 돕는 방식에는 현금을 직접 지급해 주는 현금보조, 생필품 등을 배급해 주는 현물보조, 그리고 생필품의 가격을 할인해 주는 가격보조 등이 있다. 이들 세 가지 보조방식은 현금으로 환산하여 같은 금액이 될지라도 가계에 미치는 영향은 각각 다르다. 이들 보조방식의 효과를 비교하여 보자.[1)]

1) 여기에서는 보조방식의 효과를 '보조받는' 사람의 입장에서 평가한다. 실제 정책의 평가는 '보조하는' 사람의 입장과 집행하는 기관의 입장도 고려해야 하므로 이 절에서의 평가는 단면적인 평가임을 유의할 필요가 있다.

현금보조와 현물보조

우선 현금보조와 현물보조 방식의 효과를 비교해 보자. 정부가 저소득층을 돕기 위하여 매월 20kg들이 쌀 한 포대를 지급하거나 같은 양의 쌀값인 5만 원을 현금으로 지급한다고 하자. 이 두 보조방식의 효과는 어떨까?

[그림 5-4]는 현금보조와 현물보조의 효과를 비교하고 있다.[2] 그림의 세로축은 다른 물품의 소비량이고 가로축은 생필품인 쌀의 소비량이다. 선분 AB는 보조 이전의 예산선이다. 만약에 현물보조가 이루어지면, 예를 들어 20kg만큼 쌀을 지급한다면, 예산선 AB는 오른쪽으로 20kg만큼 수평으로 이동한다. 이에 따라 현물보조시의 예산선은 AEB'가 된다. 또 현금보조가 이루어진다면, 예를 들어 5만 원의 현금이 가계에 지급된다면 소득이 증가한 셈이므로 예산선이 5만 원만큼 원점에서 멀어진다. 쌀 20kg의 가격이 5만 원이므로 예산선의 이동거리는 같다. 현금보조시의 새로운 예산선은 $A'B'$가 된다.

그림 5-4 현금보조와 현물보조의 효과

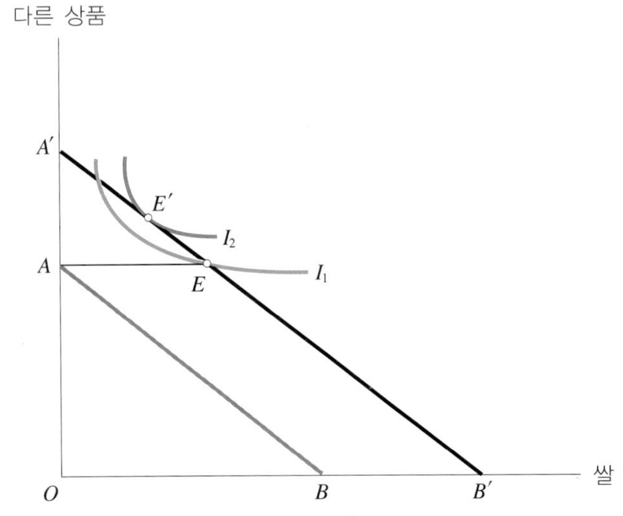

2) 현금보조와 현물보조를 받는 사람의 입장에서 평가하는 것이다. 실제 정책의 평가에서는 주는 사람의 입장이 많이 반영되게 마련이다.

보조 이전의 소비자최적은 *AB*선상에서 이루어진다. 보조가 있게 되면 예산선이 이동하고, 예산선이 이동하면 최적소비점도 당연히 이동한다. 만약 보조가 이루어진 다음에 현금보조나 현물보조 두 가지 경우 모두 *EB′*구간에서 소비자최적이 달성될 경우 현금보조나 현물보조의 효과는 동일하다. 그런데 만약 소비자가 쌀 이외의 다른 상품을 좋아한다고 하자. 이 경우에는 현금보조와 현물보조의 효과가 서로 다르게 나타난다.

먼저 현물보조가 이루어지는 경우를 보자. 이 소비자는 현물보조시의 예산선인 *AEB′*선상에서 소비점을 선택하여야 한다. 이 사람은 쌀보다는 다른 상품을 선호하기 때문에 가능하면 다른 상품을 많이 구입할 수 있는 점 *E*를 선택할 것이다. 그러나 다른 상품을 *E*에서 보다 더 많이 구입할 수는 없다.

이번에는 현금보조가 있다고 하자. 예산선은 *A′B′*가 되고 소비가능집합은 *A′B′* 선분을 포함한 내부이다. 쌀보다는 다른 상품을 선호하는 이 소비자의 소비점은 *E′*이다. 그리고 *E′*를 지나는 무차별곡선은 *E*를 지나는 무차별곡선보다 상위의 무차별곡선이다. 이 소비자에게는 현금보조가 현물보조보다 더 유리한 것이다. 그러나 이것은 어디까지나 소비자 입장에서의 분석이다. 만약에 정부가 쌀의 소비를 장려하거나, 다른 상품 소비를 억제하려고 한다면 현물보조가 더 우수한 정책이라는 것을 알 수 있다. 참고로, 우리는 직관적으로 소비자인 가계에게는 현금보조가 현물보조보다 후생을 더 크게 증대시킨다는 것을 알 수 있다. 쌀과 다른 상품들을 구입하고 있는 가취득집합(또는 예산집합)이 현물보조 때는 사다리꼴 *OAEB′*임에 비추어 현금보조 때는 삼각형 *OA′B′*이다. 현금보조 방식이 현물보조에 비하여 가취득집합을 삼각형 *AA′E*만큼 증가시키고 있는 것이다.

현금보조와 가격보조

우리는 앞에서 현금보조가 현물보조보다 소비자후생을 더 증대시킬 수 있으며 정책적으로 어떤 상품의 소비를 증대시키기 위해서는 현물보조의 방식이 더 우수할 수도 있다는 것을 보았다.

[그림 5-5]는 현금보조와 가격보조의 효과를 비교한 것이다. 보조가 없는 경우 최적소비점은 *AB*선상에서 이루어진다. 가격보조나 현금보조가 있으면 어떻게 될까? 먼저 가격보조의 효과를 알아보자. 가격보조는 특정 물품, 여기서는 쌀의 가격을 할인해 주거나 정부에서 할인권을 제공하는 방식으로 이루어진다고 하자. 가격

그림 5-5 현금보조와 가격보조의 효과

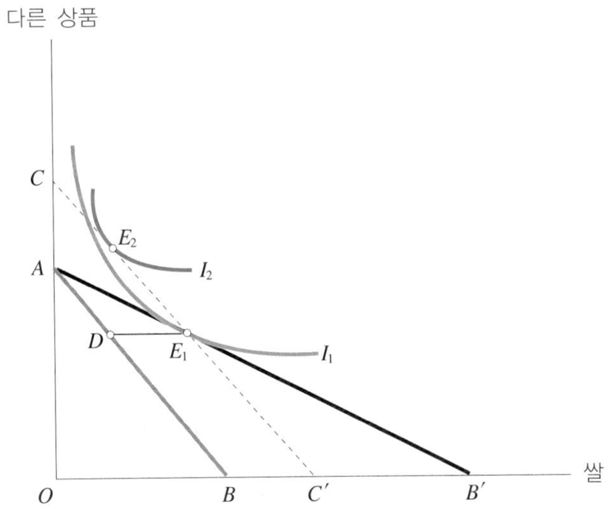

보조가 이루어지면 예산선은 회전하며 이동하여 AB'가 된다. 즉 쌀의 가격만 하락하기 때문에 예산선이 시계 반대방향으로 회전하는 것이다. 소비자는 새로운 예산선 AB'상에서 선택할 것이고, 그 최적소비점이 E_1이라 하자.

이번에는 현금으로 보조해 주는 경우를 생각하여 보자. 분석의 출발점은 현금으로 보조를 하기 위해서는 얼마만큼의 금액을 보조하는 것이 금액상으로 가격보조와 동일하겠느냐는 것이다. 편의상 가격보조로 증가되는 양만큼, 다시 말하면 가격보조로 소비가 증가되는 쌀의 값어치만큼 보조한다고 보자. 즉 가격보조 이전의 예산선인 AB와 평행하면서 E_1을 지나는 보조예산선 CC'를 현금보조시의 예산선으로 보자는 것이다. 이제 E_1에서 왼쪽으로 수평선을 그려 AB선과 만나는 점을 D라 하자. E_1은 D보다 DE_1의 쌀에 해당하는 금액만큼 소득이 증가하는 것을 나타낸다. 따라서 CC'선을 보조 전 예산선 AB보다 DE_1만큼, 즉 BC'를 구입할 만큼 현금보조를 해 준다는 것을 의미한다. 이렇게 해서 CC'를 현금보조시의 예산선이라고 볼 수 있다. 이 예산선 중 E_1C'구간은 가격보조시 선택이 가능한데도 선택하지 않았던 구간이다. 소비자의 선택은 CE_1 구간에서 이루어질 것이고, 그 최적점이 E_2라 하자. 그런데 E_2를 지나는 무차별곡선은 E_1을 지나는 무차별곡선보다 상위의 무차별곡선이다.

각각의 최적점 E_2와 E_1을 지나는 무차별곡선을 가지고 가계의 후생수준을 비교해 볼 때, 현금보조가 가격보조보다 효용을 더 크게 증가시키는 것을 볼 수 있다. 그 후생의 증대라는 것은 가격보조시보다 현금으로 보조하는 경우에 삼각형CAE_1 만큼 선택의 폭이 넓어지기 때문에 가능하게 된 것이다. 이 삼각형CAE_1 부분은 현금보조로 증가된 가취득집합이다.

한편 삼각형$E_1C'B'$부분은 가격보조시 선택할 수 있었음에도 선택하지 않았던 부분이다. 즉 이 삼각형$E_1C'B'$는 가격보조로 추가된 영역으로, 선택할 수 있었음에도 포기한 영역이다.

현물보조와 가격보조의 효과

마지막으로 현물보조와 가격보조의 효과를 비교해 보자. 앞에서 현물보조의 효과와 가격보조의 효과를 각각 분석하였으므로 이번에는 두 경우를 조합해서 비교하면 된다. 우선 현물보조는 예산선을 수평이동시킨다. 또 가격보조는 예산선을 회전이동시킨다. 이번에도 현물보조는 쌀로 이루어지고 가격보조 또한 쌀값에 대한 보조로 이루어진다 하자. 그 경우 예산선은 각각 오른쪽 수평이동, 시계 반대방향 회전이동이 일어난다.

[그림 5−6]은 현물보조와 가격보조의 효과를 비교하고 있다. 가격보조 때는 소비자균형이 E_1에서 이루어진다. 한편 현물보조는 DE_1만큼 이루어진다. 현물보조

그림 5−6 현물보조와 가격보조

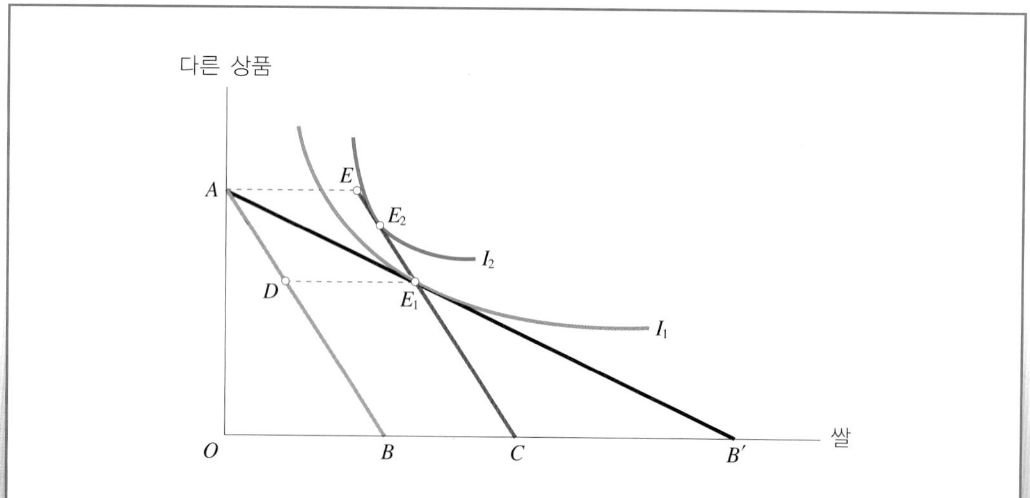

후의 예산선은 AEC이다. 현물보조로 인하여 소비자최적이 그림에서와 같이 E_2에서 이루어진다면 이는 E_1보다 만족도가 큰 조합이다. 즉 현물보조가 가격보조보다 소비자의 후생을 더 크게 증가시킨다.

이상에서 분석한 세 가지 보조의 효과를 한 그림에 나타낸 것이 [그림 5-7]이다. 소비자의 후생면과 정부의 특정 목적 달성 측면이 서로 다름을 알 수 있다. 그림의 E_1은 가격보조시, E_2는 현물보조시, 그리고 E_3는 현금보조시의 최적소비점이다. 무차별곡선으로 비교할 때 소비자의 후생증가 순서는 다음과 같다.

현금보조 > 현물보조 > 가격보조

이제 세 종류의 보조로 인한 쌀 소비의 변화를 알아보자. 보조 전 쌀의 소비량은 x_0이다. 현금보조 때 쌀 소비량은 x_3로 증가한다. 현물보조 때는 x_2로 증가하고, 가격보조 때는 x_1으로 증가한다. 각종 보조 후 쌀 소비량에 대한 증가는 다음과 같은 순이다.

가격보조 > 현물보조 > 현금보조

그림 5-7 세 가지 보조의 효과 비교

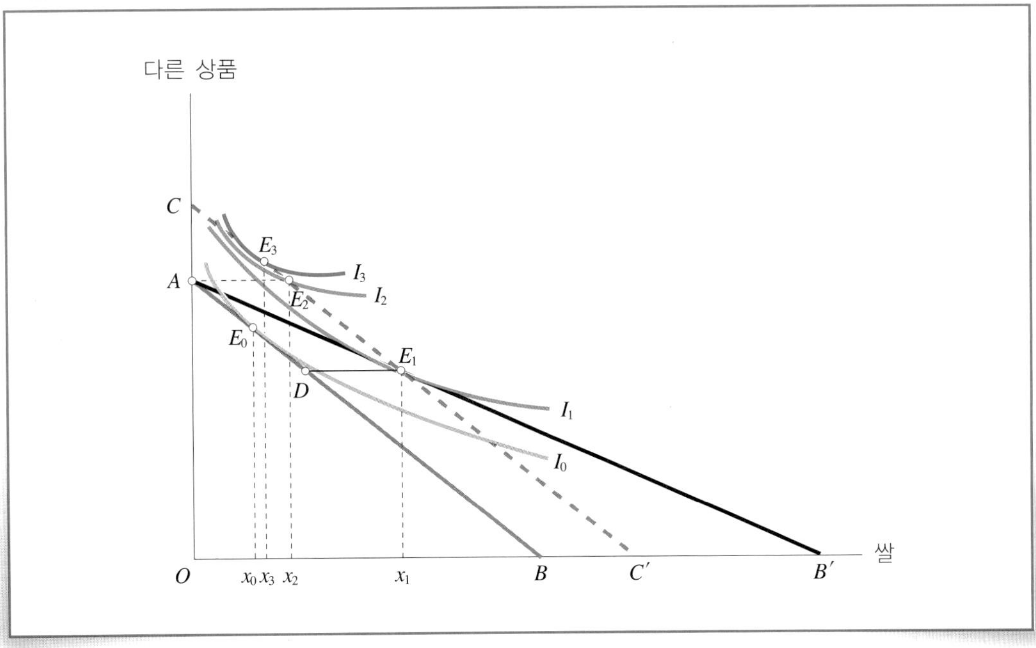

만약 쌀 소비를 장려하기 위한 정책이라면 가격보조가 가장 효과적임을 알 수 있다. 단 이 그림은 소비자가 쌀 보다는 다른 상품을 더 선호한다는 가정에 따라 그린 것이다.

제 2 절 현시선호이론

2.1 현시선호이론과 공리

사뮤엘슨(P. Samuelson)이 창안한 현시선호이론(theory of revealed preference)에서는 효용함수를 가정하지 않고, 소비자의 실제 시장행동을 관찰하는 방법으로 소비자행동을 설명하고 있다. 시장에서 관찰할 수 없는 선호관계에서 출발하는 전통적인 효용이론과 달리 현시선호이론은 시장에서 관찰할 수 있는 소비자의 구체적 선택행위에서 논의를 출발하고 있다. 따라서 현시선호이론(顯示選好理論)은 전통적 효용이론에 비해 복잡한 가정이 거의 없다는 장점을 가진다.

현시선호의 개념

한 소비자가 두 상품(X재와 Y재)으로 이루어진 상품묶음 (x, y)를 선택하는 상황을 고려하자. 분석의 편의를 위해 가격체계와 상품묶음을 다음과 같이 벡터로 각각 표현한다: $P = (p_X, p_Y)$, $Q = (x, y)$. 이 때 지출액 $p_X x + p_Y y$은 $P \cdot Q$로 표현할 수 있다.

두 상품의 가격이 각각 p_{X0}와 p_{Y0}로 주어진 상황에서 어떤 소비자가 $Q_0 = (x_0, y_0)$의 상품묶음을 구입하는 것이 나타났다고 하자. 만약에 이 소비자가 다른 상품묶음 $Q_1 = (x_1, y_1)$을 선택할 수 있었는데도 (x_0, y_0)를 선택하였다면 그는 (x_0, y_0)를 (x_1, y_1)보다 더 선호하는 것을 보인 것이다. 이 말은 소비자가 주어진 소득으로 양쪽의 묶음을 모두 선택할 수 있었다는 점에서 다음의 조건이 성립한다고 할 수 있다.

$$p_{X0} \cdot x_0 + p_{Y0} \cdot y_0 \geq p_{X0} \cdot x_1 + p_{Y0} \cdot y_1 \tag{5-1}$$

이 식은 주어진 가격체계에서 (x_1, y_1)을 구입하는데 필요한 지출이 (x_0, y_0)을 구입하는데 필요한 지출보다 크지 않고, 따라서 소비자는 (x_1, y_1)묶음을 선택할 수도 있었다는 것을 나타낸다. 위 식을 가격체계와 상품묶음의 벡터로 나타내면 다음과 같이 쓸 수 있다.

$$P_0 \cdot Q_0 \geq P_0 \cdot Q_1 \tag{5-2}$$

이와 같이 두 상품묶음 Q_0와 Q_1이 모두 선택 가능한 상황에서 Q_0가 선택되었다면 Q_0묶음이 Q_1묶음보다 선호되는 것이 직접 현시되었다고 말한다. 또 Q_0가 Q_1보다 선호되고 Q_1은 Q_2보다 선호되었다면 Q_0가 Q_2보다 간접적으로 현시선호되었다고 말한다.

현시선호의 약공리와 강공리

현시선호이론은 소비자행동에 관한 기본 가정으로부터 출발한다. 가계 또는 소비자는 합리적이고 일관성 있게 행동한다는 가정인데, 이것을 사뮤엘슨은 현시선호의 약공리(weak axiom of revealed preference)라고 하였다.[3] 여기서 소비자의 합리적이고 일관성이 있는 행동이란 'Q₁을 선택할 수 있는 상황에서도 Q_0를 선택한다면 다음에도 역시 그러한 선택을 할 것이라는, 즉 Q_0를 선택할 수 있는 상황에서 Q_1을 선택하지는 않는다'는 가정이다. 이를 표현하면 식(5−2)와 같이 $P_0 \cdot Q_0 \geq P_0 \cdot Q_1$로 표현할 수 있다. 이는 '$Q_0$가 Q_1에 대해서 직접적으로 현시선호되었다' 또는 'Q_0가 Q_1에 대해서 현시선호되었다(Q_0 is revealed preferred to Q_1)'라고 말한다.

현시선호의 약공리: 가계 또는 소비자는 합리적이고 일관성 있게 행동한다는 가정. 즉, 상품묶음 Q_0가 다른 상품묶음 Q_1보다 선호되었다면, Q_1이 Q_0보다 현시선호될 수 없다.

이 약공리는 소비자의 선택이 일관성을 가져야 한다는 것을 말해 준다. 그러면 이런 약공리에 위배되는 선택이란 어떤 것인가?

[그림 5−8]은 일관성 없는 선택을 나타낸다. 어떤 소비자가 P_0의 가격체계에서

3) 힉스(J. Hicks)는 이를 비대칭성의 공리라고 하였다.

그림 5-8 일관성 없는 선택

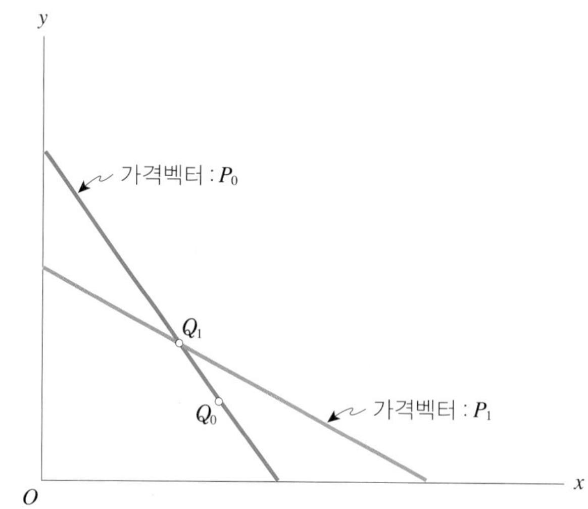

Q_0를 선택하였다. 물론 이 소비자는 Q_1도 선택할 수 있었는데도 Q_0를 선택한 것이다. 그런데 가격체계가 P_1이 되자, 이제는 Q_1을 선택하였다. 물론 이 때 Q_0도 선택이 가능한데도 Q_1을 선택한 것이다. 이러한 선택은 일관성이 없는 선택이다. 이를 약공리에 위배되는 선택이라고 한다. 선호가 불변이고 효용을 극대화하는 소비자라면 이러한 일관성이 없는 선택을 하지 않을 것이다.

그러면 어떠한 선택이 약공리에 의한 일관성이 있는 선택인지 [그림 5-9]를 통하여 알아보자. 그림에서 소비자는 P_0의 가격체계에서는 Q_0와 Q_1 둘 다 선택할 수 있는데도 Q_0를 선택하였다. 그러다가 가격체계가 P_1으로 변하자 이제는 Q_1을 선택하고 있다. P_1의 가격체계에서는 Q_0를 선택할 수 없기 때문에 이 선택에는 모순이 없고 약공리를 충족시키고 있다. 이상의 논의에서 본 바와 같이 약공리는 선호가 가격 등의 환경 요인에 의해 달라지지 않고 선택에 일관성을 가질 것을 요구하고 있다.

한편 현시선호의 강공리(strong axiom of revealed preference)란 '상품묶음 Q_0가 다른 상품묶음 Q_1보다 선호되고, Q_1이 Q_2보다 선호된다면 Q_2는 Q_0보다 결코 선호될 수 없다'는 것을 말한다. 즉 강공리는 세 가지 이상의 상품묶음이 선택 대상으로 주어졌을 경우에도 이행성이 작용하여 선택의 일관성을 유지한다는 것이다.

그림 5-9 약공리에 의한 선택

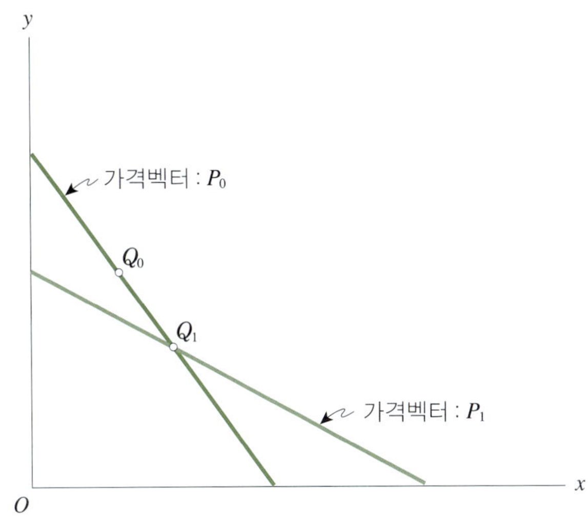

현시선호의 강공리: 상품묶음 Q_0가 다른 상품묶음 Q_1보다 선호되고, Q_1이 Q_2보다 선호된다면 Q_2는 Q_0보다 결코 선호될 수 없다.

강공리가 성립하면 약공리는 자동적으로 성립된다. 그러나 그 역은 성립하지 않는다. 한편 강공리가 충족되면 연속되는 소비자의 선택점을 관찰함으로써 무차별곡선을 도출할 수 있으며, 결국 효용함수를 도출할 수 있는 이론적 토대가 된다.

2.2 현시선호이론과 효용이론

현시선호이론의 목적은 관찰이 불가능한 선호에 대한 가정에서 출발하는 기존의 효용이론을 관찰이 가능한 이론으로 대체하자는 것이다. 이러한 관점에서 기존의 효용이론을 현시선호이론으로 재해석해보자.

소득의 변화와 상품의 소비

[그림 5-10]에서와 같이 소득이 증가하여 예산선이 AB에서 FG로 이동하였다

그림 5-10 소득의 변화와 상품의 소비

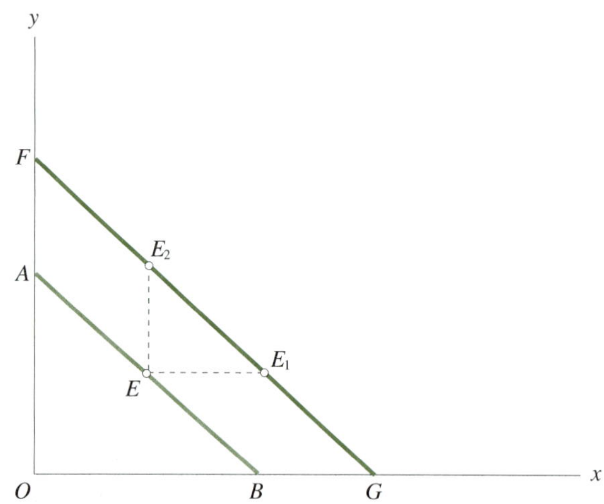

고 가정하자. 이 경우 소비자가 FG선상의 어떤 묶음을 선택하더라도 모순이 없다. AB선상 임의의 한 점 E에서 수평선 EE_1을, 그리고 수직으로 EE_2를 그려보자. 소득이 증가하여 예산선이 AB에서 FG로 이동할 때, 가계가 E_1G 구간의 어떤 상품묶음을 선택한다면 소득이 증가함에도 불구하고 Y재의 소비가 감소하고 있다. 이러한 경우에 Y는 열등재이다. 그리고 E_2F 구간에서 선택이 이루어지는 경우는 마찬가지 원리로 X재가 열등재인 경우이다.

만약 상품묶음의 선택이 E_1E_2 사이의 어떤 점이라고 하면 X재와 Y재를 모두 전보다 더 많이 구입하는 것이 된다. 이것은 두 상품이 모두 정상재인 경우이다. 소득의 증가에 따른 소비자행동이 무차별곡선을 이용하는 경우와 동일하다는 것을 알 수 있다.

수요곡선의 유도

[그림 5-11]은 현시선호를 이용하여 수요곡선을 도출하는 과정을 보여준다.

(a)는 가격효과를 나타낸다. 그림을 보면 X재의 가격이 P_1에서 P_2로 하락함에 따라 예산선이 AB에서 AC로 이동되고, 따라서 소비자가 현시한 최적 상품묶음이 E_1에서 E_2로 이동됨으로써 X재 구입량이 x_1에서 x_2로 증가하고 있다.

그림 5-11 수요곡선의 유도

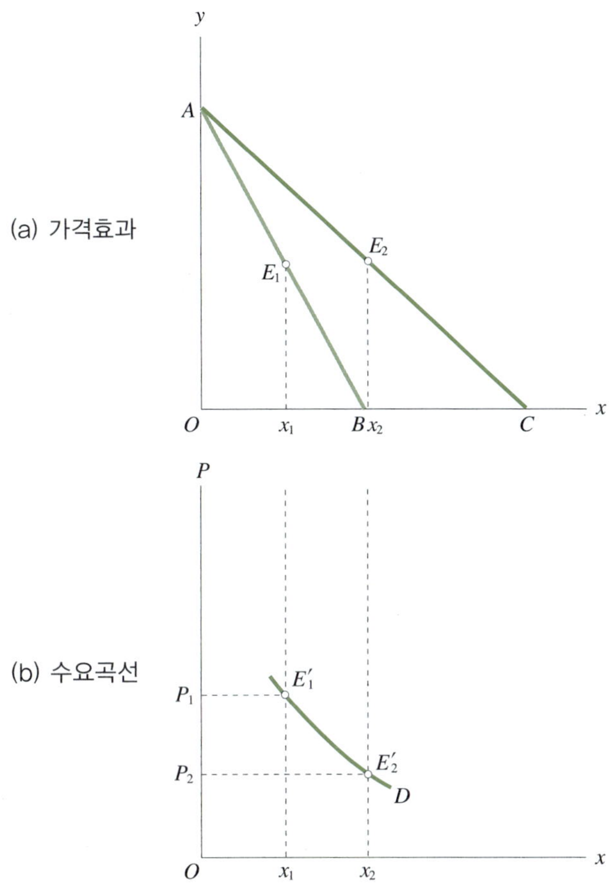

(b)는 X재 가격과 수요량의 관계를 나타낸 것, 즉 수요곡선이다. 이처럼 현시선호이론으로도 수요곡선을 유도할 수 있다.

대체효과와 소득효과

현시선호이론으로도 가격효과를 대체효과와 소득효과로 분해할 수 있으며, 그 원리는 무차별곡선을 이용한 효용이론의 경우와 동일하다.

[그림 5-12]는 정상재 가격의 하락으로 인한 대체효과와 소득효과이다.

(a)는 주어진 소득과 가격체계에서 선택한 상품묶음이다. 소비자는 AB의 예산

그림 5-12 대체효과와 소득효과

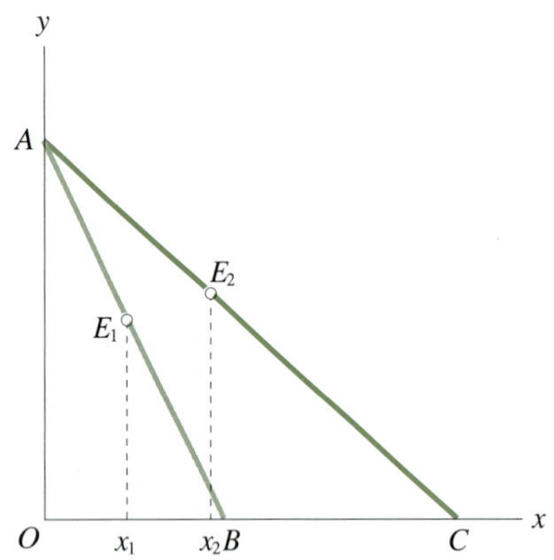

(a) 가격효과 (b) 대체효과와 소득효과

선에서 상품묶음 E_1을 선택하고 있다. 만약 X재의 가격이 하락하면 예산선은 AC로 회전하여 이동한다. 이에 따라 최적 상품묶음은 E_1에서 E_2로 이동하고, X재의 소비량은 x_1에서 x_2로 증가한다. 이 소비변화는 가격효과에 따른 것이다.

(b)는 대체효과와 소득효과이다. 가격효과를 대체효과와 소득효과로 분해하기 위하여 보조예산선을 그려보자. 보조예산선을 그리는 방법은 제4장에서 예산선과 무차별곡선을 이용한 것과 유사하다. X재의 가격이 하락한 후의 예산선 AC와 평행하면서 처음 상품묶음 E_1을 지나는 예산선을 새로이 그리면 이것이 보조예산선 $A'C'$이다. $A'C'$는 X재의 가격이 변화한 새로운 가격체계에서 처음 상품묶음 E_1을 구입할 수 있는 소득수준을 나타낸다. 독자들은 이 말이 소득동일을 의미한다는 것을 알고 있을 것이다. 따라서 $A'C'$를 따라 X재의 소비변화가 있다면 그것은 대체효과이다. 이 소비변화는 실질소득이 일정한 상태에서 상대가격의 변화로 인하여 생긴 것이기 때문이다.

이러한 과정을 현시선호이론을 이용하여 설명하면 다음과 같다. 먼저 $A'E_1$ 구간이 가지는 성격을 생각해 보자. 이 구간은 처음 가격체계에서도 구입이 가능하였으나 구입하지 않았던 구간이다. 소비자가 합리적이고 일관성이 있는 행동을 한다면 새로운 가격체계에서도 이 구간은 선택되지 않을 것이다. 다음으로 E_1C' 구간을 생각해 보자. E_1C' 구간에서는 어떤 상품묶음을 선택하더라도 소비자의 행동은 합리적이고 일관성이 있는 것이다. 만약 E'을 선택하면 X재의 소비는 x_1x'만큼 증가한다. 이 소비증가는 실질소득을 동일하게 유지하면서 X재의 가격하락에 기인하는 대체효과에 의한 것이다. 합리적이고 일관성이 있는 소비자의 행동을 가정하였으므로, 어떤 상품의 가격이 하락하면 반드시 그 상품을 더 많이 구입한다고 말할 수 있다. 즉 대체효과는 한 상품에 대한 수요량의 변화 방향이 그 상품가격의 변화 방향과 반드시 달라야 한다. X재의 가격하락으로 인한 소비증가 x_1x_2에서 대체효과에 의한 x_1x'를 제하면 나머지 $x'x_2$는 소득효과에 의한 것이다. 그림에서 예산선 AC와 $A'C'$의 차이는 실질소득의 차이이다.

제 3 절 지수이론

어느 경제단위의 연도별 후생상태를 비교한다고 하자. 소비자의 후생상태를 비교하는 데는 두 가지의 기준이 있다. 하나는 상품의 소비량을 비교하는 것이고, 다른 하나는 상품들의 평균가격을 비교하는 것이다. 수량비교를 위한 지표를 수량지수(quantity index)라고 하고, 상품들의 평균가격을 비교하는 지표를 가격지수(price index)라고 한다.

이러한 지수들은 연도별 후생상태의 변화를 비교해 줄 뿐만 아니라 지역간 후생상태의 비교도 가능하게 해준다. 더구나 무차별곡선 등 시장에서 실제로 관찰하기 힘든 개념을 도입하지 않고도 분석이 가능하기 때문에 통계적으로도 유용한 개념이고 실제로도 많이 쓰이고 있다. 한편 가격지수란 미시경제학에서 표현하는 용어이고, 이를 거시경제학에서는 물가지수라는 용어로 사용한다. 이제 2014년과 2017년의 가상적인 후생상태를 비교해 보자.

3.1 수량지수

수량지수란 평균소비량 등 수량을 나타내는 지수이다. 수량지수에는 라스페이레스수량지수(L_Q: Laspeyres quantity index)와 파셰수량지수(P_Q: Paasche quantity index)가 있다. 이 두 지수의 차이는 가격기준을 기준년도에 두느냐 아니면 비교연도에 두느냐에 있다. X재와 Y재 등 이질적인 상품들을 묶어 하나의 지수로 나타내는 방법은 각 상품의 수량과 가격을 곱한 것을 모두 더하여 비교하는 것이다. 가격을 곱하여 줄 때, 기준년도의 가격과 비교연도의 가격 중에서 어느 것을 택하느냐에 따라 지수가 달라진다.

편의상 두 상품(X재와 Y재)으로 이루어진 상품묶음 (x, y)을 고려하자. 기준년도인 2014년의 상품묶음을 $Q_0 = (x_0, y_0)$라고 하고, 비교연도인 2017년의 상품묶음을 $Q_1 = (x_1, y_1)$으로 표현하자. 여기서 x_0와 y_0은 각각 기준년도인 2014년의 X재와 Y재의 소비량, 그리고 x_1과 y_1은 각각 비교연도인 2017년의 X재와 Y재의 소비량이다. 그리고 가격체계를 $P = (p_X, p_Y)$라고 하면, $P_0 = (p_{X0}, p_{Y0})$는 기준년도의 가격체계이고, $P_1 = (p_{X1}, p_{Y1})$는 비교연도의 가격체계이다.

라스페이레스수량지수는 기준년도의 가격을 가중치(weights)로 사용하여 평균소비량을 계산한 비교지수이며, 이 수량지수는 다음과 같이 구할 수 있다.

$$L_Q = \frac{p_{X0} \cdot x_1 + p_{Y0} \cdot y_1}{p_{X0} \cdot x_0 + p_{Y0} \cdot y_0} = \frac{P_0 \cdot Q_1}{P_0 \cdot Q_0} \tag{5-3}$$

파셰수량지수는 비교연도의 가격을 가중치로 사용하여 평균소비량을 계산한 비교지수이며, 이 수량지수는 다음과 같이 구할 수 있다.

$$P_Q = \frac{p_{X1} \cdot x_1 + p_{Y1} \cdot y_1}{p_{X1} \cdot x_0 + p_{Y1} \cdot y_0} = \frac{P_1 \cdot Q_1}{P_1 \cdot Q_0} \tag{5-4}$$

각 수량지수는 기준년도와 비교연도의 후생상태를 비교하는데 유용하다. 그러나 후생상태를 비교하는데, 라스페이레스지수와 파셰지수간에 차이가 있다. 라스페이레스지수는 후생상태의 악화를, 파셰지수는 후생상태의 개선을 설명하는데 활용된다.

[그림 5-13]은 라스페이레스지수로 보는 후생상태의 악화이다. 선분 BB는 가격벡터가 P_0인 2014년도의 예산선이다. 선분 CC는 가격벡터 P_1을 반영한 2017년도의 예산선이다. 그림을 보면 2014년에는 상품묶음 Q_0을 선택하였고 2017년에는 상품묶음 Q_1을 선택하였다. Q_0와 Q_1의 후생상태를 비교하기 위하여 BB와 평행하면서 Q_1을 지나는 보조예산선 $B'B'$을 점선으로 그려보자. 2017년의 소비점 Q_1을 지나는 점선의 예산선은 2014년의 예산선보다 안쪽에 있다. 직관적으로 2014년보다 2017년에 후생상태가 악화된 것을 알 수 있다. 이를 라스페이레스수량지수로 판별하여 보자. 그림에서 라스페이레스수량지수는 $\frac{B'B'}{BB}$로 1보다 작다. 즉 $L_Q < 1$ 이며, 이는 후생상태가 악화되었음을 의미한다. 그런데 만약 2017년에 선택한 상품묶음이 A라면, 즉 $L_Q = 1$이면 후생상태는 어떠하다고 판별할 수 있는가. 이 상품묶음 A는 2014년에는 선택이 가능하였는데도 선택하지 않았던 점이다. 즉 상품묶음 Q_0가 상품묶음 A에 비해 선호되었다. 여건의 변화로 할 수 없이 선택한 상품묶음인 셈이다. 따라서 $L_Q = 1$인 경우도 후생상태가 악화되었다고 판별할 수 있다. 즉 $L_Q \leq 1$는 후생의 악화를 나타낸다.

[그림 5-14]는 파셰수량지수로 보는 후생상태의 개선이다. 그림에서 상품묶음 Q_1을 지나는 예산선 CC와 처음 상품묶음 Q_0를 지나는 점선의 보조예산선 $C'C'$를

그림 5-13 후생상태의 악화

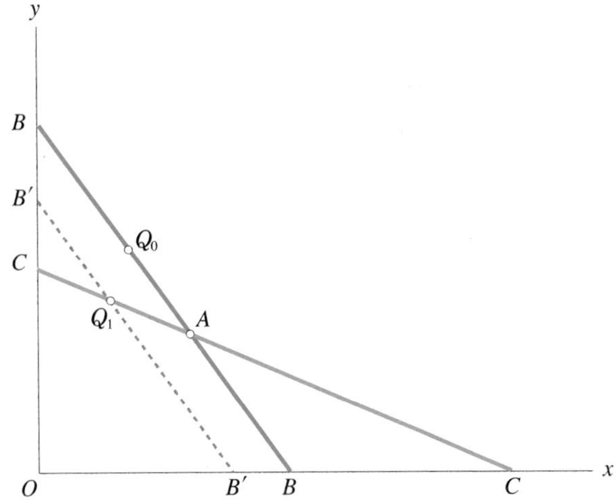

비교한다는 것은 P_1, 즉 비교연도의 가격체계로 Q_0와 Q_1의 후생상태를 비교하는 것이다. 이 말은 파셰수량지수를 사용하여 후생상태를 판별한다는 것을 의미한다. 그림을 볼 때, 후생상태가 더 좋아졌음을 알 수 있다. 이를 파셰수량지수로 판별하여 보자. 그림을 볼 때 파셰수량지수는 $\frac{CC}{C'C'}$로 1보다 크다. 즉 $P_Q > 1$ 이며, 이는 후생상태가 개선되었음을 의미한다. 그런데 만약 파셰수량지수가 1이면, 즉 $P_Q = 1$이면 후생상태는 어떠하다고 판별할 수 있는가? 그림에서 $C'C'$가 CC와 일치하여, 즉 Q_0가 F라면 파셰수량지수는 1이다. 그런데 비교연도에 Q_0와 Q_1이 모두 선택가능한데 Q_1을 선택한 것이다. 따라서 파셰수량지수가 비록 1이어서 후생상태가 변함이 없는 것으로 보이지만 사실은 개선된 것이라고 말할 수 있는 것이다. 따라서 $P_Q = 1$인 경우도 후생상태가 개선되었다고 판별할 수 있다. 즉 $P_Q \geq 1$는 후생의 개선을 나타낸다.

그런데 후생상태를 판별할 때, 개선의 경우에는 언제나 파셰수량지수만으로 그리고 악화의 경우에는 라스페이레스지수만으로 판별해야 하는 이유는 무엇일까. 그 이유는 $L_Q > 1$인 경우에 반드시 후생상태가 개선되었다고, 그리고 $P_Q < 1$인 경우에 반드시 후생상태가 악화되었다고는 할 수 없기 때문이다.

[그림 5-15]는 후생상태 개선 여부의 판별이 어려운 경우이다. 그림에는 2014

그림 5-14 후생상태의 개선

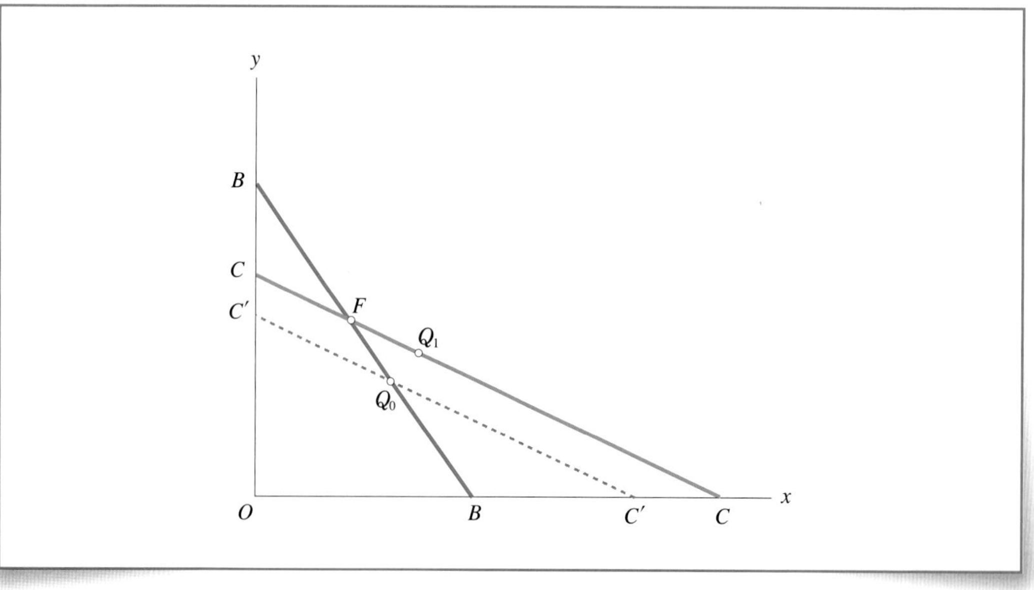

년에 선택된 상품묶음이 Q_0이고 2017년에 선택된 상품묶음이 Q_1으로 나타나 있다. 이 경우 라스페이레스수량지수를 계산하여 보자. 이를 위해서는 예산선 BB에 평행하면서 Q_1을 지나는 점선의 예산선 $B'B'$를 그리면 라스페이레스지수는 1보다 크게 나타난다. 즉 후생상태의 개선이라고 볼 수 있다. 이번에는 파셰수량지수를 계산하여 보자. 2017년의 가격이 기준이 되어야 하므로, Q_0를 지나면서 CC와 평행한 점선 $C'C'$를 그리면 파셰지수는 1보다 작게 나타난다. 즉 $P_Q < 1$이며, 후생상태의 악화이다. 기준시점에 따라 후생상태의 개선으로 또는 악화로 볼 수 있는 상황이 되는 것이다. 2014년의 기준으로 보면 2017년의 후생상태가 더 좋으며, 2017년의 기준으로 보면 2014년의 후생상태가 더 좋았었다. 따라서 라스페이레스수량지수가 1보다 크다고 해서 반드시 후생상태가 개선되었다고 볼 수 없고, 마찬가지로 파셰수량지수가 1보다 작다고 해서 후생상태가 반드시 악화되었다고 판별할 수 없다. 두 수량지수는 각각 이러한 특성이 있기 때문에, 악화되었는가의 여부를 판별할 때는 라스페이레스수량지수를 사용하고, 개선되었는가의 여부를 판별할 때는 파셰수량지수를 사용하는 것이 정확한 판별이 된다.

우리는 수량지수에 의한 후생의 평가를 다음과 같이 요약할 수 있다. 첫째, $L_Q \leq 1$이면 후생의 명백한 악화이다.

그림 5–15 후생상태 판별이 어려운 경우

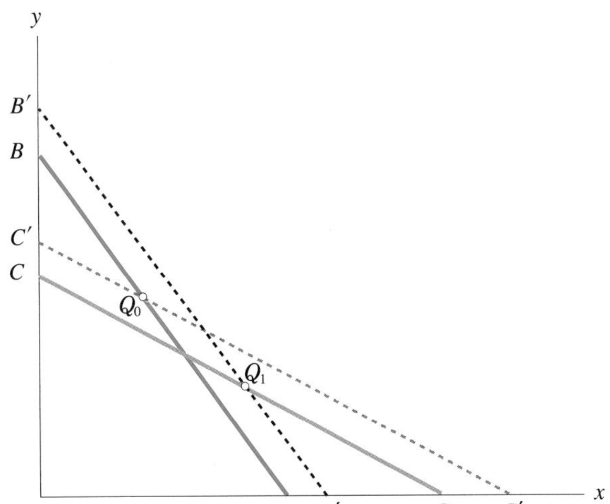

둘째, $P_Q \geq 1$이면 후생의 명백한 개선이다.

셋째, $L_Q > 1$ 또는 $P_Q < 1$이면 후생의 판별은 불분명하다.

3.2 가격지수

가격지수란 상품들의 평균적인 가격변화를 반영하는 지수이다. 가격지수에도 라스페이레스가격지수(L_P: Laspeyres price index)와 파셰가격지수(P_P: Paasche price index)가 있다. X재와 Y재 등 이질적인 상품들을 묶어 하나의 지수로 나타내는 방법은 각 상품의 수량과 가격을 곱한 것을 모두 더하여 비교하는 것이다. 이 때 상품의 수량을 곱하여 줄 때, 기준년도의 상품량과 비교연도의 상품량 중에서 어느 것을 택하느냐에 따라 지수가 달라진다. 즉 상품량의 기준을 기준년도에 두고 계산한 지수가 라스페이레스가격지수이고, 비교연도에 두고 계산한 지수가 파셰가격지수이다.

편의상 두 상품(X재와 Y재)으로 이루어진 상품묶음(x, y)을 고려하자. 기준년도인 2014년의 상품묶음을 $Q_0 = (x_0, y_0)$라고 하고, 비교연도인 2017년의 상품묶음을 $Q_1 = (x_1, y_1)$으로 표현하자. 여기서 x_0와 y_0은 각각 기준년도인 2014년의 X재와 Y재의 소비량, 그리고 x_1와 y_1은 각각 비교연도인 2017년의 X재와 Y재의 소비량이다. 그리고 가격체계를 $P = (p_X, p_Y)$라고 하면, $P_0 = (p_{X0}, p_{Y0})$는 기준년도의 가격체계이고, $P_1 = (p_{X1}, p_{Y1})$는 비교연도의 가격체계이다.

라스페이레스가격지수는 기준년도의 상품량을 가중치로 사용하여 평균가격을 계산한 비교지수이며, 이 가격지수는 다음과 같이 구할 수 있다.

$$L_P = \frac{p_{X1} \cdot x_0 + p_{Y1} \cdot y_0}{p_{X0} \cdot x_0 + p_{Y0} \cdot y_0} = \frac{P_1 \cdot Q_0}{P_0 \cdot Q_0} \qquad (5\text{–}5)$$

파셰가격지수는 비교연도의 상품량을 가중치로 사용하여 평균가격을 계산한 비교지수이며, 이 가격지수는 다음과 같이 구할 수 있다.

$$P_P = \frac{p_{X1} \cdot x_1 + p_{Y1} \cdot y_1}{p_{X0} \cdot x_1 + p_{Y0} \cdot y_1} = \frac{P_1 \cdot Q_1}{P_0 \cdot Q_1} \qquad (5\text{–}6)$$

요 · 약

01. 할증요금제를 적용하면 예산선이 안쪽으로 굴절하게 된다. 할증요금제도를 적용하면 일반적으로 소비절약의 효과를 거둘 수 있으나 소비자의 후생은 감소한다.

02. 할인요금제를 적용하면 예산선이 바깥쪽으로 굴절한다. 할인요금제하에서는 판매량 증대와 소비자후생 증가가 나타난다.

03. 여가와 소득 사이의 소비자최적화를 이용하여 임금변화에 따른 노동공급곡선을 유도할 수 있다.

04. 정부의 보조정책 종류로는 현금보조, 현물보조, 그리고 가격보조의 방법이 있다. 정부의 보조정책 실시로 인하여;
- 소비자의 후생증가 효과는 현금보조 > 현물보조 > 가격보조의 순이고
- 어떤 특정 생산물의 소비증가를 유도하는 효과는 가격보조 > 현물보조 > 현금보조의 순이다.

05. 현시선호이론에서는 효용함수나 효용지표의 존재를 가정하지 않고, 소비자가 실제로 현시한 시장행동에서부터 이론을 전개하여 무차별곡선이론에서와 같은 여러 가지 소비자행동 원리를 설명하는 이론이다.
- 약공리: 두 상품묶음 Q_0와 Q_1 중에서 Q_0가 선호되었다면, Q_1이 Q_0보다 현시선호될 수 없다 ($Q_0 > Q_1$이면 $Q_1 \ngtr Q_0$이다).
- 현시선호의 강공리 : 만약 상품묶음 Q_0가 다른 상품묶음 Q_1보다 선호되고, Q_1이 Q_2보다 선호된다면 Q_2는 Q_0보다 결코 선호될 수 없다 ($Q_0 > Q_1$이고 $Q_1 > Q_2$ 이면 $Q_0 > Q_2$이다).

06. 수량지수란 평균소비량을 나타내주는 지수이다. 수량지수에는 라스페이레스수량지수와 파셰수량지수가 있다. 이 두 지수의 차이는 가격기준을 기준년도에 두느냐 아니면 비교년도에 두느냐에 있다. 라스페이레스수량지수는 기준년도의 가격을 가중치로 사용하여 평균소비량을 계산한 비교지수이다. 이에 비하여 파셰수량지수는 비교년도의 가격을 가중치로 사용하여 평균소비량을 계산하는 비교지수이다.

07. 물가지수에도 산정방식에 따라 라스페이레스지수 그리고 파셰지수 등이 있다.

연·습·문·제

01. 여가와 소득 사이의 소비자균형을 설명하시오.

02. 어떤 사람의 여가에 쓰는 시간을 T, 소득을 M으로 나타내며, 효용함수가 $U(T, M) = 2T^{\frac{1}{2}} + M$이라고 하자. 이 사람이 여가와 노동에 투입할 수 있는 최대시간을 T^*라 할 때, 이 사람의 노동공급함수를 T^*와 시간당 임금인 W의 함수로 나타내시오.

03. 어떤 사람은 시간당 5천 원을 받고 기본급은 하루 5만 원을 받는다. 이 노동자의 하루 최대 노동시간을 24시간이라고 할 때, 노동자의 소득을 예산제약식으로 표현하시오. 이 노동자는 이론적으로 하루 최대 얼마를 받을 수 있는가? 또한 최소 하루에 얼마를 받을 수 있는가? (단, 열심히 일하다 과로사할 수도 있고, 일하지 않다가 실업자가 될 수도 있음).

04. 요금할증제도의 장단점을 말하시오.

05. 요금할인제도의 장단점을 말하시오.

06. 진호는 피자(X)와 다른 재화(Y)를 소비한다. 피자 한 판에 10,000원이고 진호의 소득이 200,000원일 때 진호는 피자 3판을 소비하였다. 피자가게에서 피자를 두 판 사면, 한 판을 공짜로 더 주는 할인행사를 한다고 한다. 진호의 예산선을 그리고, 진호의 피자 구매량이 어떻게 변할지 예측하시오.

07. 현시선호이론의 의의를 말하시오.

08. 현시선호이론의 약공리와 강공리란 무엇인가 설명하시오.

09. 소비자의 입장에서 정부의 가격보조, 현물보조, 현금보조가 주는 후생의 크기를 비교하시오.

10. 정부가 어떤 특정 상품의 소비를 유도하고 저소득자의 생계를 돕기 위하여 어떤 생필품에 대하여 가격보조, 현물보조, 현금보조를 시행한다. 정부의 입장에서 상품 소비증대효과 달성의 크기를 판단하시오.

11. 기준년도에 비하여 비교년도의 후생수준 판정이 불가능한 경우를 그림을 통하여 설명하시오.

12. 라스페이레스수량지수와 파셰수량지수의 산출공식을 말하고 그 근본적인 차이를 설명하시오.

13. 물가지수로서의 라스페이레스지수, 파셰지수를 각각 설명하시오.

14. [그림 5-4]는 현금보조와 현물보조의 효과를 보여준다. 가로축의 재화가 열등재이며 보조 이전의 소비량이 AE일 때 현금보조와 현물보조의 효과를 비교하시오.

해답 및 풀이

02. {풀이} 이 노동자는 $U(T, M)$를 극대화 하기 위해 T와 M을 선택한다. 이때 주어진 제약은 $T^* = L + T$이다. 제4장 보론에 있는 소비자문제의 해를 유도하는 방법을 적용해서 노동공급함수를 구할 수 있으며, 노동공급함수는 $L = T^* - \frac{1}{W^2}$이다.

03. {풀이} 이 노동자의 예산제약식은 소득 = 5만 원 + 4천 원(24 − T)이다. 여기서 T는 여가를 즐기는 시간이다.
노동자의 최대 소득은 5만 원에 9만 6천 원을 합한 14만 6천 원이며, 최소 소득은 5만 원이다.

14. {풀이} 현금보조의 경우에는 가로축 재화(열등재)의 소비가 항상 감소한다. 현물보조의 경우 보조 이전의 소비량이 AE보다 많았던 경우에는 감소하며 AE보다 적었던 경우에는 증가할 수도 있다. 현물보조의 경우에는 최소소비량 AE가 확보된다.

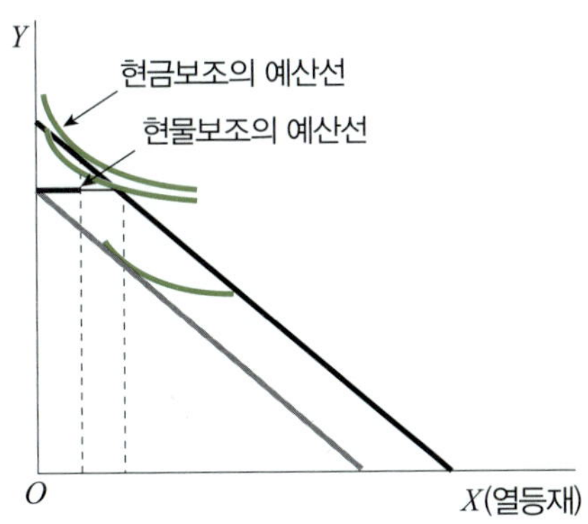

읽을거리 캐시 몹(cash mob)

한 예능 프로그램에서 개그맨 박명수가 씨름선수들을 한꺼번에 영세한 치킨 가게로 데려가 매상을 올려주는 장면이 나왔다. 단순한 웃음을 넘어 감동을 선사한 이 장면은 실제로 작년 가을부터 미국 젊은이들 사이에 유행하고 있는 캐시 몹이라는 소비행태다.

캐시 몹은 현금을 뜻하는 캐시(cash)와 무리를 뜻하는 몹(mob)의 합성어다. 영세 가게에 소비자들이 무리로 몰려가서 현금으로 물건을 구매하는 소비행태다. 영세 상인과 지역상권을 돕기 위해 고안된 착한 소비다. 올해 1월 미국 월스트리트저널은 미국 월가를 점령한 시위 열기가 캐시 몹으로 진화했다고 보도했다. 세계 젊은이들은 3월 24일을 세계 캐시 몹의 날로 정하기도 했다.

캐시 몹은 미국 클리블랜드에 사는 변호사 앤드루 샘토이가 창안했다. 영국 여행 중에 자본주의에 반대하는 시위대가 영세한 상점을 습격해 물건을 약탈하는 것을 보고 충격을 받아 자신의 트위터에 캐시 몹을 제안했다. 첫 타깃은 클리블랜드에 있던 한 동네 서점이었다. 샘토이는 트위터에서 40여 명의 참가자들을 모아 이곳에서 30분간 번개 쇼핑을 했고, 이것이 입소문을 타고 미국 전역으로 퍼졌고, 한국에까지 이른 것이다.

– 매일경제신문 윤진호 기자(2012. 5. 18)의 글 발췌 –

불확실성하의 선택

chapter 6

제5장까지의 소비이론에서는 불확실성(不確實性, uncertainty)이 없는 상태에서의 소비자행동을 분석하였다. 예를 들면 볼펜을 구입하는 소비자는 그 볼펜의 효용을 알고 구입하고, 휘발유를 구입하는 소비자는 그 휘발유가 자동차를 굴러가게 한다는 것을 알고 구입한다. 그런데 복권(lotteries)을 구입하는 경우에는 당첨되어 효용이 증가할 지, 아니면 떨어져서 효용이 감소할 것인가에 대해 명확히 알 수 없다.

이 장에서는 이처럼 불확실성이 있는 경우에 소비자가 어떤 원리로 소비활동을 하는가를 분석한다. 이 이론은 불확실성하의 선택이론이라고 한다.

불확실성하의 선택이론은 보통 기대효용이론과 조건부상품이론으로 나누어 전개된다. 이 장에서도 두 이론을 각각 설명한다. 이 장에 나오는 이론은 다소 낯설게 느낄 수도 있으나 그 내용은 실제생활과 관련이 많으니 주의를 기울여서 공부하기 바란다.

지혜를 얻은 자와 명철을 얻은 자는 복이 있나니
이는 지혜를 얻는 것이 은을 얻는 것보다 낫고 그 이익이 정금보다 나음이니라.

- 잠언 3: 13~14 -

제 1 절 불확실성의 개념

1.1 확실성과 불확실성

지금까지 우리는 경제주체들이 미래에 발생하는 일들에 대해 확실하게 알고 의사결정을 한다고 가정하였다. 그러나 미래에 일어날 일들을 확실히 알고 있는 사람은 한 명도 없다. 개별경제주체는 미래에 발생하는 일들을 확실히 알지 못하는 상황에서 의사결정을 해야 한다. 즉 개별경제주체는 확실성(certainty)이 결여되어 있는 세상에서 의사결정을 해야 한다.

그렇다면 확실성이 결여되어 있는 상황은 어떻게 표현해야 할까. 확실성이 결여되는 경우는 경제주체가 의사결정을 할 때, 최소한 두 가지 이상의 결과가 예상되며, 사전적(ex ante)으로 어떤 결과가 나타날지 알 수 없는 상황이다. 이러한 상황은 위험성(risk) 또는 불확실성(uncertainty)이 존재하는 상황이라고 말할 수 있다. 이렇게 확실성에 대응되는 개념을 두 가지로 분류하는 기준은 의사결정의 기초가 되는 확률분포가 존재하는지의 여부이다.[1)]

위험성이란 최소한 두 가지 이상의 결과가 예상되는 상황에서 의사결정의 기초가 되는 확률분포가 존재하는 경우이다. 이에 반해 불확실성은 확률분포가 존재하지 않는 경우이다. 그렇다면 둘 중의 어느 것을 확실성에 대응되는 개념으로 보아야 할까. 경제학에서는 '개별경제주체가 합리적인 선택을 한다'고 가정한다. 이러한 합리적인 선택을 위해서는 우리가 제3장에서 배운 바와 같이, 어떠한 상품묶음을 선호(그리고 선택)하는지를 표시할 수 있어야 한다. 만약 의사결정의 기초가 되는 확률분포를 모르면 어떠한 상품묶음을 선호하는지 표시할 수 없게 된다. 따라서 체계적인 분석을 위해서는'위험성이 존재하는 상황에서 개별경제주체는 합리적인 선택을 한다'는 가정이 필요하다. 즉, 확률분포가 존재해야 한다. 그러나 학부

1) 나이트(F. Knight, 1885~1972)는 1921년『위험, 불확실성, 그리고 이윤』(Risk, Uncertainty and Profit)에서 위험성과 불확실성이라는 개념을 엄밀하게 구분하였다. 나이트에 따르면 위험성은 '측정이 가능한 불확실성(measurable uncertainty)', 불확실성은 '측정이 불가능한 불확실성(unmeasurable uncertainty)'으로 분류된다.

PART 02

수준의 관련 문헌은 위험성과 불확실성을 구별하지 않으며, 이 책에서도 위험성과 불확실성을 구별하지 않을 것이다. 이 책에서 불확실성과 관련된 표현이 나오면, 두 가지 이상의 결과가 예상되는 상황에 대한 확률분포가 알려진 경우를 분석대상으로 한다는 점을 명심하기 바란다.

1.2 불확실성의 표현

불확실성하에서 선택의 대상인 각 상품의 개념에는 확률의 개념이 반영되어야 한다. 따라서 합리적인 경제주체가 상품묶음을 선택하는 경우에 그에 따른 결과는 확률적으로 해석되어야 한다. 예를 들어 학돌이가 짝사랑하는 학순에게 자신의 마음을 고백할지 말지 결정해야 하는 경우를 고려해 보자.[2] 학순이가 학돌이의 고백을 받고 여자친구가 될지 그대로 친구로 남을지는 불확실하다(어쩌면 친구관계를 지속하기 어려울 수도 있다!). 만약 학돌이가 고백을 한다면 이것은 '불확실성을 지닌 상품묶음'을 구입한 것이다.[3] 불확실성을 지닌 상품묶음은 여자친구가 된다는 확률, 친구로 남는 확률, 그리고 헤어질 확률 등으로 구성될 수 있다. 또 다른 예를 들어보자. 학순이가 5억 원을 투자해서 별다방을 오픈하려고 한다면 이것 역시 불확실성을 지닌 상품을 구입한 것이다. 별다방에서 얼마만큼의 이윤이 발생할 것인지는 불확실하기 때문이다.

불확실성을 지닌 상품묶음은 어떠한 특성을 갖고 있는지 알아보자. 첫째, 상품묶음은 다양한 상품들로 구성된다. 각 상품은 가능한 결과이다. 예를 들어 학돌이가 학순이에게 고백하였을 때 가능한 결과는 여자친구가 되는 것, 친구관계 지속, 그리고 헤어짐 등이다. 둘째, 각 상품은 확률을 가지고 있다. 예를 들어, 여자친구가 될 확률, 친구관계를 지속할 확률, 그리고 헤어질 확률 등이다. 복권(lottery)의 개념을 도입하여 불확실성을 지닌 상품의 특성을 설명하여 보자. 예를 들어, 어떤 복권을 구입하였는데 가능한 결과는 두 가지라고 하자. 즉 복권이라는 상품묶음은 두 개의 상품으로 구성되어 있다고 가정하자. 하나의 상품은 8천만 원, 다른 하나

2) 물론 학돌이는 학순이에게 자신이 학순이를 좋아한다고 고백한다. 학돌이가 학순이를 좋아하는 마음은 확실하다.

3) '불확실한 상품묶음'을 '위험한 기회'라고 부르는 학자도 있다.

는 0원이다. 그리고 각 상품을 얻을 확률은 각각 50%, 50%라고 가정하자. 불확실성을 지닌 상품묶음이 제공하는 경제적 의미는 이 복권을 구입함으로써 발생하는 상품들(가능한 결과들)과 각 상품을 얻을 확률로 요약된다. 이러한 특성을 이용하면 복권은 다음과 같이 표현할 수 있다.

$$L = [8천만\ 원, 0; 0.5, 0.5] \tag{6-1}$$

식(6-1)에서 세미콜론(;)을 기준으로 왼쪽의 숫자는 상품, 즉 가능한 결과들을 나타내고, 오른쪽의 숫자는 각 상품의 확률을 순서대로 나타낸다. 복권의 개념은 다양한 불확실한 상품에 대해서도 적용될 수 있다.

1.3 불확실성하에서의 선호

불확실성하에서의 선호는 어떻게 표현할 수 있을까. 이제 식(6-1)로 표현된 복권과 아래의 복권들을 비교함으로써 불확실성하에서의 선호에 대해 알아보자.

$$L' = [6천만\ 원, 2천만\ 원; 0.5, 0.5] \tag{6-2}$$

$$L'' = [4천만\ 원, 0원; 1, 0] \tag{6-3}$$

식(6-1)에서 복권 L은 상품묶음 중에서 하나의 상품은 8천만 원, 다른 하나의 상품은 0원으로 구성되어 있으며, 각 상품을 얻을 확률은 각각 1/2과 1/2이다. 한편 식(6-2)에서 복권 L'은 하나의 상품은 6천만 원, 다른 하나의 상품은 2천만 원으로 구성되어 있으며, 각 상품을 얻을 확률은 각각 1/2과 1/2이다. 또한 식(6-3)에서 복권 L''은 확실한 복권이다. 독자들은 어떤 복권을 선택할 것인가? 제2절에서 기대효용이론을 공부하면서 다양한 경제주체들이 어떤 복권을 선택하는지 알아보기로 하자.

제2절 기대효용이론

2.1 불확실성하에서의 합리적 선택

소비자이론에서 중요한 기본가정 중의 하나는 '개별 소비자는 합리적으로 상품묶음을 선택한다'는 것이다. 이러한 가정이 성립되기 위해서는 개별 소비자의 선호 또는 선호관계가 일관성을 지니고 있어야 한다. 우리는 제3장에서 개별경제주체의 선호관계가 일관성을 갖기 위한 조건들을 만족하면 선호관계는 효용함수로 표현될 수 있음을 보였다. 또한 선호관계가 연속성을 갖는다는 가정을 추가하면, 선호관계는 연속적인 효용함수로 표현될 수 있음을 보였다. 폰 노이만(J. von Neumann)과 모겐스턴(O. Morgenstern)은 불확실성하에서도 선호관계가 적절한 조건들을 만족하면 합리적인 경제주체가 복권(즉, 불확실성을 지닌 상품묶음)에서 얻는 효용을 효용함수를 이용하여 표시할 수 있다는 것을 보였다.[4] 그 적절한 조건들은 완비성, 이행성, 독립성, 그리고 연속성 등이다.[5]

완비성과 이행성(completeness and transitivity): 어떤 두 개의 복권을 놓고 비교할 때, 강선호관계($\succ$), 무차별관계($\sim$), 또는 약선호관계($\succsim$)로 소비자의 선호를 표시할 수 있어야 하며, 복권에 대한 선호관계는 이행성을 충족시켜야 한다.

독립성(independence): 상품묶음 $X(a, b)$와 상품묶음 $Y(c, d)$가 있고, 이에 대한 복권이 각각 $L^X\{a, b; p^X, (1-p^X)\}$와 $L^Y\{c, d; p^Y, (1-p^Y)\}$라고 하자. 만약 $X \sim Y$이고 $p^X = p^Y$이면, $L^X \sim L^Y$이다.

연속성(continuity): 복권 $L^X\{a, b; p^X, (1-p^X)\}$가 주어져 있을 때, $p^X = 1$이면 이 복권

4) John von Neumann and Oskar Morgenstern(1944), 「Theory of Games and Economic Behavior」, Princeton University Press.

5) 이 외에도 복합복권의 환원(reduction of compounded lotteries)을 하나의 조건으로 추가시키는 학자들도 있다. 이는 확률만 같다면 복권에 의한 결정과정이 몇 단계인지 여부는 무관하다는 조건이다. 이 조건과 독립성의 조건은 상충되는 경우가 발생한다. 즉 독립성을 충족하면 복합복권에 대한 조건이 위배되고, 복합복권에 대한 조건을 충족하면 독립성의 조건이 충족되지 않는 경우가 발생할 수 있다. 복합복권의 환원에 대해 관심이 있는 독자들은 Kreps(1990, pp. 74~75)를 읽어보기 바란다: D. Kreps(1990), 「A Course in Microeconomic Theory」, Harvester Wheatsheaf.

은 상품묶음 $X(a, 0)$, $p^X = 0$이면 $X(0, b)$가 된다. 또 다른 상품묶음 $Y(c, d)$이 있을 때, $X(a, 0) \gtrsim Y(c, d)$이고 $Y(c, d) \gtrsim X(0, b)$라고 하자. 이때 개별경제주체가 $L^X\{a, b; p^X, (1 - p^X)\} \sim Y(c, d)$로 선호관계를 표현할 수 있는 p^X가 항상 존재한다.

2.2 기대효용

불확실성하에서 선호관계가 완비성, 이행성, 독립성, 그리고 연속성을 만족시키면 효용을 표시할 수 있다. 공정한 복권을 예로 들어 이야기를 시작하자. 어떤 복권사업자가 당첨금이 8천만 원이고 당첨 확률은 50%인 복권(lottery)을 4천만 원에 판매한다고 하자. 이 복권은 가격도 4천만 원이고 기대치도 4천만 원이어서 공정한 복권이다. 우리는 이 복권을 식(6-1)로 표현하였다. 사람들은 이 복권을 살 것인가, 아니면 4천만 원을 그대로 가지고 있을 것인가? 이 질문에 대한 대답을 이론적으로 정립한 것이 폰 노이만과 모겐스턴의 기대효용이론(expected utility theory)이다.

어느 복권의 당첨 확률이 p이고 상금은 S원, 당첨이 되지 않은 경우에는 F원을 받는다고 하자. 이 복권의 효용은 얼마일까? 복권이란 당첨될 수도 있고 낙첨될 수도 있다. 따라서 복권의 효용은 확실한 효용이 아니라 당첨 확률을 고려한 '기대하는 효용'이다. 복권 구입처럼 불확실한 상황에서의 선택에 따른 효용을 기대효용이라고 한다.

베르누이(D. Bernoulli)는 복권 등의 불확실한 상품을 선택하는데 있어서, 사람들은 기대치의 크기보다는 기대효용의 크기에 관심을 보인다고 생각하였다. 그 이후 폰 노이만과 모겐스턴은 다음과 같은 기대효용함수를 고안하였으며, 이 식을 폰노이만-모겐스턴 효용함수라고 한다.

$$EU(L) = p \cdot u(S) + (1 - p) \cdot u(F) \qquad (6-4)$$

이 식에서 $EU(L)$은 복권의 기대효용을 나타낸다. 식(6-4)에서 보는 바와 같이 복권의 기대효용은 당첨시의 효용과 낙첨 때의 효용을 각각의 확률로 가중평균한 것이다. 좀 더 구체적으로 말하면, 기대효용이란 불확실성하에서 각 상황이 발생할 경우 얻을 수 있는 효용들을 각각의 발생 확률로 가중평균한 것이다.

기대효용: 불확실성하에서 가능한 결과가 발생하는 경우에 얻을 수 있는 효용을 각각의 가능한 결과가 발생할 확률로 가중평균한 수치, 즉 효용의 기대치

식(6-4)로 표현된 폰노이만-모겐스턴 효용함수를 이용하여 식(6-1)로 표현된 공정한 복권의 기대효용은 다음과 같이 표시할 수 있다.[6)]

$$EU(L) = 0.5 \cdot u(8\text{천만 원}) + 0.5 \cdot u(0\text{원}) \qquad (6\text{-}1)'$$

불확실성하에서 선호관계가 완비성, 이행성, 독립성, 그리고 연속성을 충족시키면, 즉 기대효용을 표시할 수 있으면, 우리는 다음과 같이 표현할 수 있다.

$$L \succsim L' \Leftrightarrow EU(L) \geq EU(L') \qquad (6\text{-}5)$$

즉, $L \succsim L'$일 필요충분조건(necessary and sufficient condition)이 $EU(L) \geq EU(L')$이다. 이는 불확실성하에서도 선호관계가 적절한 조건을 충족시키면 복권에 대한 선호관계를 기대효용이라는 수치로 전환시켜 각 복권에 대한 만족수준을 '비교'할 수 있다는 것을 의미한다.

한편 복권의 기대치(expected value)는 다음과 같다.

$$E(L) = pS + (1 - p)F \qquad (6\text{-}6)$$

공정한 복권이라면 이 기대치는 복권의 판매가이기도 하다. 예를 들어, 식(6-6)로 표현된 기대치를 이용하여 식(6-1)로 표현된 공정한 복권의 기대치는 복권의 판매가이다. 즉,

$$4\text{천만원} = 0.5 \cdot 8\text{천 만원} + 0.5 \cdot 0\text{원} \qquad (6\text{-}1)''$$

이 기대치가 주는 효용은 $u(E(L)) = u[pS + (1 - p)F]$이다. 이 효용은 '기대치와 동액의 현금'을 보유할 때의 효용이라 말할 수 있다. 지금까지 설명한 내용을 종합하면 다음과 같이 요약할 수 있다.

$$\text{복권의 기대효용: } EU(L) = p \cdot u(S) + (1 - p) \cdot u(F) \qquad (6\text{-}7)$$

---

6) 독자들은 식(6-2)와 식(6-3)으로 표현된 복권에 대한 기대효용을 스스로 표현해 보기 바란다.

$$\text{복권의 기대치가 주는 효용: } u(E(L)) = u[pS + (1 - p)F] \quad (6\text{–}8)$$

2.3 위험에 대한 태도 – 세 가지 유형

세상에는 유리한 내기인데도 내기에 참여하지 않는 사람이 있고, 로또복권처럼 불리한 내기인데도 복권 구입에 열중인 사람도 있다.[7] 도박을 기피하거나 도박에 응하는 행동 원리는 무엇일까? 예를 들어 식(6–1) 그리고 식(6–3)으로 표현된 두 개의 복권을 고려해 보자: L = [8천만 원, 0; 0.5, 0.5] 그리고 L'' = [4천만 원, 0원; 1, 0]. 복권 L은 '모 아니면 도'인 복권이다. 운 좋으면 8천만 원을 상품으로 받지만, 운이 나쁘면 0원을 받는다. 즉 위험한 복권이다. 이에 반해 복권 L''은 위험이 전혀 없다. 의사결정자는 어느 복권을 선호할까? 식(6–6)의 방식으로 계산해 보면 두 복권의 기대치는 동일한 것을 알 수 있다: 즉, $E(L) = E(L'')$ = 4천만 원이다.

그렇다면 의사결정자가 위험을 어떻게 생각하느냐에 따라 복권의 선호는 다를 수 있겠다. 위험하지만 운이 좋으면 가치가 높은 상품을 얻을 수 있는 복권을 선호하는 사람이 있다. 이러한 사람의 선호는 $L > L''$로 표현할 수 있다. 위험에 대해서 무덤덤한 사람도 있을 수 있다. 이러한 사람의 선호는 $L \sim L''$로 표현할 수 있다. 마지막으로 위험을 싫어하여 확실히 얻을 수 있는 상품을 선호하는 사람도 있다. 이러한 사람의 선호는 $L'' > L$로 표현할 수 있다. 이렇듯 불확실한 상황에서 보이는 의사결정자들의 태도는 위험기피자(risk averter), 위험중립자(risk neuter), 그리고 위험애호자(선호자)(risk lover)로 나눌 수 있다.

(1) 위험기피자

어떤 소비자가 위험을 기피하는 행동을 보이면 그의 효용곡선은 [그림 6–1]처럼 가로축에 오목한 모양이 된다. 그림에서 H의 높이는 복권의 기대치가 주는 효용으로 $u(E(L)) = u[pS + (1 - p)F]$이다. 한편 K의 높이는 복권의 기대효용으로

---

7) 학자들이 조사한 바에 의하면, 로또복권으로 본전을 건질 확률은 절반 이하라고 한다. 라스베가스의 카지노에서 본전을 건질 확률은 90% 정도이고, 마카오의 카지노에서 본전을 건질 가능성은 85% 정도라고 한다. 생각해 보면 로또복권은 말할 것도 없고, 두 도시에서의 도박 또한 본전도 건질 수 없는 불리한 내기이다. 그런데도 도박꾼들이 세계 각국에서 몰려들어 밤을 새우고 있으니...

$EU(L) = p \cdot u(S) + (1-p) \cdot u(F)$이다. 이 사람에게는 기대치가 주는 효용을 나타내는 H가 복권의 기대효용을 나타내는 K보다 높게 나타난다. 즉 다음의 관계가 된다.

$$p \cdot u(S) + (1-p) \cdot u(F) < u[pS + (1-p)F] \qquad (6\text{-}9)$$

또는

$$EU(L) < u(E(L))$$

앞에서도 설명한 바와 같이 이 식의 왼쪽 항은 복권의 기대효용이고, 오른쪽 항은 복권의 기대치에 해당하는 현금의 효용이다. 이 식을 보면 위험기피자는 복권의 기대치가 주는 효용이 복권의 기대효용에 비해 크다고 느낀다. 이러한 사람을 위험기피자(risk averter)라고 부른다. 한편, 그림을 보면 K와 m의 높이가 같다. 즉 효용이 동일하다. 그것은 확실한 현금이라면 기대치보다 적은 금액만 가지고도 그 효용은 복권의 기대효용과 같다는 것을 뜻한다. 그림을 볼 때, M원은 복권의 기대치 $pS + (1-p)F$원보다 적은 금액이다. 그러나 효용은 복권과 동일하다. 기대치

그림 6-1 위험기피자의 효용곡선

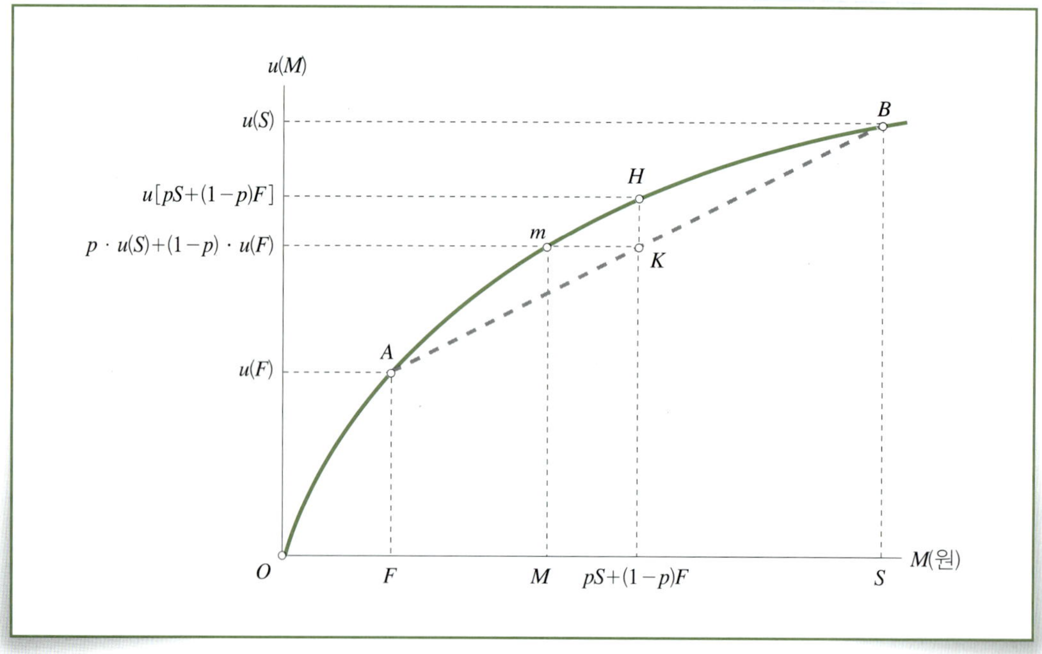

는 높지만 위험이 있는 복권과 금액은 적지만 위험이 없는 M원의 효용이 같은 것이다. 베르누이(D. Bernoulli)가 사람들이 불확실한 상품을 선택할 때 기대치보다는 기대효용에 더 큰 관심을 보인다고 한 것은 바로 이러한 위험기피자의 선택행동을 지적한 것이다.

확실성등가와 위험프리미엄

이처럼 위험을 수반한 복권의 기대효용과 그 기대치보다 적지만 확실한 현금의 효용이 동일할 때, 이 확실한 금액을 확실성등가(certainty equivalent)라고 한다.

확실성등가: 불확실한 재산과 동일한 효용을 누리게 해 주는 확실한 금액

따라서 기대치와 확실성등가의 차액은 소비자가 불확실성을 제거하기 위해 부담할 용의가 있는 금액의 성격을 갖는다. 불확실성이라는 위험을 제거하기 위해 지불할 용의가 있는 이 금액을 위험프리미엄(risk premium)이라고 한다. 즉 위험프리미엄이란 복권의 기대치와 확실성등가의 차액이다.

$$\text{위험프리미엄} = \text{기대치} - \text{확실성등가}$$

확실성등가와 위험프리미엄을 응용하면 총보험료를 추정할 수 있다. 화재보험의 예를 들어보자. 화재보험 상황은 복권 구입의 상황과 비슷하다. 화재가 발생하지 않으면 복권에 당첨되는 경우로, 화재가 발생하면 낙첨되는 경우로 볼 수 있다. 즉 화재가 발생하면 재산상태가 F원이 되고, 화재가 발생하지 않으면 S원이 되는 재산이 있다고 하자는 것이다. 화재가 발생하지 않을 가능성은 복권 당첨확률과 같은 p이며, 화재발생 가능성은 $[1 - p]$라고 하자. 화재위험이 있는 이 재산의 기대치는 $pS + (1 - p)F$원이다. 이 소비자가 보험에 가입함으로 화재가 발생해도 재산액 S원을 보장받는다고 하자. 소비자는 S원과 기대치의 차액을 보험료로 지불하여 S원을 확보하게 된다. S원과 기대치의 차액이란 예상손실액이기 때문에 보험가입자도 보험회사도 보험료로 납득할 수 있는 금액이다. 이 보험료는 순보험료의 성격을 갖는다. 다시 말해서 순보험료는 예상손실액이자 예상보험금액과 동액이다.

한편 이 사람은 위험기피자이다. 위험만 피할 수 있다면 순보험료 외에 추가로

보험료를 더 지불할 용의가 있다. 사실 보험회사도 순보험료만 받는다면 보험금 외의 영업비용을 충당할 수 없기 때문에 순보험료 외에 부가보험료를 더 추가해서 받아야 회사를 유지할 수 있다.

보험료

그렇다면 부가보험료는 얼마가 될 것인가. 이 경우에 부가보험료의 크기를 결정해 주는 역할을 하는 것이 위험프리미엄이다. [그림 6-1]에서 보는 바와 같이 점 K의 효용수준은 m의 효용수준과 같다. K와 m의 효용수준이 같다는 것은 '화재위험이 없는 적은 금액' M원을 확실하게 갖는 것의 효용수준이 같다는 것을 의미한다. 이 말은 화재위험을 피하기 위해서는 기대치와 확실성등가의 차액, 즉 Km의 거리만큼을 추가로 지불할 용의가 있다는 것을 의미한다. 물론 이 차액은 위험프리미엄이다. 따라서 총보험료는 순보험료에 위험프리미엄을 더한 금액이 된다. 이러한 내용을 정리하면 다음과 같다.

총보험료 = M과 S 사이의 거리 = 위험프리미엄 + 순보험료
위험프리미엄 = M과 '$pS + (1 - p)F$' 사이의 길이
순보험료 = '$pS + (1 - p)F$'와 S 사이의 길이

(2) 위험중립자

만약 소비자가 위험에 대해서 중립적이면 효용곡선은 직선으로 나타난다. 이러한 유형의 소비자에게는 기대치만 동일하다면 복권을 구입하는 것이나 그냥 현금으로 가지고 있는 것이나 효용이 동일하다.

[그림 6-2]는 위험중립적인 소비자의 효용곡선이다. 이 소비자에게는 복권구입의 기대효용과 기대치가 주는 효용이 동일하다. 즉 다음 관계가 성립한다.

$$p \cdot u(S) + (1 - p) \cdot u(F) = u[pS + (1 - p)F] \tag{6-10}$$

이 식의 왼쪽 항은 복권의 기대효용이고 오른쪽 항은 현금의 효용이라는 것을 독자 여러분은 알고 있을 것이다. 식에서 보는 바와 같이 양쪽 항의 효용은 동일하다. 이 소비자는 복권 구입을 즐겨하지도 싫어하지도 않는다. 이러한 유형의 소비자를 위험중립자(risk-neuter)라고 부른다.

그림 6-2 위험중립적인 소비자의 효용곡선

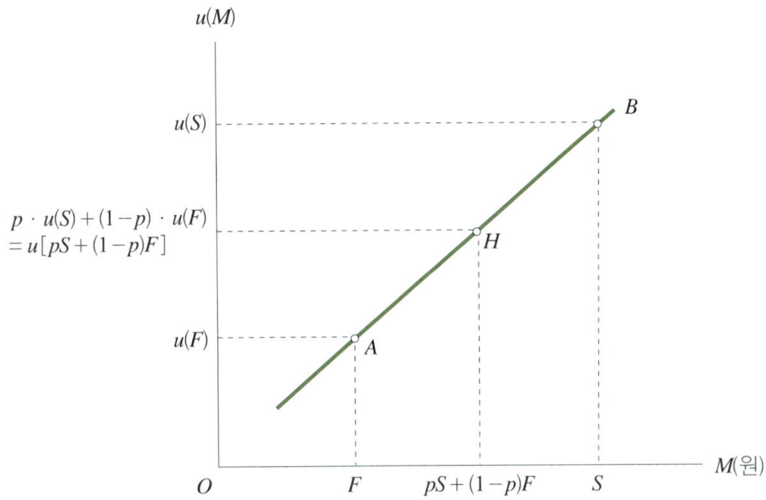

(3) 위험애호자(선호자)

위험을 즐기는 사람은 가로축에 볼록한 모양의 효용곡선을 갖는다.

[그림 6-3]은 위험애호적인 소비자의 효용곡선이다. 그림에서 H의 높이는 기대치동액 현금의 효용을 나타내고 있다. 또 K의 높이는 복권의 기대효용을 나타낸다. 그림에서 보듯이 복권 구입의 기대효용을 나타내는 K의 높이가 복권을 구입하지 않은 경우의 효용수준 H보다 높다. 이 소비자는 같은 액수라도 위험이 포함되어 있는 경우에 효용을 더 크게 느끼는 성향을 가지고 있다. 따라서 이 사람은 확실한 현금을 보유하는 것보다 동액의 기대치를 가진 복권을 더 좋아한다. 그에게는 복권의 기대효용이 기대치동액 현금의 효용보다 더 크다. 즉 다음 관계가 성립한다.

$$p \cdot u(S) + (1-p) \cdot u(F) > u[pS + (1-p)F] \qquad (6\text{–}11)$$

이 식의 왼쪽 항은 복권의 기대효용이고 오른쪽 항은 현금의 효용이라는 것을 독자 여러분은 알고 있을 것이다. 식에서 볼 때, 이 사람은 위험이 있는 복권을 기대치동액의 현금보다 더 선호한다. 이러한 유형의 소비자를 위험애호자라고 부른다.

그림 6-3 위험애호자의 효용곡선

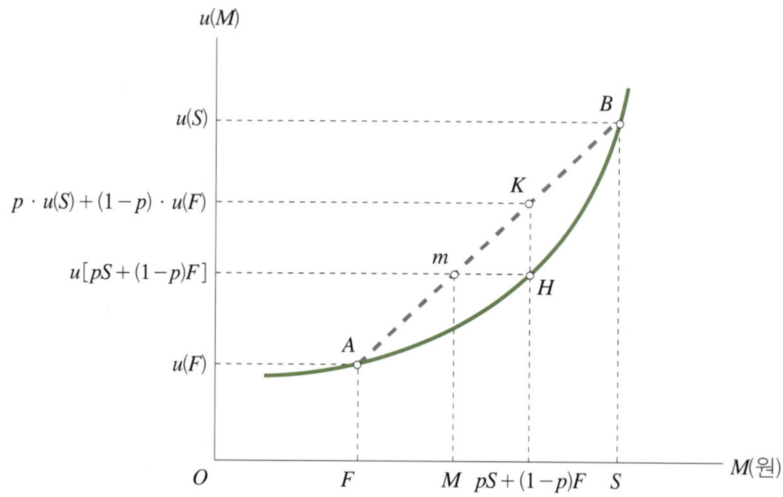

도박참가비

그러면 이러한 위험애호자는 복권을 사거나 도박에 참가하는 등 모험을 감행하기 위하여 얼마의 참가비를 지불할 수 있을까? 그림의 m과 H가 가리키는 돈의 액수는 서로 다르지만 효용은 동일하다. m이 가리키는 돈의 액수가 H의 경우보다 적은데도 효용은 같은 것이다. m은 복권 구입의 효용을, H는 복권의 기대치에 해당하는 현금의 효용이다. 이 사람은 위험을 즐기기 때문에 기대금액이 작은 복권의 효용이 그 보다 더 많은 현금의 효용과 동일하다고 생각한다. 즉 이 사람은 위험에 응하기(도박에 참가하기) 위하여 '$pS + (1 - p)F$'원과 M원의 차액, 즉 점 H와 m의 거리만큼의 금액을 지불할 용의가 있는 것이다. 이는 도박 참가비라고 할 수 있겠다. 짜릿한 위험을 즐기는 번지점프 요금도 마찬가지의 원리이다.

2.4 보험료와 도박 참가비

지금까지 위험에 대한 소비자의 행동유형 세 가지를 분석해 보았다. 불확실성이 있는 시장에서 소비자는 위험에 대해 애호적, 중립적, 기피적 태도를 보인다. 위험에 대한 사회적 보완장치는 보험제도이다. 보험에 가입하는 사람은 위험기피자이다. 위험기피자는 피할 수만 있다면 순보험료 외에 부가보험료라는 대가를 지불하고라도 위험을 피하려고 한다.

[그림 6-1]에서 점 *K*와 *m* 사이의 거리는 부가보험료의 성격을 가진다. 한편 위험애호자는 참가비를 내고서라도 도박을 하려고 한다.

[그림 6-3]에서 점 *H*와 *m* 사이의 거리는 도박 참가비의 성격을 갖는다.

이처럼 기대효용이론을 통하여 위험에 대한 소비자의 태도에 따른 보험가입 및 도박 참가 성향을 분석할 수 있고, 그에 따라 보험료와 도박 참가비를 산출할 수 있다. 보험 가입 행동에 대해 보다 자세한 분석은 조건부상품이론을 통해 이루어진다.

제3절 조건부상품이론

3.1 조건부상품의 의미

제1절과 제2절에서 복권의 개념을 활용하여 불확실성을 지닌 상품의 특성과 불확실성하에서 소비자의 선택에 대해 알아보았다. 이 절에서는 조건부상품(條件附商品, contingent commodities)의 개념을 도입하여 불확실성을 지닌 상품의 특성과 불확실성하에서 소비자의 선택에 대해 알아보기로 한다. 복권과 조건부상품의 특성에는 차이점이 있다. 제1절에서 소개한 복권의 예를 상기하면서 차이점을 확인해 보자. 식(6-1)로 표현된 복권이라는 상품묶음은 하나의 상품이 8천만원, 다른 하나는 0원으로 구성되며, 각 상품을 얻을 확률은 각각 50%, 50%라고 가정하였다. 이처럼 복권은 각 상품을 특정 확률로 명시한 상품묶음이다. 조건부상품은 특정 확률을 명시하기보다는, 특정 상황이 발생하는 경우에 얻을 수 있는 상품이다. 예를 들어, "동전을 던져 앞면이 나오면 8천만원, 뒷면이 나오면 0원을 받게 된다"라

고 명시하면 그 상품이 조건부상품이다.[8)]

조건부상품: 미래의 특정한 상황이 발생할 경우에만 매수자에게 인도되는 상품

"미래의 특정한 상황"이라는 표현은 불확실성이 존재한다는 것을 의미한다. 대표적인 조건부상품에는 보험(保險, insurance)이 있다. 보험의 예를 들어 그 의미를 이해해 보자. 어떤 사람이 나무로 지은 집을 소유하고 있는데 화재가 날까 걱정이다. 그래서 어떤 보험회사와 정해진 가격, 보험료(保險料, premium)을 지불하고 화재가 나면 목조가옥 한 채, 보험금(保險金, coverage)을 받기로 계약한다. 이 거래로 인하여 이 사람은 불이 나도 집이 한 채, 불이 나지 않아도 한 채를 보유하게 된다. 여기서 "내용이 달라지는 상품"은 그 사람과 보험회사의 계약에 의해서 만들어진다. 계약에 따라 내용이 달라지는 상품이라는 이유로 조건부상품을 조건부청구권(條件附請求權, contingent claims)이라고도 부른다. 이러한 상품이 거래되는 시장을 조건부상품시장(또는 조건부청구권시장)이라고 한다.

이제 화재발생 가능성이 있는 재산의 예를 들어 조건부상품을 분석해 보자. 어떤 사람이 화재발생 위험이 있는 재산(wealth)을 가지고 있다. 불이 나지 않은 경우에 재산은 W_0이며, 화재발생시 손실액(loss)은 L이다. 화재가 나지 않으면 그 사람의 재산은 그대로 W_0이지만 화재가 나면 $W_0 - L$이 된다. 화재발생 여부에 따라 재산의 크기가 달라지므로, W_0와 $W_0 - L$은 각각 조건부상품의 성격을 갖게 된다.

[그림 6-4]는 화재위험이 있는 재산의 초기부존 상태이다. 그림의 가로축은 화재가 나지 않을 경우의 조건부상품(W_N)을, 세로축은 화재가 날 경우의 조건부상품(W_F)을 나타낸다. 처음 재산보유 상태, 즉 초기부존 상태는 그림에서 A로 표시되고 있다. 화재가 발생하지 않으면 재산보유액은 W_0를 유지하게 된다. 그러나 화재가 나면 재산보유액은 $W_0 - L$이 된다. 화재발생 확률을 p라 하고, 화재가 나지 않을 확률을 $1 - p$라 하면 재산의 기대치(expected value: EV)는 다음과 같다.

$$EV = pW_F + (1 - p)W_N \tag{6-12}$$

8) 복권은 조건부상품의 묶음으로 표현될 수 있다. 예를 들어 50%의 확률로 8천만원을 받고 50%의 확률로 0원을 얻는 조건부상품의 묶음은 하나의 복권이다.

그림 6-4 조건부상품의 상황

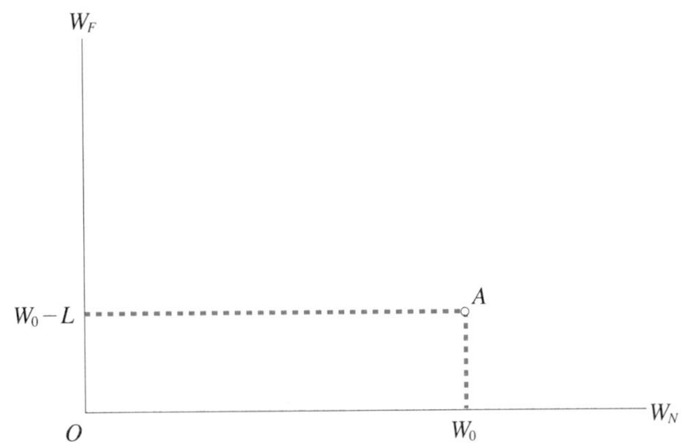

등기대치선과 무위험선

조건부상품묶음에 대한 소비자의 선택은 어떻게 될까? 우선 불확실성하에서 소비자가 고려해야 할 등기대치선(等期待値線, iso-expected value line)과 무위험선에 대해 알아보고, 다음 절에서 이들과 무차별곡선을 이용하여 답을 찾아보자.

설명의 편의를 위해 소비자의 선택은 '보험에 가입할 지, 가입한다면 얼마의 보험료를 지불할 지를 결정하는 것'으로 가정하자. 추가적으로 보험회사는 화재가 나는 경우 보험료 1원당 보험금 $(1/p)$원을 제시한다고 하자. 다시 말하면, 보험회사는 보험료 p원당 보험금 1원을 제시한 것이다. 여기서 p는 화재발생 확률이다. 보험료의 보험금에 대한 비율을 보험료율(premium rate)이라고 부르는데, 우리의 예에서 보험회사는 보험료율을 불이 날 확률 p와 똑같은 수준으로 선택하였는데, 이러한 보험을 공정한 보험이라고 부른다.

이제 소비자의 등기대치선에 대해 알아보자. 화재가 나지 않는 경우의 조건부상품을 W_N, 그리고 화재가 난 경우의 조건부상품을 W_F라고 부르기로 하자. [그림 6-5]는 화재가 나지 않은 경우의 조건부상품(W_N)을 수평축에, 그리고 화재가 난 경우의 조건부상품(W_F)을 수직축에 표현하고 있다. 제1상한에는 무수히 많은 조건부상품묶음이 존재하며, 명시적으로 표현된 조건부상품묶음은 A, B, C, D, E이다. A는 보험에 가입하지 않은 경우에 발생되는 조건부상품묶음을 표현한 초기부존점이다. C는 소비자가 W_0을 보험료로 지불한 경우에 해당하는 조건부상품묶음을 보여준다. 즉 불이 나지 않으면 소비자의 순재산은 0원, 불이 나면 그의 순재산은 $\frac{W_0 - pL}{P}$이다.[9] 두 극단적인 조건부상품묶음 A와 C를 직선으로 연결해보자. 이 선분은 기대치가 동일한 조건부상품묶음을 연결한 것이다. 그런데 보험회사는 원하지 않는 상황에 직면할 수 있다. 점선으로 연결된 선분 BC에 있는 조건부상품묶음은 현실적으로 선택될 수 없다. 선택할 수 있다면, 소비자는 불이 나지 않을 때보다 불이 날 때 더 많은 재산을 얻는다. 이는 소비자에게 의도적이든 의도적이지 않든 화재 예방을 소홀히 할 유인을 제공하게 되며, 보험회사는 적자를 본다. 이러한 경우를 초과보험(over insurance)이라 하는데 법률상 금지되어 있다.

그렇다면 공정한 보험하에서 보험회사가 지급할 용의가 있는 보험금의 최대값은 얼마일까? 손실액보다 더 많은 보험금을 받게 되면, 소비자는 화재예방에 소홀하게 되고 보험회사는 적자가 된다. 따라서 보험금의 최대값은 L이 된다. 다시 말하면 소비자가 지불할 수 있는 보험료의 최대값은 pL이다. B는 소비자가 pL을 보험료로 지불한 경우에 발생되는 조건부상품묶음이며, 여기서 화재발생 확률과 상관없이 순재산은 $W_0 - pL$이다.[10] A와 B를 직선으로 연결한 선이 등기대치선이 되며 소비자는 A와 B를 포함한 선분 AB위에 있는 조건부상품을 선택하게 된다. 점선으로 표현된 AD는 왜 등기대치선이 되지 못할까? 이 부분은 화재가 발생하지 않을 경우에 재산 보유액이 초기부존보다 증가한다는 의미를 가지는 영역이다. 하지만 그러한 상황은 불가능하다. 화재가 발생하지 않으면 손해도 없지만 재산보유액이 증가할 수도 없기 때문이다. E로 표현된 조건부상품묶음은 등기대치선 아래에 있다. 독자 여러분이 명심해야 할 것은 공정한 보험을 고려하는 경우에 예산선은 등기대치선의 성격을 갖게 된다는 점이다. 따라서 E로 표현된 조건부상품묶음은 예산선 아래에 있으며, 소비자가 예산의 일부를 쓰지 않고 버린다는 것을 의미한다. 예산선에 대해서는 '3.3 소비자의 예산선' 항에서 자세히 설명하기로 한다.

한편 이상의 내용을 요약하면 등기대치선은 선택이 가능한 조건부상품묶음 중

---

9) 화재가 발생하지 않으면 보험료 W_0만 지불하게 되고 보험회사가 제시한 $\frac{W_0}{p}$보험금을 받지 못하며, 이때 순재산은 0가 된다. 화재가 발생하게 되면 재산은 $W_0 - L$가 되지만 보험금 $\frac{W_0}{p}$를 받게 되며, 이때 지불한 보험료 W_0를 추가적으로 제외하면 순재산은 $\frac{W_0 - pL}{p}$이 된다.

10) 화재가 발생하지 않으면 지불한 보험료를 고려한 순재산은 $W_0 - pL$이 된다. 화재가 발생하게 되면 재산은 $W_0 - L$가 되지만 보험금 L을 받게 되며, 이때 지불한 보험료 pL을 제외하면 순재산은 $W_0 - pL$이 된다.

에서 기대치가 동일한 조건부상품묶음을 연결한 선이다.

등기대치선: 선택이 가능한 조건부상품묶음 중에서 기대치가 동일한 조건부상품묶음을 연결한 선

등기대치선의 기울기를 계산해 보자.

[그림 6-5]에서 등기대치선인 선분 AB의 기울기는 $-\frac{BE}{AE}$이다. 그림을 보면 BE의 길이는 '$W_0 - pL - (W_0 - L)$'이고 AC의 길이는 '$W_0 - (W_0 - pL)$'이다. 따라서 등기대치선 AB의 기울기는 다음과 같다.

$$\text{등기대치선의 기울기} = -\frac{BE}{AE} = -\frac{W_0 - pL - (W_0 - L)}{W_0 - (W_0 - pL)} = -\frac{1-p}{p} \qquad (6-13)$$

등기대치선의 기울기는 어떤 의미를 갖는 것일까? 이 식을 보면 등기대치선의

그림 6-5 무위험선과 기대치선

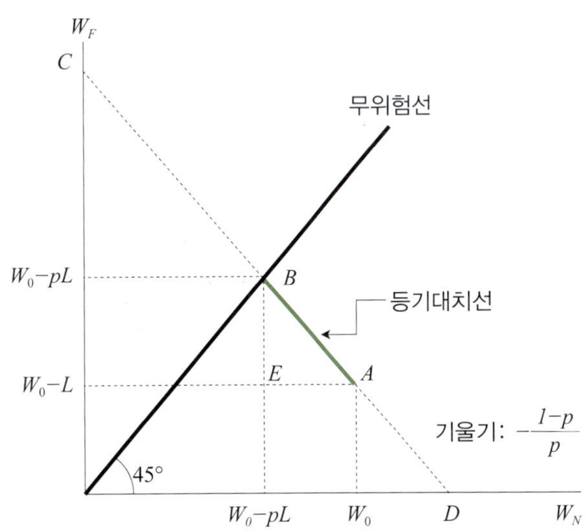

PART 02

기울기는 화재가 발생하지 않을 확률$(1-p)$과 발생할 확률(p)간의 비율이다. p와 $(1-p)$의 상대적 크기에 따라 등기대치선의 기울기는 달라진다: 화재발생 확률이 높으면 등기대치선은 완만하게 되며, 화재발생 확률이 낮으면 등기대치선은 가파르게 된다. 일반적으로 화재발생 확률은 매우 낮은 수치이므로 등기대치선은 매우 가파른 모양, 즉 거의 수직 모양이 된다. 단 설명의 편의상 실제에 비해 훨씬 완만한 선분으로 예산선이 표현되어 있다. 등기대치선은 소비자(보험가입자)나 보험회사가 공정한 승산을 기대할 수 있다는 점에서 공정승산선(公正勝算線, fair odds line)이라고도 부른다.

다음으로 무위험선(無危險線, risk-free line)에 대해 알아보기로 한다. 조건부상품묶음 B에 집중해 보자. B는 화재의 유무와 상관없이 재산 보유 상태가 $W_0 - pL$임을 보이고 있다. 즉, B는 가로축과 세로축에서의 거리가 같은 점이다. 이처럼 45° 선상의 점에서는 언제나 재산 상태가 일정하므로 이를 무위험선이라고 하며, 재산보유액이 확실하게 보장된다는 점에서 확실선(確實線, certainty line)이라고 부르기도 한다.

3.2 조건부상품의 무차별곡선

불확실성하에서 소비자의 선택은 무차별곡선과 예산선을 가지고 분석하면 편리하다. 불확실성하에서 무차별곡선을 유도하는 방법은 제3장에서 배운 확실성하에서 무차별곡선을 유도하는 방법과 유사하다. 제2절에서 소개한 기대효용이론을 사용해보자. 화재 상황을 고려한 조건부상품묶음(W_N, W_F)의 기대효용을 $EU(W_N, W_F)$라고 하면, $EU(W_N, W_F)$는 다음과 같이 표시된다.

$$EU(W_N, W_F) = pu(W_F) + (1-p)u(W_N) \tag{6-14}$$

여기서 각 조건부상품에 대한 한계효용은 $\frac{\partial EU}{\partial W_N} = (1-p)u'(W_N) > 0$, $\frac{\partial EU}{\partial W_F} = pu'(W_F) > 0$이다. 다음으로 한계대체율에 대해 알아보자. 조건부상품의 한계대체율을 MRS_{NF}라고 하면, MRS_{NF}는 다음과 같다.

$$MRS_{NF} = -\frac{\Delta W_F}{\Delta W_N}\frac{(1-p)u'(W_N)}{pu'(W_F)} \quad (6-15)$$

식(6−15)의 둘째 항은 무사고시(화재가 발생하지 않는 경우) 재산 한 단위를 얻기 위하여 포기하는 사고시 재산액의 비율을 의미하며, 기하학적으로는 기울기의 의미도 가지고 있다. 즉 한계대체율이 무차별곡선의 기울기라는 것을 보이고 있다. 셋째 항은 화재가 발생하지 않을 때 재산액의 한계효용과 화재가 발생할 때 재산액의 한계효용의 비율이다.

앞에서 불확실한 상황에서 소비자의 태도는 위험기피자, 위험중립자, 그리고 위험애호자로 분류될 수 있음을 보였다. 이제 소비자의 태도에 따른 무차별곡선의 특성을 알아보자.

[그림 6−6]은 태도에 따른 조건부상품 사이의 무차별곡선을 보여준다.

(a)는 위험기피자의 무차별곡선이다. 위험기피자의 경우에 한계효용은 체감한다 ([그림 6−1]을 참조하시오). 이제 식(6−15)을 이용해 보자. W_N이 증가하면 분자에 있는 $u'(W_N)$의 값이 작아지고, W_F이 감소하면 분모에 있는 $u'(W_F)$의 값은 커진다. 이에 따라 위험기피자인 경우에 한계대체율은 체감하며 무차별곡선은 원점에 대하여 볼록한 모양을 갖게 된다.

(b)는 위험중립자의 무차별곡선이다. 위험중립자의 경우에 한계효용은 일정하다 ([그림 6−2]를 참조하시오). 따라서 W_N이 증가하더라도 $u'(W_N)$의 값은 일정하며, W_F가 감소하더라도 $u'(W_F)$의 값은 일정하다. 이에 따라 위험중립자인 경우에 한계대체율은 일정하며 무차별곡선은 직선의 모양을 갖게 된다.

(c)는 위험애호자의 무차별곡선이다. 위험애호자의 경우에 한계효용은 체증한다 ([그림 6−3]을 참조하시오). W_N이 증가하면 분자에 있는 $u'(W_N)$의 값이 커지고, W_F이 감소하면 분모에 있는 $u'(W_F)$의 값은 작아진다. 이에 따라 위험애호자인 경우에 한계대체율은 체증하며 무차별곡선은 원점에 대하여 오목한 모양을 갖게 된다.

한편 조건부상품 사이의 무차별곡선은 무위험선상에서 등기대치선과 접하는 성질을 가지고 있다. 즉 [그림 6−6]의 (a), (b), (c)를 보면 무위험선상의 한 점인 B에서 무차별곡선과 등기대치선이 접한다는 것이다. 앞에서 무위험선상의 점은 가로축과 세로축의 거리가 같음을 보였다. 즉, 무위험선상의 점은 $W_N = W_F$이며, 이는

그림 6-6 조건부상품의 무차별곡선

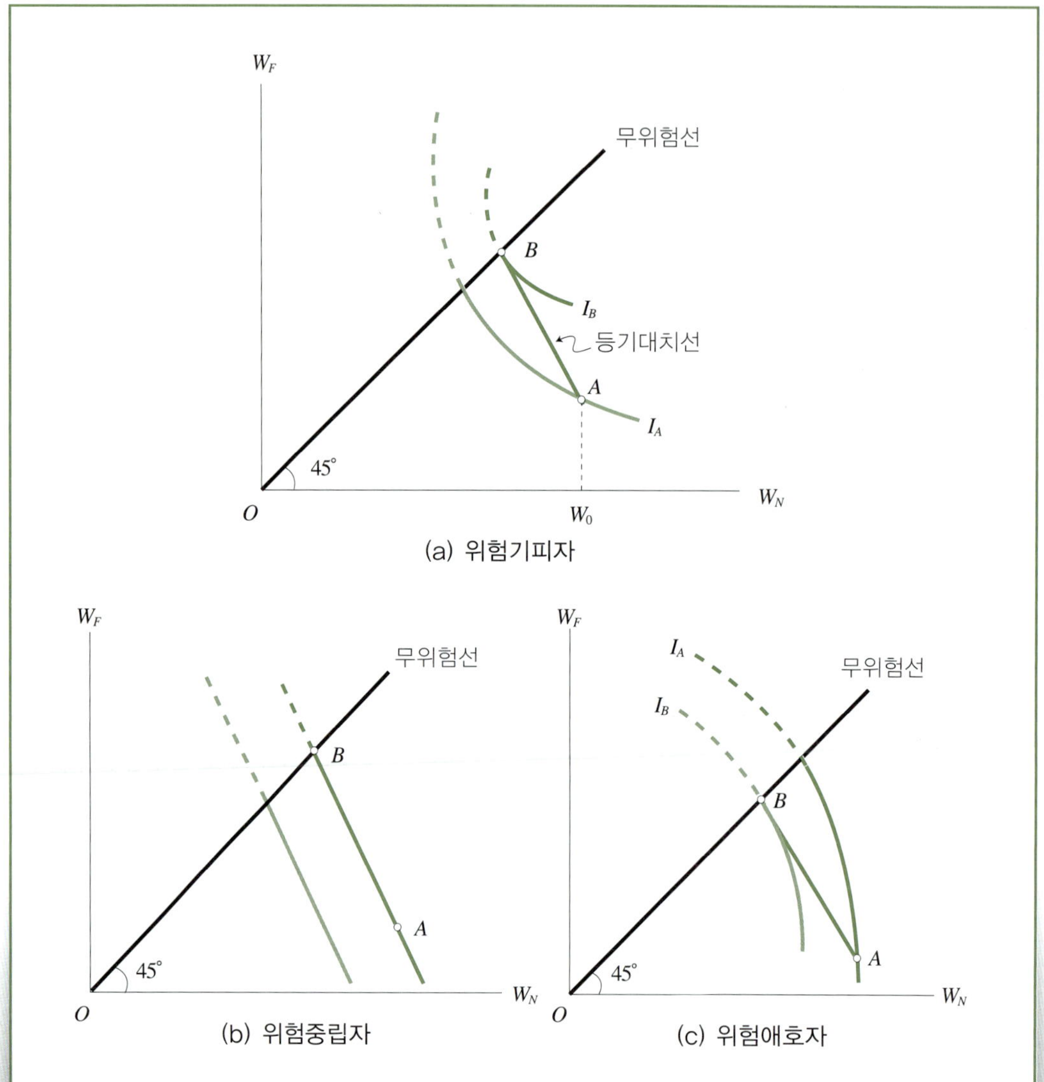

$u'(W_N) = u'(W_F)$를 의미한다. $u'(W_N) = u'(W_F)$이면, 식(6−15)의 셋째 항은 $\frac{(1-p)}{p}$이 되는데, 이는 무차별곡선의 기울기에 절대값을 붙인 것이다. 또한 식(6−13)에서 등기대치선의 기울기에 절대값을 붙이면 $\frac{(1-p)}{p}$이 된다. 즉, 무위험선상에서 무차별곡선과 등기대치선은 접하게 된다.

3.3 소비자의 예산선

우리는 앞에서 조건부상품 사이의 무차별곡선을 분석하였다. 이제 조건부상품묶음을 선택하는 경우에 소비자의 예산선에 대해 알아보기로 보자. 무차별곡선을 설명한 것과 같이, 예산선 역시 보험시장의 예를 들어 설명하기로 한다.

[그림 6-7]에서 A는 보험에 가입하지 않은 경우를 조건부상품묶음으로 표현한 초기부존점(W_0, $W_0 - L$)이다. 즉, 초기 재산보유액은 W_0이며 화재가 발생하는 경우에 손실액은 L이다. 이제 소비자가 보험료로 q를 지불하고 보험금으로 c를 지급받는 보험에 가입한다고 하자. 이제 소비자의 초기부존점은 다른 점으로 옮겨 가는데, 그 점은 ($W_0 - q$, $W_0 + c - L - q$)인 조건부상품묶음으로 표현될 수 있다. 다시 말하면, 초기부존점을 기준으로 화재가 발생하지 않는 경우에 재산은 q만큼 감소하지만, 화재가 발생하게 되면 재산은 $c - q$만큼 증가하게 된다. 따라서 보험에 가입한다는 것은 화재가 발생하지 않는 상황의 q와 화재발생시 $c - q$를 교환하는 것과 같다. 즉 보험료와 순보험금간의 기회비용 관계가 이루어진다. 이 기회비용 관계를 나타내는 선분이 바로 예산선이다. 그리고 q와 $c - q$의 기회비용 관계는 이 예산선의 기울기를 결정해 준다. [그림 6-7]에 일반적인 예산선은 표시되지 않았지만, 표시한다면 소비자의 예산선은 초기부존점을 지나면서 기울기가 $-\frac{c-q}{q}$인 직선이 될 것이다.

보험시장에서 소비자의 예산선: 초기부존점을 지나면서 기울기가 순보험금과 보험료간의 비율을 나타내는 선

예산선은 보험료와 보험금의 크기에 따라 기울기가 달라진다. 그렇다면 예산선의 기울기가 어느 정도일 때 공정한 보험이라고 할 수 있는가? 공정한 보험이 되려면 거래 당사자들인 소비자와 보험회사의 재산에 대한 기대치가 변경되지 않아야 한다. 식(6-12)를 이용하여 공정한 보험에서 소비자의 기대치가 변경되지 않는 상황을 설정해 보자. 보험에 가입하지 않는 경우 소비자의 기대치는 $p(W_0 - L) + (1 - p)W_0$이다. 보험에 가입하는 경우 소비자의 기대치는 $p(W_0 + c - L - q) + (1 - p)(W_0 - q)$이다. 두 기대치가 동일한 경우에 다음과 같은 수식이 충족된다:

$p(c-q)-(1-p)q=0$.[11] 따라서 공정한 보험이 되려면 다음의 조건을 만족시켜야 한다.

$$\frac{1-p}{p}=\frac{c-q}{q} \tag{6-16}$$

이 식에서 오른쪽 항 $\frac{c-q}{q}$는 마이너스(−)를 제외한 예산선의 기울기이고, 왼쪽 항 $\frac{1-p}{p}$는 마이너스(−)를 제외한 등기대치선의 기울기이다. 즉 공정한 보험의 조건은 예산선과 등기대치선의 기울기가 같아야 한다는 것이다. 다시 말하면 공정한 보험이 되려면 순보험금과 보험료의 교환비율이 화재가 발생하지 않을 확률과 화재가 발생할 확률의 비율과 같아야 한다.

3.4 조건부상품의 최적소비점

지금까지 조건부상품의 무차별곡선과 보험에 가입하려는 소비자의 예산선에 대해 알아보았다. 이제 조건부상품묶음에 대한 소비자의 최적선택, 즉 소비자의 기대효용극대화 문제에 대해 답할 차례이다.

최적소비점: 공정한 보험

[그림 6−7]은 예산선과 위험기피자가 선택할 조건부상품 사이의 무차별곡선을 보여준다. 우선 공정한 보험을 가정해 보자. 그림에서 예산선은 등기대치선과 일치하고 있다. 그리고 원점에서 볼록한 무차별곡선은 소비자가 위험기피자라는 것을 알려준다.

소비자는 무차별곡선과 예산선의 접점인 B를 택하여 자신의 기대효용을 극대화시킨다. 그림을 보며 소비자최적이 가지는 의의를 생각해 보자. 그림에서 A는 보험에 가입하지 않은 경우의 재산 상태이고, B는 pL을 보험료로 지불한 경우에 발생되는 조건부상품묶음이며, 여기서 화재발생 확률과 상관없이 순재산은 W_0 −

---

11) 보험회사의 기대치를 고려하더라도 동일한 결과를 보인다. 소비자가 보험에 가입하지 않는 경우 보험회사의 기대치는 0이다. 보험에 가입하는 경우 보험회사의 기대치는 $p(-c+q)+(1-p)q$이다. 두 기대치가 동일한 경우에 다음과 같은 수식이 충족된다: $p(c-q)-(1-p)q=0$.

그림 6-7 보험가입의 효용

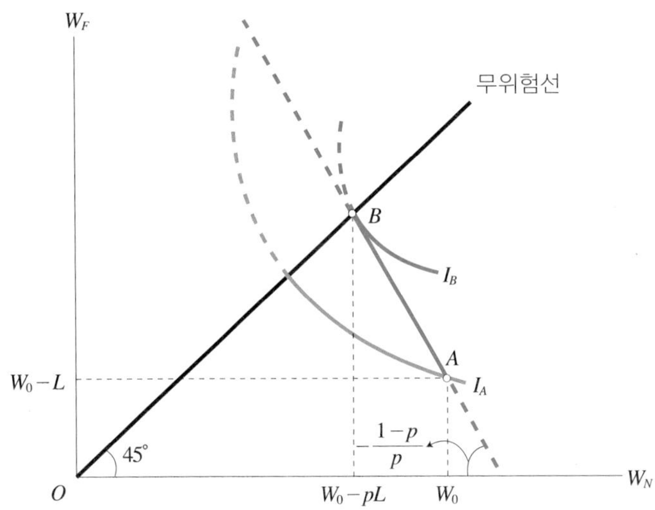

pL이다. 그림을 보면 B를 지나는 무차별곡선(I_B)이 A를 지나는 무차별곡선(I_A)보다 원점에서 멀리 떨어져 있다. 따라서 소비자는 조건부상품묶음 A보다 조건부상품묶음 B에서 더 큰 기대효용을 갖는다. [그림 6-7]을 보면 소비자의 기대효용은 무차별곡선이 등기대치선과 접하는 B에서 극대화됨을 알 수 있다.[12] 즉 위험기피적 소비자는 보험료로 pL을 지불하고 보험금으로 L을 지급받는 보험상품을 구입하게 되며, 이 선택이 소비자최적이다.

한편 무차별곡선과 예산선이 접한다는 것은 두 선분의 기울기가 일치한다는 것을 의미한다. 따라서 최적소비점 B에서는 다음과 같은 조건이 성립된다.

$$\frac{(1-p)u'(W_N)}{pu'(W_F)} = \frac{c-q}{q} \tag{6-17}$$

이 식의 왼쪽 항은 한계대체율(MRS_{NF})이다. 한계대체율은 화재가 발생하지 않을 때 재산의 한계효용과 화재가 발생할 때 재산의 한계효용의 비율이다. 오른쪽 항은 순보험금과 보험료의 비율이다. 즉 이 식은 화재발생 여부에 따른 재산의 한계효용비율과 보험상품의 교환비율이 같아야 한다는 것을 나타내고 있다.

12) 무차별곡선은 무위험선상에서 등기대치선과 접하는 성질을 가지고 있음을 기억하자.

한편 최적소비점 B에서 화재발생 확률과 상관없이 순재산은 $W_0 - pL$이다. 즉, B에서 $W_N = W_0 - pL$이고 $W_F = W_0 - pL$이 되어 소비자는 화재가 발생하든 발생하지 않든지 동일한 재산을 갖게 된다. 따라서 식(6-17)에서 $u'(W_N) = u'(W_F)$이 되며, 식(6-17)으로 표현된 소비자 최적조건은 다음과 같이 나타낼 수 있다.

$$\frac{1-p}{p} = \frac{c-q}{q} \tag{6-18}$$

독자 여러분은 식(6-16)과 식(6-18)이 동일함을 알 수 있다. 결론적으로 공정한 보험에서의 소비자최적은 무차별곡선의 기울기와 등기대치선의 기울기가 같을 때 달성됨을 알 수 있다. 한편 화재발생 확률과 상관없이 순재산이 동일하다는 것은 위험이 완전히 제거된다는 것을 의미한다. 이와 같이 위험을 완전히 제거해 주는 보험은 완전보험(完全保險, full insurance)이라고 부른다.

보험회사가 손실액과 동액의 보험료만 받는다면, 즉 총보험료 수입과 보험금 지급액이 같다면, 다른 부대비용 때문에 보험회사를 운영할 수 없게 된다. 그래서 보험회사는 보험금 지급을 위한 순보험료 외에 추가적으로 부가보험료를 받아 운영한다. 이 경우 소비자는 부가보험료로 얼마까지 양보할 수 있을까? 그것은 위험

그림 6-8 부가보험료 지불 용의

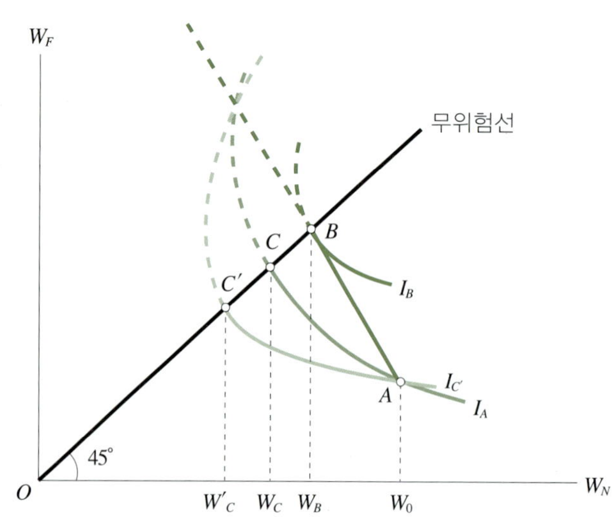

기피의 정도에 따라 다르다.

[그림 6-8]은 위험기피 정도에 따른 부가보험료 지불 용의를 보여준다. 그림에서 C는 등기대치선인 선분 AB의 안쪽에 있는 것으로 보아 재산의 기대치는 A에서보다 작다. 그러나 A와 C, 두 점은 동일한 무차별곡선상에 있기 때문에 기대효용은 같다. 보험료를 지급하여 재산보유의 기대치는 작아지더라도 위험성이 제거되기 때문에 이 소비자는 A에서나 C에서나 동일한 효용을 느끼는 것이다. 이는 소비자가 위험을 회피하기 위하여 지급할 용의가 있는 보험료가 A와 C사이의 거리인 W_0W_C라는 것을 의미한다. 이 금액은 공정한 보험 때의 보험료 W_0W_B보다 더 많다. 즉 W_BW_C가 부가된 것이다. W_BW_C를 부가보험료 또는 위험프리미엄이라고 부른다.

부가보험료는 무차별곡선의 굴곡이 클수록 많아진다. 그만큼 더 위험 기피적이라는 것을 나타내는 것이다. 그림에서 무차별곡선 I_C'는 무차별곡선 I_A에 비해 원점에서 더욱 볼록하게 그려져 있다. 이러한 형태의 무차별곡선을 가지는 소비자는 위험기피의 정도가 큰 사람이다. 그는 위험을 제거하기 위해서 W_BW_C'에 해당하는 위험프리미엄을 추가로 지불할 용의가 있는 것이다.

최적소비점: 불공정한 보험

공정한 보험의 기회가 주어지지 않은 경우에 소비자는 어떤 선택을 하는지 생각해보자. 불공정한 보험은 소비자에게 불리한 보험과 보험회사에게 불리한 보험으로 분류될 수 있다. 그러나 보험회사가 소비자에게 유리한 보험을 제공하는 상황, 즉 보험회사에게 불리한 상황은 고려할 필요가 없다. 왜냐하면 그러한 보험을 제공하는 보험회사는 적자를 보게 되고, 결국은 시장에서 퇴출될 것이기 때문이다. 따라서 소비자에게 불리한 보험이 제공되는 경우 그가 어떻게 행동할 것인지를 생각해 보자. 보험가입자들은 보험료와 보험금을 비교해서 자신에게 최적의 보험계약을 선택할 수도 있으며, 경우에 따라서는 보험에 가입하지 않는 것이 최적의 선택일 수도 있다.

[그림 6-9]는 소비자에게 불리한 보험이 제공되는 경우에 나타나는 그의 선택을 보인다. 그림에서 선분 AB는 등기대치선이자 예산선이다. 보험회사는 공정한 보험료에 비해 높은 보험료를 부과하거나 공정한 보험금에 비해 낮은 보험금을 제시한다. 즉, 보험료율을 $\frac{\text{보험료}}{\text{보험금}}$로 정의할 때 보험료율을 높인다는 것을 의미한다.

그림 6-9 불공정한 보험: 부분보험과 보험가입 기피

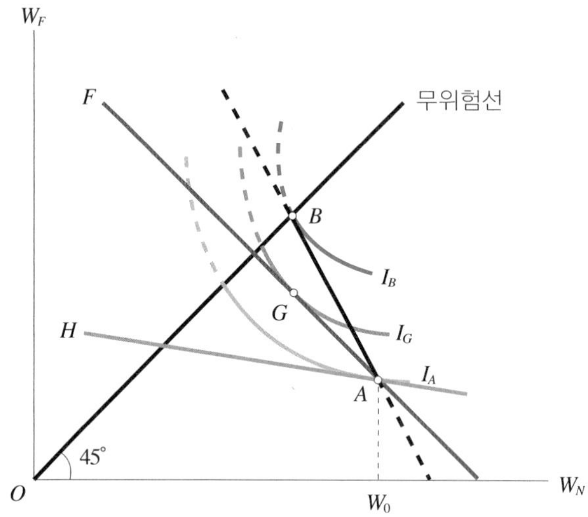

그림을 보면 AF선은 공정보험의 예산선 AB보다 완만하다.[13] 그런데 소비자의 입장에서는 자신의 기대효용을 극대화시키기 위해 보험에 가입하되, 완전보험보다는 불완전한 보험, 즉 부분보험을 선택하는 것이 최적선택이다. 즉 그림에서 G를 선택하는 것이 최선의 선택이다. 이 소비자가 부분보험에 가입함으로 얻는 기대효용은 무차별곡선 I_G로 표현된다. I_G는 I_B보다는 기대효용이 낮지만 I_A보다는 기대효용이 높다. 따라서 보험가입을 포기하는 것보다는 부분보험에라도 가입하는 것이 유리하다.

그런데 보험회사가 제시하는 보험료율이 너무 높으면 소비자는 어떤 행동을 보일 것인가? 보험료율이 매우 높아 예산선이 AH가 되면 그 예산선과 접하는 무차별곡선은 존재하지 않게 되며 A를 지나는 무차별곡선이 가장 원점에서 떨어진 무차별곡선이다. 즉 보험에 가입하지 않는 선택이 기대효용을 극대화시키는 것이다. 따라서 이 경우에 소비자는 보험에 가입하지 않는다.

13) 보험회사에게 유리한 보험에서 보험회사의 기대치는 양의 값을 갖는다: $p(-c+q)+(1-p)q>0$. 이 식은 다음과 같이 정리된다: $\frac{(1-p)}{p} > \frac{c-q}{q}$. 이 식으로부터 공정보험에서 예산선의 기울기에 비해 보험회사에게 유리한 보험에서 예산선의 기울기가 작다는 것을 알 수 있다. 공정한 보험과 보험회사에게 유리한 보험에 대한 소비자의 기대치를 비교하더라도 동일한 결과를 얻게 된다.

제4절 선물 및 옵션시장

불확실성에 직면한 경제주체가 위험을 회피하기 위해 보험에 가입하는 상황을 알아보았다. 이 절에서는 어떤 경제주체는 위험을 회피하지만, 다른 경제주체는 위험을 감수하면서 자신들의 기대효용을 극대화시키는 현상을 소개한다. 이러한 현상이 발생하는 대표적인 예로 선물시장과 옵션시장이 있다.

4.1 선물시장

선물(先物, futures)이란 거래조건이 미리 표준화된 상품 또는 금융자산을 의미하며, 선물시장(先物市場, futures market)이란 상품에 대한 선물거래가 이루어지는 시장을 말한다. 달리 표현하면, 선물시장이란 현재 계약이 체결되지만 미래의 일정 시점에서 선물이 인도되고 이에 대한 대가를 지불하는 시장이다. 선물시장은 미래에 실현될 결과와 상관없이 현재 체결된 계약에 따라 거래가 이루어지는 특징을 지닌다. 따라서 미래에 실현될 상황과 무관하게 거래당사자들의 효용은 계약을 체결하는 시점에서 결정된다.[14)]

선물시장: 현재 계약이 체결되지만 미래의 일정 시점에서 상품이 인도되고 이에 대한 대가를 지불하는 시장

독자 여러분은 제2장에서 참깨의 공급량이 안정적이지 못해 가격의 변동이 크다는 것을 알았다. 참깨는 해마다 수확량이 변하지만, 소비자들의 수요는 크게 변하지 않는다. 따라서 참깨의 수확량이 대폭 줄어 가격이 급증하는 경우에 농부의

---

14) 시장은 선물시장과 현물시장으로 분류될 수 있다. 소비자가 선택하는 상품에 대한 대가를 지불함과 동시에 상품이 인도되는 시장을 현물시장(現物市場, spot market)이라고 부른다. 조건부상품시장인 보험시장은 현물시장의 성격을 지닐까, 아니면 선물시장의 성격을 지닐까? 보험시장은 현물시장의 성격을 지닌다. 그 이유는 보험상품은 미래에 실현될 상태에 따라 효용이 달라지며, 보험상품에 대한 대가를 지불함과 동시에 상품이 인도되기 때문이다.

수입은 증가하지만, 수확량이 대폭 늘어 가격이 폭락하는 경우에 농부는 큰 폭의 적자에 직면한다. 농부의 입장에서는 불확실한 수입보다는 적정하다고 생각되는 평균적 수입이 유지되는 것을 바랄 수 있다. 즉 농부는 수확량의 변동은 어쩔 수 없지만, 참깨의 가격변동을 제거하여 안정적 수입을 얻고자 한다.[15] 한편 농산물 중매인(仲買人, middleman) 중에는 참깨 수확량과 적정가격을 예측하고 시세차익을 얻기 위해 미리 참깨를 사두고자 하는 사람도 있다.

농부와 중매인 사이에 가격과 인도될 참깨의 양이 결정되는 경우 계약이 체결된다. 그 후 수확시기에 중매인은 시장가격에 상관없이 계약된 가격을 농부에게 지불하고, 농부는 계약된 수량만큼 참깨를 중매인에게 인도한다. 참깨의 시장가격이 계약가격에 비해 높으면 중매인은 이익을 얻지만, 반대일 경우에는 손해를 보게 된다. 이는 농부에게는 반대의 상황을 의미한다. 즉 시장가격이 계약가격에 비해 높으면 농부는 손해를 보지만, 반대일 경우에는 이익을 얻는다. 하지만 농부의 입장에서는 사전에 적정수준의 판매가격이 보장됨에 따라 작황에 따른 가격변동의 위험을 피할 수 있다. 참깨 재배 농부처럼 위험을 피하고자 시장에 참가하는 자를 헤저(hedger)라 하고, 농산물 중매인처럼 위험을 인수하지만 시세변동에서 오는 차익을 얻으려고 시장에 참가하는 자를 투기자(投機者, speculator)라고 한다.

한편 선물시장은 장내시장(場內市場)과 장외시장(場外市場)으로 구분된다. 장내시장이란 거래소시장처럼 제도화된 시장을 말하고 이 시장에서의 거래를 선물거래(futures transaction)라고 한다. 장외시장이란 수요공급자가 임의로 만나 자유롭게 거래하는 시장이며, 장외시장에서의 거래를 선도거래(forward transaction)라고 한다.

농산물이나 금융시장에서 형성되는 선물시장은 농산물가격이나 금리, 환율이 어떻게 변동할지 모르는 상황에서 그 불확실성과 위험을 피하고 싶어 미리 약정한 가격에 판매하고 약정한 시기에 물건을 넘기는 것이다. 선물시장에서는 사는 사람이나 파는 사람이 가격의 변화에 따라 손해를 볼 수도 있고, 이익을 볼 수도 있다. 선물시장은 이러한 위험을 인수하겠다는 투기자가 있어서 존재하는 것이다. 농산물 선물시장이 있으면 수확기에 농산물가격이 지나치게 상승하는 것을 막을 수 있어서 농산물가격 안정 기능을 가질 수 있다. 또 금융시장에서 금리나 주식, 그리고

15) 이러한 농부의 행동을 헤징(hedging)이라고 부를 수 있다. 헤징이란 자산의 가격변동으로 인해 생기는 위험을 줄이거나 없애는 투자전략을 말한다.

외환시장에서 환율변동의 폭을 진정시킬 수 있다. 그러나 선물거래를 투기화 함으로써 오히려 현재의 가격에 영향을 미치고 분배를 왜곡시킬 수도 있다는 점을 유의하기 바란다.

4.2 옵션시장

옵션(option)이란 상품이나 통화, 채권 등을 일정한 가격으로 팔고 사는 권리를 말하며, 불확실성이 존재하는 상황에서 위험을 회피하기 위해 옵션이 사용될 수 있다. 옵션시장(option market)이란 이미 계약된 가격으로 기초자산을 구입(call)하거나 판매(put)할 수 있는 권리, 즉 선택권을 거래하는 시장을 말한다.

옵션시장: 이미 약정된 가격으로 기초자산을 구입하거나 판매할 수 있는 선택권을 거래하는 시장

옵션시장에서 가격변동에 따른 위험에 대비할 수 있는 권리를 구입한 사람을 옵션매입자(option buyer), 판매한 사람을 옵션매도자(option writer)라고 부른다. 즉 옵션매입자는 미리 정한 옵션가격(option price), 즉 옵션프리미엄을 옵션매도자에게 지불한 후 기초자산을 구입하거나 판매할 수 있는 권리를 갖게 된다. 옵션매입자는 자신에게 유리한 조건에서 권리를 행사하되, 불리한 조건에서는 그 권리를 행사하지 않을 수 있다.

옵션시장은 선물시장과 차이가 있다. 선물시장이 불확실한 가격 변동에 대비해 미리 거래조건을 결정하는 시장인데 반해, 옵션시장은 불확실한 가격 변동을 피할 수 있는 권리를 제공해 주는 시장이다. 선물시장은 미리 거래조건을 결정하게 되므로 거래당사자 모두가 조건을 준수해야 할 의무가 있지만, 옵션시장은 옵션매입자는 권리를 옵션매도자로부터 구입하므로 옵션매도자만 의무를 부담하게 된다. 옵션시장의 정의에서 "이미 약정된 가격"이라는 표현이 나온다. "미리 약정된 가격"을 약정가격 또는 행사가격(strike price)이라고 부른다.

옵션은 기초자산의 구입권을 거래하는가, 아니면 판매권을 거래하는가에 따라 두 가지로 나누어진다. 상품 구입권을 가지게 되는 거래계약을 콜옵션(call option)

이라고 하고, 상품 판매권을 가지는 거래계약을 풋옵션(put option)이라고 한다.

콜옵션은 옵션매입자가 약정가격으로 정해진 기일에 상품을 구입, 즉 call 할 수 있는 권리를 구입하는 계약을 말한다. 이 거래에서 콜옵션 매입자는 미리 옵션가격을 지불하고 상품을 구입하거나 구입하지 않을 권리를 얻는다. 풋옵션은 옵션매입자가 약정가격으로 정해진 기일에 상품을 판매, 즉 put 할 수 있는 권리를 구입하는 계약을 말한다. 이 거래에서 풋옵션 매입자는 미리 옵션가격을 지불하고 상품을 판매하거나 판매하지 않을 수 있는 권리를 얻는다.

콜옵션이건 풋옵션이건 일정한 옵션가격을 지불하고 선택권을 가진 사람은 그 기초자산의 시장 상황을 보고 자신에게 유리하도록 권리를 행사한다. 거래하는 것이 유리할 때는 거래를 함으로 약정가격과 시장가격의 차이에 해당하는 이득을 얻을 수 있다. 반대로 거래를 하는 것이 불리할 때는 거래를 포기하고 옵션가격 만큼만 손해를 보면 된다.

요 · 약

01. 위험성이 내포되어 있는 상황에서의 소비자 선택행동을 분석하는 이론을 불확실성하의 선택이론이라고 한다.

02. 불확실성하의 선택행동을 설명하는 이론에는 두 가지가 있다. 하나는 기대효용이론이고 다른 하나는 조건부상품이론이다.

03. 기대효용이론이란 불확실성이 결부된 상태에서의 선택을 분석하는 이론이다. 기대효용은 확률과 소비자의 위험에 대한 태도에 의존하게 된다.
   • 어떤 복권의 기대효용은 다음과 같다.
   $u(L) = p \cdot u(S) + (1 - p) \cdot u(F)$

04. 조건부상품이란 현재 일정한 가격을 지불하면 미래에 어떤 특정 상황이 실현되었을 경우에만 인도되는 상품을 말한다.

05. 위험에 대한 사람들의 태도는 기피적이거나 중립적, 그리고 애호적인 태도의 세 종류가 있다. 위험기피적 소비자들은 위험을 피하기 위하여 보험에 가입한다. 반면에 위험애호적인 사람들은 참가료를 지불하면서도 도박을 즐기거나 복권을 즐겨 구입한다.

06. 등기대치선이란 조건부상품의 선택이론에서 나오는 용어이다. 불확실성하의 선택 대상이 되는 조건부상품의 조합 중에서 동일한 기대치를 주는 점들의 궤적을 말한다.
   • 등기대치선의 기울기는 공정한 보험의 예산선 기울기와 일치한다.
   • 최적보험가입점은 보험자가 제시한 예산선과 무차별곡선의 접점에서 이루어진다.

07. 시장의 불확실성을 보완해 주는 제도로는 선물과 옵션이 있다.
   • 선물시장(futures market)이란 일정한 가격조건으로 거래가 현재 이루어지지만, 상품은 미래에 인도되는 시장을 말한다.
   • 옵션시장(option market)이란 상품을 팔 권리나 살 권리를 매매하는 시장을 말한다. 옵션에는 콜옵션과 풋옵션이 있다.

연 · 습 · 문 · 제

01. 불확실성하의 선택이론이란 무엇인가, 그렇다면 확실성하의 선택이란 무엇을 말하는가 설명하시오.

02. 기대효용이론이란 무엇인가 설명하시오.

03. 기대효용함수 $u(L) = p \cdot u(S) + (1 - p) \cdot u(F)$를 설명하시오.

04. 위험기피자, 위험중립자, 위험애호자의 효용곡선을 각각 그리고 설명하시오.

05. 위험기피적 소비자의 효용곡선을 가지고 보험가입의 행동을 설명하시오. 이 사람의 보험료 지불의사는 얼마까지인가 알아보시오.

06. 위험애호자의 효용곡선을 이용하여 도박참가비를 얼마까지 지불할 수 있는가 설명하시오.

07. 어떤 사람의 화재위험이 있는 재산에 대한 기대효용함수식이 $u = \sqrt{M}$이다. 화재가 발생하면 이 사람의 재산은 100원이 되고 화재가 발생하지 않으면 1,600원이 된다. 단 화재발생 확률은 0.1이다. 다음 사항을 구하시오.

(1) 이 재산의 기대치 (2) 화재가 발생하지 않을 경우의 효용 (3) 화재발생시의 효용 (4) 이 재산의 기대효용 (5) 확실성등가 (6) 리스크 프리미엄

08. 위험기피자는 1억 원을 투자해야 하는 사업을 계획하고 있다. 이 사업을 시행할 때 1억 원의 수입을 얻을 수 있는 확률이 10%, 5천만 원의 수입을 얻을 수 있는 확률이 80%, 그리고 5억 원의 수입을 얻을 수 있는 확률이 10%이다. 이 위험기피자는 사업에 투자해야 하는지 설명하시오.

09. 조건부상품이란 무엇인가 설명하시오.

10. 등기대치선이란 무엇이며 등기대치선의 기울기는 얼마가 되는가 설명하시오.

11. 조건부상품이론에서 무위험선이란 무엇인가 설명하시오.

12. 조건부상품의 무차별곡선은 왜 무위험선상에서 등기대치선과 접하게 되는가 설명하시오.

13. 선물시장이란 무엇인가?

14. 옵션시장이란 무엇인가?

해답 및 풀이

07. {해답} (1) 1,450(원) (2) 40 (3) 10 (4) 37 (5) 1,369(원) (6) 81(원)

{풀이} 문제의 내용을 그림으로 나타내면 다음과 같다.

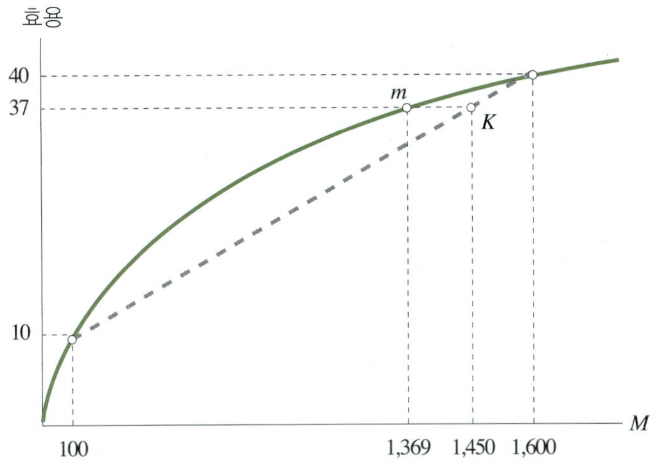

(1) 기대치 = 0.9 × 1,600 + 0.1 × 100 = 1,450(원) (2) $\sqrt{1600}$ = 40 (3) $\sqrt{100}$ = 10 (4) 기대효용 = $(1-p)\cdot u(1{,}600)+p\cdot u(100)$ = 0.9 × 40 + 0.1 × 10 = 37 (5) 확실성등가란 기대효용과 같은 수준의 효용을 가져다주는 재산의 양을 말한다. 이 재산의 기대효용은 37이므로 확실성등가 = $\sqrt{M}$ = 37에서 M = 1,369(원) (6) 리스크 프리미엄 = 기대치 − 확실성등가 = 1,450 − 1,369 = 81(원)

08. {풀이} 위험기피자의 기대수입은 1억 원이다. 그리고 비용 역시 1억 원이다. 따라서 위험기피자는 그 사업에 투자하지 않을 것이다.

읽을거리 속담 속의 경제학: 수박은 속을 봐야 알고 사람은 지내봐야 안다

수박은 쪼개서 속을 봐야 잘 익었는지 알 수 있고, 사람도 함께 지내봐야 그 사람이 어떤 사람인지 알 수 있다. 우리는 일상생활에서 상표나 모양으로 그 품질을 짐작하고 상품을 구입한다. 소비자가 설명이나 겉모양 또는 상표만 봐도 효용을 짐작할 수 있는 상품을 탐색재라고 한다. 하지만 특징이나 품질에 대한 정보가 없어서 소비해봐야 그 효용을 알 수 있는 상품도 있다. 소비 경험을 통하지 않고는 품질을 판단하기 어려운 상품을 경험재라고 한다. 배달 음식, 음악인의 연주, 중고차처럼 소비를 하고 난 후에야 그 효용을 판단할 수 있는 상품이 경험재에 속한다.

경험재에 대해서는 정책 당국의 시장 규제가 심한 편이다. 경험재는 정보재의 일종으로, 거래에 있어서 원칙적으로 비가역적(非可逆的)이다. 경험재는 일단 소비하면 상품의 가치가 훼손되기 때문이다. 그럼에도 불구하고 공급자와 소비자 사이에 상품의 효용에 대한 견해가 달라서 분쟁이 발생할 수 있다. 홈쇼핑이나 인터넷 거래에서 공급자와 구매자 사이에 분쟁이 자주 발생하고, 반품 문제로 다툼이 생기는 것이 그것이다.

경험재는 특성상 신용과 평판 등 간접경험이 소비에 중요한 역할을 한다. 어떤 상품에 대한 평가, 입소문 등은 해당 상품을 직접 소비하지 않고도 소비 여부를 결정할 수 있는 정보가 되는 것이다. 특히 인터넷은 소비자들에게 특정 상품에 대한 간접경험의 장을 폭넓게 제공한다. 소비자는 인터넷을 통해 상품 구매 후기, 리뷰슈머(reviewsumer)의 평가 등을 손쉽게 접한다. 블로그 마케팅(blog marketing)과 버즈 마케팅(buzz marketing)도 경험재의 판매에 도움이 될 수 있다. 요즈음에는 경험재 뿐만 아니라 탐색재를 생산하는 기업도 이러한 마케팅을 적극적으로 이용하는 추세다.

part 3

생산이론

Chapter 7 기업과 생산
Chapter 8 비용제약과 최적 생산요소조합
Chapter 9 기업의 목표와 행동

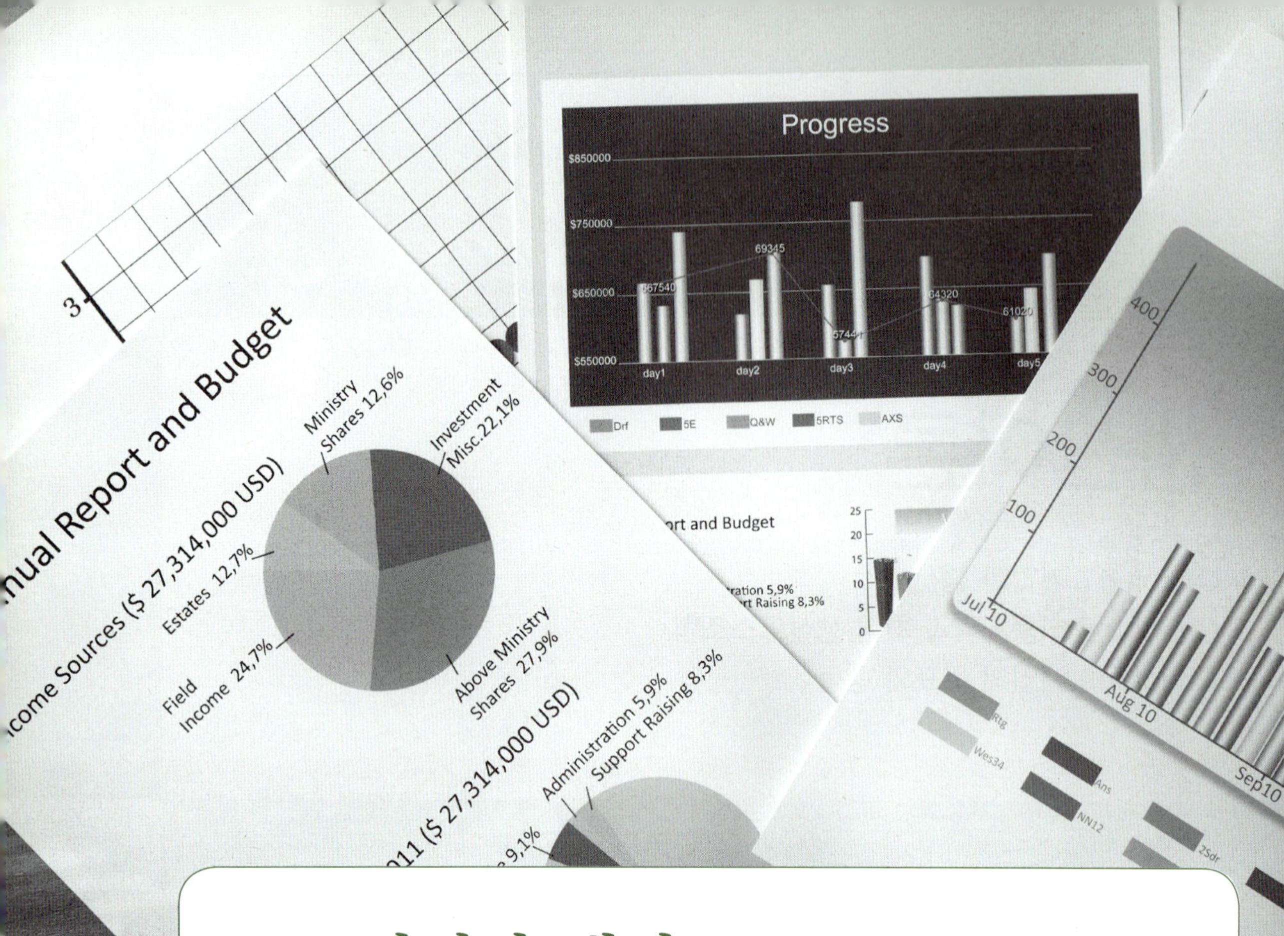

기업과 생산

chapter 7

생산(生産)이란 인간생활에서 인간의 효용을 증가시키는 모든 행위를 말하며 기업이 담당한다. 이 장에서는 기업의 존재이유인 생산과 관련된 이슈들에 대해 알아본다. 이를 위해 생산, 생산함수, 생산물곡선, 그리고 등량곡선 등에 대한 분석을 한다.

이 장은 제3장과 내용 전개가 매우 비슷하므로 독자 여러분은 자주 제3장으로 돌아가 비교해 가면서 읽으면 좋을 것이다. 총생산물곡선의 개념은 총효용곡선의 개념과 유사하고, 한계생산물곡선의 개념은 한계효용곡선의 개념과 유사하다. 소비에서 한계효용체감의 법칙이 작용하듯이 생산에서는 한계생산체감의 법칙이 작용한다. 생산이론에서는 이를 수확체감의 법칙이라고도 부른다. 등량곡선(等量曲線)은 그 성질이 무차별곡선과 유사하다. 한계대체율과 한계기술대체율(限界技術代替率)을 비교해 보고, 무차별곡선의 형태와 등량곡선의 형태를 비교해 보는 것도 좋은 공부 방법이다.

한 알의 밀이 땅에 떨어져 죽지 아니하면 한 알 그대로 있고
죽으면 많은 열매를 맺느니라.

- 요한복음 12: 24 -

제 1 절 기업과 생산기술

1.1 기업, 생산, 그리고 생산기술

생산이란 인간의 편익(benefit)을 증대시키는 모든 행위를 의미한다. 어떤 구체적인 물건을 제조하는 것만 생산이라고 생각하기 쉽다. 그러나 제조 외에도 생산에 속하는 다양한 경제행위들이 있다. 즉 교환, 운반, 저장 등도 생산이 될 수 있다. 이러한 경제행위들을 통해 편익을 증대시킬 수 있기 때문이다.[1)]

다음 읽을거리는 서비스의 창출도 제조업 못지않게 훌륭한 생산이라는 것을 보여준다.

읽을거리 「난타」 - 세계를 두드리다

난타가 우리 문화상품 수출사상 최고액인 400만 달러(약 52억원)에 미국에 수출되었다. 난타가 받는 400만 달러의 개런티는 자동차회사가 중형승용차 한 대를 수출할 때 200달러의 이익을 얻는 것과 비교할 때 2만대를 수출해서 벌어들일 수 있는 액수다.

국내 공연물이 세계 오락산업의 본 고장인 미국시장에서 본격적인 상업적 투어를 갖는 것은 이번이 처음이다. 난타의 제작사에 따르면, 최소 개런티만 400만 달러이며 관객 숫자를 연계시키는 러닝 개런티까지 포함하면 800만~1,000만 달러(약 104~130억 원)의 총액 수입도 가능하다는 것이 미국측 계약사의 판단이라 한다. 또 미국 언론들이 난타에 호의적인 반응을 보이고 있어 대규모의 추가수입도 기대되는 것으로 알려졌다.

난타는 주방에서 요리를 만들면서 발생한 에피소드를 사물놀이 리듬에 실어 코믹하게 구성한 작품으로 국내에서 1,000회 공연을 달성했으며, 50만 명의 관객을 동원하는 등 폭발적인 인기를 누리고 있다. 난타의 400만 달러 계약은 그 규모와 내용으로 볼 때 우리 문화상품의 해외진

1) 다음의 행위도 생산에 포함된다: (1) 경작, 채취 등과 같이 자연에 노동을 가해서 물자를 획득하는 행위; (2) 자연에서 얻은 물자를 변형 또는 가공하여 전과는 용도가 다른 제품을 만드는 행위; (3) 상품을 한 곳으로부터 다른 곳으로 이전하는 행위; (4) 상품을 저장하는 행위; (5) 상품을 교환하는 행위; (6) 서비스를 만들어 내는 행위: 교수의 강의, 의사의 진료, 자동차 운전, 가수의 열창, 영화상영 등의 서비스도 인간의 욕망을 충족시켜 주는 행위로서 생산의 일종이다.

출사상 기념비적인 사건으로 평가된다. 그 동안 공연물의 해외 진출은 대부분 10만 달러 안팎의 개런티를 받고 참여하거나 한인들을 대상으로 한 공연에 그쳤다. 뮤지컬 명성황후가 브로드웨이 무대에 진출했지만 개런티 없이 제작사가 극장을 임대하는 방식이었고 수익도 내지 못했다. 영화의 경우 공동경비구역 JSA의 일본수출 가격이 200만 달러였다.

– 서울/연합뉴스, 2001년 2월 5일 –

생산을 담당하는 주체를 기업이라 한다. 시골에서 한 마지기의 논농사를 짓는 농부들도 경제학에서는 기업이다. 기업은 여러 가지 생산요소(input or production factor)를 재화와 서비스라는 산출물(생산물)(output or product)로 전환시킨다. 그렇다면 생산요소가 산출물로 전환되는 것을 어떻게 표현할 수 있을까. 경제학에서는 생산요소가 산출물로 전환되는 기술적 관계를 생산기술(production technology)이라고 한다. 본 장에서는 기업이 존재하는 가장 중요한 이유인 생산과 관련된 이슈들에 대해 알아본다.

1.2 생산함수

우리는 위에서 생산요소와 산출물간의 기술적 관계를 생산기술이라고 배웠다. 여기에서는 생산기술이 어떻게 생산함수로 표현되는지에 대해 알아보자. 생산함수(production function)는 주어진 기간 동안 투입되는 생산요소들의 조합들과, 이들 조합들에 의해 생산할 수 있는 한 상품의 최대생산량과의 관계를 나타낸다.

생산함수: 주어진 기간 동안 투입되는 생산요소들의 조합과 생산할 수 있는 한 상품의 최대생산량과의 관계

기술이 주어진 것이라고 가정하면 생산량은 생산요소들의 투입량에 의하여 결정된다. 한 상품의 생산량을 Q라 하고, 노동투입량을 L, 자본투입량을 K, 토지사용량을 L_d, 경영을 M, 그리고 원자재 사용량을 R이라고 하자. 이들의 관계는 다음과

같이 나타낼 수 있다.[2)]

$$Q = f(L, K, L_d, M, R) \tag{7-1}$$

식(7−1)은 생산함수이다. 이 함수에서 f는 요소 투입량의 변화에 따라 생산량이 반응하는 관계를 나타내며 주어진 기술수준을 포함한다. 이 생산함수는 변수가 6개나 되어 분석하기가 매우 복잡하다. 그런데 생산에 있어서 최대의 관심사는 생산량의 크기 및 노동과 자본 투입량의 크기이다. 그래서 노동과 자본 두 생산요소만 사용된다고 가정하자. 이러한 경우에 생산함수는 아래와 같이 나타낼 수 있다.

$$Q = f(L, K) \tag{7-2}$$

여기서 유의할 점은 그림을 통해 이해하기 쉽도록 설명하기 위해 생산요소를 두 개라고 가정하였지만, 여기에서 유도된 주요 결론은 생산요소가 3개 이상인 일반적인 경우에도 변하지 않는다. 생산함수는 다음과 같은 의미를 가지고 있다. 첫째, 생산량은 요소의 투입량에 따라 달라진다. 좀 더 구체적으로 말하면 생산량은 노동과 자본의 투입량에 의하여 결정된다. 둘째, 일정한 양의 요소를 투입했을 때 생산이 가능한 최대 생산량을 말한다.

생산과 기간

생산이론에서의 기간 개념, 즉 단기와 장기의 구분은 물리적인 시간의 장단에 의하지 않는다. 생산에 있어서의 단기와 장기의 구분은 고정투입요소가 존재하는지의 여부에 의해서 이루어진다. 만일 기업의 공장건물, 기계설비, 기술수준, 그리고 경영조직의 효율성 등이 일정하다면 이러한 요소들은 고정투입요소(고정생산요소, fixed inputs)가 된다. 생산과정에 고정투입요소가 하나라도 존재하면 물리적인 시간의 길이에 관계없이 단기(short run)라고 부른다. 한편 생산과정에 고정투입요소가 존재하지 않는다면, 즉 모든 투입요소가 가변투입요소(가변생산요소, variable inputs)라면 이 기간은 장기(long run)라고 부른다.

---

2) 생산요소에는 노동 등의 인적자원과 토지, 공장, 기계, 설비 등의 물적자원, 그리고 특허권, 기술적 지식, 시장에 대한 정보 등의 무형자원이 있다. 최근에는 경영도 생산요소의 하나로 본다.

1.3 함수의 형태와 생산기술

경제학에 나오는 생산함수로는 앞에서 설명한 $Q = f(\cdot)$가 있다. 이러한 생산함수는 생산과정에서 하나의 상품만이 생산될 수 있다는 것을 의미한다. 그러나 생산과정에서 두 가지 이상의 상품이 생산되는 것이 현실적이다. 예를 들어 어떤 자동차회사에서 승용차(X)도 생산하고 버스(Y)도 생산한다고 하자. 자동차부품을 비롯한 다양한 생산요소를 Z라고 표현하자. 이 때 생산요소와 생산과의 기술적 관계인 생산기술은 다음과 같은 함수로 나타낼 수 있다: $z = h(x, y)$. 이 함수는 '자동차부품을 비롯한 다양한 생산요소를 z만큼 투입하였을 때 가장 능률적으로 생산할 수 있는 승용차와 버스의 조합'을 나타낸다.

본서에서는 $Q = f(\cdot)$로 표현된 생산기술에 대해 초점을 맞추어 분석을 하지만, $z = h(x, y)$로 표현된 생산기술도 함께 배우게 될 것이다.

제2절 생산물곡선

2.1 총생산물곡선

대표적인 생산함수 $Q = f(L, K)$에서 자본투입량 K가 고정되어 있다고 가정하면 이 생산관계는 다음과 같이 나타낼 수 있다.

$$Q = f(L, \bar{K}) \tag{7-3}$$

이 함수는 노동투입량과 생산량과의 관계를 나타내고 있다. 구체적으로 말하면 생산량이 노동요소의 투입량에 의하여 결정된다는 것을 나타낸다. [그림 7-1]은 총생산물곡선을 그리는 과정을 보이고 있다.

(a)는 가상적인 노동투입량과 생산량의 관계를 보이는 표이다. 여기서 자본, 즉 기계는 1대로 고정되어 있는 고정투입요소이고 노동은 가변투입요소이다. 노동투입이 증가함에 따라 생산량은 증가한다. 그런데 처음에는 노동투입에 따라 생산량이 빠르게 증가하다가 나중에는 천천히 증가한다. 노동투입량이 증가하면서 생산량이 증가하는 관계를 그림으로 나타내면 총생산물곡선이 된다.

(b)는 표의 내용을 그림에 옮긴 것이다. 그림의 세로축은 생산량을 나타내고 가로축은 노동투입량을 나타낸다. 표의 내용을 좌표에 그린 곡선이 총생산물(*TP*: total product)곡선이다. 이론상 총생산물곡선은 노동의 총생산물곡선과 자본의 총생산물곡선 두 가지가 있다. 노동이 가변투입요소일 때는 노동의 총생산물곡선이 얻어지며 TP_L(total product of labor)이라고 쓴다. 만약 노동요소의 투입량이 고정되어 있고 자본요소가 가변이라면 그 생산함수는 다음과 같이 표현되며, 이를 자본의 총생산물 TP_K(total product of capital)라고 한다.

$$Q = f(\bar{L}, K) \tag{7-4}$$

그림 7-1 총생산물곡선

(a) 투입량과 생산량의 관계

기계투입량($\bar{K}$)	1	1	1	1	1	1	1	1
노동투입량(L)	0	1	2	3	4	5	6	7
생산량(TP_L)	0	3	8	15	20	23	25	26

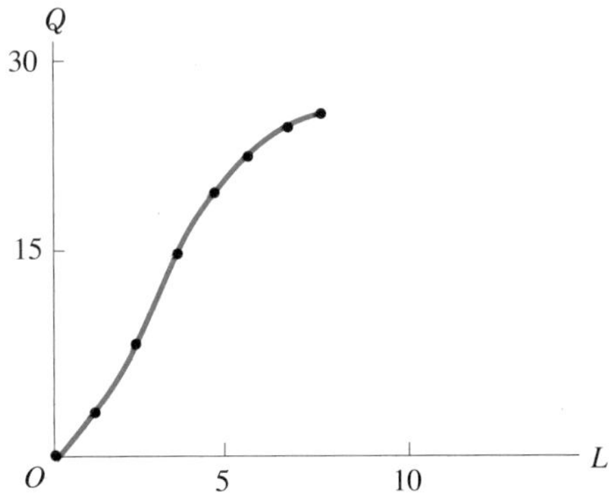

(b) 총생산물곡선

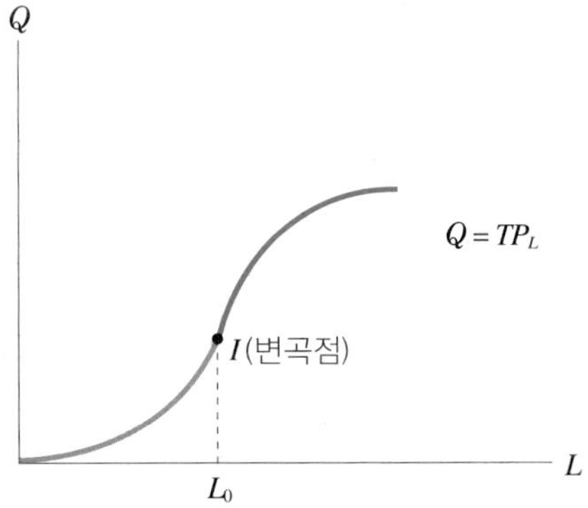

(c) 부드러운 곡선으로 나타내면

(c)는 왼쪽의 그림을 부드러운 곡선으로 그려서 일반화시킨 전형적인 총생산물곡선이다. 총생산물곡선은 그림처럼 변곡점(inflection point)을 경계로 하여 가로축에 볼록한 부분과 오목한 부분이 연결된 모양을 보인다.

2.2 수확체감의 법칙

앞의 [그림 7-1]의 (c)를 보며 노동투입과 생산물과의 관계에 대해서 좀 더 자세히 알아보자. 그림에서 보는 바와 같이 총생산물곡선의 모양은 일반적으로 *S*자형이다. 총생산물곡선은 서로 성질이 다른 두 부분으로 나눌 수 있다. 일반적으로 노동투입이 증가하면 생산량도 증가한다. 그러나 L_0의 왼쪽 구간과 오른쪽 구간은 노동투입에 따른 생산증가 폭이 서로 다르다. 이러한 현상은 수확체증과 수확체감으로 분류하여 설명할 수 있다. 추가적으로 우리는 수확불변에 대해서도 배워보기로 한다. 여기서 주의해야할 것은 수확체증, 수확불변, 그리고 수확체감을 언급할 때 모두 '단기를 가정'한다는 것이다. 즉 고정투입요소가 존재하는 상황을 가정한다.

수확체증 현상

L_0의 왼쪽 구간, 즉 노동의 절대투입량이 적은 구간에서는 노동의 투입 증가에 따라 생산물의 증가가 체증적으로 이루어진다. 이 구간에서는 고정요소투입량인 자본량에 비하여 노동투입량이 상대적으로 적기 때문에 노동생산성이 클 것이고, 따라서 노동투입에 대하여 생산량의 증가폭이 더 크다. 이러한 현상을 수확체증이라고 한다.[3] 수확체증 현상은 전통적인 경제이론에서는 무시되어 왔다. 즉 수확체증은 노동투입량이 적은 경우에 일시적으로 나타나는 현상이라고 생각해 왔다. 그러나 디지털혁명을 통한 웹경제가 들어서면서 수확체증 현상은 상당히 광범위하게 나타나는 현상이 되었다. 경제가 디지털화되면서 생산량이 체증하지만, 한계비용이 낮은 상황을 유지하는 수확체증 현상이 생기고 있는 것이다. 이러한 수

3) 한계생산물체증이라고 부르는 학자도 있다.

확체증 현상을 설명하는 이론으로 멧칼프의 법칙(Metcalf's Law)이 있다.[4] 멧칼프의 법칙은 웹 경제에 나타나고 있는 현상을 설명하는 이론이다. 웹경제는 대개 망 외부효과(network externality)를 갖는다. 망 외부효과란 정보 네트워크에 참여자가 많아질수록 그 참여자들이 얻는 효용이 기하급수적으로 증가하는 것을 말한다. 웹경제가 갖는 이러한 성질 때문에 디지털화 경제에는 수확체증이 발생하거나 규모의 경제가 작용한다. 이러한 수확체증 현상은 무어의 법칙(Moore's Law)이 뒷받침하고 있다고 볼 수 있다. 무어의 법칙은 마이크로칩 기술의 발전 속도에 관한 것으로, 마이크로칩에 저장할 수 있는 데이터의 양이 매년 또는 적어도 18개월마다 두 배씩 증가한다는 법칙이다. 참고로, 인터넷에서 통용되는 새로운 경제이론을 웨보노믹스(webo-nomics)라 한다. 웨보노믹스란 인터넷을 뜻하는 웹(web)과 경제학(economics)을 결합한 단어이다. 수확체증 현상이 나타나는 L_0의 왼쪽 구간은 다음과 같이 수학적으로 표현할 수 있다.

$$\frac{\partial Q}{\partial L} > 0 \text{이고 } \frac{\partial^2 Q}{\partial L^2} > 0 \tag{7-5}$$

PART 03

수확불변현상

[그림 7-1]에는 나타나지 않았지만, 하나의 생산요소의 투입을 증가시킬 때, 산출량이 일정한 비율로 증가하게 되는 경우를 고려할 수 있다. 즉 우상향하는 직선의 생산곡선도 있을 수 있다. 이러한 경우에는 한계생산이 불변이며, 이는 다음과 같이 표현할 수 있다.[5]

$$\frac{\partial Q}{\partial L} > 0 \text{이고 } \frac{\partial^2 Q}{\partial L^2} = 0 \tag{7-6}$$

(궁극적) 수확체감의 법칙

한편 노동투입량이 L_0를 넘어서면 노동투입의 증가에 대해 생산량의 증가 속도가 둔화된다. L_0의 왼쪽 구간은 노동투입에 대한 생산량의 증가폭이 크며 이에

4) 네트워크의 가치는 사용자수의 제곱에 비례하지만 비용증가율은 일정하다는 법칙이다. 이에 대해서는 홍순영 외(2000)를 참고하기 바란다: 홍순영 외(2000), 『디지털 충격과 한국경제의 선택』, 삼성경제연구소.

5) 한계생산물불변이라고 부르는 학자도 있다.

따라 총생산물곡선의 모양이 가로축에 볼록하게 나타난다. 그러나 오른쪽 구간에서는 노동투입에 대한 생산량의 증가폭이 작으며 이에 따라 총생산물곡선의 모양도 가로축에 대해 오목하게 나타난다. 이것은 가변요소인 노동의 투입을 차츰 증가시켜갈 때 처음에는 한계생산물이 증가하지만 결국은 감소하기 때문이다. 요소 투입의 증가로 한계생산물이 감소하는 현상을 한계생산물체감의 법칙(law of decreasing marginal product) 또는 수확체감의 법칙(law of diminishing returns)이라고 부른다. 그림에서 L_0의 오른쪽 구간은 한계생산물체감의 법칙이 작용하는 구간이다.

$$\frac{\partial Q}{\partial L} > 0\text{이고 } \frac{\partial^2 Q}{\partial L^2} < 0 \quad (7-7)$$

한계생산물체감 현상은 대부분의 산업에 일반적으로 나타나는 공통적인 현상이다. 생산기계(자본)와 공장의 면적은 한정되어 있는데, 노동투입만 늘어나면 생산성은 떨어지게 마련인 것이다. 한계생산물체감의 법칙은 소비자이론에서의 한계효용체감의 법칙만큼이나 널리 알려져 있다. 노동투입 증가에 대한 한계생산물체감 현상은 자본투입 증가 때도 그대로 적용된다. 노동자 수를 고정시키고 기계투입을 증가시키면 처음에는 한계생산물이 증가하지만 결국 한계생산이 감소하게 된다. 즉 자본 부문에도 한계생산물체감의 법칙이 작용한다. 이러한 한계생산물체감 현상은 기업경영에 있어서 각 생산요소 투입량을 결정하는데 중요한 고려 요소가 된다. 기업 경영자는 한계생산물체감 현상을 고려하여 노동투입량과 자본투입량을 결정해야 한다.

2.3 평균생산물과 한계생산물

기업이 생산량을 결정하는 의사결정 과정에는 총생산물, 한계생산물, 그리고 평균생산물의 크기가 중요한 역할을 한다.[6] 이러한 세 가지는 서로 밀접한 관계를

6) 우리는 소비자이론에서 한계효용에 대해서 정의하였지만, 평균효용에 대해서는 정의하지 않았다. 기수적 효용과 서수적 효용에서 효용을 수치로 표시하지만, 서수적 효용에서는 절대적 크기가 의미가 없다. 일반적으로 미시경제학에서는 서수적 효용을 가정하기 때문에 평균효용이란 개념은 무의미하다. 이에 반해, 생산자이론에서는 생산물의 절대적 크기는 매우 중요하며, 이에 따라 평균생산물의 개념은 중요한 의미를 갖는다.

가지고 있다.

〈표 7-1〉은 노동투입과 생산량의 관계를 나타내고 있다.

이 표는 [그림 7-1]의 (a)에 노동의 한계생산물과 평균생산물을 계산하여 보충한 것이다. 표를 보면 자본, 즉 기계는 1대로 고정되어 있고 노동투입만 변하고 있다. 노동투입을 증가시켜 감에 따라 노동의 한계생산물은 처음에는 증가하다가 차츰 감소하게 되고, 나중에는 마이너스(−)에 까지 이르게 된다. 노동의 평균생산물 또한 처음에는 증가하다가 나중에는 감소하고 있다. 이제 총생산, 평균생산(*AP*: average product), 그리고 한계생산(*MP*, marginal product)의 성질과 관계에 대해서 알아보도록 하자. 노동의 한계생산물(MP_L, marginal product of labor)은 노동투입의 변화로 인한 생산량의 변화분을 말하며, 그 정의상 다음과 같이 나타낼 수 있다.

$$MP_L(L, K) = \frac{\Delta Q}{\Delta L} \tag{7-8}$$

만약 노동투입 변화분 ΔL이 아주 작아 거의 0에 가까우면 MP_L은 다유과 같이 된다.

$$MP_L(L, K) = \lim_{\Delta L \to 0} \frac{\Delta Q}{\Delta L} = \frac{\partial Q}{\partial L} \tag{7-9}$$

한편 노동의 평균생산물(AP_L, average product of labor)은 총생산량을 노동투입량으로 나눈 것이다.

$$AP_L(L, K) = \frac{Q}{L} \tag{7-10}$$

이제 전형적인 총생산물곡선을 택하여 노동의 평균생산물곡선과 한계생산물곡선을 유도해 보자.

[그림 7-2]는 총생산물곡선에서 한계생산물곡선과 평균생산물곡선을 유도하는 과정을 보이고 있다. 원래 노동의 한계생산물곡선과 평균생산물곡선은 앞의 〈표 7-1〉에서 구할 수 있다. 즉 가로축에 노동투입량을 나타내고 세로축에 한계생산물과 평균생산물을 나타내면 된다. 노동의 한계생산물곡선은 7을 극대점으로 한 역(逆) U자 모양이 된다. 또 노동의 평균생산물 곡선은 5를 극대점으로 한 역 U자 모양이 된다. 여기에서는 총생산물곡선과 한계생산물곡선 및 평균생산물곡선

PART 03

표 7-1 노동투입과 생산량의 관계

기계투입량($\bar{K}$)	1	1	1	1	1	1	1	1	1	1
노동투입량(L)	0	1	2	3	4	5	6	7	8	9
생산량(TP_L)	0	3	8	15	20	23	25	26	26	25
노동의 한계생산물(MP_L)	3	5	7	5	3	2	1	0	−1	
노동의 평균생산물(AP_L)	0	3.0	4.0	5.0	5.0	4.6	4.1	3.7	3.3	2.8

의 기하학적 관계를 알아보기 위해 일반화시킨 부드러운 총생산물곡선에서 두 곡선이 유도되는 과정을 설명한다.

(a)는 앞에서 본 일반적인 총생산물곡선이다. 여기서도 주의해야 할 것은 L_3의 오른쪽 구간은 총생산물곡선에서 제외시켜야 한다. 그 이유에 대해서는 독자들이 생각해 보기 바란다.

(b)는 총생산물곡선에서 유도한 AP_L곡선과 MP_L곡선이다. 먼저 한계생산물곡선 MP_L이 어떻게 유도되는가 알아보자. 노동의 한계생산물 $\frac{\partial Q}{\partial L}$은 이름 그대로 '한계' 개념을 나타내며, 그 기하학적인 의미는 '총생산물곡선위 한 점에서의 접선의 기울기'이다. L_1의 왼쪽 구간에서 접선의 기울기는 노동투입을 증가시켜 감에 따라, 즉 총생산물곡선상에서 오른쪽으로 이동함에 따라 점점 커진다. 기울기가 커진다는 것은 MP_L이 증가한다는 뜻이다: $\frac{\partial^2 Q}{\partial L^2} > 0$. 그래서 (a)에서 총생산물곡선이 가로축을 향해 볼록한 모양으로 나타나는 동안 (b)에서는 MP_L이 증가한다. 그런데 커지던 접선의 기울기는 I를 지나면서 작아지기 시작한다. 이 말은 I를 지나면, 즉 노동투입을 L_1 이상으로 계속 증가시키면 MP_L이 감소하기 시작한다는 것을 의미한다: $\frac{\partial^2 Q}{\partial L^2} < 0$. 이 점 I를 변곡점(inflection point)이라 한다. 그리고 접선의 기울기가 '증가하다가 감소한다'는 성질상 변곡점이 MP_L의 극대점이 된다. 이처럼 변곡점은 한계생산물 증감의 방향을 변화시키는 역할을 한다.

그림에서 변곡점 I는 다음과 같은 특징을 갖는다. 첫째, MP_L의 극대점이다. 둘째, 접선의 기울기가 증가하다가 감소로 바뀌는 터닝포인트(turning point)이다. 변곡점을 지나 한계생산물이 감소하기 시작하는 현상을 한계생산체감의 법칙이라고 부른다. 한편 점 S(saturation point)에서는 접선의 기울기가 0이다. 접선의 기울기가 노동의 한계생산성을 나타낸다는 것을 생각하면 결국 꼭대기점 S에서는 MP_L이 0인 것이다. 노동투입의 증가가 계속되면서 한계생산량이 점점 감소하다가 드디어 0이 된 것이다. 한계생산량이 0이라는 말은 노동을 1단위 더 투입해도 생산량의 증가가 없다는 것을 의미한다. 그러다가 노동투입량이 L_3을 넘어서면 MP_L은 마이너스(−)가 된다. 이 경우에 노동투입을 증가시키면 MP_L이 마이너스인 것은 물론이고 총생산량마저 감소하기 시작한다. 따라서 L_3 오른쪽 구간에서는 노동투입을 증가시키지 않게 된다.

다음으로 AP_L이 어떻게 유도되는지에 대해 알아보자. AP_L은 '평균' 개념이며, 총생산물곡선상의 한 점에서 원점까지 직선을 그렸을 때 그 직선의 기울기이다. 원점까지의 기울기는 노동투입이 증가함에 따라 커진다. 그러다가 노동투입이 L_2에 이르면, 즉 R에 이르면 극대가 되고, 그 다음부터는 노동투입의 증가에 따라 감소한다. 따라서 AP_L은 처음에는 증가하다가 노동투입이 L_2를 넘어서면 감소한다. 또 R은 'R에서 접선의 기울기' β와 'R에서 원점까지 직선을 그렸을 때 그 직선의 기

그림 7-2 총생산, 평균생산, 한계생산

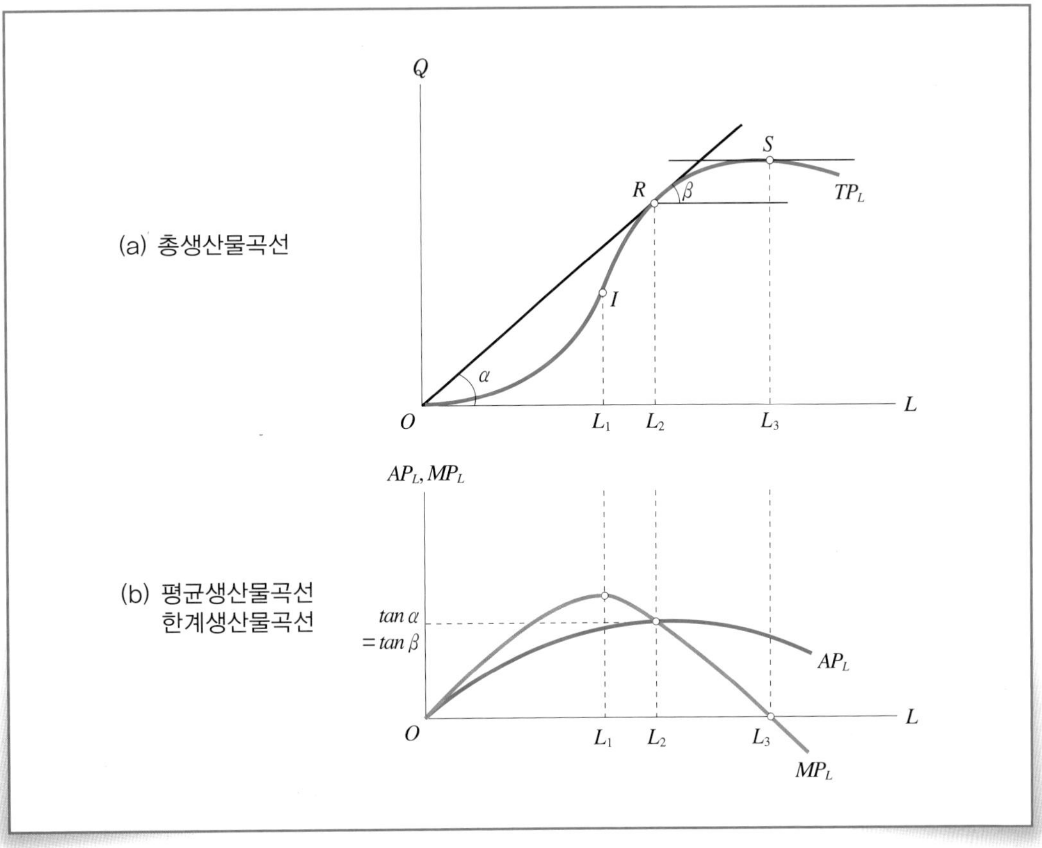

울기' α가 같은 점이다. 즉 한계생산물과 평균생산물이 같다. 따라서 이 생산량 수준에서는 한계생산물곡선과 원점까지의 기울기를 나타내는 평균생산물곡선이 만난다.

점 R의 성질을 정리하면 다음과 같다. 첫째, 원점까지의 직선의 기울기가 증가에서 감소로 바뀐다. 둘째, AP_L의 극대점이다. 셋째, $AP_L = MP_L$이 되는 점이다. 한편 노동투입이 증가함에 따라(즉, 가로축으로 볼 때 오른쪽으로 이동하면서) 평균생산물곡선이 하강하는 구간에서는 한계생산물곡선이 평균생산물곡선 아래에 있고, 평균생산물곡선이 상승하는 구간에서는 한계생산물곡선이 평균생산물곡선 위에 있다. 즉 한계곡선이 평균곡선보다 위에 있으면 평균곡선은 상승하고, 한계곡선이 평균곡선보다 아래에 있으면 평균곡선은 하강한다.

제3절 등량곡선

소비이론에서 우리는 효용이 같은 상품묶음들의 궤적인 무차별곡선을 분석하였다. 생산이론에서는 생산량이 같은 요소조합들의 궤적인 등량곡선을 분석한다. 소비자이론의 무차별곡선이론과 생산이론의 등량곡선이론은 쌍둥이 이론이다. 즉 무차별곡선이론과 등량곡선이론은 그 원리와 내용이 '거의' 같다. 본 절을 공부할 때 제3장의 무차별곡선이론을 참고하면 도움이 된다.

등량곡선이론은 생산함수 $Q = f(L, K)$를 중심으로 분석한다.[7]

---

7) 등량곡선을 분석할 때 기간은 단기일 수도 장기일 수도 있다. 예를 들어 생산기술을 $Q = f(L, K)$로 표현할 수 있고 노동과 자본이라는 생산요소의 조합으로 이루어진 등량곡선을 그린다면, 장기에서의 생산과정을 설명하는 것이다. 하지만 생산요소로 토지(L_d)를 추가한 $Q = f(L, K, L_d)$에 대해서 노동과 자본이라는 생산요소의 조합으로 이루어진 등량곡선을 그리기 위해서는 토지를 고정생산요소로 가정해야 한다. 이러한 경우에는 단기에서의 생산과정을 설명하는 것이다.

3.1 등량곡선의 의의와 성질

어떤 상품을 생산함에 있어서 노동과 자본의 대체가 어느 정도 가능하다고 하자. 즉 기계 대신 노동자를 투입하거나 노동자 대신 기계를 투입할 수 있다고 가정하자는 것이다. 기업은 노동을 많이 투입하고 자본을 적게 투입하는 방식을 택할 수도 있고, 노동을 적게 투입하고 자본을 많이 투입하는 방식을 택할 수도 있다. 즉 다양한 [노동, 자본] 요소조합을 선택할 수 있다. 따라서 동일한 양을 생산하는데도 여러 가지 [노동, 자본] 조합이 있을 수 있다.

등생산량

예를 들어 노동자 120명과 기계 4대를 투입하여 어떤 임의의 양 Q_0를 생산할 수 있고, 노동자 80명과 기계 5대를 투입하여 동일한 양을 생산할 수도 있다. 즉 [120, 4] 요소조합을 투입할 때의 생산량과 [80, 5] 요소조합을 투입했을 때의 생산량이

그림 7-3 등량곡선 그리기

(a) 동일한 양 Q_0를 생산하는 요소조합

노동투입량	120	80	60	40	30	20
자본투입량	4	5	6	8	10	14

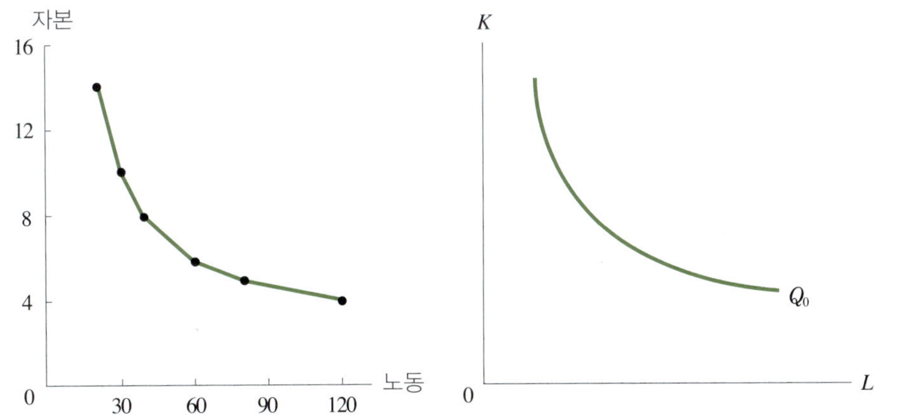

(b) 좌표에 옮기면　　(c) 일반적인 등량곡선

같다고 하자. 다른 말로 표현해서 이 두 조합의 생산량이 등량(iso-quant)이라 하자. 그리고 이러한 방식으로 등량을 생산할 수 있는 다른 조합들도 찾아내서 연결하면 어떤 모양이 될까?

[그림 7-3]은 동일한 양의 상품을 생산하는 노동과 자본의 조합들을 연결하여 등량곡선을 도출하는 과정을 보이고 있다.

(a)는 어느 일정한 양 Q_0를 생산할 수 있는 노동과 자본 조합들이다. 이 조합을 LK 평면에 옮기면 (b)가 된다. LK 평면에 표시된 굵은 점들은 일정한 양 Q_0를 생산할 수 있는 조합들이다. 이 조합들을 연결하면 생산량이 동일한 조합들의 궤적이 된다.

(c)는 이 궤적을 일반화시켜 부드러운 곡선으로 그린 것이다. 만약 노동과 자본을 연속적으로 대체할 수 있다면 이 [노동, 자본] 조합점들의 궤적은 꺾은선(kinked line)이 아니라 그림처럼 부드러운 곡선이 될 것이다.

등량곡선

이처럼 동일한 양의 상품을 생산할 수 있는 두 요소 조합점들의 궤적을 등량곡선(iso-quant curve) 혹은 등생산량곡선(iso-product curve)이라 한다.

등량곡선: 동일한 양의 상품을 생산할 수 있는 두 요소 조합점들의 궤적

이 등량곡선은 $Q = f(L, K)$ 형태의 생산함수로부터 나온다는 것도 같이 기억하도록 하자. 독자 여러분은 이 등량곡선이 효용이론에서의 무차별곡선과 비슷하다고 느낄 것이다. 실제로도 그렇다. 무차별곡선은 효용 무차별곡선이요, 등량곡선이란 생산량 무차별곡선인 것이다. 한편 생산량 Q_0 외에 다른 생산량, 예를 들어 Q_1을 생산할 수 있는 요소집합들도 있을 것이고, 이 조합들을 연결하면 또 하나의 등량곡선이 만들어진다. 같은 방법으로 제3, 제4의 등량곡선을 얻을 수가 있을 것이다. 이러한 등량곡선 모두를 한 평면상에 그리면 마치 등고선을 그린 것 같은 모양의 등량곡선들을 얻을 수가 있다. 이러한 등량곡선들의 모습은 [그림 7-4]처럼 지도의 등고선 모습과 같아서 이를 등량곡선지도(iso-quant map)라고 한다. 등량곡선은 다음과 같은 성질을 가지고 있다.

첫째, 우하향한다.

둘째, 원점에 대하여 볼록하다.

그림 7-4 산출량이 다른 여러 등량곡선

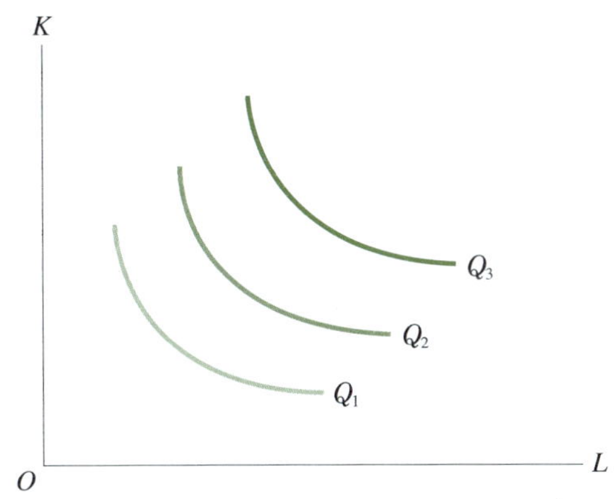

셋째, 서로 다른 등량곡선은 교차하지 않는다.

넷째, 원점에서 멀리 있는 등량곡선일수록 더 많은 생산량을 나타낸다.

등량곡선의 성질은 무차별곡선과 매우 비슷하다. 그런데 무차별곡선과 등량곡선 사이에는 하나의 결정적인 차이가 있다. 우리는 일반적으로 서수적 효용을 가정하기 때문에 동일한 효용을 주는 상품묶음의 궤적(무차별곡선)을 수치로 표시할 수는 있지만, 그 수치가 구체적으로 무엇인지에 대해서는 관심을 갖지 않는다. 이에 반해 등량곡선의 경우에는 구체적인 생산량의 수치는 매우 중요하다. 즉, 무차별곡선의 수치가 '주관적'이라면 등량곡선의 수치는 '객관적'이라 말할 수 있다.

3.2 요소투입의 대체

등량곡선은 동일한 양을 생산할 수 있는 다양한 요소조합들의 궤적이다. 요소조합이 다르다는 것은 요소간에 대체가 가능함을 말해준다.

[그림 7-5]는 생산요소간의 대체관계를 보인다.

먼저 (a)를 보자. 등량곡선 위에 있는 한 점 A에서 B로 요소조합이 이동한다고 하자. 이 이동은 자본투입량이 ΔK만큼 감소하는 반면, 노동투입량은 ΔL만큼 증가하는 것을 뜻한다. A, B 모두 동일한 등량곡선 위에 있으므로 생산량에는 아

그림 7-5 요소투입대체율

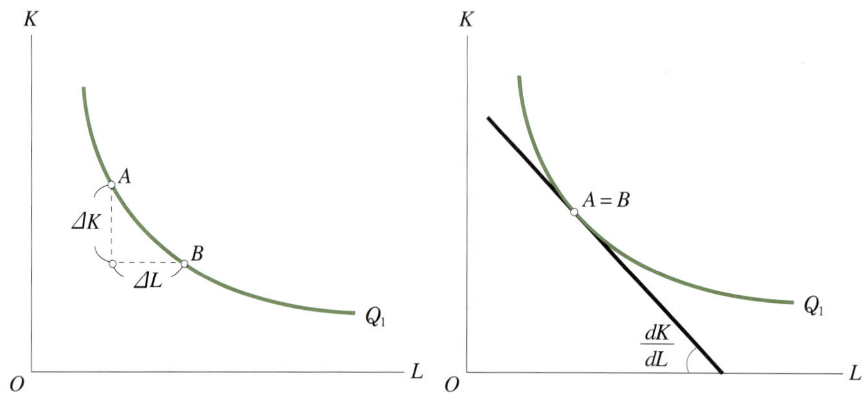

(a) 요소투입의 대체 (b) 대체량이 매우 적다면

무런 변화가 없다. 즉 ΔK만큼의 자본이 ΔL만큼의 노동으로 대체되어도 생산량은 변하지 않는다. 이 요소투입 대체비율을 한계기술대체율(*MRTS*: marginal rate of technical substitution)이라고 한다. 소비이론에서의 무차별곡선의 경우에는 한계대체율이라고 하였는데, 여기서는 '기술'이라는 용어를 붙여 생산과정에서의 요소간 대체비율이라는 점을 분명히 하고 있다.

한계기술대체율: 동일한 양의 생산을 유지하면서 요소를 대체해 갈 때의 대체비율. 소비이론에서의 한계대체율과 비슷한 개념이다.

또 자본을 노동으로 대체한다는 뜻으로 L과 K를 첨자로 붙여 $MRTS_{LK}$(*MRTS* of *L* for *K*)라고 써서 자본과 노동의 대체관계라는 것을 나타내기도 한다. 이제 (b)를 보자. A와 B 사이의 거리가 아주 짧아서 ΔL이 거의 0에 가깝다면 한계기술대체율은 결국 등량곡선의 접선의 기울기를 나타낸다. 즉 자본과 노동 사이의 한계기술대체율은 다음과 같이 된다.

$$MRTS_{LK} = \lim_{\Delta L \to 0} -\frac{\Delta K}{\Delta L} = -\frac{dK}{dL} \tag{7-11}$$

한계기술대체율은 두 요소의 한계생산물과 밀접한 관계가 있다. 다시 그림을 보자. A에서 자본과 노동의 투입량을 각각 dK와 dL만큼씩 변화시킨다고 하자. 자본투입량의 변화로 인한 생산량의 변화는 $dK \cdot MP_K$이며, 노동투입량의 변화로 인한 생산량의 변화는 $dL \cdot MP_L$이다. 자본과 노동투입량의 변화에도 불구하고 A와 B에서의 생산량이 동일하려면 다음 관계가 성립해야 한다.

$$-dK \cdot MP_K = dL \cdot MP_L \tag{7-12}$$

식(7−12)를 변경하면 다음과 같다.

$$-\frac{dK}{dL} = \frac{MP_L}{MP_K} \tag{7-13}$$

식(7−12)와 식(7−13)에서 다음과 같은 결과를 얻을 수 있다.

$$MRTS_{LK} = -\frac{dK}{dL} = \frac{MP_L}{MP_K} \tag{7-14}$$ [8]

PART 03

식 (17−4)는 한계기술대체율이 두 생산요소의 한계생산물의 비율임을 보여준다. 지금까지 논의한 한계기술대체율을 정리하면 다음과 같다. 첫째, 등량곡선의 접선의 기울기이다. 둘째, 두 개의 생산요소의 한계생산물의 비율이다.

한계기술대체율체감의 법칙

한계기술대체율은 체감하는 성질을 가지고 있다. 이 말은 등량곡선상에서 생산점을 오른쪽으로 이동해 갈 때, 동일한 생산량 유지를 위해서는 자본투입 감소에 대하여 점점 더 많은 양의 노동의 대체투입이 필요하다는 것을 뜻한다. 이러한 현상을 한계기술대체율체감의 법칙(law of diminishing marginal rate of technical substitution)이라고 한다. 그리고 한계기술대체율이 체감하기 때문에 등량곡선은 원점에 대해 볼록한 모양을 가지게 된다.

한계기술대체율체감의 법칙: 한 생산요소를 다른 생산요소로 대체해 감에 따라 대체비율이 점점 감소하는 현상

한계기술대체율이 감소하는 이유는 노동과 자본이 완전대체 관계의 생산요소가 아니어서 대체가 점점 더 힘들어지기 때문이다. 그것은 자본을 노동으로 대체해 감에 따라 노동투입량이 많아지면서 생산력이 체감하게 되고, 따라서 자본 대

8) 만약 L요소를 K요소로 대체해 간다면 한계기술대체율은 $MRTS_{KL}$이고, 따라서 $MRTS_{KL} = -\frac{dL}{dK} = \frac{MP_K}{MP_L}$이다.

신 더 많은 노동량이 필요하게 되기 때문이다. 즉 노동의 투입이 계속 증대됨에 따라 노동의 자본에 대한 대체는 기술적으로 점차 어려워지는 것이다.

예외적인 등량곡선

[그림 7-6]은 예외적인 모양의 등량곡선이다.

(a)는 요소간 완전대체가 가능한 경우의 직선형 등량곡선이다. 생산요소간에 완전대체가 가능하다면 한계기술대체율이 일정하여 등량곡선은 우하향하는 직선의 모양을 갖는다. 이 등량곡선은 요소 투입량에 관계없이 두 생산요소의 한계생산의 비율이 일정하다는 것을 나타낸다. 이러한 관계의 생산함수는 $Q = aL + bK$로 대표될 수 있으며, 이 경우 등량곡선의 기울기는 $-\frac{a}{b}$이다. 이 등량곡선은 완전대체재의 무차별곡선과 모양이 같다.

한편 어떤 생산관계는 생산기술의 조건에 의하여 생산요소가 반드시 일정한 비율로 결합되어야 생산이 가능한 경우가 있다. 이 경우에는 (b)에서 보는 바와 같이 요소간의 대체가 불가능하며 등량곡선은 L자 모양이 된다. 완전보완재의 무차별곡선과 모양이 같다. L과 K가 일정한 비율로 결합될 때 일정한 양의 생산이 이루어지는 것이다. 이러한 특성을 갖는 생산함수를 고정계수생산함수(fixed proportions production function) 또는 레온티에프(W. Leontief)의 이름을 따서 레온티에프생산

그림 7-6 예외적인 모양의 등량곡선

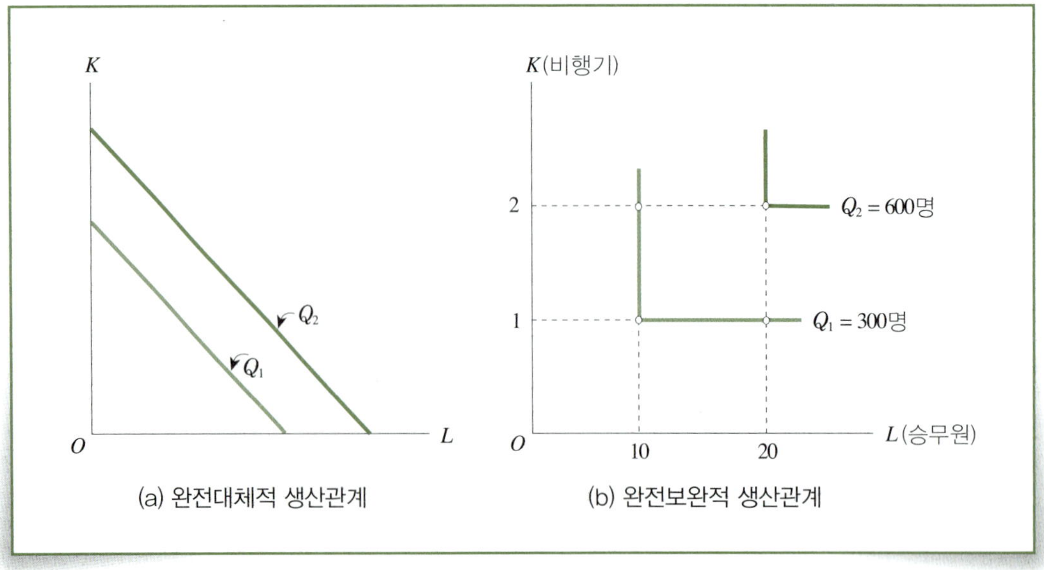

함수라 하며, 투입산출 분석(input−output analysis)과 해롯−도마(Harrod−Domar)의 성장모형(growth model)에 이용되는 유명한 함수이다.

> **고정계수생산함수**: 요소투입이 일정한 비율로 결합될 때 일정한 양의 생산이 이루어지는 생산함수

승객 300명을 태울 수 있는 비행기(K) 1 대가 10명의 승무원(L)들이 필요하다고 하자. 그림에서 보듯이 항공기와 승무원이 1:10일 때 300명의 승객을 나를(생산할) 수 있다. 이러한 상황에서 승무원수가 20명으로 증가해도 생산(수송)량은 그대로 300명이다(어쩌면 승무원이 더 탑승한 수만큼 승객이 내려야 할지도 모른다).

일반적으로 K와 L의 비율이 $a : b$인 경우에 완전보완적 생산관계를 나타내는 고정계수생산함수는 다음과 같이 대표될 수 있다:

$$Q = \min(aL, bK)$$

참고 한계기술대체율의 대수적 의미

등량곡선을 대표하는 생산함수 $Q = f(L, K)$를 전미분하면 다음과 같다.

$$dQ = \frac{\partial Q}{\partial L}dL + \frac{\partial Q}{\partial K}dK$$

그런데 등량곡선의 정의상 생산량이 일정하므로 Q는 상수가 되고, 상수의 미분이므로 $dQ = 0$이다. 따라서 위 식은 다음과 같이 된다.

$$0 = \frac{\partial Q}{\partial L}dL + \frac{\partial Q}{\partial K}dK$$

한편 등량곡선의 기울기는 $\frac{dK}{dL}$이다. 위 식에서 등량곡선의 기울기를 유도하면 다음과 같다.

$$(-)\frac{dK}{dL} = \frac{\partial Q/\partial L}{\partial Q/\partial K}$$

여기서 $\frac{\partial Q}{\partial L} = MP_L$이고 $\frac{\partial Q}{\partial K} = MP_K$이기 때문에 다음과 같은 식이 성립한다.

$$MRTS_{LK} = (-)\frac{dK}{dL} = \frac{\partial Q/\partial L}{\partial Q/\partial K} = \frac{MP_L}{MP_K}$$

이를 보면 한계기술대체율에 대한 기하학적인 분석이나 대수적 분석 모두 같은 결과를 보여주고 있음을 알 수 있다.

3.3 분계선

자본 대신 노동으로의 요소대체가 계속된다고 하자. 계속해서 자본을 노동으로 대체해 가는 경우, 노동투입은 점점 많아져서 노동의 한계생산물은 계속 체감하여 결국 0이 되는 요소투입점에 도달할 수도 있다.

[그림 7-7]을 보자.

(a)의 R은 노동의 한계생산물이 0인 점이다. 노동의 한계생산물이 0이면 한계기술대체율$\left(MRTS_{LK} = \frac{MP_L}{MP_K}\right)$ 역시 0이 되고, 이 점에서 등량곡선의 기울기도 0이다. 만약 R을 넘어서 노동투입의 증가가 계속되면 노동의 한계생산물이 0보다 작아진다. 즉 L_R의 오른쪽 구간에서는 $MP_L < 0$이다. 이 경우 등량곡선은 우상향의 형태를 지니게 된다. 왜냐하면 노동의 한계생산물은 마이너스(−)이므로 동일한 생산량수준이 유지되기 위해서는 자본의 투입규모가 K_0 이상으로 증대되어야 하기 때문이다. 한편 등량곡선마다 R에 해당하는 지점이 있을 것이다. 각 요소의 한계생산물이 0이 되는 등량곡선상의 점들의 궤적을 분계선(ridge line)이라 한다.

분계선: 어느 한 생산요소의 한계생산물이 0이 되는 등량곡선상 점들의 궤적

(b)가 이러한 상황을 나타내주고 있다. 그림에서 분계선 OS는 이 $MRTS_{LK} = 0$

그림 7-7 분계선

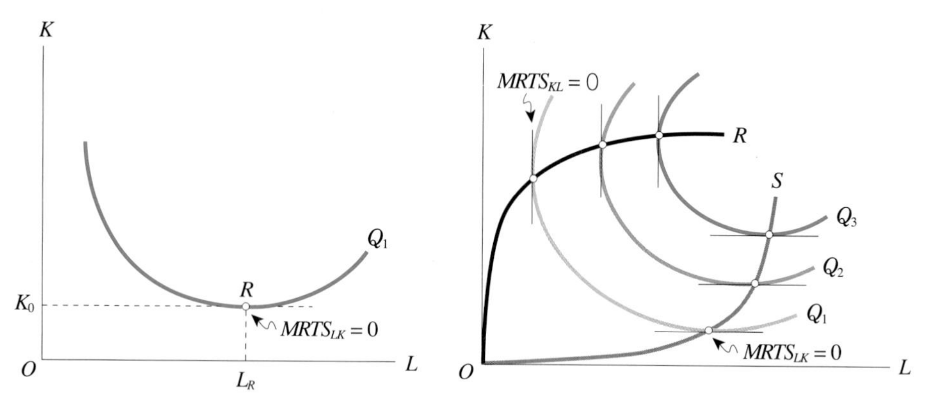

(a) 노동투입이 계속 증가하면

(b) 분계선

이 되는 점들의 궤적이다. 또 다른 분계선 OR은 $MRTS_{KL} = 0$이 되는 점들의 궤적이다. OS의 오른쪽에서는 $MP_L < 0$이고, OR의 위쪽은 $MP_K < 0$인 영역이다. 그 사이 항아리 모양의 영역에서는 노동요소나 자본요소 모두 생산성이 플러스(+)이다. 그래서 이 영역을 경제적 영역이라 한다. 분계선이 갖는 경제적 의미는 기업활동의 합리적 범위와 관련하여 중요하다. 즉 두 분계선 사이에 존재하는 모든 점들은 어느 요소의 한계생산물도 마이너스의 값이 되지 않게 하는 요소조합점들인데 반해, 분계선 밖의 점들은 어느 한 요소의 한계생산물이 마이너스의 값을 갖게 되는 비효율적인 요소투입점이다. 따라서 합리적인 기업의 생산활동은 두 분계선 사이의 경제적 영역에서 이루어지게 된다. 그것은 앞으로 설명하게 되는 생산자최적의 2차조건, 즉 등량곡선이 원점에 대하여 볼록해야 한다는 조건과 일치한다.

3.4 규모에 대한 수확

생산요소 투입의 규모를 늘려갈 때 상품의 생산량이 생산규모에 대하여 어떻게 반응할 것인가를 분석하는 것이 규모에 대한 수확(returns to scale), 혹은 줄여서 규모수확이라고 부르는 개념이다.

규모에 대한 수확: 생산요소 투입의 규모를 변화시킬 때 상품 생산량의 변화 정도

생산과정에서 투입되는 모든 생산요소를 정확히 두 배로 늘릴 때 생산량도 정확히 두 배로 증가한다면 이 생산은 규모수확 불변(*CRS*: constant returns to scale)의 성격을 갖는다. 즉 모든 생산요소의 투입량을 1보다 큰 h배로 증가시킬 때 생산량도 h배로 증가하는 것을 규모수확 불변이라고 한다. 그런데 생산요소의 투입량을 h배로 늘린다고 해서 생산량도 언제나 h배로 증가하는 것은 아니다. 생산량의 증가는 h배보다 더 클 수도 있고 더 작을 수도 있다. 만약 생산량의 증가가 h배보다 더 크게 나타난다면 이 생산은 규모수확 증가(*IRS*: increasing returns to scale)의 성격을 갖는다고 말하며, 반대로 생산량의 증가가 h배보다 작게 나타나면 규모수확 감소(*DRS*: decreasing returns to scale)의 성격을 갖는다고 말한다. 이를 생산함수

를 이용하여 표현하면 다음과 같다.[9)]

$$f(hL, hK) > h \cdot f(L, K) : \text{규모수확 증가} \tag{7-15}$$

$$f(hL, hK) = h \cdot f(L, K) : \text{규모수확 불변} \tag{7-16}$$

$$f(hL, hK) < h \cdot f(L, K) : \text{규모수확 감소} \tag{7-17}$$

한편 규모수확이 증가하는 경우를 '규모의 경제'가 발생한다고 표현하기도 한다. 만약 규모수확이 감소하면 '규모의 비경제'가 발생한다고 표현한다. 대기업이 규모의 경제를 달성하느냐, 아니면 규모의 비경제를 발생시키느냐는 우리 사회의 커다란 관심사이다.

제4절 콥-더글러스 생산함수

4.1 콥-더글러스 생산함수

생산함수 중에서 가장 유명하고 그만큼 경제적 분석에 편리한 함수가 콥-더글러스(Cobb-Douglas)생산함수이다. 이 함수는 미국의 수학자인 콥(C. Cobb)의 도움을 받아 경제학자인 더글러스(P. Douglas)가 실증연구를 통해 만든 함수이다. 콥-더글러스 생산함수는 다음과 같이 표현된다.

$$Q = AL^{\alpha}K^{\beta} \tag{7-18}$$

9) 이러한 표현은 동차함수(homogeneous function)를 이용하여 표현한 것이다. 어떤 생산함수가 t차 동차생산함수(homogeneous production function of degree t)라고 하자. 그러면 그 생산함수는 다음과 같이 표현 할 수 있다: $h^t Q = f(hL, hK)$. 즉 두 생산요소의 투입량을 각각 h배로 증가시키면 생산량은 h^t배로 증가한다. 이때 규모에 대한 수확 정도는 다음과 같다.
$t > 1$: IRS(규모수확 증가)
$t = 1$: CRS(규모수확 불변)
$t < 1$: DRS(규모수확 감소)

이 식에서 A를 능률파라미터, α와 β를 생산파라미터 또는 분배파라미터라고 부른다. 이를 자세히 설명하면 다음과 같다. A는 이 생산관계의 기술수준을 나타낸다. A가 크면 산출량이 많고 A가 작으면 산출량은 적다. 이러한 점에서 A를 능률파라미터라고 한다. α는 생산의 노동생산성을 나타내고 β는 자본생산성을 나타낸다. 그런데 신고전학파 경제학자들은 노동이나 자본에 대한 분배가 각각의 생산성만큼 이루어진다고 생각한다. 따라서 노동분배율은 생산성만큼인 α, 자본분배율은 생산성만큼인 β가 된다. 이러한 점에서 α와 β는 생산파라미터이자 분배파라미터이다.

한편 이 함수에서 α와 β의 합이 1보다 크면 규모수확 증가, 그리고 그 합이 1보다 작으면 규모수확 감소의 성격을 갖게 된다. 특히 우리의 관심을 끄는 것은 $\alpha + \beta = 1$이 성립하는 특수한 경우로서, 보통 좁은 의미에서의 콥-더글러스 생산함수라고 할 때는 이 경우를 말한다. $\alpha + \beta = 1$인 콥-더글러스 생산함수는 다음과 같이 나타낼 수 있는데, 이 함수는 1차동차의 성격을 갖게 된다.

$$Q = AL^{\alpha}K^{1-\alpha} \qquad (7\text{–}19)$$

식(7–19)로 표현된 생산함수는 노동과 자본의 투입량을 모두 h배로 늘리면 생산량도 따라서 h배로 증가하는 규모수확 불변의 특성을 보이게 된다. 또 이 함수는 생산요소 사이의 대체탄력성이 언제나 1이라는 특성을 갖고 있다. 어떤 생산함수가 동차성을 가지고 있을 뿐만 아니라, 생산요소 사이의 대체탄력성이 1이라는 조건도 구비하고 있다면 생산성을 분석하는데 편리하게 사용할 수 있다. 콥-더글러스 생산함수가 신고전학파 생산함수라고도 하면서 생산이론에 자주 쓰이고 있는 것은 바로 이 편리성 때문이다.

오일러의 정리

생산함수가 $Q = f(L, K)$이고, 이 생산함수가 t차동차이면 다음과 같은 관계가 성립한다.

$$L \cdot MP_L + K \cdot MP_K = t \cdot Q \qquad (7\text{–}20)$$

따라서 생산함수가 $Q = f(L, K)$가 1차동차인 경우(즉 $t = 1$)에는 다음과 같은 관계가 성립하며, 이를 연구자 오일러(E. Euler)의 이름을 따라서 오일러의 정리(Euler's theorem)라 한다.

$$L \cdot MP_L + K \cdot MP_K = Q \tag{7-21}$$

참고로 규모수확 증가 생산함수일 경우에는 $L \cdot MP_L + K \cdot MP_K > Q$이며, 규모수확 감소 생산함수일 경우에는 $L \cdot MP_L + K \cdot MP_K < Q$ 이다. 물론 $L \cdot MP_L + K \cdot MP_K = Q$는 규모수확 불변의 경우이다.

4.2 대체탄력성과 CES생산함수

등량곡선의 형태는 생산요소 사이의 대체가 쉽게 이루어질 수 있는 정도에 따라 달라진다.

[그림 7−8]에서 생산점이 A에서 B로 이동할 때 두 가지 변화가 생기는 것을 관찰할 수 있다. 하나는 등량곡선의 기울기가 완만해져서 한계기술대체율이 $MRTS_A$에서 $MRTS_B$로 작아지는 것이며, 다른 하나는 자본과 노동의 투입비율이 $\frac{K_A}{L_A}$에서 $\frac{K_B}{L_B}$로 작아지는 것이다. 한계기술대체율의 변화에 비해 자본과 노동의 투입비율의 변화가 상대적으로 크면 생산요소 사이의 대체가능성이 크다는 것을 의미한다. 반대로 한계기술대체율의 변화에 비하여 생산요소 투입비율의 변화가 작다면 두 생산요소는 서로 쉽게 대체될 수 없다는 것을 뜻한다. 이와 같은 관계를 정식화하여 도입된 개념이 생산요소 사이의 대체탄력성이다. 요소의 대체탄력성(σ)은 다음과 같다.

$$\begin{aligned} \sigma &= \frac{\text{요소투입비율의 변화율}}{\text{한계기술대체율의 변화율}} \\ &= \frac{d\left(\frac{K}{L}\right)/\frac{K}{L}}{dMRTS_{LK}/MRTS_{LK}} \end{aligned} \tag{7-22}$$

즉 요소의 대체탄력성이란 생산량을 일정수준에 유지시키면서 한계기술대체율을 변화시킬 때 요소결합비율(또는 요소조합비율)이 얼마나 변하는가의 비율이다.

그림 7-8 요소 대체의 탄력성

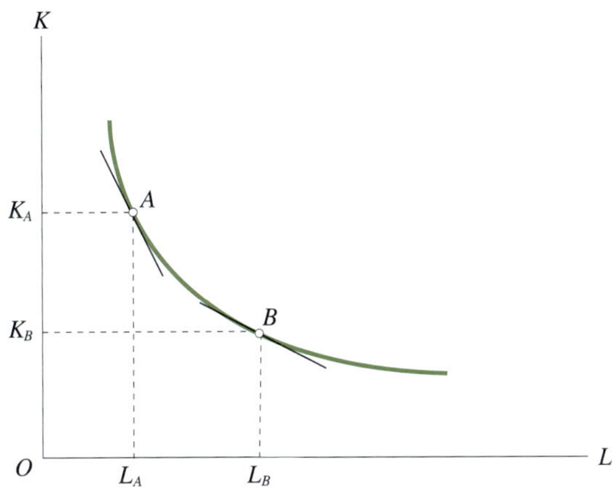

요소의 대체탄력성: 생산량을 일정 수준으로 유지하면서 한계기술대체율을 변화시킬 때 요소조합비율의 변화율의 한계기술대체율 변화율에 대한 비율

대체탄력성의 크기는 $MRTS_{LK}$의 변화율 크기와 요소결합비율 변화율의 크기에 달려 있다. 즉 $MRTS_{LK}$ 변화율과 요소결합비율 변화율의 상대적인 크기가 대체탄력성의 크기를 결정한다. 대체탄력성의 크기와 등량곡선의 모양은 밀접한 관계가 있다. 만약 등량곡선의 모양이 L자형이면 대체탄력성은 0이 되며, 직선이면 ∞이다. 대체탄력성이 0이라는 말은 두 요소간의 대체가 불가능하다는 것을 뜻하며, 반대로 대체탄력성이 ∞라는 것은 두 요소간의 대체가 완전히 자유롭다는 것을 의미한다. 또 콥-더글러스 생산함수에서는 대체탄력성이 언제나 1이다. 생산요소 사이의 대체탄력성이 일정한 값으로 주어지는 생산함수를 대체탄력성이 일정하다는 뜻에서 *CES*생산함수(constant elasticity of factor substitution production function)라고 한다.

CES생산함수: 생산요소 사이의 대체탄력성이 일정한 값으로 주어지는 생산함수

CES 생산함수는 다음과 같다.

$$Q = A[\alpha L^{-\rho} + (1 - \alpha)K^{-\rho}]^{-\frac{1}{\rho}} \tag{7-23}$$

이 식에서 $A > 0$이고, 이 A는 능률파라미터이다. α는 분배파라미터이며, $0 < \alpha < 1$이다. 그리고 ρ는 대체탄력성파라미터이며, $\rho > -1$이다. *CES*생산함수에서 대체탄력성의 크기는 언제나 $\frac{1}{1+\rho}$이다. 이 식에서 만일 $\rho \to 0$이라면 대체탄력성의 크기가 1인 콥-더글러스 생산함수가 된다. 그러므로 콥-더글러스 생산함수는 *CES*생산함수의 일종이다.

제 5 절 기술진보

5.1 기술진보와 경제발전

지금까지는 생산기술이 변하지 않는다고 가정하여 논의를 전개하였다. 그러나 현실세계에서는 기술진보(technical progress)가 끊임없이 일어나고 있다. 생산기술이 바뀌면 생산함수가 달라진다. 기술진보가 일어나면 똑같은 자본량과 노동량을 투입하더라도 전보다 더 많은 양을 생산할 수 있게 된다. 또는 기술진보 이전과 똑같은 양을 생산하는데 필요한 요소투입량이 감소한다. 기술진보를 고려한 생산함수는 다음과 같다.

$$Q = A(t)f(L, K) \tag{7-24}$$

식(7-24)에서 $A(t)$는 기술진보가 일어나는 것을 반영한다. 보통 새로운 생산기술은 새 기계, 즉 자본재에 체화되어 도입되는 경우가 많다. 새로운 기계일수록 더욱 첨단적인 기술을 체화하고 있기 때문이다. 따라서 투자행위는 새로운 생산기술을 도입하는 중요한 경로가 된다. 또한 새로운 생산기술은 새로이 생산과정에 투입되는 노동력에 체화되어 나타나는 수도 있다. 이들은 한층 더 선진화된 기술을 습득한 후 생산과정에 투입되므로 기존의 노동력보다 더 높은 생산성을 발휘한다.

기술진보의 원천은 물론 지식의 축적과 이렇게 축적된 지식을 실용화시키려는 노력에서 찾을 수 있다. 연구개발 활동은 지식의 축적과 축적된 지식의 실용화를 동시에 지향하는 활동이라고 할 수 있다. 지식의 축적을 통하여 새로운 생산기술을 발견하는 행위를 발명이라고 한다. 그러나 새로운 생산기술의 발견만으로 기술진보가 실제로 일어나는 것은 아니다. 이와 같은 발견은 새로운 생산기술의 원리를 이론적으로 제시하는 것이며, 이 원리의 실용화를 위한 새로운 생산기술의 채택은 또 한 단계의 추가적인 노력을 필요로 한다. 바로 이 실용화의 작업을 우리는 기술

그림 7-9 기술진보가 일어나면

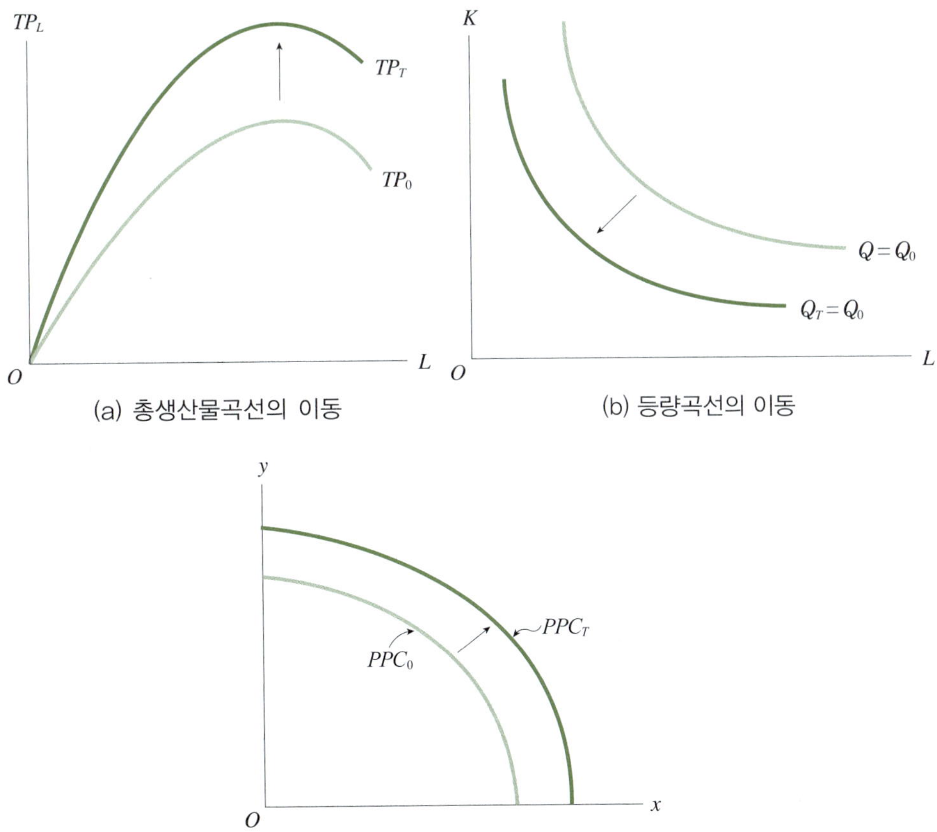

(a) 총생산물곡선의 이동

(b) 등량곡선의 이동

(c) 생산가능곡선의 이동

혁신(technical innovation)이라고 한다. 기술진보는 경제발전의 한 요인이 된다.

기술진보가 일어나면 투입요소의 생산성이 증가함으로써 주어진 투입요소로 더 많은 생산물을 생산하거나, 주어진 생산물을 생산하는데 더 적은 양의 요소를 투입하게 된다. 즉 기술진보는 총생산물곡선의 상향 이동, 등량곡선의 원점 쪽 이동, 또는 생산가능곡선의 바깥쪽 이동으로 나타난다.

[그림 7-9]는 기술진보를 세 가지 방법으로 보이고 있다.

(a)는 기술진보로 인한 총생산물곡선의 이동을 나타낸다. 그림을 보면 기술진보로 인하여 총생산물곡선이 위쪽으로 이동하고 있다. 이것은 동일한 양의 노동력을 투입하여 생산량이 증가함을 나타내고 있다.

(b)는 기술진보로 인한 등량곡선의 이동을 보이고 있다. 기술진보가 일어나게 되면 그림에서처럼 등량곡선이 원점 쪽으로 이동하게 된다. 동일한 양을 생산하는데 필요한 노동과 자본의 투입이 감소되고 있음을 나타내고 있는 것이다.

(c)는 기술진보로 인한 생산가능곡선의 이동이다. 결합생산에 있어서 기술진보가 일어나면 동일한 자원을 투입해도 두 제품의 생산이 증가하게 된다.[10)]

5.2 기술진보의 형태

기술진보는 투입요소 집약도의 변화에 따라 중립적 기술진보와 자본집약적 기술진보, 그리고 노동집약적 기술진보로 구분된다. 중립적 기술진보(neutral technical progress)란 기술진보 이전과 같은 양을 생산하면서 노동과 자본을 동일한 비율로 절약하여 투입할 수 있는 기술의 발전을 말한다. 자본집약적 기술진보(capital intensive technical progress)란 기술진보 이전과 동일한 양을 생산하면서 자본을 노동에 비해 상대적으로 더 많이 투입하게 되는 기술의 발전을 의미한다. 이러한 현상은 기술진보를 통하여 자본생산성이 증가할 때 일어난다. 노동집약적 기술진보(labor intensive technical progress)란 기술진보 이전과 동일한 양을 생산하면서 노동을 자본에 비해 상대적으로 더 많이 투입하게 되는 기술의 발전을 의미한다. 즉 기술진보로 인하여 자본생산성에 비해 노동생산성이 상대적으로

10) 생산가능곡선(*PPC*)은 다음 절에서 설명한다.

증가한 것이다. 한편 노동집약적 기술진보가 있을 경우, 자본생산성은 상대적으로 감소하기 때문에 이러한 진보를 자본절약적 기술진보(capital saving technical progress)라고도 한다.

제 6 절 생산가능곡선

6.1 생산가능곡선

지금까지 우리는 생산과정에서 하나의 상품만이 생산될 수 있다고 가정하였다. 그러나 생산과정에서 두 가지 이상의 상품이 생산되는 것이 현실적이다. 예를 들어 어떤 기업이 X재도 생산하고 Y재도 생산한다고 하자. 이 때 다양한 생산요소를 Z라고 표현하자. 이러한 생산기술은 음함수 형태인 생산함수로 다음과 같이 표현될 수 있다.

$$H(x, y, z) = 0 \qquad (7-25)$$

x와 y는 X재와 Y재의 생산량을, z는 생산요소 Z의 투입량을 나타낸다. 식(7-25)로부터 최적 생산요소 z의 양함수를 유도할 수 있다면 z에 대한 함수식으로 다음과 같이 표현될 수 있다.

$$z = h(x, y) \qquad (7-26)$$

식(7-26)은 '다양한 생산요소를 z만큼 투입하였을 때 효율적으로 생산할 수 있는 X재와 Y재의 조합'을 나타낸다. 즉 식(7-26)의 왼쪽 항은 생산요소를 나타내고 오른쪽 항은 생산요소가 가장 능률적으로 활용되는 경우에 생산되는 두 상품의 양을 나타낸다. 이처럼 생산과정에서 두 종류 이상의 상품을 함께 생산하는 관계를 결합생산(joint production)이라 하며, 이러한 생산관계를 그림으로 나타내면 생산가능곡선(*PPC*: production possibility curve)이 된다. 즉 생산가능곡선이란 한 사회의 자원과 기술이 주어져 있을 때 그 사회가 모든 자원을 효율적으로 사용하여 생산할 수 있는 두 생산물의 여러 가지 조합을 나타내 주는 곡선으로 생산물변환곡선(product transformation curve) 또는 결합생산물곡선(joint product curve)이라고도 부른다.[11]

생산가능곡선: 한 사회가 모든 자원을 효율적으로 사용하여 생산할 수 있는 다양한 상품의 조합을 나타내주는 곡선

생산가능곡선은 '일반적으로' 원점에 대하여 오목하다.

[그림 7-10]은 일반적인 모양의 생산가능곡선이다. 그림의 점 *P*는 모든 자원을 사용하여 *Y*재만 생산하는 경우이고, *P′*는 모든 자원을 사용하여 *X*재만 생산하는 경우이다. 그리고 점 *A*는 *Y*재를 y_A만큼, *X*재를 x_A만큼 생산하고 있다는 것을 나타낸다. 그리고 *PP′*와 양 축이 그리는 생산가능곡선 내부는 생산가능집합이다.

그림 7-10 생산가능곡선

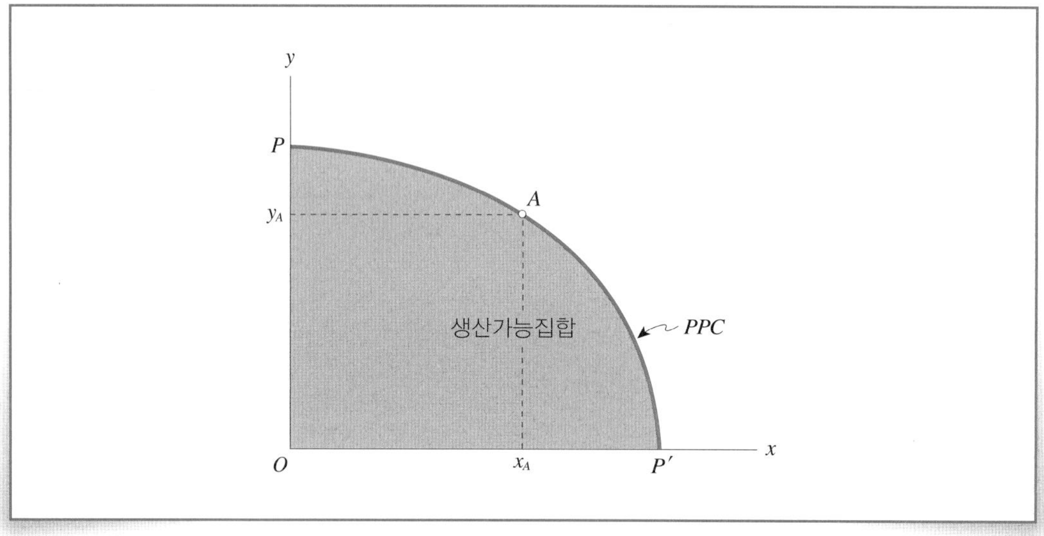

11) 결합생산물곡선(생산물변환곡선)과 생산가능곡선을 다르게 분류하는 학자도 있다. 생산가능곡선은 경제 전체에 적용되는 개념이며, 결합생산물곡선(생산물변환곡선)은 생산가능곡선의 개념을 기업에 국한시킨다는 입장이다. 본서에서는 두 용어를 혼용해서 쓰기로 한다.

읽을 거리

군비(軍備)냐 복지냐

냉전(cold war)은 경제적인 측면에서 보면 딜레마이다. 이 딜레마 게임에서 이기는 유일한 길은 그러한 게임 자체를 하지 않는 것이다. 루스 시바드(R. Sivard)는 세계군사비 지출을 단 5%씩만 줄이면 다음의 일들을 할 수 있다고 계산하였다.

(1) 2억 명의 영양실조 어린이들에게 단백질을 공급할 수 있다. (2) 기아선상에 있는 저개발국의 농업투자를 확대할 수 있다. (3) 학교에 다니지 못하는 1억 명의 어린이를 수용할 수 있는 초등학교를 증설할 수 있다. (4) 국제구호단체가 영속적이고 대규모적인 운영을 할 수 있도록 도와줄 수 있다. (5) 전 세계에 충치 예방용 불소를 공급할 수 있다. (6) 2천 5백만 명의 문맹자를 위한 기초교육을 지원할 수 있다. (7) 말라리아 근절운동을 할 수 있다. (8) 3억 명의 불임여성과 어린이들을 빈혈로부터 보호하기 위한 철분을 공급할 수 있다. (9) 다섯 살까지의 어린이 1억 명을 비타민 A 부족으로 야기되는 실명으로부터 보호할 수 있다.

– L. J. Dumas의 「The Overburdened Economy」에서 –

PART 03

6.2 한계변환율

이제 [그림 7-11]을 보면서 생산가능곡선의 한계변환율에 대하여 생각해 보자. 앞에서 분석한 것처럼 점 A는 두 상품이 각각 x_A, y_A만큼씩 생산되고 있음을 나타낸다. 이 때 기업이 X재 생산량을 Δx만큼 증가시키려면 Y재 생산량을 Δy만큼 감소시켜야 한다. 이는 Δy만큼의 Y재가 Δx만큼의 X재로 변환되었음을 뜻한다. 이런 뜻에서 두 상품 생산의 변환비율 $\frac{\Delta y}{\Delta x}$를 한계변환율($MRT$: marginal rate of transformation)이라고 한다. 한계변환율은 두 상품간의 생산변환율을 의미한다. 만약 Δx가 0에 수렴한다면 한계변환율은 미분개념과 일치하고, 이는 생산가능곡선의 기울기가 된다.

$$MRT_{XY} = \lim_{\Delta x \to 0}(-)\frac{\Delta y}{\Delta x} = (-)\frac{dy}{dx} = \text{생산가능곡선의 기울기} \qquad (7-27)$$

한편 한계변환율은 X재 한 단위 생산에 따르는 비용을 그 상품 생산을 위해 희생된 Y재의 양으로 표시한 기회비용이라는 점에서 다음과 같이 나타낼 수 있다.

그림 7-11 한계변환율

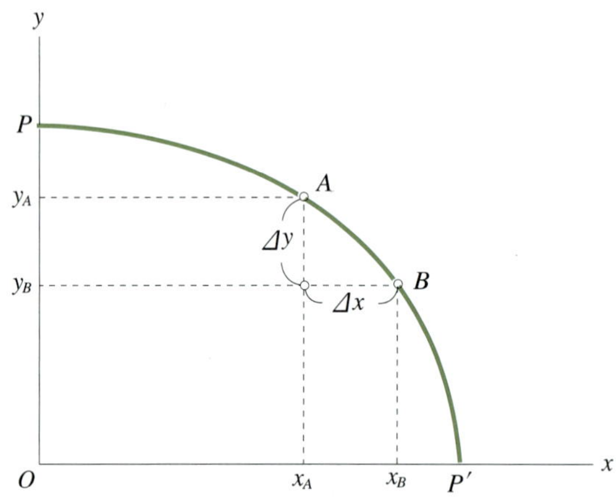

$$MRT_{XY} = \frac{MC_X}{MC_Y} \tag{7-28}$$

생산가능곡선상에서 생산점이 오른쪽으로 이동하는 경우, 다시 말해 X재 생산을 증가시켜 갈 때 한계변환율은 체증하는 성질을 가진다. 상품 상호간의 한계변환율이 체증한다는 것은 X재의 생산량이 추가될수록 Y재 생산의 희생(포기)이 더 많이 요구된다는 것을 의미하고, 이는 X재 생산의 한계비용이 체증하게 됨을 의미한다. 이러한 한계변환율 체증은 한 가지 상품만의 특화생산이 점점 어려워진다는 것을 나타낸다. 예를 들어 국가의 부존자원을 사용하여 군수물자의 생산을 증가시킬수록 생필품 생산의 희생은 누진적으로 커진다. 세계대전 직전 전쟁 준비에 골몰하던 독일이 그 좋은 예이다. 일반적으로 한계변환율은 체증하는 성질을 가지고 있다. 이에 따라 생산가능곡선은 원점에 대하여 오목한 모양을 가지게 된다. 결합생산물의 적정생산 원리에 대해서는 제9장에서 설명할 것이다.

보론 1 콥-더글러스 생산함수의 대수적 성질

(1) 요소의 한계생산 및 평균생산

$$AP_L = \frac{Q}{L} = \frac{AL^{\alpha}K^{1-\alpha}}{L} = A\left(\frac{K}{L}\right)^{1-\alpha}$$

$$AP_K = \frac{Q}{K} = \frac{AL^{\alpha}K^{1-\alpha}}{K} = A\left(\frac{K}{L}\right)^{-\alpha}$$

$$MP_L = \frac{\partial Q}{\partial L} = \frac{\partial}{\partial L}(AL^{\alpha}K^{1-\alpha}) = \alpha \cdot A\left(\frac{K}{L}\right)^{1-\alpha}$$

$$MP_K = \frac{\partial Q}{\partial K} = \frac{\partial}{\partial K}(AL^{\alpha}K^{1-\alpha}) = (1-\alpha)A\left(\frac{K}{L}\right)^{-\alpha}$$

(2) 생산의 요소탄력성

생산의 요소탄력성이란 한 생산요소 투입의 변화가 초래하는 생산량의 변화율을 말한다. 따라서 생산의 노동탄력성은 노동투입량의 변화가 생산량에 미치는 영향의 정도를 말하며, 생산의 자본탄력성은 자본투입량의 변화가 생산량에 미치는 영향의 정도를 말한다.

$$\text{생산의 노동탄력성} = \frac{\text{생산량의 변화율}}{\text{노동투입량의 변화율}} = \frac{\Delta Q/Q}{\Delta L/L}$$

$$= \frac{\Delta Q/\Delta L}{Q/L} = \frac{MP_L}{AP_L}$$

$$= \frac{\alpha \cdot A\left(\frac{K}{L}\right)^{1-\alpha}}{A\left(\frac{K}{L}\right)^{1-\alpha}}$$

$$= \alpha$$

$$생산의\ 자본탄력성 = \frac{생산량의\ 변화율}{자본투입량의\ 변화율} = \frac{\Delta Q/Q}{\Delta K/K}$$

$$= \frac{\Delta Q/\Delta K}{Q/K} = \frac{MP_K}{AP_K}$$

$$= \frac{(1-\alpha)A\left(\frac{K}{L}\right)^{-\alpha}}{A\left(\frac{K}{L}\right)^{-\alpha}}$$

$$= 1 - \alpha$$

(3) 오일러의 정리 증명

오일러의 정리란 다음과 같은 식이 성립한다는 것이다.

$$L \cdot MP_L + K \cdot MP_K = Q$$

이제, 이와 같은 식이 과연 성립하는가 점검해 보자.

$$\begin{aligned} L \cdot MP_L + K \cdot MP_K &= L \cdot \alpha \cdot A\left(\frac{K}{L}\right)^{1-\alpha} + K(1-\alpha)A\left(\frac{K}{L}\right)^{-\alpha} \\ &= \alpha \cdot AL^{\alpha}K^{1-\alpha} + (1-\alpha)AL^{\alpha}K^{1-\alpha} \\ &= (\alpha + 1 - \alpha)AL^{\alpha}K^{1-\alpha} \\ &= AL^{\alpha}K^{1-\alpha} \\ &= Q \end{aligned}$$

∴ 성립한다.

(4) 노동 및 자본 분배율

신고전파의 분배이론에 의하면 자본과 노동 각 요소는 각각의 한계생산물만큼 분배받게 되며 노동분배율은 α이고 자본분배율은 $1-\alpha$이다. 이를 증명하면 다음과 같다.

한 나라의 총생산함수를 $Q = AL^{\alpha}K^{1-\alpha}$라 하면

$$\text{노동소득분배율} = \frac{\text{노동요소의 생산기여량}}{\text{총생산량}} = \frac{L \cdot MP_L}{Q}$$

$$= \frac{L \cdot \alpha \cdot AL^{\alpha-1}K^{1-\alpha}}{AL^{\alpha}K^{1-\alpha}}$$

$$= \alpha$$

$$\text{자본소득분배율} = \frac{\text{자본요소의 생산기여량}}{\text{총생산량}} = \frac{K \cdot MP_K}{Q}$$

$$= \frac{K \cdot (1-\alpha) \cdot AL^{\alpha}K^{-\alpha}}{AL^{\alpha}K^{1-\alpha}}$$

$$= 1-\alpha$$

즉 노동분배율은 α이고 자본분배율은 $1-\alpha$이다.

PART 03

보론 2 생산공정과 등량곡선

우리는 생산함수를 분석할 때 보통 $Q = f(L, K)$ 형의 함수를 이용한 원점에 대하여 볼록한 부드러운 등량곡선을 사용한다. 원점에 대해 볼록한 부드러운 등량곡선은 노동과 자본간에 연속적인 대체가 가능하다는 것을 전제로 하고 있다. 반면에 대체가 불가능하여 요소간에 일정한 투입비율이 요구되는 고정계수생산함수도 있다. 고정계수생산함수의 경우 합리적인 요소투입 조합점은 L자형 등량곡선의 모서리이다. 본문에서 우리는 승객을 나르는 비행기 1대에 10명의 승무원이 필요하다는 가정하에 노동과 자본의 비율이 1 : 10으로 고정된 생산함수를 분석한 바 있다. 이 경우 합리적 요소투입 조합점의 궤적은 원점에서 출발한 기울기가 $\frac{1}{10}$인 직선이다. 이러한 요소투입 조합점의 궤적을 생산공정(生産工程, production activity)이라 한다.

이제 어떤 산업에서 노동과 자본이 1 : 2로 투입되거나 또는 2 : 1로 투입되어도 생산이 가능하고 그 생산량도 같다고 하자. 그러면 이 산업에서는 생산공정이 2개가 된다.

[그림 7-12]는 두 가지의 생산공정과 등량곡선을 보이고 있다.

그림 7-12 두 개의 생산공정과 등량곡선

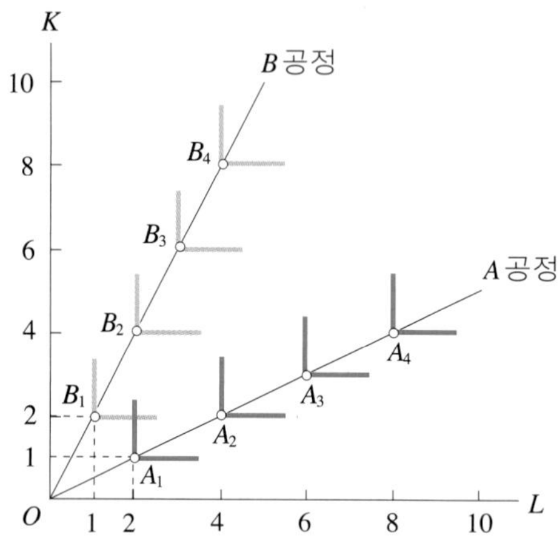

A공정은 노동과 자본이 2 : 1의 비율로 투입되는 경우의 생산공정이다. 또 B공정은 노동과 자본이 1 : 2의 비율로 투입되는 경우의 생산공정이다.

A공정과 B공정의 대표되는 생산점들을 각각 A_1, A_2, A_3, A_4 및 B_1, B_2, B_3, B_4이다. A_1은 노동이 2단위, 자본이 1단위만큼 투입되어 A_1만큼 생산되며, B_1은 노동이 1단위 자본은 2단위 투입되어 B_1만큼 생산된다는 것을 의미한다. 마찬가지로 노동이 8단위, 그리고 자본이 4단위 투입되어 A_4를 생산한다.

이 때 만약 두 생산공정을 혼합하면 어떻게 될까?

[그림 7-13]은 두 가지 생산공정의 혼합을 보이고 있다.

생산공정이 두 가지라고 해서 생산이 오로지 OA선상과 OB선상에서만 가능한 것은 아니다. 즉 생산공정(선상)이 아닌 C에서도 생산이 가능하다. C란 A_3와 B_1을 배합한 것이다. 즉 A공정의 방법으로 노동 6단위와 자본 3단위를 투입하여 A_3에서 생산하고, 동시에 노동 1단위와 자본 2단위를 투입하여 B_1에서 생산한 것의 합계인 것이다. 이 기업은 결국 노동 7단위와 자본 5단위를 투입하여 생산하고 있다. 노동과 자본 투입량 7 : 5의 비율은 가능한 A, B 두 개의 공정 중 어느 공정도 아니다. 이는 생산공정을 적절히 배합하면 고정계수의 배합비율이 아닌 비율로도 노동과 자본을 투입하여 생산할 수 있다는 것을 나타낸다. 또 A_4의 생산량과 B_4의 생산량이 같다면 A_4와 B_4를 연결한 선상의 모든 점들은 같은 양의 생산량 수준을 나타낸다.

그림 7-13 생산공정의 혼합

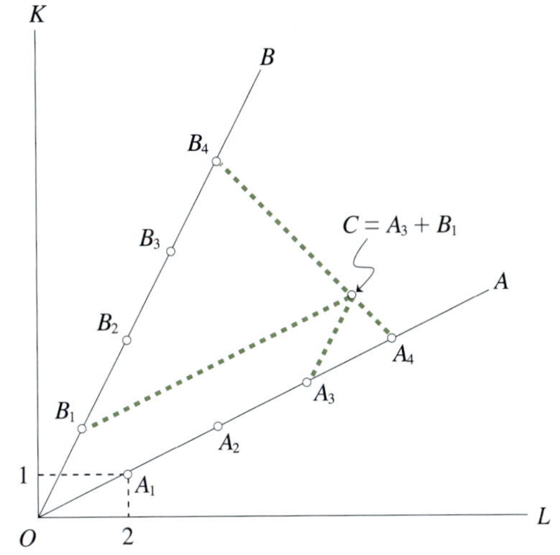

그림 7-14 생산공정과 등량곡선

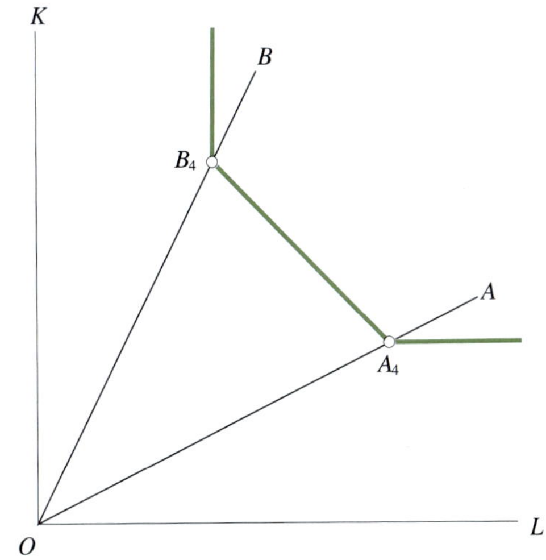

A_4와 B_4를 이은 선을 등량곡선이라 불러도 된다.

이러한 원리를 적용하면 고정계수생산함수를 가지고도 [그림 7−14]와 같은 대체가 가능한 등량곡선을 얻을 수 있다. 그림에서 A_4의 오른쪽 수평선 부분과 A_4에서 B_4까지, 그리고 B_4의 위쪽 수직 부분은 모두 생산량이 같은 점들의 궤적이다. 즉 그림의 A_4와 B_4를 지나는 굵은 선은 문자 그대로 등량곡선이다.

이렇게 투입비율이 고정되어 있어 요소대체가 불가능한 경우에도 2개 이상의 공정이 있다면 부분적인 대체가 가능하다. 그리고 같은 원리로 2개보다 훨씬 더 많은 다공정의 생산과정을 가정한다면 부드러운 등량곡선도 기대할 수 있게 된다. 즉 원점에 대해 볼록한 일반적인 등량곡선은 무수히 많은 생산공정의 조합이라고 일반화시킬 수 있는 것이다.

요 · 약

01 생산이란 인간의 효용을 증가시키는 모든 행위를 말한다. 사람들은 여러 가지 요소를 투입(input)하여 재화와 서비스를 생산(output)한다. 생산을 담당하는 조직이 기업이다. 제조만이 생산이 아니라 서비스나 교환, 운반, 저장 등도 생산이다.

02 생산량을 Q라 하고, 노동투입량을 L, 자본투입량을 K, 토지사용량을 L_d, 경영기술을 M, 그리고 원자재 사용량을 R이라고 하자. 이들의 생산관계는 다음과 같이 나타낼 수 있다.

$$Q = f(L, K, L_d, M, R)$$

이 식을 생산함수라 한다.

03 고정투입요소가 있는 경우를 물리적인 시간의 길이에 관계없이 단기라고 한다. 모든 투입요소가 가변이면 장기이다.

04 가변요소의 투입을 증가시킬 때 한계생산물이 감소하게 되는 현상이 나타난다. 이것을 한계생산체감의 법칙 또는 수확체감의 법칙이라고 부른다.

05 평균생산물이 증가하는 동안 한계생산물곡선은 평균생산물곡선의 위쪽에 위치한다. 한계 개념은 길잡이 역할을 한다.

06 동일한 양의 상품을 생산할 수 있는 두 요소 조합점들의 궤적을 등량곡선 혹은 등생산곡선이라고도 한다.

07 한계기술대체율 *MRTS*: 동일한 양의 생산을 유지하면서 요소를 대체해 갈 때의 대체비율을 말한다. 한계기술대체율은 체감한다.

08 각 요소의 한계생산물이 0이 되는 등량곡선상의 점들의 궤적을 분계선(ridge line)이라 한다. 양 분계선 안쪽 영역을 경제적 영역이라고 한다.

09 고정계수 생산함수: 요소투입이 일정한 비율로 결합될 때 일정한 양의 생산이 이루어지는 생산함수를 말하며 레온티에프생산함수라고도 한다.

10. 규모에 대한 수확: 생산요소 투입의 규모를 변화시킬 때 상품의 생산량의 변화 정도를 말한다.

- 규모에 대한 수확증가가 일어나면 규모의 경제가 일어난다고 한다. 이 때는 대규모 생산의 법칙이 작용한다. 반대의 경우는 규모의 비경제라고 한다.

11. Cobb-Douglas생산함수: 미국의 경제학자 더글러스가 수학자인 콥의 도움을 받아 실증연구를 통해 만든 함수. 줄여서 *CD*함수라고 한다.

$Q = AL^{\alpha}K^{\beta}$(여기서 A는 능률파라미터이고 α와 β는 분배파라미터임)

- 오일러의 정리: 생산함수가 1차동차이면 노동투입량과 노동의 한계생산물을 곱한 것과 자본투입량과 자본의 한계생산물을 곱한 것을 더하면 원래의 생산량이 된다.

PART 03

12. *CES*생산함수: 생산요소 사이의 대체탄력성이 어디에서나 일정한 값으로 주어지는 생산함수를 말한다.

13. 기술진보란 투입요소의 생산성이 증가함으로써 주어진 투입요소로써 보다 많은 생산물을 생산하거나, 전과 동일한 생산물을 생산하는데 보다 적은 양의 요소를 투입할 수 있게 된 경우를 말한다.
    - 중립적 기술진보: 기술진보 이전과 동일한 수준의 생산량을 생산하기 위하여 두 가지 투입요소인 노동과 자본의 양을 종전과 동일한 비율로 절약하여 투입할 수 있는 기술의 발전
    - 자본집약적 기술진보: 기술진보 이전과 동일한 생산량을 생산하기 위하여 자본을 노동에 비해 상대적으로 더 많이 투입하게 되는 기술의 발전, 자본사용적 기술진보 혹은 노동절약적 기술진보라고 부르기도 한다.
    - 노동집약적 기술진보: 기술진보 이전과 동일한 생산량을 생산하기 위하여 노동을 자본에 비해 상대적으로 더 많이 투입하게 되는 기술의 발전, 노동사용적 기술진보 또는 자본절약적 기술진보라고도 한다.

14. 생산가능곡선이란 한 사회의 자원과 기술이 주어져 있을 때 그 사회가 모든 자원을 효율적으로 사용하여 생산할 수 있는 두 생산물의 여러 가지 조합을 나타내 주는 곡선으로 변환곡선이라고 한다.

연 · 습 · 문 · 제

01. 생산함수 $Q = f(L, K, L_d, M, R)$를 설명하시오.
02. 생산이론에서의 장단기 개념을 설명하시오.
03. 가변요소의 투입을 증가시킬 때 한계생산물이 감소하게 되는 현상을 무엇이라 하는가?
04. 경제학에서 평균 개념과 한계 개념의 관계를 설명하시오.
05. 생산가능곡선이란 무엇인가 설명하시오.
06. 한계변환율이란 무엇인가 설명하시오.
07. 등량곡선이란 무엇인가 설명하시오. 등량곡선과 무차별곡선의 같은 점과 다른 점을 설명하시오.
08. 생산함수가 다음과 같을 때의 등량곡선을 각각 그리시오.
(1) $Q = L + K$ (2) $Q = max(L, K)$ (3) $Q = min(L, K)$
09. 한계기술대체율이란 무엇인가 설명하시오.
10. $MRTS_{LK}$가 $\frac{MP_L}{MP_K}$임을 증명하시오.
11. 분계선이란 무엇인가 설명하시오.
12. 다음과 같은 세 등량곡선이 있다. 등량곡선 I은 운동화 100켤레를, 등량곡선 II는 150켤레를, 등량곡선 III은 200켤레를 각각 나타낸다. 이 세 등량곡선을 한 평면에 그려서 ridge line을 도출해 보시오.

등량곡선 I		등량곡선 II		등량곡선 III	
L	K	L	K	L	K
2	11	4	13	6	15
1	8	3	10	5	12
2	5	4	7	6	9
3	3	5	5	7	7
4	2.3	6	4.2	8	6.2
5	1.8	7	3.5	9	5.5
6	1.6	8	3.2	10	5.3
7	1.8	9	3.5	11	5.5

13. 고정계수생산함수란 무엇인가 설명하시오.
14. 규모에 대한 수확이란 무엇인가 설명하시오.
15. 생산함수가 $Q = AL^{0.75}K^{0.25}$ 일 때, L이 4%, K가 4% 증가하면 생산량은 얼마나 변할

것인가 계산하시오.

16. 대규모생산의 법칙이란 무엇인가? 대량생산의 법칙과 비교하여 설명하시오.

17. 대표적인 Cobb−Douglas생산함수 $Q = AL^{\alpha}K^{\beta}$를 설명하시오.

18. 오일러의 정리란 무엇인가?

19. 생산함수가 $Q = 100L^{0.5}K^{0.5}$이다.

(1) MP_L, MP_K는 각각 얼마인가 계산하시오.

(2) $L = 50, K = 18$일 때 생산량은 얼마가 되는가 계산하시오.

(3) $L = 50, K = 18$일 때 오일러의 정리는 성립하는가 점검하시오.

20. 생산함수가 $Q = 100L^{0.35}K^{0.75}$이다. 노동과 자본의 투입량이 2배가 된다면 산출량은 얼마나 증가하는가?

21. CES생산함수란 무엇인가 설명하시오.

22. 다음과 같은 여러 가지 생산함수가 주어져 있을 때 질문에 답하시오.

a) $Q = min\left(\frac{L}{2}, \frac{K}{4}\right)$ b) $Q = L + 2K$ c) $Q = 20L^{0.4}K^{0.6}$ d) $Q = 30L^{0.2}K^{0.7}$

e) $Q = 15L^{0.6}K^{0.8}$

(1) 규모에 대한 수확감소를 나타내는 생산함수는 어느 것인가?

(2) 대체탄력성이 0인 생산함수는 어느 것인가?

(3) 대체탄력성이 무한대인 생산함수는 어느 것인가?

(4) 규모에 대한 수확증가를 만족하는 생산함수는 어느 것인가?

(5) 규모에 대한 수확불변을 만족하는 생산함수는 어느 것인가?

23. 다음 기술진보에 대해서 설명하시오.

① 중립적 기술진보 ② 자본집약적 기술진보 ③ 노동집약적 기술진보

해답 및 풀이

08. {해답} (1) 요소투입에 있어서 완전대체 관계를 가지는 생산함수의 경우이며 기울기가 $-45°$인 직선이 된다. (2) ㄱ 자 모양 (3) 요소투입에 있어서 완전보완적 생산관계를 가지는 생산함수이며 ㄴ 자 모양의 등량곡선이 된다.

10. {해답} 등량곡선상의 한 점에서 다른 점으로 이동할 때, 예를 들어 자본요소를 노동요소로 대체할 때, 등량곡선의 정의대로 두 조합의 생산량이 같으려면 $(-)\Delta K \cdot MP_K = \Delta L \cdot MP_L$ 관계가 성립되어야 한다. 이 식을 변형하면 $(-)\frac{\Delta K}{\Delta L} = \frac{MP_L}{MP_K}$이다. 그러므로 $MRTS_{LK} = (-)\frac{\Delta K}{\Delta L} = \frac{MP_L}{MP_K}$이다.

15. {해답} 4% 증가

{풀이} 생산량의 증가 $= 0.75 \times 4 + 0.25 \times 4 = 3 + 1 = 4(\%)$

19. {풀이 및 해답}

(1) $MP_L = \frac{\partial Q}{\partial L} = \frac{\partial}{\partial L}(100L^{0.5}K^{0.5}) = 0.5 \cdot 100\left(\frac{K}{L}\right)^{0.5}$

$MP_K = \frac{\partial Q}{\partial K} = \frac{\partial}{\partial K}(100L^{0.5}K^{0.5}) = 0.5 \cdot 100\left(\frac{L}{K}\right)^{0.5}$

(2) $Q = 100L^{0.5}K^{0.5} = 100 \cdot 50^{0.5}18^{0.5} = 3,000$

(3) 위에서 보는 바와 같이 $L = 50$, $K = 18$ 일 때 생산량은 3,000이다. 이제 오일러의 정리 공식에서도 생산량이 3,000이 되는가 점검한다.

$L \cdot MP_L + K \cdot MP_K = 50MP_L + 18MP_K = 50 \cdot 0.5 \cdot 100\left(\frac{18}{50}\right)^{0.5} + 18 \cdot 0.5 \cdot 100\left(\frac{50}{18}\right)^{0.5} = 1,500 + 1,500 = 3,000$. ∴ 성립한다.

20. {해답} 2배 이상 증가

{풀이} $0.35 + 0.75 > 1$이므로 규모에 대한 수확증가가 일어난다. 따라서 산출량은 2배 이상 증가한다.

22. {해답} (1) d (2) a (3) b (4) e (5) c

{풀이} (2) a는 고정계수생산함수이며 요소대체가 불가능하다. (3) b는 완전대체적 생산함수이며 요소간 완전대체가 가능하다.

PART 03

비용제약과 최적 생산요소조합

이 장에서는 최적 생산요소조합에 대해 알아본다. 이를 위해서는 등량곡선과 예산선에 대한 이해가 필요하다. 등량곡선에 대해서는 이미 제7장에서 설명하였고, 이 장에서는 새롭게 '예산선'이 등장한다. 최적 생산요소조합을 그림으로 표현하면 등량곡선과 예산선의 접점이다. 한편, 경제적 비용, 잠재적 비용, 정상이윤 등의 의미에 대해서도 알아본다.

chapter 8

"가장 중요한 건 눈에 보이지 않는단다." 여우가 말했다.
"가장 중요한 건 눈에 보이지 않는단다." 어린왕자가 되뇌었다.
"네 장미꽃을 그토록 소중하게 만드는 건
그 꽃을 위해 네가 소비한 시간이란다."
"내가 내 장미꽃을 위해 소비한 시간이란다." 어린왕자가 따라 말했다.
"네가 길들인 것에 언제까지나 책임이 있어.
넌 네 장미에 대해 책임이 있어." 여우가 다시 말했다.

- 「어린왕자」 에서 -

제1절 경제적 비용

1.1 비 용

어떤 상품을 생산하기 위해서는 노동이나 자본 등 생산요소가 필요하며, 이 생산요소를 구입하는 대가를 비용(cost)이라고 한다. 기업의 최적화 행위를 이해하려면 비용에 관한 정확한 이해가 필요하다.

명시적 비용과 잠재적 비용

경제학에서 말하는 비용은 회계학에서 말하는 비용과 약간 다르다. 회계학에서는 실제로 지출한 금액을 비용이라고 하고, 이를 회계적 비용(accounting cost)이라고 한다. 회계적 비용에는 임금, 원재료 값, 임대료, 감가상각, 세금 등이 포함된다. 회계적 비용은 기업이 실제로 지불한 비용이라는 뜻에서 명시적 비용(explicit cost)이라고도 한다.

명시적 비용: 기업이 실제로 지불한 비용

그런데 생산활동에는 명시적 비용만 지불되는 것이 아니다. 명시적으로 지불되지는 않지만 비용이 되는 것도 있다. 대부분의 생산활동에는 기업가 소유의 생산요소도 투입된다. 즉 기업경영에 자기의 노동력을 투입해야 하고 때로는 자기자본을 투입하고 자기 소유의 토지에 공장을 지어 이용하기도 한다. 이 경우 그에 대한 대가를 명시적으로 지불하지는 않지만, 기업가의 입장에서 볼 때 다른 용도로 사용하여 수익을 얻을 수 있는 기회를 상실한다는 점에서 결국 비용이 된다. 기업가 소유의 생산요소에 대한 비용을 잠재적 비용(implicit cost), 또는 귀속비용(imputation cost)이라고 한다. 즉 잠재적 비용이란 실제로 지불하지는 않지만 현재의 선택으로 발생한 희생의 가치를 말한다.

잠재적 비용: 실제로 지불하지는 않지만 현재의 선택으로 발생한 희생의 가치

잠재적 비용은 수익을 얻을 수 있는 기회를 포기했다는 의미에서 포기소득(forgone income)이라고도 한다. 이 정도 설명을 하면 독자 여러분은 잠재적 비용이란 것이 기회비용(opportunity cost) 개념을 말하는 것이라는 것을 눈치챘을 것이다.[1] 잠재적 비용에는 잠재적 임금, 잠재적 이자, 잠재적 지대, 그리고 정상이윤이 있다. 잠재적 임금이란 기업가가 다른 곳에 취업했더라면 받을 수 있는 임금이다. 잠재적 이자란 자본을 다른 곳에 투입한다면 받을 수 있는 수익이다. 잠재적 지대는 토지를 다른 사람에게 임대해 준다면 받을 수 있는 지대이다. 한편 정상이윤(normal profit)이란 기업가에게 생산을 지속하게 하는 유인이 되는 정도의 이윤을 말한다.

정상이윤: 기업가에게 생산을 지속하게 하는 정도의 이윤

정상이윤이 비용으로 간주되는 이유는 이 정상이윤이 기업가에게 생산을 지속시키는 유인이 되기 때문이다. 소비자가 그 상품을 계속해서 소비하기 위해서는 생산자에게 정상이윤만큼의 대가는 지불해야 한다는 의미에서 비용이라고 하는 것이다.

경제적 비용

명시적 비용에 잠재적 비용을 합한 것을 경제적 비용(economic cost)이라고 한다.

경제적 비용: 명시적 비용 + 잠재적 비용(잠재적 임금, 잠재적 이자, 잠재적 지대, 그리고 정상이윤 등)

경제적 비용은 기회비용의 시각으로 본 생산비용이다. 경제적 비용은 잠재적 비용을 포함하기 때문에 회계적(명시적) 비용보다 더 넓은 범위를 포괄한다. 즉 경제적 비용은 회계적 비용에 잠재적 비용을 더한 것이다.

매몰비용

기업이 생산에 투입하는 각종 요소를 시장에서 구입하는 경우, 시장에서 형성

---

1) 기회비용은 최선의 선택(best alternative)을 위해 포기한 차선의 기회(next best opportunity)이다. 즉 어떤 것을 선택할 때 이로 인해 포기할 수 밖에 없는 선택가능한 것 중에서 가장 선호하는 것의 가치이다.

된 가격은 그 요소 한 단위를 투입하는데 따른 회계적 비용임과 동시에 기회비용이다. 주의해야 할 것은 여기에서는 생산요소시장이 경쟁적이라는 사실[2)]과 구입된 생산요소는 다른 용도에도 사용될 수 있다는 것이 전제가 되고 있다. 만약 시장이 경쟁적이 아니거나 그 요소를 다른 용도에는 사용할 수 없다면 시장에서 지불한 가격은 기회비용을 반영하지 못한다.

예를 들어 어느 기업이 특별한 용도에만 사용할 수 있는 어떤 장비를 구입해서 사용하고 있다고 하자. 이 장비가 다른 용도에는 사용될 수 없다면 이러한 장비의 구입에 지출된 비용은 매몰비용(sunk cost)이라고 한다. 매몰비용이란 기회비용이 0인 비용을 말한다. 즉 매몰비용이란 이미 지출되었으며 회복할 수 없는 비용을 말한다. 광고비는 매몰비용에 속한다. 즉 광고의 기회비용은 0이다.

매몰비용은 역사적 비용이라고도 한다. 매몰비용은 일단 지출된 후에는 기업의 의사결정 과정에서 고려의 대상이 아니다. 예를 들어 어느 학생이 천 원짜리 볼펜을 샀다가 그 볼펜을 금방 잃어버렸다고 하자. 볼펜을 다시 사야 하나, 아니면 사지 말아야 하나. 다시 사려니 볼펜 하나에 2천 원이나 든다고 생각되어 아깝다. 그러나 냉정하게 따지면 잃어버린 천원(짜리 볼펜)은 다시 회수할 수 없는 매몰비용이다. 현재 그 학생은 천 원짜리 볼펜이 필요하다. 처음에 산 것을 보면 필요해서 샀을 테니까. 그렇다면 다시 볼펜을 사는 것이 합리적이다. 이처럼 매몰비용은 의사결정 과정에서 고려의 대상이 아닌 것이다.

PART 03

사적비용과 사회적비용

우리가 또 관심을 가져야 할 비용으로는 사적비용(private cost)과 사회적비용(social cost)이 있다. 사적비용이란 기업이 생산을 위하여 실제로 지불하는 비용을 말한다. 그런데 이 생산을 위하여 사회가 부담하는 비용은 그 기업이 지불한 사적비용만 있는 것이 아니다. 그 생산활동으로 인하여 오염물질을 배출한다면 제3자가 피해를 입고 비용을 부담하게 된다. 사회 전체의 관점으로 보면 피해로 인한 제3자의 비용도 생산활동을 위한 비용의 일부이다. 지하철 건설에는 직접 들어가는 건설비용 외에도 사회적으로는 훨씬 더 많은 비용이 부담되고 있다. 즉 공사로 도로의 통행이 제한되어 발생하는 혼잡비용, 분진과 소음으로 인한 공해, 그리고 주

2) 생산요소시장이 경쟁적이어야 그 시장에서 생산요소의 가격이 기회비용을 정확히 반영하게 된다.

변 상가가 입는 영업피해 등이 그 것이다. 이러한 손실까지 합하면 지하철 건설의 비용은 훨씬 더 클 것이다. 생산을 위하여 기업을 포함한 사회 전체가 직 · 간접적으로 지불한 비용을 모두 합하여 사회적비용이라고 한다.

읽을거리

교통혼잡비용과 사회적비용

우리나라의 자동차 수는 1997년에 1,000만대를 넘어선 뒤 계속 증가하고 있다. 국토가 좁은 우리나라에 자동차 수가 증가함에 따라 교통체증은 심화되고, 이에 따라 교통혼잡비용은 계속 증가하고 있다. 2008년의 교통혼잡비용은 무려 26조 9,020억 원에 이르고, 이는 국민총생산의 2.74%에 해당하는 수치이다. 이를 차종별로 보면 승용차의 교통혼잡비용이 가장 큰 비중을 차지한다.

교통혼잡비용이란 교통체증으로 인해 추가적으로 발생되는 운행비용 손실액과 시간비용 손실액의 합계를 말한다. 일반적으로 차량이 정상속도로 운행될 때의 서비스수준은 4차선 고속도로가 시속 80㎞, 2차선 고속도로가 70㎞, 국도 및 지방도가 60㎞, 그리고 도시 내 도로는 시속 27㎞로 설정되어 있으며, 이러한 속도보다 낮을 때 교통혼잡이 발생한다고 본다. 이러한 교통혼잡으로 인하여 연료의 추가소모 등 차량운행비용 손실, 승객의 시간 손실, 수송중인 화물의 가치 손실, 교통공해 등의 환경손실과 같은 경제적 손실이 발생하게 되는데, 이 중에서 차량운행비용 손실과 승객의 시간가치 손실을 화폐단위로 환산한 것을 교통혼잡비용이라고 한다.

교통혼잡의 가장 큰 요인이 되는 차종은 자가용 승용차이다. 자가용 승용차의 경우 1인 1㎞ 수송시 도로면적 점유가 버스의 4~5배, 전철의 28배이며, 에너지 소비량은 버스의 6배, 전철의 25배로 수송효율이 가장 낮은 교통수단이다. 자가용 승용차는 사회적 비용을 가장 크게 유발하고 있는 교통수단이라고 볼 수 있다.

표 8-1 교통혼잡비용 및 대 GDP 비중

구분		1999	2000	2001	2002	2003	2004	2005	2006	2007	2008
전국 혼잡비용 (십억원)	계(A)	17,113	19,448	21,108	22,135	22,769	23,115	23,539	24,621	25,861	26,902
	지역	7,635	8,299	8,788	9,151	9,113	9,130	9,093	9,180	9,683	9,881
	도시	9,478	11,149	12,320	12,984	13,656	13,985	14,445	15,441	16,488	17,021
GDP(B, 조원) – 2005년 기준 –		638.3	694.9	722.1	773.9	795.7	831.8	865.2	909.6	956.8	978.5
GDP대비 비중 (A/B, %)		2.68	2.79	2.92	2.86	2.86	2.77	2.72	2.70	2.70	2.74

자료: 통계청, 「한국주요경제지표」, 2012.

1.2 예산선

소비에서 제약이 있듯이 생산에도 제약이 따른다. 그 제약은 예산 범위 내에서라는 비용제약이다. 생산에 있어서 제약이 되는 비용조건은 예산선을 이용하여 분석한다.

예산선의 의의와 성질

생산이론에서는 대표적인 생산함수 $Q = f(L, K)$를 고려하여 노동비용과 자본비용을 분석한다. 기업은 주어진 예산을 가지고 노동과 자본을 구입하여 생산과정에 투입한다. 어떤 기업이 매기 당 C원의 예산을 가지고 상품을 생산한다고 하자. 또 노동과 자본 투입량을 각각 L과 K, 그리고 노동과 자본의 가격을 각각 P_L과 P_K라고 하자. 총비용과 요소 투입량은 다음과 같은 관계를 갖는다.

$$L \cdot P_L + K \cdot P_K = C \tag{8-1}$$

이 식은 생산에 있어서의 비용제약을 나타내고 있다. 그래서 이 식을 예산제약식(budget constraint)이라 부른다. 이 예산제약식을 K에 대해 나타내면 다음과 같다.

$$K = -\frac{P_L}{P_K} \cdot L + \frac{C}{P_K} \tag{8-2}$$

예산제약식을 그림으로 나타내면 예산선(budget line)이 된다. 예산선이란 기업이 일정한 예산을 가지고 구입할 수 있는 생산요소조합의 궤적을 말한다.

예산선: 기업이 일정한 예산(비용)을 가지고 구입할 수 있는 생산요소 조합점들의 궤적

예산선상 모든 점은 각각 생산요소 구입 조합을 나타낸다. 한 예산선상의 점들은 그 요소조합 구성이 다를지라도 동일한 비용총액을 지닌다. 그래서 비용총액이 같다는 의미에서 예산선을 등비선(isocost curve) 또는 등예산선이라고도 한다. 그 외에도 예산선을 등비용선, 또는 비용선(cost line)이라고도 부르니 참고하기 바란다. 최근에는 예산선이라는 용어를 많이 사용한다. 본서에서도 주로 예산선이라는 용어를 사용할 것이다.

[그림 8-1]은 예산선이다. 그림의 세로축은 자본 구입량을, 가로축은 노동 구입량을 나타낸다. 예산선이 양 축과 만나는 절편은 주어진 예산 전부를 투입하여 구입할 수 있는 생산요소의 양을 나타낸다. 즉 주어진 예산 전부를 투입하여 자본요소만 구입한다면 $\frac{C}{P_K}$만큼 구입할 수 있고, 노동요소만 구입한다면 $\frac{C}{P_L}$만큼 구입할 수 있다. 따라서 $\frac{C}{P_K}$는 자본축의 절편이 되고 $\frac{C}{P_L}$는 노동축의 절편이 된다. 양 절편을 이어준 선분이 예산선이다.

예산선상의 한 점은 주어진 예산으로 구입할 수 있는 [노동, 자본] 양의 조합이다. 만약 예산을 증액시키면 예산선은 원점에서 멀어지는 쪽으로, 예산이 감소하면 예산선은 원점 쪽으로 평행이동한다. 예산선을 포함한 예산선 안 쪽의 점들은 주어진 예산으로 구입이 가능한 조합이다. 그러나 예산선 바깥의 점들은 주어진 예산으로는 구입이 불가능한 조합이다. 그러한 의미에서 예산선을 포함한 안쪽 삼각형을 요소투입 가능집합이라고 한다.

예산선의 기울기는 노동과 자본 가격의 비율 $-\frac{P_L}{P_K}$이다. 한 예산선이 나타내는 비용총액은 일정하다. 따라서 노동요소를 추가로 구입하면 자본요소의 구입을 줄여야 하고, 자본요소를 추가 구입하면 노동요소의 구입을 줄여야 한다. 이 때 요소구입의 대체비율은 예산선의 기울기에 달려 있다. 예산선의 기울기는 두 요소 구입의 기회비용을 반영한다.

그림 8-1 예산선

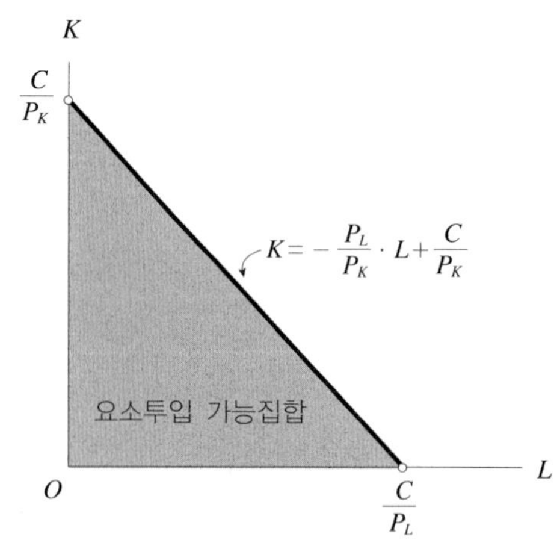

자본가격과 노동가격

다음으로 자본가격과 노동가격의 의미를 생각해 보자. 이를 위해서는 먼저 자본과 노동의 개념을 이해하는 것이 필요하다. 자본을 모르는 사람이 어디 있으랴 하겠지만, 경제이론에서 말하는 자본과 시중에서 말하는 자본은 그 개념이 조금 다르다. 어떤 사람이 "자그마한 구멍가게를 해서 먹고 살려 해도 자본이 8천만 원은 필요하다"고 말한다고 하자. 이 경우의 8천만 원을 경제학에서는 자본이라고 하지 않는다. 이 8천만 원을 굳이 말한다면 그것은 자금이다. 경제학에서는 '인간이 만든 자원(man-made resource)'을 자본이라고 한다. 자본의 대표적인 것은 생산기계나 설비이다. 그래서 자본이란 '생산을 위한 기계'라고 말할 수 있다. 심지어는 '자본이란 기계다'라고 이해해도 된다. 경제학에서의 자본을 시중에서 말하는 자본과 구분하기 위해서 자본재(capital goods)라고 부르기도 한다.

경제이론에서 말하는 자본이란 생산을 위한 '기계'이다.

그렇다면 자본가격(P_K)은 무엇을 말하는가. 기계의 값인가. 아니다. 자본가격이란 '기계를 빌리는 삯'이다. 경제학에서 말하는 자본가격은 리스(lease)[3]료와 비슷하다. 즉 자본가격이란 기계를 고용하는 삯, 또는 기계를 사들이는데 드는 자금에 대한 이자비용을 의미한다. 어떤 경제학 서적에는 자본가격이 r로 표기되어 있는 것을 볼 수 있는데, 이것은 자본가격이 자본에 대한 이자(interest)라는 의미를 가지고 있기 때문이라는 것도 참고하기 바란다.

노동가격(P_L)도 마찬가지이다. 노동가격 또한 노동자의 값이 아니다. 노동가격이란 노동자를 고용하는 삯이다. 어떤 노동자가 월 2백만 원을 받는다고 해서 그 노동자의 값이 2백만 원이라고 누가 감히 말하겠는가?

자본가격이나 노동가격은 기계나 노동자 자체의 가격이 아니라 그 요소들을 고용하는데 드는 비용인 것이다. 즉 요소비용이란 기계를 빌리고 노동력을 빌리는 삯인 것이다.

자본가격: 기계를 빌리는 삯(기계 구입자금의 이자비용)
노동가격: 노동자를 고용하는 삯

---

3) 리스란 생산요소의 소유자가 사용료의 징수를 조건으로 타인에게 이용 또는 점유를 허용하는 계약이다. 거액의 자금이 없어도 리스를 통하여 기계설비를 구입할 수 있어 설비투자를 원활하게 할 수 있다.

한편 비용을 표시하는 데는 기간 개념이 필요하다. 그래서 비용을 표시할 때는 '월 이자가 얼마' 또는 '월 임금이 얼마' 하는 식으로 쓴다. 즉 유량(flow)개념이다. 어떤 사람이 월 1천만 원의 예산을 가지고 포클레인 영업을 한다고 하자. 포클레인 한 대의 값은 2억 원이다. 이 2억 원이 자본가격이 아니라는 것은 독자 여러분도 잘 알 것이다. 자본가격은 2억 원에 대한 월별 이자이다. 만약 금리가 연 12%라면 2억 원에 대한 월 이자는 200만 원이 되는데, 이 이자가 자본가격이다. 월 1천만 원을 가지고 포클레인 영업을 한다고 하였으니, 이 사람은 포클레인을 5대까지 '고용'할 수 있다. 또 노동자를 고용하는데 월 100만 원씩 든다면 노동자를 10명까지 고용할 수 있다.

제2절 최적 생산요소조합

앞 절에서는 예산선을 중심으로 비용에 대해 알아보았다. 그리고 제7장에서는 등량곡선을 중심으로 생산함수를 분석한 바 있다. 이제 최적 생산요소조합을 설명할 때가 되었다. 예산을 고려하여 가장 적절한 노동과 자본 투입량이 결정된 상황을 생산요소조합의 최적화라고 한다.

최적 생산요소조합을 도출하는 방법은 세 가지가 있다. 첫 번째는 기하학적인 방법인데, 등량곡선과 예산선을 이용하여 도출하는 방식이다. 두 번째는 대수적인 방법인데, 라그랑지함수를 이용하여 도출하는 방식이다. 그리고 세 번째는 이러한 사실을 논리적으로 설명하는 방법이다. 본 절에서는 기하학적인 방법과 대수적인 방법으로 최적 생산요소조합을 도출한다. 논리적인 설명이란 앞의 두 방법으로 도출한 결론을 서술적으로 설명하는 것이므로 앞의 설명 속에 이미 포함되어 있다고 보면 된다.

2.1 최적 생산요소조합의 기하학적인 접근

생산요소조합의 최적점에 이르는 경로에는 두 가지가 있다. 하나는 예산을 제약조건으로 하여 생산량극대(product maximization)를 목표로 하는 생산량극대화의 경로이고, 다른 하나는 일정한 양을 생산하면서 비용극소(cost minimization)를 목표로 하는 비용극소화의 경로이다.

생산량극대화

이보다 더 많을 순 없다

생산량극대화란 '월 예산 C_1을 가지고 상품을 가장 많이 생산할 수 있는 요소투입 방식을 찾으시오'라는 요구이다. 사장이 공장장에게 월별로 일정한 금액을 제공하면서 그 예산을 적절히 사용하여 상품을 가장 많이 생산할 수 있는 노동과 자본의 투입량을 찾아내라고 요구하는 것 – 그것이 생산량극대화인 것이다.

[그림 8–2]는 생산량극대화 문제를 해결하는 과정을 보이고 있다.

(a)는 예산선이며 예산은 고정되어 있다. 공장장은 이 예산 범위 내에서 노동과 자본을 구입하여 생산과정에 투입할 수 있다.

(b)는 등량곡선이다. 등량곡선은 원점에서 멀리 있을수록 더 많은 생산량을 나타낸다. 사장의 요구를 반복하면, 예산선 범위 내에서 상품을 가장 많이 생산할 수 있는 [노동, 자본]조합을 택하라는 것이다. 즉 가장 상위의 등량곡선을 만나라는 것이다.

(c)는 문제에 대한 해답, 즉 생산량극대화를 달성하고 있는 상태이다. 그림에서 예산선과 등량곡선이 접하는 점 E가 바로 그런 상태이다. 이 E를 생산요소조합의 최적점이라고 하자. 기업은 E를 택하여 노동을 L^*만큼, 자본을 K^*만큼 투입하여 상품을 생산하게 된다. 이때 (L^*, K^*)를 이 문제의 최적해라고 하며, 이 최적해를 조건부 요소수요(conditional factor demand)라고 한다. 이때의 생산량은 예산선에 접하는 등량곡선이 말해 주는 Q_2만큼이다. 그보다 안쪽의 등량곡선은 생산량이 적어서 불만이고, 그보다 바깥쪽의 등량곡선은 주어진 예산으로는 선택이 불가능하다. 이 생산요소조합의 최적점은 예산범위 내에서 가장 큰 생산량이라는 요구를

그림 8-2 최적 생산요소조합: 생산량 극대화

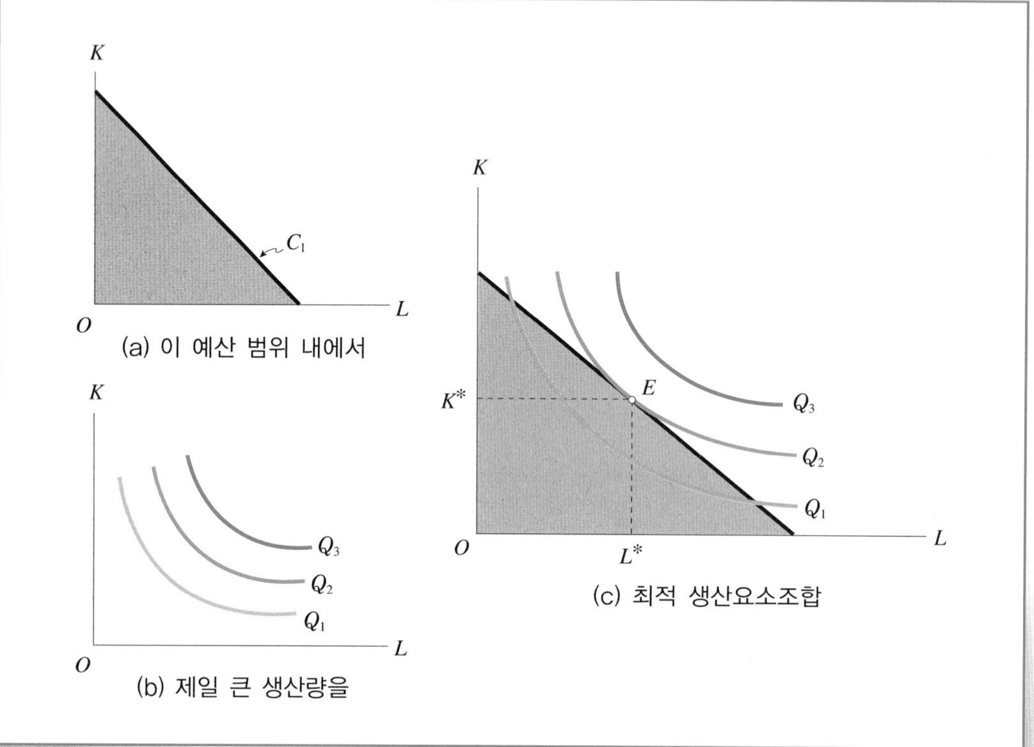

충족시키고 있는 것이다. 즉 이보다 많을 수는 없다. 생산량 극대화는 예산선과 등량곡선의 접점에서 이루진다.

비용극소화

이보다 더 적을 순 없다

비용극소화란 'Q_0만큼 생산하되 비용이 가장 적게 드는 생산요소조합을 찾으시오'라는 요구이다. 이번에는 사장이 공장장에게 생산량 목표를 정해주면서 비용이 가장 적게 드는 방법을 찾아내라고 문제를 주는 것이다.

[그림 8-3]은 비용극소화 문제를 해결하는 최적의 생산요소조합을 보이고 있다.

(a)는 등량곡선이며 주어진 조건이다. 독자 여러분은 생산량극대화 주문 때와 제약조건이 달라진 것을 볼 수 있을 것이다. 앞의 생산량극대화에서는 조건이 '이

그림 8-3 최적 생산요소조합: 비용극소화

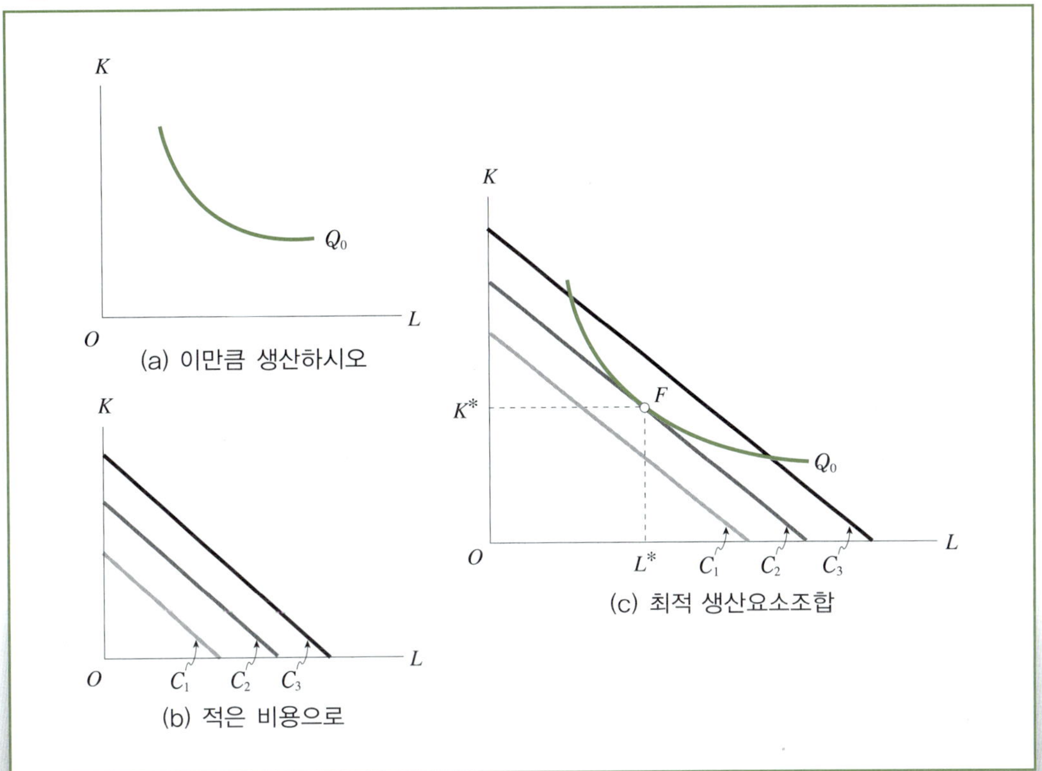

예산 범위 내에서'이다. 이번에는 조건이 'Q_0만큼을 생산하라'는 것이다.

(b)는 예산선들이다. (a)와 (b)를 가지고 사장의 요구를 반복하면, Q_0를 생산하되 비용이 적게 드는 예산선을 만나라는 것이다.

(c)는 그 요구에 대한 해답으로 비용극소화를 달성하고 있는 상태이다. 그림에서 예산선과 등량곡선이 접하는 점 F가 바로 그런 상태이다. 이 F도 생산요소조합의 최적점이다. 기업은 F를 택하여 노동을 L^*만큼, 자본을 K^*만큼 투입하여 상품을 생산하게 된다. 이때의 비용은 등량곡선과 접하는 예산선이 말해주는 C_2이다. 이 최적해인 $[L^*, K^*]$조합은 일정한 양의 생산이라는 제약하에서 적은 비용이라는 주문을 충족시키고 있다. 비용이 이보다 더 적을 순 없다. 그림에서 C_3는 생산은 가능하지만 비용이 너무 많이 들어서 불만이고, C_1은 그 비용으로는 생산이 불가능하기 때문에 선택할 수 없는 것이다. 이렇게 비용극소화 접근을 통해서도 최적 생산요소조합은 역시 예산선과 등량선의 접점에서 이루어지고 있다. 생산량극대화와

비용극소화가 같은 결론을 내는 것을 생산의 쌍대성(duality)이라 부른다.[4)]

가중된 한계생산력 균등의 법칙

그렇다면 [그림 8-2]와 [그림 8-3]의 예산제약하에서 생산량극대화 그리고 생산량제약하에서 비용극소화에 대한 각각의 최적점 E나 F는 과연 어떠한 조건을 충족시키는가 알아보자. 두 최적점은 모두 등량곡선과 예산선이 접하는 점이다. 즉 '등량곡선 기울기 = 예산선 기울기'이다. 등량곡선의 기울기는 한계기술대체율이고 예산선의 기울기는 요소 사이의 상대가격비율이다. 이를 식으로 나타내면 다음과 같다.

$$MRTS_{LK}\left(=\frac{MP_L}{MP_K}\right) = \text{등량선 기울기} = \text{예산선 기울기} = \frac{P_L}{P_K} \tag{8-3}$$

$$MRTS_{LK} = \frac{P_L}{P_K} \tag{8-4}$$

식(8-4)는 최적의 생산요소조합이 달성되면 노동과 자본의 한계생산물비율과 상대가격비율이 일치하게 된다는 것을 나타내고 있다. 위의 조건식을 변형하면 다음과 같이 된다.

$$\frac{MP_L}{P_L} = \frac{MP_K}{P_K} \tag{8-5}$$

이 식을 보면 비용극소화문제 또는 생산량극대화문제의 최적해가 유도될 때 노동투입을 위해 지출되는 비용 1단위의 한계생산물과 자본투입을 위해 지출되는 비용 1단위의 한계생산물이 일치한다. 즉 최적점에서는 각 생산요소의 화폐 1단위당 한계생산물이 균등화되고 있다. 이와 같이 한계생산물이 균등하도록 각 요소의 투입량이 결정되는 것을 한계생산물의 균등화 원리라고 한다. 또 요소의 가격을 고려한다고 하여 가중된 한계생산력 균등의 법칙(law of weighted equi-marginal product)이라고도 한다.

가중된 한계생산력 균등의 법칙: 각 요소가격 1단위의 한계생산력이 균등하도록 요소가

4) 이러한 쌍대성 원리에 따라 한 상품에 대한 생산함수의 성질을 알게 되면, 그 상품에 대한 비용함수의 성질이 유도되고, 한 상품에 대한 비용함수의 성질을 알게 되면, 그 상품에 대한 생산함수의 성질이 유도된다. 이러한 비용과 생산의 쌍대관계에 따라 '비용제약'을 '생산기술상의 제약'이라고 부르는 학자도 있다.

투입될 때 생산자최적을 이룬다는 것

여기에서 '가중'이라는 말은 요소의 가격을 고려한다는 의미이다. 생산자최적은 요소의 가격과 생산성을 동시에 고려하여 도출되는 것이다. 한편 $\frac{MP_L}{P_L} > \frac{MP_K}{P_K}$의 상태이면 양 요소의 가격을 고려할 때 노동요소의 한계생산물이 자본요소의 한계생산물보다 많다는 것을 나타낸다. 이는 자본에 비하여 노동이 상대적으로 적게 투입되고 있다는 것을 의미한다. 이 경우에는 노동의 투입을 증대시키고 대신 자본의 투입을 감소시킴으로써 생산을 증대시킬 수 있다. 또 반대의 경우에는 자본투입량을 증대시키고 노동투입량을 감소시킴으로써 생산의 증대가 가능하게 된다. 그런데 가중된 한계생산력 균등의 법칙은 등량곡선이 원점에 대하여 볼록한 경우에만 달성된다. 만일 등량곡선이 원점에 대하여 오목한 경우에 등량선과 예산선이 접하면, 그 접점은 최선이 아니라 최악의 요소투입점이 된다. 따라서 생산의 극대화를 위한 요소투입 적정화 조건은 등량곡선이 예산선에 접하고(제1차조건), 등량곡선이 원점에 대하여 볼록해야 한다(제2차조건). 이러한 내용은 대수적 접근을 통하여 밝혀낼 수 있다.

2.2 최적 생산요소조합의 대수적 접근

기하학적 접근이 생산자최적을 한 눈에 알게 한다면, 대수적 접근은 수식을 통하여 생산요소조합의 최적화를 명쾌하게 보여준다. 최적 생산요소조합에 이르는 대수적 접근에도 생산량극대화 접근과 비용극소화 접근의 두 가지가 있다.

생산량극대화

이미 우리가 알고 있는 생산함수와 제약조건을 가지고 다음과 같은 경제모형을 만들 수 있다.

$$\begin{aligned} &\max.\ Q = f(L, K) \\ &s.t.\quad C = L \cdot P_L + K \cdot P_K \end{aligned} \tag{8-6}$$

식(8-6)의 max.란 생산요소의 조합을 선택해서 생산량 Q를 극대화하라는 요구이며, *s.t.*는 조건(subject to)을 말하는데 여기서는 예산제약 또는 비용제약을 의미한다. 식(8−6)은 '이 예산을 가지고 생산량을 극대화 하는 최적의 생산요소조합을 구하시오'이다. 이와 같은 제약조건하의 극대화 문제는 라그랑지승수(Lagrange multiplier: λ)를 이용하여 다음과 같이 정의되는 함수 $\mathcal{L}$의 값을 극대화하는 최적의 생산요소조합(L^*, K^*)과 최적 라그랑지승수인 λ^*를 구하는 문제로 다시 쓸 수 있다.

$$\mathcal{L} = f(L, K) + \lambda(C - L \cdot P_L - K \cdot P_K) \tag{8−7}$$

식(8−7)을 라그랑지함수(Lagrange function)라고 한다. 이 식은 $\mathcal{L}$를 극대화하는 L, K, 그리고 λ를 구하라는 요구이다. 이 때 각 변수는 0보다 커야 한다. 즉 이 극대화문제에서 유도된 최적해는 내부해(interior solution)이어야 한다. 생산량극대화를 위한 1계조건은 위 식을 1계미분하여 0으로 놓고 그 해를 구하는 것이다. 위 식을 각각 편미분하여 0으로 놓으면 다음과 같다.

$$\frac{\partial \mathcal{L}}{\partial L} = \frac{\partial Q}{\partial L} - \lambda \cdot P_L = 0 \tag{8−8}$$

$$\frac{\partial \mathcal{L}}{\partial K} = \frac{\partial Q}{\partial K} - \lambda \cdot P_K = 0 \tag{8−9}$$

$$\frac{\partial \mathcal{L}}{\partial \lambda} = C - L \cdot P_L - K \cdot P_K = 0 \tag{8−10}$$

식(8−8)에서 $\lambda = \frac{\partial Q}{\partial L} / P_L$, 그리고 식(8−9)에서 $\lambda = \frac{\partial Q}{\partial K} / P_K$이므로 다음과 같은 식을 유도할 수 있다.

$$\lambda = \frac{\partial Q}{\partial L}/P_L = \frac{\partial Q}{\partial K}/P_K \text{ 또는 } \lambda = \frac{MP_L}{P_L} = \frac{MP_K}{P_K} \tag{8−11}$$

식(8−11)는 생산량극대화의 1계조건(first order condition)이며, 이 1계조건은 우리가 앞에서 기하학적인 방법으로 도출하였던 가중된 한계생산력 균등의 법칙과 같다. 그런데 이 1계조건만으로는 생산량극대화가 달성되지 못한다. 이 1계조건이라는 것은 생산량극대화의 필요조건일 뿐이다. 생산량극대화의 2계조건(second order condition)이 성립하여야만 생산량 극대화에 대한 필요충분조건이 성립하게 된다. 즉 2계도함수가 0보다 작아야 하며$\left(\frac{\partial^2 \mathcal{L}}{\partial L^2} < 0 \text{ 그리고 } \frac{\partial^2 \mathcal{L}}{\partial K^2} < 0\right)$,

이는 2계도함수들을 원소로 하는 행렬식, 즉 테두른 헤시안(bordered Hessian)의 값이 0보다 커야 한다는 것을 의미한다. 테두른 헤시안의 값이 0보다 크다는 것은 제4장 보론에 있는 대수적 접근방법에 의한 소비자최적 유도에서의 2계조건과 유사하므로, 여기서 행렬식의 값을 구하는 과정은 생략한다.

앞의 기하학적 접근에서도 보았듯이 생산량극대화 조건은 가중된 한계생산력 균등의 법칙에다 등량곡선이 원점에 대하여 볼록해야 한다는 조건을 추가하고 있는 것이다. 이는 결국 생산이 분계선 안의 경제적 영역에서 이루어져야 함을 나타내고 있다. 한편 생산량극대화 문제에서 유도된 최적 생산요소의 조합은 조건부 요소수요함수로 표현할 수 있으며, 그 식은 다음과 같다.

$$L^* = L^*(P_L, P_K, C),\ K^* = K^*(P_L, P_K, C) \tag{8-12}$$

마지막으로 생산량극대화를 위한 목적함수인 $Q = f(L, K)$를 식(8-12)로 표현된 최적해로 표현하면 가치함수(value function)로 표현된 생산함수를 구할 수 있다.

$$Q^* = Q^*(P_L, P_K, C) \tag{8-13}$$

비용극소화

다음으로 비용극소화 조건을 도출해 보자. 생산량극대화 접근과는 반대로 비용극소화 접근 때는 생산량을 나타내는 생산함수가 제약조건이 되고 비용식이 목적함수가 된다.

$$\begin{aligned} &\min.\ C = L \cdot P_L + K \cdot P_K \\ &s.t.\ \overline{Q} = f(L, K) \end{aligned} \tag{8-14}$$

식(8-14)의 min.은 비용 생산요소의 조합을 선택해서 비용 C를 극소화하라는 요구이고, *s.t.*는 생산량제약을 의미한다. 위의 두 식은 다시 라그랑지승수 μ를 이용하여 다음과 같이 정의되는 함수 Z의 값을 극소화하는 최적의 생산요소조합(L^*, K^*)과 최적 라그랑지승수인 μ^*를 구하는 문제로 다시 쓸 수 있다.

$$Z = L \cdot P_L + K \cdot P_K + \mu[\overline{Q} - f(L, K)] \tag{8-15}$$

PART 03

식(8−15)는 Z를 극소화하는 L, K, 그리고 μ를 구하라는 요구이다. 이 때 극소화 문제에서 유도된 최적해는 내부해이어야 한다. 식(8−15)를 L, K, μ로 각각 편미분하여 0으로 놓으면 다음과 같다.

$$\frac{\partial Z}{\partial L} = P_L - \mu \cdot \frac{\partial f(L, K)}{\partial L} = 0 \tag{8-16}$$

$$\frac{\partial Z}{\partial K} = P_K - \mu \cdot \frac{\partial f(L, K)}{\partial K} = 0 \tag{8-17}$$

$$\frac{\partial Z}{\partial \mu} = \overline{Q} - F(L, K) = 0 \tag{8-18}$$

식(8−16)에서 $\mu = P_L / \frac{\partial f(L, K)}{\partial L}$, 그리고 식(8−17)에서 $\mu = P_K / \frac{\partial f(L, K)}{\partial K}$이므로 다음과 같은 식을 유도할 수 있다.

$$\mu = P_L / \frac{\partial f(L, K)}{\partial L} = P_K / \frac{\partial f(L, K)}{\partial K} \text{ 또는 } \frac{MP_L}{P_L} = \frac{MP_K}{P_K} \tag{8-19}$$

식(8−19)는 비용극소화의 1계조건이며, 이 1계조건은 식(8−11)로 표현된 생산량극대화의 1계조건과 동일하다. 다만 생산량극대화 접근에서는 라그랑지승수 λ가 화폐의 한계생산물을 나타내는데 비해 비용극소화 접근에서의 라르랑지승수 μ는 λ의 역수이며, 한계비용을 나타낸다. 비용극소화의 2계조건은 2계도함수$\left(\frac{\partial^2 Z}{\partial L^2} = -\mu \frac{\partial^2 f(L, K)}{\partial L^2}, \frac{\partial^2 Z}{\partial K^2} = -\mu \frac{\partial^2 f(L, K)}{\partial K^2}\right)$가 0보다 커야 하며$\left(\frac{\partial^2 Z}{\partial L^2} > 0, \frac{\partial^2 Z}{\partial K^2} > 0\right)$, 이는 2계도함수들을 원소로 하는 행렬식, 즉 테두른 헤시안(bordered Hessian)의 값이 0보다 작아야 한다는 것을 의미한다. 이 비용극소화 문제에서 유도된 최적 생산요소의 조합은 조건부 요소수요함수로 표현할 수 있다.

$$L^* = L^*(P_L, P_K, \overline{Q}), K^* = K^*(P_L, P_K, \overline{Q}) \tag{8-20}$$

마지막으로 비용극소화를 위한 목적함수인 $C = L \cdot P_L + K \cdot P_K$를 식(8−20)로 표현된 최적해로 표현하면 가치함수로 표현된 비용함수를 구할 수 있다.

$$C^* = C^*(P_L, P_K, \overline{Q}) \tag{8-21}$$

제3절

생산비 분석

3.1 확장경로

기업이 예산투입을 증가시켜서 생산량을 점차 늘려간다고 하자. 기업이 예산을 증가시키면 결국 노동과 자본 등의 요소투입을 증가시키게 된다. 그런데 기업이 노동과 자본의 투입을 증가시킬 때는 어떤 원칙이 있을 것이다. 그것은 생산량을 증가시키면서 최적의 생산요소조합이 이루어지는 최적점을 찾아 생산하는 방법을 취한다는 것이다.

[그림 8-4]는 이러한 과정을 보여주고 있다. (a)는 생산자 최적점이다. (b)는 예산투입의 증가로 인한 최적점의 이동이다. 기업이 예산투입을 C_1에서 C_2로, 그리고 C_3로 증가시켜감에 따라 최적점이 a에서 b, c로 옮겨가게 된다. 이 때 최적점의 궤적을 확장경로(expansion path)라고 하는데, 소비이론에서의 ICC와 도출원리가 유사

PART 03

그림 8-4 확장경로

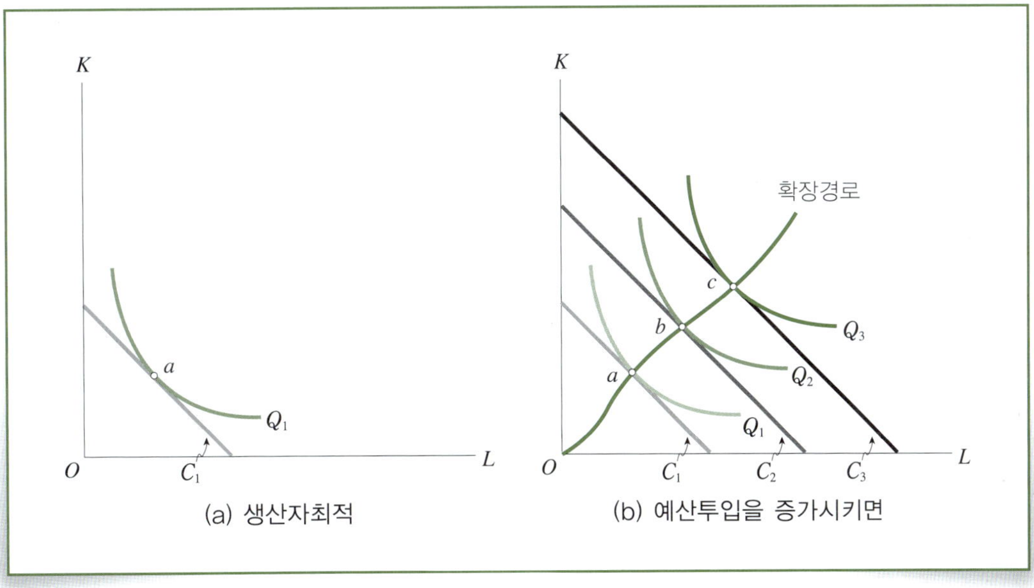

하다.

확장경로: 예산투입을 증가시켜 생산량이 증가함에 따라 이동되는 최적점들의 궤적

확장경로는 그림에서 보는 바와 같이 우상향이 될 수도 있고 좌상 방향으로나 우하 방향으로 뻗어갈 수도 있다. 전체 예산투입은 증가시키더라도 두 생산요소 중 하나가 열등요소일 때는 그 요소의 투입을 감소시킬 수도 있는 것이다. 만약 좌상 방향으로 확장경로의 궤적이 나타나면 노동요소가 열등요소이고, 우하 방향으로 확장경로의 궤적이 나타나면 자본요소가 열등요소인 경우이다. 한편, 지금까지 설명한 확장경로를 기간 개념으로 보면 장기의 경우이다. 노동과 자본 두 가지가 다 가변요소인 것이다. 만약 노동투입량 또는 자본투입량이 고정된다면 생산자최적을 달성하기 어렵기 때문에 확장경로가 달라진다.

3.2 비용곡선

비용함수는 식(8−21)에서 본 바와 같이, 생산비와 생산요소의 가격 그리고 생산량간의 관계를 나타낸다: 즉 $C^* = C^*(P_L, P_K, \overline{Q})$. 그런데, 생산요소의 가격이 변화하게 되면, 비용함수의 특성을 분석하기가 복잡해진다. 따라서 이 책에서는 생산요소의 가격은 주어진 것으로 간주하고 생산비와 생산량 간의 관계만을 고려할 것이다. 또한 산출량을 선택할 수 있는 상황을 고려하자. 마지막으로 편의를 위해 비용함수에 있는 상첨 기호(*)를 생략하기로 하자. 이러한 가정하에서 비용함수는 다음과 같은 형태로 표현된다.

$$C = C(Q) \tag{8-22}$$

식(8−22)로 표현된 비용함수 $C(Q)$는 비용극소화문제로부터 유도된 함수이다. 비용극소화문제는 주어진 산출량 수준에서 비용을 극소화하는 최적의 생산요소조합을 선택하는 문제이다. 주어진 산출량이 변화할 때 최적의 생산요소조합은 변화해 나가며, 이에 따라 최소비용 역시 변할 것이다. 즉 '산출량'과 '그 산출량 수준에서 최소비용'의 관계를 표현한 것이 비용함수이다.

따라서 비용함수는 생산함수의 특징을 반영하게 된다. 생산함수를 장기생산함수 $Q = f(L, K)$와 단기생산함수 $Q = f(L, \bar{K})$로 구분한다면, 이에 대응하는 비용함수 또한 장기비용함수(long-run cost function)와 단기비용함수(short-run cost function)로 구분할 수 있다.

(1) 단기와 장기 비용의 관계

비용극소화의 문제를 단기와 장기의 관점에서 다시 생각해보자. 장기에는 가중된 한계생산력 균등의 법칙이 작용하는 생산이 가능하다. 자본과 노동 모두 가변요소로 투입량의 조정이 가능하기 때문에 최적 투입조건을 충족시킬 수 있는 것이다.[5] 최적 생산요소조합은 어디까지나 모든 생산요소들의 투입이 가변적일 때에 가능하다. 그런데 우리가 단기함수로 정의하고 있는 생산함수 $Q = f(L, \bar{K})$의 경우에는 자본요소의 투입량이 고정되어 있으므로 우연한 경우가 아니면 가변요소인 L과 고정요소인 $\bar{K}$간에 한계생산물 균등화가 이루어지기 어렵다.

[그림 8-5]는 단기확장경로와 장기확장경로를 동시에 보이고 있다. 그림은 자

그림 8-5 단기확장경로와 장기확장경로

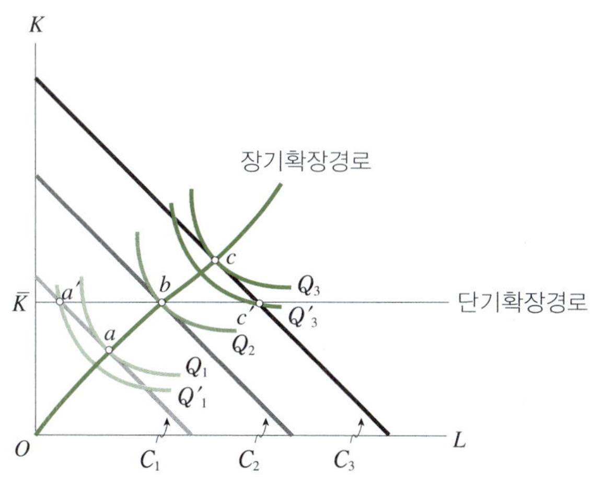

5) 여기서는 생산요소가 노동과 자본만 존재하는 것으로 가정한다. 다른 생산요소가 존재한다면, 예를 들어, $Q = f(L, K, \bar{L}_d)$이면 이 생산함수는 단기생산함수이다.

PART 03

본의 투입규모가 $\overline{K}$로 고정된 경우, 기업의 총비용이 $C_1 \rightarrow C_2 \rightarrow C_3$로 증대됨에 따라 요소의 적정 투입점은 $a' \rightarrow b \rightarrow c'$로 변하며, 생산량수준은 $Q_1' \rightarrow Q_2 \rightarrow Q_3'$으로 증대됨을 나타내고 있다. 이 때 적정 투입점들의 궤적은 $\overline{K}$선과 일치하게 되므로 $\overline{K}$선은 단기확장경로가 된다. 그리고 $a \rightarrow b \rightarrow c$는 장기확장경로이다.

장기확장경로와 단기확장경로를 비교해 보자. 두 확장경로가 교차하는 점에서는 요소투입의 적정 조건이 일치된다. 즉 점 b에서는 단기에도 한계생산물 균등화가 이루어지고 있다. 그러나 b 이외의 a'나 c'에서는 한계생산물의 균등화가 이루어지지 못하고 있다. a'에서는 노동에 비하여 자본이 상대적으로 많이 투입되고 있는 것이다. 이것은 자본투입량이 $\overline{K}$로 고정되어 있기 때문이다. 이를 보면 단기적인 생산은 비용면에서 장기에 비하여 불리한 여건하의 생산이라는 것을 알 수 있다. 한편, 이 그림에서 단기비용곡선과 장기비용곡선이 도출된다.

[그림 8-5]의 세 점 a', b, c'에는 각각 등량곡선과 예산선이 하나씩 지나고 있다. 등량곡선은 각각의 생산량을, 예산선은 각각의 비용을 나타내 준다. 우리는 세 점 a', b, c'에서 각각의 생산량과 비용의 조합을 구할 수 있으며, 이 조합들을 비용평면에 옮기면 단기총비용곡선(*STC*: short-run total cost curve)이 된다. 또 a, b, c가 나타내는 생산량과 비용의 조합을 비용평면에 옮기면 장기총비용곡선(*LTC*:

그림 8-6 단기총비용곡선과 장기총비용곡선

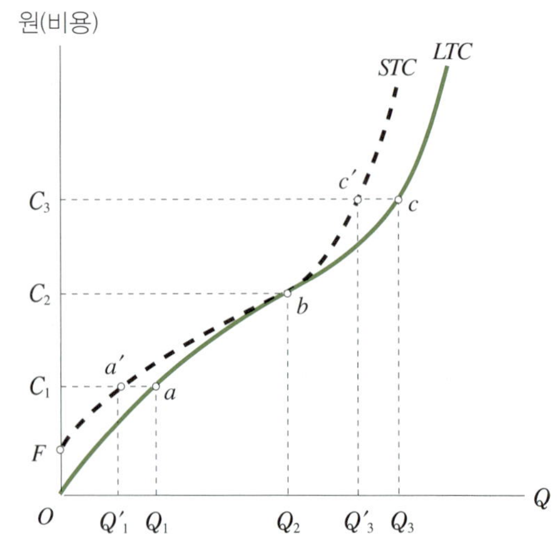

long-run total cost curve)이 된다.

[그림 8-6]은 [그림 8-5]의 생산량과 비용 조합을 옮겨 그린 것이다. 그림은 단기에 있어서의 [생산량, 비용]조합인 단기총비용곡선을 점선으로, 장기에 있어서의 [생산량, 비용]조합인 장기총비용곡선을 실선으로 나타내고 있다. 두 곡선을 비교하면 동일한 비용으로도 생산량이 서로 다른 것을 알 수 있다. C_1의 비용으로 장기적으로는 Q_1만큼 생산하는데 비하여 단기적으로는 Q_1'만큼만 생산된다. 또 C_3의 비용으로 장기적으로는 Q_3만큼 생산하는데 비하여 단기적으로는 Q_3'만큼만 생산된다. 이처럼 단기적 생산이 장기적 생산에 비하여 생산성이 떨어지는 것은 단기에는 자본투입량이 고정되어 있어서 최적 생산요소조합을 달성하기가 어렵기 때문이다. 단기의 경우 b를 제외하고 다른 조합에서는 노동투입이 상대적으로 과다하거나 과소한 것이다. 단기총비용곡선의 출발점인 F는 생산량이 0인 경우에도 들어가는 비용, 즉 고정비용이다. 한편 장기총비용곡선은 원점에서 출발한다. 장기에는 고정비용이 없기 때문이다.

(2) 단기비용 분석

기업의 단기비용은 고정비용과 가변비용으로 구성된다. 기업은 생산비용의 성질을 잘 파악해야 효율적인 생산을 할 수 있다.

고정비용, 가변비용

고정투입요소가 존재하는 단기의 경우, 기업의 총비용(TC: total cost)은 고정투입요소의 투입비용인 고정비용(FC: fixed cost)과 가변투입요소의 투입비용인 가변비용(VC: variable cost)으로 구성된다. 즉 $TC(Q) = FC + VC(Q)$. 생산량과 관계없이 일정하게 들어가는 비용을 고정비용이라고 한다. 고정비용으로는 이자비용, 임원의 급료, 그리고 감가상각비 등이 있다. 가변비용은 생산량의 증감에 따라 변하는 비용으로 임금, 원재료비 등을 말한다.

경제이론에서는 노동에 대한 임금을 가변비용으로 본다. 생산이론을 공부할 때나 노동시장을 분석할 때 노동은 매우 신축적인 것으로 간주된다. 물론 대부분의 노동임금은 고정급 방식으로 지급된다. 따라서 임금을 생산량의 증감에 따르는 가변비용으로 보는 것은 다소 문제가 있다. 그러나 초과근무나 단축근무 그리고 비정규직은 상당부분 비용에 가변성을 부여한다. 또 거시적으로 보면 총노동비용은 총생산량과 유의할만한 상관관계가 있다고 볼 수 있다.

단기비용은 [그림 8-7]과 같이 구성된다.

(a)는 고정비용을 나타낸다. 수평모양인 고정비용곡선은 생산량이 변하여도 비용이 변하지 않음을 보여준다. 즉 생산량과 관계없이 일정하게 들어가는 비용이다. 그래서 생산량이 0일 때에도 F만큼의 고정비용이 지출되고 있다.

(b)는 가변비용이다. 가변비용은 생산량이 증가함에 따라 처음에는 빠르게 증가하다가 중간쯤에는 천천히 증가하고, 계속해서 생산량이 증가함에 따라 나중에는 급격하게 증가하는 모양을 보여주고 있다. 이러한 모양은 수확체증 및 수확체감 현상과 관계가 있다.

(c)는 총비용으로 (a)와 (b)를 수직으로 합한 것이다. 총비용곡선은 고정비용 FC만큼의 높이에서부터 출발하며, 모양은 가변비용곡선과 정확히 일치한다. 그것은 VC가 FC의 높이만큼 위로 옮겨간 셈이기 때문이다.

그림 8-7 단기총비용의 구성

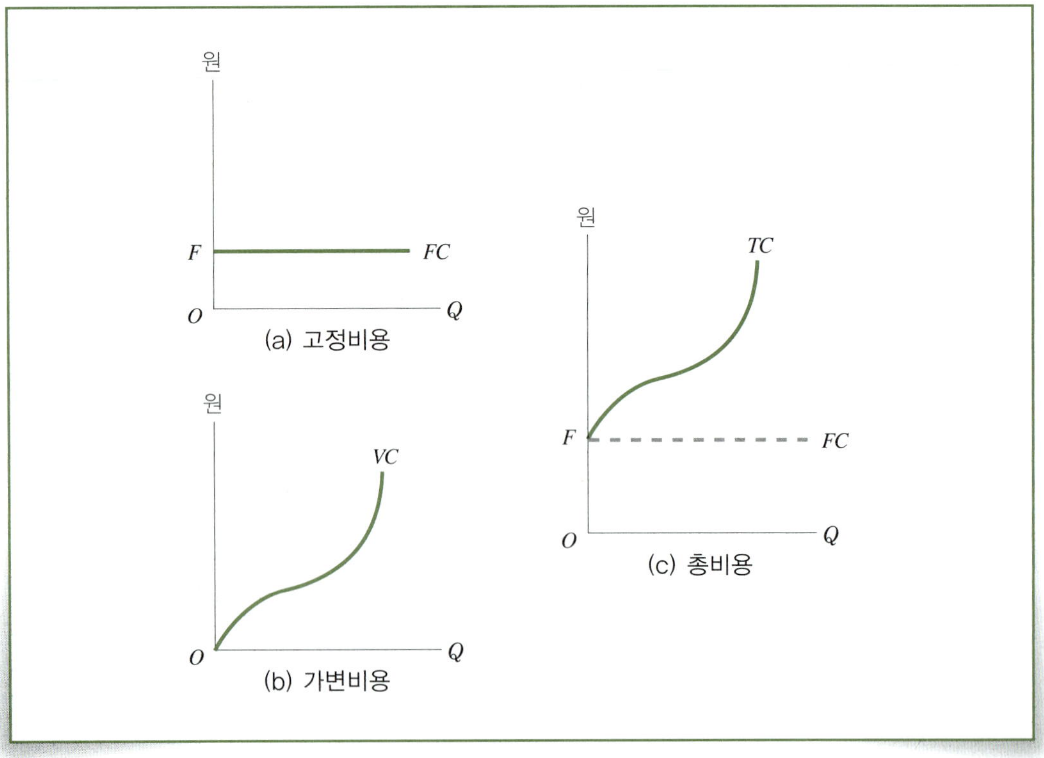

총비용과 AC, MC

이제 생산을 증가시키는 경우, 총비용과 평균비용, 그리고 한계비용이 서로 어떤 관계를 가지고 변화하는가 알아보자. 특히 평균비용과 한계비용은 시장이론에서 중요한 역할을 하기 때문에 정확한 이해가 필요하다. 평균비용(AC: average cost)은 총비용을 생산량으로 나눈 값이다.

$$AC(Q) = \frac{TC(Q)}{Q} \tag{8-23}$$

그런데 총비용은 고정비용과 가변비용의 합이다. 따라서 평균비용은 평균고정비용(AFC: average fixed cost)과 평균가변비용(AVC: average variable cost)의 합이 된다.

$$AC(Q) = \frac{TC(Q)}{Q} = \frac{FC + VC(Q)}{Q} = \frac{FC}{Q} + \frac{VC(Q)}{Q} \tag{8-24}$$

여기에서 $\frac{FC}{Q} = AFC(Q)$이고, $\frac{VC(Q)}{Q} = AVC(Q)$이다. 따라서 평균비용은 다음과 이 쓸 수 있다.

$$AC(Q) = AFC(Q) + AVC(Q) \tag{8-25}$$

한편 한계비용(MC: marginal cost)은 한 단위 더 생산할 때 총생산비의 변화분이다. 한계비용은 다음과 같이 나타난다.

$$MC(Q) = \frac{\Delta TC(Q)}{\Delta Q} \tag{8-26}$$

만약 생산량의 변화가 매우 작다면($\Delta Q \rightarrow 0$) 한계비용은 다음과 같이 표현된다.

$$MC(Q) = \lim_{\Delta Q \rightarrow 0} \frac{\Delta TC(Q)}{\Delta Q} = \frac{dTC(Q)}{dQ} \tag{8-27}$$

지금까지 고찰한 내용을 그림을 사용하여 분석해보자.

[그림 8-8]의 (a)는 단기총비용곡선이고, (b)는 단기총비용곡선에서 유도된 평균비용곡선, 한계비용곡선, 그리고 평균가변비용곡선이다. 먼저 평균비용곡선

그림 8-8 총비용곡선과 평균비용곡선 및 한계비용곡선의 관계

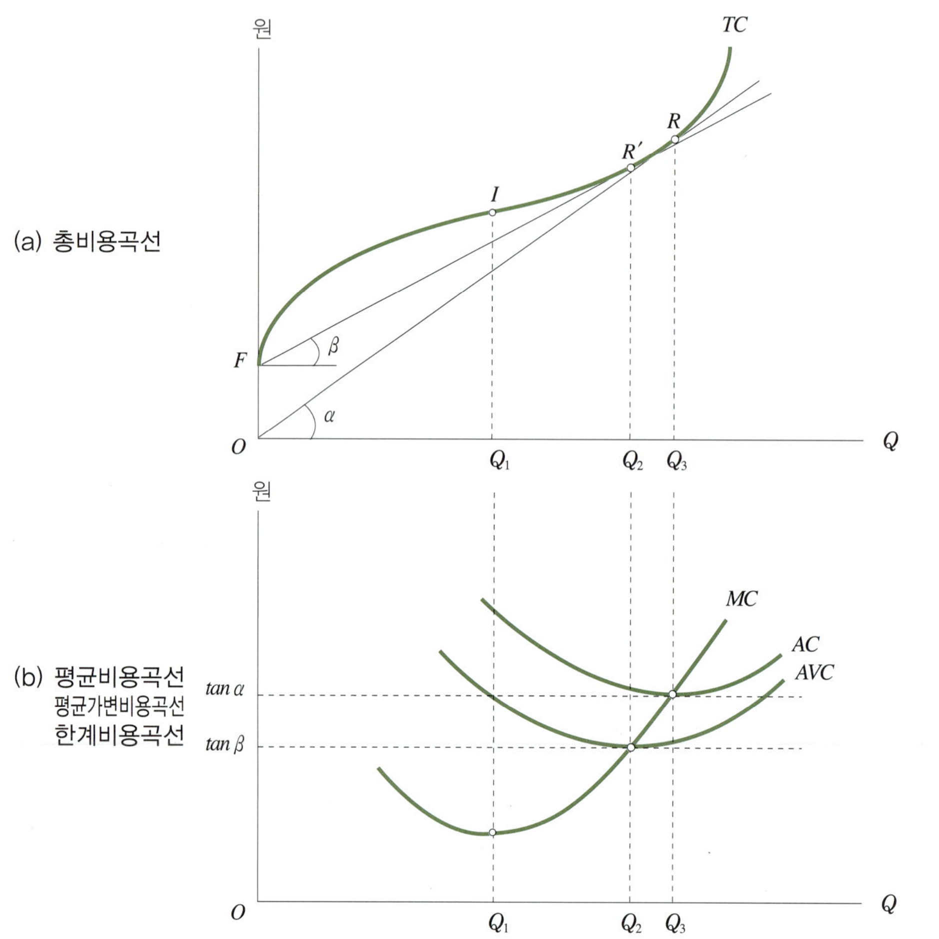

(AC)을 유도해 보자. 평균비용의 크기를 기하학적으로 표현하면 '총비용곡선상 한 점에서 원점까지 그은 직선의 기울기'이다. 총비용곡선상의 한 점에서 원점까지 그은 직선의 기울기는 생산량이 증가함에 따라 처음에는 작아진다. 그러나 Q_3만큼 생산할 때, 즉 R을 지나서는 원점까지의 기울기가 다시 커진다. 그래서 평균비용은 Q_3까지는 하강하다가 Q_3을 지나서는 상승하는 모양이 된다.

다음으로 평균가변비용곡선(AVC)을 도출해 보자. 평균가변비용곡선도 '평균'의 개념이기 때문에 가변비용곡선상의 한 점에서 원점까지 그은 직선의 기울기이

다. 그런데 총비용과는 달리, 가변비용(VC)의 원점은 F이다. F는 원점 0보다는 높은 곳에 있기 때문에 총비용곡선에서 F까지의 기울기가 원점까지의 기울기보다 모든 수준에서 작게 된다. 따라서 평균가변비용곡선은 평균비용곡선보다 낮게 나타난다. 가변비용곡선상에서 F까지의 기울기 또한 생산량이 증가함에 따라 감소한다. 그러다가 R'에 이르면 기울기가 다시 커지기 시작한다. 따라서 평균가변비용곡선은 Q_2까지는 하강하다가 Q_2를 지나면 다시 상승한다.

한계비용곡선(MC)은 어떻게 도출되는가. 한계비용의 크기는 '총비용곡선상 한 점에서 접선의 기울기'를 의미한다. 접선의 기울기는 변곡점 I에 이를 때까지는 감소하다가 변곡점을 지나서는 다시 커지기 시작한다.[6] R'에서는 접선의 기울기가 F(가변비용곡선의 원점)까지의 기울기와 순간적으로 일치하고, R에서는 원점까지의 기울기와 일치한다. 그래서 한계비용곡선은 생산량이 Q_1일 때를 저점으로 해서 상승하기 시작한 뒤, 평균가변비용곡선의 저점과 평균비용곡선의 저점을 차례로 통과한다. 한편 그림에는 나타나 있지 않지만 평균고정비용곡선(AFC)은 평균비용과 평균가변비용의 차이, 즉 수직거리이다.

평균비용곡선의 모양

평균비용곡선은 일반적으로 U자 모양이다. U자 모양의 평균비용곡선은 생산이 증가함에 따라 처음에는 평균비용이 감소하다가 나중에는 상승한다는 것을 반영한 것이다. 생산이 증가함에 따라 평균비용이 감소하는 현상을 대량생산의 법칙이라고 한다. 한편 전통적인 경제학에서는 생산이 계속 증가하면 비용이 상승하는 것으로 본다. 어느 정도까지는 대량생산의 법칙이 작용하지만 그 정도를 넘어서면 대량생산의 이점은 사라진다는 것이다. 그런데 디지털 경제가 발달하면서 이러한 전통적인 비용상승 현상이 나타나지 않는 경우도 많이 발생하고 있다. 생산량이 증가해도 평균비용이 감소하는 현상이 생기는 것이다.

(3) 장기비용 분석

단기에는 보통 자본은 고정되어 있고 노동만 가변요소이다. 그러나 장기에는

6) 이러한 유도 방법은 이미 총생산물곡선에서 평균생산물곡선과 한계생산물곡선을 유도하면서 그 특징들을 살펴본 적이 있다. 본 절에서도 마찬가지이다. 한계곡선이 평균곡선 아래에 있으면 평균곡선은 하강하고, 한계곡선이 평균곡선 위에 있으면 평균곡선을 상승한다.

모든 요소가 가변이다. 단기에서는 주어진 규모에서 생산량을 선택하는데 비해, 장기에서는 규모(생산요소의 조합)와 생산량을 동시에 선택하게 된다. 즉 생산요소의 조합이 노동과 자본으로 이루어진 경우에 장기에는 두 생산요소가 모두 가변투입요소이기 때문에 가중된 한계생산력의 균등화조건이 성립되는 최적의 생산요소조합을 선택할 수 있어서 생산이 장기확장경로상에서 이루어진다.

장기총비용(*LTC*: long-run total cost)곡선과 장기평균비용(*LAC*: long-run average cost)곡선, 그리고 장기한계비용곡선을 도출해 보자. 장기총비용곡선은 앞의 [그림 8-6]에서 보았다. 다시 설명하면 장기총비용곡선이란 장기확장경로에서의 [생산량, 비용]조합의 궤적이다. 장기평균비용 *LAC*는 장기총비용을 생산량으로 나눈 값, 즉 생산물 단위당 소요된 비용을 뜻하며, 장기한계비용 *LMC*는 생산량을 한 단위 변화시킬 때 그로 인하여 초래되는 장기총비용의 변화분을 뜻한다. 따라서 *LMC*는 총비용함수를 생산량에 대하여 미분한 값이며, 기하학적으로는 총비용곡선의 기울기값으로 표시된다. 그런데 장기비용함수에는 *LAVC*가 따로 존재하지 않는다. 장기에는 고정비용이 없기 때문에 평균비용이 바로 평균가변비용인 것이다.

이제 장기평균비용곡선과 장기한계비용곡선은 어떤 모양을 가지는가 알아보자.

[그림 8-9]는 장기평균비용곡선 *LAC*가 어떻게 도출되는가를 보이고 있다.

*LAC*는 *SAC*들의 포락선(envelope curve)이다. 그림처럼 무수히 많은 시설규모를 대표하는 *SAC*들을 감싸는 선이 *LAC*인 것이다. 그런데 장기평균비용곡선은 *SAC* 최저점의 연결궤적이 아니라는 것에 유의해야 한다. Q_1을 생산한다고 하자. 그림에서 보면 Q_1을 생산하는 방법은 두 가지가 있다. SAC_0가 나타내는 좀 작은 시설규모를 이용하여 최소비용점인 *S*에서 생산하는 방법 그리고 약간 큰 규모인 SAC_1의 규모로 *LAC*와 접하는 점 *L*에서 생산하는 방법이 있다. 그림에서 보는 바와 같이 SAC_0 규모의 최소비용점 *S*보다 SAC_1 규모의 *L*의 비용이 더 낮은 수준이다. 우리가 직관적으로 확인할 수 있듯이 작은 규모의 최소비용 방법보다는 약간 큰 규모에서 더 낮은 비용으로 생산할 수 있는 것이다. 장기평균비용곡선이 하강하는 *E*까지는, 즉 Q_2의 왼쪽 구간에서는, 약간 큰 규모를 택하여 생산하는 것이 합리적이다. 반면에 *E*를 지난 Q_2의 오른쪽 구간에서는 약간 작은 규모를 택하여 생

그림 8-9 평균비용과 포락선

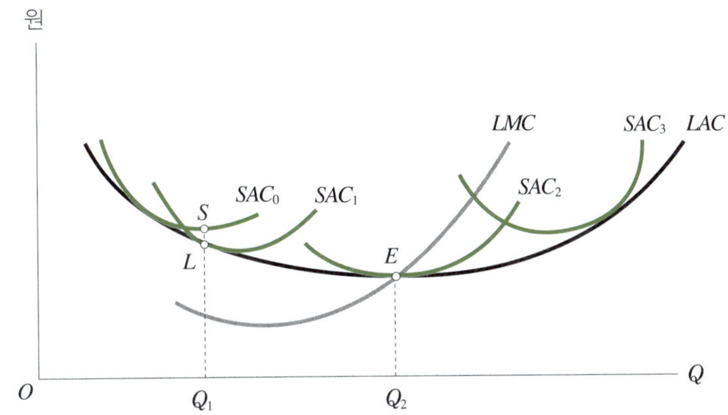

산하는 것이 합리적이다. *LAC*는 *SAC* 최소비용 점들의 궤적이 아니라 *SAC*들의 '포락선'인 것이다. 한편 그림의 가로축은 생산량을 의미하면서 동시에 생산규모를 의미하기도 한다. 따라서 가로축을 따라 오른쪽으로 이동하는 것은 생산량의 증가라는 의미와 함께 규모의 증대를 의미한다.

대량생산의 법칙, 대규모생산의 법칙

먼저 원점에서 Q_2까지의 구간을 보자. 이 구간에서는 *LAC*가 하강하고 있다. 규모 증대에 따라 생산비가 감소하고 있는 것이다. 이처럼 장기적으로 기업의 생산규모가 증가됨에 따라 평균생산비가 감소하는 현상을 규모의 경제(economies of scale) 또는 대규모생산에 따른 경제성(economies of mass production)이라고 하며, 이러한 현상이 나타나는 것을 대규모생산의 법칙이라고 한다.

대규모생산의 법칙: 장기적으로 기업의 생산규모가 증대됨에 따라 평균생산비가 감소하는 현상

규모의 경제가 나타나는 원인은 다음과 같다. 기업의 규모가 증대되면 *R&D*에 대한 투자를 증가시킬 수 있어 기술혁신(innovation)이 일어나 생산량이 증가하거나 생산비가 절감된다. 또, 원료의 이용이 대규모화됨에 따라 저장의 경제성(economies in stock) 실현이 가능하게 되고, 노동의 전문화 또는 분업화가 촉진됨

에 따라 노동생산성이 증대되며, 생산이 자동화됨으로써 노동시간의 낭비가 감소하게 된다. 또한 생산단계간의 자동적 연결 등으로 제품 단위당 연료 및 운송비 등의 절약이 가능하게 되며, 수 개의 공장이 존재하는 경우 공장별 특화가 가능하게 됨에 따라 개별공장의 생산성이 증대된다.

한편 Q_2의 오른쪽 구간, 즉 *E*를 지나면서부터는 *LAC*가 상승하고 있다. 생산규모가 증대됨에 따라 평균생산비용이 증대되어 효율성이 저하되고 있는 것이다. 이러한 경우를 우리는 규모의 비경제(diseconomies of scale)라고 한다. 규모의 비경제현상이 나타나는 원인으로는 경영기법의 제약에서 오는 경제적 비효율성을 들 수 있다. 생산규모가 지속적으로 증대됨에 따라 규모에 비해 경영기술수준이 상대적으로 저하되는 경우 규모의 비경제가 나타나게 된다.

한편 단기평균비용곡선이 하강하여 생산비가 감소하는 현상은 대량생산의 법칙이라고 부른다. 생산증가에 의한 비용감소 현상을 장기에서는 대규모생산의 법칙이라고 하고, 단기에서는 대량생산의 법칙이라고 하는 것이다.

장기비용곡선의 점 *E* 부분을 좀 더 자세히 나타낸 것이 [그림 8-10]이다. *E*는 *LAC*의 비용극소점과 *SAC*의 비용극소점이 일치하는 지점이다. 이 *E*는 단기적으로나 장기적으로 비용극소점이기 때문에 장단기 *MC*곡선들도 이 점을 지나게 된다. 그리고 이 점은 순간적으로 규모에 대한 수확이 불변인 점이기도 하다. *LAC*의 비

그림 8-10 장기비용곡선과 단기비용곡선

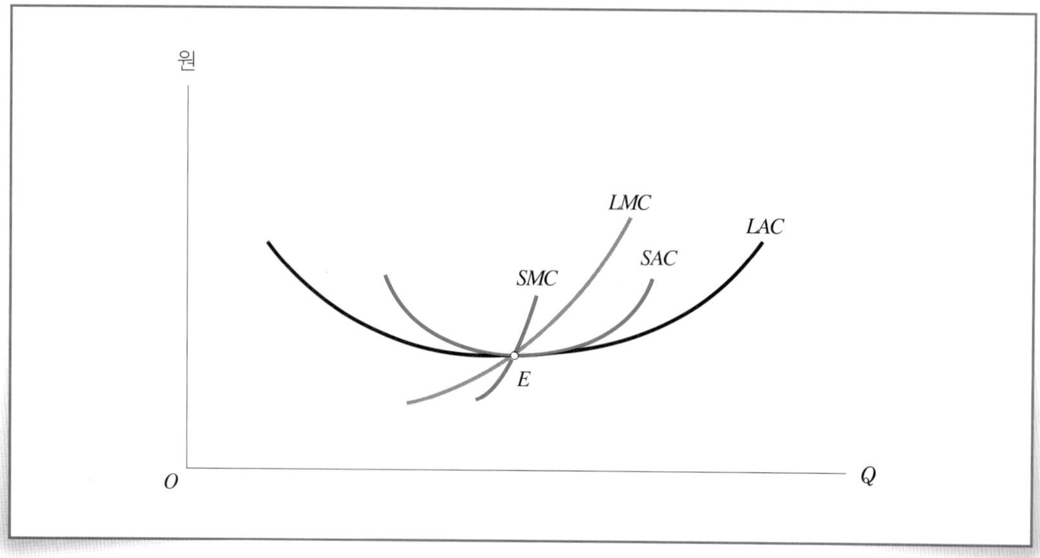

용극소점과 *SAC*의 비용극소점이 일치하는 지점, 즉 규모에 대한 수확이 불변인 *E*에서의 생산규모를 최소효율규모(*MES*: minimum efficient scale)라고 한다.[7] 또한 *E*에서의 생산수준을 장기최적생산수준(long−run optimal level of production)이라고 한다. 최소효율규모에서는 다음과 같은 비용 조건이 성립한다.

$$LAC = LMC = SAC = SMC \tag{8-28}$$

식(8−28)은 제10장 완전경쟁시장이론에서의 장기균형과 연결되고, 독점과의 비교에서도 이용되니 잘 기억하여 두기 바란다. 그런데 실제로는 장기평균비용곡선이 반드시 U자 모양으로만 나타나는 것은 아니다. 어느 기업의 생산에 규모의 경제가 발생한다면 그 기업은 상당히 큰 수준의 규모와 생산량을 가지게 된다. 이러한 기업의 생산량이 최소비용점에 도달하면 계속해서 생산과 규모가 증가한다고 해도 평균비용이 곧바로 상승하지는 않는다. 대부분의 경우, 규모나 생산이 확대되더라도 평균비용은 거의 비슷한 수준을 유지하거나 상승하더라도 서서히 상승하게 된다. 그렇게 되면 *LAC*는 L자 모양을 보이게 된다.

[그림 8−11]은 L자 모양 장기평균비용곡선이다. 규모의 경제가 발생하여 평균

그림 8−11 L자 모양의 장기평균비용곡선

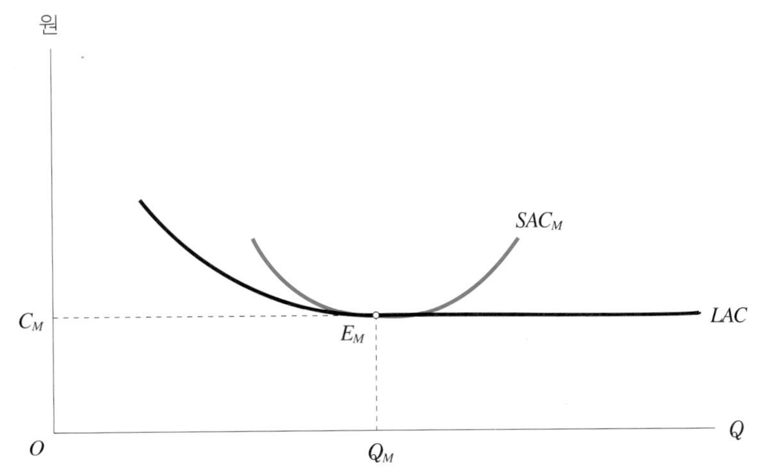

7) *E*에서의 생산규모를 최적시설규모(optimum scale of plant)라고 부르는 학자도 있다

PART 03

비용이 C_M에 이른 뒤, 생산이 증가해도 장기평균비용은 상승하지 않고 그 수준을 유지하고 있다. 이 때 LAC가 처음으로 최소가 되는 E_M에서 SAC_M가 최소가 되며, 이 E_M에서의 생산규모가 최소효율규모이다. 또한 장기적 최적생산수준인 Q_M의 오른쪽 구간을 효율적 규모(efficient scale)라고 한다.

요 · 약

01. 비용은 크게 다음과 같이 나누어 볼 수 있다.
회계적 비용: 기업이 실제로 지불한 비용
경제적 비용: 회계적 비용 + (경영자의)잠재적 비용
- 잠재적 비용: 실제로 지급하고 있지는 않지만 사실상 지급한 것으로서 간주되는 비용. 묵시적 비용 또는 귀속비용이라고도 함
- 명시적 비용(explicit cost): 실제로 지급한 비용

02. 정상이윤(normal profit)이란 기업가로 하여금 동일한 상품을 계속 생산하게 하는 유인으로 충분할 정도의 이윤을 말한다.

03. 경제적 이윤(economic profit)이란 총매출액에서 경제적 비용을 제한 이윤을 말하며, 정상이윤을 초과하고 있다고 하여 초과이윤이라고도 한다.

04. 매몰비용이란 이미 지출되어 회복할 수 없는 비용을 말한다.

05. 예산선이란 기업이 일정한 비용(예산)을 가지고 구입할 수 있는 생산요소 조합점들의 궤적이다. 비용선, 등비선, 또는 예산제약선이라고도 한다.
- 자본비용이란 자본재인 기계를 빌리는 삯을 말한다.
- 노동비용이란 노동자를 고용하는 삯을 말한다.

06. 한계생산물이 균등화되도록 각 요소의 투입량이 결정될 때 생산이 극대화되는 것을 한계생산물의 균등화원리라 한다. 또 요소의 가격을 고려하였다 하여 이를 가중된 한계생산력 균등의 법칙이라고도 한다.

07. 예산 투입액의 변화에 따라 이동하는 최적생산요소조합의 궤적을 확장경로라고 한다.
이 확장경로에는 단기확장경로와 장기확장경로가 있다.

08. 총비용은 고정비용과 가변비용의 합계이다. 고정비용이란 생산량과 관계없이 일정하게 들어가는 비용을 말한다. 가변비용이란 생산량의 증감에 따라 변화하는 비용을 말한다.

09. 비용곡선은 생산량에 따라 모양이 달라진다. 비용곡선에는 총비용곡선, 여기에서 유도되는 평균비용곡선과 한계비용곡선이 있다. 두 곡선은 대개 U자 모양이 된다.

10. 대량생산의 법칙이란 생산량이 증가함에 따라 평균생산비가 감소하는 현상을 말한다. 주로 단기에 나타나는 개념이다.

11. 대규모생산의 법칙이란 규모가 증대함에 따라 평균생산비가 감소하는 현상으로 규모의 경제라고도 한다.

연·습·문·제

01. 다음은 비용의 종류이다. 이를 각각 설명하시오.
① 회계적 비용 ② 명시적 비용 ③ 경제적 비용 ④ 기회비용 ⑤ 귀속비용 ⑥ 정상이윤

02. 남에게 얽매이기를 싫어하는 김경제씨는 자영업을 하고 있다. 이 사업에서 건물 임대료로 매월 500만 원, 직원 임금으로 매월 400만 원을 지출한다. 애초에 사업을 위해 자기 돈 1억원과 은행 돈 2,000만 원을 사용하였는데 은행의 대출 및 예금이자율은 월 1%이다. 사실 김경제씨는 금융사에 취직하면 500만 원의 월급을 받을 수 있다. 김경제씨의 이 사업을 위한 경제적 비용은 얼마인가?

03. 정상이윤을 비용에 포함시키는 이유를 설명하시오.

04. 경제적 이윤이란 무엇인가 설명하시오.

05. 경제적 이윤을 초과이윤이라고 부르는 이유는 무엇인가 설명하시오.

06. 예산제약식을 가지고 예산선을 설명하시오.

07. 월 2,000만 원의 예산으로 포클레인 사업을 한다. 포클레인 대당 가격은 8억 원이고 금리수준은 연 6%, 그리고 임금은 월 200만 원이다. 이 경우의 월 예산선을 그리시오.

08. 가중된 한계생산력 균등의 법칙이란 무엇인가 설명하시오.

09. 단기확장경로와 장기확장경로를 비교하여 설명하시오.

10. 총비용곡선, 평균비용곡선, 그리고 한계비용곡선의 관계를 설명하시오.

11. 대량생산의 법칙과 대규모생산의 법칙을 비교하여 설명하시오.

12. 어느 기업의 단기비용함수가 $C = 1{,}600 + 400Q$이다.
(1) 이 기업의 고정비용은 얼마인가 계산하시오.
(2) 이 기업의 한계비용은 얼마인가 계산하시오.

13. 어느 기업이 선택하고 있는 요소 결합비율이 $\frac{MP_K}{P_K} > \frac{MP_L}{P_L}$이다. 이 기업의 요소투입 비율은 합리적인가 말하시오. 아니면 취해야 할 태도는 무엇인가 설명하시오.

14. 어느 기업의 단기비용함수가 $C = 100 + 2Q^2$이다. 생산량이 100일 때 이 기업의 평균가변비용은 얼마인가?

15. 어느 공장의 비용함수가 $40 = 4L + K$, 등량곡선이 $K = 40 - 0.5L$로 주어져 있다. 이 경우 최적 생산요소조합은 어떻게 되는가?

16. MC는 AVC와 AC의 최저점을 각각 만나는데 그 (기하학적인) 이유는 무엇인가?

17. 비용극소화원리와 산출량극대화원리를 비교 설명하시오.

18. 어느 기업의 단기총비용함수가 $STC = 6Q^2 - 4QK + K^2$로 주어졌다. Q는 생산량을, K는 공장건설에 들어간 자본을 나타낸다. K는 단기에는 조정이 불가능하다. 이 기업의 장기평균비용 곡선을 구하시오.

해답 및 풀이

02. {해답} 1,520만 원

{풀이} 경제적 비용이란 명시적비용+잠재적비용이다. 명시적비용으로는 임대료 500만 원, 급료 400만 원, 은행이자 20만 원이 지출된다. 잠재적비용은 본인의 임금기회비용 500만 원, 본인 자금의 이자 기회비용 100만 원이다. 합계는 1,520만 원이다.

07. {해답} 포클레인(대)

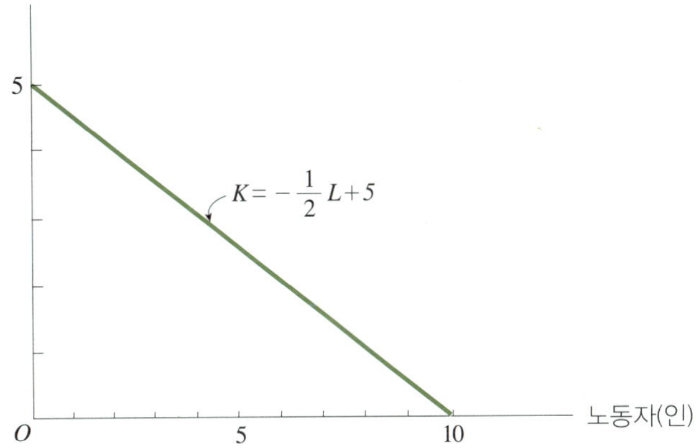

{풀이} ① 절편을 구하여 그리는 방법

자본축 절편은 2,000만 $\div$ (8억 $\times$ 0.06 $\times$ $\frac{1}{12}$) = 5(대)

노동축 절편은 2,000만 $\div$ 200만 = 10(명)

② 예산제약식을 도출하여 그리는 방법

예산제약식은 $L \cdot P_L + K \cdot P_K = C$이다. 여기서 P_L = 200만 원

P_K = 8억 $\times$ 0.06 $\times$ $\frac{1}{12}$ = 400만 원이므로 각각 대입하면

$200L + 400K = 2{,}000$

K에 대해서 나타내면

$K = \frac{1}{2}L + 5$

12. {해답} (1) 1,600 (2) 400

{풀이} (1) 고정비용은 생산량과 관계없이 지출되는 비용으로 1,600이다. (2) 한계비용은 비용함수를 Q로 미분한 것으로 400이다.

13. {해답} 합리적이지 않다.

{풀이} 자본투입에 따른 화폐의 한계생산물이 노동투입에 따른 화폐의 한계생산물보다 커서 가중된 한계생산력 균등의 법칙을 달성하지 못하고 있다. 이는 자

기업의 목표와 행동

조선시대의 거상 임상옥은 사람을 남기기 위해 장사를 한다고 하였다. 유한양행의 창업자 유일한 씨는 기업을 통해서 사회에 봉사하고자 하였다. 이러한 몇몇의 예외를 제외하면 기업의 목표에 대한 전통적인 생각은 이윤극대화(利潤極大化)이다. 물론 몇 가지 대체가설도 나와 있지만 아직까지 이윤극대화 가설을 완벽하게 대체할 만한 이론은 없는 듯하다. 먼저 이윤극대화 가설을 분석하고 아울러 다른 대체 가설들을 알아보기로 한다. 마지막으로 결합생산물을 생산하는 기업의 이윤극대화행위를 분석한다.

chapter 9

유순한 대답은 분노를 쉬게 하여도
과격한 말은 노를 격동하느니라.
지혜 있는 자의 혀는 지식을 선히 베풀고
미련한 자의 입은 미련한 것을 쏟느니라.

- 잠언 15: 1~2 -

제 1 절

이윤극대화 가설

1.1 이윤극대화

어느 기업의 간부회의에서
생산부장: 한 개 더 생산하면 비용이 12만원 더 듭니다.
영업부장: 한 개 더 생산하면 수입이 13만원 늘어납니다.
사업부장: 그렇다면 하나 더 생산합시다.

이윤극대화(profit maximization)란 기업이 생산량을 결정할 때 이윤을 극대화시킬 수 있는 양을 생산한다는 것이다. 제8장에서는 생산비만 분석하였지 생산량에 따른 수입은 고려하지 않았다. 이윤극대화이론에서는 기업이 생산량의 변화에 따르는 비용의 변화와 함께 수입의 변화도 동시에 고려해 이윤을 극대화시킬 수 있는 생산량을 결정한다고 설명한다. 그리고 이러한 행동 원리를 이윤극대화준칙이라고 한다. 이제 기업의 이윤극대화준칙을 설명해 보기로 한다. 기업의 이윤은 수입(revenue)에서 비용(cost)을 뺀 금액이다. 이윤을 π, 수입을 TR, 그리고 비용을 TC라 하면 이윤은 다음과 같이 나타낼 수 있다.

$$\pi = TR - TC \tag{9-1}$$

이윤, 수입, 그리고 비용은 각각 생산량 Q의 함수이므로 식(9-1)을 함수식으로 나타내면 다음과 같다.

$$\pi(Q) = TR(Q) - TC(Q) \tag{9-2}$$

식(9-2)로 표현된 함수에 비용함수가 포함되어 있다는 것은 비용극소화가 이윤극대화의 필요조건이라는 것을 의미하는 것이다. 왜 그럴까? 식(9-2)에 표현된 비용함수 $TC(Q)$는 제8장에서 비용극소화문제로부터 유도된 함수이다. 비용극소화문제는 주어진 산출량 수준에서 비용을 극소화하는 최적의 생산요소조합을 선택하는 문제이다. 주어진 산출량이 변화할 때 최적의 생산요소조합은 변화해 나가며, 이에 따라 최소비용 역시 변할 것이다. 즉 '산출량'과 '그 산출량 수준에서 최소비용'의 관계를 표현한 것이 비용함수이다. 따라서 이윤극대화가 만족되기 위해서는 비용극소화가 만족되어야 한다.

이윤을 극대화시킨다는 것은 식(9−2)에서 $\pi(Q)$를 극대화시킨다는 것, 다시 말하면 $TR(Q)$과 $TC(Q)$의 차액을 극대화시킨다는 것을 말한다. 이윤을 극대화시키는 생산량 Q를 찾으려면 위 식을 Q로 미분하여 0으로 놓고, 이를 만족시키는 조건을 찾는 것이다. 이러한 조건은 다음과 같이 표현된다.

$$\frac{\partial \pi(Q)}{\partial Q} = \frac{\partial TR(Q)}{\partial Q} - \frac{\partial TC(Q)}{\partial Q} = 0 \qquad (9-3)$$

식(9−3)은 생산량 증가에 따른 한계이윤(marginal profit)을 수식으로 표현한 것이다. $\frac{\partial TR(Q)}{\partial Q}$은 생산량 증가에 따른 한계수입(marginal revenue) 그리고 $\frac{\partial TC(Q)}{\partial Q}$은 생산량 증가에 따른 한계비용(marginal cost)이다. 대부분의 경제학 책에서는 수식의 간소화를 위해 $\frac{\partial TR(Q)}{\partial Q} = MR(Q)$ 그리고 $\frac{\partial TC(Q)}{\partial Q} = MC(Q)$로 표현한다. 이에 따르면, 식(9−3)은 다음과 같은 의미를 지닌다.

$$MR(Q) = MC(Q) \qquad (9-4)$$

식(9−4)는 기업의 이윤극대화를 위한 필요조건이다. 식(9−3)으로 표현된 도함수의 값이 0이 된다는 것은 그 값이 극값이라는 것을 나타낼 뿐이다. 이 조건에서 찾아 낸 생산량이 이윤을 극대화시킬지 아니면 극소화시킬지는 알 수 없다. 이에 대한 판별을 위해서는 2차조건이 필요하다. 이윤극대화를 위한 2차조건은 식(9−3)로 표현된 도함수에 대한 도함수, 즉 2차도함수를 구한 후, 그 값이 0보다 작아야 한다. 2차도함수는 다음과 같이 표현된다.

$$\frac{\partial^2 \pi(Q)}{\partial Q^2} = \frac{\partial^2 TR(Q)}{\partial Q^2} - \frac{\partial^2 TC(Q)}{\partial Q^2} < 0 \qquad (9-5)$$

즉,

$$\frac{\partial^2 TR(Q)}{\partial Q^2} < \frac{\partial^2 TC(Q)}{\partial Q^2} \qquad (9-6)$$

또한, 식(9−6)은 다음과 같이 표현할 수 있다.

$$MR(Q)\text{의 기울기} < MC(Q)\text{의 기울기}$$

1차 및 2차조건을 종합하면 이윤극대화를 위해서는 우선 한계수입(限界收入)과 한계비용(限界費用)이 같아야 하고, 다음으로 한계수입곡선의 기울기보다 한계비용곡선의 기울기가 커야 한다. 이러한 조건을 이윤극대화준칙 또는 이윤극대화를 위한 필요충분조건이라고 부른다.

한계수입과 한계비용이 같아야 한다는 조건의 의미는 다음과 같다. 기업이 한 단위를 더 생산함으로 추가로 얻는 수입이 추가비용보다 크다면 기업은 생산을 계속해서 증가시키는 것이 합리적이다. 그런데 한 단위를 더 생산하여 추가되는 수입은 바로 한계수입이다. 이 한계수입은 생산량이 증가함에 따라 대개 감소하거나 완전경쟁시장의 경우는 불변이다. 그런데 추가비용, 즉 한계비용은 기업이 채산성을 가지는 정도의 생산량 수준에서는 증가하기 마련이다(물론 $MC(Q)$곡선은 대개 U자형 곡선을 그리기 때문에 감소되는 부분도 있기는 하지만 그 곳에서는 생산을 하지 않는다). 기업은 한계수입이 한계비용보다 큰 경우에 생산량을 증가시킨다. 그러다가 마침내 한계수입과 한계비용이 같아지는 지점에 이르게 되면 이 생산량 수준이 이윤극대 생산량인 것이다. 만약에 계속해서 생산을 더 늘리면 그 때부터는 한계비용이 한계수입을 넘어서게 된다. 이렇게 되면 한 단위 더 생산해서 추가되는 수입보다 추가되는 비용이 더 크기 때문에 이 단계에서 생산을 늘린다는 것은 이윤의 감소를 의미한다.

다음으로 2차조건이 달성된다는 것은 한계수입과 한계비용이 일치하되, 한계비용이 한계수입보다 작은 상태에서 커지다가 일치할 것을 요구한다. 즉 한계수입은 불변이거나 감소하는 추세에서 한계비용이 증가하되, 한계수입보다 더 작다면 한계수입과 한계비용이 같아질 때까지는 생산량을 증가시키는 것이 이윤을 조금이라도 더 추가할 수 있는 것이다.

[그림 9−1]은 이상의 논리를 그림으로 나타낸 것이다.

(a)는 세로축에 총수입(TR)과 총비용(TC)을, 가로축에 생산량을 나타내고 있다.[1] 총수입곡선과 총비용곡선의 수직거리는 이윤 또는 손실을 나타낸다. 그림의

1) 총수입곡선(TR)의 모양으로 보아 독과점의 경우이다. 만약 완전경쟁의 경우라면 TR이 원점을 지나는 직선모양이 된다.

그림 9-1 이윤극대화준칙

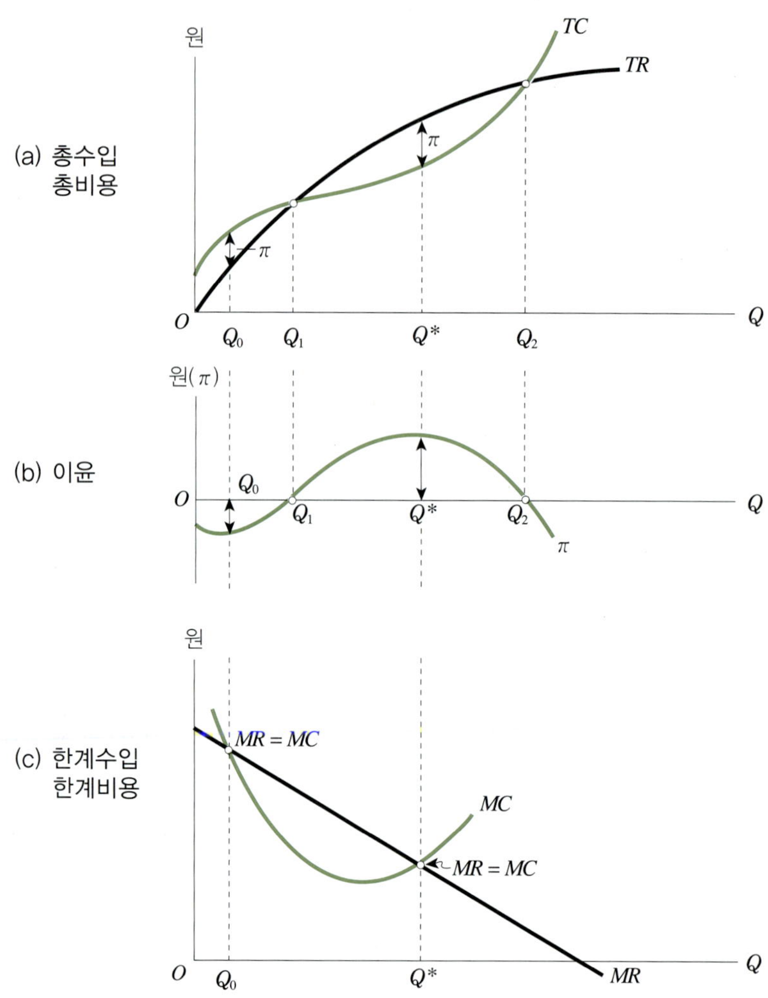

Q_1Q_2 구간에서는 이윤이 발생한다. 그 중에서도 Q^*만큼 생산할 때 그 수직거리가 가장 크다. 이 수직거리가 이윤 π를 나타내고 있음은 물론이다. 이윤의 크기를 나타내는 (b)를 보면 이와 같은 상황은 자명하다. Q^*가 이윤극대생산량임을 보여주고 있다.

이제 (c)를 보자. $MR(Q) = MC(Q)$인 즉 MR곡선과 MC곡선이 만나는 생산량은 Q_0와 Q^*이다. 그런데 윗 그림 (a)와 (b)를 보면 Q^*는 이윤극대생산량인데 반해 Q_0

는 손실극대생산량이다. 이러한 사실에서 $MR(Q) = MC(Q)$라는 1차조건은 단지 극값만을 말해줄 뿐이라는 것을 다시 확인할 수 있다. 그리고 2차조건을 만족시키는 생산량 Q^*에서는 $MC(Q^*)$의 기울기가 $MR(Q^*)$의 기울기보다 크다. 이러한 2차조건은 그림에서 MC가 MR을 아래로부터 통과하는 모습으로 나타난다. 그래서 경제학개론에서는 이윤극대화조건을 'MC가 MR을 아래로부터 통과할 때'라고 말하기도 한다.

제 2 절 대체 가설

2.1 매출액극대화

경제사회가 발전해 가면서 기업 또한 변해가고 있다. 기업변화의 주요한 특징 중 하나는 소유와 경영의 분리이다. 기업의 규모가 커질수록 소유의 분산은 가속화하면서 기업이 일상적 경영 및 중요한 전략적 결정은 전문경영자들이 담당하고 있다. 기업환경이 이처럼 변화하면서 새로운 조직의 속성을 반영하는 목표와 행동이 나올 수 있다. 매출극대화가설은 그 중의 하나이다.

보몰(W. Baumol)은 소유와 경영이 분리된 기업에서는 경영자들이 일정한 최저이윤(minimum profit)수준을 달성하는 조건하에 매출액을 극대화시키려는 행동을 하는 것을 관찰하였다. 즉 매출액이 기업규모의 대리변수로 해석되므로 일정수준의 이윤만 보장된다면 이윤극대화를 목표로 하는 것이 아니라 매출액을 극대화시키려는 행동을 한다는 것이다. 이처럼 기업이 매출액을 극대화시키려는 행동을 한다는 이론을 매출액극대화가설이라 한다.

매출액극대화: 경영자들이 일정한 최저이윤 수준을 달성하는 제약조건하에 매출액을 극대화시키는 생산량을 결정하는 행동

그림 9–2 매출액극대화

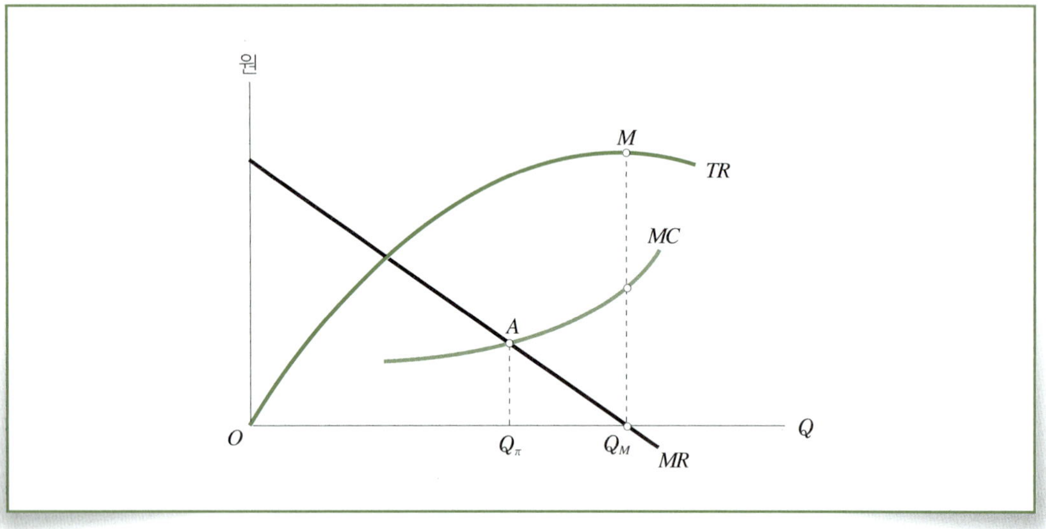

기업의 매출액이 감소하면 경영자는 여러 가지 불리한 결과를 맞게 된다. 첫째, 매스컴이 광고매체로 이용되는 상황에서는 기업의 매출액과 시장점유율이 쉽게 알려지고, 이에 따라 소비자는 매출액이 떨어지는 상품이나 기업을 회피하게 된다. 즉 한번 매출액이 떨어지면 소비자는 그것을 상품에 대한 평판의 악화로 보고 구매하기를 꺼려한다는 것이다. 둘째, 채권시장이나 금융시장에서는 매출액에 의해 제약을 받거나 차입금리가 높아지는 불이익이 생기기 쉽다. 금융기관은 시장점유율이 하락하는 기업에는 대출을 꺼리게 된다. 셋째, 경영자의 경영실적 척도로 매출액이 이용될 가능성이 많다. 넷째, 다른 기업들이 시장점유율을 높이기 위한 공격적인 경영을 시도하기 때문에 극대이윤을 도모하기 보다는 시장확보에 우선적인 목표를 두어야 한다. 다섯째, 매출액이 감소하면 판매를 맡은 거래처를 잃을 염려가 있다. 여섯째, 매출액의 감소에 따라 인원 정리가 필요한데, 인원 정리는 고용증대보다 훨씬 어렵다.

보몰은 매출액 감소에 따른 불리한 결과를 방지하기 위하여 경영자는 매출액극대화를 시도한다고 설명하였다.

[그림 9–2]는 매출액극대화를 도모하는 기업의 생산량을 보이고 있다. 이윤극대화를 원하는 기업은 $MR(Q_\pi) = MC(Q_\pi)$인 수준의 생산량 Q_π를 생산하겠지만, 매출액극대화를 도모하는 기업은 Q_M만큼 생산한다.[2] $MR(Q_M) = 0$이 되는 지점은 총

2) 여기서 이윤극대화 생산량 Q_π은 제1절에서 유도한 Q^*이다: $Q_\pi = Q^*$.

매출액 *TR*이 극대가 되는 점이다. 만약 경영자가 소유주를 의식해 최소한의 이윤을 확보해야 한다면, 생산량을 감소시켜 *MC*와 *MR*의 차이(한계 단위 당 손실)를 줄이려고 할 것이다. 그렇게 되면 적정 생산량은 Q_π와 Q_M 사이에서 결정될 것이다.

2.2 경영자재량모형

윌리암슨(O. Williamson)은 경영자들은 소유자(주주)들의 효용을 극대화시키는 이윤극대화를 추구하기 보다는 그들 자신의 효용을 극대화시키는 정책을 추구하는데 재량(discretion)을 갖는다고 주장하였다. 이를 경영자재량모형이라고 한다.

경영자재량모형: 경영자들이 생산을 결정함에 있어 경영자 자신의 효용을 극대화시키려 한다는 이론

PART 03

경영자재량모형은 경영자의 효용함수로부터 출발한다. 윌리암슨에 의하면 경영자의 효용함수는 보수 외에도 권한, 지위, 위신, 그리고 직업적 우월성 등을 포함한다. 임원비용(staff expenditure)을 *S*, 부가급여를 *M*(emoluments), 그리고 재량이윤을 *D*(discretionary profit)라고 하자. 임원비용은 경영자가 거느리는 임원 수를 늘리려고 하는 욕망을 말하며, 부가급여는 경영자가 보수 이외에 승용차, 기사, 호화로운 임원실 등의 유지에 드는 비용이다. 임원비용 *S*와 부가급여 *M*은 경영자들이 입지를 강화하기 위해 선호하는 것들이다. 재량이윤이란 주주들이 배당이윤으로 용납할 수 있는 최저이윤과 조세의 합계를 초과한 이윤을 말한다.

기업의 소유주나 주주는 경영자에게 플러스(+)의 재량이윤을 요구할 것이다. 이러한 가정하에 경영자의 행동을 분석해 보자. 경영자의 효용함수는 다음과 같다.

$$u = u(S, M, D) \qquad (9-7)$$

식(9–7)에서 부가급여 *M*이 일정하다면 효용함수는 다음과 같이 된다.

$$u = u(S, D) \qquad (9-8)$$

식(9−8)로 표현된 효용함수에서 임원비용 S와 재량이윤 D는 모두 경영자에게 플러스(+)의 효용을 주는 정상재의 성질을 가지고 있다. 이러한 경우의 효용함수를 그림으로 나타내면 일반적인 모양의 무차별곡선이 된다. [그림 9−3]에서 세로축은 재량이윤 그리고 가로축은 임원비용을 나타내며, 두 정상재에 대한 무차별곡선은 I_1, I_2, I_3으로 표현할 수 있다.

이제 제약조건에 대해 생각해 보자. 경영자가 직면하는 제약조건은 가로축에 대해 오목한 재량이윤곡선이다. 재량이윤은 임원비용이 증가하면서 이윤극대점까지는 증가하나 이 수준을 넘어서면 감소한다. 임원이 적을 때는 임원의 증가에 따른 효율성 향상으로 재량이윤이 증가할 수 있지만, 적정수준을 넘어서면 효율성 향상이 임원비용의 증가를 상쇄할 수 없게 되어 재량이윤이 감소한다.

재량이윤과 임원비용 사이의 무차별곡선과 재량이윤곡선을 이용하면 경영자의 최적행동을 알아낼 수 있다.

경영자는 재량이윤곡선을 고려하면서 가장 높은 효용을 대표하는 무차별곡선을 선택한다. 결국 재량이윤곡선과 무차별곡선의 접점에서 효용극대화가 이루어진다. 그림에서 점 E가 경영자의 효용을 극대화시켜 주는 균형점이다. 경영자는 S^*에 해당되는 임원비용과 π^*에 해당되는 재량이윤을 선택하여 자신의 효용을 극대화하게 된다. 즉, 경영자는 임원비용 S^*를 사용하여 자신의 효용을 증대시키면서,

그림 9−3 경영자재량모형

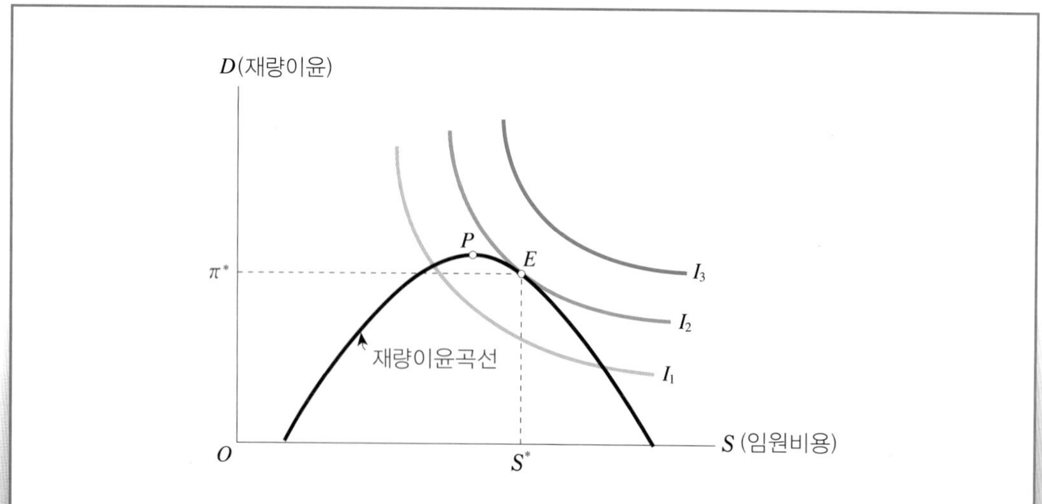

주주의 입장도 고려한 재량이윤 π^*를 누릴 수 있다. 독자 여러분은 π^*가 이윤극대화행동이라면 선택하였을 P에 비해 낮음을 알 수 있을 것이다.

2.3 그 외의 모형

이 외에도 대체가설로 마리스(R. Marris)의 균형성장률극대화 모형, 사이어트(R. Cyert)와 마치(J. March)의 행동주의 모형, 그리고 홀(R. Hall)과 히치(C. Hitch)의 풀-코스트원리(full-cost principle) 등을 들 수 있다.

풀-코스트원리란 상품 1단위당 주요비용(노동과 자본구입에 대한 비용)을 기초로 하고, 이에 추가되는 비용을 합산한 평균비용에 적정한 비율의 이윤을 부가해서 가격을 결정한다는 원리이다.[3] 그 공식은 다음과 같다.

$$P = AC(1 + m) \tag{9-9}$$

이 식에서 m은 경영자가 적정하다고 생각하여 평균비용에 부가하는 이윤율로 이윤부가율(mark-up rate)이라고 한다. 이러한 가격설정 방법을 완전비용가격설정 또는 비용할증가격설정(full-cost pricing)이라고도 하고 마크업 가격설정(mark-up pricing)이라고도 한다.

읽을거리

대한항공, 나눔활동으로 세계 누빈다

대한항공이 조양호 한진그룹 회장의 나눔경영 철학을 바탕으로 지구촌 곳곳에서 글로벌 항공사의 특성을 살린 활발한 나눔활동을 펼치고 있다. '사랑의 쌀' 후원 등 소외이웃 지원은 물론 국내외 재난 구호 현장에 구호품 지원 등이다.

특히 대한항공은 전 세계의 관심사인 지구환경 개선을 위한 '글로벌 플랜팅' 활동에 앞장서고 있다. 대한항공은 2007년부터 중국 쿠부치 사막에 '대한항공 녹색생태원'을 조성해 나무를 심는 사업을 진행해 왔다. 올해까지 10년째 이어 온 행사로 매년 과장급 직원들은 현지 사막을 찾아

3) 홀과 히치가 기업가의 의사결정 과정을 조사한 결과 기업의 경영자들은 한계수입과 한계비용의 개념조차 알지 못하고 있었으며, 설령 안다고 하더라도 그것을 이윤극대화에 이용하지 않고 있다는 것이었다. A. Koutsoyiannis, 「Modern Microeconomics」, 2nd ed., 1979 참조.

나무를 심으며 지구환경 보호의 소중함을 체험하고 있다.

대한항공은 몽골 바가노르시 지역에서도 2004년부터 '대한항공숲' 조성사업을 전개해 온 결과, 황무지와 다름없던 몽골 사막은 10만여 그루의 나무들이 자라는 푸른 숲으로 변모되는 등 해외 나무심기 봉사활동의 대표적인 성공 사례로 자리매김했다. 대한항공은 이러한 공로를 인정받아 2009년 5월 이례적으로 몽골 자연환경관광부로부터 '자연환경 최우수 훈장'을 받기도 했다.

또한 대한항공은 최근 지진 등 지구촌 곳곳에서 벌어진 재해의 아픔을 나누기 위한 재난구호 활동도 전개하고 있다. 지난 3월 피지 사이클론 피해자를 위해 제주퓨어워터와 피지 대사관에서 수집한 의류 등의 긴급 구호물품을 수송했고, 4월에는 일본 구마모토현 지진 피해 이재민을 위해 구호품을 지원했다. 지난해에도 네팔 이재민들을 돕기 위해 생수·담요 등의 구호물품과 대한적십자사가 보내는 약 35톤의 긴급 구호품을 무상으로 수송한 바 있다.

그뿐만 아니라 대한항공은 도움의 손길이 필요한 이웃들을 위해 '하늘사랑 영어교실' 등 재능기부형 봉사활동과 '사랑의 쌀' 기증행사, 외국인 근로자 등 열악한 의료 환경에 처해있는 이웃들을 대상으로 한 의료봉사 등을 전개하고 있다.

대한항공 관계자는 "앞으로도 국내외에서 지속적인 나눔경영 노력을 통해 글로벌 항공사로서 기업의 사회적인 책임을 다하고, 밝고 맑은 기업 문화를 만들어가는 데 선도적인 역할을 수행할 계획"이라고 말했다.

– 2016년 10월 28일 아시아투데이 고원 기자의 글에서 발췌 –

제 3 절 결합생산물의 적정생산

이제 결합생산물의 적정생산에 대해 알아보자. 생산과정에서 두 가지 이상의 상품이 생산되는 것이 현실적이다. 예를 들어 어떤 자동차회사에서 승용차(X)도 생산하고 버스(Y)도 생산한다고 하자. 자동차부품을 비롯한 다양한 생산요소를 Z로 표현하자. 이러한 결합생산물의 생산기술에 대해서는 제7장에서 함수 $z = h(x, y)$로 표현하였다. 또한 이 함수는 '자동차부품을 비롯한 다양한 생산요소를 z만큼 투입하였을 때 가장 능률적으로 생산할 수 있는 승용차와 버스의 조합'이라는 것을 배웠다. 본 절에서는 한 기업이 두 개의 상품을 생산하는 경우를 고려하면서, 결합 생산물의 적정생산과 범위의 경제에 대해 알아보기로 한다.

3.1 수입곡선

기업은 주어진 자원을 사용하여 상품을 생산하되, 판매수입을 극대화하고 싶어 한다. 기업의 행동, 즉 어느 상품을 얼마나 생산할까 하는 문제는 상품의 가격을 고려해야 해결된다. 주어진 생산요소를 사용하여 X재와 Y재 두 상품을 생산하는 기업이 있고, 상품의 가격을 각각 P_X, P_Y라 하자. 기업의 총수입(TR: total revenue)은 다음과 같다.

$$TR = x \cdot P_X + y \cdot P_Y \tag{9-10}$$

이 총수입함수식을 y에 대해서 나타내면 다음과 같다.

$$y = -\frac{P_X}{P_Y}x + \frac{TR}{P_Y} \tag{9-11}$$

식(9-11)을 그림으로 나타내면 수입곡선이 된다. 수입곡선상의 한 점은 X, Y 두 상품 생산조합을 나타내며, 각 조합의 생산물 판매수입 TR은 동일하다. 그래서 수입곡선을 등수입선이라고도 한다. 수입곡선의 기울기는 두 상품 가격의 비율이며, 평행선의 수입곡선을 얼마든지 그릴 수 있다. 이 수입선은 원점에서 멀어질수록 큰 수입을 의미한다.

3.2 결합생산물의 적정생산

기업은 생산가능곡선의 범위 안에서 가장 큰 수입곡선을 만나고 싶어 할 것이다. 결합생산물의 적정생산은 결국 생산가능곡선과 수입곡선의 접점에서 이루어진다.

[그림 9-4]는 결합생산물의 적정생산량 도출과정을 나타내고 있다.

(a)는 생산가능곡선이며 (b)는 수입곡선이다. (c)는 결합생산물의 적정생산을 보이고 있다. 그림에서 생산가능곡선과 수입곡선의 접점 E가 나타내는 생산량 x^* 및 y^*가 이윤극대화를 가능케 하는 적정생산량이다.

생산가능곡선과 수입곡선의 접점이라는 사실에서, 최적생산점 E가 뜻하는 적정생산 조건은 다음과 같다.

$$MRT_{XY} = \frac{P_X}{P_Y} \tag{9-12}$$

한계변환율인 생산가능곡선의 기울기는 Y재 생산의 한계비용으로 평가된 X재 생산의 한계비용을 의미한다. 또 수입곡선의 기울기는 Y재의 양으로 평가된 X재의 가격을 뜻한다. 따라서 적정생산 조건은 다음과 같이 표현할 수 있다.

그림 9-4 결합생산물의 적정생산

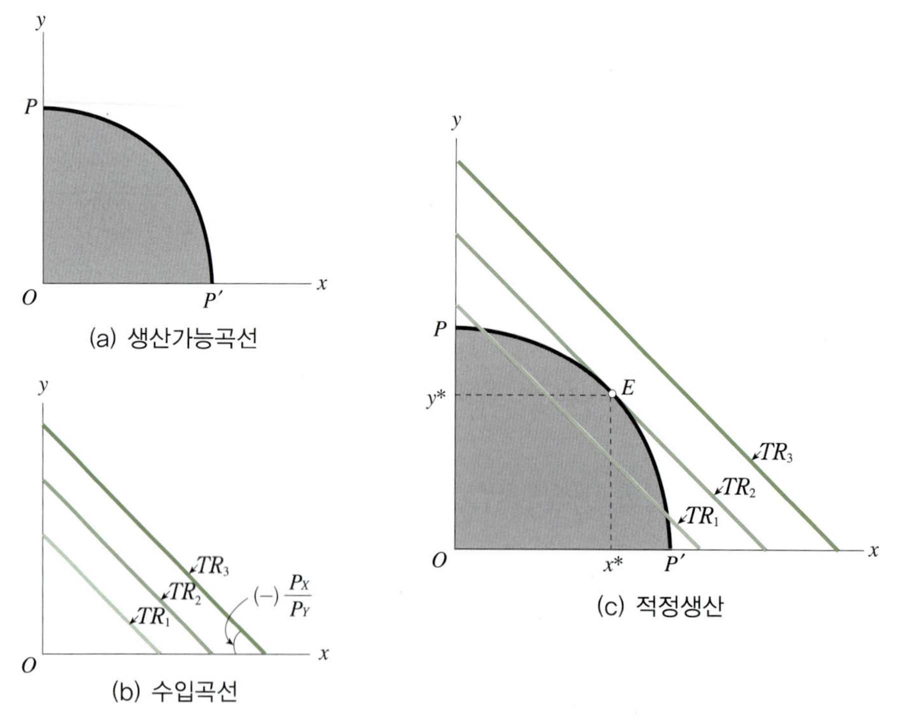

$$\frac{MC_X}{MC_Y} = \frac{P_X}{P_Y} \qquad (9-13)$$

이 조건을 굳이 표현한다면 가중된 한계비용 균등의 법칙이라고나 할까. 이러한 조건은 완전경쟁기업의 최적생산 조건인 '한계비용 = 가격' 조건과 동일한 것이다.

3.3 범위의 경제

악어사육농장은 대개 악어 가공공장도 같이 운영한다. 이 가공공장에서는 악어가죽 제품은 물론, 부산물로 여러 부위를 이용한 제품을 만들어 판매한다. 제철소에서는 용광로에 남은 찌꺼기를 이용하여 건자재를 만든다. 이들은 범위의 경제(economies of scope)를 실현시키고 있다.

범위의 경제란 두 종류 이상의 생산물을 동시에 생산할 때 나타나는 현상으로 두 가지 이상의 생산물을 따로 따로 독립된 기업에서 생산하는 경우보다 한 기업이 동시에 생산하는 것이 유리한 경우를 가리킨다. 그 반대의 경우에는 범위의 비경제(diseconomies of scope)가 존재한다고 말한다.

범위의 경제: 두 종류 이상의 생산물을 따로 따로 독립된 기업에서 생산하는 것보다 한 기업이 동시에 생산하는 것이 유리한 상황

영업이 잘 되는 대중음식점이 정육점을 겸하는 것을 종종 볼 수 있다. 이 집의 고기는 좋다고 정평이 나 있고 국밥도 푸짐하다. 그 정육점은 좋은 고기만 떼어 팔아 신용을 얻는다. 그리고 나머지 고기나 뼈는 국밥이나 설렁탕에 푸짐하게 넣어준다. 고기를 얻고자 하는 손님에게는 고기가 좋고, 국밥손님에게는 값싼 음식이 푸짐하여 좋은 평판을 얻게 되니 이것이 바로 결합생산의 이점이요, 범위의 경제가 아니겠는가. 그러나 어느 생산공정에서든 항상 범위의 경제가 발생하는 것은 아니다. 이탈리아의 소읍에서 생산되는 세계적인 가죽제품이나 유명한 의류제품들은 오로지 한 가지 상품을 특화하여 기술개발을 하고 유행을 선도함으로써 특화생산의 이점을 살리는 경우이다. 이들이 만약 선단식 경영을 하며 이것저것 손댄다면 오히려 '범위의 비경제'가 발생할 수도 있다.

요 · 약

01. 이윤극대화가설: 기업이 비용과 수입을 동시에 고려하여 이윤을 극대화시킬 수 있는 생산량을 결정한다는 이론, 이러한 행동원리를 이윤극대화준칙이라 한다.

02. 이윤극대화준칙: 기업은 이윤극대화를 위하여 생산하며, 그 행동준칙은 $MR = MC$이다.

- 매출액극대화가설: 경영자들이 일정한 최저이윤(minimum profit)수준을 달성하는 제약조건하에 매출액을 극대화하는 생산량을 결정한다고 하는 이론.
- 경영자재량모형: 경영자들이 생산량을 결정함에 있어 경영자 자신의 효용을 극대화하려 한다는 이론.

03. 결합생산물의 적정생산은 수입곡선과 생산가능곡선의 접점에서 이루어진다. 적정생산조건은 $\frac{MC_X}{MC_Y} = \frac{P_X}{P_Y}$이다.

연 · 습 · 문 · 제

01. 이윤극대화가설이란 무엇이며 이윤극대화준칙이란 무엇인가 설명하시오.

02. 매출액극대화가설이란 무엇인가 설명하시오.

03. 경영자재량모형이란 무엇인가 설명하시오.

04. 우리나라 기업의 '이윤의 사회환원' 활동을 조사하시오.

05. 내가 최고경영인이라면 어떤 경영목표를 가질 것인가 생각하시오.

06. 조선시대의 거상 임상옥의 경영철학에 대해 조사하시오.

07. 범위의 경제를 누리는 기업은 대규모생산의 법칙을 실현하는지에 대해 설명하시오.

08. 어느 기업의 수입은 $TR(Q) = 300Q - 6Q^2$, 비용은 $TC(Q) = 4Q^2$이다. 여기서 Q는 생산량을 나타낸다. 이 기업의 이윤극대화를 위한 생산량을 구하시오.

해답 및 풀이

07. {풀이} 범위의 경제는 두 종류의 생산물을 각 기업이 생산하는 것과 한 기업이 동시에 생산할 때를 비교하는 것이고, 대규모생산의 법칙은 하나의 생산물에 대해 생산요소 증가율과 생산량 증가율의 관계를 장기의 관점에서 분석하는 것이다. 따라서 범위의 경제를 누린다고 해서 대규모생산의 법칙을 실현하는지에 대해 판단할 수 없다.

08. {풀이} 기업의 이윤극대화를 위한 필요조건은 $300 - 12Q = 8Q$이다. 즉 한계수입과 한계비용이 같은 경우이다. 그리고 이윤극대화준칙은 만족된다: $-12 < 8$. 이윤극대화를 위한 필요조건으로부터 $Q^* = 15$이다. 참고로, 기업의 이윤은 $TR(Q^*) - TC(Q^*) = 2250$이다.

읽을거리

영화 속 경제: 헤어드레서의 창업과 기업가정신

둔중한 몸매의 여성이 있다. 벽에 연결된 커튼 줄을 잡지 않고는 홀로 침대에서 일어날 수 없다. 원피스 등 뒤의 지퍼는 다른 사람이 내려주지 않으면 내릴 수 없다. 계단을 오를 때는 눈앞이 팽팽 돈다. 상담을 받기 위해 몇 분 기다릴 때도 보조의자에 앉아야 한다. 그녀는 외롭다. 남편은 자신의 친구와 바람이 나 지난해 이혼했다. 딸과 함께 잔디가 있는 이층집을 빠져나와 초라한 공동주택에 방을 잡았다. 뚱뚱하고 눈치 없는 엄마가 싫은 딸은 마음을 열지 않는다. 그녀에게 당장 필요한 것은 직장이다. 고용센터에서 추천을 받아 찾아간 백화점 미용실에서는 퇴짜를 맞는다. 미용사는 아름다움을 창조하는 직업인데 그녀는 아름답지 못하다는 것이 이유다. 세상은 그녀에게 냉혹하다. 그녀는 어떻게 위기를 탈출할까?

독일 영화감독 도리스 도리의 <헤어드레서>(2010)는 뚱뚱한 여성의 분투기다. 그런데 어둡지 않다. 카티(가브리엘라 마리아 슈메이데)는 영화에서 몇 차례 벗은 몸을 보여준다. 출렁이는 가슴과 스크린을 꽉 채운 엉덩이는 아름다움과 거리가 멀다. 조각 같은 몸매만을 화면에서 봐온 관객으로서는 낯설고 당황스럽기까지 하다. 그런데 몇 번 보니 자연스러워진다. 나도 벗으면 뭐 그리 다를까 싶어서다. 극중 연인인 베트남 불법이민자 티엔(김일영)과의 정사 장면은 야하기보다 애처롭다.

카티는 창업을 하기로 한다. 문제는 창업자금. 이혼 후 빈털터리가 된 그녀에게 한 달 월세와 보증금 2500유로(약 400만원)는 만만찮다. 은행은 대출을 거부하고, 돈을 벌기 위해 했던 이동미용실은 불법노동으로 걸린다. 취업센터마저 파업해 지원금을 받을 길이 막막해진다. 개업하기 위해 동분서주하는 카티에게서 엿볼 수 있는 것이 창업가 정신(Entrepreneurship)이다. 흔히 기업가정신이라 부른다. 경제학은 20세기 들어 기업가를 주목했다. 대표적인 경제학자는 미국의 슘페터다. 그는 1912년 발표한 <경제발전론>에서 낡은 것을 파괴하고 새로운 것을 창조하는 '창조적 파괴'를 통해 자본주의는 원동력을 얻는다고 주장했다. 창조적 파괴는 기술혁신에서 이뤄지는데, 기술혁신을 일으키는 사람들이 기업가라고 밝혔다. 이윤은 기업가의 혁신 대가로 발생하는 것이라고 했다.

기업가를 정의한 또 다른 사람은 피터 드러커다. 그는 <혁신과 기업가 정신>에서 기업가는 '유용한 가치를 창출해내고, 변화를 기회로 삼은 사람들'이라고 정의했다. 현대 경영·경제학에서 기업가 정신은 매우 긍정적으로 묘사된다. 미용실을 열기 위해 딸의 저금통까지 터는 카티를 봤다면, 드러커는 "살아있는 기업가 정신"이라며 손뼉 쳤을 것이다. 기업가는 저돌성이 필요하다. 창업부터 사업 실행, 그리고 수익 창출까지 넘어야 할 벽이 첩첩산중이다. 하지만 저돌성과 가치창조(수익창조)만을 기업가의 미덕으로 규정하는 시각에는 문제점도 적지 않다. 사회적 책임의식이 결여될 수 있기 때문이다. 카티는 "사람들의 머리를 예쁘게 꾸며서 기분 좋게 해주고 싶다."고 말한다.

– 박병률 기자, 주간경향 1003호(2012. 12. 4)에서 발췌 –

part 4

시장조직

Chapter 10 완전경쟁시장이론
Chapter 11 독점시장이론
Chapter 12 과점시장이론
Chapter 13 게임이론

완전경쟁시장이론

지구상에서 완전경쟁시장(完全競爭市場)을 찾기란 거의 불가능하다. 그런데도 시장이론에서 가장 먼저 소개되는 이유는 완전경쟁시장이 자원배분의 효율성을 달성하는 이상적인 시장형태이기 때문이다. 또한 완전경쟁시장은 독점시장과 불완전경쟁시장의 비효율성을 분석하는데 유용하게 활용될 수 있다.

본 장에서는 우선 완전경쟁시장의 개념에 대해 알아본 다음, 완전경쟁시장의 성립조건을 살펴본다. 다음으로는 개별기업의 최적화 행위에 대해 살펴본 후, 완전경쟁시장의 균형(균형가격과 균형수급량)이 결정되는 과정에 대해 살펴볼 것이다. 세부적으로는 완전경쟁시장을 단기와 장기로 분류하여 완전경쟁시장의 균형을 살펴본다.

chapter 10

"별에도 사냥꾼들이 있니?"
여우는 어린왕자에게 물었다.
"아니, 없어."
"그거 참 이상하군. 그럼 병아리는?"
"없어."
"이 세상에 완전한 데라곤 없군."
여우는 한숨을 내쉬었다.

- 「어린왕자」에서 -

제 1 절 완전경쟁시장이론 개요

1.1 참깨와 화장품

화장품시장과 참깨시장 중에서 어느 시장이 더 경쟁적일까. 이에 대한 대답을 너무 쉽게 해서는 안 된다. 정답은 화장품시장이 아니라 참깨시장이다. 화장품시장이라고 대답하려 했던 사람들은 이렇게 반응할 것이다. '광고가 많이 나오는 것을 보면 화장품시장이 더 경쟁적이 아니냐'고.

경제학에서 '매우 경쟁적'이라는 말은 경쟁자가 매우 많아서 오히려 상대 경쟁자를 의식할 필요가 없는 상태를 말한다. 완전경쟁시장이란 시장 참여자가 많고, 이들이 서로 정보를 잘 알며, 상품이 동질적이며, 그리고 가격도 시장원리에 의해서 결정되는 시장을 말한다. 이렇게 말하면 뜬구름 잡는 말 같으니 '경쟁적이 아닌' 시장의 예를 들어보자. 경쟁적이 아닌 시장이란 소수의 기업이 상품을 생산하는 시장을 말한다. 그러한 시장에서는 자기 제품의 우수성을 알리려는 광고가 요란한 것이 일반적이다. '아침에 일어나 세이 비누로 세수하고, 엘라스틴으로 머리를 감고, 아이오페로 화장을 하고, 웅진코웨이 아줌마를 기다려서 정수기 필터 교환을 하고, 지펠 냉장고에 있는 주스를 마신 뒤, 엘지카드를 들고 나가 쇼핑을 하는' 이영애의 하루가 바로 그것이다. 즉 이영애의 하루는 경쟁적이 아닌 과점시장의 광고 패러디이다.

반면에 매우 경쟁적인 시장에서는 광고할 필요가 없다. 그래서 조용하다. 이영애 씨가 참깨 한 되를 머리에 이고 장터에 나서는 모습의 광고를 볼 일은 아마 없을 것이다.

1.2 조용한 완전경쟁시장

경쟁이란 같은 목적으로 서로 다투어 겨루는 것을 말한다. 우리는 지금 치열한 경쟁시대에 살고 있다. 개인과 개인 간 경쟁이 있고, 기업과 기업의 경쟁이 있으며, 국가와 국가 간 경쟁이 있다. 최근에는 대학 간의 경쟁도 뜨겁고, 심지어 한 대학 안에서 학과 간에도 경쟁이 치열하다.

경제학에서는 시장 참가자가 서로 최대의 경제적 효과를 얻기 위해 겨루는 상황을 경쟁이라고 한다. 경쟁에는 반드시 상대방이 있다. 경쟁은 특정 상대에 대해 이루어지는가, 아니면 불특정 상대에 대하여 이루어지는가에 따라 두 종류로 나누어진다. 어떤 시장에 판매자가 소수라 하자. 이들 소수의 판매자는 서로 상대방을 의식하며 고객을 확보하고 매상을 높이기 위해 노력할 것이다. 이러한 시장에서는 대립관계의 경쟁(rivalry)이 일어난다. 대립관계의 시장에서는 상품에 대한 광고와 선전이 요란하게 된다. 우리는 광고를 보면서 하루를 시작하고 광고를 보면서 하루를 마감한다. 이처럼 판매자가 소수이고 광고가 요란한 대립적 경쟁시장을 불완전경쟁시장이라고 한다. 일반적인 상식으로는 광고가 요란하면 경쟁적이라고 생각하지만, 경제학에서는 경쟁이 불완전하기에 광고가 요란하다고 생각한다.

그런데 이 시장에 새로운 판매자가 많이 등장한다고 하자. 이제 이 시장에는 경쟁 상대가 다수이기 때문에 특정 상대와의 대립적 경쟁 관계는 줄어든다. 그 대신 불특정 다수를 상대로 하는 비대립적 경쟁(competition)이 이루어진다. 또 경쟁자의 수가 많아지면 더 경쟁적인 시장이 된다. 만약 판매자의 수가 무수히 많아진다면 이 시장은 아주 경쟁적인 시장이 된다. 그리고 아주 경쟁적인 시장에서는 특정 상대를 의식한 광고와 선전이 필요 없게 된다. 이러한 상태를 완전경쟁이라고 한다. 완전경쟁 상태가 되면 시장이 오히려 조용해진다.

1.3 완전경쟁시장 성립조건

완전경쟁이 성립하기 위해서는 다음과 같은 네 가지 조건이 충족되어야 한다: (1) 가격수용자, (2) 동질적인 상품, (3) 장기에서 생산요소의 자유로운 이동, 그리고 (4) 완전한 정보.

가격수용자(price-taker)

시장에 참여하는 상품의 공급자와 수요자의 수가 무수히 많아 어떤 개별적인 경제주체도 상품의 가격에 영향을 줄 수 없다. 개별적인 경제주체가 시장에서 차지하는 비중이 매우 낮기 때문에 한 공급자나 수요자는 시장에 영향을 주지 못하고, 시장가격은 수요 · 공급의 상호작용에 의해서 결정된다. 따라서 공급자와 수요자는 결정된 가격을 '주어진' 것으로 간주한다. 그래서 공급자나 수요자 등 각 경제주체가 가격수용자(price-taker)로서 행동하게 되는 것이다. 이러한 성질 때문에 개별기업이 시장에서 만나는 수요곡선은 수평모양이 되고, 탄력성은 무한대이다.

동질적인 상품(homogeneous goods)

한 시장의 공급자들은 모두 동질적인 상품을 공급한다. 이 경우에 수요자는 그와 거래하는 공급자가 누구인지에 대해 개의치 않는다. 상품의 질이 모두 같다면 한 가지 종류의 상품에 대해서는 한 가지 가격만이 성립한다. 전체 공급자들이 판매하는 상품이 모두 동질이므로 어떠한 공급자도 다른 공급자보다 높은 가격으로 판매할 수 없기 때문이다. 즉 한 시장에 있는 상품들이 서로 완전대체재이다.

자유로운 진입과 퇴출(free entry and exit in the long-run)

장기(long-run)에서 새로운 기업이 해당 산업에 진입하거나, 기존 기업이 이윤을 얻지 못하는 경우에 해당 산업에서 퇴출하는 것이 자유로워야 한다. 즉 모든 경제적 '자원은 경제의 어느 부문으로든 완전히 자유롭게 이동'될 수 있어야 하며, 생산요소가 이동하는데 '특별한 비용'이 들지 않아야 한다. 여기서 특별한 비용이란 새로운 기업이 해당 산업에 진입하는 경우에는 지불해야 하지만, 그 산업에 진입해 있는 기존 기업은 지불하지 않는 비용을 말한다. 또한 생산요소의 자유로운 이동을 위해서는 원료들이 어떤 경제주체들에 의해 독점되지 않아야 함을 의미한다.

완전한 정보(perfect information)

경제주체들이 상품에 대해 완전한 정보를 가지고 있어야 한다. 이 말은 시장에서 거래되는 상품의 가격 및 품질에 대한 정보를 가지고 있어야 한다는 것을 의미한다. 소비자가 이러한 정보를 가지면, 모든 동질적인 재화의 가격이 동일해지는 일물일가의 원칙(law of one price)이 성립하게 된다.

한편 위에서 제시한 네 가지 조건을 모두 갖춘 시장을 발견하기란 쉽지 않다. 제조업의 경우 거의 모든 산업이 그리 많지 않은 수의 기업으로 구성되어 있다. 또 기업의 수가 많다고 하더라도 각 기업은 자신의 상품을 조금씩 다르게 만들고 있다. 완전경쟁에 가까운 시장인 농산물시장에도 최근에는 영농조합이나 지역별로 제품차별화가 이루어지고 있다(제품의 비동질성, non-homogeneous goods). 또한 완전경쟁에 가까운 주식시장에서도 완전정보의 가정은 현실적으로 충족되기 어렵다. 특히 정보 자체도 하나의 희소한 자원이므로 이를 획득하기 위해서는 시간적 · 금전적 비용을 부담해야 한다. 이처럼 완전경쟁시장은 그 예를 찾기가 쉽지 않다. 완전경쟁시장이 성립하기 위한 조건인 '가격수용자'와 '장기에서 자유로운 진입과 퇴출'이 충족되더라도, '제품의 동질성'과 '완전한 정보'라는 두 개의 가정을 충족시키기 어렵다. 가격수용자와 장기에서 자유로운 진입과 퇴출이라는 두 가지 조건이 충족되는 시장을 순수경쟁시장(purely competitive market)이라고 한다.

완전경쟁시장이 현실에서 찾아보기가 쉽지 않은 시장 형태이면서도 비중이 있게 논의되는 것은 완전경쟁시장이 여러 시장 형태 중 가장 이상적이기 때문이다. 불완전 경쟁시장(독점시장, 과점시장, 그리고 독점적 경쟁시장)이 초래하는 경제적 비효율을 완전경쟁시장의 경제적 효율과 비교하기 위함이다. 완전경쟁시장은 불완전경쟁시장이 얼마나 비효율적인가를 비춰주는 '거울' 역할을 하는 것이다. 또 완전경쟁의 모형에서 도출된 결론은 현실에 대한 상당한 정도의 설명력을 갖고 있다. 현실의 시장조건이 비록 완전경쟁의 여러 조건을 엄밀하게 만족시키지 못한다 하더라도 이에 어느 정도 근접해 있는 경우에는, 이 시장에서 관찰되는 여러 현상이 완전경쟁의 모형에서 나온 결론과 상당 부분 유사한 것이다.

1.4 완전경쟁기업이 만나는 수요곡선

완전경쟁시장에서 개별기업은 가격수용자이다. 예를 들어 시장에서 형성된 가격이 P라고 하면, 시장의 개별기업은 이 가격을 그대로 받아들일 뿐, 이 가격을 변화시킬 수 있는 힘은 가지고 있지 않다. 이에 따라 완전경쟁시장에는 한 가지 상품에 대하여 한 가지 가격만 존재하고, 따라서 기업이 시장에서 만나는 수요곡선은 P

그림 10-1 완전경쟁시장에서의 수요곡선

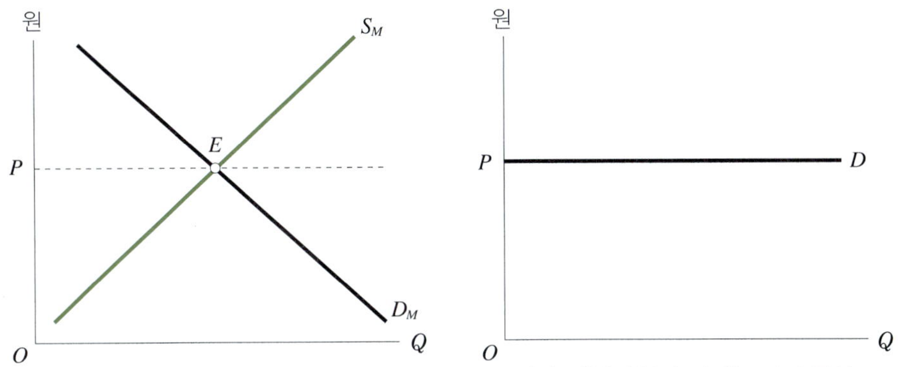

(a) 시장 전체의 균형 (b) 개별기업이 만나는 수요곡선

수준에서 수평이 된다.

[그림 10-1]은 완전경쟁시장의 균형과 개별기업이 만나는 수요곡선이다.

(a)는 시장 전체의 균형이다. 시장수요곡선 D_M과 시장공급곡선 S_M이 교차하는 E에서 균형이 이루어지고, 이때의 균형가격은 P이다. 개별기업이 만나는 수요곡선은 (b)에서와 같이 P의 높이를 가진 수평선이다. 수평선 모양의 이 수요곡선을 개별기업이 만나는 수요곡선이라고 한다. 완전경쟁시장에 참여한 기업들은 그 가격에 얼마든지 팔 수 있고, 소비자들도 그 가격에 얼마든지 구입할 수 있다. 이 경우 수요의 가격탄력성은 무한대이다. 완전경쟁시장에서 개별기업이 만나는 수요곡선은 수평선이다.

1.5 완전경쟁기업의 수입

이제 완전경쟁시장에서 기업의 행동을 분석하기 위해 완전경쟁기업의 총수입, 평균수입, 그리고 한계수입에 대해 알아보자.

첫째, 완전경쟁기업의 총수입(TR: total revenue)은 상품의 가격과 판매량의 곱이다.

$$TR = P \cdot Q \tag{10-1}$$

개별기업의 입장에서 볼 때 완전경쟁시장에서 상품의 가격은 일정하다. 따라서 총수입은 판매량에 정비례한다.

둘째, 평균수입(AR: average revenue)은 총수입을 판매량으로 나눈 값이다.

$$AR(Q) = \frac{TR(Q)}{Q} = \frac{P \cdot Q}{Q} = P \tag{10-2}$$

셋째, 한계수입(MR: marginal revenue)은 추가판매분의 수입으로 총수입의 미분 개념이다.

$$MR(Q) = \frac{dTR(Q)}{dQ} = \frac{d}{dQ}(P \cdot Q) = P \cdot \frac{dQ}{dQ} = P \tag{10-3}$$

식(10−2)와 식(10−3)의 두 식을 보면 평균수입과 한계수입은 모두 가격과 동일하다. 즉,

$$AR = MR = P \tag{10-4}$$

그런데 가격은 수요곡선의 높이만큼이다. 따라서 다음 식이 성립한다.

$$AR = MR = P = D \tag{10-5}$$

위와 같은 사항은 완전경쟁시장에서 한 기업의 수입을 나타내는 표와 그림을 통해 확인할 수 있다.

[그림 10−2]는 완전경쟁기업의 총수입, 평균수입, 한계수입의 관계이다.

(a)는 완전경쟁시장에서 한 기업의 판매량에 따른 수입의 변화를 보인다. 시장에서 가격은 100원으로 일정하게 주어져 있고, 기업은 가격수용자이다. 가격이 일정하기 때문에 총수입은 판매량에 정비례한다. 평균수입과 한계수입은 모든 판매량 수준에서 각각 가격과 같은 100원이다. 아래의 그림은 표의 내용을 그림으로 옮긴 것이다.

(b)는 총수입곡선이다. 총수입곡선은 원점을 출발하는 직선으로 나타난다. 총수입이 판매량에 정비례하기 때문이다. 참고로, 총수입곡선의 기울기는 가격 P이다.

그림 10-2 완전경쟁기업의 총수입과 평균 및 한계수입

(a) 완전경쟁기업의 수입

가 격	100	100	100	100	100	100	100	100	100	…
판매량(Q)	0	1	2	3	4	5	6	7	8	…
총수입(TR)	0	100	200	300	400	500	600	700	800	…
한계수입(MR)		100	100	100	100	100	100	100	100	…
평균수입(AR)	0	100	100	100	100	100	100	100	100	…

(b) 총수입

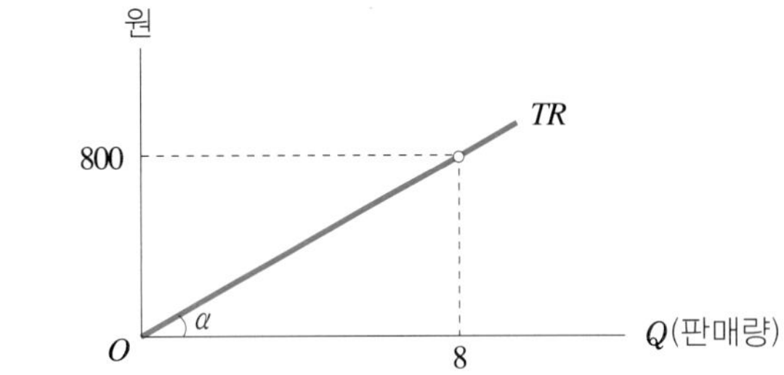

(c) 평균수입
한계수입

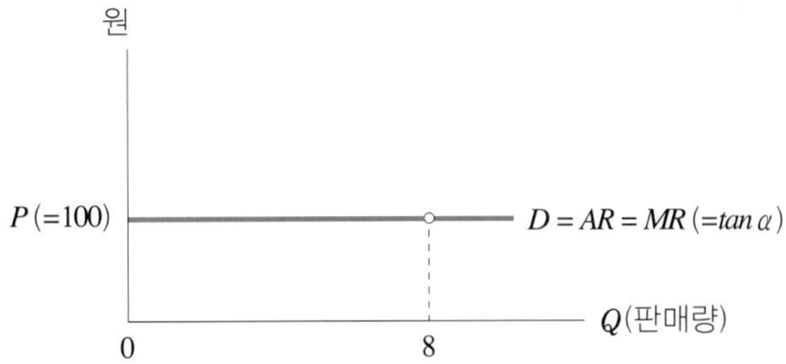

(c)는 평균수입곡선과 한계수입곡선이다. 위 표에서 보는 바와 같이 완전경쟁시장에서 가격은 100원으로 일정하기 때문에 평균수입도 모든 판매량 수중에서 항상 100원으로 일정하다. 또 한 단위 더 판매할 때의 수입인 한계수입도 언제나 100원으로 일정하다. 이에 따라 평균수입곡선과 한계수입곡선은 100원의 높이에서 수평으로 나타난다.

가격이 수요곡선의 높이라는 것을 생각하면 $AR = MR = P = D$의 관계라는 것도 알 수 있다. 참고로 평균수입곡선의 높이는 '총수입곡선상 한 점에서 원점까지 그은 직선의 기울기'이다. 그림을 보면 TR선상 한 점에서 원점까지 그은 직선의 기울기는 어느 점에서나 동일하다. 따라서 평균수입은 어느 생산량수준에서든지 *tan*

α이다.

$$AR = tan\,\alpha = P \tag{10-6}$$

한편 한계수입곡선의 높이는 '총수입곡선 한 점에서 접선의 기울기'이다. TR이 직선인 이상 접선의 기울기는 어디에서나 α이다. 따라서 한계수입은 어느 생산량 수준에서든지 $tan\,\alpha$로 일정하다.

$$MR = tan\,\alpha = P \tag{10-7}$$

결국 $AR = MR = tan\,\alpha = P = D$이다.

제2절 완전경쟁시장의 균형

완전경쟁시장의 균형은 산업에 참여한 개별기업들의 최적화 행위를 통해 달성된다. 개별기업의 최적화 행위는 고정생산요소의 유무에 따라 단기와 장기로 분류할 수 있다.

2.1 단기균형

완전경쟁시장에서의 기업은 가격수용자이다. 즉 가격이 주어져 있는 것이다. 따라서 개별기업의 선택사항은 '생산량'이다. 단기에는 고정투입요소를 변화시킬 수 없으므로 기업은 가변투입요소들의 고용량을 선택함으로써 생산량을 조절한다. 이미 제9장에서 분석한 바와 같이, 기업은 여러 가지 목표를 설정할 수 있고 따라서 생산의 목적과 최적생산량 결정 방식도 다양하다. 이 절에서는 전통적인 방식에 따라 기업의 최적화 행위는 바로 이윤극대화 행위라는 가정에 따라 이론을 전개한다.

최적생산량 결정 원리

이윤극대화 생산량은 총수입과 총비용을 비교해서 알아낼 수 있고 한계수입과 한계비용을 비교해서도 알아낼 수 있다. 총수입과 총비용을 비교해 알아내는 방법이란 총수입곡선과 총비용곡선을 도출한 다음 그 차이인 이윤이 극대가 되는 생산량을 찾아내는 것을 말한다. 한계수입과 한계비용을 비교해 결정하는 방법이란 $MR = MC$인 생산량 수준을 찾아내는 방식을 말한다. 물론 이 두 가지 방법은 수리적으로나 기하학적으로 서로 밀접한 관계가 있다. 완전경쟁기업의 경우 시장가격, 평균수입, 한계수입이 모두 일치하기 때문에 이윤극대화조건은 다음과 같이 쓸 수 있다.

$$P = AR = MR = MC \tag{10-8}$$

(1) 개별기업의 이윤극대화 행위

완전경쟁에서 개별기업의 이윤극대화 행위가 달성될 경우, 그에 따른 손익 형태는 초과이윤, 정상이윤, 손실의 세 가지로 나타난다.

초과이윤 발생

[그림 10-3]은 완전경쟁기업의 단기균형 중 초과이윤이 발생하는 경우이다.

(a)는 총수입곡선과 총비용곡선을 대비하고 있다. 그림을 보면 Q^*만큼 생산할 때 총수입과 총비용의 수직거리가 가장 크다. 즉 Q^*의 생산량수준에서 이윤이 극대가 된다. (b)는 이윤곡선이다. (c)는 $MR = MC$ 원칙에 의한 최적생산량 결정을 보이고 있다. 그림에서 MR(여기서는 수요곡선)과 MC가 만나는 점이 결정해 주는 Q^*가 이윤극대생산량이다. 이 때 단위당 수입, 즉 평균수입은 수요곡선의 높이인 E에서 결정되고, 단위당 비용은 평균비용곡선의 높이인 B에서 결정된다. 따라서 단위당 BE만큼씩의 이윤이 발생한다. 총이윤은 생산량과 단위당 이윤의 곱으로 나타난다. 즉 회색의 사각형 $CPEB$가 이 기업의 이윤이고, 이 넓이가 [그림 10-3]의 (a)에서는 수직거리 GK로 나타나고 있다. 이때의 이윤을 '초과이윤'이라고 한다. 무엇을 초과한다는 의미일까. 그것은 이윤이 정상이윤을 초과한다는 의미이

그림 10-3 초과이윤 발생의 경우

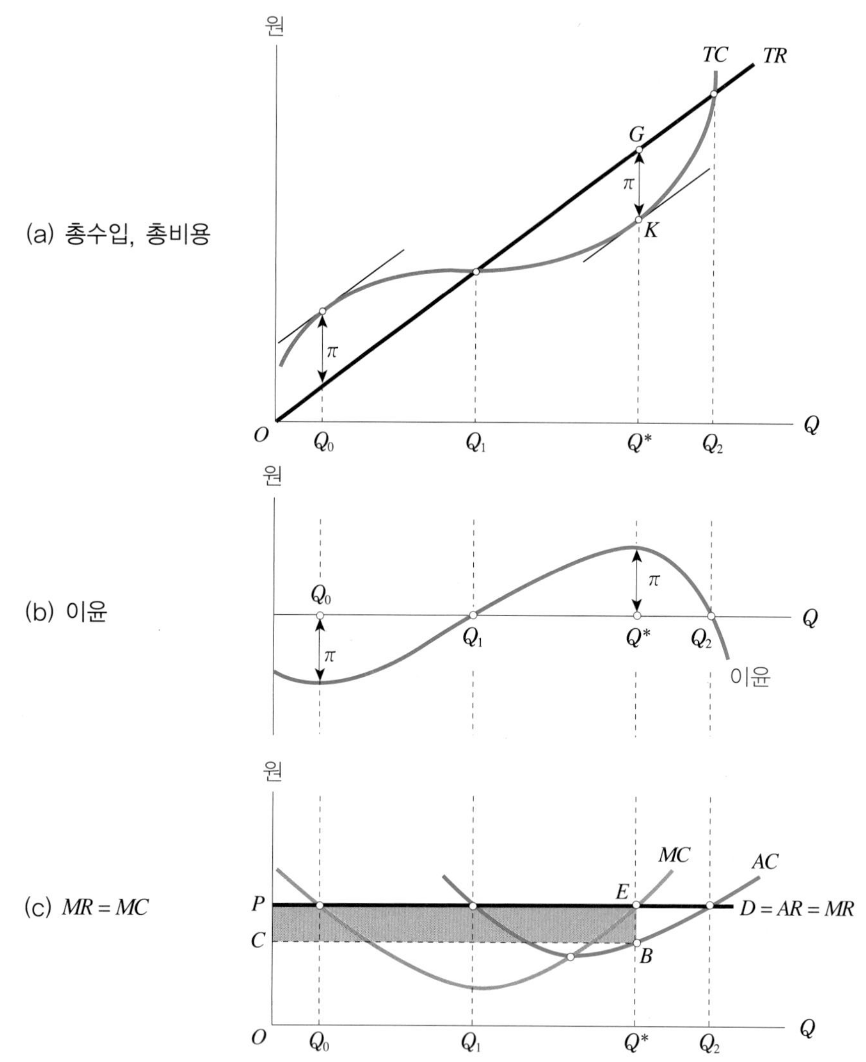

다. 즉 비용 속에 이미 정상이윤이 포함되어 있는데 그 수준을 넘는 이윤을 획득하고 있기 때문에 초과이윤이라고 하는 것이다. 이윤극대화 생산량 Q^*를 생산할 경우 총수입, 총비용, 이윤의 크기는 다음과 같다.

$$\text{총수입} = Q^*G(\text{높이}) = \Box OPEQ^*(\text{넓이})$$

총비용 = Q^*K(높이) = □$OCBQ^*$(넓이)
이　윤 = GK(높이) = □$CPEB$(넓이)

한편 그림에서 생산량 Q_0는 '$MR = MC$'라는 이윤극대화 1차조건은 충족시키지만 'MR 기울기 < MC 기울기'라는 2차조건을 충족시키지 못하는 점으로, 손실극대화 생산량이다. 1차조건을 만족시킨다고 해서 모두 최적이 되는 것은 아니라는 것을 알 수 있다.

정상이윤 발생

[그림 10-4]는 정상이윤이 발생하는 경우이다.

그림을 보면 어느 생산량수준에서나 평균비용(AC)이 평균수입($AR = P$)보다 크다. 단 $MR = MC$가 되는 Q^* 수준에서만 비용과 수입이 일치한다. Q^*는 기업이 유일하게 손실을 입지 않는 생산량, 즉 적정생산량이다. 그리고 이 경우의 이윤 형태를 정상이윤이라고 한다. 수입과 비용이 일치하여 이윤이 0인데도 정상이윤이라고 하는 이유는, 앞에서도 설명했듯이, 비용 속에 이미 정상이윤이 포함되어 있기 때문이다. 여기서 이윤이 0이라는 말은 '초과이윤이 0'이라는 뜻이다.

그림 10-4 정상이윤 발생

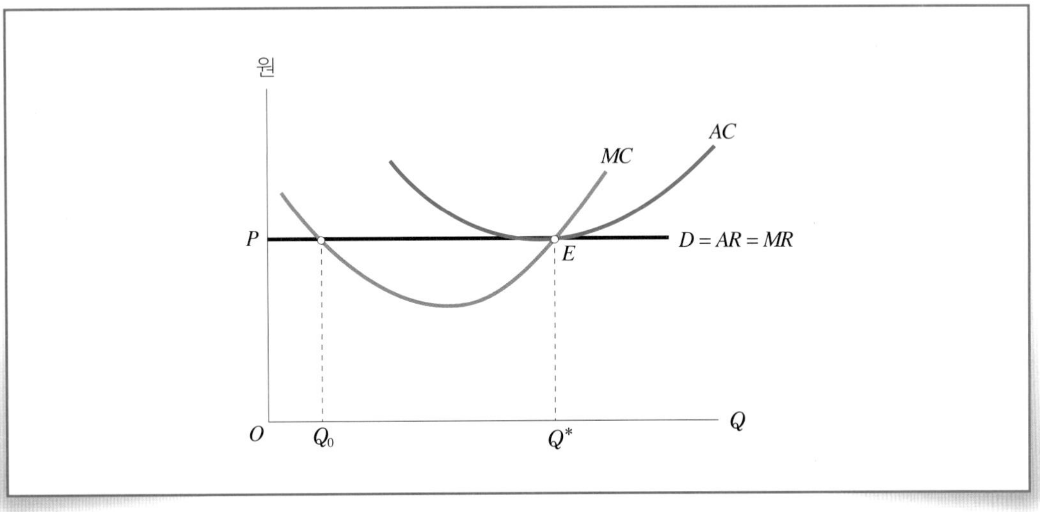

손실 발생

[그림 10-5]는 손실이 발생하는 경우이다.

그림을 보면 어느 생산량수준에서나 평균비용 AC가 평균수입 $AR(= P)$보다 크다. 즉 어느 생산수준에서도 이 기업은 손실을 입는다. 이러한 경우 기업이 취할 수 있는 행동은 손실을 극소화시키는 것이다. 손실을 입는 경우에도 이윤극대화 준칙은 유효하다. 즉 $MR = MC$인 Q^*만큼 생산하는 것이 최적생산량이고, 이 생산량수준에서 손실은 극소화된다. 한편 Q^*를 생산할 때 이 기업의 손실은 사각형 $CPEB$의 넓이 만큼이다.

지금까지 초과이윤, 정상이윤, 손실이 발생하는 경우를 각각 분석하였다. 어떤 경우에나 최적생산량을 찾는 원칙은 $MR = MC$이다. 그림으로는 MR과 MC가 만나는 점을 찾아 수선을 내리면 가로축과 만나는 지점이 최적생산량인 것이다.

그림 10-5 손실 발생

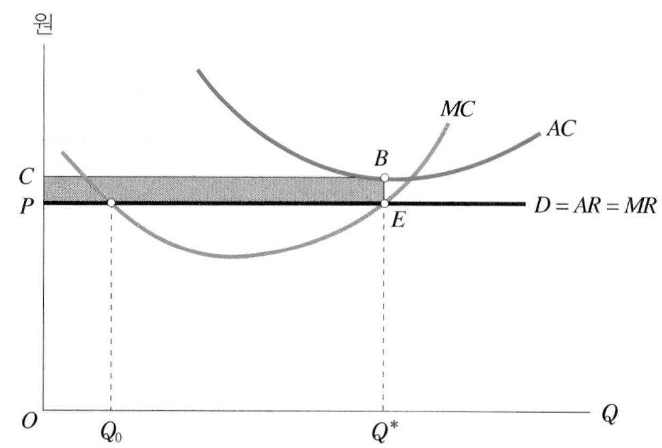

(2) 완전경쟁시장의 단기공급곡선

완전경쟁기업의 세 가지 이윤극대화 결과 중에서 손실의 경우는 기업의 단기공급곡선을 도출할 수 있는 중요한 단서를 제공해 준다. 기업의 단기공급곡선을 도출해 보자.

개별기업의 단기공급곡선

[그림 10-6]은 개별기업의 단기공급곡선 도출 원리이다.

시장가격이 P_1보다 높은 경우, 기업은 초과이윤을 누린다. 그러나 가격이 P_1보다 낮고 P_2보다 높은 수준이라면 최적생산을 하더라도 손실을 입는다. 그런데 P_1과 P_2구간의 경우, 가격이 낮아 손실을 보지만 그래도 평균가변비용보다는 높다. 엄밀히 말하면 손실은 고정비용 때문에 발생하는 셈이다. 따라서 이런 경우에는 손실이 발생하는 데도 불구하고 생산을 지속함으로써 가변비용(원재료비용이라고 생각하자)을 충당할 뿐 아니라 고정비용의 일부까지도 충당할 수 있다.

그러나 가격이 P_2아래로 하락하여 AVC의 최저점 S보다 낮은 경우에는 수입이 가변비용보다 작게 된다. 이처럼 가격수준이 매우 낮아 수입이 가변비용도 충당하지 못하는 경우에는 기업이 생산을 중단하는 것이 손실을 감소시키는 조치이다. 즉 생산물의 시장가격이 평균가변비용보다 낮은 경우 기업은 조업을 중단한다. 생산을 중단하기 시작하는 이 가격 P_2를 생산중단가격(shutdown price)이라고 한다. 그리고 S를 생산중단점(shutdown point), 조업중단점 혹은 기업폐쇄점이라고 한다.

생산중단점: 평균가변비용이 최저인 점으로 가격이 더 이상 하락하면 고정비용은 물론 가변비용도 충당치 못하게 되어 생산을 중단하는 점

그림 10-6 개별기업의 단기공급곡선

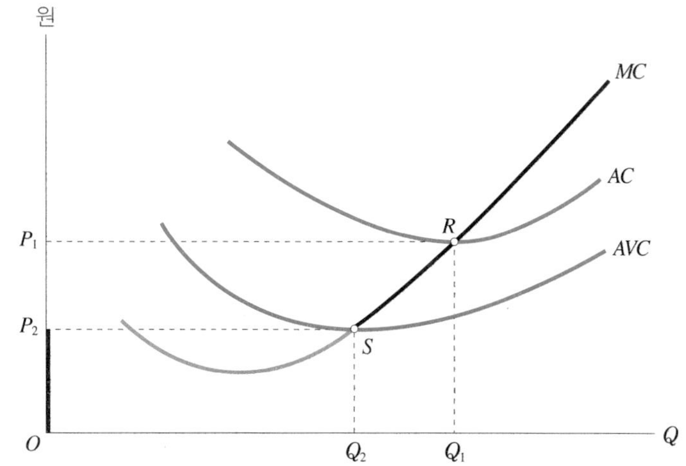

이렇게 되면 P_2 보다 낮은 모든 가격수준에서 기업의 공급량은 0이 된다. 따라서 생산중단가격 이하에서의 공급곡선은 세로축의 굵은 선분 $0P_2$이다. 이상의 논의로부터 단기공급곡선을 도출할 수 있다. 개별기업의 단기공급곡선은 그림의 평균가변비용곡선의 저점인 S 위쪽의 한계비용곡선과 수직선 $0P_2$의 두 부분으로 구성된다. 수직선 부분은 공급이 0이라는 의미이다. 따라서 개별기업의 단기공급곡선은 '*AVC* 이상의 *MC*곡선'이라고 말할 수 있다.

개별기업의 단기공급곡선: *AVC* 이상의 *MC*곡선이며 평균가변비용의 최저점은 생산중단점임

그림에서 평균비용곡선의 최저점인 *R*을 손익분기점(break-even point)이라 한다. 가격이 *R*보다 높으면 이윤이 발생하고, 낮으면 손실이 발생하는 분기점이 되는 것이다.

완전경쟁시장의 산업 단기공급곡선

앞에서는 개별기업의 단기공급곡선을 도출하였다. 이제 산업 전체의 공급곡선을 도출해 보자. 개별기업의 공급곡선을 단순히 수평으로 합해서는 시장공급곡선을 도출할 수 없다. 완전경쟁시장이라고 해도 모든 기업이 동시에 생산량을 늘리면 생산요소의 가격이 상승할 수도 있기 때문이다. 산업의 공급곡선은 산업 내의 모든 기업이 동시에 생산량을 늘릴 때 요소가격이 어떻게 변하는가에 따라 달라진다. 산업 생산량이 늘어날 때 그 산업에서 사용하는 요소의 가격이 상승하는 산업을 비용증가산업(increasing cost industry), 불변인 산업을 비용불변산업(constant cost industry), 하락하는 산업을 비용감소산업(decreasing cost industry)이라고 한다. 비용불변산업의 시장공급곡선은 개별기업의 공급곡선을 수평으로 합함으로써 도출할 수 있다.

[그림 10−7]은 비용불변산업의 단기공급곡선이 어떻게 도출되는지를 보이고 있다. 분석의 편의를 위해 완전경쟁시장 내에 기업이 3개라고 하자.

(a)는 이들 세 기업의 단기공급곡선이다. 세 기업의 단기공급곡선은 각각 mc_1, mc_2, mc_3이다. 이 단기공급곡선들은 각각 세 기업의 *AVC*에 비해 높은 *MC*곡선들이다. (b)의 *S*곡선은 이들을 수평으로 합해서 얻어진 것이다. 즉 $S = \Sigma mc$이다. 이렇게 얻어진 *S*곡선을 산업의 단기공급곡선이라고 한다. $S = \Sigma mc$라는 사실은 나중

그림 10-7 완전경쟁시장의 산업 단기공급곡선

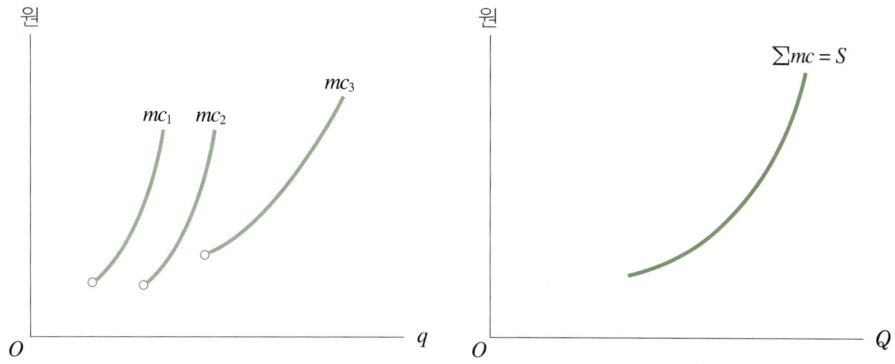

(a) 개별기업의 공급곡선　　(b) 산업 전체의 공급곡선

에 독점시장이론과 과점시장이론에서 중요한 역할을 하니 잘 기억하기 바란다. 한편, 비용증가산업의 단기공급곡선은 불변의 경우보다 더 가파르게, 비용감소산업의 단기공급곡선은 불변의 경우보다 완만하게 나타난다. 그림은 생략한다.

2.2 장기균형

단기균형 분석은 고정요소가 존재한다는 전제하에서 이루어진다. 그런데 장기에는 모든 생산요소가 가변적이다. 기업은 설비를 확장 혹은 축소시킴으로써 규모를 조정할 수 있다. 기업들의 진입 및 퇴출도 자유롭다. 기업들은 주어진 시장가격하에서 가장 적합한 설비규모를 선택한다. 이 기업들은 기존기업일수도 있고 진입해 들어오는 기업일수도 있다. 이와 같이 장기에는 진입 및 퇴출과 기존 기업의 설비 규모의 조정을 통해 장기균형에 이르게 된다.

어느 산업 내의 기업들이 초과이윤을 누리고 있다고 하자. 그 초과이윤은 잠재적 기업들에게 이 산업으로 진입하라는 신호가 된다. 이윤을 노리는 기업들의 진입이 이루어지면서 시장 전체의 공급량이 증가하게 된다. 따라서 시장가격은 하락하게 된다. 가격이 하락하면 기업들의 초과이윤이 점차 감소한다. 이에 따라 기존

기업들은 생산설비를 축소시키고 진입기업들의 수도 줄어들 것이다. 이러한 조정 과정은 산업 내 기업들의 초과이윤이 존재하는 한 계속된다. 반대로, 시장가격이 평균비용 이하여서 기업들이 손실을 입고 있다고 하자. 기존기업들은 산업으로부터 퇴출하거나 생산시설을 축소시킨다. 산업에서의 설비규모와 산업 내에 존재하는 기업의 수가 감소하면 시장 전체의 생산량은 감소하고 가격은 상승할 것이다. 이러한 과정은 이 산업에 속한 기업들의 손실이 존재하는 한 계속된다.

개별기업의 장기균형

완전경쟁하의 장기 조정과정은 초과이윤(혹은 손실)이 0일 때 종결된다. 즉 완전경쟁시장에서 기업의 장기균형은 장기평균비용과 가격이 일치할 때 성립한다. 그러나 $LAC = P$의 조건이 성립한다고 해서 반드시 장기균형 상태에 있다고 할 수 없다. 균형상태란 개별기업 차원에서 볼 때 이윤이 극대화된 상태이다. 이윤을 극대화시키려면 $MR(= P) = LMC$의 이윤극대화 조건이 성립해야 한다. 만일 $LAC = P$가 성립하더라도 한계수입이 한계비용보다 크다면, 기업들은 현재의 생산량 수준보다 많은 양을 생산하려 할 것이다. 따라서 개별기업의 장기균형이 성립하려면 다음의 두 가지 조건이 동시에 성립해야 한다.

$$LAC = P \tag{10-9}$$

$$MR(= P) = LMC \tag{10-10}$$

식(10−9)는 제로이윤 조건(zero profit condition)이다. 기업이 정상이윤만 얻고 있는 상황을 제로이윤이라고 말한다. 제로이윤 조건이란 진입과 퇴출이 일어나지 않을 조건이다. 두 번째 조건은 우리가 잘 아는 이윤극대화 조건이다. 이는 개별기업의 균형조건이다. 두 조건이 동시에 충족되는 상황, 즉 $P = LMC = LAC$의 등식이 성립하는 상황은 오직 장기평균비용곡선의 최저점에서만 나타날 수 있다.

[그림 10−8]은 개별기업의 장기균형과 산업 전체의 균형을 보이고 있다.

앞에서 설명한 두 조건을 모두 충족시키는 장기균형점은 그림에서 (a)의 E이다. (b)는 시장 전체의 균형이다. 물론 이 균형은 진입과 퇴출이 자유롭게 이루어지는 상태에서의 균형이다. 이상의 논의를 종합하면 장기균형점 E에서는 다음 조건이 충족된다.

그림 10-8 완전경쟁시장의 장기균형

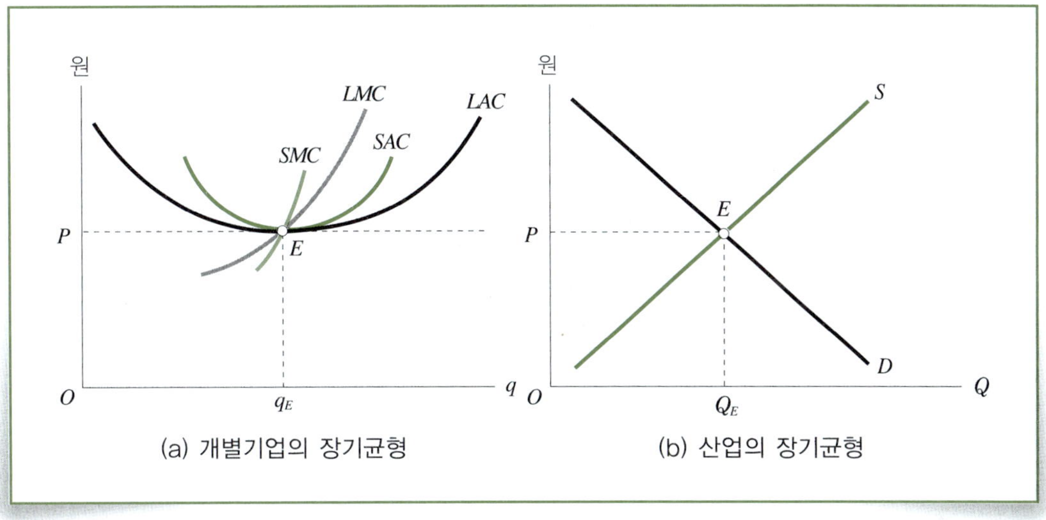

$$P = SMC = LMC = SAC = LAC \tag{10-11}$$

2.3 완전경쟁시장의 효과

완전경쟁시장은 이상적인 시장 형태라고 할 수 있다. 우리가 흔히 사용하는 시장원리나 시장경제, 자유경쟁 등의 용어는 완전경쟁시장을 염두에 둔 용어들이다. 완전경쟁시장은 다음과 같은 시장효과를 갖는다.

첫째, 소비에 있어서 효율성을 기대할 수 있다. 소비자의 수요(즉 수요곡선)는 소비자최적을 달성하는 조건하에서 유도된다. 공급 또한 마찬가지이다. 완전정보하의 기업은 가격과 한계비용이 일치되도록 생산량을 결정한다. 완전경쟁시장에서 소비자는 한계비용만큼의 가격만 지불하고 상품을 구입하여 소비할 수 있다. 이렇게 되면 상품의 사회적 가치(소비 측면)와 기회비용(생산 측면)이 일치하게 되어 사회후생이 극대화된다.

둘째, 자원배분에 있어서의 효율성이 달성된다. 원래 생산자최적은 생산요소 투입에 있어서의 효율점을 말하는 것이고, 장기확장경로는 이러한 효율성을 보장하는 생산점의 궤적이다. 그리고 완전경쟁기업의 장기균형은 $LAC = P$, $MR(= P)$

$= LMC$의 조건에서 달성되는데, $LAC = P = LMC$가 달성된다는 것은 생산규모에서의 최소비용 조건이 달성되고 있다는 것을 말해 준다. 즉 자원이 효율적으로 이용되고 있는 것이다.

셋째, 가격이 최소비용 수준에서 결정된다. 또 초과이윤이나 손실이 배제되며, 생산에 기여한 모든 생산요소의 소득은 각각의 한계생산가치와 동일하도록 결정된다. 분배면에서도 효율성이 달성되는 것이다.

넷째, 단기적으로는 초과이윤을 획득하기 위한 기술혁신과 비용절감 노력이 요구되며, 장기적으로는 최적수준의 규모와 생산량을 요구 받는다.

요 · 약

01. 완전경쟁시장(perfectly competitive market)에서는 상품의 판매자나 구매자 모두가 가격수용자이다. 완전경쟁시장의 조건은 가격수용자, 동질적인 상품, 생산요소의 자유로운 이동, 그리고 완전한 정보 네 가지이다.

02. 완전경쟁기업의 총수입곡선은 원점을 지나는 직선이다.

03. 완전경쟁기업이 만나는 수요곡선은 수평이다. 수요곡선은 기업으로 보아서는 평균수입곡선이다. 평균수입곡선이 수평이면 한계수입곡선도 같은 높이로 수평이다. 즉 완전경쟁시장에서 평균수입곡선과 한계수입곡선은 같다. 그리고 그 수요곡선의 높이는 P이므로 $D = P = AR = MR$의 관계가 성립한다.

04. 완전경쟁시장의 균형은 초과이윤과 정상이윤, 그리고 손실의 세 가지로 나타날 수 있다. 어느 경우나 최적생산량 결정원리는 한계수입과 한계비용이 같아지는 생산량수준이다.

05. 생산중단점: 평균가변비용이 최저인 점으로, 가격이 더 이상 하락하면 기업은 고정비용은 물론 가변비용도 충당치 못하게 되어 생산을 중단하는 점이다. 생산중단점에서의 가격수준을 생산중단가격이라고 한다.

06. 완전경쟁기업의 단기공급곡선은 'AVC에 비해 높은 MC곡선'이다. 평균가변비용의 최저점은 생산중단점이 된다. 완전경쟁기업의 공급은 가격이 평균가변비용보다 높아야 이루어진다.

07. 개별기업의 장기균형이 성립하려면 다음의 두 가지 조건이 동시에 성립해야 한다.

$$LAC = P$$
$$MR\ (= P) = LMC$$

- 첫 번째 조건은 '0 이윤조건'으로 진입과 퇴출이 일어나지 않을 조건이다.
- 두 번째 조건은 이윤극대화조건이다.

08. 완전경쟁시장은 다음과 같은 시장효과를 갖는다.

- 소비에 있어서의 효율성을 기대할 수 있다.
- 자원배분에 있어서의 효율성이 달성된다.
- 장기의 경우, 가격은 최소비용의 수준에서 결정된다.
- 완전경쟁하에서는 단기적으로 초과이윤을 획득하기 위하여 기술혁신과 비용절감 노력이 요구되며, 장기적으로 최적수준의 규모와 생산량을 요구 받는다.

연 · 습 · 문 · 제

01. 완전경쟁시장 성립의 조건을 설명하시오.

02. 완전경쟁시장에서는 왜 시장참여자가 가격수용자가 되는지 설명하시오.

03. 생산중단점이란 무엇이며 생산중단점 결정의 기준은 무엇인가 설명하시오.

04. 완전경쟁기업의 단기공급곡선은 어떤 원리에 의하여 도출되는가 설명하시오.

05. 완전경쟁시장에서 개별기업의 장기균형이 성립하려면 다음의 두 가지 조건이 동시에 성립해야 한다. ① $LAC = P$ ② $MR = LMC$. 이 조건이 의미하는 바를 설명하시오.

06. 완전경쟁기업의 손실의 경우를 들어서 (1) *TR*, *TC* (2) 이윤 (3) *AC*, *AVC*, *MC*로 3개의 그림을 연관 지어 그리고, 적정산출량, 손실의 크기, 생산지속여부 등도 설명하시오.

07. 완전경쟁기업의 초과이윤의 경우를 들어서 (1) *TR*, *TC* (2) 이윤 (3) *AC*, *AVC*, *MC*로 3개의 그림을 연관 지어 그리고, 적정산출량, 이윤의 크기 등에 대한 적절한 설명을 하시오.

08. 완전경쟁시장에서 어떤 기업의 비용조건이 아래와 같이 주어져 있으며, 3,000개의 상품을 개당 1원에 판매하고 있다면 이 기업은 생산지속 여부에 대해서 어떤 결정을 내려야 하는가?

FC: 1,000원, *TC*: 3,500원, *MC*: 1원

09. 자동차 부품을 생산하는 *A*기업은 *B*기업으로부터 부품 100만 개를 1개당 1,500원에 납품해 달라는 제안을 받았다. 비용분석을 한 결과, *A*기업은 이 부품을 100만 개 생산하는데 평균비용 1,700원과 평균가변비용 1,300원이 소요된다는 사실을 알고 있다. 당분간 *A*기업이 다른 제안을 받을 기회는 없다고 가정하자. 단기적으로 *A*기업은 *B*기업의 제안을 수락해야 하는가?

10. 완전경쟁시장에서 각 기업의 비용함수가 $TC = 100Q$로 동일하게 주어져 있다. 이 시장에서 장기균형가격은 얼마인가 계산하시오.

11. 비용불변산업의 장기공급곡선이 수평이 되는 이유를 설명하시오. 비용감소산업과 비용증가산업에서의 장기공급곡선 모양에 대해서도 설명하시오.

12. 완전경쟁시장의 시장효과는 무엇인가 설명하시오.

13. 완전경쟁 시장에서 어느 기업의 총비용함수가 $TC = Q^2 + 10$로 주어졌다. *Q*는 제품 생산량을 나타내며, 제품 단위당 시장가격은 만 원이다.

(1) 이 기업은 제품의 가격을 얼마로 책정해야 하는가?

(2) 이윤극대화를 위한 제품 생산량은 얼만큼인가?

(3) 이윤은 얼마인가?

14. 문제 13을 다음과 같이 변경하기로 한다. 총비용함수는 $TC = Q^2 + 10$으로 그대로인데, 시장가격이 6원으로 떨어졌다.

(1) 이 기업은 자신의 제품가격을 얼마로 책정해야 하는가?

(2) 단기에 기업은 조업을 중단해야 하는가?

해답 및 풀이

08. {해답} 생산을 지속한다.

{풀이} 시장에서 상품의 가격은 1원인데 이 기업의 평균비용은 $\frac{3.5}{3}$원이다. 즉, 손실을 본다. 그러나 생산을 지속하면 가변비용을 회수하고, 고정비용도 일부 회수할 수 있다. 그러므로 생산을 지속해야 한다.

09. {해답} 제안을 수락하는 것이 유리하다.

{풀이} 이 상태에서 생산을 지속할 경우 기업은 부품 1개당 200원(1,700원 − 1,500원)씩, 합계 2억 원(200원 × 100만 개)의 손실을 본다. 그러나 생산을 중단하면 매기당 4억 원[400원(1,700원 − 1,300원) × 100만 개 = 4억 원]씩 고정비용의 손실을 보게 된다. 따라서 단기적으로는 손실을 보더라도 부품을 생산하는 것이 유리하다.

10. {해답} 100

{풀이} 완전경쟁기업의 장기균형은 $P = MC$ 조건에서 달성된다. 위 조건에서 MC는 100이다.

13 {풀이} (1) 기업은 가격 수용자이므로 제품 단위당 가격은 만 원이다.

(2) 가격 = 한계비용에 해당하는 생산량이 이윤극대화를 위한 생산량이므로, 생산량은 $2Q = 10{,}000$의 식을 풀어 $Q = 5{,}000$개이다.

(3) 이윤 $= 10{,}000 \times 5{,}000 - (10 + 5{,}000 \times 5{,}000) = 24{,}999{,}990$원.

14 {풀이} (1) 기업은 가격 수용자이므로 제품 단위당 가격은 6원이다.

(2) 이윤극대화 생산량은 $2Q = 6$의 식을 풀어 $Q = 3$이며, 이때 이윤 $= 6 \times 3 - (10 + 3 \times 3) = -1$원이다. 조업중단 조건은 가격 < 평균가변비용이다. 3단위 생산을 할 때 평균가변비용은 $\frac{9}{3} = 3$원이므로, 이 기업은 조업해야 한다.

PART 04

chapter 11

독점시장이론

독점시장(獨占市場)에는 상품의 공급자가 유일하며 신규기업의 진입이 봉쇄되어 있다. 현실에서 독점시장을 찾기는 매우 어렵다. 현실에서 찾기 어려운 시장을 분석하는 이유는 제10장에서 배운 완전경쟁시장에서의 사회후생을 독점시장에서의 사회후생과 비교하기 위해서이다. 이를 통해 독점력이 경제에 미치는 영향을 분석할 수 있게 된다.

이 장에서는 우선 독점시장의 개념에 대해 알아본 다음, 독점시장의 균형(균형가격과 수급량)이 결정되는 과정에 대해 살펴볼 것이다. 또한 독점시장에서의 사회후생을 완전경쟁시장에서의 사회후생과 비교할 것이다. 다음으로는 독점기업이 자신의 이윤을 극대화하기 위해 실시하는 가격차별과 다양한 판매전략에 대해 살펴본 후에, 이러한 전략들이 사회후생에 미치는 영향을 살펴본다. 마지막으로 독점을 규제하는 방안에 대해 논의한다.

「사상 또는 힘에 의해서 승리한 자들에게, 나는 영웅이라는 명칭을 거부한다.
심정에 의해서 위대했던 사람들만을 나는 영웅이라고 부른다」
로망롤랑이 베토벤, 톨스토이, 미켈란젤로, 밀레, 간디 등의 전기에서 탐구하고 가치를 부여한 것은,
그들의 잘난 성격이나 재능이 아니요, 그들이 역경과 고뇌와 그 당시의 사회에서 버림을 받으면서도
끝끝내 자기의 신념을 지켜나가, 인류를, 아니 이웃사람들을 위해 일했다는 그것이었다.

- 장끄리스토흐(로망 롤랑 作) 서문에서 -

제 1 절 독점시장이론 개요

1.1 독점의 성립

독점(monopoly)이란 해당 산업 내에 상품의 공급자가 유일하며 신규기업의 진입이 봉쇄되어 있는 상황을 말한다.[1] 물론 이 때 상품은 밀접한 대체재가 없는 경우이다. 독점이 발생하고 유지되는 이유는 시장에 진입장벽이 존재하기 때문이다. 이 진입장벽은 산업 형편에 따라 발생하기도 하고 법률제도로 만들어지기도 한다. 독점 성립의 요인들을 들어보면 다음과 같다.

① 특허(patent)나 전매권(franchise)으로 법적 진입장벽이 형성된 경우
② 어떤 기업이 주요 생산요소를 독점하는 경우
③ 규모의 경제에 의한 자연독점(natural monopoly)이 이루어지는 경우

그런데 기업이 어떤 상품을 독점하여 생산한다고 해도, 대개의 상품은 거의 예외 없이 대체재가 있는 법이다. 예를 들어 철도산업이 독점처럼 보이지만 버스나 항공 등 대체 운송수단이 있기 때문에 완전한 독점력을 행사할 수 없다.

또 대체재나 대용수단이 존재하지 않는 경우에도 독점기업이 그 독점력을 완전히 행사하기는 어렵다. 독점기업이 독점이윤을 얻고 있다면, 새로운 기업이 그 산업에 진입하고자 하기 때문이다. 이 경우 독점기업은 새로운 기업의 진입을 막기 위해서 로비를 하거나, 극대이윤을 얻을 수 있는 가격을 포기하고 새로운 기업의 진입을 저지할 수 있을 정도의 낮은 가격, 즉 진입저지가격(entry-forestalling price)을 설정하기도 한다. 특히 신규진입의 가능성에 따른 잠재적 경쟁(potential competition)이 존재한다면 대체재가 존재하지 않는 상품을 하나의 기업이 독점적으로 생산하고 있더라도, 그 기업은 독점기업이 아니다. 즉 완벽한 독점이란 존재하지 않는다.

1) 독점에는 공급자가 하나인 공급독점 외에도 수요자가 하나인 수요독점, 그리고 공급자와 수요자가 각각 하나씩인 쌍방독점도 있다. 쌍방독점은 제14장 요소시장이론에서 분석하고 여기서는 기업독점에 대해서 분석하기로 한다.

독점시장의 특성

독점시장은 완전경쟁시장과 여러 면에서 서로 다르다. 독점시장이 완전경쟁시장과 가장 크게 다른 점은 다음과 같다. 첫째, 독점기업이 만나는 수요곡선은 우하향한다. 그것은 한 개의 독점기업이 한 산업을 이루기 때문이다. 이에 따라 독점시장에서 기업이 제품의 공급을 증가시키면 가격이 하락하게 된다. 이는 완전경쟁시장에서 기업이 만나는 수요곡선이 수평선이며, 시장에서 결정된 가격에 얼마든지 공급할 수 있는 것과 대조된다.

둘째, 독점기업은 시장지배력을 가지기 때문에 가격설정자(price setter)이다. 이에 따라 독점시장에서는 가격이 한계수입보다 크다. 이는 완전경쟁시장에서 기업이 가격순응자(price taker)이고, 가격과 한계수입이 같은 것과 대조된다.

1.2 독점기업의 수입

생산 및 판매량을 Q, 가격을 $P(Q)$라고 하면 총수입 $TR(Q)$, 평균수입 $AR(Q)$, 그리고 한계수입 $MR(Q)$은 각각 아래와 같이 표현할 수 있다.

첫째, 총수입은 상품가격과 판매량의 곱이다.

$$TR(Q) = P(Q) \cdot Q \tag{11-1}$$

한편 상품가격은 공급량이 증가함에 따라 감소한다: 즉, $\dfrac{dP}{dQ} < 0$이다.

둘째, 평균수입은 총수입을 판매량으로 나눈 값이다.

$$AR(Q) = \frac{TR(Q)}{Q} = \frac{P(Q) \cdot Q}{Q} = P(Q) \tag{11-2}$$

식(11−2)를 보면 평균수입은 가격과 같다. 그리고 가격은 수요곡선의 높이이다. 따라서 평균수입, 가격, 그리고 수요곡선은 서로 같다. 즉,

$$AR(Q) = P(Q) = D(Q) \tag{11-3}$$

셋째, 한계수입은 추가판매분의 수입으로, 총수입의 미분개념이다.

$$MR(Q) = \frac{dTR(Q)}{dQ} = \frac{d}{dQ}(P(Q) \cdot Q)$$
$$= P(Q) + Q \cdot \frac{dP(Q)}{dQ} < P(Q) \tag{11-4}$$

식(11－4)에서 보는 바와 같이 한계수입은 가격에 비해 작다. 이는 수요의 법칙(즉, $\frac{dQ}{dP} < 0$)에 기인한다.

식(11－3)과 식(11－4)를 보면 독점시장에서 한계수입, 가격, 평균수입, 수요곡선의 높이는 다음과 같은 관계이다.

$$MR(Q) < P(Q) = AR(Q) = D(Q) \tag{11-5}$$

위의 식(11－5)는 제10장 완전경쟁시장에서 식(10－5)로 표현된 $MR = P = AR = D$와 비교된다. 독점시장의 이러한 상황을 그림으로 나타내면 한계수입곡선은 수요곡선보다 아래에 위치하게 된다. 왜 그럴까? 독점기업이 만나는 수요곡선은 우하향이다. 수요곡선이 우하향이라는 것은 상품 한 단위를 더 판매하기 위해서는 가격을 낮추어야 한다는 것을 의미한다. 이때, 마지막 단위만 가격을 낮추어 판매하는 것이 아니라 그 전에 공급된 상품 전체를 낮추어진 가격으로 판매한다. 먼저 나온 상품은 높은 가격으로 팔고, 나중에 나온 상품은 낮은 가격으로 판매하는 것이 아니라, 낮아진 가격으로 상품 전체를 판매하게 된다. 이에 따라 한 단위 추가판매로 인한 한계수입은 마지막 단위의 가격보다 낮아진다. 이러한 상황을 그림으로 알아보자.

[그림 11－1]은 독점기업의 수입을 보이고 있다.

(a)는 가격과 독점기업의 수입의 관계를 보이는 표이다. 이 표는 가격이 하락함에 따라 수요량(판매량)이 증가하는 것을 보이고 있다. 또 이에 따라 수입이 변하는 것을 보인다. 먼저, 총수입은 가격 하락에 따라 증가하다가 감소한다. 평균수입 AR은 모든 판매량 수준에서 언제나 가격과 같다. 다음으로 한계수입을 보자. 첫 단위 상품 판매의 한계수입은 가격 그대로 700원이다. 2단위 판매 때의 한계수입은 1,200원과 700원의 차액인 500원이다. 이 500원은 2단위 판매 때의 가격인 600원보다 낮다. 그리고 3단위 판매 때의 한계수입은 300원으로 가격 500원 보다 낮다.

표의 내용을 그림에 옮긴 것이 총수입곡선, 평균수입곡선 및 한계수입곡선이다.

그림 11-1 독점기업의 수입

(a) 독점기업의 수입

가 격(P)	800	700	600	500	400	300	200	100	0
판매량(Q)	0	1	2	3	4	5	6	7	8
총수입(TR)	0	700	1,200	1,500	1,600	1,500	1,200	700	0
한계수입(MR)	700	500	300	100	−100	−300	−500	−700	
평균수입(AR)	0	700	600	500	400	300	200	100	0

(b) 총수입

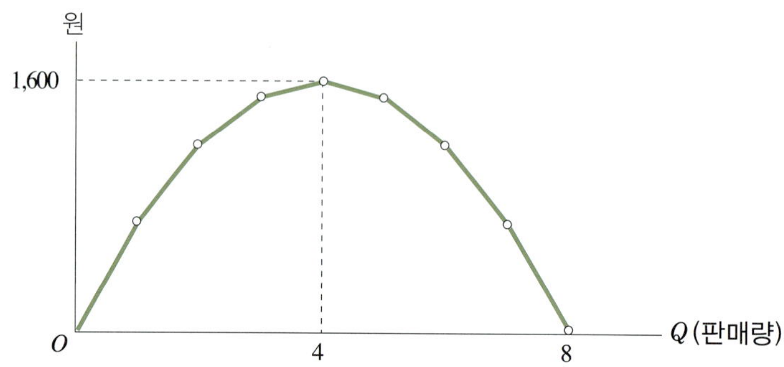

(c) 평균수입
한계수입

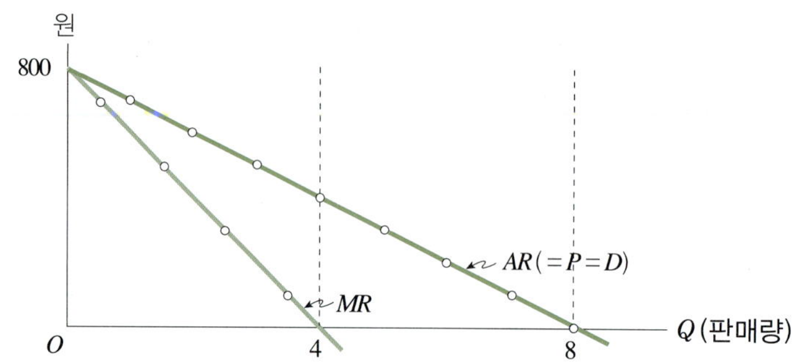

(b)는 총수입곡선이다. 총수입은 판매량 증가에 따라 처음에는 증가하나 나중에는 감소하는 모양을 보인다.

(c)는 평균수입곡선과 한계수입곡선이다. 그림을 보면 평균수입곡선보다 한계수입곡선이 낮다는 것을 알 수 있다. 한편 평균수입곡선은 가격이며, 또한 수요곡선이기도 하다.

식(11−4)에서 MR은 다음과 같다.

$$MR = P + Q \cdot \frac{dP}{dQ} = P\left(1 + \frac{Q}{P} \cdot \frac{dP}{dQ}\right) \qquad (11-6)$$

식(11−6)의 $\frac{Q}{P} \cdot \frac{dP}{dQ}$는 수요의 가격탄력성 $-\frac{dQ}{dP} \cdot \frac{P}{Q}$의 역수이다. 따라서 수요의 가격탄력성을 E_D라 하면 MR은 다음과 같다.

$$MR = P\left(1 - \frac{1}{E_D}\right)$$

이 식을 볼 때 가격탄력성이 무한대이면 $MR = P$의 관계가 된다. 완전경쟁의 경우, 수평인 수요곡선의 가격탄력성이 무한대이기에 한계수입과 가격이 같게 되는 것이다. 이에 비해 독점기업은 가격탄력성이 1보다 큰 구간에서 생산하며, E_D가 1보다 크므로 한계수입은 가격보다 작게 된다.

제 2 절 독점시장의 균형

독점시장의 균형은 어떤 원리에 의하여 이루어지고, 균형에서 생산량과 가격은 어떻게 결정되는가? 이 질문에 대한 대답은 소비자의 효용극대화[2)]와 기업의 이윤극대화를 함께 고려하여 유도될 수 있다.

2.1 단기균형

독점기업의 이윤극대화도 완경경쟁시장에서와 같이 $MR = MC$의 조건을 만족시키는 생산량수준에서 이루어진다. 단기에서 독점시장에서 이윤극대화를 위한

2) 독자 여러분은 제2장에서 주어진 가격수준에서 개별소비자의 수요곡선을 수평으로 합하면 시장수요곡선이 도출되는 것을 배웠으며, 제4장에서 개별소비자의 효용극대화문제로부터 개별소비자의 수요곡선이 유도되는 것을 배웠다.

최적생산량이 달성되는 경우, 그 손익형태는 독점이윤, 정상이윤, 손실의 세 가지이다. 다음은 세 가지 상황을 각각 보여주고 있다.

독점이윤 발생

[그림 11–2]는 독점기업의 이윤극대화 행위와 독점이윤이 발생하는 상황을 보여준다. (a)는 어느 독점기업의 시장상황이다. 이 그림에는 독점기업이 직면한 비용제약과 시장제약을 확인할 수 있다.[3] 이 상황에서 최적생산량을 도출하라는 것이다. 이 때 기업의 행동원칙은 $MR = MC$에서 생산량수준을 결정하는 것이다. 그림에서 MR과 MC를 찾아 두 곡선이 만나는 점 m에서 수선을 내려 가로축과 만나는 점이 최적생산량이다. 이 결과는 (b)에 나와 있다. Q^*가 바로 이윤극대화준칙에 의한 최적생산량이다. 최적생산량이 결정되면 최적생산량에 대응되는 시장가격과 기업의 비용도 알 수 있다.

$MR = MC$인 점 m에서 위쪽으로 수직선을 그려서 수요곡선과 만나는 점에서 가격이 결정된다. 즉 그림의 점 A에서 가격이 결정된다. 한편 평균비용곡선과 만나는 점 B에서 비용이 결정된다.

그림 11–2 독점이윤 발생

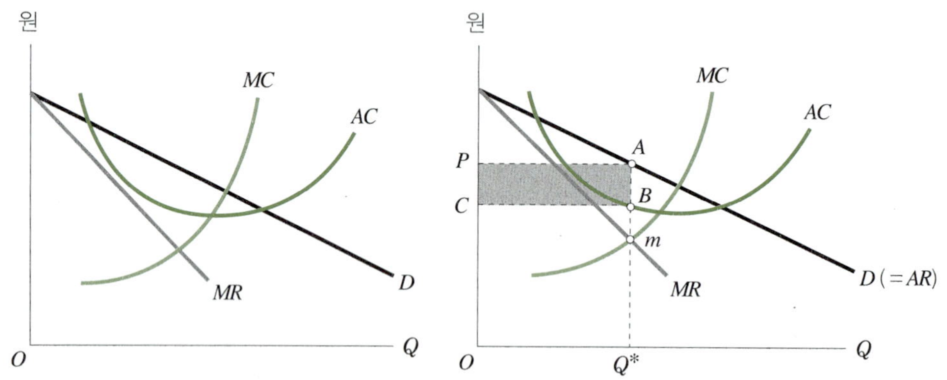

(a) 최적생산량을 찾으시오 (b) 독점이윤 발생

3) 독점기업이 직면한 비용제약은 $TC(Q)$이며, 시장제약은 $P(Q) = AR(Q) = D(Q)$이다. [그림 11–2]에서 비용제약인 $TC(Q)$는 한계비용과 평균비용으로 대표된다: 즉, $MC = \frac{dTC(Q)}{dQ}$ 그리고 $AC = \frac{TC(Q)}{Q}$.

최적생산량 수준에서 독점기업의 초과이윤은 회색부분 사각형 *CPAB*의 넓이이다. 이 초과이윤을 독점이윤(monopoly profit)이라고 한다. 이 과정에서 한계(marginal) 개념인 *MR*과 *MC*는 기업의 행동을 결정해 주는 길잡이 역할을 한다. 그러나 실질적인 가격과 비용을 결정하지는 않는다. 실질적인 가격과 비용은 평균 개념인 *A*가 결정해 준다. 즉 *AR*의 성격인 수요곡선에서 가격이 결정되고, *AC*에서 비용이 결정된다. 이처럼 한계 개념 *m*은 길잡이이고 평균 개념 *A*는 결정권자이다. 에베레스트 정상에 오르는데 결정적인 도움을 주는 사람은 셀파이다. 그러나 그들은 이름을 남기지 않는다. *MR*과 *MC*는 셀파 역할만 할 뿐 실질치를 결정하지는 않는다. '가격은 언제나 수요곡선의 높이'에서 결정된다는 것도 꼭 기억하기 바란다.

정상이윤 발생

[그림 11–3]은 정상이윤이 발생하는 경우이다. $MR = MC$에서 최적생산량 Q^*가 결정되고, 이 생산량수준에서 평균수입과 평균비용이 일치한다. 즉 정상이윤이 발생한다. Q^*이외의 생산량수준에서는 손실이 발생한다. 최적생산량 이하를 생산할 때도, 또 그 이상을 생산할 때도 평균비용곡선은 언제나 평균수입을 나타내는 수요곡선보다 높다는 사실이 최적생산량 이외의 생산수준에서는 손실을 보게 된다는 것을 말해 주고 있다. 이 경우에도 $MR = MC$의 교차점인 *m*은 길잡이이고, 수입과 비용은 점 *A*에서 결정된다.

PART 04

그림 11–3 정상이윤 발생

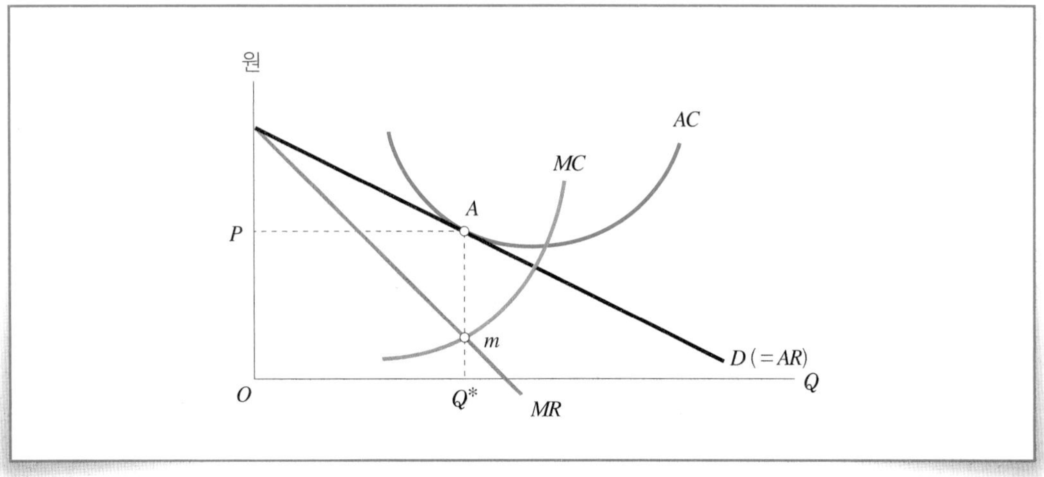

그림 11-4 손실이 발생하는 경우

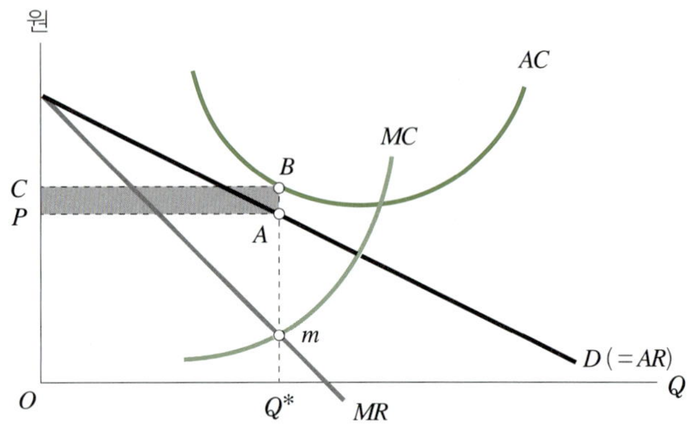

손실 발생

독점기업에도 손실이 발생할 수 있다. 만약 모든 생산량수준에서 총비용이 총수입보다 크다면 손실이 발생할 것이고, 기업은 손실을 극소화시키려는 행동을 할 것이다. 이러한 상황에서도 독점기업의 적정생산, 즉 손실극소화는 $MR = MC$ 원칙에 의해 달성된다. 그런데 이 경우, 손실이 발생하는데도 '적정생산량'이라고 표현할 수 있는 것은 그 생산량수준에서 손실이 극소화되기 때문이다. 손실이 발생하고 있을 때 기업은 장기적인 전망과 국가사회적인 생산 지속 요구 등을 고려하여 생산 여부를 결정할 것이다.

[그림 11-4]는 독점기업이 손실을 보는 경우이다. 설명은 생략한다. 독자가 최적생산량, 그 때의 가격과 비용, 그리고 손실액 등을 스스로 설명해 보기 바란다.

2.2 장기균형

시설 규모를 변경시킬 수 있는 장기에도 이윤극대화 생산량 결정 원리는 역시 $MR = MC$에서 생산하는 것이다. 독점기업은 장기에서 가장 유리한 규모를 택하여 생산할 수 있기 때문에 단기 때보다 더 큰 이윤을 누릴 수 있다. 이 점은 완전경쟁시장의 경우와 비교된다. 완전경쟁시장에서는 단기적으로는 초과이윤을 누릴

그림 11-5 독점기업의 장기균형

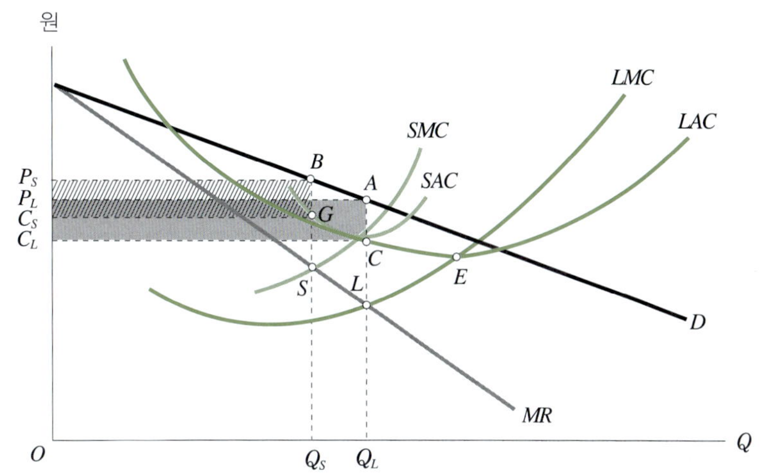

수 있으나 장기적으로는 초과이윤을 누릴 수 없다. 그런데 독점의 경우에는 장기에서 더 큰 초과이윤을 누릴 수 있는 것이다.

[그림 11-5]는 독점기업의 장기균형을 나타내고 있다. *MR*과 *LMC*가 만나는 점 *L*이 결정해주는 생산수준 Q_L에서 달성된다. 이 때 가격은 수요곡선의 높이인 *A*에서 결정되어 기업은 독점이윤을 누리게 된다. 한편, 장기균형이 달성되면 *MR* = *LMC*일 뿐만 아니라 단기균형도 동시에 달성된다. 따라서 장기균형이 달성되면 규모로도 최적이고, 그 규모에서 생산량수준도 최적이 된다. 또한 이 규모에서의 이윤은 다른 어떤 규모와 생산량수준에서의 단기 이윤보다도 크다.

예를 들어 장기균형 규모 이외의 어떤 규모에서 단기적으로 *MR*과 *SMC*가 만나는 *S*에서 이윤극대화 생산량 Q_S가 결정된다고 하자. 이 경우 가격은 수요곡선의 높이인 *B*에서 설정되어 빗금친 사각형만큼의 이윤을 누리게 되는데, 이 단기이윤은 장기 때의 이윤인 회색부분보다 작다. 단기균형시의 이윤과 장기균형시의 이윤은 각각 다음과 같다.

단기균형시의 이윤: □P_SC_SGB(빗금친 부분)

장기균형시의 이윤: □P_LC_LCA(회색 부분)

2.3 독점시장균형의 특성

독점시장균형은 다음과 같은 특성을 갖는다. 첫째, 독점기업의 생산은 수요곡선상에서 볼 때 언제나 가격탄력성이 1보다 큰 영역에서 이루어진다. 가격설정자인 독점기업은 한계수입이 마이너스(−)인 영역, 즉 가격탄력성이 1보다 작은 영역에서는 생산하지 않는다.

둘째, 균형이 이루어지는 수준에서 언제나 $P > MC$이다. 독점기업은 한계비용보다 더 높은 가격을 설정하여 판매함으로 독점이윤을 증대시키는 반면 소비자의 후생을 감소시키게 된다.[4)]

셋째, 독점기업의 경우에는 공급곡선을 정의할 수 없다. 공급곡선이란 어느 상품의 가격과 공급량의 함수관계를 말한다. 완전경쟁시장에서는 공급곡선의 도출이 가능하다. 즉 완전경쟁시장에서는 기업의 한계비용곡선이 가격과 공급량의 대응관계를 보임으로써 그 기업의 공급곡선 역할을 한다. 그러나 독점기업의 경우에는 그렇지 않다. 독점기업의 경우 생산량은 $MR = MC$ 원칙에 의해 결정되고, 가격은 수요곡선의 높이에서 결정된다. 이처럼 생산량과 가격의 결정주체가 서로 다르므로 하나의 가격과 하나의 공급량을 각각 대응시킬 수가 없고, 따라서 공급곡선을 정의할 수 없게 된다.

2.4 다공장 독점기업의 행동

어떤 기업은 둘 이상의 공장을 가지고 있다. 예를 들어 POSCO는 포항과 광양

4) 독점의 시장효과는 가격을 한계비용보다 더 높게 설정한다는 데서 오는 것이라고 할 수 있다. 이에 착안한 러너(A. Lerner)는 다음과 같이 독점의 정도를 수치화시키는 제안을 하였다. 지금은 이를 러너지수(Lerner Index)라 부른다: $L = \frac{P-MC}{P}$. 러너지수는 기업의 한계비용을 알아야 계산할 수 있다. 그러나 기업의 한계비용은 알아내기가 쉽지 않다. 그래서 힉스(J. R. Hicks)는 독점도 공식을 보완하였다. 기업이 균형을 이루면 $MR = MC$이므로 러너지수는 다음과 같이 쓸 수 있다: $\frac{P-MC}{P} = \frac{P-MR}{P}$. 그런데 제 1절에서 본 바와 같이 $MR = P\left(1-\frac{1}{E_D}\right)$이므로 힉스의 독점도는 다음과 같다: $\frac{P-MC}{P} = \frac{P-P\left(1-\frac{1}{E_D}\right)}{P} = \frac{1}{E_D}$. 즉 독점도는 수요의 가격탄력성과 역수의 관계가 된다. 만약 수요의 가격탄력성이 무한대이면 독점도는 0이 된다.

그림 11–6 다공장 독점기업의 행동원리

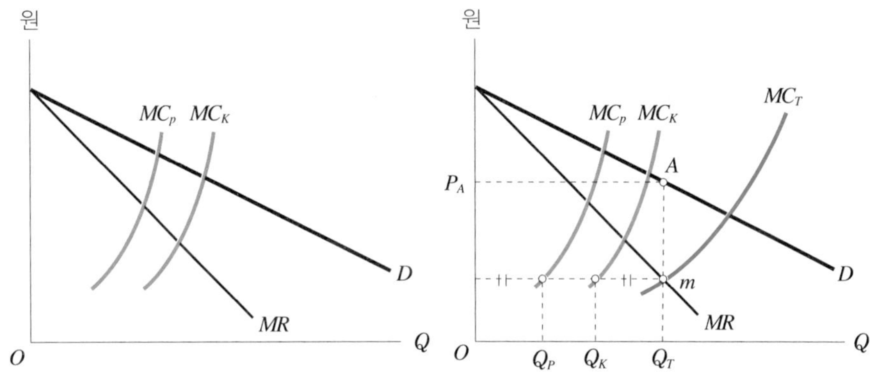

(a) 생산조건과 시장조건 (b) 다공장 기업의 행동

두 곳에 공장을 가지고 있다. 한 독점기업이 둘 이상의 공장을 가지고 있는 경우 각각의 생산량과 가격은 어떤 원리로 결정되는가 알아보자.

[그림 11–6]은 다공장 독점기업의 행동 원리이다. 여기에서는 포항과 광양에 2개의 공장을 가지고 있는 POSCO의 예를 들어 분석해 보자.

(a)는 두 공장의 생산조건과 시장조건이다. 이 그림에는 철강에 대한 시장 전체의 수요곡선, 한계수입곡선, 그리고 포항공장의 한계비용곡선 MC_P 및 광양공장의 한계비용곡선 MC_K가 나타나 있다. 이러한 조건을 가진 포스코는 생산량, 가격을 어떻게 설정할 것인가?

(b)는 그 해결책을 보여주고 있다. 그림에서 MC_T는 두 공장의 한계비용곡선 MC_P와 MC_K의 횡적인 합계이다. 두 공장의 한계비용의 합인 MC_T가 구해지면 포스코의 행동 원리는 독점기업의 행동 원리 그대로이다. MR과 MC_T가 만나는 점에서 전체 생산량 Q_T가 결정되고, 가격은 수요곡선의 높이인 A에서 결정된 P_A이다. 두 공장 각각의 생산량 결정방식은 다음과 같다. $MR = MC_T$인 m에서 왼쪽으로 수평선을 그리면 MC_P와 MC_K를 만나게 되는데, 이 지점들이 각각 포항과 광양 공장의 생산량이 된다. 즉 포항공장에서는 OQ_P만큼을, 광양공장에서는 OQ_K만큼을 각각 생산하게 된다. 두 공장 생산량의 합계는 OQ_T이다.

독점과 카르텔

이와 같은 생산량 및 가격 결정 원리를 완전카르텔 모형에 적용할 수가 있다. [그림 11-6]을 보면서 이번에는 P라는 기업과 K라는 기업이 이윤을 증대시키기 위하여 완전카르텔을 결성하였다고 하자. 이윤증대의 가장 이상적인 방법은 카르텔을 결성한 두 기업이 한 기업처럼, 즉 독점기업처럼 행동하는 것이다. 이 카르텔은 각 기업의 한계비용곡선의 수평합인 MC_T와 MR이 만나는 점에서 전체 생산량 Q_T를 결정하고, 가격은 그 생산량 수준에서 수요곡선의 높이인 A가 결정해 주는 P_A 수준으로 결정한다. 즉 1기업 2공장의 경우와 이론의 전개 과정이 같다. 문제는 두 기업이 얼마만큼씩 생산하고 이윤은 어떻게 분배할 것인지를 결정하는 것이다. 1기업 2공장의 경우에는 한 기업이기에 m에서 수평선을 그려서 각 공장의 한계비용곡선이 만나는 점이 말해주는 양만큼씩 생산하면 되지만, 카르텔의 경우는 각 기업의 이해가 걸린 만큼 그리 쉽게 결정되지 않는다.

제 3 절 독점기업의 가격차별

3.1 가격차별의 의의와 성립요건

우리나라는 1970년대 경제개발 시기에 동남아 시장에서 TV 등 가전제품을 국내에서보다 할인하여 판매하는 수출전략, 즉 덤핑수출을 감행하였다. 극장에서는 조조할인을 하고 있으며, 박물관이나 공연장에서는 어른과 어린이의 입장료를 달리 받는다. 할인매점에서는 다량으로 구입하는 고객에게 상품을 싸게 판매한다. 이러한 판매방식의 공통점은 동질의 상품에 서로 다른 가격을 설정하여 판매한다는 것이다. 즉 가격차별(price discrimination)을 한다는 것이다. 위의 사례들에서 알 수 있듯이 가격차별은 독점기업만 하는 것은 아니다. 과점시장을 고려하면서 가격차별을 분석하는 것은 산업조직론(industrial organization)에서 배우기로 하고, 본서에서는 독점시장에서 발생할 수 있는 가격차별에 대해 알아보기로 한다. 독점기업은 일정한 시장조건이 구비되면 가격차별을 시도하여 보다 많은 이윤을 획득할 수 있다. '동질의 상품을 다른 가격으로 서로 다른 소비자에게 판매하는 행위'를 가격차별이라고 한다.

가격차별: 동질의 상품을 다른 가격으로 서로 다른 소비자에게 판매하는 행위

가격차별화가 성립되기 위해서는 다음과 같은 조건들이 필요하다.

첫째, 기업이 직면하는 수요곡선이 우하향이어야 한다. 즉 기업이 시장에서 공급량과 가격수준을 통제할 수 있는 충분한 독점권을 가져야 한다.

둘째, 소비자그룹에 따라 시장이 2개 이상으로 분리될 수 있어야 한다. 소비자들이 모두 동질적이라면 소비자를 그룹별로 분리할 수 없게 된다. 소비자그룹을 어떻게 분리할 수 있을까? 소비자그룹은 여러 기준으로 분리할 수 있지만, 가장 일반적인 방법은 수요의 가격탄력성에 따라 분리하는 것이다. 즉 하나의 시장이 시장수요의 가격탄력성을 달리하는 2개 이상의 시장으로 분리될 수 있어야 한다. 또한 기업은 각 소비자가 어느 계층에 속해 있는지 알 수 있어야 한다.

셋째, 전매(arbitrage)가 불가능해야 한다. 즉 한 상품에 대해 가격차별화를 실시하는 경우에 낮은 가격에 동일제품을 구입한 소비자가 높은 가격에 동일제품을 재판매할 수 없어야 한다.

넷째, 경제적 의미에서 가격차별화에 따른 이익이 시장분할에 따른 비용에 비해 커야만 한다. 이 가정에는 기업의 입장에서 소비자가 어느 그룹에 속해 있는지 확인하는데 지불하는 비용이 크지 않아야 한다는 것을 포함하고 있다.

이러한 조건들은 가격차별화가 무엇인지 알기 전에는 그 개념이 잘 잡히지 않는다. 뒤에 나오는 가격차별을 이해한 뒤에 네 가지 조건들을 다시 읽어보기 바란다.

PART 04

3.2 가격차별의 종류

가격차별에는 그 차별의 정도와 방법에 따라 제1급가격차별, 제2급가격차별, 그리고 제3급가격차별이 있다. 독점기업이 어떤 가격차별 방식을 택할 것인가는

독점기업이 소비자에 관한 정보를 얼마나 갖고 있느냐와 시장조건에 따라 달라진다. 소비자의 선호(각 소비자가 상품에 대해 최대 얼마까지 지불할 용의가 있는가)를 정확히 파악하고 있다면 독점기업은 제1급가격차별, 즉 완전가격차별을 시도할 수 있고, 소비자선호에 관한 정보가 불충분하다면 시장 여건에 따라 제2급가격차별 혹은 제3급가격차별을 시도할 수 있다.

(1) 제1급가격차별

제1급가격차별(first-degree price discrimination)이란 상품의 각 단위마다 소비자가 지불할 용의가 있는 최대한의 가격을 설정하여 판매하는 전략이다. 이러한 판매전략은 수요곡선의 높이가 지불할 용의가 있는 최고가격(maximum price)이라는 성질에서 나온다. 독점기업이 자기 상품에 대한 개별소비자의 선호를 정확히 알고 있다면 제1급가격차별을 시도할 수 있다.

[그림 11–7]은 제1급가격차별을 나타내고 있다. 분석의 편의상 모든 소비자는 상품을 한 개씩만 구입한다고 하자. 그리고 독점기업은 수요에 관한 모든 소비자의 정보를 정확히 알고 있다. 다시 말해서 독점기업은 각 단위의 상품에 대해서 소비자가 지불할 용의가 있는 최고가격을 정확히 알고 있다.

그림에서 보듯이 첫 번째 단위의 상품에 대해서 소비자가 지불할 용의가 있는

그림 11–7 제1급가격차별

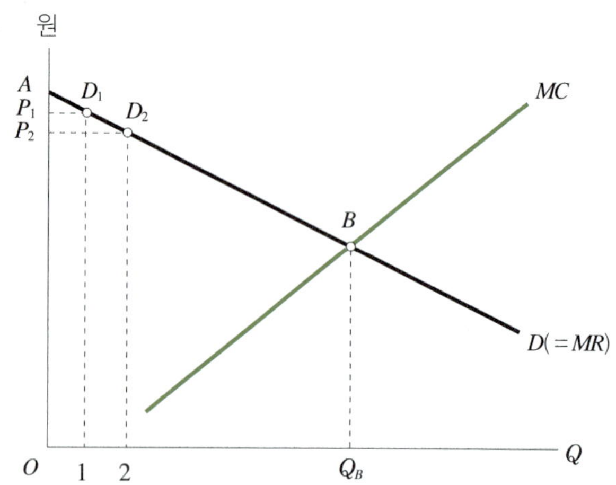

최대 금액은 P_1이며, 두 번째 단위의 상품에 대해서는 P_2를 지불할 용의가 있다. 수요에 관한 이러한 정보를 알고 있는 독점기업은 상품을 한 단위씩 분리하여 각 단위의 상품마다 최대한의 가격을 설정하는 것이다. 이 때 독점기업의 총수입은 사다리꼴 면적 $OABQ_B$가 된다. 이렇게 되면 소비자잉여가 모두 독점기업의 수입으로 전환된다. 독점기업은 제1급가격차별을 통하여 소비자잉여를 완전히 흡수함으로써 이윤을 최대로 할 수 있는 것이다.

이와 같은 유형의 가격차별은 독점기업에 가장 유리한 판매방식이며, 이 판매방식을 완전가격차별(perfect price discrimination)이라고도 한다. 제1급가격차별은 이론적으로는 가능하나 실제로는 성립하기 어렵다. 억지로 예를 든다면 정가도 없는 상품을 고객의 인상과 돈 씀씀이에 따라 눈치가격으로 판매하는 경우, 최고 낙찰가의 방식으로 판매하는 경매 등이 있다.

이제 제1급가격차별의 시장효과에 대해 분석해 보자.

[그림 11-8]은 제1급가격차별의 효과를 나타낸다.

(a)는 가격차별 전, 독점기업의 이윤극대화 행동이다. 독점기업의 이윤극대화 생산량은 Q_M이고 가격은 P_M이다. 이때의 총수입은 빗금친 사각형의 넓이이다.

(b)는 제1급가격차별의 효과를 보이고 있다. 제1급가격차별이 이루어지면 가격이 한계수입과 같아져서 수요곡선이 한계수입곡선과 일치하게 된다. 즉 $D = MR$이 된다. 독점기업의 한계수입이 가격보다 낮은 이유는 상품 한 단위가 더 시장에

그림 11-8 제1급가격차별의 시장효과

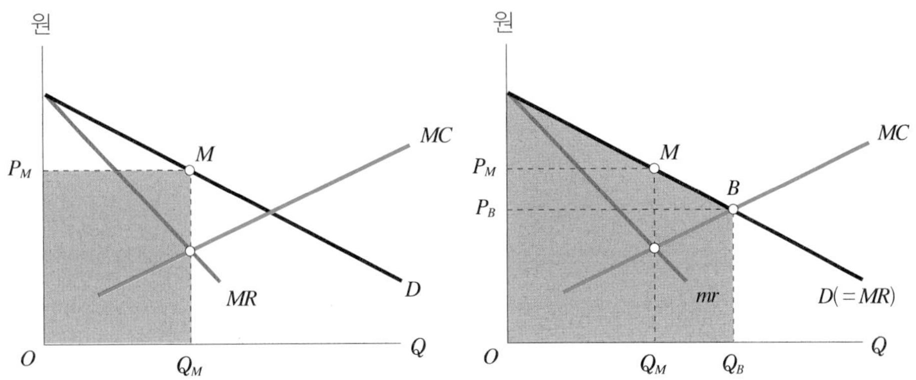

(a) 가격차별 전 (b) 가격차별의 효과

나오게 되면 이전에 출하되었던 상품의 가격까지 하락시키기 때문이다. 그런데 제1급가격차별이 이루어지면 한 단위가 더 출하되어도 먼저 출하된 상품의 가격에 영향을 미치지 않는다. 따라서 판매되는 가격 그대로가 바로 한계수입이 된다. 즉 수요곡선(가격)과 *MR*곡선이 일치하는 것이다. 제1급가격차별이 이루어지면 독점기업의 생산량은 $MR = MC$ 원칙에 의하여 수요곡선과 *MC*가 만나는 점 *B*에서 결정되는 Q_B가 된다. 즉 가격차별을 하지 않을 경우의 Q_M보다 판매량이 증가한다. 이 경우의 총수입은 회색부분 사다리꼴의 넓이이다. 가격차별 전과 비교하여 볼 때 가격차별을 통하여 총수입이 증가한 것을 볼 수 있다.

제1급가격차별의 시장효과는 다음과 같다. 첫째, 소비자잉여가 모두 생산자잉여로 전환된다. 즉 생산자가 상품 한 단위마다 최고가격을 설정하여 판매하기 때문에 소비자잉여가 생기지 않는다. 둘째, 생산량이 증가한다. 따라서 사회후생이 증가하여 하버거삼각형[5]이 회복된다. 이러한 사실을 볼 때, 제1급가격차별이 이루어지면 소득분배는 왜곡되지만 사회 전체의 후생은 증가한다.

(2) 제2급가격차별

현실적으로 독점기업이 소비자들을 개인별, 또는 여러 그룹으로 분리하기는 쉽지 않다. 이 경우 독점기업은 소비자의 외형적 특성이 아닌 소비자의 자발적 선택에 의존하는 가격차별을 시도해 볼 수 있다. 이를 제2급가격차별(second-degree price discrimination)이라고 하며, 대표적인 예로 비선형가격체계(non-linear pricing)를 들 수 있다.[6] 이 책에서는 비선형가격체계 중에서 판매량별 가격설정과 이부가격설정에 대해 소개한다.

판매량별 가격설정 방식

개별소비자의 수요곡선을 정확히 알지 못하는 상황에서 판매수입을 증대시키고 소비자잉여를 독점이윤으로 전환시키는 방법이 판매량별 가격설정이다. 판매량별 가격설정에는 추가적인 소비에 대해 낮은 가격을 제시하는 수량할인(quantity discount), 상품의 소비량에 따라 소비자그룹을 나누어, 그룹별로 다른 가격을 설정하여 판매하는 방식 등이 있다.

---

5) 하버거삼각형에 대해서는 다음 절에서 설명한다.

6) 이러한 가격체계는 구간가격체계(block pricing)라고도 부른다.

그림 11-9 판매량별 가격설정

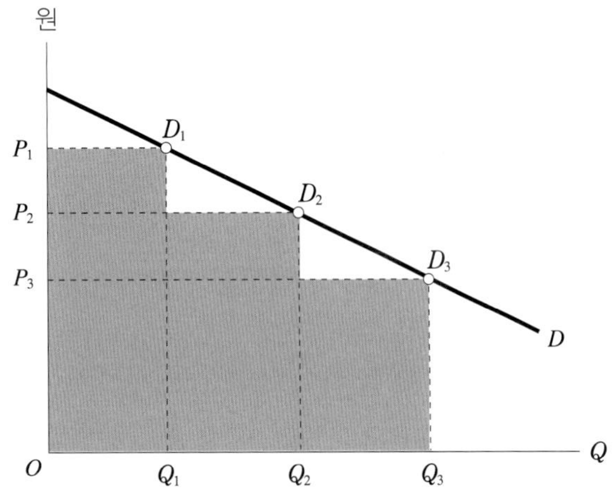

[그림 11-9]는 판매량별 가격설정 방식을 보이고 있다. 어떤 상품의 시장수요곡선은 D이다. 이러한 상황에서 독점기업은 그림에서 보는 바와 같이 처음의 Q_1까지는 P_1의 가격을, Q_1Q_2구간에서는 P_2의 가격을, 그리고 Q_2Q_3구간에서는 P_3의 가격을 설정한다. 즉 추가적인 소비에 대해서는 더 낮은 가격에 판매한다. 판매량별 가격차별하에서 기업의 판매수입은 회색부분의 면적이다. 판매량별 가격차별의 예로는 통신요금체계를 들 수 있다. 일반적으로 통신요금은 사용량이 증가할수록 점점 낮은 가격으로 요금을 차등부과한다.

그 외에 소비그룹별로 다른 가격을 부과하는 방식에는 독서실 사용료와 주차장 요금이 있다. 사설독서실의 월권 요금은 매일 일권으로 사는 한 달분 금액보다 훨씬 낮은 가격이다. 주차장 요금의 경우 시간 단위 요금은 상당히 비싸지만 일 주차비나 월 주차비는 훨씬 낮은 가격이다.

이부가격설정 방식

독점기업이 완전가격차별하에서와 동일한 독점이윤을 누릴 수 있는 또 다른 방법이 있다. 이부가격(two-part tariff)설정 방식이 그것이다.[7] 이부가격은 상품구입권을 판매한 뒤, 소비량에 따라 값을 따로 받는 이원화된 가격설정 방식이다. 이부

7) 이부가격설정 방식을 1급가격차별로 분류하는 학자도 있다.

PART 04

가격설정하에서 소비자는 우선 입장료 성격의 상품구입권을 구입한 뒤 사용량에 비례해서 이용료를 치른다. 가입비(entry fee), 입장료, 허가료(license fee) 등은 상품구입권이라 볼 수 있다.

이부가격: 상품구입권을 판매한 뒤, 소비량에 따라 값을 따로 받는 이원화된 가격설정 방식

각종 놀이기구가 있는 놀이공원을 예로 들어보자.

[그림 11−10]은 이부가격설정 원리를 보여주고 있다. 분석의 편의상 한계비용곡선은 P_C 수준에서 수평이라고 하자. 실제로 기본시설을 갖추어 놓으면 비용은 사용량에 비례하는 정도가 될 것이므로 한계비용은 일정할 것이다. 기업의 최대이윤은 완전가격차별때 달성된다. 그림과 같은 시장조건이라면 독점기업은 완전가격차별을 통하여 삼각형 P_CAB의 면적만큼 이윤을 얻을 수 있다. 그런데 기업이 소비자의 성향을 완벽하게 파악하지 못하는 한 완전가격차별을 시도할 수는 없다. 이 때 시도하는 판매방식이 이부가격설정이다. 이부가격설정이란 기업이 삼각형 P_CAB의 면적에 해당하는 입장료(상품구입권)을 먼저 받아 이윤을 확보하고, 놀이기구를 이용할 때마다 그 요금을 따로 받는 방식을 말한다. 이 경우 놀이기구 이용료는 P_C이다. 입장료를 내고 들어온 소비자가 만약 놀이기구를 이용하지 않는다면

그림 11−10 이부가격설정

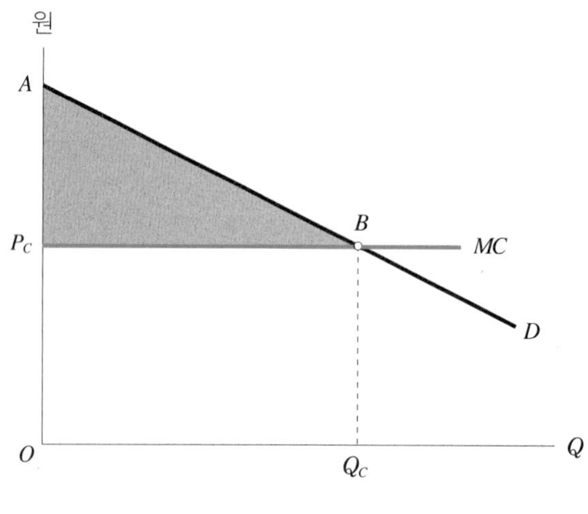

그는 입장료만 허비하게 된다. 소비자는 이미 지불한 입장료가 아까워서라도 놀이기구를 이용해야 한다. 좀 더 구체적으로 말하면, 소비자의 입장에서는 이왕 입장료를 내고 들어온 이상 Q_C까지 사용(소비)하는 것이 최선이다.

결과적으로 기업은 사다리꼴 $OABQ_C$에 해당하는 총수입을 올리고, 이 중 삼각형 P_CAB는 이윤이다. 독점기업은 이부가격설정 방식의 판매를 통하여 완전가격차별하의 이윤을 얻을 수 있다. 이러한 이부가격 방식은 독점기업의 입장에서 볼 때 완전가격차별보다 손쉬운 가격차별 방식이다.

예식장업자가 예식장 사용료는 싸게 하고 대신 비싼 신부화장을 하게 하거나, 하객접대를 자기들이 운영하는 식당에서 하도록 강요하는 것은 이부가격설정의 하나이다. 특히 장례식장에서의 횡포에 가까운 끼워 파는 수법은 바로 이부가격설정 기법을 이용하는 것이다. 프린터와 잉크카트리지의 판매 방식도 마찬가지이다. 프린터는 싸게 팔고 대신 잉크를 비싸게 판매하는 것이다. 프린터를 구입한 소비자는 그 프린터를 무용지물로 만들지 않기 위해 비싼 잉크를 사서 써야 한다.

한편 완벽한 독점력을 행사하는 기업은 묶어팔기(bundling)를 시도할 수도 있다. 묶어팔기란 소비자의 구입량을 고정시킨 뒤 이를 일정액에 판매하는 방식이다.

[그림 11–11]은 묶어팔기를 나타내고 있다. 그림과 같이 수요곡선과 한계비용곡선이 주어질 경우 생산자는 판매량을 Q_C로 묶은 뒤 사다리꼴 $OABQ_C$의 면적만

그림 11–11 묶어팔기와 자유이용권

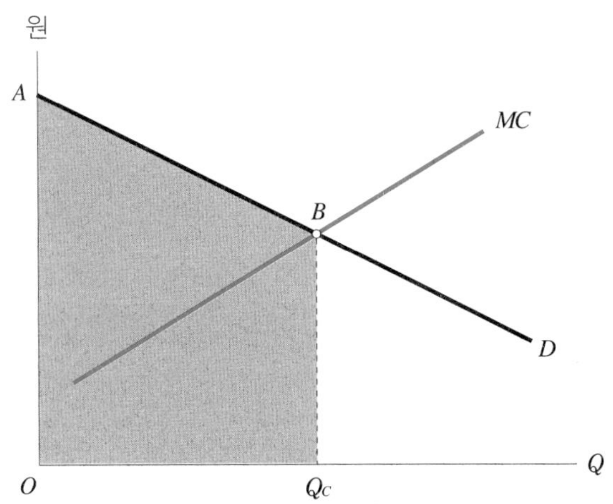

큼 가격을 설정한다. 이 때 소비자의 선택은 생산자가 요구한 조건에 Q_C를 전부 구입하거나, 아니면 구입을 아예 거부하는 것이다. 그런데 소비자가 Q_C의 양을 소비함으로 누리는 효용의 금전적 가치는 $OABQ_C$의 면적이다. 따라서 소비자는 판매자의 이러한 요구에 응할 것이다. 이와 같이 상품 전체를 묶어서 다발로만 판매하는 방식을 묶어팔기라고 한다. 놀이공원의 자유이용권은 약간 할인한 가격으로 판매하는 묶어팔기의 일종이다.

(3) 제3급가격차별

제3급가격차별(third-degree price discrimination)이란 수요조건이 다른 두 시장에서 가격을 다르게 설정하여 판매하는 전략을 말한다. 국내시장과 해외시장, 극장에서의 조조할인, 할인쿠폰을 가진 사람과 가지지 않은 사람, 박물관이나 공연장에서 어른과 어린이의 입장료를 달리 설정하는 경우 등과 같이 2개 이상으로 시장분리가 가능할 때 제3급가격차별이 이루어질 수 있다.

[그림 11−12]는 제3급가격차별의 원리를 보이고 있다.

(a)는 국내시장, (b)는 해외시장, 그리고 (c)는 시장 전체의 상황이다. 그림에서 D_H는 국내시장에서의 수요곡선이고, D_F는 해외시장의 수요곡선이다. 국내 수요곡선은 해외 수요곡선보다 가파르다. 이는 해외시장이 국내시장보다 가격변화에 더 탄력적임을 나타내고 있다. 이러한 상황에서 두 시장에 각각 어느 수준의 가격을 설정할 때 독점기업의 이윤이 극대화될까? 독점기업의 이윤을 극대화시킬 수 있는 판매방식은 국내시장에서의 한계수입과 해외시장에서의 한계수입을 일치하도록 가격을 설정하는 것이다. 즉 다음의 조건을 충족시키면 된다.

$$MR_H = MR_F = MC \qquad (11-7)$$

그림을 보면서 총생산량, 국내시장에서의 판매량과 가격, 해외시장에서의 판매량과 가격이 어떻게 결정되는가를 알아보자. (a)에는 국내시장의 가파른 수요곡선과 이에 상응하는 한계수입곡선 MR_H가 나타나 있고, (b)에는 해외시장의 수요곡선과 이에 상응하는 한계수입곡선 MR_F가 나타나 있다. (c)에는 국내와 해외의 한계수입곡선의 수평적인 합계인 MR_T를 그려 놓았다. 이윤극대화는 한계비용곡선과 전체 한계수입곡선과의 교차점 T에서 이루어진다. 이때의 생산량 Q_T가 독점기

그림 11-12 제3급가격차별

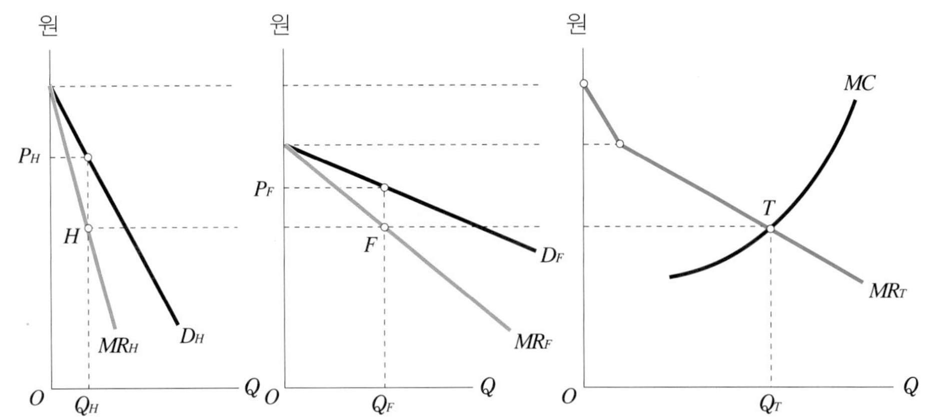

(a) 국내시장 (b) 해외시장 (c) 시장전체[(a)+(b)]

업의 최적생산량이다.

이제 주어진 생산량을 두 시장에 각각 얼마씩 배분하면 될까? 이를 위해 T에서 왼쪽 방향으로 수평선을 그어보자. 이 수평선이 각 시장의 한계수입과 교차하는 점에서 각 시장에의 판매량이 결정된다. 또 각 시장에서의 가격은 H와 F가 나타내는 판매량에서의 각각 수요곡선의 높이만큼 이다. 즉 국내시장에서는 Q_H만큼을 P_H의 가격에 판매하고, 해외시장에서는 Q_F만큼을 P_F의 가격에 판매하는 것이다. 이처럼 국내시장에서는 비싸게, 해외시장에서는 싸게 가격을 설정하는 판매방식을 해외덤핑(dumping)이라고 한다.

지금까지 제3급가격차별 때 독점기업의 생산량 결정과 시장간 배분 원리에 관해서 살펴보았다. 이제 수요의 가격탄력성과 독점기업의 국내외 시장별 가격 관계를 생각해 보자. 이윤극대화를 위한 균형조건은 앞에서 분석한 바와 같이 $MR_H = MR_F = MC$이므로 제3급가격차별 때의 이윤극대화 조건은 다음과 같다.

$$P_H\left(1 - \frac{1}{E_H}\right) = P_F\left(1 - \frac{1}{E_F}\right) = MC \qquad (11-8)$$

단, 여기서 E_H는 국내시장의 수요의 가격탄력성이고, E_F는 해외시장의 수요의 가격탄력성이다. 따라서 만약 $E_H < E_F$의 관계가 성립하여 해외시장의 수요의 가

격탄력성이 국내의 가격탄력성보다 더 크다면 $P_H > P_F$가 성립하게 된다. 즉 가격차별하의 독점기업은 해외시장에서는 낮은 가격을 설정하고 국내시장에서는 높은 가격을 설정할 수 있는 것이다. 소비자의 외형적 · 객관적 특성에 입각한 이 제3급 가격차별을 시장분리가격차별이라고도 한다.

3.3 가격차별의 효과

독점기업 가격차별의 시장효과는 긍정적인 면과 부정적인 면을 가지고 있다. 먼저 부정적인 측면을 알아보자.

첫째, 동질의 상품이 다른 가격으로 팔려 각 소비자(또는 그룹별)에 따라 상품에서 얻는 한계편익이 서로 다른 결과가 나오는 것은 효율성의 측면에서 볼 때 바람직하지 않다.

둘째, 가격차별은 소비자잉여를 전체적으로 또는 부분적으로 독점기업의 수입으로 전환시켜 소득분배의 왜곡을 가져온다. 즉 형평성의 측면에서 볼 때 바람직하지 않다.

셋째, 해외시장에서 dumping을 하는 경우 국내수요자의 비용을 가지고 해외수요자에게 자선을 베푸는 결과가 된다. 즉, 국내시장에서 비싸게 판매하고 해외시장에서는 값싸게 판매하기 때문에 국내수요자를 희생시키게 된다.

이상과 같은 단점이 있는 반면, 다음과 같은 장점도 있다.

첫째, 가격차별이 이루어지면 기업생산이 증가하여 고용의 증대와 국민소득의 증가를 가져온다. 원래 독점기업은 $MR = MC$ 방식에 의해 생산하기 때문에 사회적 최적생산량이라 할 수 있는 $P = MC$ 방식의 경우보다 적게 생산한다. 그러나 가격차별화가 이루어지면 $P = MC$가 성립될 때까지 생산하게 되어 완전경쟁하의 생산량을 달성하게 된다. 또 2개 이상의 가격을 제시함으로 한계소비자까지 만날 수 있다. 즉 낮은 가격에만 소비가 가능한 소비자에게도 소비의 기회가 주어질 수 있다. 즉 자원배분상의 문제점이 완화될 수 있다.

둘째, 어떤 경우에는 가격차별화가 없으면 기업의 성립이 불가능하여 생산이 불가능하지만, 가격차별화로 인하여 기업의 성립이 가능해지고, 따라서 생산이 가능해질 수 있다.

셋째, 가격차별은 유용한 경제개발정책이 될 수 있다. 저개발국에서는 소득수준이 낮기 때문에 일반적으로 국내시장이 좁아서 첨단산업은 존재하기가 어렵다. 이럴 경우 해외덤핑은 기업 존립을 가능케 할 뿐만 아니라 초과이윤을 얻을 수 있는 가능성까지 열어준다. 또 고용증대 등 자원활용도를 높일 수도 있다.

위에서 언급한 것 이외에도 부정적인 측면과 긍정적인 측면은 이론과 현실에서 많이 발견할 수 있다. 독자 여러분은 가격차별의 효과에 대해 스스로 고민해 보기 바란다.

읽을거리

"영국 고객은 봉?" 파리 디즈니랜드 가격차별 조사

파리 디즈니랜드가 유럽연합(EU) 내 고객들에 대해 국가별로 가격에 차등을 둔다는 이유로 당국의 조사를 받게 됐다. 같은 고급패키지 상품을 프랑스 고객은 170만 원대에 구입할 수 있지만 영국과 독일 고객은 240만 원이나 310만 원을 줘야 살 수 있기 때문이다.

영국 일간 파이낸셜타임스(FT)에 따르면 EU 집행위원회는 프랑스에 파리 디즈니랜드의 국가별 가격차별 여부를 조사하라고 요구했다. 파리 디즈니랜드를 이용하려는 EU 내 국가 국민이 표를 사려고 홈페이지에 들어가면 자국용 홈페이지로 연결되면서 나라마다 다른 가격이 제시된다는 것이다. 또 신용카드로 결제할 때 어느 나라 국민인지가 파악돼 특정 요금이나 서비스에 접근할 수 없었다. 이 때문에 영국 고객의 경우 하루용 티켓을 사는데 15% 더 많이 내야 했다. 프랑스 고객은 가족 할인제도나 특별요금, 1년 패키지 상품 등에서 다른 나라 고객보다 여러모로 혜택을 보고 있었다. 특정 고급패키지 상품의 경우 프랑스 고객은 1천346유로(172만원)를 내면 되지만 영국 고객은 1천870유로(240만원), 독일 고객은 2천447유로(314만원)를 내게 돼 있었다.

엘즈비에타 비엔코프스카 EU 단일시장 집행위원은 매우 심각한 고객 불만이 쏟아졌다면서 문제를 파헤칠 시점이라고 말했다. 유럽소비자기구 BEUC는 EU 집행위의 조치를 환영하면서 "가격차별이 단일시장의 원칙에 어긋나고 소비자의 선택을 제한한다"고 주장했다.

EU 규정을 보면 시장 조건 및 휴가철 차이, 계절별 판매 변동 등 객관적 이유가 있을 때 국가별로 가격에 차이를 둘 수 있다. 파리 디즈니랜드도 이 규정에 따라 국가별 예약 현황과 방학 기간을 고려해 가격을 책정한 것이라면서 공식 홈페이지에 접속하면 국가별로 할인 없이 같은 요금을 적용받을 수 있다고 주장했다. 프랑스 당국이 파리 디즈니랜드에 아무 조치를 취하지 않으면 EU 집행위는 프랑스를 재판에 넘길 수 있다.

EU 집행위는 소매와 서비스 부문의 국가별 가격차별 실태를 널리 조사할 계획이다. 아마존은 물론 호텔과 스키리프트, 공중화장실 요금 등의 조사가 검토되고 있다.

– 2015. 7. 29. 연합뉴스 –

PART 04

제4절 독점의 시장효과와 규제

4.1 독점의 시장효과

완전경쟁시장에서는 $P = MC$인 수준에서 가격과 수급량이 결정되는데 반해, 독점시장에서는 균형이 달성될 때 $P > MR = MC$이다. 결과적으로 독점기업의 생산량은 완전경쟁시장의 경우보다 적고 가격은 완전경쟁시장에 비해 높다. 따라서 소비자 측면에서 보면 독점시장은 완전경쟁시장보다 불리한 시장 형태라고 할 수 있다. 독점의 효과를 단기균형과 장기균형의 경우로 나누어 알아보자.

단기균형의 효과

[그림 11-13]은 독점시장 단기균형의 효과를 보이고 있다. 이 그림은 어떤 산업이 완전경쟁 상태인 경우와 독점 상태인 경우를 동시에 보여준다.

먼저 완전경쟁일 경우의 시장균형에 대해 알아보자. D는 시장수요곡선이다. 한

그림 11-13 독점시장 단기균형의 효과

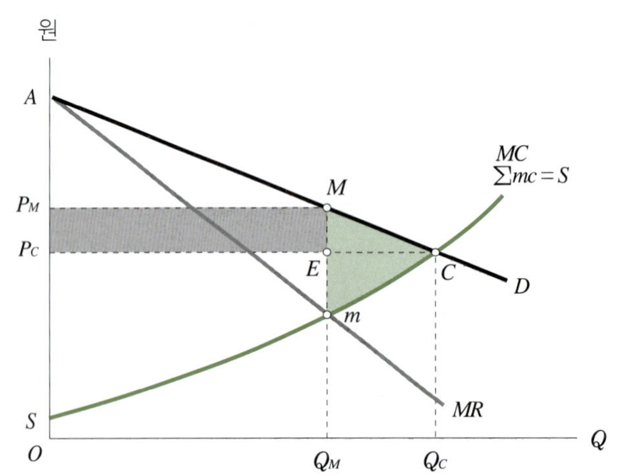

편 이 시장의 공급곡선은 Σmc로 표현될 수 있다. 좀 더 자세히 말하면, 경쟁시장의 공급곡선이란 개별기업 평균가변비용곡선인 AVC 이상의 MC곡선들의 횡적인 합이다. 이 시장의 전체의 균형은 시장수요곡선과 시장공급곡선 Σmc이 만나는 점 C에서 달성되고, 생산량은 Q_C, 그리고 가격은 P_C로 결정될 것이다.

다음으로 이 시장이 독점화되면 시장균형은 어떻게 되는가. 독점기업은 $MR = MC$ 원칙으로 생산량을 결정한다. 이 경우에는 Σmc가 MC이다. 독점기업은 Q_M을 생산하여 수요곡선의 높이인 P_M만큼의 가격을 설정한다. 이제 완전경쟁일 때와 독점일 때의 균형을 비교해 보자. 우리는 다음과 같은 독점화로 인한 시장효과를 도출할 수 있다. 이를 흔히 '독점의 효과'라고 한다.

첫째, 생산량이 감소된다. 즉 시장이 경쟁적일 때는 Q_C만큼 생산되던 것이 독점화되면서 Q_M으로 감소하는 것이다.

둘째, 가격이 상승한다. 경쟁일 때는 가격수준이 P_C이지만 독점화되면 P_M으로 상승한다. 경쟁시장에서는 $P = MC$ 관계가 성립하지만 독점화되면 $P > MC$ 관계가 된다. 산업이 독점화됨으로 발생하는 폐해 중 하나는 기업이 한계비용 이상으로 가격을 설정한다는 것이다.

셋째, 소비자잉여의 일부가 생산자잉여로 전환된다. 만일 이 시장이 완전경쟁시장이라면 Q_C만큼의 상품이 P_C의 가격으로 판매됨으로써 소비자는 삼각형 AP_CC 크기의 소비자잉여를 누리고, 생산자는 삼각형 P_CCS 크기의 생산자잉여를 누리게 된다. 그러나 이 시장이 독점화되면 생산량이 감소하고 가격은 상승한다. 이에 따라 소비자잉여는 삼각형 AP_MM으로 감소하고, 생산자잉여는 사다리꼴 SP_MMm이 된다. 소비자잉여의 일부가 생산자잉여로 전환되는 것이다.

넷째, 사회적 후생이 감소한다. 독점화되면 완전경쟁 때보다 소비자잉여가 사다리꼴 P_CP_MMC의 면적만큼 감소하는데, 이 중 사각형 P_CP_MME의 면적은 생산자잉여로 전환되며 나머지 삼각형 MCE는 순손실이 된다. 한편 생산자는 생산을 줄이면서 삼각형 CEm의 잉여는 포기하게 된다. 사회 전체적으로는 삼각형 MCm의 크기에 해당하는 후생의 순손실이 발생한다. 이 삼각형을 후생삼각형(welfare triangle)이라고 한다. 또 연구자 하버거(A. Harberger)의 이름을 따서 하버거삼각형(Harberger's triangle)이라고 하기도 한다.

후생삼각형: 독점화로 인하여 상실되는 사회적 후생의 양을 말하며, 그림에서 삼각형 모양으로 나타난다.

장기균형의 효과

독점시장 장기균형의 효과를 알아보기 위해서도 역시 완전경쟁시장의 장기균형과 비교해 보는 것이 좋다. 완전경쟁시장의 장기균형은 $P = SMC = SAC = LMC = LAC$ 조건에서 이루어진다. 우리는 이 조건이 달성되는 지점이 LAC의 최저점이라는 것을 알고 있다. 즉 완전경쟁시장에서는 평균비용 최저점에서 장기균형이 이루어지며 가격도 이 수준에서 결정된다. 이 때 기업은 정상이윤만 누릴 수 있고 최적 규모에서 최저비용으로 생산한다. 이러한 현상은 개별기업이 만나는 수요곡선이 수평이기 때문에 가능하다. 그러나 독점하에서는 장기균형이 이루어지더라도 수요곡선이 우하향이기 때문에 LAC의 최저점에서 생산이 이루어지는 것은 우연이 아니고는 어렵다. 즉 독점화되면 상품이 최소비용으로 생산되지 못하는 것이다. 결국 자원이 효율적으로 이용되지 못한다고 볼 수 있다. 그 외에 생산감소, 가격상승, 소비자잉여의 감소, 사회적 후생 상실 등 독점의 효과는 장기의 경우에도 여전하다.

X-비효율성

수요법칙의 예외에 대한 연구로 유명한 라이벤슈타인(H. Leibenstein)은 비용극소화의 가정이 경쟁적 시장 내의 기업에는 성립되지만 비경쟁적 시장하의 기업에는 성립되지 않는다고 주장하였다. 경쟁적 시장에서는 경쟁사의 진입이 항상 가능하지만 독점시장은 경쟁사로부터의 경쟁 압력이 없다. 따라서 독점기업의 경영진이나 노동자들은 비용극소화를 도모하지 않을 가능성이 크다. 일반적으로 생산자는 경쟁 등 압력이 가중될 때에야 최적화 행동을 한다는 것이다.

독점기업의 실제 비용과 비용극소화 행동시 비용간의 차이를 라이벤슈타인은 독점기업의 X−비효율성(X-inefficiency)이라고 하였다. 이러한 X−비효율성 현상은 일반적으로 국영기업 등 공기업에 많이 나타난다. 또한 일반 사기업도 근로자들이 이윤동기 등 생산에 대한 동기유발이 잘 되어 있지 않을 때는 X−비효율성이 발생한다.

한편 독점은 분배구조를 악화시키고 결국은 부의 집중을 초래하여 민주주의적인 사회 · 정치질서를 저해한다. 민주적인 질서는 권력이 중앙집권화되지 않고 분권화되면서 견제와 균형을 통해 다양한 이해관계를 조화시킨다. 그러나 독점으로 인하여 부가 소수에게 집중되면 의사결정 과정에서 부를 소유한 사람의 영향력이 커질 수 있다. 선거 혹은 경제정책의 결정 과정 역시 이들에게 유리하게 작동되어 소수에게만 유리한 법률과 정책 등이 채택될 가능성이 커진다. 또 계속해서 그들에게 유리한 정권이 들어서도록 정권 재창출을 기도하기도 한다. 정권이든 경제권이든 독점화된다는 것은 기회비용이 커서 결국 많은 사회적비용을 지불하게 된다고 할 수 있다.

4.2 독점규제

지금까지 독점의 시장효과를 분석하였다. 독점은 소득분배의 왜곡과 자원이용의 비효율성이라는 시장실패(market failure)[8]를 초래하며, 나아가서는 독점유지를 시도하는 과정에서 사회적 비용을 수반한다. 물론 사회적으로 특허권의 인정 등 독점이 필요하거나 독점화가 규모의 경제를 발휘하여 생산비를 낮추거나 자원을 더 효율적으로 이용하게 할 수도 있다.

그러나 독점이 아무리 그러한 장점이나 필요성을 가진다고 해도 완전경쟁에 비해 시장거래를 제한하고 교환의 이익을 감소시킴으로써 시장경제의 이익을 감소시킨다는 것은 분명하다. 이에 따라 독점을 규제하여 시장을 경쟁 상태로 유도하려는 노력이 계속되고 있다. 독점규제의 방법으로는 조세를 부과하거나 생산량 또는 가격을 규제하는 방법, 독점적 지위를 누리지 못하도록 수입을 자유화하는 방법, 그리고 아예 정부가 공기업을 통하여 생산하는 방법도 있다.

PART 04

(1) 조세에 의한 규제

조세에 의한 규제란 정책당국이 독점기업에 조세를 부과하여 이윤을 세금으로 환수하는 규제방식을 말한다. 독점규제를 위한 조세의 종류로는 물품세, 총괄세, 그리고 이윤세를 들 수 있다.

8) 시장이 자원의 효율적인 배분과 소득의 공평한 분배에 실패하는 경우를 말하며, 제17장에서 자세히 설명한다.

물품세 부과

물품세는 생산물 한 단위당 일정액을 부과하는 세금이며, 세액은 생산량에 비례하게 된다. 물품세가 부과되면 기업에는 생산비가 상승하는 효과를 주게 된다. 만약 상품 한 단위당 t원을 부과하면 독점기업의 평균비용과 한계비용은 각각 t원만큼씩 상승하게 된다.

[그림 11−14]는 물품세 부과의 효과이다. 이 그림은 물품세 부과 전후의 균형을 동시에 보이고 있다.

물품세를 부과하기 전 독점기업의 이윤극대화 생산량은 Q_M이고, 가격은 P_M이다. 이 때 단위당 일정액의 물품세를 부과한다고 하자. 생산물 한 단위당 t원의 물품세를 부과하면 평균비용곡선은 t원만큼 위쪽으로 이동하고 한계비용곡선도 t원만큼 위쪽으로 이동한다. 독점기업은 $MR = MC_T$ 원칙으로 행동한다. 이에 따라 독점기업의 생산량은 Q_T로 감소하고 가격은 P_T로 상승하게 된다. 그렇지 않아도 독점화되면서 생산량이 감소하고 가격은 상승하였는데, 물품세 부과로 또 다시 생산량이 감소하고 가격은 상승하게 되는 것이다. 게다가 기업에 부과하는 물품세의 일부는 소비자에게 전가된다. 생산량이 Q_M에서 Q_T로 감소한데 따른 사회적 후생의 감소도 일어난다. 조세의 전가로 소비자의 후생이 감소할 뿐 아니라 과소생산

그림 11−14 물품세 부과 효과

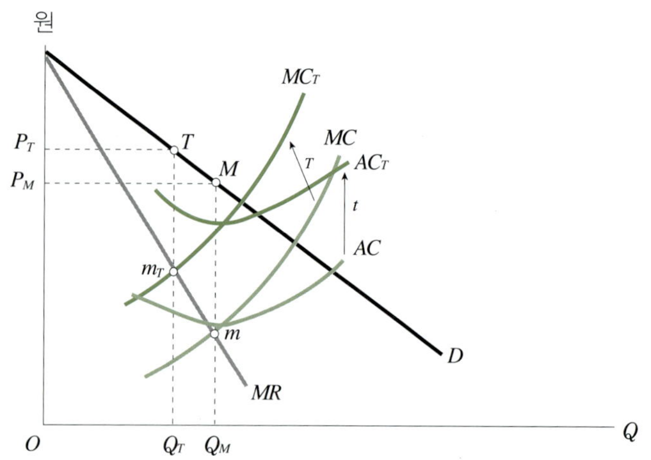

등에 의한 사회적 후생상실까지 나타나는 것이다.

따라서 물품세 부과방식은 세금징수를 목표로 한다면 모르거니와, 독점규제 방식으로는 좋은 방식이 아니다. 한편 제2장에서의 공급자에게 부과한 조세의 효과와 이 장의 독점기업에 부과하는 물품세의 효과는 기본적으로 같다. 왜 그럴까? 독자 여러분은 스스로 답을 찾아보기 바란다.

총괄세 부과

다음으로 독점기업의 생산량이나 가격수준에는 관계없이 일정한 금액(예를 들어 면허세나 벌과금)을 독점기업에 부과하는 총괄세(lump-sum tax)의 효과를 알아보자.

[그림 11-15]는 총괄세 부과의 효과를 보이고 있다. 총괄세는 독점기업에 고정비용이 증가하는 효과를 가져다준다. 즉 총괄세는 평균비용곡선을 AC_T로 상승시킨다. 그러나 MC곡선은 변화가 없다. 또 MR곡선도 변화가 없다. 즉 총괄세를 부과해도 MR, MC 두 곡선에는 변화가 없다. 따라서 총괄세를 부과해도 생산량과 가격에는 변화가 없다. 단지 독점기업의 초과이윤을 세금으로 흡수하는 역할만 하게 된다. 즉 이윤이 사각형 C_BC_TTB만큼 감소한다.

그림 11-15 총괄세 부과 효과

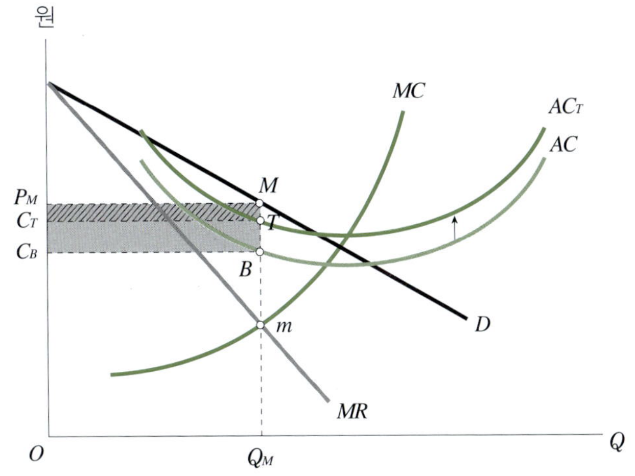

이윤세 부과

이윤세를 부과하면 독점기업의 생산량과 가격수준은 영향을 받지 않고 이윤수준만 줄어들게 된다. 즉 이윤에 세금을 부과하면 고정비용이 증가되고, 이는 평균비용에는 영향을 미치지만 한계비용에는 영향을 미치지 않는다. 물론 수요나 한계수입에도 영향이 없다. 따라서 생산량수준이나 가격의 결정에 아무런 영향을 미치지 못하는 것이다.

앞의 [그림 11-15]에서 이윤세를 부과하면 평균비용곡선만 위로 이동하고 그 이외의 조건은 변하지 않고 그대로이다. 결과적으로 총괄세 부과의 효과와 같다. 독점기업의 생산량과 가격수준은 변하지 않고 이윤수준만 감소한다.

(2) 가격규제

정책당국은 독점기업의 가격을 규제하여 소비자를 보호하기도 한다. 가격규제는 대부분 최고가격을 설정하는 방식으로 이루어진다. 가격규제 방식으로는 한계비용 가격설정과 정상이윤율 가격설정 등이 있다.

한계비용 가격설정

완전경쟁시장이론에서 분석한 바와 같이 효율적인 자원배분은 가격이 한계비용과 일치할 때 달성된다. 그런데 독점시장에서는 가격이 한계비용보다 높게 설정되며, 사회적으로 적정한 생산량보다 적게 생산되어 자원이 비효율적으로 이용된다. 따라서 기업이 가격을 한계비용과 일치시키도록 규제하는 것이 필요하다. 이를 한계비용 가격설정(marginal cost pricing)이라 한다. 한계비용 가격설정이란 MC pricing이라고도 하며, 이상적인 가격수준이라 할 수 있는 완전경쟁시의 균형상태, 즉 $P = MC$ 의 관계가 되도록 가격을 규제하는 방식이다.

MC pricing: 이상적 가격수준이라 할 수 있는 완전경쟁시의 균형 상태, 즉 $P = MC$를 달성되도록 가격을 규제하는 방법

이제 [그림 11-16]을 통하여 한계비용 가격설정의 효과를 분석해 보자. 규제가 있기 전 독점기업의 생산량은 Q_M이고, 가격은 P_M으로서 기업은 독점이윤을 누리고 있다. 이 때 $P = MC$가 달성되도록 가격을 규제한다고 하자. 정부당국이 한계

그림 11-16 한계비용 가격설정 효과

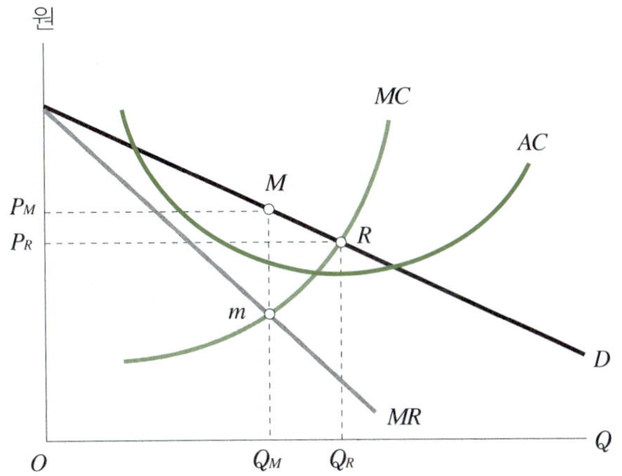

비용까지만 가격을 설정하도록 규제한다면 새로운 균형은 수요곡선과 *MC*가 만나는 *R*에서 이루어진다. 따라서 생산량은 Q_R로 증가하게 되며, 가격은 P_R로 하락하게 된다. 이렇게 되면 가격은 한계비용과 같아져서 완전경쟁과 같은 이상적인 가격이 된다. 이 상태에서 기업은 이윤을 얻고 있으며 생산 지속은 물론 기업의 존립도 가능하다. 한계비용 가격설정 방식은 이러한 장점이 있음에도 불구하고 다음과 같은 약점을 지니고 있다. 첫째, 손실이 발생하여 기업의 존속이 불가능한 경우가 발생할 수 있다. 만약 규모의 경제가 존재하는 상황에서 가격을 한계비용 수준으로 규제하게 되면 기업은 언제나 손실을 보게 된다.

[그림 11-17]은 한계비용 가격설정의 부작용을 보여주고 있다.

규모의 경제가 발생하면 장기평균비용곡선은 우하향이 된다. 또 평균 개념 곡선인 *LAC*가 우하향이면 한계 개념의 *LMC*는 *LAC*의 아래에 위치하게 된다. 따라서 규모의 경제가 발생하는 경우 *LMC*가 수요곡선과 만나는 점은 반드시 *LAC*의 아래에 있게 된다. 이 말은 가격이 평균비용에 미치지 못하게 되어 기업은 손실을 보게 된다는 것을 의미한다. 그림을 보면 규제가격은 수요곡선과 한계비용곡선이 만나는 점 *R*의 높이인 P_R로 설정된다. 이 때 생산량은 Q_R이 되고 비용은 *B*에서 결정되어 C_B가 된다. 이러한 상황에서는 가격보다 비용이 더 높다. 이는 점 *B*가 *R*보다 위쪽에 위치함에서 알 수 있다. 따라서 $LAC > P = LMC$ 관계가 성립한다. 이

PART 04

그림 11-17 한계비용 가격설정의 부작용

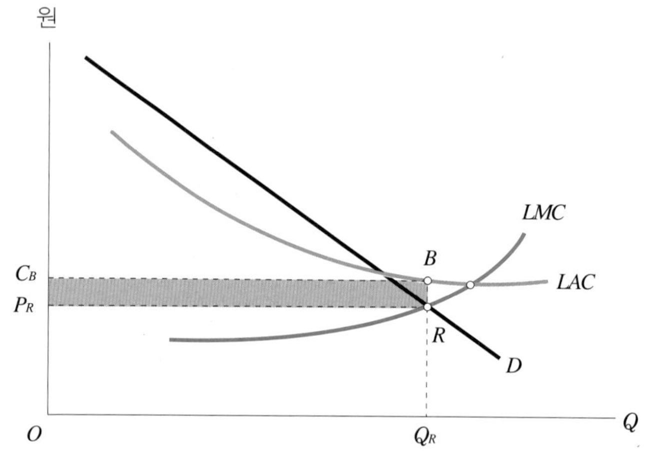

기업은 적자로 인해 장기적으로 존속이 불가능하다. 둘째, 한계비용 가격설정 방식은 현실적으로 시행하기가 어렵다. 한계비용을 추정하는 것이 매우 어렵기 때문이다. 특히 기업이 결합생산을 통하여 여러 종류의 상품을 생산하는 범위의 경제를 시도하고 있을 경우 한계비용은 거의 산출이 불가능하다.

평균비용 가격설정

한계비용 가격설정 방식은 완전경쟁균형 상태를 달성시킬 수 있는 이상적인 가격규제 방식이지만 규모의 경제가 발생하는 경우에는 기업에게 손실을 입게 한다는 단점을 가지고 있다. 이 단점을 보완하는 방법이 AC pricing, 즉 평균비용 가격설정(average cost pricing)이다. 평균비용 가격설정이란 한계비용만큼만 받도록 규제하는 경우 기업이 손실을 입을 수도 있기 때문에 아예 평균비용만큼 받도록 허용하자는 것이다. 즉 기업에게 정상이윤을 확보하도록 허용하는 방식이다. 그래서 평균비용 가격설정을 정상이윤율 규제라고도 한다.

평균비용 가격설정의 효과는 다음과 같다. 첫째, 기업에 정상이윤을 보장해 준다. 둘째, 경제적 효율성을 보장해 주지 못한다. 즉 규모에 대한 수확정도에 따라 과소생산되거나 아니면 과다생산된다. 규모의 경제가 발생하는 경우에는 $P = AC > MC$, 즉 $P > MC$ 상황으로 과소생산이 이루어진다. 규모의 비경제가 발생하는 상황에서는 $P = AC < MC$, 즉 $P < MC$가 되어 과다생산이 이루어진다. 셋째, X-비효율성이 발생할 가능성이 많다. 즉 기술개발이나 비용절약을 위한 노력을 게을리 할 가능성이 많다. 또 도덕적 해이(moral hazard)가 발생할 가능성이 있다. 즉 임원들의 급료를 과다책정하거나 자회사와의 거래를 통하여 부당하게 비용을 부풀릴 수도 있다.

또 규제 당국이 평균비용을 계산하기 어렵다. 즉 정상이윤은 얼마나 되며, 정상이윤 계산의 기초자료로 무엇을 사용할 것인지 등의 문제에 직면한다. 이처럼 AC pricing은 MC pricing 규제에서 발생하는 손실발생 문제는 해소할 수 있지만 또 다른 문제를 발생시킨다.

(3) 생산량규제

독점규제의 목적은 독점기업이 공급을 증대하도록 유도하여 가격을 인하시키고, 독점이윤을 제거하는 데 있다. 독점기업은 자신의 이윤극대화를 위하여 사회적으로 적정한 양보다 적게 생산한다. 그래서 규제를 통하여 사회적으로 적정한 수준의 생산을 하도록 하자는 것이다. 구체적으로 말하면 완전경쟁수준으로 생산하도록 유도하기 위하여 가격과 한계비용이 같아질 때까지 생산하게 하거나, 가격이 평균비용과 같아질 때까지 생산하게 하는 것이다. 그런데 이러한 생산량 규제 방식은 한계비용 가격설정에 의한 규제나 정상이윤율 규제 등 가격규제와 결과적으로 같게 된다. 생산량을 규제한다지만 그 유도하는 방법은 결국 가격과 비용을 통하여 규제하기 때문이다. 즉 생산량규제와 가격규제는 동전의 양면과 같다.

(4) 수입자유화

수입자유화조치도 유효한 독점규제 방식의 하나이다.

[그림 11-18]은 수입자유화의 효과를 보이고 있다. 먼저 무역이 없는 경우의 국내시장 균형을 생각해 보자. 정부가 국내산업을 보호하기 위하여 수입금지정책을 시행하면 독점기업은 국내에서 독점력을 행사할 수 있다. 이 경우 독점기업의 이윤극대화 생산량은 Q_M이며 가격은 P_M으로 설정된다.

만약 수입금지 상태에서 완전경쟁이라면 수요곡선과 한계비용곡선($MC = S_H$)이 만나는 점 C에서 균형이 이루어져 가격은 P_C이고 생산량은 Q_C일 것이다. 다음

그림 11-18 수입자유화의 효과

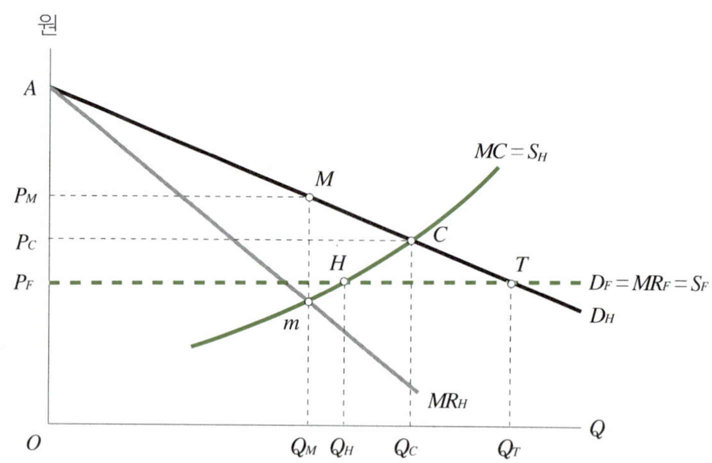

으로 정부에서 독점의 폐해를 줄이기 위하여 해당 상품에 대한 수입자유화조치를 취한다고 하자. 편의상 해외시장은 완전경쟁이고 국제가격은 국내가격보다 낮은 P_F라고 하자. 이 상품의 수입이 자유화되면 국내에의 공급곡선은 국제시장가격 P_F 높이의 수평선이 된다. 이렇게 되면 국내시장의 균형은 수요곡선과 공급곡선이 만나는 T에서 이루어지며 총소비량은 Q_T이다. 그런데 이 P_F 높이의 수평선은 국내기업이 만나는 수요곡선도 된다. 즉 P_F 높이의 수평선은 수요곡선이자 공급곡선의 성질을 가진다.

이 경우, 즉 수입자유화의 경우에는 국내 독점기업이 얼마를 생산할 것인가를 생각해 보자. 수입자유화가 시행되면 독점기업은 완전경쟁시장의 한 기업이 된다. 이에 따라 수평의 P_F선은 그 기업이 만나는 수요곡선이자 한계수입곡선이 된다. 독점기업은 이윤극대화준칙 $MR_F = MC$에 의해서 Q_H만큼 생산하게 된다. 그런데 P_F의 가격수준에서 국내수요는 Q_T이다. 부족분 Q_TQ_H는 수입량이다.

지금까지 분석한 바와 같이 독점기업을 규제하기 위하여 수입자유화 조치를 취하면 가격은 하락하고 국내소비량은 증가하여 소비자의 후생은 증가한다.

소비자후생 변화에 대하여 좀 더 자세히 분석해 보자. 수입자유화가 이루어지면 소비자잉여는 삼각형 AP_FT가 되어 완전경쟁일 때 보다 P_FP_CCT만큼 증가한다. 이중 P_FP_CCH의 면적은 생산자잉여의 감소분이 소비자에게로 이전된 것이다. 순

증가분은 삼각형 *HCT*의 넓이이다. 즉 독점상태에서 수입자유화로 인한 사회후생의 순증가는 '삼각형 *HCT*의 넓이 + 삼각형 *MCm*의 넓이'인 것이다. 이처럼 독점시장에 수입자유화 조치가 취해지면 독점자의 수입은 감소되나 그보다 더 크게 소비자후생이 증대하기 때문에 전체 사회후생은 증대된다. 수입자유화는 미시경제적으로는 가장 이상적인 독점규제 방식이다. 그러나 거시경제적으로는 국내산업의 취약화, 국부의 유출이라는 부작용을 낳는다.

(5) 공공생산

독점을 규제하는 또 하나의 방법은 정부나 공공기관이 직접 생산을 담당하는 것이다. 이를 공공생산이라고 한다. 공공생산이란 규모의 경제가 특히 크게 나타나서 경쟁이 필요하지 않거나 경쟁상태가 비효율적이니 산업을 정부나 공공기관이 담당하는 것이다. 즉 자연독점 기업을 정부가 소유(government ownership)하여 이윤극대화보다는 사회후생을 극대화시키는 기업행동을 하게 하자는 것이 공공생산의 목적이다.

철도산업이 가장 좋은 예이다. 철도산업은 규모의 경제가 크게 나타나는 산업이다. 철도산업에는 초기투자비용이 많이 투입되어야 하고 고정비용이 많이 들어간다. 서울과 부산에 지금의 철도가 있는데 제2의 철도와 제3의 철도가 부설된다고 하자. 고정비용이 많이 들어가는 철도노선이 3개나 된다면 채산성을 맞출 수 없을 것이고 사회적 낭비가 클 것이다. 이런 경우에는 차라리 공기업으로 독점화시키는 것이 더 효율적일 수 있다. 사회후생과 밀접한 서비스인데다 공공재의 성격을 가지고 있기 때문에 정부가 생산하는 것이 후생 증진에 도움이 될 수 있는 것이다. 수자원, 전력 등의 산업도 이에 해당한다.

문제는 이들 공기업들이 경쟁 유인체계의 부족으로 비효율적이라는 것이다. 그래서 처음에는 사회후생 극대화 목적으로 국공유화가 이루어지지만 결국은 비효율성이 문제가 되어 다시 민영화되기도 한다. 지금까지의 추세를 보면 국공유화와 민영화가 계속 반복되고 있다.

보 론 수요독점이론

수요독점은 어느 시장에 수요자가 하나밖에 없는 경우를 말한다. 수요독점자(monopsonist)가 구입을 늘리려면 전보다는 높은 비용을 지불해야 한다. 즉 상품의 구입량에 따라 구입비용이 달라진다.

[그림 11-19]는 수요독점기업이 만나는 공급곡선이다.

그림에서 보는 바와 같이 수요독점기업이 당면하는 공급곡선은 수요독점자의 입장에서 보면 각 구입량에 대응하는 평균지출(*AE*: average expenditure)곡선이다. 이 곡선 위쪽의 한계지출(*ME*: marginal expenditure)곡선은 상품을 한 단위 더 구입할 때의 지출증가분을 나타낸다. 한계지출곡선이 공급곡선보다 위쪽에 위치하는 이유는 상품 1단위의 구입이 증가할 때마다 그 한 단위 가격만 올라가는 것이 아니라 그 전에 출하된 모든 단위의 상품 가격도 올라가기 때문이다. 즉 한계지출이 평균지출보다 높다. 또 그림의 성질상 평균 개념의 공급곡선이 우상향하면 한계 개념을 나타내는 한계지출곡선은 평균곡선의 위쪽에 있게 된다.[9]

그림 11-19 평균지출곡선과 한계지출곡선

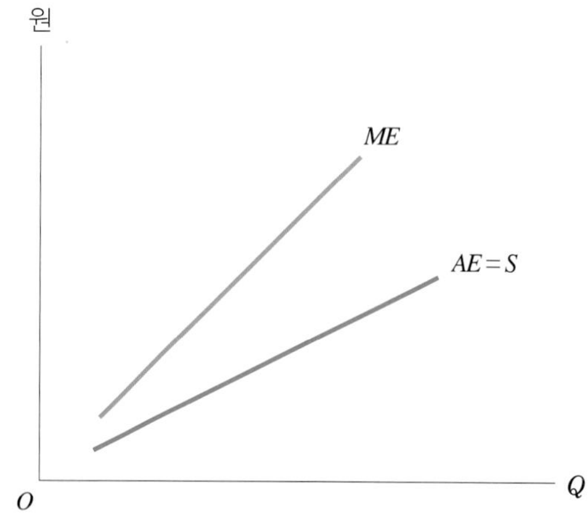

9) 수요곡선에서 도출된 *MR*곡선도 기울기가 수요곡선 기울기보다 가팔랐던 것을 기억하시오.

그림 11-20 수요독점시장의 균형

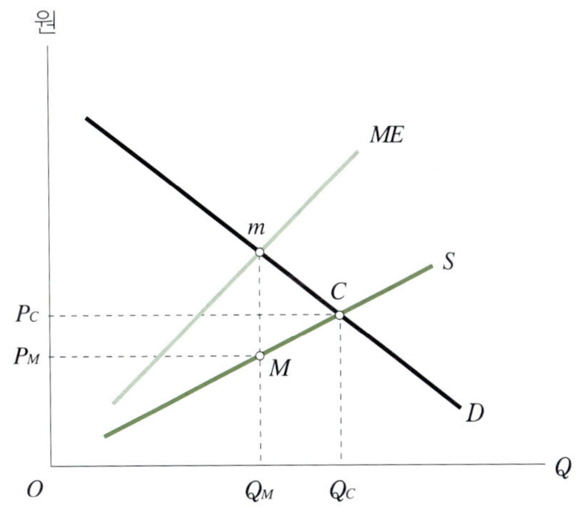

수요독점시장에서의 균형은 어떻게 이루어지는가 알아보자.

[그림 11-20]은 수요독점시장의 균형이다.

수요독점자는 수요곡선과 *ME*곡선이 만나는 점 *m*에서 상품의 구입량 Q_M을 결정할 것이다. 그러나 가격은 수요곡선과 *ME*곡선의 교점인 *m*에서 결정되지 않고 공급곡선의 높이인 *M*에서 P_M으로 결정된다. 즉 수요독점자는 독점의 지위를 이용하여 공급곡선의 높이만큼만 지불하는 것이다. 만일 경쟁시장이라면 균형은 *C*에서 이루어질 것이며, 이 때의 가격은 P_C이고 균형수급량은 Q_C일 것이다. 따라서 수요독점이 이루어지면 상품의 가격은 경쟁 때보다 하락하여 수요독점자의 착취가 일어나며, 균형수급량 또한 감소되어 자원의 효율적인 이용을 방해하게 된다. 또 사회적으로 필요한 최적생산량보다 적기 때문에 사회적 후생의 감소도 생긴다.

이 수요독점시장 분석은 요소시장이론에서 다시 설명된다.

PART 04

연 · 습 · 문 · 제

01. 독점 성립의 요인을 들어보시오.

02. 독점시장은 다음과 같은 특징이 있다. 이 사항을 각각 설명하시오.
① 독점기업이 당면하는 수요곡선은 우하향이다. ② 가격이 한계수입보다 높다. ③ 독점균형의 생산량 수준은 수요곡선상에서 볼 때 언제나 가격탄력성이 1 이상인 영역에서 이루어진다.

03. 독점공급자가 10개의 상품을 1,500원씩에 판매할 수 있고, 9개의 상품을 1,600원씩에 판매할 수 있다면 이 공급자가 10개째를 팔 때의 한계수입은 얼마인가 계산하시오.

04. 어느 연예기획사가 유명 가수의 공연을 기획하고 있다. 이 공연은 5,000명이 입장할 수 있는 장소에서 단 1회만 하고, 입장권의 시장수요곡선이 $Q = 9{,}000 - P$이다. 매출액을 극대화하기 위해서는 가격을 얼마로 책정해야 하는가?

05. 독점기업의 가격차별 방법을 설명하시오.

06. 이부가격(two-part tariff)이란 무엇인가 설명하시오.

07. 세 개의 공장을 가지고 있는 어느 독점기업의 생산량과 가격결정 원리를 설명하시오.

08. 독점시장에서 시장수요곡선이 $P = 50 - 0.5Q$인 경우를 고려하자. 독점 기업은 두 개의 공장(공장 1, 공장 2)에서 제품을 생산하고 있다. 공장 1에서 제품생산에 따른 한계비용은 $MC_1 = 3Q_1$이고, 공장 2에서 한계비용은 $MC_2 = Q_2$라고 하자.
(1) 기업은 각 공장에서 얼만큼씩 생산해야 하는가?
(2) 제품의 단위당 가격은 얼마인가?

09. 다이어트 식품을 독점공급하고 있는 어떤 기업의 수요함수는 $Q = 100 - P$이고 비용함수는 $TC = 94 + 4Q + Q^2$이다. 독점이윤을 극대화할 수 있는 가격은 얼마인가?

10. 어느 독점기업이 수요함수가 다음과 같은 두 개의 시장에서 가격차별을 시도하고 있다. (1) 해외시장 (2) 국내시장에서의 판매량과 가격은 각각 얼마인가? 단 $MC = 60$이다.

$$Q_F = -3P_F + 600$$
$$Q_H = -P_H + 300$$

11. 독점기업이 두 시장에서 직면한 수요곡선이 각각 $P_1 = 30 - 2Q_1$, $P_2 = 40 - 3Q_2$이고, 한계비용은 10원이라고 하자. 이 독점기업의 이윤극대화 생산량과 가격은 얼마인가?

12. A회사는 자사제품을 내수용과 수출용으로 구분하여 판매하고 있다. 해외시장 수요의 가격탄력성은 4이고 국내시장 수요의 가격탄력성은 2라고 하자. 국내가격이 1,200만원이라면 해외시장에는 얼마에 팔아야 이윤극대화를 달성할 수 있는가? 단, 환율과

수송비 등 기타 관련비용은 무시한다.

13. 독점의 효과를 설명하시오.

14 독점규제의 방법을 들고 그 장단점을 논하시오.

15. MC pricing 방식 독점규제의 (1) 장점, (2) 단점 및 (3) 단점 해소방안을 설명하시오.

16. 다음은 독점에 대한 설명이다. 옳고 그름을 가려라.

(1) 가격을 차별하는 독점기업의 경우 차별 유형에 관계없이 이윤을 극대화하는 생산량은 가격을 차별할 수 없는 독점기업의 생산량보다 적지 않다.

(2) 시장의 수요가 평균비용이 감소하는 구간에 위치한다면 해당 산업은 자연독점이 될 수 있다.

(3) '하버거삼각형' 또는 '자중손실'은 독점시장의 비효율성을 나타낸다.

(4) 수요의 가격탄력도가 비탄력적인 상품의 경우 가격이 상승하면 해당 기업의 이윤은 증가한다.

(5) 주요 투입요소의 장악, 규모의 경제, 특허권 등은 독점 발생의 원인이 된다.

해답 및 풀이

03. {해답} 600원

{풀이} 한계수입이란 한 단위 더 판매하여 증가하는 수입을 말한다. 10개째 상품의 한계수입은 10개를 판매한 수입에서 9개를 판매한 수입을 제한 금액이다. 이를 계산하면 $10 \times 1{,}500 - 9 \times 1{,}600 = 600$(원)이다.

04. {해답} 4,500원

{풀이} 매출액을 극대화하기 위해서는 한계수입이 0이 되어야 한다. $Q = 9{,}000 - P$를 P에 대해서 풀면 $P = 9{,}000 - Q$이다. 그러므로 총수입은 $TR = P \cdot Q = (9{,}000 - Q)\,Q = 9{,}000Q - Q^2$이다. 총수입함수가 얻어지면 한계수입함수도 도출된다. 한계수입은 $MR = \frac{dTR}{dQ} = 9{,}000 - 2Q$이다. 그런데 $MR = 0$이어야 하므로 $9{,}000 - 2Q = 0$이다. 이 식을 풀면 $Q = 4{,}500$이고, 이를 원래의 수요함수에 대입하면 $P = 4{,}500$이다.

08. {풀이} (1) 독점기업의 한계수입은 $MR = 50 - Q$이다. 여기서 $Q = Q_1 + Q_2$이다. 기업의 이윤극대화 조건은 $MR = MC_1 = MC_2$이다. 따라서 $Q_1 = \frac{50}{7}$, $Q_2 = \frac{150}{7}$이다.

(2) 제품의 단위당 가격은 $\frac{250}{7}$ 이다.

09. {해답} 76

{풀이} 수요함수 $Q = 100 - P$를 P에 대해서 다시 쓰면 $P = 100 - Q$이다. 따라서 총 수입은 $TR = P \cdot Q = 100Q - Q^2$이다. 또 한계수입은 $MR = \frac{dTR}{dQ} = 100 - 2Q$이다. 한편 비용함수 $TC = 94 + 4Q + Q^2$에서 한계비용은 $MC = \frac{dTR}{dQ} = 4 + 2Q$이다. 한계수입과 한계비용이 구해지면 $MR = MC$ 원칙에서 $100 - 2Q = 4 + 2Q$이다. 이 식을 풀면 $Q = 24$이다. 이 생산량을 수요함수 원래의 수요함수에 대입하면 $P = 76$이다.

10. {해답} 해외시장: 130, 국내시장: 180

{풀이} 국내와 해외 두 개의 시장으로 분리하여 가격차별을 시도하는 경우 시장균형 원리는 $MR_H = MR_F = MC$이다. 문제의 해결을 위해서는 양 시장의 한계수입 MR을 알아야 하고, 각 시장의 MR을 알려면 먼저 TR을 계산하여야 한다. 해외시장의 경우, 수요함수 $Q_F = -3P_F + 600$을 P_F에 대해서 풀면 $P_F = -\frac{1}{3}Q_F + 200$이다. 따라서 해외시장의 총수입은 $TR_F = P_F Q_F = (-\frac{1}{3}Q_F + 200)Q_F = -\frac{1}{3}Q_F{}^2 + 200Q_F$이고, 해외시장 한계수입은 $MR_F = -\frac{2}{3}Q_F + 200$이다. 국내시장의 경우, 수요함수 $Q_H = -P_H + 300$을 P_H에 대해서 풀면 $P_H = -Q_H + 300$이다. 따라서 국내시장의 총수입은 $TR_H = P_H Q_H = (-Q_H + 300)Q_H = -Q_H{}^2 + 300Q_H$이고 국내시장 한계수입은 $MR_H = -2Q_H + 300$이다. 두 시장의 한계수입이 도출되면 $MR_H = MR_F = MC$ 원칙으로 판매량과 가격을 계산한다.

(1) 해외시장: $-\frac{2}{3}Q_F + 200 = 60$에서 $Q_F = 210$이다. 해외판매량 210을 해외 수요함수식에 대입하면 $P_F = 130$이다. (2) 국내시장: $-2Q_H + 300 = 60$에서 $Q_H = 120$이다. 국내판매량 120을 국내 수요함수식에 대입하면 $P_H = 180$이다.

11. {해답} $Q_1 = 5, P_1 = 20, Q_2 = 5, P_2 = 25$

{풀이} 두 개의 시장으로 분리하여 가격차별을 시도하는 경우 시장균형 원리는 $MR_1 = MR_2 = MC$이다. 제1시장의 수요함수 $P_1 = 30 - 2Q_1$에서 총수입은 $TR_1 = (30 - 2Q_1)Q_1 = 30Q_1 - 2Q_1^2$이고 한계수입은 $MR_1 = 30 - 4Q_1$이다. 또 제2시장의 수요함수 $P_2 = 40 - 3Q_2$에서 총수입은 $TR_2 = (40 - 3Q_2)Q_2 = 40Q_2 - 3Q_2^2$이고 한계수입은 $MR_2 = 40 - 6Q_2$이다. 이제 양 시장에 $MR = MC$ 원칙을 적용하면 된다.

제1시장은 $MR_1 = 30 - 4Q_1 = 10$에서 $Q_1 = 5, P_1 = 20$이다.

제2시장은 $MR_2 = 40 - 6Q_2 = 10$에서 $Q_2 = 5, P_2 = 25$이다.

12. {해답} 800만 원

{풀이} 두 개의 시장으로 분리하여 가격차별을 시도하는 경우 시장균형 원리는 $MR_H = MR_F = MC$이다. 그런데 한계수입은 $MR = P(1 - \frac{1}{E_D})$의 성질을 가지고 있다. 따라서 시장균형은 $P_H(1 - \frac{1}{E_H}) = P_F(1 - \frac{1}{E_F}) = MC$일 때 이루어진다. 이 식 앞의 두 항에 해외시장 수요의 가격탄력성 4, 국내시장 수요의 가격탄력성 2, 그리고 국내가격 1,200만 원을 각각 대입하면 해외시장 가격이 구해진다. 즉 $1{,}200(1 - \frac{1}{2}) = P_F(1 - \frac{1}{4})$을 풀면 해외시장 판매가격은 800만 원이다.

16. {해답} (1) 옳다. (2) 옳다. (3) 옳다. (4) 그르다. (5) 옳다.

{풀이} (1) 제1급가격차별과 제2급가격차별을 하면 생산량이 순수독점 때보다 많다. 또 제3급가격차별을 하면 생산량이 순수독점 때와 같다. (2) 평균비용이 감소하는 구간에 수요곡선이 위치하면서 평균비용곡선 아래에 있게 되면 해당산업은 자연독점이 된다. (3) 독점시장에서는 하버거삼각형 만큼의 사회적 후생손실이 일어난다. (4) 수요의 가격탄력성이 비탄력적인 경우에 가격이 상승하면 기업의 총수입이 증가한다. 그리고 일반적으로 독점기업은 수요의 가격탄력성이 1보다 큰 구간에서 생산한다. (5) 주요 투입요소의 장악, 규모의 경제, 특허권 등은 진입장벽이며 독점을 생성시킨다.

읽을거리 속담 속의 경제학: 산전 벌어 고라니 좋은 일 한다

요즈음에는 가끔 도심에 멧돼지가 나타나 주민들을 놀라게 한다. 멧돼지가 먹이를 찾아 도심까지 진출한 것이다. 산골에 있는 논밭이 들짐승에 의해 농사를 망치는 피해를 입는다는 보도가 잇따른다. 산 가까이서 농사를 짓는 사람들은 '산전 벌어 고라니 좋은 일 한다'고 아우성이다. 산전(山田)이란 산에 일군 밭을 말하며, 고라니는 노루 비슷한 야생동물이다. 이 속담은 산에 밭을 일구어 농사지어 놓으니 고라니가 와서 다 먹어버린다는 것으로, 힘들게 생산해서 남 좋은 일만 한다는 뜻이다.

어느 개발도상국이 자국에 TV산업을 육성하고자 한다. 하지만 기업은 채산성이 없다고 판단하고 TV 생산에 뛰어들지 않는다. TV를 생산한다 해도 소득수준이 낮기에 국내 수요를 기대할 수 없어서이다. 수출 또한 여의치 않다. 해외시장에서 가격경쟁이 되지 않는 것이다. 이 경우에 시도하는 전략이 해외 덤핑(dumping)이다. 국내시장에는 비싸게 팔고 해외시장에는 값싸게 판매하는 것이다. 이 경우에 정부는 수입금지 조치를 통해 기업이 국내 시장에 비싸게 팔 수 있도록 해준다. 개발도상국 등에서 동일한 상품을 국내에 비싸게 팔고 해외에는 값싸게 판매하는 전략을 해외 덤핑이라고 한다. 우리나라도 경제개발 시기에 해외 덤핑을 했다. 베트남 전쟁 시절 파병되었다가 귀국하는 장병들이 베트남에서 국산 TV를 값싸게 사가지고 들어올 수 있었던 것이 바로 해외 덤핑 덕이었다.

해외 덤핑은 가격차별(價格差別)의 일종이다. 가격차별이란 동일한 상품에 서로 다른 가격을 매겨 판매함으로써 이윤을 증대시키는 기업의 판매 전략을 말한다. 가격차별은 가격결정력을 가진 독점기업이 주로 시도한다. 또 독점기업이 아니더라도 시장이 시간적으로 또는 공간적으로 분리될 수 있을 때 가능하다.

chapter 12

과점시장이론

'과점시장(寡占市場)을 잘 이해하는 것이 매우 중요하다.' 이렇게 말하면 독자 여러분은 고개를 갸우뚱 할 것이다. 완전경쟁시장이론에서는 '완전경쟁을 잘 이해하는 것이 중요하다', 독점시장이론에서는 '독점시장을 이해하는 것이 중요하다' 하더니, 이번에는 과점시장을 이해하는 것이 중요하다고 하니 말이다. 그렇다. 완전경쟁시장과 독점시장을 이해하는 것은 매우 중요하다. 그러나 완전경쟁시장과 독점시장은 현실에서 찾기 어렵다. 우리가 만나는 대부분의 시장은 과점시장이다. 우리가 현실에서 자주 만나는 시장이기에 중요하다는 것이다.

과점시장에 대한 이론은 아직 학문적으로 완전히 정리되어 있지 않다. 그래서 학자들이 연구하고 주장한 내용을 소개하는 정도이다. 전체의 흐름을 보면서 찬찬히 공부하기 바란다.

무릇 자기를 높이는 자는 낮아지고
자기를 낮추는 자는 높아지리라.

- 누가복음 14: 11 -

제 1 절 과점시장이론 개요

우리가 생활 속에서 가장 흔하게 만나는 시장이 과점(oligopoly)형태의 시장이다. 과점시장이란 둘 이상의, 그러나 아주 많지는 않은 수의 공급자가 존재하는 시장이다. 과점시장에서는 소수의 기업들이 대체성이 큰 상품을 생산하여 경쟁한다.

과점시장: 둘 이상의, 그러나 많지 않은 수의 기업들이 비슷한 상품을 생산하여 경쟁하고 있는 시장

과점시장은 우리 생활 속에서 독점시장이나 완전경쟁시장보다도 훨씬 많이 접하는 시장이지만 과점시장이론은 아직 완전히 정립되지 못하고 있다. 학문적인 면에서 미시경제학의 좋은 점은 이론(異論)이 거의 없이 학설이 정립되어 있다는 것이다. 독자 여러분은 독점시장이론까지는 그러한 호강(?)을 누려왔다. 그런데 과점시장이론에서는 앞의 완전경쟁시장이론이나 독점시장이론처럼 어떤 확립된 이론이 제시되는 것이 아니라 여러 가지 가설이 제시된다. 아직 확실히 정립된 이론이 없으므로 학자들의 학설을 소개하고 그 이론적 성과나 장단점을 논하는 것이다.

과점시장의 특성

앞에서 언급한 바와 같이 과점시장에는 적은 수의 기업이 존재한다. 두 개의 기업만이 존재하는 경우를 복점(duopoly)이라고 한다. 과점시장의 상품은 그 질이 동질적일 수도 있고 다를 수도 있다. 동질의 상품이 거래되는 과점을 순수과점(pure oligopoly)이라고 부른다.[1)]

과점시장의 특성은 크게 두 가지로 설명할 수 있다. 첫째, 과점시장에서는 시장에 있는 기업들 사이에 강한 상호작용이 존재한다.[2)] 완전경쟁시장에서의 경쟁은 상대방이 누구인지 어떤 행동을 하는지 알 수도 없고 알 필요도 없다. 또한 독점시

1) 상품이 차별화되어 있는 즉, 상품의 질이 약간씩 차이가 있는 경우에 그 상품이 거래되는 과점을 차별화된 과점(differentiated oligopoly)라고 부른다.

2) 기업들 간의 상호작용은 게임이론에서 중요하게 다루는 주제이다. 게임이론에 대해서는 제13장을 참고하기 바란다.

장에서의 기업은 시장을 독점할 뿐 아니라, 잠재적인 진입기업(경쟁자)도 존재하지 않는다. 그러나 과점시장에서의 경쟁은 상대방의 행동에 최적대응을 보이는 관계이다. 즉 과점시장에서는 기업이 생산량이나 가격을 결정할 때 경쟁기업이 어떤 최적대응을 보일 것인가를 고려하여 전략적 행동(strategic behavior)을 한다. 따라서 과점시장에서는 상대기업이 어떤 결정을 내릴 것이라고 보느냐에 따라 최적선택이 달라지는 전략적 상황(strategic situation)에 처하게 된다. 과점기업은 경쟁 상대방이 어떻게 나올 것인가를 추측해야 하며, 이 추측의 결과에 따라 자신의 행동을 결정하게 된다. 이와 같은 상호의존성은 기업들로 하여금 무모한 경쟁을 피하고 담합(collusion)에 의한 공동이익을 추구하는 유인으로 작용할 수 있다.

둘째, 진입장벽이 존재한다. 과점시장은 완전경쟁시장과 달리 장기에도 양(+)의 경제적 이윤이 존재한다. 그런데 새로운 기업이 진입하지 못하는 이유는 진입장벽이 존재하기 때문이다. 진입장벽이 발생하는 이유 중에서 일부는 제11장에서 설명하였다: 즉 특허(patent)나 전매권(franchise)으로 법적 진입장벽이 형성된 경우, 소수의 기업이 주요 생산요소를 독점하는 경우, 규모의 경제에 의한 자연독점이 이루어지는 경우, 그리고 소비자들이 기존기업에게 브랜드 로열티(brand loyalty)를 보이는 경우 등이다. 또한 기존기업이 담합을 하여 진입제한 가격설정 등의 반경쟁적 전략을 사용하는 경우에도 진입장벽이 발생할 수 있다. 즉 기존기업들은 담합이라는 전략적 행위를 하여, 새로운 기업의 진입을 억제시키는 것이다.

과점시장이론의 가설들

앞에서도 언급한 바와 같이, 과점시장에 대해서는 아직 확실한 이론의 정립이 되어 있지 않다. 이러한 이유로 본서에서는 학자들이 제시한 여러 가지 학설을 소개하고 그 이론적 성과나 장단점을 논하기로 한다. 이를 위해서는 다양한 학설을 분류하는 작업이 선행되어야 한다. 본서에서는 경쟁기업간의 담합 정도에 따라 세 가지 유형으로 학설을 분류하여 설명하기로 한다. 제2절에서는 기업들이 상호협조 없이 독자적으로 행동하는 전략적 상황을 고려한다. 개별기업은 경쟁기업(들)의 최적대응에 대한 어떤 추측을 한 후, 이러한 추측에 입각해 자신의 이윤극대화 행위를 한다. 제3절에서는 기업들이 상호협조를 하는 전략적 상황을 고려한다. 우선, 각 기업이 자신의 이윤을 극대화시키기 위해 불완전하게 담합하는 상황을 상정한 후, 각 기업의 전략적 행위를 분석한다. 다음으로 기업들이 하나의 거대한 독점기업처럼 행동하는 상황 즉 담합을 상정한 후, 각 기업의 전략적 행위를 분석한다.

독자 여러분은 게임이론을 이용하여 과점시장을 분석하는 부분을 발견하게 될 것이다. 게임이론을 처음 접한다면, 우선 제13장을 공부한 후 제12장을 읽는 것도 과점시장을 이해하기 위한 합리적인 선택이 될 수 있다.

제 2 절 독자적 행동모형

기업들이 독자적으로 행동한다는 것은 동일 산업 내의 기업들이 담합 없이 독립적으로 의사결정을 하여 행동한다는 것을 의미한다. 독자적으로 행동한다고 해서 기업들이 상대방의 행동을 전혀 고려하지 않는다는 것은 아니다. 독자적 행동이라는 말은 상대방의 행동을 고려하되, 담합은 하지 않는다는 말이다. 과점산업의 기업은 상대기업의 행동(그리고 전략)이 무엇이며, 자신의 전략에 대해 상대기업이 어떤 대응을 보일 것인가에 대한 예상에 따라 행동한다. 상대기업이 어떤 대응을 보일 것인가에 대한 예상을 추측된 변화(conjectural variation)라고 한다.[3)]

PART 04

추측된 변화의 내용은 과점 모형마다 다르다. 꾸르노모형과 스타켈버그모형은 생산량을 전략변수로 하고 있으며, 버트란드모형과 굴절수요곡선모형은 가격을 전략변수로 하고 있다. 본서에서는 편의상 과점시장 내에 존재하는 기업은 둘 뿐인 복점이며 생산물이 동질적이라고 가정한 후에, 각 모형을 설명하기로 한다.

2.1 꾸르노모형

꾸르노(A. Cournot)에 의해 개발된 꾸르노모형은 다음과 같은 복점산업을 가정한다. 첫째, 동질적인 상품을 생산하는 두 개의 기업이 있으며, 각 기업은 추측된

3) 이러한 개념은 꾸르노(A. Cournot, 1801~1877)가 1838년에 처음으로 제시하였다.

변화의 대상인 산출량을 전략변수로 사용한다. 즉 각 기업은 자신의 생산량을 변화시켜도 상대방은 현재의 생산량을 그대로 유지할 것이라고 추측하고 자신의 생산량을 결정한다. 첫 번째 가정은 두 기업이 모두 추종자(follower)이면서 동시에 산출량을 결정한다는 것을 의미한다. 둘째, 두 기업의 고정비용은 존재하지 않고 한계비용은 일정하다.[4)]

최적대응곡선

이제 꾸르노모형의 핵심이라고 할 수 있는 최적대응곡선을 도출해 보자. 꾸르노모형에서의 두 기업 A, B는 모두 선도적으로 행동하는 것이 아니라 상대방의 행동에 대해 최적대응을 보이는 추종자이고, 이 최적대응을 그림으로 나타낸 것이 최적대응곡선(best response curve)이다.

[그림 12-1]은 최적대응곡선을 도출하는 과정을 나타내고 있다.

(a)는 시장 상황이다. 그림에는 시장 전체의 수요곡선이 D_A로 주어져 있다.

(b)는 기업 A의 최적대응곡선이다. 그림의 가로축은 기업 A의 생산량을, 세로축은 기업 B의 생산량을 나타낸다. 과점시장이론에는 이런 독특한 그림이 자주 나오니 그 축이 의미하는 바를 먼저 파악하고 그림을 분석하는 것이 좋다.

이제 두 그림을 보면서 최적대응곡선 도출의 원리를 알아보자. 우선 기업 A가 시장에 있는 유일한 공급자라고 하자. 기업 A는 시장수요곡선 D_A를 자신의 수요곡선으로 인식하고 최적화 행위를 한다. 즉 $MR_A = MC$원칙에 따라 Q_{A1}만큼 생산한다. 그런데 이 때 기업 B가 진입하여 Q_{B1}을 생산한다고 하자. 기업 A가 인식하는 자신의 제품에 대한 수요곡선은 시장수요곡선 D_A를 왼쪽으로 Q_{B1}만큼 평행 이동시킨 D'_A가 된다. 새로운 수요곡선에서 MR'_A곡선을 도출하면, 이 MR'_A와 MC가 만나는 Q_{A2}만큼이 새로운 최적생산량이다. 즉 기업 B의 생산량에 대하여 기업 A가 최적대응을 보이는 것이다. 이를 (b)에서 보면 기업 B의 생산량이 Q_{B1}일 때 기업 A는 Q_{A2}를 생산하는 관계의 균형점 R을 찾을 수 있다. 기업 A의 최적대응곡선은 기업 B의 생산량이 주어져 있을 때 기업 A가 이윤을 극대화시키기 위해 선택하는 생산량을 말해준다. Q_{A1}과 R을 잇는 선분이 바로 기업 A의 최적대응곡선이다. 이와 똑같은 과정을 반복함으로써 기업 B의 최적대응곡선도 도출할 수 있다. 두 기업의 최적대응곡선이 도출되면 꾸르노균형을 찾아낼 수 있다.

---

4) 전형적인 비용함수를 고려하거나, 고정비용만 존재하는 경우에도 꾸르노분석의 결과는 달라지지 않는다.

그림 12-1 기업 A의 최적대응곡선

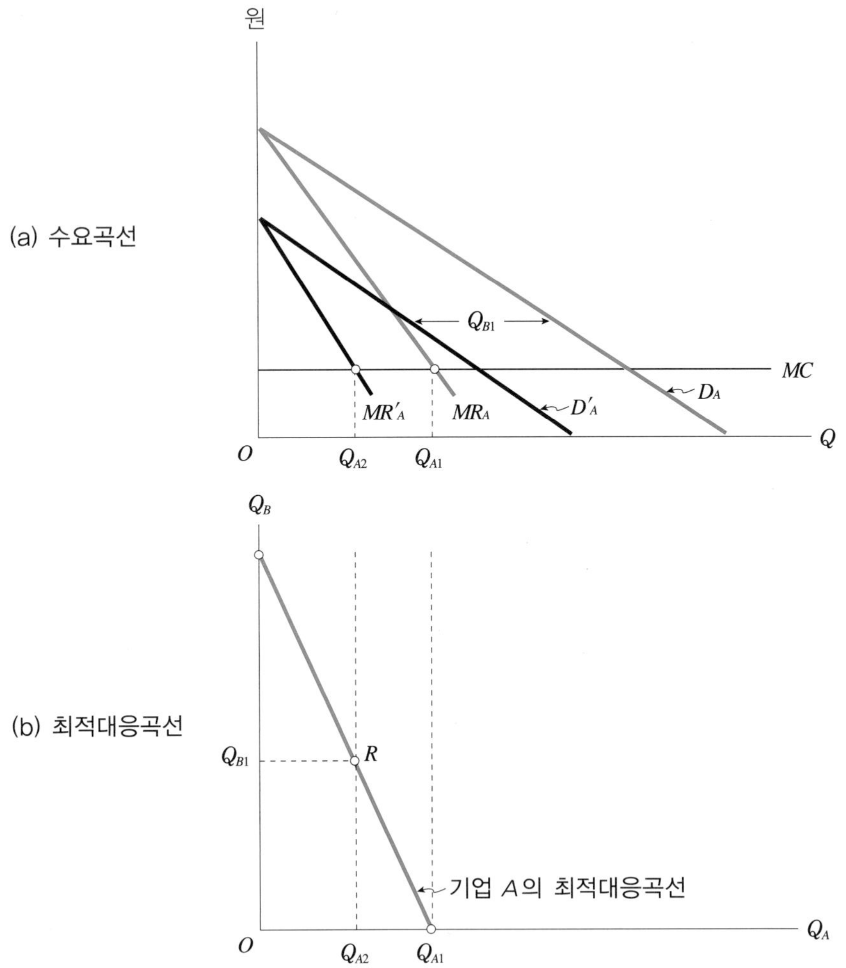

꾸르노균형

이제 두 기업의 최적대응곡선을 가지고 꾸르노균형을 논의해 보자.[5] [그림 12-2]는 꾸르노균형을 나타내고 있다. 그림에서 두 선분은 각각 *A*, *B* 두 기업의 최적대응곡선이다. 기업 *A*의 최적대응곡선은 상대기업의 행동에 대하여 기업 *A*가 선

5) 꾸르노균형은 1951년에 내쉬(J. Nash, 1928~2015)가 비협조적인 상황에 적용될 수 있는 일반적인 균형 개념인 내쉬균형(Nash equilibrium)을 소개함으로써 정립되었다. 즉 꾸르노균형은 내쉬균형의 일종이다. 내쉬균형에 대해서는 제13장에서 자세하게 소개한다.

그림 12-2 꾸르노균형

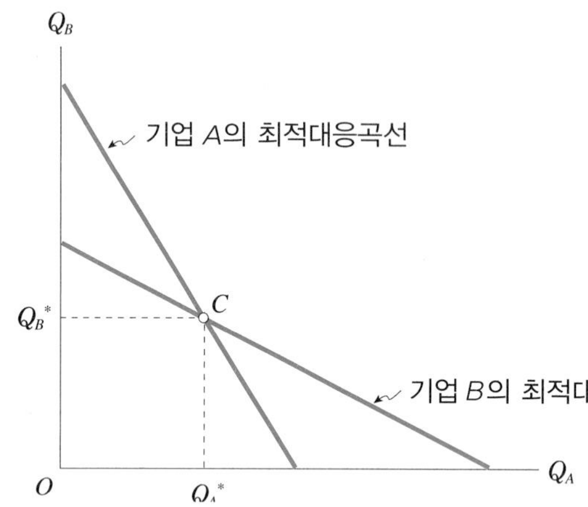

택한 최적행동의 궤적이고, 기업 B의 최적대응곡선 또한 기업 B의 최적행동의 궤적이다. 따라서 두 기업의 최적대응곡선이 교차하는 점 C는 두 기업 모두에게 동시에 최적인 조합이다. 이 균형점에서 기업 A는 Q_A^*만큼을, 기업 B는 Q_B^*만큼을 생산하고 있다.

이 균형점을 꾸르노점(Cournot point)이라고 하며, 이러한 꾸르노 가정하의 균형을 꾸르노균형(Cournot equilibrium)이라고 한다.

[그림 12-3]은 꾸르노균형에 이르는 과정을 보이고 있다. 어느 시장에서 기업 B가 Q_{B1}을 생산하고 있다고 하자. 기업 A는 점 S를 택하여 Q_{A1}을 생산하는 최적대응을 보인다. 기업 A가 Q_{A1}을 생산하면 기업 B는 R을 택하여 Q_{B2}를 생산하게 된다. 이렇게 되면 기업 A는 다시 T를 택하여 Q_{A2}를 생산하게 된다. 이러한 과정을 거쳐 두 기업의 생산량 조합은 결국 꾸르노균형점인 C에 다다르게 된다. 이러한 수렴 과정은 C의 오른쪽 아래 부분에서 출발할 때도 마찬가지이다. 즉 A, B 두 기업이 서로 행동을 하고 최적대응을 보이며, 결국은 C에 이르게 되는 것이다.

꾸르노모형에 대한 평가

[그림 12-2]에서 꾸르노균형은 (Q_A^*, Q_B^*)이었다. 이제 꾸르노모형을 이용하여 과점시장을 완전경쟁시장이나 독점시장과 비교하여 보자. 즉 꾸르노모형으로부터

그림 12-3 꾸르노균형의 안정성

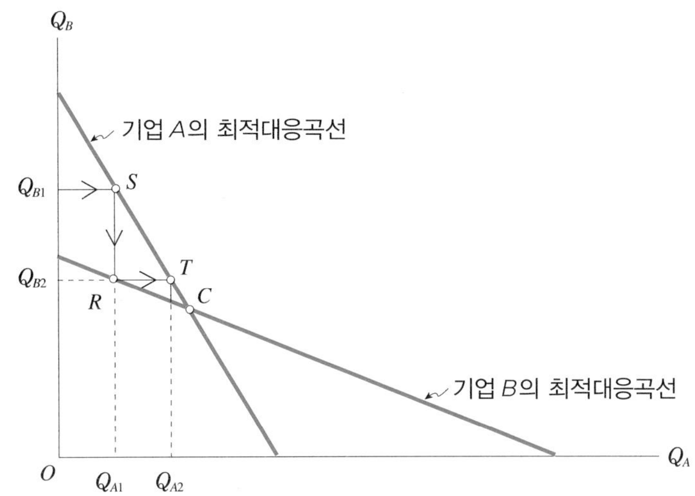

유도된 균형가격 P^*와 균형수급량 $Q^* = Q_A^* + Q_B^*$를 완전경쟁시장으로부터 유도된 균형가격 P^C와 균형수급량 Q^C 및 독점시장으로부터 유도된 균형가격 P^M과 균형수급량 Q^M을 각각 비교하여 보자.

꾸르노모형에서의 이윤극대화행위를 분석하기 위해서는 각 기업의 비용제약(생산기술상의 제약)과 시장제약을 고려해야 한다. 우선, 각 기업의 비용제약을 고려해 보자. 각 기업은 다음과 같은 비용함수를 가지고 있다.

$$C(Q_A) = cQ_A,\ C(Q_B) = cQ_B \tag{12-1}$$

식(12-1)에서 c는 각 기업의 한계비용이다.

다음으로, 각 기업의 시장제약을 고려해 보자. 각 기업은 동일한 과점시장에 있기 때문에 시장제약은 동일하다. 즉,

$$P(Q) = \delta - Q = \delta - Q_A - Q_B \tag{12-2}$$

위 식에서는 δ는 $(Q + c)$보다 큰 상수이다.

이제 기업 A와 기업 B의 이윤을 각각 다음과 같은 함수식으로 표현할 수 있다.

PART 04

$$\pi_A(Q_A) = P(Q)Q_A - cQ_A = (\delta - Q_A - Q_B - c)Q_A \tag{12-3}$$

$$\pi_B(Q_B) = P(Q)Q_B - cQ_B = (\delta - Q_A - Q_B - c)Q_B \tag{12-4}$$

이윤극대화 제1차 미분조건으로부터 각 기업의 최적대응함수를 다음과 같이 각각 유도할 수 있다.

$$Q_A = \frac{\delta - Q_B - c}{2} \tag{12-5}$$

$$Q_B = \frac{\delta - Q_A - c}{2} \tag{12-6}$$

식(12−6)으로 표현된 기업 B의 최적대응함수가 [그림 12−2]와 [그림 12−3]에 있는 기업 B의 최적대응곡선이다: 종축의 절편은 $\frac{\delta - c}{2}$이고 기울기는 $-\frac{1}{2}$이다. 식(12−5)로 표현된 기업 A의 최적대응함수를 이용하여 [그림 12−2]와 [그림 12−3]에 있는 기업 A의 최적대응곡선을 유도하는 방법은 독자 여러분이 생각해 보기 바란다. 두 최적대응함수로부터 우리는 다음과 같이 꾸르노균형을 얻는다.

$$Q_A^* = Q_B^* = \frac{\delta - c}{3} \tag{12-7}$$

식(12−7)로 표현된 꾸르노균형이 [그림 12−2]와 [그림 12−3]에 있는 (Q_A^*, Q_B^*)이다. 이때 균형수급량과 균형가격은 각각 다음과 같다.

$$Q^* = Q_A^* + Q_B^* = \frac{2(\delta - c)}{3},\ P^* = \frac{\delta + 2c}{3} \tag{12-8}$$

이제 독점시장을 고려하여 보자. [그림 12−1]에서 보는 바와 같이 기업 A만 존재하는 경우에 시장수요곡선 D_A는 기업 A의 수요곡선이 되며, $MR_A = MC$에서 Q_{A1}만큼 생산한다. 즉, Q_{A1}는 독점시장에서의 균형생산량이다. 독점시장에서의 균형가격과 균형수급량을 유도해보기로 하자. 독점기업인 기업 A의 이윤은 다음과 같은 함수식으로 표현될 수 있다.

$$\pi_A(Q_A) = P(Q_A)Q_A - cQ_A = (\delta - Q_A - c)Q_A \tag{12-9}$$

여기서 $Q_B = 0$이고, $P = \delta - Q_A$

독점기업 A의 이윤극대화 제1차 미분조건으로부터 우리는 다음과 같이 독점균형을 얻는다.

$$Q^M = \frac{\delta - c}{2} \tag{12-10}$$

식(12−10)으로 표현된 독점균형이 [그림 12−1]에 있는 Q_{A1}이다: 즉 $Q^M = Q_{A1}$이다. 이때 균형수급량과 균형가격은 각각 다음과 같다.

$$Q^M = \frac{\delta - c}{2}, P^M = \frac{\delta + c}{2} \tag{12-11}$$

만약 완전경쟁시장이라면 $P = D_A$가 되고 $P = D_A = MC$가 성립되는 생산량이 균형생산량이다. 완전경쟁시장에서의 균형가격과 균형수급량을 유도해보기로 하자. 완전경쟁시장에서 $P = \delta - Q = c$가 되며, 이 식으로부터 유도된 균형수급량과 균형가격은 각각 다음과 같다.

$$Q^C = \delta - c,\ P^C = c \tag{12-12}$$

이상의 논의에서 꾸르노모형에서의 균형수급량은 완전경쟁모형과 독점모형에서 유도한 균형생산량의 중간에 있고, 균형가격은 완전경쟁시장의 균형가격보다는 높지만 독점가격보다는 낮다는 점을 확인할 수 있다.

$$Q^C > Q^* > Q^M \tag{12-13}$$

$$P^M > P^* > P^C \tag{12-14}$$

그런데 꾸르노모형의 가정에는 비현실적인 면이 존재한다. 상대방 기업의 행동에 지나치게 단순한 최적대응을 서로 보인다는 점이다. 즉 기업 자체가 의사결정 구조를 가지고 최선의 선택을 하려고 하면서 단순하게 추종만, 그것도 상대방 기업은 움직이지 않으리라는, 즉 추측된 변화가 0이라는 것은 비현실적일 수 있다.

2.2 스타켈버그모형

스타켈버그(H. von Stackelberg)에 의해 개발된 스타켈버그모형은 꾸르노모형을 보완하는 성격을 지니고 있다. 꾸르노모형에서는 모든 기업이 수동적인 전략적 행위를 하는 추종자(follower)이다. 그러나 모든 기업이 추종자로만 행동한다는 것은 현실에 맞지 않다. 스타켈버그는 두 기업 중 하나 또는 둘 모두가 생산량을 먼저 결정하는 선도자(leader)의 역할을 할 수 있다고 가정하였다. 두 기업 중에서 기업 A는 상대방의 최적대응을 미리 짐작하고 자신의 생산량을 결정하고, 기업 B는 기업 A의 생산량을 인지한 후에 자신의 생산량을 결정하는 상황을 고려하자. 이 때 기업 A를 선도자 그리고 기업 B를 추종자라고 한다.

등이윤선

스타켈버그는 등이윤선(iso-profit line)을 이용하여 두 기업의 전략적 행위를 분석하였다. 등이윤선이란 한 기업에게 동일한 크기의 이윤을 얻게 해주는 두 기업 생산량 조합의 궤적을 말한다.

[그림 12-4]는 기업 A의 등이윤선을 나타내고 있다. 이 곡선은 기업 A에게 동일한 크기의 이윤을 얻게 해주는 두 기업의 생산량 Q_A와 Q_B조합들의 궤적이다. 이

그림 12-4 등이윤선

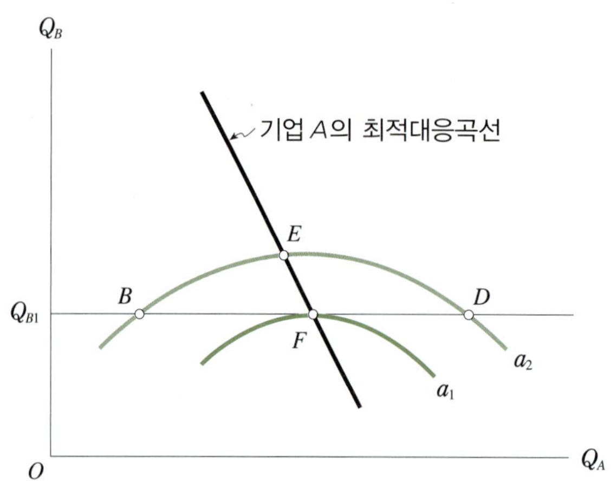

등이윤선은 아래쪽으로 내려갈수록 더 큰 이윤을 나타낸다. 그림의 점 *B*, *E*, 그리고 *D*에서 기업 *A*가 누리는 이윤은 동일하고 *F*에서는 더 큰 이윤을 누린다. 등이윤선이 가로축에 대하여 오목한 이유는 기업 *B*의 생산량이 고정된 상태에서 기업 *A*가 생산량을 늘리면 초기에는 이윤이 증가하다가 결국 감소하게 되기 때문이다. 구체적으로 기업 *B*의 생산량이 Q_{B1}으로 주어진 상태에서 기업 *A*가 생산량을 증가시키면 *B*에서 *F*까지는 증가하다가 점차 감소한다. 따라서 점 *B*와 *D*를 지나는 등이윤선 a_2가 *F*를 지나는 이윤선 a_1보다 더 작은 수준의 이윤을 나타내려면 등이윤선이 가로축에 오목해야 하는 것이다. 그리고 기업 *A*의 최적대응곡선은 기업 *A*의 등이윤선 정점들의 궤적이다. 만약 기업 *B*가 Q_{B1}을 생산한다면 기업 *A*는 그 조건하에 가장 큰 이윤을 누릴 수 있는 생산량을 찾아야 하는데 그 최적점은 *F*이다. 즉 *F*는 기업 *B*에 대한 최선의 최적대응점이고, 같은 이유로 *E*도 기업 *A*의 최적대응점이다. 그래서 점 *E*와 *F*를 연결하면 기업 *A*의 최적대응곡선이 된다. 같은 원리로 기업 *B*의 등이윤선은 세로축에 오목한 형태의 모양을 가지게 될 것이다. 또 기업 *B*의 최적대응곡선은 등이윤선의 오른쪽 꼭지점들을 연결한 선분으로 구성된다.

스타켈버그균형

이제 스타켈버그균형(Stackelberg equilibrium)을 유도할 차례가 되었다. 스타켈버그는 기업이 추종자일 뿐 아니라 선도자가 될 수 있다고 보았으며 등이윤선을 이용하여 균형을 설명하였다.

[그림 12-5]는 세 개의 균형과 한 개의 불균형을 보여주고 있다. 만약 선도자인 기업 *A*가 추종자인 기업 *B*의 최적대응을 미리 짐작한다면 그것은 기업 *A*가 기업 *B*의 최적대응곡선을 알고 있다는 것을 뜻한다. 기업 *A*는 기업 *B*의 최적대응곡선상에서 자신의 이윤이 극대화되는 생산량을 찾아내려는 시도를 할 것이다. 그것은 기업 *B*의 최적대응곡선과 만나는 가장 아래의, 즉 이윤이 가장 큰 등이윤선을 찾아내려 한다는 말이다. 기업 *A*의 이윤극대화는 기업 *B*의 최적대응곡선과 기업 *A*의 등이윤선이 접하는 S_A에서 이루어진다. S_A는 기업 *B*의 최적대응곡선의 한 점이다. 이것은 기업 *B*가 추종자라는 의미이다. 또 S_A는 기업 *A*의 등이윤곡선의 한 점이다. 이 점은 기업 *A*가 기업 *B*의 최적대응을 미리 짐작하고 택한 점이다. 따라서 점 S_A는 기업 *A*가 선도자이고 기업 *B*가 추종자일 때의 균형이다. 이 균형에서 기업 *A*의 생산량은 Q_{A1}이고 기업 *B*의 생산량은 Q_{B1}이다.

그림 12-5 스타켈버그균형

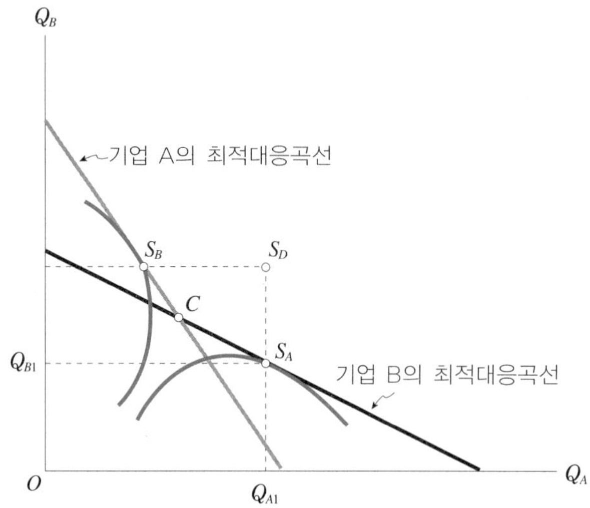

동일한 논리로 점 S_B는 기업 B가 선도자, 기업 A가 추종자일 때의 균형점이다. 한편 점 C는 두 기업 모두가 추종자일 때의 균형이다. 독자 여러분은 이 점이 꾸르노균형점이라는 것을 알고 있을 것이다. 여기서 C, S_A, 그리고 S_B를 스타켈버그균형이라고 한다. 그런데 모든 기업이 선도자로서 행동하려는 경우에는 S_D점으로 나타나는데, 이 경우에는 균형이 존재하지 않는다. 이를 스타켈버그불균형(Stackelberg disequilibrium)이라고 한다. 또한 이와 같은 상황을 스타켈버그 전쟁상황(Stackelberg warfare), 또는 경제적 전쟁상황이라고 말한다.

스타켈버그모형에 대한 평가

[그림 12-5]에서 기업 A가 선도자이고, 기업 B가 추종자인 경우에 스타켈버그균형은 (Q_{A1}, Q_{B1})이었다. 각 기업의 비용제약과 시장제약은 각각 식(12-1)과 식(12-2)로, 그리고 기업 A와 기업 B의 이윤은 각각 식(12-3)과 식(12-4)로 표현하기로 하자. 스타켈버그모형은 다음과 같이 두 단계로 진행된다. 1단계(first stage)에서 선도자인 기업 A가 먼저 생산량 Q_A을 선택한다. 2단계(second stage)에서 추종자인 기업 B는 Q_A를 인지한 후에 자신의 생산량 Q_B를 선택한다. 스타켈버그모형은 순차게임(sequential game) 중에서 완전정보게임(perfect information game)에 해당된다. 순차게임이 완전정보게임인 경우에는 역진귀납(backward induction)을

이용하여 균형을 얻을 수 있다. 선도자인 기업 A는 추종자인 기업 B의 최적대응곡선상에서 자신의 이윤이 극대화되는 생산량을 선택하려 할 것이고, 이를 함수식으로 표현하면 식(12−15)와 같다.

$$\pi_A(Q_A) = (\delta - Q_A - Q_B - c)Q_A \tag{12-15}$$
$$\text{s.t. } Q_B = \frac{\delta - Q_A - c}{2}$$

식(12−15)는 1단계에서 기업 A는 자신의 이윤을 극대화시키는 산출량을 선택할 때, 2단계에서 발생하는 기업 B의 이윤극대화 행위를 정확히 알고 있다는 것을 뜻한다. 이러한 경우에 기업 A는 기업 B의 최적대응곡선상에서 자신의 이윤이 극대화되는 생산량을 찾아내려는 시도를 할 것이다. 그것은 기업 B의 최적대응곡선과 만나는 가장 아래의, 즉 이윤이 가장 큰 등이윤선을 찾아내려 한다는 말이다. 기업 A의 이윤극대화는 기업 B의 최적대응곡선과 기업 A의 등이윤선이 접하는 S_A에서 이루어진다. S_A는 기업 B의 최적대응곡선의 한 점이다. 이것은 기업 B가 추종자라는 의미이다. 또 S_A는 기업 A의 등이윤곡선의 한 점이다. 이 점은 기업 A가 기업 B의 최적대응을 미리 짐작하고 택한 점이다. 따라서 점 S_A는 기업 A가 선도자이고 기업 B가 추종자일 때의 균형이다. 식(12−15)로 표현된 기업 A의 이윤극대화 문제로부터 기업 A의 균형산출량을 유도할 수 있으며, 이 균형산출량을 기업 B의 최적대응곡선에 대입시키면 기업 B의 균형산출량을 유도할 수 있다. 이 균형에서 기업 A의 생산량은 Q_{A1}이고 기업 B의 생산량은 Q_{B1}이다.

$$Q_{A1} = \frac{\delta - c}{2},\ Q_{B1} = \frac{\delta - c}{4} \tag{12-16}$$

식(12−16)으로 표현된 스타겔버그균형이 [그림 12−5]에 있는 (Q_{A1}, Q_{B1})이다. 이때 균형수급량과 균형가격은 각각 다음과 같다.

$$Q^S = Q_{A1} + Q_{B1} = \frac{3(\delta - c)}{4},\ P^S = \frac{\delta + 3c}{4} \tag{12-17}$$

이상의 논의에서 스타겔버그모형에서의 균형수급량은 완전경쟁모형과 꾸르노모형에서 유도한 균형수급량의 중간에 있고, 균형가격은 완전경쟁시장의 균형가격보다는 높지만 꾸르노모형의 균형가격보다는 낮다는 점을 확인할 수 있다.

$$Q^C > Q^S > Q^* > Q^M \quad (12-18)$$

$$P^M > P^* > P^S > P^C \quad (12-19)$$

2.3 버트란드모형

버트란드(J. Bertrand)는 꾸르노모형의 주요 가정인 '각 기업의 생산량 결정'을 비판하였다. 그의 주장에 따르면 생산용량(capacity)의 변화는 시간이 걸리므로 생산량 경쟁은 장기에서 기업의 경쟁수단이 될 수 있을지라도, 단기에서는 경쟁수단이 될 수 없다. 따라서 버트란드는 가격을 전략변수로 보고 꾸르노모형의 논리에 입각한 모형을 고려하였다. 즉, 각 기업은 자신의 최적가격을 선택할 때 상대방의 가격은 주어진 것으로 기대한다.[6)]

꾸르노모형에서와 같이 동질적인 상품을 생산하는 두 기업이 존재한다고 가정하자. 추가적으로 각 기업의 한계비용 역시 c로 동일하며 고정비용은 존재하지 않는다고 가정하자. 이 상황에서 각 기업이 자신의 최적가격을 선택하는 버트란드모형에 대해 살펴보자.

기업 A와 기업 B는 어떻게 최적가격을 선택할까? 독자 여러분이 명심해야 할 것은 두 기업이 생산하는 상품이 완전대체재라는 점이다. 만약 기업 A가 가격을 P_{A1}으로 설정하였는데 그 가격은 한계비용에 비해 높다고 하자: $P_{A1} > c$. 그러면 기업 B는 가격을 한계비용이상이면서 P_{A1}보다 낮게 책정하여 모든 소비자들이 자신의 상품을 사도록 할 수 있으며, 이에 따라 기업 B의 이윤은 증가한다: $P_{A1} > P_{B1} \geq c$. 이 상황에서 기업 A는 이윤이 0이 되므로, P_{A1}는 기업 A의 최적대응이 아니다. 왜냐하면 기업 A는 가격을 P_{B1}보다 낮게 책정하여 모든 소비자들이 자신의 상품을 사도록 유인할 수 있으며, 이에 따라 기업 A의 이윤은 증가하기 때문이다. 두 기업의 가격인하는 가격이 한계비용과 동일할 때까지 지속된다. 한계비용보다 낮은 가격을

6) 상대방이 선택하는 가격의 추측된 변화(conjectural variation)가 0이다.

책정하지 않는 이유에 대해서는 독자 여러분이 고민해 보기 바란다.

버트란드모형의 균형은 결과적으로 완전경쟁시장과 일치한다. 균형가격은 기업의 수가 2개이든 4개이든 상관없이 한계비용에 의해서만 결정된다. 가격은 한계비용에서 결정되므로 초과이윤도 0이 된다.

하지만 두 기업이 차별된 상품을 생산하는 경우에는 두 기업 모두 양의 초과이윤을 얻을 수 있다. 차별화된 과점시장 모형은 이 책의 범위를 벗어나므로 생략한다.

2.4 굴절수요곡선모형

현실 세계에서 상품의 가격은 쉽게 변하지 않는다. 스위지(P. Sweezy)가 개발한 굴절수요곡선모형(kinked demand curve model)은 과점시장에서 가격이 경직적인 이유를 설명하는 모형이다. 굴절수요곡선모형은 다음 두 가지 가정으로부터 시작한다.

첫째, 어느 기업이 가격을 인하하면 다른 기업들도 즉시 가격을 인하한다.

둘째, 어느 기업이 가격을 인상하면 다른 기업들이 동조하지 않는다.

이러한 가정을 채택하면 굴절된 모양의 개별기업 수요곡선을 얻게 된다.

PART 04

개별기업의 수요곡선

어느 과점시장에 기업 A와 그 외의 다른 기업들이 참여하고 있다. 기업 A가 자사의 이익을 위해 가격조정을 시도하는 경우에 수요곡선이 어떤 모양을 가지는가 알아보자.

[그림 12−6]은 굴절수요곡선이 도출되는 모양이다.

그림의 선분 DD_E는 개별기업의 수요곡선이다. 이 기업은 수요곡선상 A에서 P_A의 가격으로 Q_A만큼의 상품을 판매하고 있다. 이제 이 기업이 판매 증대를 위하여 가격을 인하한다고 하자. 즉 가격을 P_E로 인하하여 판매량을 Q_E만큼 증가시키려 한다고 하자. 이 기업은 가격변화에 탄력적인 수요량변화를 기대하고 있는 것이다. 일반적으로 수요곡선의 기울기가 완만하면 수요의 가격탄력성이 크며 가격을

그림 12-6 굴절수요곡선

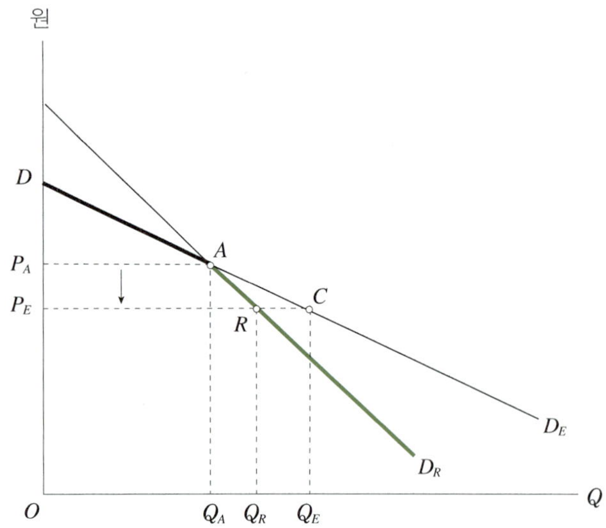

조금만 내려도 수요량이 많이 증가하게 된다.

그러나 가격인하의 실제 결과는 그 기업이 기대한 대로 따라주지 않는다. 한 기업이 가격을 인하하면 다른 기업들도 가격을 인하하기 때문에 수요가 기대하는 수요곡선 D_E를 따라 증가하지 않는 것이다. 실제로는 다른 기업들이 반응을 보이는, 따라서 기대보다 더 가파른 수요곡선 D_R을 따라 수요가 Q_R로 조금만 증가하게 된다. 한편 가격을 인상하는 경우에는 인하할 때와는 달리 다른 기업들은 가격을 인상하지 않는다. 따라서 이번에는 탄력적인 수요곡선을 만나게 되고, 수요가 대폭 감소하게 된다.

이처럼 과점시장에서 어느 한 기업이 가격을 변동시킬 경우 경쟁기업은 반응을 보이기도 하고 반응을 보이지 않기도 한다. 이에 따라 개별기업이 만나는 수요곡선은 탄력성이 다른 두 개가 된다. 가격을 인하하는 경우에는 A에서 D_R까지의 구간이 유효한 수요곡선이고, 가격을 인상하는 경우에는 A에서 D까지 이은 선분이 유효한 수요곡선이 된다. 이 유효한 두 구간의 수요곡선을 연결한 굵은 선의 수요곡선은 A에서 굴절되어 있다. 그래서 이 수요곡선 DAD_R을 굴절수요곡선이라고 한다.

굴절수요곡선모형과 가격의 경직성

이제 수요곡선이 굴절되면 가격이 왜 경직성을 갖게 되는지에 대해 알아보자.

[그림 12-7]은 수요곡선이 굴절되어 있을 때 가격이 어떤 연유로 경직성을 갖게 되는가를 설명해 주고 있다.

기업의 이윤극대화 행위를 분석하기 위해 MR곡선을 도출해 보자. 두 수요곡선 D_E와 D_R이 주어져 있을 때, 이에 상응하는 한계수입곡선 MR_E와 MR_R을 도출하고, 수요곡선에 비추어 보아 유효한 부분만 취하면 선분 $DS \cdots TMR_R$을 얻을 수 있다. 이 선분이 굴절수요곡선에서 파생된 한계수입곡선이다.

이제 기업의 생산비가 변할 때 생산량과 가격은 어떻게 변하는지 알아보자. 만약 한계비용이 MC_1이라면 기업의 최적생산량은 $MR = MC_1$에 따라 Q_A이고 가격은 P_A이다. 그런데 기업의 생산비 조건이 나빠져서 한계비용이 MC_2로 상승한다고 하자. 이 경우에도 $MR = MC_2$에서 기업의 최적생산량이 결정되며 가격이 결정된다. 그림을 보면 최적생산량과 가격은 각각 Q_A, P_A 이다. 즉 생산량이나 가격은 각각 한계비용이 상승하기 이전과 동일하다. 이처럼 한계비용곡선이 한계수입곡선

그림 12-7 굴절수요곡선과 가격의 경직성

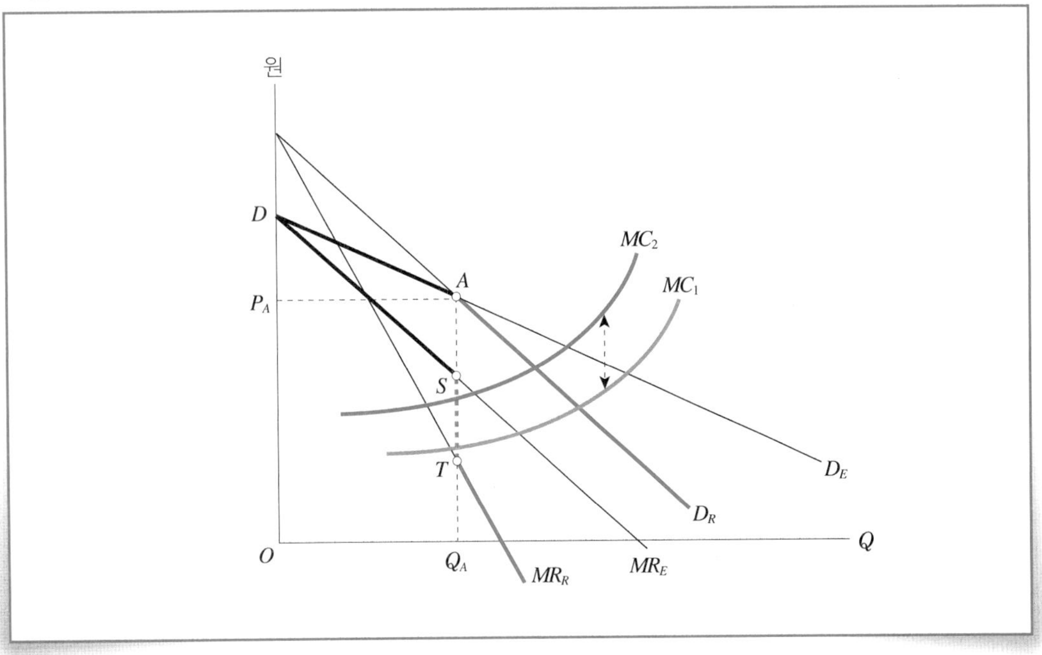

의 단절된 구간, 즉 점 S와 T 사이를 통과하는 경우에는 기업의 이윤극대화점은 언제나 A이다. 따라서 생산량 및 가격은 변하지 않는다. 과점시장의 이러한 성질을 가격의 경직성(price rigidity)이라고 한다.

이처럼 굴절수요곡선모형은 비용 조건의 변화에도 불구하고 과점시장의 가격이 경직성을 보일 수 있음을 잘 설명하는 모형이다. 그러나 굴절수요곡선모형은 현재의 가격이 어떻게 결정되었는지를 설명하지 못하고 있다. 다시 말하면 굴절수요곡선모형은 수요곡선의 굴절이 발생하는 과정은 설명해 주지만, 굴절이 어떤 가격수준에서 나타날 것인지는 설명해 주지 못한다.

제3절 담합모형

과점시장 내 기업들이 경쟁의 결과가 불리할 수도 있다는 점을 인식하면 담합(collusion)을 시도할 수 있다. 여기서 담합이란 개별기업이 독립적으로 의사결정을 하지 않고, 공동으로 의사결정을 하는 행위를 말한다. 기업이 담합을 하는 이유는 개별기업이 더 높은 이윤을 얻을 수 있기 때문이다. 이러한 담합은 암묵적으로 이루어질 수 있으며, 명시적으로도 이루어질 수 있다. 아래에서 설명하는 지배기업에 의한 가격선도모형은 암묵적 담합모형이고, 카르텔모형은 명시적 담합모형이다.

3.1 지배기업에 의한 가격선도모형

어느 산업에 몇 개의 기업들이 있는데 그 중 한 기업은 설비규모면에서 다른 나머지 기업들에 비하여 월등히 큰 지배적 기업(dominant firm)이라 하자. 지배적 기업이 지니고 있는 우월한 경쟁조건으로 인해 중소기업들은 개별적으로 시장가격에 영향을 미칠 수 없기 때문에 완전경쟁시장에 있는 기업처럼 행동한다. 즉, 그 산업에 속해있는 개별 중소기업은 지배적 기업이 책정한 가격을 주어진 시장가격으로 생각하고 거기에 맞추어 자신의 생산량을 결정한다. 이 때 지배적 기업은 자신의 이윤극대화를 위하여 자신이 정하는 시장가격에 의해 중소기업들의 생산량이 어떻게 변하는가를 고려해야 한다. 즉 지배적 기업이 중소기업들의 생산량을 고려하면서 자신의 이윤을 극대화시키는 시장가격을 결정하면, 중소기업들은 이에 순응하는 암묵적인 담합체제이다. 이러한 지배적 기업에 의한 가격선도 모형은 암묵적 담합모형 또는 불완전담합모형이라고 불린다.

가격선도모형: 지배적 기업이 가격을 선도하면 중소기업들은 이에 순응하는 암묵적 담합모형

이러한 모형에서 지배적 기업은 상품의 가격을 주도적으로 설정하고 중소기업들은 가격순응자로서 공급량을 결정한다. 가격선도모형을 이해하기 위해서는 먼저 지배적 기업이 만나는 수요곡선을 알아야 한다.

[그림 12-8]은 지배적 기업이 만나는 수요곡선이다.

D는 시장 전체의 수요곡선이다. 이 시장에서 지배적 기업이 직면한 수요는 전체 시장수요 중에서 중소기업들이 공급한 후에 남은 잔여수요이다. 따라서 지배적 기업이 직면한 수요를 알기 위해서는 우선 중소기업의 공급곡선을 알아야 한다. 중소기업들의 공급곡선은 요소가격이 불변인 동안은 각 개별 중소기업의 한계비용곡선의 수평합이 된다. 그림에서 개별 중소기업이 직면한 한계비용들의 수평합인 Σmc는 중소기업들의 공급곡선이다.

가격이 P_1 수준이면 시장 전체의 수요를 중소기업이 담당하기 때문에 지배적 기업의 입장에서는 잔여수요가 없다. 즉 수요가 0이다. 또 가격이 P_2이면 중소기업들은 그렇게 낮은 수준에서는 공급이 불가능하다. 그래서 지배적 기업이 시장수요 전체를 담당하게 된다. 그보다 낮은 가격수준에서도 지배적 기업이 혼자서 시장수요를 전부 담당해야 한다. 따라서 지배적 기업이 만나는 수요곡선은 P_1을 출발하여 F에서 한 번 굴절하는 모양이 된다. 즉 P_1FD가 지배적 기업이 시장에서 만나는 수요곡선이다. 이제 지배적 기업이 어떻게 가격을 설정하는지 알아보자.

[그림 12-9]는 지배적 기업에 의한 가격선도모형을 나타내고 있다.

그림에서 MR_L은 지배적 기업의 한계수입곡선이고 MC_L은 지배적 기업의 한계

PART 04

그림 12-8 지배기업이 만나는 수요곡선

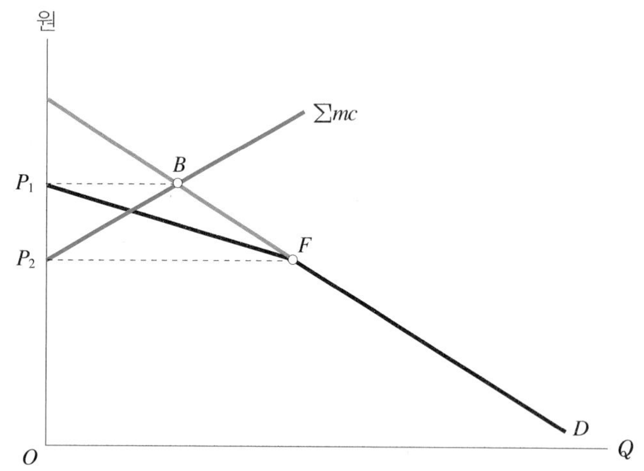

비용곡선이다. 지배적 기업은 한계수입곡선 MR_L과 한계비용곡선 MC_L이 만나는 점에서 Q_L을 생산하여 P^*를 부과한다. 중소기업들은 P^*를 주어진 것으로 받아들이고 Q_S만큼 생산한다. 따라서 그 산업에서 총생산량은 $Q_L + Q_S$가 되며, 이는 P^*에서의 시장수요량인 Q_T와 일치한다. 결국 지배적 기업에 의해 결정되는 가격이 그대로 시장가격이 되면서 과점시장은 균형을 이룬다. 즉 가격결정자와 가격순응자가 공존을 하게 된다.

지표기업모형(barometric firm model)도 가격선도모형의 일종이다. 지표기업모형은 대등한 기업들로 이루어진 과점시장에서 어느 한 기업이 먼저 가격을 변동시키면 다른 기업들은 그에 따르게 되는 모형이다.[7] 이 때 가장 먼저 가격을 변동시키는 기업을 지표기업(barometric firm)이라고 한다. 지표기업은 반드시 대기업이거나, 비용조건이 유리한 기업이어야 하는 것은 아니다. 이 기업은 산업 전체의 수요조건이나 비용조건의 변동을 정확히 예측하여 최초로 가격에 반영시켜 행동하는 기업일 뿐이다. 지표기업은 주로 경쟁이 치열하고 산업집중도가 낮은 과점시장에서 관찰된다.

---

7) 신봉호,『미시경제학』, 비봉출판사, 1996, p. 568.

그림 12-9 지배기업에 의한 가격선도모형

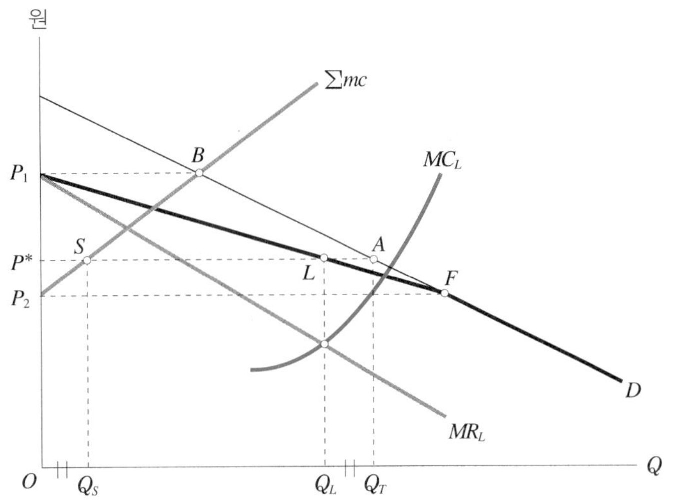

3.2 카르텔모형

과점산업에 속한 몇몇의 기업은 명시적 담합을 하기도 한다. 명시적 담합은 공개적 협약이나 비밀협약에 의해서 이루어진다. 명시적 담합을 하는 개인이나 기업의 조직체를 카르텔(cartel)이라고 한다. 카르텔을 통하여 기업들은 이윤을 증대시킬 수 있고, 새로운 기업의 진입에 공동으로 대처할 수도 있다. 기업들이 카르텔을 결성하면 대개 다음과 같은 약속을 하게 된다.

첫째, 카르텔 전체의 이윤을 극대화시킬 수 있는 생산량 혹은 가격을 정한다. 최저가격을 설정하거나 생산량을 제한하기도 한다.

둘째, 카르텔 이윤을 어떻게 배분할 것인가에 관해 기준을 마련한다. 합의된 카르텔 협약을 위반하는 경우 응징을 할 수 있는 방법을 마련한다.

완전카르텔

여러 시장 형태 중에서 기업에게 가장 유리한 시장은 독점시장이다. 따라서 이윤극대화를 노리는 담합의 가장 이상적인 형태는 독점기업처럼 되는 완전카르텔(centralized cartel)이다. 완전카르텔이란 카르텔에 가입한 기업들이 중앙기구를 결성하고 모든 의사결정을 이 중앙기구가 독점기업처럼 행하는 카르텔이다. 이 완전카르텔은 독점시장이론에서 설명한 1기업 다공장 모형과 논리면에서 일치한다.

카르텔이 적정생산량과 가격을 설정하려면 카르텔 전체의 한계비용곡선을 알아야 한다. 카르텔 전체의 한계비용곡선은 각 개별기업의 한계비용곡선을 수평으로 합한 것이다.

[그림 12-10]은 완전카르텔에서 균형가격과 균형산출량을 보여준다.

Σmc곡선은 카르텔에 속한 개별기업이 직면한 한계비용곡선의 수평합이다. 이윤극대화는 한계수입곡선과 한계비용곡선이 교차하는 점 k의 생산량 수준 Q_K에서 달성된다. 이 카르텔은 Q_K의 양을 생산하여 수요곡선의 점 k가 결정해주는 P_K의 가격으로 판매할 것이다. 카르텔이 결정한 가격과 판매량은 독점기업의 가격이나 판매량과 동일하다. 그런데 문제는 생산량 및 이윤의 할당이다. 이론적으로는 카르텔에 속한 각 기업들의 한계비용이 같도록 생산량을 각 기업들에게 할당하는 것

그림 12-10 완전카르텔

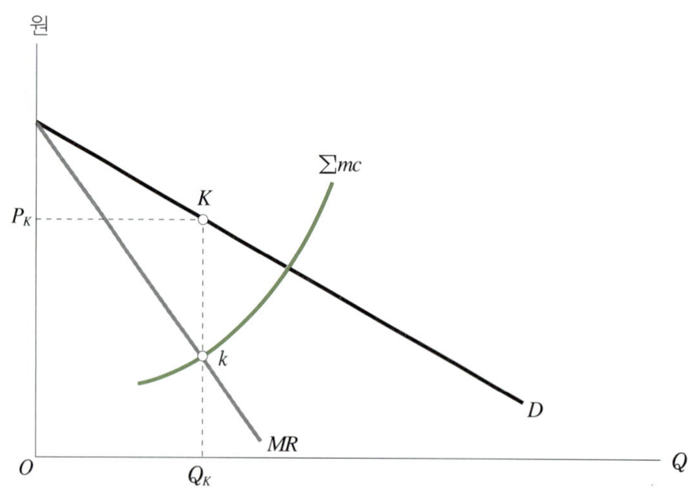

이다. 그러나 이 방법은 평균비용을 고려하지 않기 때문에 기업에 따라서는 할당된 양을 생산할 경우에 손실이 발생할 수도 있다. 카르텔은 중앙기구가 의사결정권을 가지고 있되, 개별기업은 독자기업으로 존속하기 때문에 개별기업의 손익은 각자의 문제가 된다. 그래서 카르텔 전체의 입장에서 총생산비용을 극소화시켜주는 생산량을 결정하고 각 기업에 생산량을 할당하는 배분 방식을 적용하기가 어렵다. 카르텔의 구성원인 기업들 사이에 비용조건, 생산설비의 규모, 미래에 대한 전망 등이 서로 다른 까닭이다.

또 하나의 문제는 회원기업들이 어떻게 정확히 협약을 지켜나가도록 할 것인가이다. 카르텔이 유지되기 위해서는 각 회원기업이 합의된 가격과 할당된 생산량을 준수하여야 한다. 그러나 카르텔의 각 회원기업은 합의된 사항을 위반하거나 카르텔에서 이탈하려는 강한 유인을 갖고 있다. 만약 한 기업만 협약을 위반하고, 다른 기업들은 모두 협약을 준수한다고 하자. 이렇게 되면 협약을 위반한 기업은 가격을 인하하거나 생산량을 증가시킴으로 이윤을 크게 증대시킬 수 있다. 카르텔의 회원기업들은 협약 위반이나 이탈에 대한 응징이 효과적이지 않는 한 협약 위반이나 이탈의 유인을 갖는다. 이를 카르텔의 불안정성이라고 한다.

제4절 독점적 경쟁시장이론

4.1 독점적 경쟁시장의 개요

이발할 때가 되면 우리는 거의 무의식적으로 집 근처 이발소에 간다. 시내에 이발소가 많이 있지만, 집 근처에 있는 이발소는 그 지역에서 독점력을 행사하고 있다. 이러한 경쟁 형태를 독점적 경쟁(monopolistic competition)이라고 한다. 독점적 경쟁시장은 독점시장의 요소와 경쟁시장의 요소가 동시에 존재하는 시장으로 챔버린(E. Chamberlin)에 의하여 연구되었다.[8] 독점적 경쟁이라는 용어는 챔버린이 쓰기 시작하였다.

독점적 경쟁시장은 완전경쟁시장과는 달리 제품차별화(product differentiation)가 이루어져 있다. 완전경쟁시장에서는 시장 내에 무수히 많은 기업이 모두 동질적인 상품을 생산하고 판매한다고 가정된다. 그러나 독점적 경쟁시장에서는 차별화된 제품을 생산하고 판매하고 있다. 생산자는 자기 상품을 선호하는 소비자에게는 어느 정도의 독점력을 행사할 수 있다. 또 위의 예에서와 같이 어떤 서비스는 지역성이나 소비자의 기호 때문에 상당한 독점력을 행사하기도 한다.

독점적 경쟁시장의 독점적 요소는 제품차별화로부터 발생하며, 경쟁적 요소는 기업의 수가 많기 때문에 발생한다. 독점적 경쟁시장은 제품 및 서비스 차별화 때문에 완전경쟁시장 만큼 시장의 범위가 분명하게 정해지지는 못한다. 완전경쟁시장은 동질적 상품을 가정하고 있기 때문에 이 상품을 생산하는 기업은 모두 동일시장에 속하는 것으로 간주할 수 있다. 그러나 독점적 경쟁시장에서는 제품차별화가 이루어지고 있기 때문에 차별화의 정도가 너무 크면 같은 종류의 상품으로 분류할 수 없고, 따라서 이러한 상품을 생산하는 기업은 다른 시장에 속하는 것으로 분류될 수 있다. 일반적으로 독점적 경쟁시장의 두 가지 중요한 특징은 다음과 같다.

첫째, (완전대체성을 갖지는 않지만) 대체성이 매우 높은 차별화된 상품을 생산하는 기업들만을 묶어 하나의 시장으로 그 범위를 정하고 있다. 즉 수요의 교차탄력성이 매우 크다.

둘째, 기업들의 자유로운 진입과 퇴출이 가능하다. 즉 차별화된 상품을 가진 새로운 기업의 시장진입이 쉬우며, 기존기업의 시장이탈이 쉽다.

독점적 경쟁시장에서의 수요곡선은 독점적 요소 때문에 우하향이다. 그러면서도 경쟁적 요소 때문에, 또 상품의 대체성이 크기 때문에 독점시장보다는 기울기가 훨씬 완만하다.

기대수요곡선과 비례수요곡선

독점적 경쟁시장의 균형을 분석하기 위해서는 두 가지 종류의 수요곡선을 고려

---

8) 챔버린(1989~1967)은 미국의 경제학자로서 독점적 경쟁시장에 대한 연구를 주로 하였다. 그의 독점적 경쟁시장과 관련된 저서는 다음과 같다: The Theory of Monopolistic Competition, 6th ed. 1950.

한다. 하나는 개별기업이 가격을 변동시킬 때 시장 내의 다른 기업들이 대응을 하지 않는 경우의 수요곡선이고, 다른 하나는 다른 기업들이 대응을 하는 경우의 수요곡선이다.

다른 기업이 반응하지 않을 때의 수요곡선을 기대수요곡선(expected demand curve)이라고 하며, 감지되는 수요곡선 또는 인식수요곡선(perceived demand curve)이라고도 한다.

기대수요곡선: 독점적 경쟁시장에서 다른 기업이 반응을 보이지 않을 때의 수요곡선

한편 다른 기업들이 반응할 때의 수요곡선을 비례수요곡선(proportional demand curve)이라고 한다. 이 수요곡선은 할당된 시장 몫(market share)을 나타내게 된다.

비례수요곡선: 독점적 경쟁시장에서 어느 기업이 가격을 변동시킬 때 다른 기업들도 반응을 보이는 경우의 수요곡선

[그림 12-11]은 기대수요곡선과 비례수요곡선을 동시에 보이고 있다.

D_E는 어느 기업이 가격을 변동시켜도 다른 기업들이 반응을 보이지 않을 때 그 기업이 만나는 수요곡선으로 기대수요곡선이다.

그림 12-11 기대수요곡선과 비례수요곡선

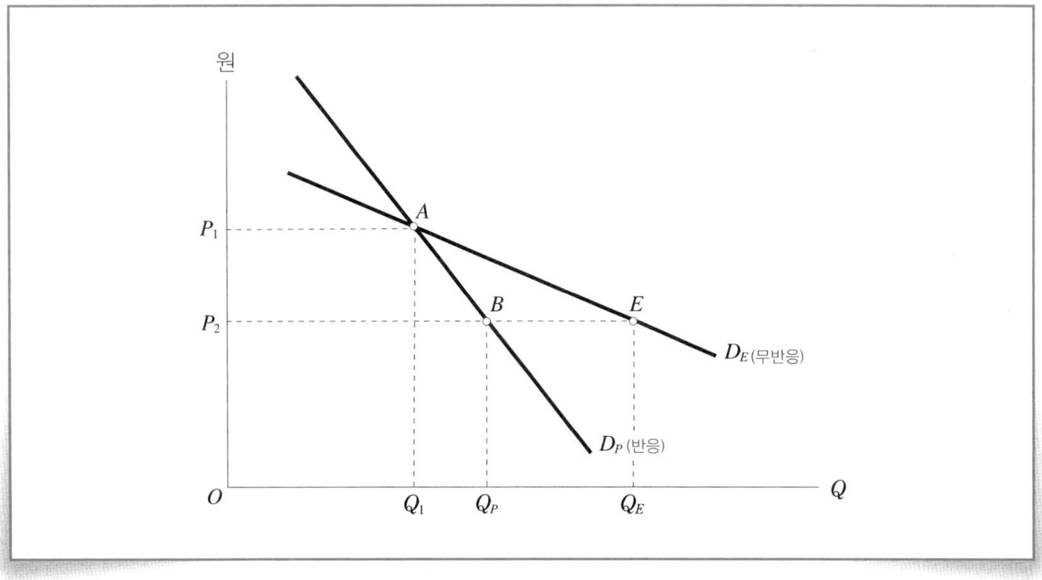

한편 D_P는 다른 기업이 반응을 보이는 경우의 수요곡선이다. 현재 어느 상품의 가격이 P_1이라고 하자. 어느 기업이 가격을 P_2로 인하하고 다른 기업들도 똑같이 가격을 P_2로 인하하면, 그 기업의 수요량은 Q_1에서 Q_P로 조금 증가할 것이다. 그러나 다른 기업들이 반응을 보이지 않는다면 이 기업에 대한 수요량은 Q_E로 더 많이 증가할 것이다. 가격을 올리는 경우에도 모든 기업이 가격을 인상한다면 각 기업의 수요량은 조금만 감소할 것이다. 이 경우의 수요곡선은 가파른 기울기를 가진다. 그러나 다른 기업들은 가격을 올리지 않는데 한 기업만이 가격을 올린다면 이 기업에 대한 수요량은 대폭 감소할 것이다. 이 경우의 수요곡선은 완만한 기울기를 가진다. 가격변화에 대한 이러한 반응 때문에 기대수요곡선 D_E는 완만하여 상대적으로 탄력적인 수요곡선이 되고, 비례수요곡선 D_P는 가파르고 상대적으로 비탄력적인 수요곡선이 된다.

한편 비례수요곡선 D_P는 각 가격수준에서 시장 전체의 수요량을 기업의 수로 나누어서 도출되는 수요곡선이다. 이 수요곡선은 모든 기업들이 똑같이 가격을 변동시킬 때 경쟁상대인 각 개별기업들이 갖는 시장 몫을 나타내는 수요곡선인 것이다.

4.2 독점적 경쟁시장의 균형

(1) 단기균형

이윤극대화 조건은 독점적 경쟁시장에서도 여전히 $MR = MC$이다. 그런데 독점적 경쟁시장에서는 기업이 기대하는 수요곡선과 실제로 시장에서 만나는 수요곡선이 다르다. 한 기업이 가격을 조정하면 다른 기업들도 가격조정으로 대응하기 때문에 실제로 만나는 수요곡선은 그 기업에 할당된 수요만 반영하는 비례수요곡선인 것이다. 따라서 어느 기업이 기대하는 수요곡선에서 파생되는 MR과 MC가 일치하는 수준으로 생산량과 가격을 결정한다 해도 다른 기업이 반응을 보이기 때문에 그 생산량과 가격은 균형이 될 수 없다. 이 기업이 가격을 조정하면 다른 경쟁기업들도 가격을 조정하게 된다. 즉 다른 경쟁기업들도 자사의 수요를 지키려는 행동을 하게 되는 것이다. 그러면 그 기업이 예상했던 만큼의 시장할당량을 갖지

그림 12-12 독점적 경쟁기업의 단기균형

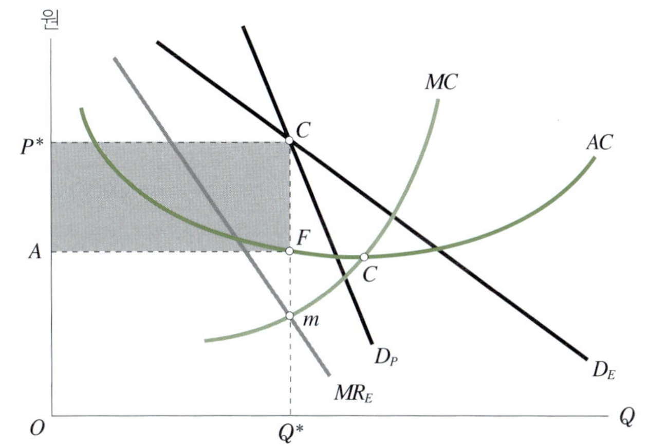

못하게 된다. 따라서 독점적 경쟁시장이 균형이 되기 위해서는 $MR = MC$ 조건이 충족되면서 동시에 기대하는 수요곡선과 할당된 수요곡선이 일치해야 한다.

[그림 12-12]는 독점적 경쟁기업의 단기균형이다.

D_E는 기업이 기대하는 수요곡선이고 MR_E는 그 수요곡선에서 유도되는 한계수입곡선이다. D_P는 비례수요곡선, 즉 다른 기업이 반응을 보일 때의 할당된 수요곡선이다. 독점적 경쟁시장의 균형은 $MR = MC$ 조건에 $D_P = D_E$ 조건이 추가되어야 달성된다. 여기서 $D_P = D_E$ 조건은 경쟁기업들에 의해 자기에게 할당된 수요량과 자기가 기대하는 수요량이 일치한다는 것을 의미한다. 즉 경쟁기업들과의 시장마찰이 해소되어야 한다는 것을 의미한다.

이 기업이 Q^*를 생산하면 m에서는 $MR_E = MC$ 조건이 충족되고, C에서는 $D_P = D_E$ 조건이 충족된다. 결과적으로 이 두 조건이 동시에 충족되는 생산량과 가격은 각각 Q^*와 P^*이다. 그리고 이 때 극대화된 단기이윤은 회색의 사각형 AP^*CF이다.

(2) 장기균형

독점적 경쟁시장에서 초과이윤이 발생하는 균형은 장기적으로 지속될 수 없다. 왜냐하면 초과이윤으로 인해 이 산업에서의 진입이 일어날 것이기 때문이다. 따라서 장기균형이 달성되기 위해서는 단기균형의 두 조건 $MR_E = MC$와 $D_P = D_E$ 가

그림 12-13 독점적 경쟁기업의 장기균형

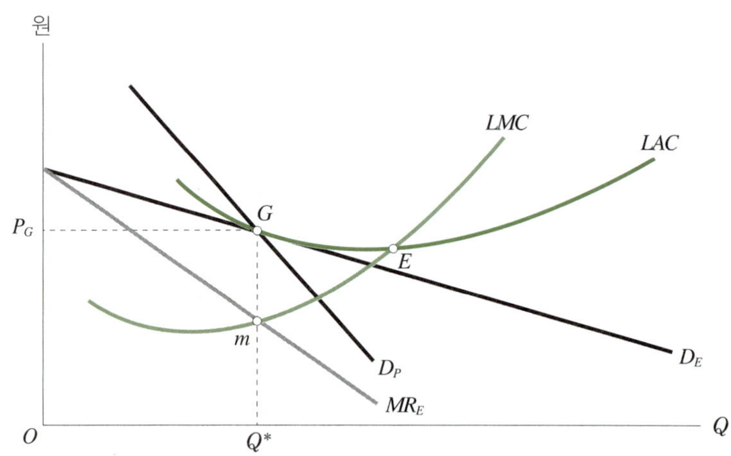

동시에 만족되면서 경제적 이윤이 0이라는 조건도 달성되어야 한다.

[그림 12-13]은 독점적 경쟁기업의 장기균형을 보여주고 있다. 이 그림은 앞의 단기균형의 경우와 비교해 가며 보면 학습에 도움이 될 것이다.

어느 산업에 앞의 단기균형에서처럼 초과이윤이 발생하면 장기에는 다른 기업의 진입이 일어나기 때문에 개별기업의 수요는 차츰 감소할 것이다. 수요감소를 반영하여 기대수요곡선 D_E와 할당된 수요곡선 D_P는 점점 왼쪽으로 이동(shift)한다. 즉 각 기업이 직면한 수요가 감소한다. 결국 수요곡선 D_E와 D_P는 G까지 이동하게 된다. 점 G에서는 $D_P = D_E = LAC$이다. 이 경우에는 정상이윤만 발생하기 때문에 진입이나 퇴출이 일어나지 않는다. 그리고 $MR_E = LMC$ 조건도 충족되고 있다. 즉 독점적 경쟁시장의 장기균형이 달성된다.

이 경우의 생산량은 Q^*이고 가격은 G에서 결정되는 P_G이다. 이 가격수준은 평균비용과 같기 때문에 경제적 이윤이 0이라는 조건을 충족시킨다. 이 장기균형이 달성되면 더 이상 신규기업의 진입유인이나 기존기업의 퇴출유인이 존재하지 않는다.

4.3 독점적 경쟁시장의 효과

독점적 경쟁시장은 독점요소와 경쟁요소를 동시에 지닌 시장이다. 따라서 장기균형은 독점성과 경쟁성의 효과를 동시에 지닌다.

먼저 경쟁적이라는 점 때문에 일어나는 현상은 무엇인가. 독점적 경쟁기업의 장기균형은 기대수요곡선이 *LAC*와 접하는 점에서 이루어진다. 이 점에서는 가격이 평균비용과 같다. 따라서 독점적 경쟁기업의 장기균형에서는 초과이윤이 존재하지 않는다. 이것은 완전경쟁기업의 장기균형과 일치하는 점이다.

다음으로 독점적 요소 때문에 일어나는 현상을 보자. 독점적 경쟁기업의 균형은 *LAC*선상에서 이루어지기는 하지만 최저점이 아닌 점에서 이루어진다. 즉 독점적 요소 때문에 수요곡선이 우하향하게 되는데, 수요곡선이 우하향하는 한 장기균형은 *LAC*의 최저점에서 이루어질 수가 없는 것이다(최저점에서 균형이 이루어지려면 수요곡선이 수평이어야 한다). 완전경쟁시장에서는 수요곡선이 수평이기 때문에 장기균형이 *LAC*의 최저점에서 이루어질 수 있다. 독점적 경쟁의 이러한 균형상태는 완전경쟁의 장기균형에 비해 과소생산되고 있다는 것을 의미한다. 그런데 이 과소생산의 사회적 비용은 그리 크지 않을 것이다. 그 것은 독점적 경쟁에서의 수요곡선은 독점에서의 수요곡선보다는 훨씬 완만하기 때문에 실제생산비와 *LAC* 최저점의 생산비의 차이가 그리 크지 않을 것이기 때문이다.

또한 독점적 경쟁시장은 장기균형을 달성한다고 하여도 $P > LMC$로 불완전경쟁의 특성이 유지되고 있다.

PART 04

제 5 절 경합시장 모형

산업에서의 경쟁은 두 가지로 나누어 볼 수 있다. 하나는 이미 시장 내에서 적극적으로 영업활동을 하고 있는 기존기업들 사이의 실제적인 경쟁이고, 다른 하나는 아직 시장 내에 들어와 있지는 않지만 언제든지 들어와서 경쟁상대가 될 수 있는 잠재적 진입기업(potential entrants)과의 잠재적인 경쟁(potential competition)이다.

5.1 경합시장

만약 어느 산업에 기업이 하나밖에 없더라도 다른 기업들이 그 산업에 추가비용의 부담 없이 진입할 수도 있고 퇴출할 수도 있다면 기업은 독점가격을 설정할 수 없을 것이다. 보몰(W. Baumol)과 판자(J. Panzar), 그리고 윌리그(R. Willig)는 항공시장의 예를 들어 진입과 퇴출에 비용이 들지 않는 시장을 분석하였다.[9] 이들의 이론을 경합시장이론(contestable market theory)이라고 한다.

경합시장(contestable market)은 그 산업에 자유롭게 진입할 수 있고, 퇴출하는데 비용이 들지 않는 시장이다. 보몰은 진입장벽(barriers to entry)과 퇴출장벽(barriers to exit)이 완전히 제거된다면 잠재적인 경쟁이 바로 실제적인 경쟁과 똑같은 역할을 한다고 보고 있다.

경합시장: 그 산업에 자유롭게 진입 또는 퇴출할 수 있고, 진입 및 퇴출하는데 비용이 들지 않는 시장

이처럼 경합시장은 외부적인 시장 여건이 중시되어 정의되는 시장이다. 경우에 따라서는 기존기업과 잠재적인 진입기업 사이의 잠재적인 경쟁이 더 효과적일 수도 있다는 것이다. 경합시장은 다음과 같은 특징을 가지고 있다.

첫째, 진입이 자유로우며 아무런 제한없이 이루어질 수 있다. 잠재적인 진입기업은 원한다면 즉각 어떤 규모로든지 진입할 수 있다.

둘째, 진입은 기존기업이 진입에 대하여 어떤 보복적인 조치를 하기 전에 성공할 수 있다. 어떤 시장에서든 초과이윤을 누릴 수 있는 여지가 보인다면, 잠재적인 진입기업은 그 시장에 진입하였다가 기존기업이 어떤 보복반응을 취하기 전에 이윤과 함께 그 시장을 떠나버릴 수 있다. 즉 치고 빠지기(hit and run)식 진입이 가능

9) W. L. Baumol, J. C. Panzar, R. D. Willig, Contestable Market and the Theory of Industry Structure, Harcourt, 1982 참조. 이들은 항공노선의 변경, 즉 진입과 퇴출은 자본인 비행기 자체를 옮기는 것이기 때문에 비용이 들지 않는다고 주장한다.

하다.

셋째, 퇴출도 완전히 자유롭고 아무런 비용을 수반하지 않는다. 일반적으로 대부분의 산업에서는 매몰비용(sunk cost)이 진입과 퇴출의 장애가 되는데, 경합시장에는 매몰비용이 존재하지 않는다고 가정한다.

경합시장에서는 기존기업들이 항상 잠재적인 경쟁자를 염두에 두어야 한다. 만약 기존의 기업들이 초과이윤을 누리고 있다고 하자. 이 시장은 바로 진입의 유혹을 가지게 되며, 잠재적인 경쟁자들은 아무런 장애없이 이 시장으로 진입하게 된다. 기존기업은 잠재기업이 실제적인 경쟁자가 되는 이러한 신규진입을 배제하려고 한다. 그러기 위해서는 기존기업이 정상이윤만 누리도록 가격과 생산량을 결정하게 된다. 경합시장은 기업에 초과이윤을 허락하지 않는다. 즉 완전경쟁시장의 장기균형과 같은 효과를 갖는다. 경합시장에서 각 기업의 최적행동은 효율적인 자원배분을 유도하게 된다. 결국 경합시장에서는 사회후생이 극대화된다. 이렇게 볼 때, 경합시장은 소수의 기업만 존재하는 경우에도 이상적인 시장효과를 달성시켜 줄 수 있다.

[그림 12-14]는 경합시장모형이다. 경합시장에서는 그림처럼 평균비용곡선의 최저점에서 가격이 형성된다. 완전경쟁시장의 장기균형 상태의 시장효과와 같은 것이다. 만약 시장 전체의 수요가 Q_T로 한 기업의 생산량 Q^*보다 많으면 여러 개의

그림 12-14 경합시장모형

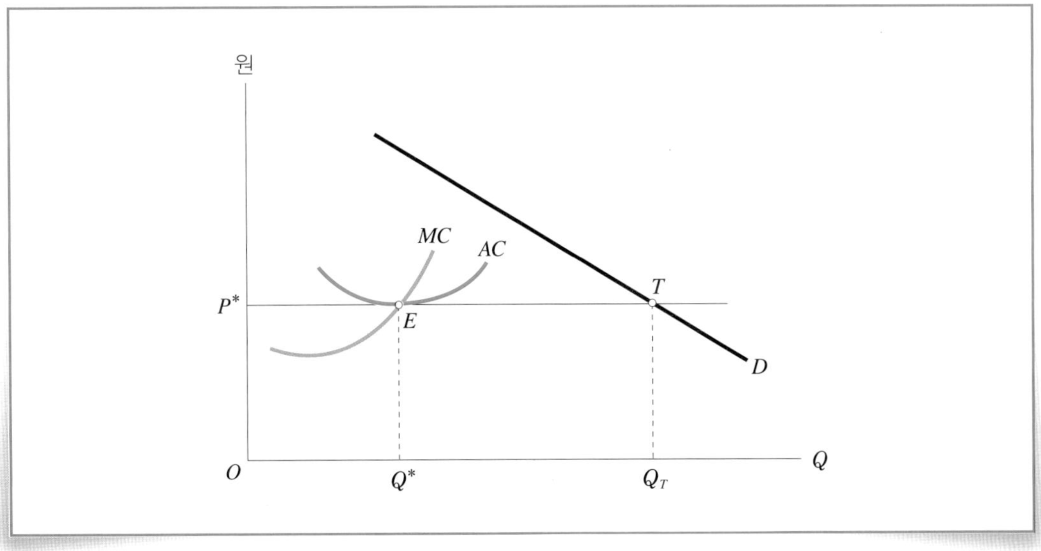

기업이 그 수요를 충당하게 된다. 경합시장모형과 비슷한 모형이 유효경쟁모형이다. 유효경쟁에 대해서는 다음 읽을거리를 참고하기 바란다.

읽을거리

휴대전화 번호이동제도와 유효경쟁

이동전화시장에 번호이동제도가 도입되면서 이동통신회사간의 광고전이 치열하게 전개되었다. 번호이동제도란 사용 중인 번호를 그대로 사용하면서 회사를 옮길 수 있는 제도이다. 정보통신부는 경쟁체제 구축과 소비자 보호차원에서 이 제도를 도입하였다. 정통부는 1위 사업자인 SK텔레콤이 매출액 기준으로 60% 이상을 점유해 사실상 독점상태에 있는 시장상황을 개선하기 위해 SK텔레콤 가입자가 번호 변화없이 KTF나 LG텔레콤으로 이동할 수 있도록 한시적으로 허용했다.

이 제도의 도입으로 SK텔레콤은 고객을 빼앗기지 않으려고 안간힘을 쏟고 있고 두 회사는 가입자를 늘리기 위해 다양한 형태로 마케팅전략을 펴고 있다. 정부가 도입하려고 하는 경쟁체제는 유효경쟁(effective competition)체제이다.

유효경쟁은 존 클라크가 설명한 운용 가능한 경쟁(workable competition) 개념에서 나온 것으로 완전경쟁이 현실적으로 불가능한 점을 고려하면서 시장효율성을 올릴 수 있는 경쟁체제이다. 실제로 현실경제에서는 완전경쟁시장의 전제조건인 완전한 정보나 요소의 자유로운 이동이 쉽지 않다. 자원이동에는 비용이 발생하고 제품이나 서비스 품질도 동일하지 않기 때문이다. 물론 유효경쟁체제 구축이 쉬운 것은 아니다. 유효경쟁체제 조건 또한 까다롭다. 유효경쟁체제에서는 사업자들의 진입과 탈퇴가 자유롭고 비용도 들지 않아야 한다. 사업자들 사이에 담합도 없어야 하고 시장지배적 사업자도 없어야 한다. 소비자 이익을 해치는 가격차별화도 없어야 한다. 특히 경쟁기업들은 기술혁신과 투자를 보상받는 범위에서 이익을 얻어야 하고, 소비자 수요에 맞는 상품과 서비스를 제공해야 한다. 아울러 소비자 욕구를 가장 잘 만족시키는 사업자가 가장 많은 보상을 받게 된다. 이 경쟁시스템에서는 독과점 기업들이 마음대로 상품과 서비스 가격을 결정해 소비자잉여를 빼앗기 어렵다. 이런 장점 때문에 미국, 영국 등 선진국 정부들이 일찌감치 유효경쟁체제 구축에 나섰고 한국도 서두르고 있는 것이다.

정부의 이 같은 노력이 효과를 발휘하는지는 두고 볼 일이다.

– 2004년 1월 19일 매일경제신문 서양원 기자의 글에서 발췌 –

5.2 경합시장 평가

경합시장의 기업들은 반드시 무수히 많을 필요도 없으며, 또 그 기업들의 비중이 무시될 정도로 작아야 할 필요도 없다. 경합시장이론에서는 시장 내 기업 수가 중요한 분석 요소가 되지 못한다. 심지어 경합독점, 경합과점도 존재할 수 있다. 그리고 기업의 의사결정이 완전히 독립적일 필요도 없으며, 각 기업이 반드시 동질의 한 가지 상품만 생산할 필요도 없다. 경합시장이 요구하는 한 가지 조건은 진입과 퇴출의 완전한 자유다. 즉 진입기업에게 기존기업에 비해 어떤 불리한 차별도 부과되지 않는 시장이다.

이러한 경합시장 요건이 충족되면 이 시장은 완전경쟁시장과 같은 효과를 지니게 된다. 따라서 시장이 바람직한 자원배분을 하기 위해서는 시장의 구조에 따르는 기업의 수가 문제가 아니라 진입장벽이 존재하지 않도록 해야 한다는 것을 알 수 있다.

요 · 약

01. 과점(oligopoly)시장: 둘 이상의 그러나 아주 많지도 않은 수의 공급자가 존재하는 시장으로 소수의 기업들이 유사한 상품을 생산하여 하나의 시장에서 상호 경쟁하고 있는 시장형태이다.

02. 과점시장 내에 존재하는 기업의 경우에는 상대기업이 어떤 결정을 내릴 것이라고 보느냐에 따라 이 기업의 최적선택이 달라지는 전략적 상황(strategic situation)에 처하게 된다.

03. 경쟁기업간의 담합의 정도에 따라 세 부류로 나눌 수 있다.
    - 담합 없이 독자적인 행동을 하는 경우
    - 불완전한 담합의 경우
    - 완전한 담합이 이루어지는 카르텔의 경우

04. 꾸르노균형: 두 기업의 최적대응곡선이 교차하는 점에서 이루어지며 이 균형점을 꾸르노의 점이라고 한다.

05. 스타켈버그균형: 기업이 선도자나 추종자로 행동할 수 있다고 보고, 등이윤선을 이용하여 네 가지의 균형을 설명한 이론.

06. 굴절수요곡선모형은 과점시장에서의 가격의 경직성을 설명하는 유용한 이론이다.
    - 과점시장에서 어느 기업이 가격을 인하하면 다른 기업도 같이 인하하고, 가격을 인상하면 다른 기업은 반응을 보이지 않음으로 수요곡선이 굴절하게 된다.

07. 담합모형에는 지배기업 가격 선도모형과 카르텔모형이 있다.

08. 지배기업 가격 선도모형: 지배기업이 가격을 선도하면 중소기업들은 이에 순응하는 암묵적인 담합체제.

09. 카르텔에 가입한 회원기업들의 중앙기구를 결성하고 모든 의사결정을 이 중앙기구가 독점기업처럼 행하는 카르텔을 완전카르텔이라고 한다.

10. 독점적 경쟁시장은 독점시장의 요소와 경쟁시장의 요소가 동시에 존재하는 시장이다.
    - 비례적 수요곡선: 독점적 경쟁시장에서 어느 기업이 가격을 변동시킬 때 다른 기업들도 반응을 보이는 경우의 수요곡선.
    - 기대수요곡선: 독점적 경쟁시장에서 다른 기업이 반응을 보이지 않을 때의 수요곡선으로 감지되는 수요곡선 또는 인식수요곡선이라고도 함.

11. 경합시장(contestable market)이란 그 산업에 자유롭게 진입할 수 있고, 퇴출하는데 비용이 들지 않는 시장을 말한다. 완전경쟁시장과 거의 같은 시장효과를 가진다.

연 · 습 · 문 · 제

01. "과점시장은 전략적 상황이다" 라는 말을 해설하시오.

02. 과점시장에서의 꾸르노균형을 설명하시오. 독점시장의 균형과 비교하여 설명하시오.

03. 꾸르노모형에서 최적대응곡선이란 무엇인가 설명하시오.

04. 어느 산업의 시장수요곡선이 $P = -\frac{1}{2}Q + 360$이고 $MC = 60$ 이다. 이 산업이 (1) 완전경쟁으로 균형이 달성되는 경우 (2) 독점인 경우 (3) 세 기업이 완전카르텔을 결성하는 경우 (4) 동일한 두 기업이 Cournot 식으로 균형을 달성하는 경우로 나누어 각각의 생산량과 균형가격을 구하시오.

05. 복점인 어느 시장의 수요함수는 $Q = 10 - P$이며 각 기업의 한계비용은 1원으로 일정하다. 그리고 상품은 동질적이다. 꾸르노모형으로의 균형가격은 얼마인가?

06. 꾸르노모형과 스타켈버그모형의 같은 점과 다른 점을 설명하시오.

07. A기업이 선도자이고 B기업이 추종자인 경우의 스타켈버그균형을 그림을 그려 설명하시오.

08. 문제 4에서 기업 A가 선도자이고 기업 B가 추종자인 스타켈버그 모형을 고려하자.
(1) 스타켈버그 균형에 해당하는 생산량을 구하고, 이때 균형 가격을 구하시오.
(2) 스타켈버그 균형과 꾸르노 균형을 비교하시오.

09. 등이윤선이란 무엇인가 설명하시오.

10. 굴절수요곡선모형을 이용하여 과점시장에서의 가격의 경직성을 설명하시오.

11. 완전카르텔의 효과를 설명하시오.

12. 비례적 수요곡선과 기대수요곡선을 비교하여 설명하시오.

13. 완전경쟁시장, 독점시장, 독점적 경쟁시장의 장기균형을 그림을 그려 설명하시오.

14. [그림 12-11]에서 기업은 가격을 P_1으로 책정하고 있다. 그 기업이 가격을 낮추면 경쟁기업은 가격을 같이 낮추고, 가격을 높이면 경쟁기업이 반응하지 않는 경우를 고려하자. 이때 기업이 직면한 수요곡선은 어떤 모양인가?

15. [그림 12-11]에서 기업은 가격을 P_1으로 책정하고 있다. 그 기업이 가격을 낮추면 경쟁기업은 반응하지 않고, 가격을 높이면 경쟁기업이 같이 높이는 경우를 고려하자. 이때 그 기업이 직면한 수요곡선은 어떤 모양인가?

16. [그림 12-2]에서 기업 A가 생산하지 않을 때 기업 B의 생산량은 얼마인가?

해답 및 풀이

04. {풀이} (1) 완전경쟁시장이라면 수요곡선은 $P = -\frac{1}{2}Q + 360$이고 공급곡선은 $S = P = MC = 60$이다. 따라서 시장의 균형은 수요곡선과 공급곡선이 만나는 균형조건식 $-\frac{1}{2}Q + 360 = 60$을 만족시키는 점에서 이루어진다. 이 식을 풀면 $Q = 600$이다. 그리고 수요함수식의 Q에 600을 대입하면 $P = 60$이다. (2) 독점인 경우 $MR = MC$ 원칙으로 구한다. 독점기업의 총수입은 $TR = PQ = (-\frac{1}{2}Q + 360)Q = -\frac{1}{2}Q^2 + 360Q$이고, 한계수입은 $MR = -Q + 360$이다. $MR = MC$ 원칙에서 $-Q + 360 = 60$이고, 이를 풀면 $Q = 300$이다. 또 수요함수식 Q에 300을 대입하면 $P = 210$이다. (3) 세 기업이 완전카르텔을 형성하면 독점 때의 300을 세 기업이 나누어 100씩 생산하고 가격은 210 그대로이다. (4) 꾸르노식 해결은 다음과 같다: 두 기업의 생산량을 각각 Q_A와 Q_B라 하면 $Q = Q_A + Q_B$이다. 그러므로 원래의 수요함수식은 $P = -\frac{1}{2}(Q_A + Q_B) + 360$이 된다. 먼저 A기업의 총수입은 $TR_A = P \cdot Q_A = [-\frac{1}{2}(Q_A + Q_B) + 360]Q_A = -\frac{1}{2}(Q_A^2 + Q_AQ_B) + 360Q_A$이며, 한계수입은 $MR_A = -Q_A - \frac{1}{2}Q_B + 360$이 된다. $MR = MC$ 원칙에서 $-Q_A - \frac{1}{2}Q_B + 360 = 60$이고, 이를 풀면 $Q_A = 300 - \frac{1}{2}Q_B$(①식)이다.
한편 B기업의 총수입은 $TR_B = P \cdot Q_B = [-\frac{1}{2}(Q_A + Q_B) + 360]Q_B = -\frac{1}{2}(Q_AQ_B + Q_B^2) + 360Q_B$이며 한계수입은 $MR_B = -Q_B - \frac{1}{2}Q_A + 360$이다. $MR = MC$ 원칙에서 $-Q_B - \frac{1}{2}Q_A + 360 = 60$이고, 이를 풀면 $Q_B = 300 - \frac{1}{2}Q$(②식)이다. ①식과 ②식을 연립해서 풀면 $Q_A = 200$, $Q_B = 200$이며 두 기업의 생산량 400을 원래의 수요함수식에 대입하면 $P = 160$이다.

05. {해답} 4

{풀이} 4번의 풀이와 같은 과정을 거쳐서 $Q = 6$을 얻는다. 이를 수요함수식에 대입하면 $P = 4$이다.

08. {풀이} (1) 역진귀납을 이용하여 균형을 얻을 수 있다. 제2단계에서 추종자인 기업 B의 최적대응은 $Q_B = 300 - \frac{Q_A}{2}$이다. 제1단계에서 선도자인 기업 A는 기업 B의 최적대응곡선상에서 자신의 이윤이 극대화되는 생산량을 선택한다. 이를 함수식으로 표현하면,

$$\pi_A(Q_A) = \{-\frac{(Q_A + Q_B)}{2} + 360)\}Q_A - 60Q_A$$

$$\text{s.t. } Q_B = 300 - \frac{Q_A}{2}.$$

위의 식으로 표현된 기업 A의 이윤극대화 문제로부터 기업 A의 균형산출량을 유도할 수 있으며, 이 균형산출량을 기업 B의 최적대응곡선에 대입하면 균형 산출량이 유도된다. 이 균형에서 기업 A와 기업 B의 균형 산출량은 $Q_A = 300$, $Q_B = 150$이며, 균형 가격은 135이다.

(2) 스타켈버그 균형에서 기업 A는 더 많이 생산하고 기업 B는 더 적게 생산한다. 스타켈버그에서 균형 총산출량이 더 많으며, 이에 따라 가격은 더 낮다.

14. {풀이} 가격이 P_1보다 높은 경우 수요곡선은 D_E에 해당하고, P_1보다 낮은 경우 수요곡선은 D_P에 해당한다.

15. {풀이} 가격이 P_1보다 높은 경우 수요곡선은 D_P에 해당하고, P_1보다 낮은 경우 수요곡선은 D_E에 해당한다.

16. {풀이} 기업 B의 최적대응곡선이 세로축에 만나는 점을 D라고 하자. 기업 B의 생산량은 OD이다.

게임이론

제12장의 과점시장이론은 기업들 사이의 상호작용을 다루었다. 이러한 상호작용이 과점시장에서만 이루어지는 것은 아니다. 전쟁, 사랑, 정치 등의 영역에도 경제주체들의 상호작용이 존재한다. 이 장에서 소개할 게임이론은 '상호작용을 하는 경제주체들의 전략적 행동'을 분석할 수 있는 이론적 틀을 제공한다. 게임이론을 공부하면, 경제영역 뿐 아니라 다양한 분야에서 이루어지는 인간의 전략적 행위를 이해하는데 도움이 될 것이다.

chapter 13

너희 중에 누구든지 크고자 하는 자는
너희를 섬기는 자가 되고

- 마태 20 : 26 -

제1절 게임이론 개요

제12장에서는 과점시장에서는 기업들간에 상호작용(相互作用, interaction)이 존재한다는 것을 배웠다. 상호작용이 존재하는 이유는 기업이 자신의 입장만 생각해서는 최적의 결과를 얻을 수 없기 때문이다. 따라서 기업이 의사결정을 할 때 경쟁자의 전략도 항상 고려해야 한다. 이러한 상호작용은 시장에서만 이루어지는 것은 아니다. 개별경제주체의 상호작용은 경제적 영역 외부에도 존재한다.

게임이론은 화폐경제 외부에서 이루어지는 경제주체의 상호작용을 연구하면서 시작되었다. 폰 노이만(J. von Neumann)은 포커와 같은 게임에서의 경기자들의 행동을 연구하였다. 폰 노이만은 오스카 모르겐스턴(O. Morgenstern)과 함께 1944년에 『게임과 경제행동에 대한 이론(The Theory of Games and Economic Behavior)』을 출간하였으며, 그들의 연구를 기초로 하여 많은 학자들이 게임이론을 발전시켰다. 존 내쉬(J. Nash)는 비협조적 게임이론의 체계를 확립시킨 공로로 1994년에 라인하르트 젤턴(R. Selten), 존 하사니(J. Harsanyi)와 함께 노벨경제학상을 수상하였으며, 로버트 아우만(R. Aumann)과 토머스 셸링(T. Schelling)은 협조적 게임이론의 체계를 세운 공로로 2005년에 노벨경제학상을 수상하였다. 이들 게임이론가들은 '현실에서 인간이 선택할 수 있는 행동'을 게임에서 이루어지는 인간의 전략처럼 다룬다. 이러한 특성으로 인해 수학에 기반을 둔 게임이론은 경제학, 경영학, 정치외교학, 군사학, 심리학 등으로 그 영역을 넓혀가고 있다.[1)]

이 장에서는 게임이론의 기본개념을 공부하고 이를 이용하여 개별경제주체간의 상호작용과 개별경제주체의 최적화 행위에 대해 알아본다.

PART 04

1) 게임이론은 진화생물학에서도 활용되고 있다. 진화생물학에 의하면 생물의 진화는 생물의 상호작용에 영향을 받는데, 이러한 상호작용의 분석에 게임이론이 유용하기 때문이다.

1.1 기본 개념

게임(game 또는 game situation)이란 경기자들이 전략적 의사결정을 하는 상황을 말한다. 여기서 전략적 의사결정(戰略的 意思決定, strategic decision making)이란 다른 경기자들의 의사결정을 고려하여 자신의 의사를 결정하는 것을 의미한다. 따라서 게임은 경기자들 사이에 상호작용이 존재하는 상황으로 표현될 수도 있다. 한 경기자가 다른 경기자의 의사결정에 관심을 가져야 하는 이유는 무엇일까? 경기자가 자신의 입장만 생각해서는 원하는 결과를 얻을 수 없기 때문이다. 게임은 현실에서 자주 목격된다. 예를 들어, (i) 과점시장에서 기업은 자신의 이윤을 극대화하기 위해 산출량을 결정한다; (ii) 야구게임에서 감독은 승리하기 위해 경기에 나갈 선발투수를 결정한다; (iii) 국회의원 선거에서 후보자는 국회의원이 되기 위해 공약을 결정한다.

게임: 경기자들의 상호작용이 존재하는 상황

게임이론(game theory)은 경기자들의 전략적 의사결정을 연구한다.[2] 전략적 의사결정이란 경기자들이 다른 경기자들의 의사결정을 고려하면서 의사결정을 하는 것인데, 이에 따라 경기자간 상호작용이 일어나게 된다. 따라서 게임이론은 경기자들의 상호작용을 연구하는 학문으로 정의할 수도 있다.

게임이론: 경기자들의 상호작용을 연구하는 학문

어떤 상황을 게임이론으로 분석할 때 고려해야 할 중요한 두 가지 사항이 있다. 하나는 상황을 간단한 게임으로 다듬어야 한다는 것이다. 위에서 제시한 예를 통해 설명해 보기로 한다. 현실사례를 제시하면서, '기업은 자신의 이윤을 극대화하기 위해 산출량을 결정한다'고 가정하였다. 기업의 수가 너무 많다면 각 기업의 전략적 의사결정을 분석하는데 어려움이 따른다. 따라서 기업의 수를 되도록 줄이는 것이 바람직하다. 다음으로 기업은 이윤을 극대화하기 위해 의사결정을 하는 것으

2) 아우만(R. Aumann)과 셸링(T. Schelling)은 게임이론을 상호작용적 결정의 이론(theory of interactive decision)으로 정의한다. 또한 게임이론을 다자간 의사결정이론(multi-player decision theory)이라고도 한다. 한 경기자의 보수함수가 자신의 선택에만 의존하는 경우에는 의사결정이론(decision theory) 또는 1인 게임이론(single-player game theory)이라고도 불린다.

로 가정하였다. 현실에서 기업의 목적은 다양할 수 있다. 하지만 이 경우에 기업의 전략적 의사결정을 분석하는데 어려움이 따른다. 따라서 기업의 목적을 단순화시키는 것이 바람직하다. 또한 기업의 의사결정 변수를 산출량으로 가정하였다. 현실에서는 기업이 가격 또는 광고를 의사결정 변수로 이용할 수 있을 뿐 아니라 산출량, 가격, 그리고 광고를 동시에 의사결정 변수로 이용할 수도 있다. 이러한 상황을 모두 고려하는 경우에 경기자의 전략적 의사결정을 정확히 분석하지 못할 수 있다. 따라서 의사결정 변수를 단순화시키는 것이 바람직하다.

둘째, 상호작용의 결과인 균형(equilibrium)에 대한 개념이 필요하며, 개념에 타당한 균형을 도출해야 한다. 이 장은 게임에서 상호작용의 결과인 균형에 대해 설명하고 다양한 사례들을 활용하여 균형을 도출하는 과정을 연습하도록 할 것이다. 따라서 균형의 개념과 균형을 도출하는 부분에 대해서는 계속해서 설명하게 될 것이다.

여기서는 어떤 상황을 간단한 게임으로 다듬기 위한 세 요소들에 대해 설명하기로 한다. 게임을 구성하기 위해 필요한 요소로는 경기자(player), 전략(strategy), 그리고 보수(payoff)가 있다.[3)]

경기자

게임에서 의사결정자를 경기자(競技者, player)라고 한다. 경기자들은 바둑에서와 같이 사람일 수 있고, 과점시장에서와 같이 기업일 수 있으며, 전쟁 상황에서와 같이 국가일 수도 있다. 의사결정자로서 하나의 경기자는 가능한 행동집합 내에서 어떠한 것을 선택할 수 있다. 또한 게임은 경기자의 수에 따라 '2−경기자 게임(two-player game)', '3−경기자 게임(three-player game)', 또는 'n−경기자 게임(n-player game)' 등으로 유형을 구분할 수 있다. 이 장에서는 2−경기자 게임을 통해 균형의 개념과 균형을 도출하는 과정을 설명하며, 두 명의 경기자를 경기자 1과

3) 게임의 구성요소로 경기자(player), 게임의 규칙(rule), 게임의 결과(outcome)와 보수(payoff)를 제시하는 학자들도 있다. 여기서 게임의 규칙이란 게임의 과정에서 경기자가 어떤 상황에 직면하는지, 각 상황에서 어떤 전략이 있는지를 나타낸다. 게임의 결과란 경기자들이 선택한 전략적 의사결정에 따른 결과를 말한다.
게임에 참여하는 경기자는 게임의 규칙에 따라 전략적 의사결정을 하며, 경기자는 자신의 의사결정에 따른 결과를 얻는다. 그리고 게임의 결과에 따라 경기자는 보수를 받게 된다. 따라서 게임의 가장 중요한 요소는 경기자, 전략, 보수라고 할 수 있다. 이 장에서는 지금 소개한 용어들에 대한 추가적 설명이 수록되어 있으니, 읽어가면서 용어들을 이해하게 될 것이다.

경기자 2로 나타내기로 한다.[4)]

전략

전략(戰略, strategy)이란 한 경기자가 게임에서 선택하는 행동(action)을 의미한다. 경기자 i가 선택할 수 있는 전략들의 집합을 S_i로 나타내고, 이를 경기자 i의 전략집합이라고 부르기로 한다. 이 장에서는 각 경기자의 전략집합이 두 개의 전략으로 구성되어 있다고 가정을 한 후에 균형의 개념과 균형을 도출하는 과정을 설명할 것이다. 따라서 경기자 1의 전략집합은 S_1이며, $s_1 \in S_1$은 경기자 1이 선택할 수 있는 두 개의 전략 중에서 하나라는 것을 의미한다. 자연스럽게 경기자 2의 전략집합은 S_2이며, $s_2 \in S_2$은 경기자 2가 선택할 수 있는 두 개의 전략 중에서 하나라는 것을 의미한다.[5)]

전략프로필(strategy profile)이란 각 경기자가 자신의 전략집합에서 하나씩 전략을 선택하여 나열한 것을 집합으로 표시한 것이다. 2-경기자 게임에서 전략프로필은 다음과 같다.[6)]

$$s = (s_1, s_2) \tag{13-1}$$

보수

각 경기자의 전략적 의사결정에 따른 게임의 결과는 각 경기자가 받는 보수에 의해 구체적으로 나타난다. 또한 보수는 일반적으로 경기자의 효용수준으로 표현된다. 즉 보수는 서수적으로 표현하는 것이 일반적이다. 그러나 단순화를 위해 화폐단위의 보수(monetary payoffs)로 나타내는 경우도 있을 수 있으며, 어느 경우에는 위신, 감정 등으로 보수를 나타낼 수도 있다. 단, 우리가 알아야 할 중요한 가정은 경기자는 낮은 수준의 보수보다 높은 수준의 보수를 선호한다는 것이다.

이제 보수를 효용수준으로 표현하여 보자. 2-경기자 게임에서 경기자 1이 s_1을 선택하고, 경기자 2가 s_2를 선택하는 경우에 경기자 1의 보수는 다음과 같다.

---

4) N-경기자 게임인 경우에는 i번째 경기자는 경기자 i로 표현할 수 있다, 단 $i = 1, 2, \ldots, N$.

5) N-경기자 게임에서 전략집합이 K개의 전략으로 구성되어 있는 경우에, $s_i \in S_i$는 경기자 i가 선택할 수 있는 K개의 전략 중에서 하나라는 것을 의미한다.

6) N-경기자 게임인 경우에 전략프로필은 다음과 같다, $s = (s_1, s_2, \ldots, s_N)$.

$$u_1(s_1, s_2) \tag{13-2}$$

이 경우에 경기자 2의 보수는 다음과 같다.[7)]

$$u_2(s_2, s_1) \tag{13-3}$$

식(13−2)와 식(13−3)을 통해 경기자의 보수는 자신이 선택한 전략과 다른 경기자가 선택한 전략의 함수임을 확인할 수 있다. 다시 말하면 경기자의 보수는 자신이 선택한 전략과 다른 경기자가 선택한 전략의 조합에 의해 결정되는 것을 알 수 있다.

1.2 용의자의 딜레마

지금까지 배운 기본 개념을 활용하여 게임이론에 자주 등장하는 용의자의 딜레마(prisoners' dilemma)에 관해 설명해 보기로 하자. 용의자의 딜레마는 위에 설명한 기본개념을 이해하기 위한 좋은 예이다. 용의자의 딜레마라는 개념은 역사가 오래 되었지만, 게임의 틀에서 관심을 갖게 된 것은 1950년 캘리포니아 RAND 협회의 멜빈 드레셔(M. Dresher)와 메릴 플러드(M. Flood)의 노력 덕분이었다. 우리가 알고 있는 용의자의 딜레마는 앨버트 터커(A. Tucker)에 의해 다음과 같이 재구성된 것이다. 두 명의 용의자가 어떤 범죄를 저질렀다고 짐작되어 붙잡혔다. 담당검사는 명백한 증거는 없지만, 자백을 통해 두 용의자의 범죄행위를 증명하고자 한다. 담당검사는 두 용의자를 따로 떼어놓고 용의자에게 각각 다음과 같이 심문한다.

"만약 당신이 범행을 자백하고 당신의 동료가 범행을 자백하지 않는다면, 당신은 수사에 협조한 점을 고려하여 석방해 주겠소. 그러나 당신이 범행을 자백하지 않는데 당신의 동료가 범행을 자백하면, 당신에게 이러한 범죄의 최고형인 5년을 구형하겠소. 만약 두 명 모두 범행을 자백하면 정상을 참작하여 비교적 작은 형벌인 2년을 구형할 것이오. 만약 두 명 모두 범행을 부인한다면 심증은 있지만 물

PART 04

7) N−경기자 게임인 경우에 경기자 i의 보수는 $u_i(s_i, s_{-i})$가 된다.

증이 없기 때문에 지금까지 저지른 경범죄를 근거로 두 사람 모두 1년을 구형할 것이오."

이러한 상황은 2−경기자 게임으로 표현할 수 있다.[8] 한 용의자를 경기자 1로, 다른 용의자를 경기자 2로 부르기로 하자. 각 경기자는 두 개의 가능한 전략을 갖고 그 중에서 하나를 선택할 수 있다. 두 전략은 자백(自白, confession) 또는 부인(否認, deny)이다. 이 때 경기자 1의 전략집합과 경기자 2의 전략집합은 각각 다음과 같이 표현될 수 있다.

$$S_1\{\text{자백, 부인}\},\quad S_2\{\text{자백, 부인}\} \tag{13-4}$$

각 경기자가 선택할 수 있는 전략은 두 가지이므로 각 경기자의 전략들의 조합은 $2^2 = 4$가지이다. 즉, (1) 경기자 1과 경기자 2가 모두 자백하는 상황; (2) 경기자 1이 자백하고 경기자 2가 부인하는 상황; (3) 경기자 1이 부인하고 경기자 2가 자백하는 상황; 그리고 (4) 경기자 1과 경기자 2가 모두 부인하는 상황이다. 이 때 각 경기자의 보수는 다음과 같이 표현될 수 있다.

$$\begin{aligned} &u_1(\text{자백, 자백}) = -2,\quad u_1(\text{자백, 부인}) = 0 \\ &u_1(\text{부인, 자백}) = -5,\quad u_1(\text{부인, 부인}) = -1 \end{aligned} \tag{13-5}$$

$$\begin{aligned} &u_2(\text{자백, 자백}) = -2,\quad u_2(\text{자백, 부인}) = 0 \\ &u_2(\text{부인, 자백}) = -5,\quad u_2(\text{부인, 부인}) = -1 \end{aligned} \tag{13-6}$$

1.3 비협조게임과 협조게임

앞에서 내쉬(J. Nash)는 비협조적 게임이론의 체계를, 아우만(R. Aumann)과 셸링(T. Schelling)은 협조적 게임이론의 체계를 확립한 것을 소개하였다. 의도적이든 의도적이지 않든, 이들이 게임이론을 유형별로 연구한 이유는 게임을 크게 비

8) 이 게임에는 담당검사도 있다. 그러나 담당검사의 행위는 이미 완벽하게 알려져 있기 때문에, 담당검사를 경기자로 포함시켜 게임을 복잡한 상황으로 만들 필요가 없다.

협조적 게임과 협조적 게임으로 분류할 수 있기 때문이다. 게임을 크게 두 유형으로 나누는 이유는 매우 적절해 보인다. 사람들은 게임에 임할 때 상대방에게 비협조할지, 협조할지를 먼저 선택할 것이기 때문이다. 용의자의 딜레마는 비협조적 게임일까, 아니면 협조적 게임일까? 용의자의 딜레마는 비협조적 게임이다.

비협조적 게임(non-cooperative game)은 현실에서 자주 발견할 수 있다. 제12장의 제2절에서 배운 과점기업의 독자적 행동모형을 비협조적 게임으로 분류할 수 있다. 꾸르노모형, 스타겔버그모형, 버트란트모형, 굴절수요곡선모형 등이 이에 해당된다. 비협조적 게임에서 경기자들은 서로 담합하지 않고 전략적 의사결정, 즉 상대방의 행위에 대해 추측된 변화에 입각한 의사결정을 한다. 이 장에서는 비협조적 게임에 초점을 맞추는데 그 이유는 비협조적 게임이 현실에서 더 많이 목격되기 때문이다.

현실에서 협조적 게임(cooperative game)을 발견할 수 있을까? 독자 여러분은 제12장의 제3절에서 배운 지배기업에 의한 가격선도모형과 카르텔모형이 협조적 게임으로 분류된다는 것을 알 수 있을 것이다. 협조적 게임에서 경기자들은 공동의 전략을 세우고, 독립적인 행동을 규제할 계약에 대해 협상하게 된다.

1.4 전개형과 정규형

게임을 분석하는 방법에는 전개형과 정규형의 두 가지가 있다. 위에서 설명한 용의자의 딜레마를 사용하여 게임을 전개형과 정규형으로 각각 표현하여 보기로 하자.

전개형 게임

전개형 게임(extensive form game)이란 게임나무(game tree)를 사용하여 게임을 표현한 것이다.

[그림 13-1]은 전개형으로 표현된 용의자의 딜레마이다. 게임은 왼쪽에서 오른쪽으로 진행된다. 게임나무에서 굵은 흰점으로 표시된 부분은 마디(node)라고 하며, 각 마디에 위치한 경기자가 전략을 선택하게 된다. 즉 전개형 게임에서 경기

그림 13-1 전개형으로 표현된 용의자의 딜레마

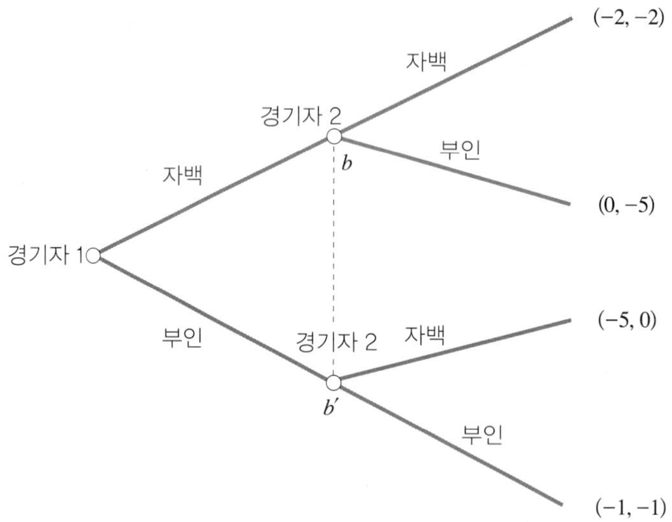

자들은 순차적으로(sequentially) 전략을 선택하게 된다. 이 게임나무에서 경기자 1은 먼저 전략을 선택하게 되는데, 그는 자백과 부인 중에서 하나의 전략을 선택하게 된다. 다음으로 경기자 2가 전략을 선택한다. 경기자 2가 자신의 전략을 선택하게 되는 마디는 점선으로 묶여있는데, 이를 정보집합(information set)이라고 부른다. 즉 경기자 2는 자신이 자백과 부인 중에서 하나의 전략을 선택할 때, 경기자 1이 어떤 전략을 선택했는지 알지 못한다는 의미이다. 담당검사는 각 경기자를 따로 떼어놓고 각 용의자에게 각각 질문을 하며, 경기자들은 상대방이 선택한 전략을 서로 모른다. 따라서 우리는 두 개의 마디를 점선으로 연결하여 동일한 정보집합에 있다고 표현하는 것이다.

보수는 게임나무의 맨 오른쪽 괄호 속의 숫자들이다. 괄호 속의 첫 번째 숫자는 경기자 1의 보수를 그리고 두 번째 숫자는 경기자 2의 보수를 나타낸다. 이 전개형 게임에서 전략을 먼저 선택하는 경기자 1을 선도자(first mover 또는 leader) 그리고 전략을 나중에 선택하는 경기자 2를 추종자(second mover 또는 follower)라고 한다. 경기자 1과 경기자 2의 순서를 바꾸어 전개형 게임을 그리면 어떻게 될까. 이때 경기자 2는 선도자 그리고 경기자 1이 추종자가 된다. 하지만 두 게임의 결과는 동일하다.

독자 여러분은 제5절에서 경기자 2가 경기자 1의 선택에 대한 정보를 알고 있는 상황을 공부할 것이다. 이러한 경우에 경기자 2가 자신의 전략을 선택하게 되는 마디는 점선으로 연결되어 있지 않게 되는데, 이는 두 개의 마디가 분리된 정보집합에 있다는 의미이다. 이때 경기자 1이 선도자이고 경기자 2는 추종자이다. 경기자 1과 경기자 2의 순서를 바꾸어 전개형 게임을 그리면 경기자 2가 선도자 그리고 경기자 1이 추종자가 된다. 이 경우 두 게임의 결과는 달라진다. 이에 대해서는 제5절에서 공부하기로 한다.

정규형 게임

정규형 게임(normal form game) 혹은 전략형 게임(strategic form game)이란 보수행렬(payoff matrix)표를 사용하여 게임을 표현한 것이다.

용의자의 딜레마 게임을 정규형으로 표현한 것이 〈표 13-1〉이다. 표에서 경기자 1은 행(row)에 위치하고 있으며, 경기자 2는 열(column)에 위치하고 있다. 따라서 표의 왼쪽에는 경기자 1의 전략이 표시되어 있고 표의 위쪽에는 경기자 2의 전략이 표시되어 있다. 각 경기자의 보수는 각 셀(cell) 안에 숫자로 표시되어 있다. 경기자 1의 보수는 각 셀의 왼쪽, 그리고 경기자 2의 보수는 각 셀의 오른쪽에 표시되어 있다.

표 13-1 정규형으로 표현된 용의자의 딜레마

		경기자 2	
		자 백	부 인
경기자 1	자 백	−2, −2	0, −5
	부 인	−5, 0	−1, −1

주) 이 표에서 −5는 5년 구형을 말한다. 0은 석방이다.

1.5 용의자의 딜레마와 전략적 사고

이 장은 게임에서 상호작용의 결과인 균형에 대한 설명과 함께 다양한 사례들을 활용하여 균형을 도출하는 과정에 많은 부분을 할애할 것이라고 서두에서 설명하였다. 균형에 대해 설명하기 전에, 먼저 용의자의 딜레마에서 경기자들이 어떠한 행위를 할 지에 대해 알아보자. 이러한 과정은 나중에 균형을 이해하고 도출하는데 도움을 줄 것이다.

〈표 13-1〉을 볼 때 언뜻 생각하면 두 경기자가 모두 부인을 선택할 것으로 보일 수 있다. 이러한 상황에서 각 경기자는 1년씩만 구형을 받을 수 있게 되며, 총 보수(경기자 1과 경기자 1의 보수의 합)는 두 경기자가 다른 전략을 선택하는 경우에 비해 가장 높은 −2가 된다. 그러나 이러한 결과는 발생하지 않을 수 있다.

슬프지만 잠시 동안 우리가 경기자 1의 입장이 되어보자. 우리는 경기자 2가 무엇을 선택할지 정확히 모른다. 이러한 상황에서 경기자 2가 두 가지의 전략 중에서 한 가지를 선택할 가능성을 고려해 보자.

우선 경기자 2가 자백을 선택한다고 추측해 보자. 우리가 자백을 선택하면 보수는 −2이고(경기자 2의 보수도 역시 −2이고), 우리가 부인을 선택하면 보수는 −5이다(경기자 2의 보수는 0이다). 따라서 경기자 2가 자백을 선택하는 경우에 우리도 역시 자백을 선택하는 것이 우리에게 더 높은 보수를 보장해준다.

다음으로 경기자 2가 부인을 선택한다고 추측해 보자. 우리가 자백을 선택하면 보수는 0이고(경기자 2의 보수는 −5이고), 우리가 부인을 선택하면 보수는 −1이다(경기자 2의 보수도 역시 −1이다). 따라서 경기자 2가 부인을 선택하는 경우에 우리는 자백을 선택하는 것이 우리에게 더 높은 보수를 보장해 준다.

용의자의 딜레마 상황에서 경기자 2가 어떠한 전략을 선택하는 것에 관계없이 우리는 자백을 선택함으로써 더 많은 보수를 보장받는다. 각 경기자는 대칭적(symmetric)이기 때문에 우리가 어떠한 전략을 선택하는 것에 상관없이 경기자 2는 자백을 선택함으로써 더 많은 보수를 보장받는다. 따라서 용의자의 딜레마에서 두 경기자가 모두 자백을 선택한다는 것이 우리가 내린 최적의 판단이다. 다음 절에서 내쉬균형(Nash equilibrium)의 개념을 소개하겠지만, 용의자의 딜레마 게임에서 우리가 내린 최적의 판단(즉 두 경기자가 모두 자백을 선택하는 것)이 바로

이 게임의 내쉬균형이라는 것을 기억하기 바란다. 내쉬균형에 대해서는 다음 절에서 구체적으로 알아보기로 하고, 다시 우리가 내린 최적의 판단에 대해 분석해 보자.

제목에서 알 수 있듯이 '용의자의 딜레마 게임'에서 우리의 최적 판단은 각 경기자의 입장에서는 딜레마가 된다. 즉 역설적으로 우리가 내린 최적의 판단은 각 경기자의 입장에서 볼 때 결코 바람직하지 못하다. 그렇다고 각 용의자가 어리석거나 또는 우리의 최적 판단이 잘못된 것은 아니다. 이 게임은 개체의 이익과 공동의 이익이 상충하는 상황에 적용된다. 이러한 상황이 발생한 데에는 두 가지 전제가 필요하다. 첫째, 두 용의자를 떼어놓고 심문을 하여 용의자들 사이에 상호 의사전달이 불가능하다. 제6절에서 설명하겠지만 이러한 게임을 불완전정보게임이라고 부른다. 제5절에서는 경기자 2가 경기자 1의 선택에 대한 정보를 알고 있는 상황을 소개하는데, 이러한 게임을 완전정보게임이라고 한다. 완전정보게임에서는 경기자들의 최선의 선택이 달라지는 것을 보게 될 것이다. 둘째, 이러한 게임이 한번으로 끝난다는 것이다. 만약 이러한 게임이 반복된다면 최선의 선택은 달라질 수 있다. 로버트 액셀로드(R. Axelrod)는 1979년에 '용의자의 딜레마 게임'이 반복적으로 행해지는 컴퓨터 프로그램을 짰다. 액셀로드는 컴퓨터 프로그램이 경쟁하는 반복게임을 통해 각 용의자는 부인을 선택할 수 있다는 것을 보여주었다.[9)]

PART 04

9) 액셀로드가 용의자의 딜레마 게임을 직접 반복한 것은 아니다. 그는 다양한 컴퓨터 프로그램들이 서로 반복적으로 경쟁하는 상황을 설정하여 맞대응(tit-for-tat)이라는 프로그램이 승리하는 것을 보였다. 맞대응 프로그램은 게임을 시작하면 우선 협력을 선택하고, 다음에는 상대 프로그램의 행동을 보고 대응하는 프로그램이다. 맞대응 프로그램은 다음과 같이 고안되었다. (i) 맞대응 프로그램이 협력을 선택하는데 상대 프로그램이 비협력을 선택하면, 자신도 다음 게임에서 비협력을 선택한다. (ii) 하지만 상대 프로그램이 협력을 선택하면 자신도 다음 게임에서 계속 협력을 선택한다. (iii) 상대 프로그램이 비협력을 선택해서 자신도 다음에 비협력을 선택했는데, 상대 프로그램이 협력을 선택하면 자신도 다음에 협력을 선택한다.

제 2 절 내쉬균형

시장경제이론에서 가장 중요한 개념이 최적화와 균형이다. 소비의 최적화란 한 소비자가 주어진 예산제약하에서 자신의 효용을 극대화시키는 것을 의미한다. 그 소비자는 자신의 이익을 최적화하고 있지만, 그 소비자의 이익은 다른 소비자(들) 뿐 아니라 공급자(들)의 최적화 행위에 영향을 받게 된다. 공급의 최적화란 한 기업이 주어진 시장제약과 기술상의 제약하에서 자신의 이윤을 극대화하는 것을 의미한다. 그 기업은 자신의 이익을 최적화하고 있지만, 다른 공급자(들) 뿐 아니라 소비자들의 최적화 행위에 영향을 받게 된다.[10)]소비자의 최적화행위를 통해 개별수요곡선이 도출되고 개별수요곡선을 수평으로 합치면 시장수요곡선이 도출된다. 이와 유사하게 공급자의 최적화행위를 통해 시장공급곡선을 도출할 수 있다. 시장수요곡선과 시장공급곡선이 접하는 시장균형에서 시장참여자(suppliers and consumers)는 현재의 상태에 만족해 다른 외부적 요인이 영향을 미치지 않는 한 현재의 행위를 바꿀 유인이 없다.

게임에서도 최적화와 균형의 개념이 사용된다. 즉, 각 경기자는 자신의 보수를 극대화하는 전략을 선택하고, 그러한 전략의 조합에 대해 모든 경기자가 만족하는 상태가 되면 그러한 조합을 균형으로 간주하게 된다. 특히, 정규형 게임에서 모든 경기자가 만족하는 전략의 조합이 생기면 그 조합을 내쉬균형(Nash equilibrium)이라고 부른다. 이제 '경기자가 만족하는 전략의 조합'과 '내쉬균형'에 대해 차례로 알아보기로 하자.

2-경기자 게임에서 경기자 2의 전략이 s_2로 주어졌다고 하자. 경기자 1의 전략인 s_1이 다른 자신의 전략 $s_1' \in s_1$에 비하여 더 많은 보수를 준다면 s_1을 s_2에 대한 최적대응(best response)이라고 부른다. 최적대응은 위에서 언급한 경기자가 만족하는 전략에 해당된다. N-경기자 게임에서 최적대응은 다음과 같이 정의할 수 있다.

10) 만약 독점기업의 최적화행위라면 독점기업의 이익은 자신의 최적화 행위와 소비자들의 최적화행위에 영향을 받는다.

최적대응: 경기자 i를 제외한 다른 경기자들의 전략프로필이 s_{-i}으로 주어져 있을 때, 경기자 i의 전략인 s_i가 다른 전략 $s_i' \in S_i$에 비하여 더 많은 보수를 준다면 s_i를 s_{-i}에 대한 최적대응이라고 하며 이를 BR_i로 표기하기로 한다, 즉 $s_i \in BR_i(s_{-i})$.

식(13−7)은 최적대응이 성립하기 위한 조건을 보수를 사용하여 보여주고 있다.

$$u_i(s_i, s_{-i}) \geq u_i(s_i', s_{-i}),\ \forall\ s_i' \in S_i \tag{13-7}$$

2−경기자 게임인 경우에 경기자 1의 최적대응은 $s_1 \in BR_1(s_2)$이며 경기자 2의 최적대응은 $s_2 \in BR_2(s_1)$이다.

정규형 게임에서 모든 경기자가 만족하는 전략의 조합이 생기면 그 조합을 내쉬균형으로 부른다고 하였다. N−경기자 게임에서 집합을 이용하여 내쉬균형을 다시 설명하면 다음과 같다.

내쉬균형: 경기자 i를 제외한 다른 경기자들의 최적대응이 s^*_{-i}로 주어져 있을 때, 경기자 i의 최적대응이 $s^*_i \in BR_i(s^*_{-i})$이라면, 이 경기의 전략프로필인 $s^* = (s^*_i, s^*_{-i})$를 내쉬균형(Nash equilibrium)이라고 한다.

다시 말하면, 내쉬균형이란 정규형 게임에서 각 경기자의 최적대응으로 이루어진 '최적대응의 조합'이다. 2−경기자 게임인 경우에 경기자 2의 최적대응이 s^*_2로 주어져 있을 때, 경기자 1의 최적대응이 $s^*_1 \in BR_1(s^*_2)$이라면 이 경기에서 내쉬균형은 $s^* = (s^*_1, s^*_2)$이다. 식(13−8)과 식(13−9)는 각 경기자의 보수를 사용하여 내쉬균형이 성립하기 위한 조건을 보여주고 있다.

$$u_1(s^*_1, s^*_2) \geq u_1(s_1, s^*_2),\ \forall\ s_1 \in S_1 \tag{13-8}$$

$$u_2(s^*_2, s^*_1) \geq u_2(s_2, s^*_1),\ \forall\ s_2 \in S_2 \tag{13-9}$$

내쉬균형은 두 가지의 중요한 특성을 지닌다. 첫째, 내쉬균형에서는 모든 경기자들이 다른 외부적 요인이 영향을 미치지 않는 한, 현재 선택한 전략을 바꿀 유인이 없다. 이런 의미에서 내쉬균형이 안정적(stable) 상태라고 표현하며, 내쉬균형이 아닌 경우에는 불안정적인 상태라고 표현한다. 불안정적 상태라는 것은 어떠한 전략프로필이 내쉬균형이 아닌 상황을 의미하는데, 이때 적어도 한 경기자가 자신의 전략을 바꿀 유인을 갖게 되므로 불안정적 상태로 표현되는 것이다.[11] 둘째, 정규형 게임에서 내쉬균형은 항상 존재한다. 제3절에서 다시 언급하겠지만, 유한한 전략의 수와 유한한 경기자의 수를 고려하는 경우에 혼합전략을 허용하면 내쉬균형은 항상 존재한다.

내쉬균형의 두 가지 주요 특성, 즉 안정성과 존재성은 경제학의 여러 분야에서 게임이론이 영향력을 넓혀가는 주요 요인이라 할 수 있다. 그렇다고 내쉬균형이 경제현상을 분석하는 완벽한 방법이라는 것은 아니다. 어느 경우에는 다중 내쉬균형(multiple Nash equilibria)이 존재할 수 있으며, 특히 그 내쉬균형들 중에서 어떠한 내쉬균형은 우리의 논리에 부합하지 않을 수도 있다. 또한 내쉬균형을 도출하는 과정에서 상대방의 전략을 알기 전에 어떻게 하나의 최적대응 전략을 선택할 수 있는지에 대해서도 명확히 설명할 수 없다. 이러한 단점이 있지만, 최근에 경제학의 광범위한 영역에서 내쉬균형의 개념을 활용하는 이유는 내쉬균형의 개념이 현실경제를 설명하는데 적절하도록 정제(refinement)되고 있기 때문이다.

읽을거리

뷰티풀 마인드

저널리스트인 나사르(S. Nasar)는 존 내쉬의 일대기를 뷰티풀 마인드(Beautiful Mind)라는 책으로 출간하였고, 이 책은 재미와 대중적 감동을 선사하는 영화들로 유명한 론 하워드(R. Howard)에 의해 영화로 만들어졌다. 영화 뷰티풀 마인드는 정신분열 증세를 일으킨 한 수학천재가 이러한 자신의 병적 어려움을 극복하고 노벨상을 수상하기까지의 실화를 그린 휴먼드라마다.

글래디에이터(Gladiator)로 유명해진 러셀 크로우가 수학천재 존 내쉬(J. Nash)를 연기하였고, 폴락에서 같이 연기했던 에드 해리스(E. Harris)와 제니퍼 코넬리(J. Connelly), 기사 윌리엄의 폴 베타니(P. Bettany), 라이언 일병 구하기의 아담 골드버그(A. Goldberg) 등이 열연을 하였다.

영화는 실존 인물인 내쉬가 1947년 프린스턴 대학원 수학과에 진학하면서 시작된다. 이 웨스트 버지니어 출신 천재는 일찍이 눈부신 학문적 업적들을 성취해 냄으로써 학계의 주목을 받는다. 하지만 이 핸섬하고 거만한 청년학자는 자신이 정신분열증에 시달리고 있음을 발견하고 절망에 빠진다. 수십 년간의 투쟁 끝에 서서히 자신의 비극적 상황을 딛고 일어선 그는 마침내 1994

11) 독자 여러분은 제2장에서 시장이론에서 시장균형은 안정적 균형(수렴형)과 불안정적 균형(확산형)으로 구분하는 것을 배웠다. 주의해야 할 점은 게임이론에서 내쉬균형은 안정적인 특성을 지니는 것으로 간주된다. 즉 내쉬균형이 수렴형이든 확산형이든 모두 안전성을 지닌다고 말한다.

년 노벨상을 받았다. 2015년에 자동차 사고로 사망하기 전까지 미국 프린스턴에서 살았으며, 사고 당시에 그의 나이는 86세였다. 21세에 쓴 논문으로 먼 훗날 노벨경제학상을 수상하였지만, 그는 정신분열증, 교수직 사임, 투병생활, 이혼과 재혼 등 파란만장한 삶을 살았다.

2.1 용의자의 딜레마와 내쉬균형

이제 용의자의 딜레마에서 최적대응과 내쉬균형을 도출해 보자. 사실 앞에서 우리가 내린 최적의 판단인 (자백, 자백)이 내쉬균형이다. 우선 각 경기자의 최적대응에 대해 알아보자.

〈표 13-1〉에서 경기자 2의 전략이 부인으로 주어졌다면 경기자 1은 자백을 하는 것이 자신의 보수를 높이는 최적대응이다. 경기자 2의 전략이 자백으로 주어졌다면 경기자 1은 자백을 하는 것이 최적대응이다. 경기자 2의 입장에서도 경기자 1과 동일한 최적대응을 유도할 수 있다. 경기자 1의 최적대응은 '자백 $\in BR_1(s_2)$, 단 S_2{자백, 부인}'로 표시할 수 있으며, 또한 경기자 2의 최적대응은 '자백 $\in BR_2(s_1)$, 단 S_1{자백, 부인}'로 표시할 수 있다. 이 때 각 경기자 1의 보수는 각각 다음과 같이 표현할 수 있다.

$$u_1(\text{자백}, s_2) \geq u_1(\text{부인}, s_2) \ \text{ 단}, S_1\{\text{자백, 부인}\} \tag{13-10}$$

$$u_2(\text{자백}, s_1) \geq u_2(\text{부인}, s_1) \ \text{ 단}, S_2\{\text{자백, 부인}\} \tag{13-11}$$

이제 내쉬균형을 도출할 차례이다. 식 (13-10)에서도 알 수 있듯이 경기자 1의 최적대응은 자백이다. 경기자 1의 최적대응이 주어져 있을 때 경기자 2의 최적대응은 자백이다. 즉, 자백 = BR_1(자백). 이 게임에서 내쉬균형은 최적대응의 조합인 s^* = (자백, 자백)이다. 식(13-12)와 식(13-13)은 〈표 13-1〉에 있는 각 경기자의 보수를 사용하여 내쉬균형이 성립하기 위한 조건을 보여준다.

$$u_1(\text{자백, 자백}) \geq u_1(\text{부인, 자백}) \text{ 단}, S_1\{\text{자백, 부인}\} \tag{13-12}$$

$$u_2(\text{자백, 자백}) \geq u_2(\text{부인, 자백}) \text{ 단}, S_2\{\text{자백, 부인}\} \tag{13-13}$$

PART 04

2.2 우월전략

앞에서 본 용의자의 딜레마의 보수구조를 검토해 보자. 식(13−10)의 의미는 경기자 1은 자백을 선택하는 경우에 경기자 2가 어떠한 전략을 선택하는지에 관계없이 더 큰 보수를 얻게 된다는 것이다. 즉, 경기자 1의 최적대응은 경기자 2의 전략에 영향을 받지 않는다. 이러한 성격을 갖는 최적대응을 우월전략(優越戰略, dominant strategy)이라고 부른다. 이러한 결과는 경기자 2의 입장에서도 동일하다. 즉, 경기자 2의 최적대응은 경기자 1의 전략에 영향을 받지 않는다. 따라서 경기자 1의 최적대응인 자백은 경기자 1의 우월전략이며, 경기자 2의 최적대응인 자백 역시 경기자 2의 우월전략이다. N−경기자 게임의 경우에 우월전략은 다음과 같이 정의할 수 있다.

우월전략: 경기자 i를 제외한 다른 경기자들의 전략프로필이 s_{-i}으로 주어져 있을 때, 전략프로필 s_{-i}에서 다른 경기자들이 어떠한 전략을 선택하는지에 관계없이 경기자 i의 최적대응이 s_i^*로 주어진다면 s_i^*를 경기자 i의 우월전략(dominant strategy)라고 한다, 즉 $s_i^* \in BR_i(s_{-i})\ \forall\ s_{-i}$.

용의자의 딜레마에서와 같이 각 경기자에게 하나씩의 우월전략이 존재한다면 당연히 각 경기자는 우월전략을 선택할 것이고, 우월전략으로 이루어진 내쉬균형을 우월전략균형(優越戰略均衡, dominant strategy equilibrium)이라고 한다.

여기서 명심해야 할 것은 모든 게임에서 우월전략이 존재하는 것은 아니다. 상대방(들)이 어떤 전략을 선택하느냐에 따라 한 경기자의 최적대응이 달라진다면 그 경기자의 최적대응은 우월전략이 아니다. 즉 '삽살개는 항상 개이지만, 개가 항상 삽살개는 아닌 것'과 같이 우월전략균형은 항상 내쉬균형이지만, 내쉬균형이 항상 우월전략균형은 아니다.

2.3 성대결 게임

독자 여러분은 앞에서 다중 내쉬균형이 존재할 수 있음을 배웠다. 이제 다중 내쉬균형을 도출해 보자. 이를 위한 좋은 사례는 성대결(battle of sexes) 게임이다. 학순이와 학돌이는 저녁에 서로 만나고자 한다. 학순이를 경기자 1, 그리고 학돌이를 경기자 2로 표현하자. 각 경기자는 발레와 야구경기 관람 중에서 각각 하나를 선택할 수 있다. 즉 각 경기자의 전략집합은 S_1{발레, 야구}, S_2{발레, 야구}이다. 각 경기자가 선택할 수 있는 전략은 두 가지이므로 전략들의 조합은 $2^2 = 4$가지이다. 즉, (i) 경기자 1과 경기자 2가 모두 발레를 관람하는 상황; (ii) 경기자 1이 발레를 관람하고 경기자 2가 야구경기를 관람하는 상황; (iii) 경기자 1이 야구경기를 관람하고 경기자 2가 발레를 관람하는 상황; 그리고 (iv) 경기자 1과 경기자 2가 모두 야구경기를 관람하는 상황이다. 경기자 1의 경우 (발레, 발레)를 더 선호하고 경기자 2는 (야구, 야구)를 더 선호한다.

전개형으로 표현된 성대결 게임은 [그림 13-2]와 같다. 게임나무에서 경기자 1은 먼저 발레와 야구 중에서 하나의 전략을 선택하게 된다. 다음으로 경기자 2가 하나의 전략을 선택하게 된다. 이때 경기자 2는 자신이 발레와 야구 중에서 하나의 전략을 선택할 때, 경기자 1이 어떤 전략을 선택했는지 모른다. 즉, 경기자 2는 자신이 전략을 선택할 때 동일한 정보집합을 갖게 된다. 보수는 게임나무에 있는 맨

그림 13-2 전개형으로 표현된 성대결

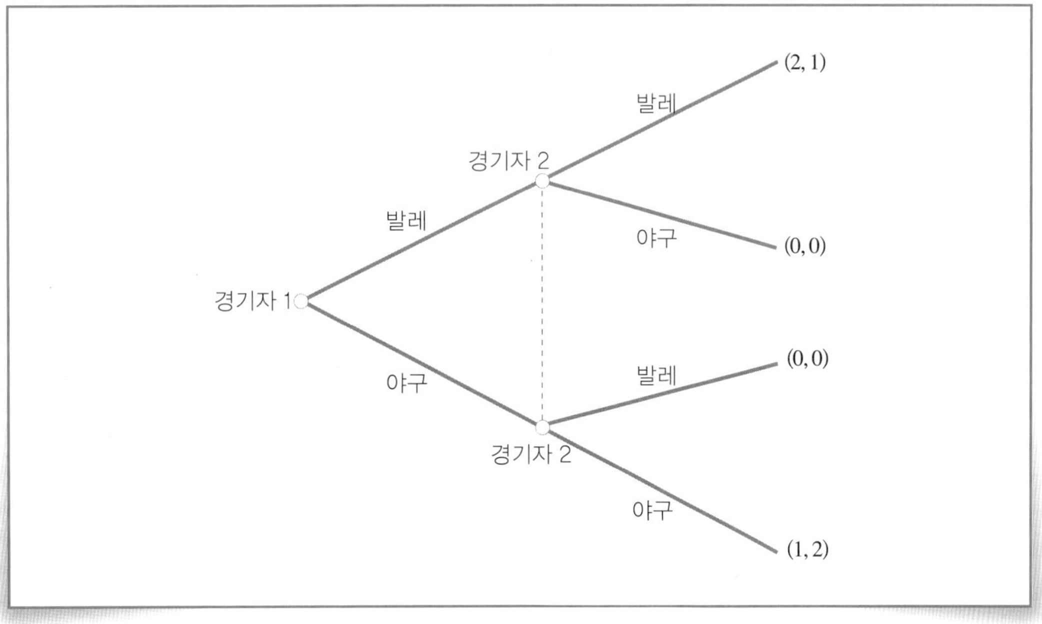

PART 04

오른쪽 괄호 속의 숫자들이다. (i) 두 경기자가 모두 발레를 선택하는 경우에, 경기자 1은 2의 보수를 그리고 경기자 2는 1의 보수를 얻는다. (ii) 경기자 1이 발레 그리고 경기자 2가 야구를 선택하는 경우에, 두 경기자가 모두 0의 보수를 얻는다. (iii) 경기자 1이 야구 그리고 경기자 2가 발레를 선택하는 경우에, 두 경기자가 모두 0의 보수를 얻는다. (iv) 경기자 1과 경기자 2가 모두 야구를 선택하는 경우에, 경기자 1은 1의 보수를 그리고 경기자 2는 2의 보수를 얻는다.

정규형으로 표현된 성대결 게임은 〈표 13-2〉와 같다. 우선 경기자 1이 발레를 선택하였다고 하자. 경기자 2의 최적대응은 발레이다: 즉, 발레 $= BR_2$(발레).[12] 이제 경기자 1이 야구를 선택하였다고 하자. 이때 경기자 2의 최적대응은 야구이다: 즉, 야구 $= BR_2$(야구). 다음으로 경기자 2가 발레를 선택하였다고 하자. 이때 경기자 1의 최적대응은 발레이다: 즉, 발레 $= BR_1$(발레). 이제 경기자 2가 야구를 선택하였다고 하자. 이 때 경기자 1의 최적대응은 야구이다: 즉, 야구 $= BR_1$(야구).

보수행렬에 나타난 각 경기자의 보수를 비교하면서 내쉬균형을 도출해 보기로 하자.[13] 경기자 1이 발레를 선택하는 경우에 경기자 2의 최적대응은 발레이며, 경기자 2가 발레를 선택하는 경우에도 경기자 1이 발레라는 최적대응에서 이탈할 유인이 없다. 또한 경기자 1이 야구를 선택하는 경우에 경기자 2는 야구가 최적대응이며, 경기자 2가 야구를 선택하는 경우에도 경기자 1은 야구라는 최적대응에서 이탈할 유인이 없다. 따라서 성대결 게임에서는 (야구, 야구)와 (발레, 발레), 두 개의 내쉬균형이 존재하게 된다(사실은 또 다른 내쉬균형이 존재하게 되는데 이에 대해서는 제3절에서 다루기로 한다). 성대결게임에서는 어떠한 경기자도 우월전

표 13-2 정규형으로 표현된 성대결

		경기자 2	
		발 레	야 구
경기자 1	발 레	2, 1	0, 0
	야 구	0, 0	1, 2

12) 경기자 2의 최적대응을 '발레 $\in BR_2$(발레)'라고 표현해도 무방하다.

13) 전개형으로 표현된 성대결 게임에서도 균형을 도출할 수 있지만, 이 책에서는 생략한다. 관심있는 독자는 스스로 균형을 찾아보기 바란다.

략을 갖고 있지는 않다.

2.4 동전맞추기 게임

앞에서 전략과 경기자의 수가 유한하면 내쉬균형이 항상 존재하는 것을 강조하였다. 이제 동전맞추기(matching pennies) 게임을 분석하면서 이에 대한 설명을 해보자. 정규형으로 표현된 동전맞추기 게임은 〈표 13-3〉과 같다(독자 여러분은 이 게임을 게임나무를 이용하여 전개형으로 표현해 보기 바란다). 두 명의 경기자는 동시에 자신이 가지고 있는 100원짜리 동전을 상대방에게 보여야 한다. 이 때 모든 경기자의 동전이 앞면이거나 뒷면이면 경기자 1은 경기자 2의 동전을 갖게 된다. 그러나 한 경기자의 동전이 앞면이고 다른 경기자의 동전이 뒷면이면, 경기자 1은 경기자 2에게 자신의 동전을 주어야 한다. 우선 경기자 1이 앞면을 선택하였다고 하자. 경기자 2의 최적대응은 뒷면이다: 즉, 뒷면 = BR_2(앞면). 이제 경기자 1이 뒷면을 선택하였다고 하자. 이때 경기자 2의 최적대응은 앞면이다: 즉, 앞면 = BR_2(뒷면).

다음으로 경기자 2가 앞면을 선택하였다고 하자. 이때 경기자 1의 최적대응은 앞면이다: 즉, 앞면 = BR_1(앞면). 이제 경기자 2가 뒷면을 선택하였다고 하자. 이 때 경기자 1의 최적대응은 뒷면이다: 즉, 뒷면 = BR_1(뒷면). 이 게임에는 우리가 지금까지 배운 내쉬균형은 존재하지 않는다. 지금까지 우리는 경기자들이 어떠한 행동을 확실하게 선택하는 상황을 상정하였다. 이러한 경우를 순수전략(pure strategy)이라고 하며, 이러한 순수전략을 선택하는 상황에서 도출된 내쉬균형을 순수전략 내쉬균형(pure strategy Nash equilibrium)이라고 한다. 그렇다면 동전맞

표 13-3 정규형으로 표현된 동전맞추기 게임

		경기자 2	
		앞 면	뒷 면
경기자 1	앞 면	1, −1	−1, 1
	뒷 면	−1, 1	1, −1

PART 04

추기 게임에서는 순수전략 내쉬균형이 존재하지 않을 뿐이다.

독자 여러분은 앞에서 '유한한 전략의 수와 유한한 경기자의 수를 고려하는 경우에 혼합전략을 허용하면 내쉬균형은 항상 존재한다'고 배웠다. 제3절에서는 각 경기자가 여러 행동을 적절히 혼합해서 선택하는 혼합전략(mixed strategy)에 대해 알아보게 될 것이다.

제3절 혼합전략

3.1 혼합전략의 정의

순수전략 내쉬균형이 존재하지 않거나, 두 개 이상의 순수전략 내쉬균형이 존재하는 경우에 여러 행동을 적절하게 혼합한 혼합전략에 대해 알아보자. 바로 앞에서 배운 동전맞추기 게임을 다시 고려하자. 순수전략 내쉬균형이 없는 상황에서 경기자들은 어떤 전략을 선택하는 것이 적절할까. 이 게임에서 각 경기자는 자신이 선택한 전략을 상대방이 알아차리는 것을 회피할 것이다. 예를 들어 경기자 1이 앞면을 보여주려고 하는데 이를 경기자 2가 미리 인지한다면 경기자 2는 뒷면을 보여줄 것이고 이에 따라 경기자 1의 보수는 –1이 된다. 하지만 경기자 2가 잘못 판단하여 같이 앞면을 보여주게 되면 경기자 1의 보수는 1이 된다. 따라서 각 경기자는 여러 가능한 행동들을 무작위로 선택하여 상대방이 자신의 전략을 알아차리지 못하도록 함으로써 보수를 높일 수 있다. 상대방이 자신의 전략을 알아차리지 못하도록 하는 최선의 방법은 자신도 잘 모르도록 확률적인 선택을 하는 것이다. 이러한 최선의 선택은 순수전략 자체를 선택하는 것이 아니라 순수전략에 확률분포(probability distribution)을 부여하여, 그 확률분포에 의하여 순수전략을 선택하는 것을 말한다. 이렇게 순수전략의 선택을 확률적으로 하는 것을 혼합전략(混合戰略, mixed strategy)라고 부른다.

혼합전략: 경기자 i의 혼합전략이란 순수전략에 확률분포를 부여하여, 그 확률분포에 의하여 순수전략을 선택하는 것

다시 말하면 혼합전략은 각 순수전략에 확률분포를 부여한 것이다. 동전맞추기 게임에서 각 경기자의 혼합전략을 알아보자. 경기자 1이 앞면을 선택할 확률(確率, probability)이 p라고 하자. 이때 경기자 1이 뒷면을 선택할 확률은 $(1-p)$가 되며, 경기자 1의 혼합전략은 $(p, 1-p)$이다. 경기자 1의 혼합전략이 $(\frac{1}{3}, \frac{2}{3})$이면, 경기자 1은 $\frac{1}{3}$의 확률로 앞면을 선택하고 $\frac{2}{3}$의 확률로 뒷면을 선택한다는 것이다. 또한 경기자 1의 혼합전략이 (0, 1)이라면, 경기자 1은 0의 확률로 앞면을 선택하고 1의 확률로 뒷면을 선택한다는 것이다. 이는 순수전략 역시 혼합전략의 하나라는 것을 말해준다. 경기자 2가 앞면을 선택할 확률이 q라고 하자. 이때 경기자 2가 뒷면을 선택할 확률은 $(1-q)$이며, 그의 혼합전략은 $(q, 1-q)$이다.

3.2 혼합전략 내쉬균형

이제 동전맞추기 게임에서 최선의 전략이 도출되는 과정을 알아보자. 경기자 1의 혼합전략이 $(p, 1-p)$, 그리고 경기자 2의 혼합전략이 $(q, 1-q)$인 경우를 상정하자. 경기자 1이 앞면을 선택하면 경기자 1의 기대보수(expected payoff)는 다음과 같다.

$$q \times 1 + (1-q) \times (-1) = 2q - 1 \tag{13-14}$$

경기자 1이 뒷면을 선택하면 그의 기대보수는 다음과 같다.

$$q \times (-1) + (1-q) \times 1 = 1 - 2q \tag{13-15}$$

경기자 1이 혼합전략을 고려하는 경우에 경기자 1의 기대보수는 식(13−14)와 식(13−15)를 이용하여 다음과 같이 표현할 수 있다.

$$E[\pi_1] = (2q-1)p + (1-2q)(1-p) \tag{13-16}$$

PART 04

이제 경기자 1이 선택할 최선의 혼합전략을 유도하여 보자. 경기자 1은 자신의 기대보수를 극대화시킬 확률 p를 선택한다. 식(13-16)을 1계미분하면 다음과 같은 도함수를 얻는다.

$$\frac{\partial E[\pi_1]}{\partial p} = 2(2q-1) \tag{13-17}$$

식(13-17)에서 경기자 1은 $q > \frac{1}{2}$인 경우에는 $p = 1$을, $q < \frac{1}{2}$인 경우에는 $p = 0$을 선택한다. 또한 $q = \frac{1}{2}$인 경우에 경기자 1은 p에 상관없이 기대보수 0을 얻는다. 이 경우에 경기자 1의 최적대응은 $0 \leq p \leq 1$이다.

경기자 2가 앞면을 선택하면 그의 기대보수는 다음과 같다.

$$p \times (-1) + (1-p) \times 1 = 1-2p \tag{13-18}$$

경기자 2가 뒷면을 선택하면 그의 기대보수는 다음과 같다.

$$p \times 1 + (1-p) \times (-1) = 2p-1 \tag{13-19}$$

따라서 경기자 2가 혼합전략을 고려하는 경우에 그의 기대보수는 식(13-18)과 식(13-19)를 이용하여 다음과 같이 표현할 수 있다.

$$E[\pi_2] = (1-2p)q + (2p-1)(1-q) \tag{13-20}$$

이제 경기자 2가 선택할 최선의 혼합전략을 유도하자. 경기자 2는 자신의 기대보수를 극대화시키는 확률인 q를 선택한다. 식(13-20)을 1계미분하면 다음과 같은 도함수를 얻는다.

$$\frac{\partial E[\pi_2]}{\partial q} = 2(1-2p) \tag{13-21}$$

식(13-21)에서 경기자 2는 $p > 1/2$인 경우에는 $q = 0$을, $p < \frac{1}{2}$인 경우에는 $q = 1$을 선택한다. 또한 $p = \frac{1}{2}$인 경우에 경기자 2는 q에 상관없이 기대보수 0을 얻는다. 이 경우에 경기자 1의 최적대응은 $0 \leq q \leq 1$이다.

[그림 13-3]에는 각 경기자의 최적대응이 그려져 있다. 여기에는 하나의 혼합전략 내쉬균형이 주어지는데, $(\frac{1}{2}, \frac{1}{2})$이 바로 혼합전략 내쉬균형이다.

그림 13-3 혼합전략 내쉬균형

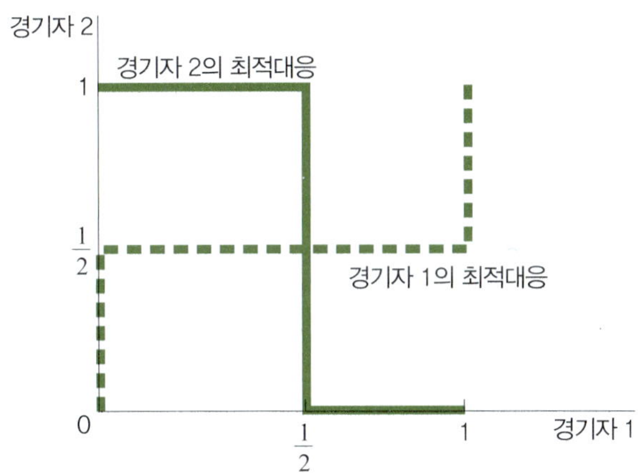

3.3 내쉬균형의 존재

모든 순수전략 내쉬균형은 혼합전략 내쉬균형이라고 말할 수 있다. 그러나 혼합전략 내쉬균형이 순수전략 내쉬균형이라는 보장은 없다. 단 혼합전략 내쉬균형 역시 내쉬균형이라는 것은 독자 여러분이 명심하기 바란다.

우리는 성대결 게임에서 내쉬균형은 세 개이며, 이 중에서 두 개의 순수전략 내쉬균형을 도출하였다. 독자 여러분은 동전맞추기 게임에서 혼합전략 내쉬균형을 도출한 경험을 토대로, 성대결 게임에서 세 개의 내쉬균형을 도출해 보기 바란다(즉, 두 개의 순수전략 내쉬균형과 하나의 혼합전략 내쉬균형을 도출해 보기 바란다).

앞에서 우리는 '내쉬균형은 항상 존재한다'고 말했다. 이는 내쉬에 의해 증명되었는데, 내쉬는 우리가 배운 혼합전략을 고려하는 경우에, 유한한 게임(즉, 유한한 경기자의 수와 유한한 전략의 수)에서 내쉬균형의 존재를 입증하였다.

제4절 최소극대화 전략과 안장점

4.1 최소극대화 전략

개별경제주체가 합리적이라는 전제는 경제학에서 매우 중요하다. 그런데 경기자는 상대방의 합리성에 대해 의문을 가질 수 있다. 이러한 게임에서 지금까지 배운 최적대응에 의한 내쉬균형을 유도하지 못할 수 있다. 다음과 같은 2-경기자 게임의 예를 들어 설명하여 보자. 두 기업(경기자 1과 경기자 2)이 경쟁적으로 광고전을 펼치고 있고, 각 기업은 두 개의 전략을 갖고 있다고 하자. 경기자 1은 a_1전략과 a_2전략 중 하나를 선택할 수 있고, 경기자 2는 b_1전략과 b_2전략 중에서 하나를 선택할 수 있다고 하자. 이때 경기자 1의 전략집합은 $S_1\{a_1, a_2\}$, 경기자 2의 전략집합은 $S_2\{b_1, b_2\}$로 표현할 수 있다. 각 전략들의 조합에 대응되는 각 경기자의 이윤을 표시한 보수행렬이 〈표 13-4〉에 나타나 있다.

경기자 1이 a_1를 선택한다고 하자. 이 경우에 경기자 2는 자신의 보수를 극대화하기 위해 b_2를 선택한다. 다음으로 경기자 1이 a_2를 선택한다고 하자. 이 경우에도 경기자 2는 자신의 보수를 극대화하기 위해 b_2를 선택한다. 이 게임에서 경기자 2의 우월전략은 b_2이다. 이제 우리는 내쉬균형을 쉽게 얻을 수 있다. 경기자 2의 우월전략이 b_2이므로 경기자 1은 a_2를 선택하여 4억 원에 해당하는 보수를 얻게 된다. 즉 내쉬균형에 해당하는 전략프로필은 $s^* = (a_2, b_2)$이다.

이제 경기자 1이 경기자 2의 합리성에 대해 의구심을 갖고 있다고 하자. 즉 경기자 1의 입장에서 경기자 2가 자신의 우월전략인 b_2를 선택하지 않고 b_1을 선택하

표 13-4 광고게임과 최소극대화 전략

		경기자 2	
		b_1	b_2
경기자 1	a_1	1, 10	2, 11
	a_2	−50, 2	4, 3

는 경우를 생각할 수 있다. 이러한 경우에 경기자 2는 b_2를 선택하지 않고 b_1을 선택함으로써 보수가 1억 원이 줄지만, 경기자 1은 50억 원의 손해를 입게 된다. 경기자 1의 입장에서는 경기자 2가 자신을 시장에서 퇴출시키기 위해 b_1을 선택할 수 있다고 판단할 수 있다. 이러한 경우에 경기자 1은 전략을 선택하는 경우에 초래되는 최악의 결과를 피하려고 할 수 있으며, 이는 각 전략을 선택할 때 최악의 결과들을 서로 비교한 후 그 중에서 가장 덜 나쁜 결과가 나올 수 있는 전략을 선택하게 된다. 즉 경기자 1은 a_1을 선택했을 때 최악의 결과는 보수 1억 원이며 a_2를 선택하는 경우에 최악의 결과는 손실 50억 원이므로, 경기자 1은 a_1을 선택할 수 있다. 이처럼 각 전략에 대한 최악의 경우를 결정하고, 최악의 경우에 받는 보수를 극대화시키는 전략이 최소극대화 전략(maximin strategy)이다.

최소극대화 전략: 경기자가 선택할 수 있는 각각의 전략에서 얻을 수 있는 최소치들을 고려하여 그 중에서 최대치를 찾는 전략

이제 경기자 2도 최소극대화 전략을 사용한다고 하자. 경기자 2의 최소 보수는 b_1이면 2억 원이고 b_2이면 3억 원이다. 그러므로 경기자 2의 최소극대화 전략은 b_2이다. 이러한 경우에 최소극대화 전략의 조합은 (a_1, b_2)가 되며 이 조합은 내쉬균형과 일치하지 않게 된다. 이러한 경우에는 어느 것이 합리적인 선택일까. 이러한 경우에 내쉬균형의 한계가 나타난다. 다시 말하지만, 경기자 1의 입장에서는 경기자 2가 b_2를 선택한다는 확실한 보장이 없다!

4.2 안장점

광고게임과 같이 경기자의 보수를 합한 값이 다른 게임을 비정합게임(nonconstant-sum game)이라고 부른다. 이제 경기자의 보수를 합한 값이 동일한 경우를 고려하자. 이러한 게임을 정합게임(constant-sum game)이라고 한다.[14)]

이제 정합게임에서 최소극대화 전략과 최소극대화 해에 대해 알아보자.

14) 특히, 동전맞추기 게임처럼 한 경기자가 얻은 보수와 다른 경기자의 잃은 손실을 합치면 0이 되도록 되어 있는 경우를 제로섬 게임(zero-sum game)이라고 한다.

표 13-5 안장점이 있는 보수행렬

		대한항공	
		B_1	B_2
아시아나항공	A_1	20, 80	30, 70
	A_2	45, 55	40, 60

〈표 13-5〉는 보수행렬로 표현된 아시아나항공(경기자 1)과 대한항공(경기자 2) 사이에서 벌어지는 정합게임이다. 경기자 1의 입장에서 볼 때 최소극대화 전략이 되는 것은 A_2이고, 최소한 40의 보수를 보장받게 된다. 한편 경기자 2가 최소극대화 전략을 선택한다면 B_2이며, 이 때 60의 보수를 보장받게 된다.

따라서 최소극대화 전략의 조합은 (A_2, B_2)이다. 또한 정합게임에서 최소극대화 전략의 조합은 안장점(saddle point)이라고 불린다. 그 이유에 대해 생각해 보자. 경기자 1의 전략이 A_2인 경우에, 경기자 2가 B_2를 선택하면 경기자 1의 보수는 A_2를 선택했을 때 얻을 수 있는 보수 중 최소가 되며 경기자 2의 보수는 경기자 1이 A_2를 선택했을 때 얻을 수 있는 보수중 최대가 된다. 한편 경기자 2가 B_2를 선택하는 경우에, 경기자 1이 A_2를 선택하면 경기자 2의 보수는 최소가 되며 경기자 1의 보수는 최대가 된다. 이와 같이 각 경기자의 보수가 한 쪽으로는 극대화되면서 다른 쪽으로는 극소화된다. 마치 말의 안장이 등허리로 보아서는 가장 낮은 점이지만 양옆으로 보아서는 가장 높은 점이라는 사실이 연상되는 것이다. 안장점이라는 말은 그런 뜻에서 나왔다. 또한 이 게임에서는 최소극대화 전략의 조합은 내쉬균형과 동일하다.

여기서 주의해야 할 점은 모든 정합게임에서 항상 안장점이 있는 것은 아니다. 예를 들어 동전맞추기 게임은 정합게임이지만 최소극대화 전략이 없으며, 따라서 안장점도 존재하지 않는다. 안장점이 존재한다면 최소극대화 전략의 조합은 내쉬균형의 성격을 갖는다.

제5절 순차게임

경기자들의 전략선택이 동시에 일어나는지, 순차적으로 일어나는지에 따라 게임의 형태를 분류하기도 한다. 동시게임(simultaneous move game)은 경기자들이 동시에 전략을 선택하는 게임이다. 이에 반해 순차게임(sequential move game)은 경기자들이 순차적으로 전략을 선택하는 게임이다. 지금까지 설명한 2-경기자 게임을 찬찬히 살펴보면 용의자의 딜레마와 성대결 게임은 동시게임뿐 아니라 순차게임으로 분석하였다. 또한 동시게임은 보수행렬표를 사용한 정규형으로 표현하였고 순차게임은 게임나무를 사용한 전개형으로 표현하였다.[15] 동시게임이 전개형과 정규형으로 표현될 수 있는 것과 같이, 순차게임 역시 전개형과 정규형으로 표현될 수 있다. 그렇지만, 일반적으로 동시게임은 정규형, 그리고 순차게임은 전개형으로 표현하는 것이 게임을 분석하는 데 편리하다.

5.1 두 정유사간 가격경쟁

[그림 13-4]는 가격경쟁을 하는 두 정유사의 게임을 게임나무를 이용한 전개형으로 표현한 것이다.

현대정유(경기자 1)와 S오일(경기자 2)은 휘발유 시장에서 가격경쟁을 한다. 두 기업은 높은 가격을 매기거나 낮은 가격을 매기는 전략을 선택할 수 있다. 그림에서 맨 오른쪽 괄호 안의 숫자는 경기자 1과 경기자 2가 가격전략을 통하여 얻을 수 있는 이윤이다. 앞의 숫자는 경기자 1의 이윤을, 뒤의 숫자는 경기자 2의 이윤을 나타낸다. 단위는 억 원이라고 하자. 경기자 1이 먼저 전략을 선택하고, 경기자 2는 경기자 1의 전략을 정확히 인지한 후에 자신의 전략을 선택하게 된다. 즉 경기자 1은 선도자이고 경기자 2는 추종자이다. 선도자인 경기자 1의 전략은 두 가지이다.

---

15) 이 외에 나머지 게임들은 동시게임이며 보수행렬표를 사용한 정규형으로만 표현되었다. 하지만 이 게임들도 용의자의 딜레마와 성대결 게임과 같이 순차게임으로 표현할 수 있다.

그림 13-4 정유회사의 가격경쟁 (단위: 억원)

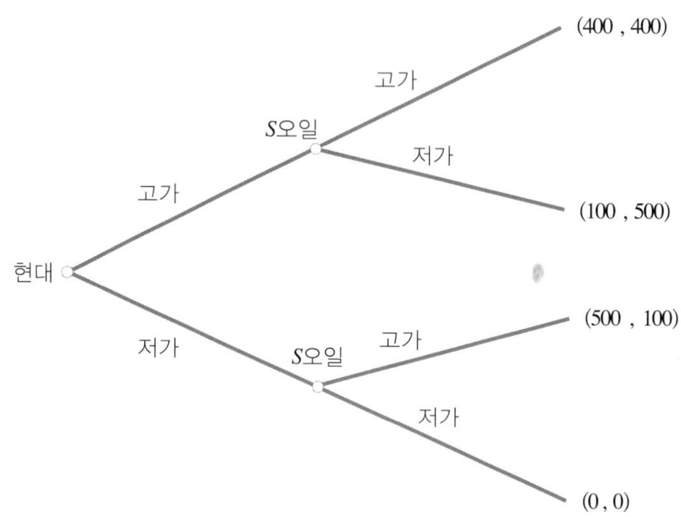

즉 경기자 1의 전략집합은 S_1(고가, 저가)이다. 그러나 추종자인 경기자 2의 전략은 조건부 전략(contingent strategy)이 되며, 전략집합은 네 가지이다: (i) 항상 고가전략을 선택한다; (ii) 경기자 1의 전략과 동일한 전략을 선택한다; (iii) 경기자 1의 전략과 상이한 전략을 선택한다; (iv) 항상 저가전략을 선택한다. 〈표 13-6〉은 경기자 2의 조건부 전략을 보여주고 있으며, 〈표 13-7〉은 이 게임을 보수행렬표를 사용하여 정규형으로 표현한 것이다.

독자 여러분은 왜 순차게임을 전개형으로 표현하는 것이 더 좋은지에 대해 [그림 13-4]과 〈표 13-7〉을 비교하면 알 수 있을 것이다.

우선 〈표 13-7〉의 정규형으로 표현된 게임을 보자. 한 경기자가 자신의 전략 중에서 하나를 선택할 때, 다른 경기자의 최적대응을 고려하면 세 개의 내쉬균형을 유도할 수 있다. 즉,

1. 경기자 1은 고가를 선택하고, 경기자 2는 (저가|고가, 저가|저가)를 선택한다.
2. 경기자 1은 저가를 선택하고, 경기자 2는 (고가|고가, 고가|저가)를 선택한다.
3. 경기자 1은 저가를 선택하고, 경기자 2는 (저가|고가, 고가|저가)를 선택한다.

표 13-6 경기자 2의 조건부 전략

조건부 전략	경기자 1의 전략을 명시한 조건부 전략
(i) 항상 고가전략 선택	(고가|고가, 고가|저가)
(ii) 경기자 1의 전략과 동일한 전략 선택	(고가|고가, 저가|저가)
(iii) 경기자 1의 전략과 상이한 전략 선택	(저가|고가, 고가|저가)
(iv) 항상 저가전략 선택	(저가|고가, 저가|저가)

표 13-7 정규형으로 표현된 가격경쟁 게임

		경기자 2			
경기자 1		(고가|고가, 고가|저가)	(고가|고가, 저가|저가)	(저가|고가, 고가|저가)	(저가|고가, 저가|저가)
	고가	400, 400	400, 400	100, 500	100, 500
	저가	500, 100	0, 0	500, 100	0, 0

이제 위의 세 개의 내쉬균형이 적절한 균형인지에 대해 알아보자. [그림 13-4]의 전개형을 이용하여 경기자 1의 최적대응이 존재하는지에 대해 고민해 보자. 경기자 1이 고가를 선택하면 경기자 2는 저가를 선택한다. 또한 경기자 1이 저가를 선택하면 경기자 2는 고가를 선택한다. 경기자 1의 입장에서는 경기자 2가 선택하는 전략에 따라, 자신의 보수가 달라지기 때문에 최적대응이 존재하지 않는다. 즉, 경기자 1은 자신의 선택하는 전략에 대해 상대방이 어떻게 최적대응을 할 것인가를 합리적으로 예측한 후에 자신의 전략을 선택해야 한다. 이에 반해, 경기자 2의 입장에서는 다음과 같은 조건부 최적대응이 자신의 최적대응이 된다: 경기자 1이 고가를 선택하면 경기자 2는 저가를, 경기자 1이 저가를 선택하면 경기자 2는 고가를 선택한다. 따라서 전개형에서 경기자 2의 최적대응이 내쉬조건을 충족시킨다.

a. 경기자 1이 고가를 선택하고, 경기자 2는 저가를 선택한다.

b. 경기자 1이 저가를 선택하고, 경기자 2는 고가를 선택한다.

이제 두 개의 균형이 모두 적절한 균형인지에 대해 알아보자. 경기자 1의 입장에서는 자신의 최적대응이 존재하지 않을 지라도, 자신이 선택한 전략에 대해 경기자 2가 어떻게 최적대응할지에 대해서는 짐작할 수 있다. 두 경기자가 모두 합리적이라는 가정하에서 경기자 1은 저가전략을 선택하게 될 것이다. 그 근거는 이러한 상황에서 경기자 2의 최적대응은 고가를 선택하는 것이기 때문이다. 즉, 경기자 1이 저가를 선택하고, 경기자 2는 고가를 선택하여 각각 500억 원, 100억 원의 이윤을 얻는 b의 경우가 이 게임에서 적절한 균형이 될 수 있다. 또한 정규형으로 표현된 순차게임에서는 3번째의 경우에서 경기자 2의 최적대응임을 확인할 수 있으며, 이는 3번째의 경우가 이 게임에서 적절한 균형이 될 수 있다는 것을 의미한다.

5.2 하부게임완전균형

이제 위에서 표현한 '적절한 균형'이 어떻게 찾아진 것인지에 대해 알아보기로 하자. 순차게임에서 적절한 균형을 찾아내는데 사용되는 개념은 하부게임완전균형(subgame-perfect equilibrium)이다. 하부게임완전균형은 신빙성이 없는 전략(incredible strategy)을 배제시켜준다. 하부게임완전균형에 대해 배우기 전에, 우선 하부게임이 무엇인지에 대해 알아보기로 하자. 하부게임은 전개형의 분석에서 유용한 개념이다. 하부게임(subgame)이란 하나의 잘 정의된 마디(node)에서 나오는 가지와 그 마디 이후의 모든 마디에서 나오는 가지들로 구성된다. 이에 따르면 두 정유사의 가격경쟁 게임에서 하부게임은 세 개다. 첫 번째 하부게임은 경기자 1이 고가전략을 선택한 후, '경기자 2의 선택점인 마디와 마디에서 나오는 가지'로 구성된다. 두 번째 하부게임은 경기자 1이 저가전략을 선택한 후, '경기자 2의 선택점인 마디에서 나오는 가지'로 구성된다. 세 번째 하부게임은 '경기자 1이 선택해야 하는 마디와 마디에서 나오는 가지, 각 가지로부터 연결된 경기자 2가 선택해야 하는 두 개의 마디, 그리고 두 개의 마디에서 나오는 가지'로 구성된다.

하부게임완전균형: 모든 하부게임에 대해 내쉬균형을 이루는 전략프로필 $(s_1^*, s_2^*, \cdots, s_n^*)$

정의에 따르면 하부게임완전균형은 '경기자 1이 저가를 선택하고, 경기자 2는 고가를 선택한다'이다. 물론 하부게임완전균형은 내쉬균형이다.[16] 독자 여러분은 정규형에서 유도한 내쉬균형에 하부게임완전균형이 포함되는 것을 알 수 있을 것이다. 그러나 내쉬균형이 항상 하부게임완전균형은 아니다. 이러한 관계로 인해

16) 따라서, 하부게임완전균형을 하부게임완전내쉬균형(subgame-perfect Nash equiblirum)이라고도 한다.

게임 이론가들은 하부게임완전균형이 내쉬균형의 정제(refinement)라고 한다.

우리는 앞에서 '하부게임완전균형은 신빙성이 없는 전략을 배제시켜준다'라고 언급하였다. 전개형에서 내쉬조건을 충족시키지만 하부게임완전균형이 아닌 '경기자 1이 고가를 선택하고, 경기자 2는 저가를 선택한다'에 대해 생각해 보자. 경기자 1이 고가전략을 선택하는 이유는 그가 저가전략을 선택할 때, 경기자 2도 저가전략을 선택하는 경우에 발생하는 결과 때문이다. 즉 경기자 2의 헛된 위협(empty threat)으로 인해 경기자 1은 고가를 선택할 수 있다는 것이다. 그러나 경기자들이 합리적이라면, 경기자 1이 저가전략을 선택하는 경우에 경기자 2의 최적대응은 고가전략을 선택하는 것이다. 이와 같이 하부게임완전균형은 신빙성이 없는 전략을 배제시켜준다.

5.3 역진귀납

지금까지 순차게임을 정규형과 전개형으로 표현하여 여러 가지 균형을 유도하였다. 또한 전개형으로 표현한 게임에서 각각의 하부게임을 고려하여 하부게임완전균형을 유도하였다. 여기에서는 하부게임완전균형을 유도하기 위한 편리한 방법을 소개하려고 한다. 우선 경기자들의 이윤이 결정되기 바로 직전에 전략을 선택하는 경기자가 하부게임에서의 최적대응을 밝혀내면 그 하부게임에서의 균형을 유도할 수 있다. 이를 하부게임균형(subgame equilibrium)이라고 한다. 정유사의 가격경쟁 게임에서 이윤이 결정되기 바로 직전에 전략을 선택하는 경기자(추종자)는 경기자 2이다. 경기자 2의 최적대응은 다음과 같다: (a) 경기자 1이 고가전략을 선택하면, 저가전략을 선택; 그리고 (b) 경기자 1이 저가전략을 선택하면, 고가전략을 선택한다. 따라서 (a)와 (b)가 하부게임균형들이다. 하부게임 (a)에서 경기자 1과 경기자 2의 보수는 각각 100억 원과 500억 원이며, 하부게임 (b)에서 경기자 1과 경기자 2의 보수는 각각 500억 원과 100억 원이다. 이제 하나의 하부게임이 남아있다. 즉 선도자인 경기자 1이 전략을 선택하는 게임이다. 경기자 1은 고가전략을 선택하면 자신의 보수는 100억 원이고 저가전략을 선택하면 자신의 보수는 500억 원이다. 따라서 경기자 1은 저가전략을 선택하게 되며, 하부게임완전균형이 유도되는 것이다.

하부게임완전균형을 유도하는 과정을 찬찬히 살펴보면, 독자 여러분은 순차게임의 진행과는 반대방향, 즉 추종자가 전략을 선택하는 하부게임부터 역으로 하부게임균형을 구하는 방법이었음을 알 수 있을 것이다. 이러한 방법을 역진귀납(backward induction)에 의한 방법이라고 한다.

제 6 절 불완전 정보

6.1 완전하지 못한 정보하의 게임

현실에서는 상대방이 어떠한 전략을 선택할지 모르는 상황에서 전략을 선택하는 경우를 종종 목격할 수 있다. 우리가 배운 용의자의 딜레마 게임이라든지 성대결 게임, 동전맞추기 게임, 광고 게임 등과 같이 두 경기자가 동시에 전략을 선택하는 상황 등이 이러한 예이다. 또한 선도자가 이미 어떤 전략을 선택하였지만, 추종자는 선도자가 어떤 전략을 선택했는지 모르는 상황 역시 좋은 예라고 할 수 있다 (이 책에서는 용의자의 딜레마와 성대결 게임이 해당된다). 이와 같이 상대방이 어떤 선택을 하는지 알 수 없는 상태에서 전략을 선택하는 참가자가 있는 게임을 불완전정보게임(game of imperfect information)이라고 한다.

때로는 경기자가 게임의 내용을 완전히 이해하지 못하는 경우가 있을 수 있다. 성대결의 예를 들면 학순이와 학돌이가 서로 좋아한다는 전제하에서 각 전략에 따른 보수를 설정할 수 있었다. 단지, 서로 사랑하는 학순이와 학돌이가 어느 쪽으로 전략을 일치시켜야 할지 모르는 상황에서 각자는 자신의 전략을 선택해야 하는 상황이었다. 그러나 현실에서 학돌이는 학순이를 사랑하지만, 학순이는 학돌이를 사랑하는지, 무관심한지 모르는 상황이 발생할 수 있다. 이때 학돌이는 학순이의 보수를 모르는 게임이 된다. 이러한 게임을 베이지안게임(Bayesian game) 또는 불완비정보게임(game of incomplete information)이라고 한다.

6.2 불완전정보게임

불완전정보게임의 예를 들어보기로 하자. 하나의 예는 용의자의 딜레마 게임이다. 독자 여러분은 [그림 13-1]이 용의자의 딜레마를 전개형으로 표현한 것이라는 것을 배웠다. 이 그림은 정규형으로 표현되었던 게임을 전개형으로 표현하였을 뿐, 그 내용은 같다. 단 그림에서 노드 b와 노드 b'를 점선으로 잇고 있는데, 이것은 경기자 2의 입장에서 경기자 1이 자백을 하였는지 아니면 부인을 하였는지 모르는 상황을 나타낸다. 경기자 2가 자신이 어디에 있는지 모른다는 것이다. 이 게임에서 하부게임은 몇 개일까. 우리는 '하나의 잘 정의된 마디에서 나오는 가지와 그 마디 이후의 모든 마디에서 나오는 가지들로 구성된 것'이 하부게임이란 것을 배웠다. 이에 따르면 하부게임은 하나이다. 이제 내쉬균형을 유도하여 보자. 역진귀납을 사용하여 먼저 경기자 2가 전략을 선택하는 상황을 알아보자. 경기자 2의 입장에서는 경기자 1이 어떤 전략을 선택하였는지 알지 못한다. 이러한 경우에는 경기자 1뿐 아니라 경기자 2의 경우에도 조건부 최적대응이 존재하지 않는다. 따라서 하나의 전략만을 선택해야 한다. 다행히 이 게임에서는 우월전략이 존재한다. 즉 경기자 2의 입장에서는 경기자 1의 전략에 상관없이 자백을 선택하는 것이 우월전략이다. 따라서 경기자 2는 자백을 선택하게 된다. 다음으로 경기자 1이 전략을 선택하는 상황을 알아보자. 경기자 1 역시 자백이 우월전략이다. 이에 따르면 하부게임 균형은 $s^* =$ (자백, 자백)이며, 이는 정규형으로 표현된 게임에서 유도된 내쉬균형이다. 불완전정보 게임에서 각 경기자의 우월전략이 없는 상황이 존재할 수 있다. 또한 위에서 언급한 불완비정보게임 상황도 현실에서 목격할 수 있다. 그러한 게임들에 대한 분석은 이 책의 범위를 넘어서는 것이기 때문에 생략하기로 한다. 관심이 있는 독자 여러분은 게임이론 관련 서적을 참고하기 바란다.

PART 04

요 · 약

01. 게임이론은 상대방의 반응을 고려한 전략적 상황을 분석한다는 점에서 과점시장이론과 매우 밀접한 관계를 가진다.

- 게임을 분석하는 방법에는 정규형과 전개형의 두 가지가 있다.

02. 최소극대화전략이란 참가자가 선택할 수 있는 각각의 전략에서 얻을 수 있는 최소치들을 고려하여 그 중에서 최대치를 찾는 전략을 말한다. 매우 보수적인 전략이다.

03. 안장점은 한편으로는 극소화점이요, 한편으로는 극대화점이 된다. 마치 말의 안장이 등허리로 보아서는 가장 낮은 점이지만 양 옆으로 보아서는 가장 높은 점인 것과 같다.

04. 우월전략균형이란 상대방이 어떤 전략을 선택하는가에 관계없이 자신의 보수를 더 크게 만드는 우월전략의 짝으로 이루어지는 균형을 말한다.

05. 내쉬균형이란 각 참가자가 서로 상대방의 최선의 전략에 대하여 최적대응을 하고 있는 경우의 짝으로 이루어지는 균형을 말한다.

06. 혼합전략이란 어떤 일정한 한 가지 전략을 선택하지 않고 확률분포에 따라 무작위로 선택하는 전략이다. 동전맞추기게임에서 나타날 수 있다.

07. 내쉬조건이란 참가자 중 어느 한 쪽이 독자적인 행동을 통해 자신의 보수를 더 크게 할 수 없는 상황이어야 한다는 조건을 말한다.

08. 전개게임에서 완전균형이란 내쉬조건과 함께 신빙성조건도 만족시키는 합리적 균형을 말한다.

연·습·문·제

01. 최소극대화전략이란 무엇인가 설명하시오.

02. A와 B 두 기업의 각 전략에 대한 보수행렬이 다음과 같다. 만약 A기업이 최악의 상황을 피하고자 한다면 어떤 결과가 나오겠는가?

기업 A \ 기업 B	B_1	B_2
A_1	10, 8	−17, 5
A_2	3, 6	7, 4

03. 안장점이란 무엇인가 설명하시오.

04. 우월전략균형이란 무엇인가 설명하시오.

05. 내쉬균형이란 무엇인가 설명하시오.

06. 내쉬균형이 성립하면 우월전략균형도 성립하는가?

07. 삼성과 LG 두 기업이 가전 분야에서 많은 광고비를 지출할 때와 적은 광고비를 지출할 때의 수익상황이다. 내쉬균형에서 삼성의 이윤은 얼마인가.

삼성 \ LG	많은 광고비	적은 광고비
많은 광고비	65, 50	275, 25
적은 광고비	35, 250	135, 85

08. 혼합전략이란 무엇인가 설명하시오.

09. 〈표 13-2〉의 성대결에서 혼합전략 내쉬균형을 구하시오.

10. 이기면 효용이 1이고, 지면 효용이 −1이 되며, 비기면 효용이 0인 두 사람간의 가위, 바위, 보 경기에 대한 설명의 옳고 그름을 밝히시오.
   (1) 제로섬 게임이다.
   (2) 순수전략 내쉬균형이 존재한다.
   (3) 혼합전략 내쉬균형이 존재한다.
   (4) 우월전략균형은 존재하지 않는다.
   (5) 각각의 경기자는 세 개의 전략을 갖는다.

11. 내쉬조건이란 무엇인가 설명하시오.

12. 하부게임 완전균형이란 무엇인가 설명하시오.

PART 04

13. 아래의 게임나무는 [그림 13-4]를 수정한 것이다. 하부게임완전균형을 구하시오.

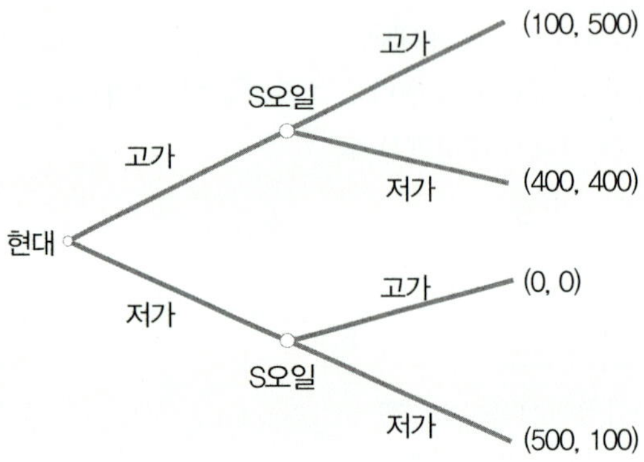

해답 및 풀이

02. {해답} $[A_2, B_1]$ 조합

{풀이} 기업이 최소극대화전략을 편다는 의미이다. 최소극대화전략은 $[A_2, B_1]$ 조합이다.

07. {해답} 65

{풀이} 삼성과 LG 모두 많은 광고를 하는 것이 우월전략균형으로 내쉬균형이다. 이 때 삼성의 이윤은 65이다.

09. {풀이} 경기자 1이 발레를 선택할 확률을 p, 경기자 2가 발레를 선택할 확률을 q라고 할 때 혼합전략 내쉬균형은 $(p, q) = (2/3, 1/3)$이다.

10. {해답} (1) 옳다. (2) 그르다. (3) 옳다. (4) 옳다. (5) 옳다.

{풀이} 이 게임은 혼합전략게임으로서 제로섬 게임이다. 이 때 각 사람은 가위, 바위, 보를 각각 $\frac{1}{3}$의 확률로 섞어 무작위로 선택하는 것이 최상의 전략이 된다. 따라서 혼합전략 내쉬균형만 존재할 뿐 순수전략 내쉬균형과 우월전략균형은 존재하지 않는다.

13. {풀이} 하부게임완전균형은 '경기자 1(현대)이 저가를 선택하고, 경기자 2(S오일) 역시 저가를 선택한다'이다

읽을거리 "고등학교 따분" 중퇴했던 그, 게임이론으로 노벨경제학상 받아

지루하다는 이유로 고등학교를 그만뒀던 고교 중퇴자 출신이 노벨 경제학상 수상자가 됐다. 경제학 분야 중 게임이론의 대표적 학자며 15일 노벨 경제학상 수상자로 선정된 앨빈 로스(Roth·61) 교수는 1960년대 말 뉴욕의 마틴밴버른 고등학교를 그만둔 고교 중퇴자 출신이다.

로스 교수는 부모님이 모두 고등학교 선생님이었는데도 뉴욕시 퀸스에 있는 마틴밴버른고등학교에 다니다가 3학년 때(미국의 고등학교는 4년제) 그만뒀다. 미 포브스지와의 인터뷰에서 그는 왜 학교를 그만뒀느냐는 질문을 받고 "지루해서 내린 선택이었다. 나는 당시 별다른 자극을 받지 못했다"고 말했다. 마틴밴버른고등학교는 2010~2011년 뉴욕시 교육청의 학교평가에서 D 학점을 받았다. 전체 고등학교 중에서 하위 12%에 해당하는 수준이다.

로스 교수는 자신의 이 같은 경험을 바탕으로 2003년에 뉴욕시 고등학교의 학생 지원 시스템을 개혁할 것을 제안했다. 이전까지 뉴욕시의 학생들은 교육청에 700개의 고등학교 중 5개 학교를 선택해 지원서를 냈고 학교가 학생 선발권을 가졌다. 이 과정은 세 차례 반복됐다. 학교는 1순위로 자기 학교를 쓴 학생을 선호했기 때문에 일단 1지망에서 탈락한 학생들은 2~5지망에 배정받기도 어려워져 눈치작전이 심했다. 끝까지 학교에 선택받지 못한 학생은 교육청이 임의로 지정하는 학교에 진학해야 했다. 이런 방식에선 학생 8만명 중 3만명이 자신이 지원하지도 않은 학교에 배정받았다.

로스는 이번에 노벨경제학상을 공동 수상한 로이드 섀플리 교수의 이론인 '게일-섀플리 알고리즘'을 뉴욕시 고등학교의 학생 배정 프로그램에 적용했다. 원리는 미혼 남녀가 결혼 상대를 찾는 과정과 비슷하다. 남자가 원하는 여성에게 프러포즈하면 여성은 맘에 들지 않는 남성을 거부하고, 맘에 드는 남성을 선택한다. 다음 차례에도 똑같은 방식으로 남성이 프러포즈하는데 여성은 원래 선택한 남성보다 맘에 드는 남자에게서 제안을 받을 경우 먼저 선택한 남성을 버릴 수 있다. 고등학교에 이를 적용할 경우 남성은 '학생', 여성은 '학교'가 된다.

뉴욕시에서 이 방식을 도입한 후 자신이 지원하지도 않는 학교에 진학하는 학생 수는 90% 감소했다. 뉴욕시가 자신의 모델을 도입한 직후인 2003년 10월 뉴욕타임스와 학부모 자격으로 인터뷰를 하면서 "새로 도입한 시스템을 통해 자녀가 진짜로 원하는 학교를 1순위로 써낼 수 있게 됐다"고 말했다.

로스 교수는 이처럼 자신의 경험을 바탕으로 좀 더 나은 기회가 제공되는 사회를 만드는 데 자신의 이론을 적용해 왔다. 그는 지난 2010년 미 의회 브리핑에서 '경제학을 통한 좀 더 나은 삶'이라는 주제로 브리핑을 하면서 "시장은 단지 상품만을 위한 것이 아니라 기회를 위해 존재하는 것"이라고 역설했다. 로스 교수는 과거 또 다른 인터뷰에서 "많은 사람이 경제학이 많은 수단과 기술을 지니고 있으면서도 흥미로운 문제들을 다루지 않는다고 말하지만, 주변을 둘러보면 세상엔 경제학자들이 풀어낼 수 있는 흥미진진하면서도 중요한 문제가 많이 있다"고 말했다.

– 김신영 기자, 조선일보(2012. 10. 16)에서 발췌 –

PART 04

part 5

분배이론

Chapter 14 요소시장이론
Chapter 15 소득분배이론

요소시장이론

chapter 14

이 장에서는 요소시장(要素市場, factor market)의 균형원리를 공부한다. 게임이론 앞 세 개의 장은 상품시장의 균형이론이다. 물론 요소시장도 수요 · 공급 원리에 의해 움직인다. 그런데 요소시장은 독립적으로 존재하는 것이 아니라 상품시장에서 판매할 상품 생산에 필요한 생산요소가 거래되는 시장이다. 그래서 요소시장의 수요를 파생수요(派生需要, derived demand)라고 한다. 요소시장에서는 '생산으로 들어오는 수입을 봐가면서' 노동이나 자본을 구입한다. 즉 생산성을 보고 요소를 구입한다. 이에 따라 요소시장에서는 한계수입생산곡선이나 한계생산물가치곡선이 수요곡선의 구실을 한다. 그리고 요소의 공급곡선이란 기업으로 보아서는 비용곡선이다. 처음 접할 때 약간 어려울 수 있으니 먼저 원리를 이해하는 방향으로 공부하기 바란다.

"이까짓 소리허면 쌀이 나와요, 밥이 나와요?"
"야 이놈아. 쌀 나오고 밥 나와야만 소리허냐.
자기 소리에 자기가 미쳐가지고 득음을 하면
부귀공명보다 좋고 황금보다 좋은 것이 이 소리속판이여."

- 영화 「서편제」 에서 -

제 1 절

생산요소의 수요

요소시장이론은 생산요소에 대한 수요와 공급, 그리고 수요와 공급에 따른 균형을 분석하는 이론이다. 이 장에서는 생산요소의 수요 · 공급이 어떤 원리로 이루어지는가를 주로 노동요소의 예를 들어 분석한다.

먼저 생산요소의 수요는 어떤 원리에 의하여 결정되는가 알아보자.

1.1 요소시장과 파생수요

기업은 왜 생산요소를 수요하는가? 그리고 생산요소의 수요(고용)는 어떤 원리로 결정되는가?

기업이 생산요소를 수요하는 것은 생산을 위해서이다. 기업이 노동자를 고용하는 것이나 소비자가 상품을 소비하는 것이나 그 행동 원리는 같다. 소비자는 상품을 소비하여 효용을 얻으며, 기업은 생산요소를 소비(고용)하여 상품생산이라는 효용을 얻는다.

생산요소가 거래되는 시장을 요소시장(factor market)이라고 한다. 노동시장, 자본시장 및 토지시장 등이 바로 요소시장이다. 요즈음에는 경영(management)도 생산요소로 본다.

요소시장: 생산요소에 대한 수요와 공급이 이루어지는 시장

생산요소에 대한 수요는 상품시장에서의 상품에 대한 수요와 다른 점이 있다. 생산요소의 수요는 독립적으로 발생하는 것이 아니라 그 요소로 생산되는 상품에 대한 수요가 있을 때 파생적으로 발생한다. 기업이 노동을 고용하는 목적은 노동을 고용해서 상품을 생산하고 그것을 판매함으로써 이윤을 얻고자 하는 것이다. 즉 생산요소의 수요는 상품의 수요로부터 파생적으로 발생하는 것이다. 이런 의미에서 생산요소에 대한 수요를 유도수요 또는 파생수요(派生需要, derived demand)

라고 한다.

소비이론에서 수요곡선은 세로축에 가격을, 가로축에 수요량을 나타낸 직각좌표에 나타낸다. 마찬가지로 요소수요곡선도 요소가격과 수요량을 나타낸 직각좌표에 나타낸다.

1.2 요소수요곡선

생산요소를 수요하는 경제주체는 기업이다. 그래서 요소시장이론은 기업의 입장에서 생각하고 접근해야 한다. 기업은 위에서 설명한 바와 같이 '요소의 생산성' 때문에 요소를 수요한다. 그렇다면 요소의 생산성은 무엇인가? 그것은 바로 생산이론에서 분석한 *TP*(총생산물)이나 *AP*(평균생산물) 그리고 *MP*(한계생산물) 등의 개념들이다.[1)]

이 중에서 기업의 의사결정에 직접 영향을 미치는 것은 한계생산물 *MP*이다. *MP*는 생산요소를 추가투입함으로써 얻어지는 생산물이다. 기업은 생산요소의 한계비용과 한계생산물을 비교하여 요소의 투입량을 결정한다. 이 때 기업은 단순히 한계생산물의 크기만 고려하는 것이 아니라 그 한계생산물로 인한 한계수입을 고려하여 행동하게 된다. 즉 기업의 주된 관심사는 한계생산물로 인한 수입이 얼마나 되는가이다. 노동을 추가투입하여 실물생산이 많이 증가한다 하더라도 생산물가격이 낮아 한계수입이 적다면 그것은 합리적인 노동투입이 아닌 것이다. 결국 기업이 관심을 가지는 것은 '생산요소를 추가투입할 때 수입이 얼마나 증가하는가'이다.

한계생산물수입 *MRP*[2)]

기업이 노동자를 한 명 더 투입하면 생산량이 증가하고, 따라서 판매수입도 증가할 것이다. 기업이 생산요소를 추가로 투입할 때, 그 추가투입으로 인해 기업

1) 노동요소의 경우라면 TP_L, AP_L, MP_L이고 자본요소의 경우에는 TP_K, AP_K, MP_K이다. 본문에서는 일반적인 경우를 설명하기 때문에 첨자 L과 K를 생략하고 있다.

2) 직역하면 한계수입생산물이다. 하지만 생산요소 투입에 따른 수입의 증가분이므로 본서에서는 한계생산물 수입으로 번역하여 사용한다.

이 얻는 수입의 증가분을 한계생산물수입(*MRP*: marginal revenue product)이라고 한다.[3)]

한계생산물수입: 생산요소를 추가로 투입할 때 기업이 얻는 수입의 증가분

한계생산물수입은 요소의 한계생산물에다 한계수입을 곱해서 얻는다. 즉 한계생산물수입은 다음과 같이 구한다.[4)]

$$MRP = MP \times MR \tag{14-1}$$

어느 구두공장에서 노동자 한명을 더 투입한 결과 하루에 구두가 두 켤레씩 더 생산되며, 구두 한 켤레로 인한 한계수입은 6만 원이라고 하자. 이 경우 노동자 한 사람을 더 투입한 결과로 인한 한계생산물수입은 12만 원이다.

한편 한계생산물에 가격을 곱한 것을 한계생산물가치(*VMP*: value of marginal product)라고 한다. 즉 한계생산물가치는 다음과 같다.[5)]

$$VMP = MP \times P \tag{14-2}$$

한계생산물수입이나 한계생산물가치는 화폐단위로 나타난다.

한편, 한계생산물수입과 한계생산물가치는 서로 어떤 관계인가?

상품시장이 불완전경쟁 상태, 예를 들어 독점시장이라면 상품의 가격이 한계수입보다 높다. 즉 독점시장에서는 $P > MR$ 관계이다. 따라서 한계생산물가치가 한계생산물수입보다 크다. 즉 독점시장에서는 $VMP > MRP$ 관계이다.

경쟁시장에서는 상품의 가격과 한계수입이 같다. 즉 경쟁시장에서는 $P = MR$ 관계이다. 따라서 한계생산물수입과 한계생산물가치가 같다. 즉 경쟁시장에서는 $VMP = MRP$ 관계이다.

그런데 제7장에서 분석한 바와 같이 한계생산물 *MP*는 요소투입의 증가에 따라 체감된다. 즉 생산에는 일반적으로 한계생산물체감의 법칙이 작용한다. 이에 따라

3) 노동요소의 한계생산물수입은 MRP_L(marginal revenue product of labor)이라고 표기하고, 자본요소의 한계생산물수입은 MRP_K(marginal revenue product of capital)라고 표기한다.

4) 노동요소의 한계생산물수입은 $MRP_L = MP_L \times MR$ 관계이고, 자본요소의 경우에는 $MRP_K = MP_K \times MR$ 관계이다.

5) 노동요소의 한계생산물가치는 $VMP_L = MP_L \times P$이고, 자본요소의 한계생산물가치는 $VMP_K = MP_K \times P$이다.

한계생산물곡선은 우하향으로 나타난다. 한계생산물곡선이 우하향이면 한계생산물수입곡선과 한계생산물가치곡선도 우하향이 된다. 애초에 한계생산물 *MP*가 체감하기 때문에 *MP*에다 *MR*을 곱해서 얻어지는 *MRP*도 체감하고, *P*를 곱해서 얻어지는 *VMP*도 체감하는 것이다.

이상의 분석에서 우리는 다음 몇 가지를 알게 되었다.

첫째, 기업이 요소를 수요(고용)할 때 관심을 보이는 사항은 '이 생산요소를 투입할 때 수입이 얼마나 증가하느냐'이다.

둘째, 요소투입 증가 때 기업에게 수입 증가의 크기를 보여주는 것은 *MRP*나 *VMP*이다.

셋째, *MRP*곡선과 *VMP*곡선은 우하향한다.

경제학에서 한계생산물수입에 관심을 가지는 것은 한계생산물수입곡선으로부터 요소수요곡선이 도출되기 때문이다. 이제 *MRP*곡선에서 요소의 수요곡선이 도출되는 과정을 알아보자.

요소수요곡선 도출 원리

생산요소에는 노동, 토지, 자본 등이 있다. 이 중 노동요소의 예를 들어 요소수요곡선을 도출해보자. 기업은 노동요소의 가격과 노동투입으로 인한 수입을 비교하여 노동투입량을 결정한다.

[그림 14-1]은 노동의 생산성과 임금수준을 비교하여 노동수요곡선을 도출하는 과정을 보이고 있다.

(a)는 한계생산물수입곡선 MRP_L이다. 한계생산물수입곡선은 노동투입의 증가에 따라 우하향하는 모양을 보이고 있다. 노동투입량이 L_1일 경우 R_1의 한계수입을 얻고, 노동투입량이 L_2이면 R_2의 한계수입을 얻는다.

(b)는 한계생산물수입곡선으로부터 유도된 노동수요곡선이다. 먼저 노동가격이 P_{L1}으로 높은 수준이라 하자. 기업은 이 임금수준(이상)의 한계수입을 얻을 수 있는 만큼의 노동력을 투입하려 할 것이다. 왼쪽 그림을 볼 때 P_{L1}수준의 생산성은 노동을 L_1만큼 투입할 때 가능하다. 여기서 노동가격과 노동수요의 조합점 A'를 얻을 수 있다.

이번에는 노동가격이 P_{L2}로 낮은 수준이라 하자. 왼쪽 그림을 볼 때, 이 정도 낮

그림 14-1 노동수요곡선의 도출

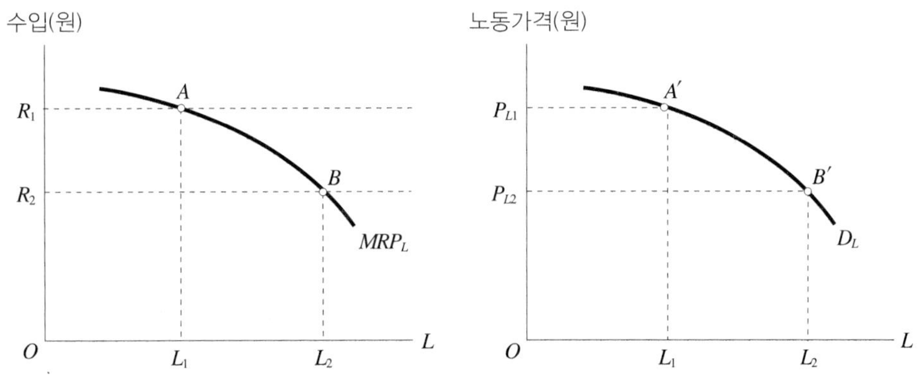

(a) 노동투입과 *MRP* (b) 노동수요곡선

은 임금수준이라면 노동을 L_2만큼 투입해도 가능하다. 여기서 노동가격과 노동수요의 조합점 B'를 얻을 수 있다. 두 점 A'와 B'를 연결하면 노동수요곡선이 된다. 즉 *MRP*곡선으로부터 노동수요곡선이 나온다. 단 상품시장이 완전경쟁시장이면[6] *VMP*곡선을 노동수요곡선으로 이용할 수 있다.

[그림 14-2]는 상품시장이 경쟁인 경우와 불완전경쟁인 경우의 노동수요곡선이다.

(a)는 상품시장이 경쟁인 경우의 노동수요곡선이다. 상품시장이 경쟁적이면 가격과 한계수입은 같기 때문에 $VMP = MRP$이고, 이 선분이 바로 노동수요곡선인 것이다.

(b)는 상품시장이 불완전경쟁일 경우의 노동수요곡선이다. 그림에서 한계생산물가치곡선이 한계생산물수입곡선보다 위쪽에 있는 것은, 즉 $VMP > MRP$인 것은 불완전경쟁시장에서는 가격이 한계수입보다 더 높기 때문이다. 이 경우에는 실선인 한계생산물수입곡선 *MRP*가 수요곡선이 된다.

이상의 내용을 종합하여 정리하면 생산요소의 수요곡선은 다음과 같다.

① 상품시장이 경쟁적인 경우: $VMP\ (= MRP)$곡선

② 상품시장이 불완전경쟁인 경우: *MRP*곡선

PART 05

6) 이하에서는 완전경쟁시장이라는 용어 대신 경쟁시장 또는 경쟁적이라는 용어를 주로 사용한다.

그림 14-2 노동수요곡선

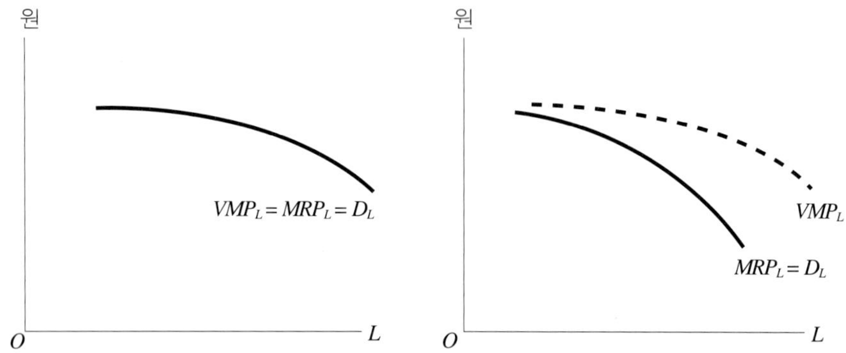

(a) 상품시장이 경쟁적인 경우 (b) 상품시장이 불완전경쟁인 경우

요소수요곡선은 우하향이다

지금까지 우하향인 *MRP*곡선과 *VMP*곡선이 노동수요곡선 역할을 한다는 것을 설명하였다. 이 노동수요곡선 *MRP*곡선과 *VMP*곡선은 자본이 고정투입요소라는 가정 아래 도출된 것이다. 따라서 이 수요곡선은 엄밀히 말하면 단기수요곡선이다. 그런데 생산요소 중에서 노동만 가변적이고 다른 요소들은 고정적이라는 가정은 그리 현실적이지 못하다. 다른 요소들도 가변적이라 보는 것이 더 일반적일 것이다. 만약 자본요소도 가변적이라면, 즉 장기를 가정하면 노동수요곡선은 그 모양이 달라진다.

이제 장기의 노동수요곡선은 어떤 모양을 갖게 되는가 알아보자.

생산자최적을 달성하고 있는 상태에서 생산요소의 가격이 변화하면 생산관계에 대체효과와 산출효과가 발생하게 된다. 임금이 하락하는 경우의 예를 들어 생산에 있어서의 대체효과와 산출효과를 설명하면 다음과 같다.

대체효과란 어느 한 생산요소의 가격이 하락할 때 그 요소의 투입을 증가시키는 현상을 말한다. 여기에서는 임금하락으로 자본에 비하여 값이 싸진 노동으로 대체하는 현상을 말한다. 즉 임금하락으로 인한 대체효과는 노동수요를 증가시킨다. 다음에는 산출효과에 대해서 생각해 보자. 임금이란 기업에는 비용이다. 임금이 하락하면 기업의 한계비용이 감소하게 된다. 기업의 적정산출량 결정 원리는 시장이론에서 분석한 바와 같이 $MR = MC$ 원칙이다. 임금하락으로 한계비용이 감소하면 한계수입도 작아져야 이윤극대화원칙이 유지된다. 한계수입이 작아져야 한다는 것은 기업이 생산량을 증가시켜야 한다는 것을 의미한다. 즉 비용이 낮아졌으니 생산을 더 증가시켜야 $MR = MC$ 원칙이 유지된다는 것이다. 기업은 한계수입이 점점 작아져서 한계비용과 일치할 때까지 생산을 증가시키게 된다. 이러한 생산 증가효과를 산출효과(output effect)라고 한다. 그리고 산출효과는 노동수요를 증가시킨다.

임금이 하락하면 노동수요는 대체효과와 산출효과의 합계만큼 증가하게 된다. 그래서 장기의 노동수요곡선은 우하향하는 특성을 유지하지만, 단기의 경우보다 완만한 모양이 된다.

한편 노동의 시장수요곡선은 개별기업 노동수요곡선의 합계이다. 그러나 이 시장수요곡선은 개별기업 수요곡선의 단순한 수평적 합계로 도출되지는 않는다. 그것은 생산요소 가격의 변화로 그 산업에 속해있는 개별기업 전체의 산출량이 변하면 시장의 상품가격도 변하기 때문이다. 즉 노동가격 하락 → 기업산출 증가 → 시장가격 하락 현상이 진행되는 것이다. 생산물가격이 하락하면 기업 한계생산물수입 *MRP*나 한계생산물의 가치인 *VMP*는 하락하게 된다. 따라서 시장수요곡선은 개별기업의 수요곡선의 수평합보다 더 가파른 모양이 된다.

지금까지 노동임금의 변화가 노동수요에 미치는 영향을 분석해 보았다. 노동요소 하나만 가변요소라면 노동임금의 하락은 노동수요를 증가시키기 때문에 노동수요곡선은 우하향이 된다. 즉 단기의 노동수요곡선은 우하향이다. 만약 모든 투입요소가 다 가변적이라면 노동임금 하락은 노동수요에 대체효과와 산출효과를 초래하여 노동수요가 더욱 증가하게 된다. 즉 장기 노동수요곡선은 보다 완만한 모양이 된다. 한편 전체 시장의 노동수요곡선은 개별기업의 노동수요곡선보다 가파른 모양이 된다. 이는 산출량 증가로 인하여 시장에서 생산물가격이 하락함으로 노동수요가 다시 감소하기 때문이다.

결론적으로 개별기업의 것이든 시장 전체의 것이든 노동수요곡선은 *MRP*곡선 또는 *VMP*곡선이며 우하향한다.

제2절 생산요소의 공급

생산요소는 가계에 의하여 공급되며, 기업은 생산을 위하여 그 요소를 수요한다. 생산요소의 가격은 기업의 입장에서는 비용이다. 따라서 요소공급곡선은 비용곡선의 성질을 가진다.

2.1 기업의 노동요소 구입비용

제1절에서는 노동을 예로 들어 생산요소에 대한 기업의 수요곡선을 도출하고, 이의 수평적 합계가 시장수요곡선이라는 것을 설명하였다.

이제 다시 노동을 예로 들어 생산요소로서의 노동공급곡선을 분석해 보자. 노동의 공급곡선은 기업의 입장에서 노동구입의 비용곡선이다.

노동시장에서 노동력을 구입하는 기업도 다수이고 노동자도 다수인 완전경쟁시장이라면 기업이 만나는 노동공급곡선은 수평일 것이다. 이는 완전경쟁시장에서 한 기업이 만나는 수요곡선은 수평이었던 것과 그 논리면에서 정확히 일치한다. 노동시장 전체의 공급곡선과 수요곡선이 만나는 점에서 균형가격이 형성되면 기업은 가격순응자(price-taker)의 입장이 되는 것이다.

이제 기업의 노동요소 구입비용은 어떤 원리에 의하여 결정되는가 알아보자.

기업이 요소를 구입하기 위해 지출하는 비용을 요소비용(*FC*: factor cost)이라고 한다. 요소비용은 평균요소비용(*AFC*: average factor cost)과 한계요소비용(*MFC*: marginal factor cost)의 두 가지 개념으로 나누어 생각할 수 있다.

평균요소비용은 노동이나 자본요소를 고용하는데 들어가는 단위당 평균비용을 말한다.

한계요소비용 *MFC*

지금까지 대부분의 분석에서 본 것처럼 기업이나 가계의 행동은 일반적으로 '한계'원리에 입각해서 이루어진다. 기업이 요소시장에서 노동요소를 구입하는 경우에도 노동구입의 '한계비용', 즉 한계요소비용을 중요시한다. 한계요소비용은 기업이 생산요소를 추가로 고용하는데 드는 비용을 말한다.[7)]

한계요소비용: 생산요소를 추가로 고용하는데 드는 비용

한계요소비용은 생산이론에서의 한계비용 개념과 유사하다. 즉 한계비용은 '상품'을 추가생산할 때 기업이 지출하는 비용의 변화분이고, 한계요소비용은 '요소'를 추가투입할 때 기업이 지출하는 비용의 변화분이다. 대수적으로 말할 때 한계비용은 비용을 생산량으로 미분한 개념이고, 한계요소비용은 비용을 노동량으로 미분한 개념이다.

노동의 한계요소비용 MFC_L은 다음과 같이 요소비용 FC를 노동량 L로 미분함으로 구해진다.

$$MFC_L = \frac{dFC}{dL} \qquad (14-3)$$

$$= \frac{d}{dL}(L \cdot P_L)$$

$$= P_L + L\frac{dP_L}{dL}$$

즉 $MFC_L = P_L + L\dfrac{dP_L}{dL}$이다.

이 식을 보면 한계요소비용을 구하기 위해 노동투입비용 $L \cdot P_L$을 미분하고 있다. 그것은 한계비용은 가변비용으로부터 나오고, 가변비용은 가변요소인 노동투입에서 발생하기 때문이다.

여기에서 한 가지 유의해야 할 점이 있다. 우리는 제7장에서 FC와 AFC를 분석한 바 있다. 생산이론에서의 FC는 고정비용(fixed cost)이고, AFC는 평균고정비용

PART 05

7) 노동요소의 한계비용은 MFC_L(marginal factor cost of labor)이고, 자본요소의 한계비용은 MFC_K(marginal factor cost of capital)이다.

(average fixed cost)이다. 즉 생산이론에서 F는 fix의 첫 글자이고 본 장에서의 F는 factor(요소)의 첫 글자이다.

2.2 노동공급곡선

기업이 만나는 노동공급곡선은 노동시장의 형태에 따라 달라진다. 노동시장의 형태는 경쟁적인 경우와 기업이 수요독점하는 경우가 있다. 한편 노동이 독점공급되는 경우에는 노동공급곡선을 정의할 수 없다.

노동시장이 경쟁적인 경우

노동시장이 경쟁적이면 개별기업이 만나는 노동공급곡선은 수평모양이 된다. 그것은 노동시장이 경쟁적이면 노동가격이 시장의 수요 · 공급에 의해 결정되고, 개별기업은 그 결정된 가격에 순응(price-taking)하기 때문이다. 노동공급곡선이 수평이라면 노동 한 단위를 더 구입하는데 추가되는 비용은 노동가격과 같고 평균노동비용과도 같다. 노동의 한계요소비용식 $MFC_L = P_L + L\dfrac{dP_L}{dL}$을 볼 때 노동시장이 경쟁적이어서 노동공급곡선이 수평이 되면 dP_L이 0이고, 따라서 한계요소비용은 노동가격과 같게 된다는 것을 알 수 있다. 즉 노동시장이 경쟁적이라면 노동가격과 평균노동비용(AFC_L) 및 한계노동비용은 모두 동일하다. 또 이들은 모두 공급곡선의 높이이기도 하다.

[그림 14-3]은 노동시장이 경쟁적인 경우 개별기업이 만나는 노동공급곡선이다.

(a)는 전체 노동시장의 균형이다. 노동시장 전체의 균형은 노동수요곡선과 공급곡선이 만나는 점에서 결정되며, 그 균형가격은 P_L이다.

(b)는 개별기업이 노동시장에서 만나는 노동공급곡선이다. 공급곡선의 높이, 즉 임금수준은 P_L인데 이 임금수준은 전체 노동시장에서 결정된 것이다. 노동시장이 경쟁적인 경우 노동공급곡선 S_L은 수평모양이 되고, 개별기업은 노동시장에서 가격순응자(price-taker)인 것이다. 이러한 상황은 제10장 완전경쟁시장이론에서 개별기업이 만나는 수요곡선이 수평모양인 것과 그 원리가 동일하다(제10장의

그림 14-3 기업이 만나는 노동공급곡선(노동시장이 경쟁적인 경우)

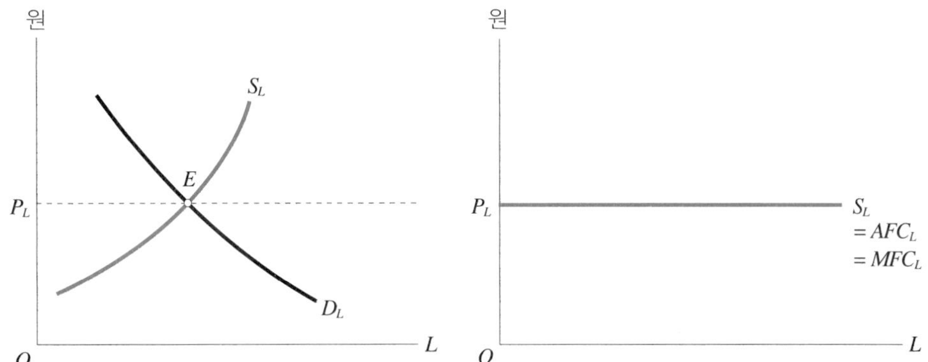

(a) 전체 노동시장의 균형 (b) 개별기업이 만나는 노동공급곡선

[그림 10-1] 참조). 단, 제10장에서는 기업이 공급자의 입장에서 수요곡선을 만나고, 본 장에서는 기업이 수요자의 입장에서 공급곡선을 만난다. 노동시장이 경쟁적인 경우 노동공급곡선은 다음과 같은 성질을 가진다.

$$P_L = AFC_L = MFC_L = S_L \tag{14-4}$$

경쟁적 노동시장에서 기업은 P_L의 임금으로 노동을 얼마든지 고용할 수 있다.

노동시장에서 수요독점인 경우

노동시장에서 수요독점(需要獨占)이면 그 수요독점기업은 우상향하는 노동공급곡선을 만난다. 그 기업 혼자서 시장 전체의 노동공급곡선을 만나기 때문이다. 일반적으로 전체 노동공급곡선은 우상향한다.[8] 우상향하는 노동공급곡선을 기업의 입장에서 보면, 한 단위 더 고용할 때 그 전 단위 고용 때보다 더 지출한다는 것을 뜻한다. 즉 한계비용이 평균비용보다 높다. 이는 다음 몇 가지로 설명할 수 있다.

첫째, 노동의 고용을 한 단위 더 추가하려면 공급곡선이 높아진 것만큼 비용을 더 지출해야 하므로 한계비용은 그 전까지 지출하는 비용의 평균보다 항상 높다.

8) 보론 1에서 여가와 소득 사이의 선택행동을 통하여 우상향하는 노동공급곡선을 도출한다. 제5장에서 그 기본 원리를 설명한 바 있다.

PART 05

둘째, 그림에서 평균 개념의 공급곡선이 우상향하면 한계 개념을 나타내는 한계비용곡선은 평균곡선의 위쪽에 있게 된다.

셋째, 앞의 한계요소비용식에서도 확인할 수 있다.

$MFC_L = P_L + L\dfrac{dP_L}{dL}$ 식에서 노동공급곡선이 우상향하면 $\dfrac{dP_L}{dL}$은 0보다 크다. 따라서 $MFC_L > P_L$이다. 즉 MFC_L이 $P_L(= AFC_L)$보다 크기 때문에 한계비용곡선이 노동가격이자 평균노동비용을 나타내는 공급곡선보다 높게 되는 것이다.

이러한 내용을 그림으로 나타낸 것이 [그림 14-4]이다.

(a)는 노동공급곡선이다. 전체 노동시장에서 노동공급곡선은 일반적으로 우상향의 모양을 보인다.

(b)는 수요독점기업이 만나는 노동공급곡선이다. 수요독점기업 혼자서 전체 노동시장의 공급곡선을 만나기 때문에 노동공급곡선은 우상향한다. 이 노동공급곡선은 기업의 입장에서 노동비용곡선이다. 즉 $S_L = AFC_L$이다. 노동공급곡선은 기업에 평균노동비용곡선이 되는 것이다. 한편 수요독점시장에서는 $MFC_L > AFC_L$이므로 그림에서 MFC_L이 AFC_L보다 위쪽에 위치하고 있다.

만약 강력한 노동조합 결성 등의 이유로 노동시장이 공급독점이면 노동공급곡선을 규정할 수 없다. 독점 노동공급자는 한계수입과 한계비용을 고려하여 노동공급량을 결정하고, 노동수요곡선의 높이에서 가격을 설정한다. 이처럼 노동공급량과 가격이 각각 다른 요인에 의해서 결정되면 노동공급곡선은 정의할 수 없다. 이

그림 14-4 기업이 만나는 노동공급곡선(노동시장에서 수요독점인 경우)

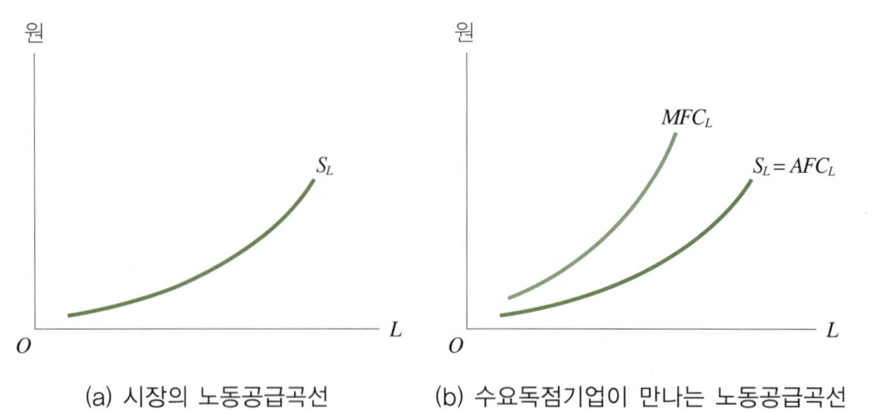

것은 마치 독점시장이론에서 공급곡선을 정의할 수 없는 것과 마찬가지이다.

한편 한계요소비용을 한계지출(*ME*: marginal expenditure) 또는 한계투입비용(*MIC*: marginal input cost)이라고도 한다. 이러한 용어는 모두 기업의 입장을 반영한 것이다.

제3절 요소시장의 균형

사장: 올 가을 신입사원 채용에 대해 이야기합시다
총무부장: 한 명 채용하면 비용이 연 2천만 원 늘어나므로 반대합니다
공장장: 한 명 채용하면 수입이 연 2천 5백만 원 늘어나니 뽑기로 합시다

반복해서 설명하지만, 요소시장이론의 출발점은 늘 기업의 입장이다. 요소시장의 균형을 알기 위해서는 기업이 어떤 원리로 행동할 것인가를 생각해야 한다. 어떻게 보면 요소시장이론은 '기업의 소비이론' 성격을 가지고 있다. 소비이론에서 개인이 상품을 소비하여 효용을 얻듯이 요소시장에서 기업은 요소를 '소비'하여 '생산'이라는 효용을 얻는다. 그런데 소비이론에서는 소비행동으로 효용을 얻고 끝나지만 요소시장이론에서는 기업이 요소를 '소비'하는 것으로 끝나지 않는다. 요소를 구입해서 생산에 투입하여 생산물을 얻고, 그 생산물을 시장에서 판매해야 한다. 즉, 생산물시장에서의 행동까지 분석되어야 한다. 요소시장에서의 기업의 수요는 어디까지나 생산활동에서 파생된 파생수요인 것이다. 아무튼 요소시장이론에서는 기업이 소비자이고, 가계(개인)가 공급자임을 늘 기억하기 바란다.

요소시장에서의 이윤극대화 행동 원리

이제 기업의 이윤극대화를 위한 행동 원리를 생각해 보자.

상품시장에서의 기업의 이윤극대화준칙은 $MR = MC$가 되도록 생산량수준을 결정하는 것이다. 이와 같은 원칙은 요소시장에서도 마찬가지이다.

요소시장에서의 기업의 이윤극대화를 위한 행동 원칙은 요소투입으로 인한 한계수입과 한계비용이 일치하게 하는 것이다. 상품시장에서 $MR = MC$가 되도록 생산량을 결정하듯이, 요소시장에서는 $MRP = MFC$가 되도록 요소 투입량을 결정하는 것이다.

요소시장에서의 이윤극대화 준칙: $MRP = MFC$

이제 앞에서 도출한 수요곡선 두 개와 공급곡선 두 개를 가지고 4개의 조합이 가지는 요소시장의 균형을 생각할 수 있게 되었다. 즉 수요곡선은 상품시장이 경쟁적일 때와 독점일 때의 2가지가 있으며, 공급곡선 또한 노동시장에서 경쟁적일 때와 수요독점일 때의 2가지가 있다. 우리는 여기에서 수요곡선 2개와 공급곡선 2개가 만드는 4개의 조합을 분석하게 된다. 이를 요소시장의 균형이라고 한다.

단 요소공급자, 즉 노동시장에서 노동자가 다수라고 가정하여 분석한다.

3.1 상품시장과 요소시장이 둘 다 경쟁적인 경우

먼저 수요측면을 보자. 상품시장의 형태는 기업이 요소에 대하여 어떤 수요행동을 보일 것인가를 판별하게 해 준다. 우리는 수요곡선 역할을 하는 것은 *VMP*와 *MRP*라는 것을 알고 있다. 여기서는 상품시장이 경쟁적인 경우를 분석하고 있으니 *VMP*가 수요곡선이고, 또 노동시장을 분석하고 있으니 노동의 한계생산물가치곡선인 VMP_L이 수요곡선 역할을 하게 될 것이라는 것을 짐작할 수 있다. 따라서 이제부터는 요소라는 말 대신 직접 노동이라는 말을 쓰기로 한다.

다음에 공급측면을 생각해 보자. 노동시장이 경쟁적이라고 하였으니 기업은 가격순응자(price-taker)의 입장이고, 따라서 기업이 만나는 노동공급곡선은 수평이다. 그리고 이 수평인 노동공급곡선은 $P_L = S_L = MFC_L = AFC_L$의 성격을 가지고 있다.

[그림 14−5]는 상품시장이 경쟁적이고 노동시장도 경쟁적인 경우 노동시장의 균형을 보이고 있다.

(a)는 상품시장이 경쟁적일 경우 기업의 노동수요곡선이다. 노동수요곡선 D_L은

그림 14-5 상품시장 경쟁, 요소시장 경쟁인 경우

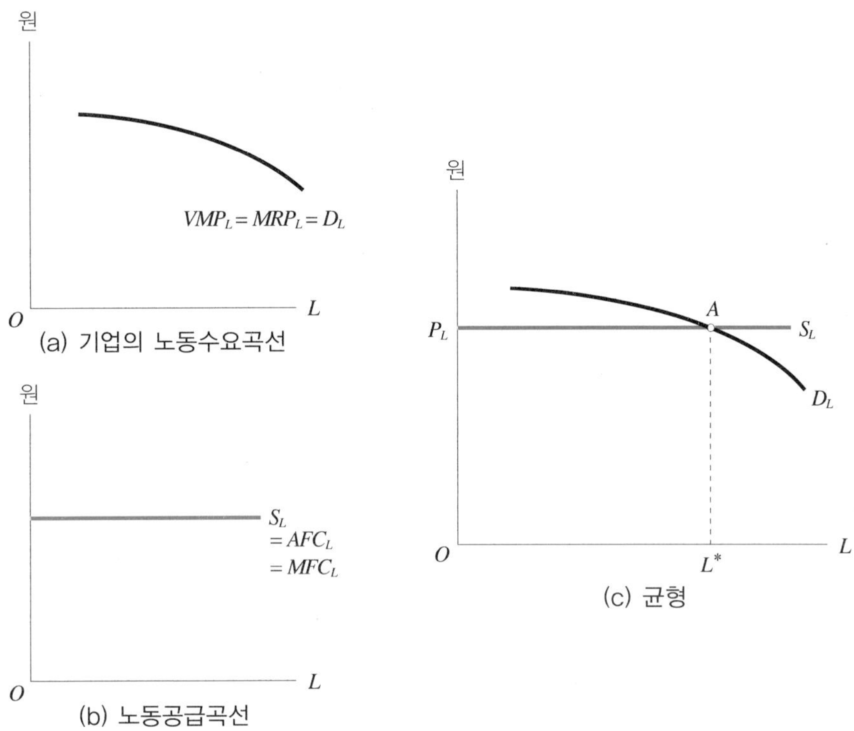

한계생산물수입곡선도 되고 한계생산물가치곡선도 된다.

(b)는 노동시장이 경쟁적일 경우 기업이 만나는 노동공급곡선이다. 이 노동공급곡선은 수평으로서 노동가격과 평균비용 및 한계비용을 나타낸다.

(c)는 노동시장의 균형, 즉 기업의 적정 노동투입량을 보이고 있다. VMP_L과 MFC_L이 만나는 점에서 노동의 적정투입량 L^*가 결정된다. 물론 노동가격, 즉 임금은 공급곡선의 높이인 P_L이다. 이 임금수준에서는 '임금 = 한계생산물가치' 관계가 성립된다. 따라서 이 임금수준은 합리적인 임금수준이라 할 수 있고, 노동자원은 효율적으로 고용되고 있다.

3.2 상품시장 경쟁, 요소시장에서 수요독점인 경우

노동시장에서 수요독점이라는 것은 노동요소를 고용하는 기업이 하나라는 말이다. 한편 상품시장에서 경쟁적이라는 것은 기업이 다수라는 것을 의미한다. 따라서 상품시장에서는 경쟁이고 노동시장에서는 수요독점이라는 것은 모순되는 것처럼 보인다. 그러나 국지적으로는 노동수요를 독점하는 기업이 전 산업에서는 경쟁적일 수도 있다.

약간 특이한 이 경우의 노동시장에서 어떻게 균형이 성립되는가.

[그림 14-6]은 상품시장이 경쟁적이고 요소시장이 수요독점인 경우의 노동시장균형을 나타내고 있다.

그림 14-6 상품시장 경쟁, 요소시장에서 수요독점인 경우

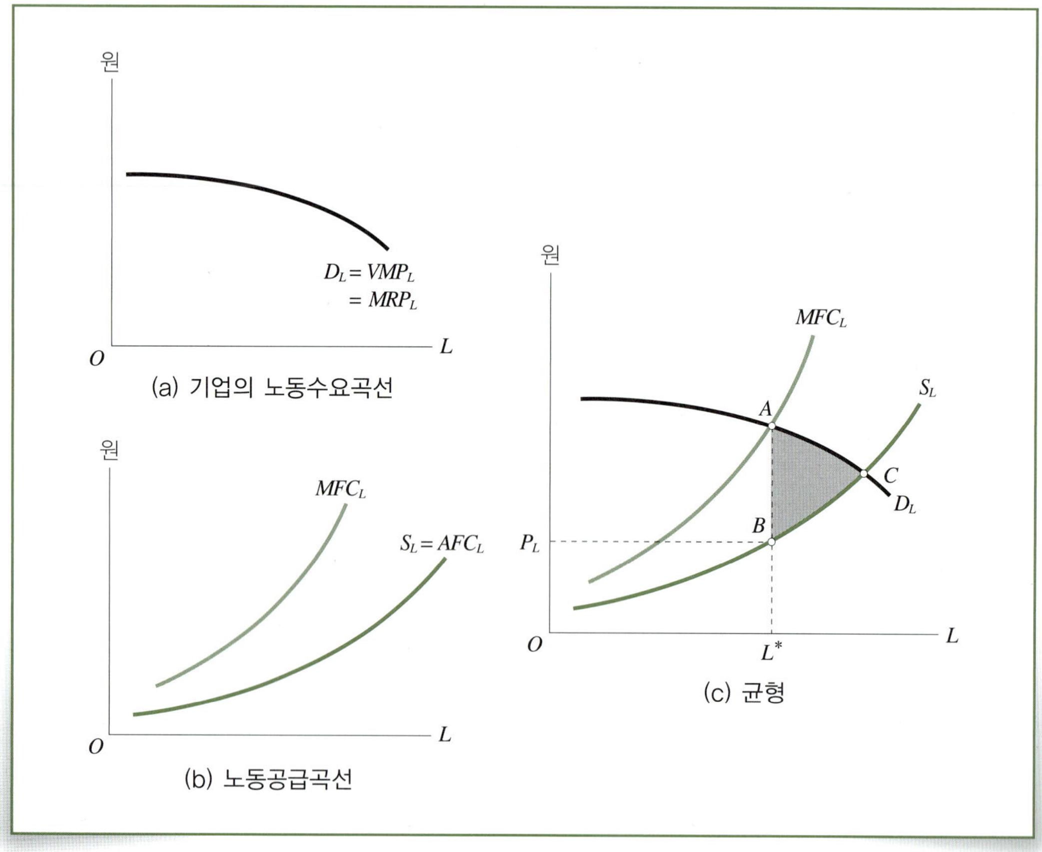

(a)는 기업의 노동수요곡선을 보이고 있다. 상품시장이 경쟁적이기 때문에 기업의 노동수요곡선은 VMP_L이자 MRP_L이다. 다음으로 공급쪽을 보자.

(b)는 노동의 공급측면을 나타내고 있다. 노동시장에서 수요독점인 기업은 우상향하는 노동공급곡선과 그보다 더 가파른 기울기의 MFC_L을 만나게 된다. 그림에서 S_L은 노동공급곡선이며, MFC_L은 S_L에서 유도되는 노동의 한계비용곡선이다.

(c)는 노동의 적정투입량, 즉 노동시장의 균형을 나타내고 있다. 기업은 $MRP_L = MFC_L$ 원칙에 의해 행동하여 노동투입량 L^*를 결정한다. 그런데 노동가격, 즉 임금은 B에서 결정된 P_L이다. 기업은 노동의 한계생산물가치인 A의 높이만큼을 임금으로 지불하는 것이 아니라 노동공급곡선 높이만큼, 즉 B에서 결정된 임금 P_L 만큼만 지불하는 것이다. 기업은 노동시장에서 수요독점자의 위치에 있기 때문에 AB만큼의 임금착취가 가능하다. 이를 수요독점적 임금착취라고 한다.

만약 두 시장, 즉 상품시장과 노동시장이 경쟁적이라면 C에서 균형이 이루어질 것이다. 요소시장에서 수요독점인 관계로 노동은 과소고용 상태이고, 회색 부분은 노동시장의 수요독점화로 인한 사회적 후생 상실분이다.

3.3 상품시장 독점, 요소시장은 경쟁적인 경우

상품시장이 독점이면 기업의 노동수요곡선은 MRP_L이다. 또 노동시장은 경쟁적이기 때문에 기업은 수평인 노동공급곡선을 만나게 된다.

[그림 14-7]은 상품시장은 독점이고 요소시장은 경쟁적인 경우의 노동시장균형이다.

(a)는 기업의 노동수요곡선이다. 상품시장이 독점이기 때문에 수요를 나타내는 VMP_L과 MRP_L이 서로 다르게 그려져 있고, 이 중 MRP_L이 수요곡선 역할을 한다.

(b)의 S_L은 기업이 노동시장에서 만나는 노동공급곡선이다. 노동시장은 경쟁적이기 때문에 공급곡선이 수평으로 나타나 있다.

이럴 경우 노동의 적정투입량은 얼마이고 가격은 어떻게 형성되는가.

(c)는 상품시장에서 독점이고 요소시장은 경쟁적인 경우의 요소시장 균형이다. $MRP_L = MFC_L$ 원칙에 따라 이 기업은 L^*만큼 노동을 고용한다. 임금은 공급곡선

그림 14-7 상품시장 독점, 요소시장 경쟁인 경우

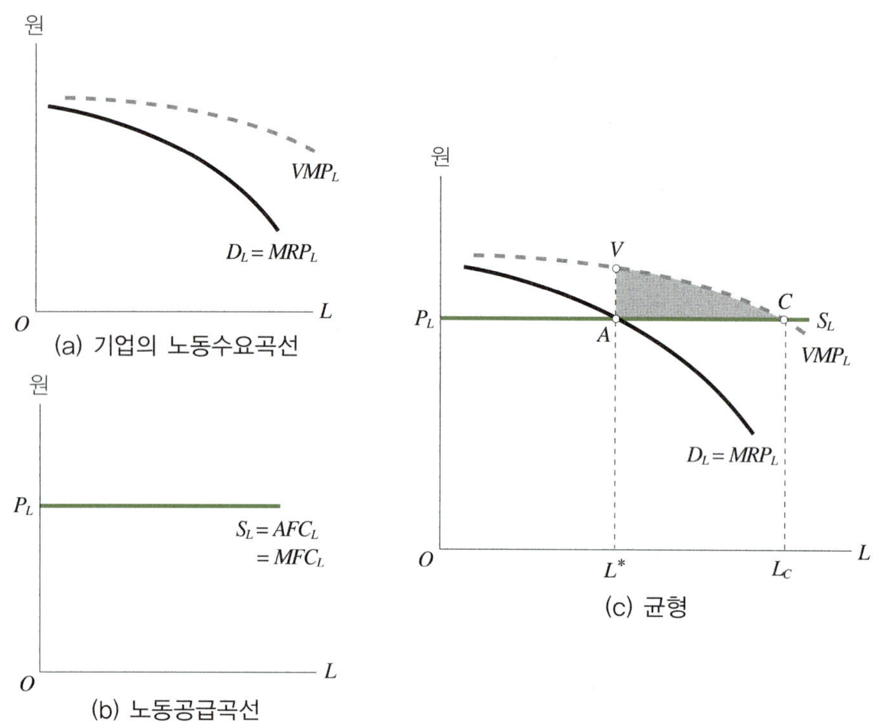

의 높이인 P_L수준이다. 만약 상품시장이 경쟁적이라면 균형은 S_L과 VMP_L이 만나는 C에서 이루어질 것이고 노동 투입량도 L_C만큼일 것이다. 상품시장이 독점화 됨으로 자원이 효율적으로 이용되지 못하고 있음을 알 수 있다. 그림의 회색 부분은 상품시장의 독점화로 인한 사회적 후생 상실분이다.

이처럼 기업이 L^*만큼만 고용할 경우, 노동의 한계생산물가치는 A의 높이가 아니라 V만큼이라는 것도 참고하기 바란다.

3.4 상품시장 독점, 요소시장에서 수요독점인 경우

상품시장이 독점이면 기업의 노동수요곡선은 MRP_L이다. 물론 이 MRP_L곡선은 VMP_L곡선보다 낮은 쪽에 위치한다. 공급측면은 어떤가? 요소시장인 노동시장에서는 수요독점이기 때문에 노동시장 전체의 공급곡선, 즉 우상향하는 노동공급곡선을 만나게 되고, MFC_L은 노동공급곡선보다 위쪽에 있게 된다.

[그림 14-8]은 상품시장이 독점이고 요소시장은 수요독점인 경우의 노동시장 균형이다.

(a)는 수요측면을 나타내고 있다. 그림에서 우하향하는 MRP_L이 수요곡선이고,

그림 14-8 상품시장 독점, 요소시장에서 수요독점인 경우

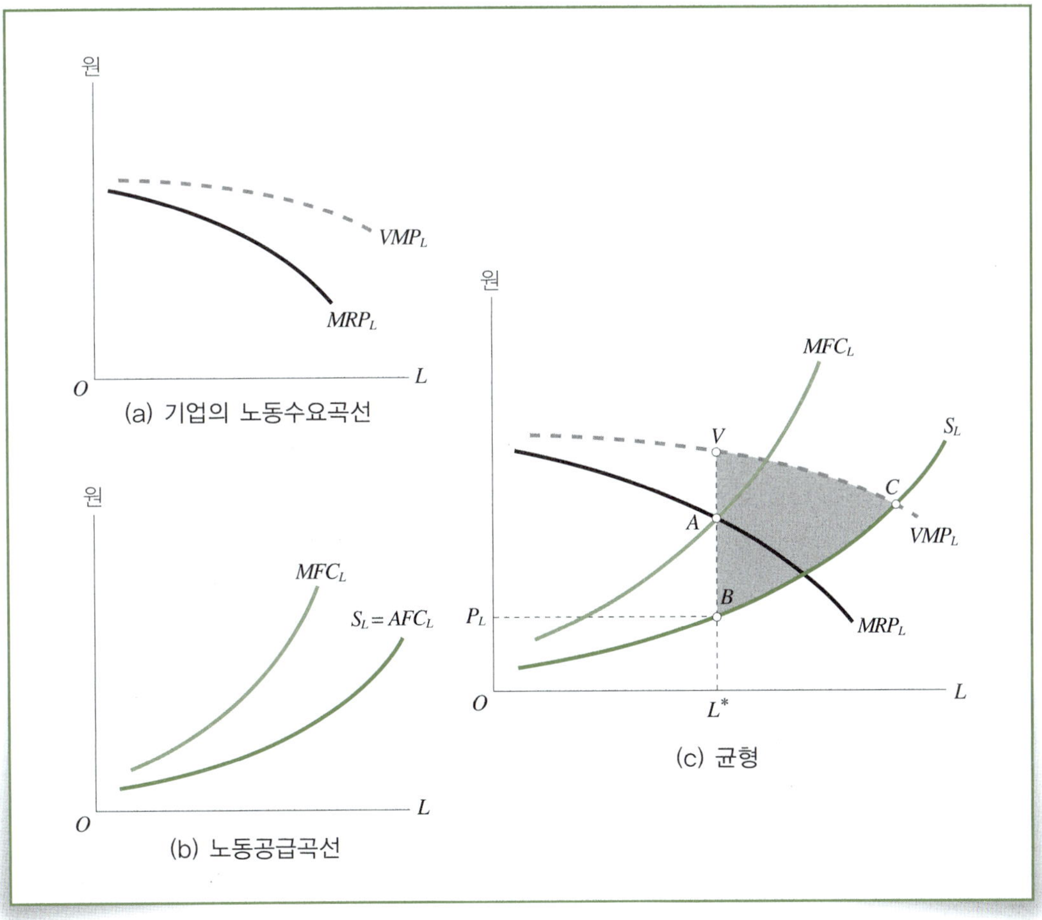

VMP_L보다 아래에 있다.

(b)는 노동의 공급측면이다. 그림에서 S_L은 노동공급곡선이고, 앞에서 설명한 대로 공급곡선이 우상향일 때 기업이 노동 한 단위를 더 고용하려면 그 한계비용은 평균비용보다 높으므로 MFC_L이 S_L보다 위쪽에 그려져 있다.

이제 그림 (c)를 통하여 기업의 적정 노동투입량과 임금수준을 알아보자. 우선 $MRP_L = MFC_L$인 점 A를 찾아내어 수선을 그리면 적정고용량 L^*를 얻게 된다. 그리고 노동가격, 즉 임금은 공급곡선과 수선이 만나는 점 B의 높이인 P_L이다.

이 임금수준은 적절한 수준일까?

기업이 노동의 적정투입량인 L^*만큼 고용하여 상품을 생산할 때 그 생산물의 한계가치는 V의 높이이다. 그러나 기업은 B의 높이인 P_L만큼만 임금으로 지불한다. 따라서 VB의 차이만큼을 독점기업이 임금착취를 하는 셈이다. 이 임금착취는 기업이 두 방면에서 독점자이기 때문에 가능하다. 이 기업은 상품시장에서 공급독점자요 요소시장에서는 수요독점자이다. 그래서 임금착취는 두 가지 독점효과의 합으로 나타난다.

이를 좀 더 자세히 살펴보자.

VB 구간 중 AB 구간은 기업이 노동시장에서 수요독점이기 때문에 착취가 가능하다. 노동시장에서 노동을 공급하는 한계비용이 A의 높이인데도 기업은 공급곡선의 높이인 B만큼만 임금으로 지불하고 있는 것이다. 그래서 AB 구간을 수요독점적 임금착취라고 한다. 다음에 AV 구간을 보자. 기업은 L^*만큼 노동을 고용하여 생산할 때의 한계생산물가치가 V의 높이인데도 임금은 P_L만큼만 지불하고 있으며, 이 중 AV 구간은 상품시장이 독점이기 때문에 착취가 가능하다는 의미에서 공급독점적 임금착취라고 한다.

그림의 회색 부분은 상품시장이 독점이고, 요소시장도 수요독점인 이유로 생기는 사회적 후생의 상실분이다.

참고

쌍방독점

지금까지 노동시장을 분석하면서의 전제는 노동시장에서 노동공급자가 다수라는 것이다. 그런데 노동자가 다수여도 노동자들이 노동조합을 결성하여 독점공급자로 행동할 수 있다.

수요독점자와 공급독점자가 만나는 시장을 쌍방독점(雙方獨占, bilateral monopoly)시장이라고 한다.

[그림 14-9]를 보자.

그림에서 수요곡선은 MRP_L이다. 이 수요곡선에서 도출되는 한계수입곡선 MR은 그 아래를 지나가고 있다. 노동의 공급곡선은 $S_L = MC$로 나타나 있고, 수요독점 상황이므로 한계요소비용이 더 높기 때문에 MFC_L은 위쪽에 위치하고 있다.

우선 노동조합의 입장에서 생각해 보자. 노동조합은 마치 상품시장에서의 독점기업처럼 행동한다. 그래서 $MR = MC$ 되는 점 u를 선택하여 L_U만큼 노동을 공급하고, 임금은 수요곡선의 높이인 U가 결정해주는 P_U만큼 요구한다. 이에 대하여 기업은 $MRP_L = MFC_L$ 원칙으로 행동한다. 기업은 e를 선택하여 L_E만큼 노동을 고용하고, 임금은 공급곡선의 높이인 점 E가 결정해주는 P_E만큼 지불하려 한다.

이처럼 수요 · 공급자의 임금 결정방식이 서로 다르므로 균형임금은 성립되지 않고, P_U와 P_E 사이에서 쌍방의 교섭력(bargaining power)에 의하여 결정된다고 보는 것이 이 이론이다.

이러한 예는 노동시장 외에도 원료를 독점하는 산업에 가끔 나타난다. 어떤 특수한 금속의 원광석 생산을 독점하는 기업이 있고, 또 다른 기업이 그 원광석을 독점으로 사들여 제련하고 뽑아낸 금속을 독점공급한다면 이 경우도 쌍방독점이 된다.

그림 14-9 쌍방독점(상품시장 독점, 요소 수요독점, 요소 공급독점)

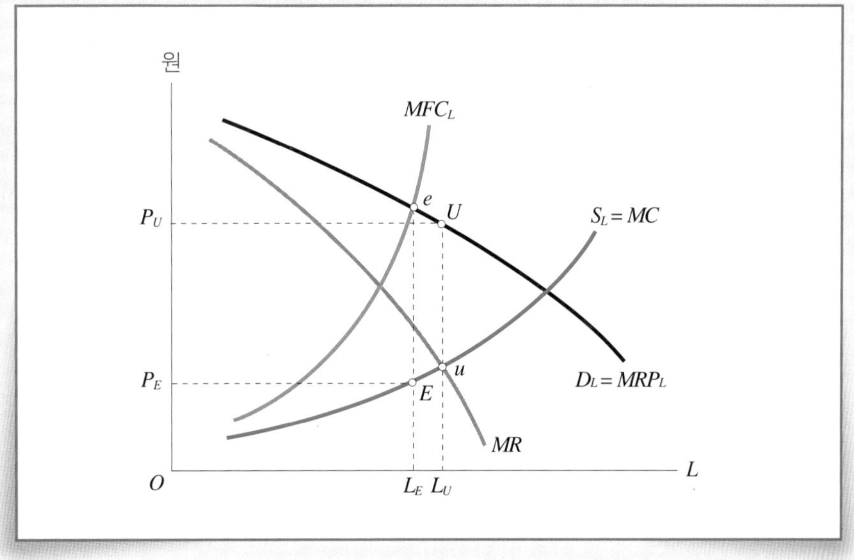

보론 1 노동의 공급

노동공급의 주체는 가계이다. 가계는 노동을 공급하여 소득을 얻는다. 그런데 다른 모든 경제행위가 그렇듯이, 노동공급에도 여가 감소라는 기회비용이 발생한다. 시간이라는 자원이 유한하기 때문이다. 노동을 공급하는 경제주체는 '주어진 시간'이라는 제약을 받는다. 그것은 마치 소비이론에서 소비자가 소득이라는 제약을 받는 것과 같다. 노동자는 주어진 시간을 여가 또는 소득을 얻기 위한 노동에 적절히 배분하여 효용을 극대화시키는 행동을 한다.

여가와 소득의 최적 소비

노동자가 마음대로 사용할 수 있는 가용(可用)시간을 T시간이라고 하자. 이 노동자는 T시간의 일부는 소득을 얻기 위한 노동에 사용하고 나머지는 여가로 사용할 수 있다. 즉 여가(leisure)로 사용하는 시간을 L이라 하면 노동공급시간은 $[T - L]$이 된다.

[그림 14-10]은 임금률과 여가소비의 관계를 보이고 있다.

(a)는 최적 여가소비이다. 이 그림은 제5장에서도 분석한 바 있다. 그림의 가로축은 여가소비의 양을, 세로축은 소득의 크기를 나타낸다. 그림에는 최적 여가소비점을 찾기 위한 분석도구로 예산선과 무차별곡선이 그려져 있다.

이 중 무차별곡선에 대하여 먼저 알아보자. 여가와 소득은 모두 소비자에게 플러스(+)의 효용을 가져다 주며, 정상재처럼 소비의 증가에 따라 한계효용이 체감한다. 또 서로의 소비 대체도 불완전하다. 따라서 여가와 소득의 무차별곡선은 우하향이고, 원점에 대하여 볼록한 모양이 된다.

다음으로 예산선에 대해 생각해 보자. 노동자는 주어진 T시간을 여가로 사용하거나 노동에 사용할 수 있다. 시간당 임금(wage), 즉 임금률이 w_1이라면 이 노동자의 소득은 $w_1 \cdot (T - L)$이 된다. 만약 이 노동자가 가용시간 전부를 노동에 투입한다면 소득은 $w_1 \cdot T$가 되고, 반대로 노동을 전혀 하지 않고 가용시간 전부를 여가로 소비한다면 소득은 0이 된다. 그림으로 보면, 여가로만 사용하는 경우는 가로축의 T에, 노동에만 사용하면 세로축의 w_{1T}에 해당된다. 이 두 점 T와 w_{1T}를 연결하

그림 14-10 임금률과 여가소비

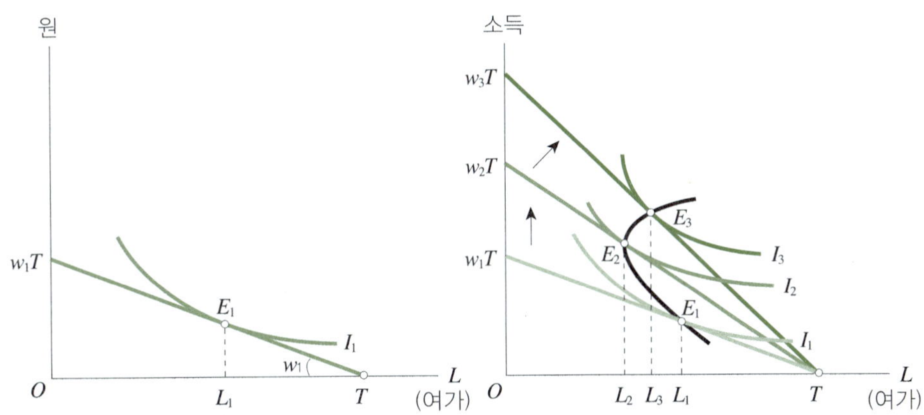

(a) 최적 여가소비 (b) 임금률이 상승하면

면 그 선분은 예산선이 된다. 이 예산선의 기울기는 임금률 w_1이다.

노동자의 소비자최적화는 예산선과 무차별곡선이 접하는 점 E_1에서 이루어진다. 즉 E_1은 여가와 소득 사이의 최적소비점이다. 노동자는 이 최적소비점을 선택함으로 L_1의 여가를 소비하고 $T - L_1$의 노동을 공급하여 $w_1 \cdot (T - L_1)$의 소득을 얻는다.

이제 임금률이 변한다면 균형점은 어떻게 달라지는가 알아 보자.

(b)는 임금률이 상승하는 경우 최적소비점이 변해가는 모습이다. 임금률이 상승하면 예산선의 기울기가 커진다. 즉 예산선이 T를 중심으로 시계방향으로 회전한다. 이에 따라 최적소비점도 이동하게 된다. 그런데 임금률이 상승할 때 새로운 최적소비점은 처음 최적소비점의 왼쪽에 생기게 될까, 아니면 오른쪽에 생기게 될까. 즉 소득증가에 따라 여가소비가 증가하게 될까, 아니면 감소하게 될까.

어떤 상품의 가격변화는 그 상품의 소비에 대체효과와 소득효과를 가져온다. 이와 마찬가지로 여가소비에 있어서도 임금의 상승은 대체효과와 소득효과를 발생시킨다. 먼저, 임금의 상승은 여가소비의 기회비용을 상승시켜서 여가를 덜 소비하고 노동을 더 많이 공급하게 하는 대체효과를 가져온다. 다음으로, 임금의 상승은 정상재인 여가의 소비를 증가시키는 소득효과를 가져온다. 즉 대체효과는 여가소비를 감소시키는 효과를, 소득효과는 여가소비를 증가시키는 효과를 가져다

준다. 결국 임금상승에 따른 노동공급량 변화는 대체효과와 소득효과의 상대적 크기에 의해 결정된다.

일반적으로 임금이 낮은 상태에서 임금이 상승하면 대체효과(노동공급 증가)가 소득효과(노동공급 감소)를 능가하여 노동공급이 증가한다. 그림을 보면 임금률이 w_1에서 w_2로 상승함에 따라 여가소비는 감소하고, 대신 노동공급은 L_1L_2만큼 증가한다. 그러나 임금률이 상당히 높은 수준에서 임금이 계속 상승하는 경우에는 소득효과가 대체효과를 능가하여 노동공급이 감소하게 된다. 그림에서 볼 때 임금률이 w_2에서 w_3로 상승하면 노동공급이 L_2L_3만큼 감소한다.

이것은 소득이 증가하면 노동시간을 줄이고 취미활동과 같은 여가를 즐기려는 일반 사람들의 삶의 욕구를 반영하는 것이다. 즉 임금수준이 충분히 높아지면 여가를 소비하려는 소득효과가 여가소비의 기회비용을 반영하는 대체효과보다 더 크게 나타나기 시작하는 것이다. 그리고 소득효과의 절대치가 대체효과의 절대치보다 더 커지기 시작하는 지점부터 균형점의 궤적은 오른쪽으로 굴절한다. 즉 임금의 상승에 따라 여가소비가 증가하고 노동의 공급은 오히려 감소하는 것이다.

노동공급곡선

그림의 가로축의 좌우를 바꾸어 보자. 즉 가로축이 여가소비가 아니라 노동공급을 나타내게 하자. 그림은 이제 소득(임금률)과 노동공급의 관계를 나타내게 된다.

[그림 14-11]은 앞 그림 가로축의 좌우를 바꾼 것으로, 노동공급곡선이다.

이 그림에서 가로축은 노동의 공급을 나타낸다. 여기서 우리는 임금률이 상승함에 따라 개별 노동공급곡선이 뒤쪽으로 구부러지는 것을 볼 수 있다. 이를 후방굴절노동공급곡선(backward bending labor supply curve)이라 한다.

후방굴절노동공급곡선: 임금상승에 따라 노동의 공급이 처음에는 증가하다가 임금률이 충분히 높아지면 감소하여 뒤로 굴절하는 노동공급곡선

한편 이와 같은 각 개인의 노동공급곡선을 수평으로 합한 것이 노동의 시장공급곡선이다. 그런데 시장의 노동공급곡선을 분석할 때는 일반적으로 우상향하는 부분만 가지고 분석한다. 후방굴절이 나타나는 구간은 임금률이 매우 높은 부분이므로 일반적인 분석에서는 제외된다.

그림 14-11 노동공급곡선

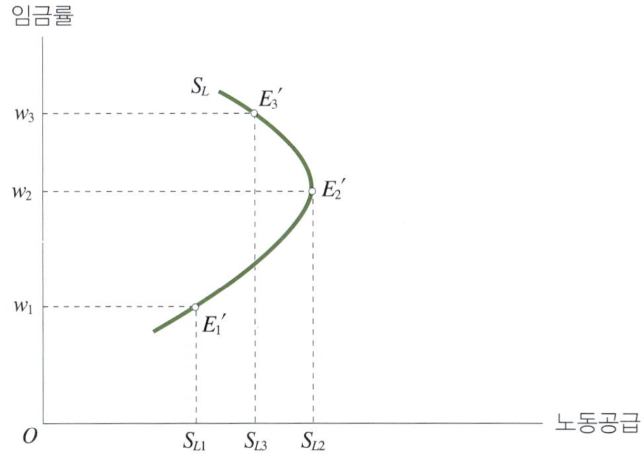

보론 2 자본의 수요와 공급

1. 자본의 수요

자본에 대한 수요는 노동에 대한 수요와 마찬가지로 상품 생산을 위한 파생수요이다. 그리고 그 파생수요는 자본의 생산성에 의하여 결정된다. 자본의 수요곡선은 자본의 한계수입을 의미하는 자본의 한계생산물수입, 즉 MRP_K이다. 독자 여러분은 MRP_K가 $MR \times MP_K$라는 것을 알고 있을 것이다. 즉 자본의 한계생산물수입은 생산물의 한계수입 MR과 자본의 한계생산물 MP_K의 곱이다.

이제 자본의 수요는 어떻게 결정되는가 알아보자.

어느 기업이 유망한 사업 아이템이 있어서 사업을 시작한다고 하자. 그 기업은 투자에 따르는 비용과 예상수익을 비교하여 투자 여부를 결정할 것이다. 투자의 비용이란 이자를 말한다. 자본의 구입은 자금 차입을 통해 이루어지며, 자금 차입의 비용이 이자인 것이다. 이 이자율은 자금시장에서 결정되어 있다. 그렇다면 예상수익만 알면 된다.

투자의 한계효율

어떤 사업이 투자할 만한 가치가 있는가를 판단하기 위해서는 사업의 예상수익률을 비용인 이자율과 비교할 수 있어야 한다. 이때 이용되는 지표가 투자의 한계효율(*MEI*: marginal efficiency of investment)이다.[9]

투자의 한계효율이란 어떤 투자의 결과로 미래에 발생할 것이 예상되는 수익의 현재가치를 그 투자 비용과 같게 만드는 할인율이다.

예를 들어 어떤 사업의 지속기간은 n년이고, 앞으로 1년 후부터 해마다 A_1, A_2, …, A_n원이라는 수익이 나오리라고 기대된다고 하자. 그 수익의 현재가치 PV를 구하기 위해서는 수익을 어떤 비율로 할인하여야 한다. 할인율을 d라 하면 어떤 수익의 현재가치는 다음과 같다.

$$PV = \frac{A_1}{(1+d)} + \frac{A_2}{(1+d)^2} + \cdots + \frac{A_n}{(1+d)^n}$$

이제 투자비용을 S원이라 하자. 그리고 위 식에 PV 대신 S를 대입해보자. 위 식은 다음과 같이 쓸 수 있다.

$$S = \frac{A_1}{(1+d)} + \frac{A_2}{(1+d)^2} + \cdots + \frac{A_n}{(1+d)^n}$$

투자의 한계효율이란 현재가치 PV와 투자비용을 같게 해 주는 할인율을 말하며 위 식의 d는 투자의 한계효율이 된다. d는 어떤 투자로부터 예상되는 수익률인 셈이며, 이자율 i와는 다르다. d는 위의 식에서 볼 수 있듯이 A_1, A_2 등의 수익이 클수록 커지고, S로 표시되는 투자비용이 클수록 작아진다.

기업은 당연히 한계효율이 큰 사업부터 택하여 투자에 착수할 것이며, 또한 당시의 이자율수준보다 높은 한계효율을 갖는 사업은 모두 수행하는 것이 기업의 이윤을 극대화시키는 길이 된다. 투자의 한계효율이 큰 사업부터 낮은 사업까지 차례로 나열할 때 우리는 우하향하는 투자의 한계효율곡선을 얻을 수 있는데, 이것이 바로 기업의 실물자본재에 대한 수요곡선, 즉 투자수요곡선이 된다.

---

9) *MEI*라는 용어는 한계요소비용(marginal expense of input)의 뜻도 있으니 주의하기 바란다.

자금의 수요: 투자수요곡선

한편, 사회 전체의 *MEI*곡선은 개별기업의 *MEI*곡선을 수평으로 합한 것이다. 이 사회 전체의 *MEI*에서 투자수요곡선이 유도된다.

[그림 14-12]은 *MEI*곡선으로부터 투자수요곡선이 유도되는 과정이다.

(a)는 우하향하는 투자의 한계효율곡선 *MEI*이다. *MEI*가 우하향하는 이유는 노동의 한계생산물과 마찬가지로 자본의 한계생산물도 체감하는 것이 일반적인 현상이기 때문이다. 이 *MEI*곡선은 실물투자에 대한 수요곡선의 성격을 가지고 있다.

이제 그림 (a)와 (b)를 대비하여 투자의 한계효율곡선으로부터 투자수요곡선을 도출하는 과정을 알아보자.

기업은 자금을 차입하여 예상수익률이 가장 높은 사업에 투입한다. 만약 투자를 늘린다면 이제는 그 다음 순위의 사업에, 즉 첫 번째 사업보다는 다소 예상수익률이 낮은 사업에 투입할 것이다. 그것은 예상수익률이 높은 사업이란 한없이 많이 있는 것이 아니라 제한적으로 존재할 것이기 때문이다. 이에 따라 계속해서 투자를 증가시킨다면 점점 더 예상수익률이 낮은 사업에 투자가 이루어진다.

이 경우에 기업은 예상수익률과 이자율을 비교하면서 투자를 늘려 갈 것이다 즉 예상수익률이 점점 낮아져서 마침내 이자율과 같아지는 수준이 될 때까지 투입

그림 14-12 투자의 한계효율곡선과 투자수요곡선

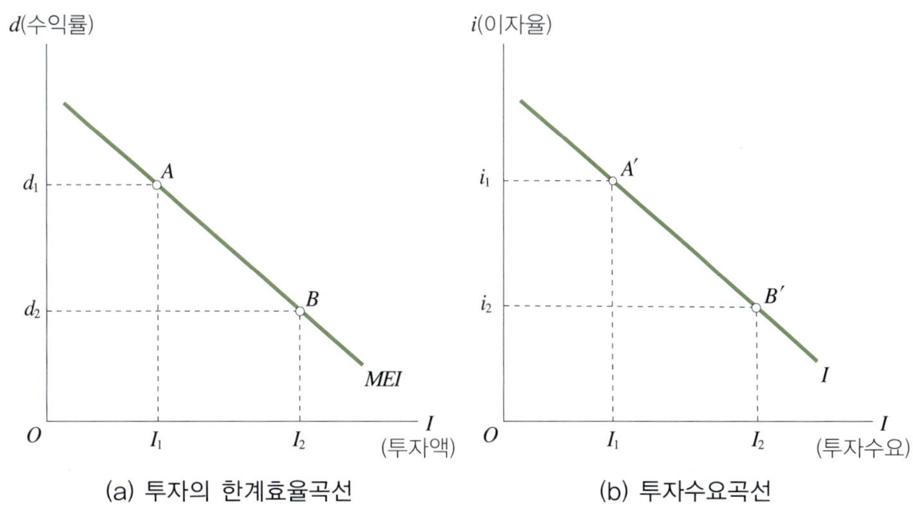

(a) 투자의 한계효율곡선 (b) 투자수요곡선

PART 05

하는 것이다. 이자율이 높다면 사업 아이템 중 예상수익률이 이자율보다 높은 사업에만 자금을 대출받아 투입할 것이고, 이자율이 낮다면 전에는 할 수 없었던 2순위와 3순위의 사업에도 자금을 대출받아 투입할 수 있을 것이다. 즉 이자율이 높으면 투자수요가 적고, 이자율이 낮으면 투자수요가 커진다. 이처럼 이자율은 투자의 크기를 결정하는 변수가 된다.

이러한 관계를 나타낸 것이 (b)의 투자수요곡선이고, 우하향하는 이 투자수요곡선은 *MEI*곡선에서 얻어진 것이다.

투자수요곡선은 자금수요곡선 역할을 한다.

2. 자본의 공급

앞에서는 투자수요와 투자가 유발하는 자금수요를 분석하였다. 이번에는 자금은 어떻게 공급되는가 알아보자. 즉 투자활동에는 자본재를 구입하기 위한 자금이 필요하고, 이 자금은 차입에 의해 조달되는데, 이 차입자금은 어떤 원리로 조성되고 공급되는가를 분석하자는 것이다. 일반적으로 자금의 공급은 저축에 의하여 결정된다. 이제 저축 결정 원리에 대하여 알아보자.

저축 결정 원리

저축이란 현재소비를 줄여 미래소비를 늘리려는 경제행위이다. 일반적으로 사람들은 미래소비보다는 현재소비를 더 선호한다. 현재소비가 주는 편익을 포기하는 대가가 이자이다. 그래서 저축행동에는 현재소비를 줄이는 대가인 이자가 따른다. 사람들은 이자수입과 현재소비가 주는 편익을 비교하여 일정한 소득을 가지고 현재소비와 미래소비의 크기를 결정한다. 즉 저축을 결정한다.

[그림 14-13]은 저축행동의 원리와 이자율 상승시의 행동을 나타내고 있다.

(a)는 저축행동의 원리를 보인다. 그림의 가로축은 현재소비를 나타내고 세로축은 미래소비를 나타낸다.

저축행동은 예산선과 무차별곡선을 이용하여 분석할 수 있다.

먼저 예산선을 도출해 보자. 어떤 사람의 가처분소득이 T이고 이자율이 i라 하자. 소비자가 소득을 첫 해에 모두 소비한다면 가로축의 T만큼 소비할 수 있다. 첫

그림 14-13 저축행동의 원리와 이자율상승시의 행동

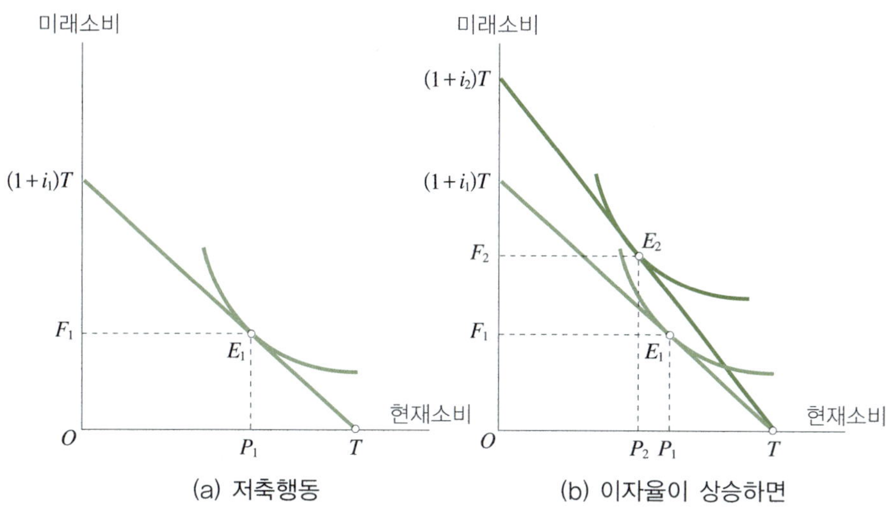

해에는 전혀 소비하지 않고 저축하였다가 둘째 해에만 소비한다면 세로축의 $(1 + i_1)T$만큼 소비할 수 있다. 가로축의 T와 세로축의 $(1 + i_1)T$를 이은 선분 $T(1 + i_1)T$는 소비가능곡선이며, $T(1 + i_1)T$와 양 축이 그리는 삼각형은 소비가능집합이다.

소비가능곡선은 예산선의 역할을 한다. 소비가능곡선의 기울기는 첫 해와 둘째 해 소비의 가격비율, 즉 기회비용을 나타낸다.

한편 저축이론에서의 무차별곡선은 소비자에게 동일한 효용을 보장해 주는 첫 해와 둘째 해의 최적소비점을 연결한 곡선이다. 현재소비나 미래소비는 둘 다 편익을 가져다주는 소비이며, 두 시점의 소비 모두 정상재의 소비처럼 플러스(+) 효용을 가져다준다. 따라서 시점간 소비 무차별곡선은 원점에 볼록한 일반적인 모양을 가진다.

사람들은 일정한 소득을 가지고 현재(present)와 미래(future) 중에서 언제, 얼마만큼 소비를 할 것인가. 우리는 예산선인 $T(1 + i_1)T$선과 무차별곡선을 이용하여 이 사람의 합리적인 소비행태를 알아낼 수 있다. 시점간 소비의 최적배분은 예산선의 성격을 갖는 소비가능곡선 $T(1 + i_1)T$선과 무차별곡선의 접점인 E_1에서 이루어진다. 소비자는 금년에 P_1만큼을, 미래에 F_1만큼을 소비하여 만족을 누린다. 이 경우 P_1T는 금년의 소득 중 소비하지 않은 부분, 즉 미래를 위해 저축하는 금액이다.

이자율이 상승하면

(b)는 이자율이 상승하는 경우의 소비자행동이다. 이자율이 상승하면 미래의 소비가능량은 증가한다. 즉 이자율이 i_{12}로 상승하면 미래의 소비가능량은 $(1 + i_2)T$로 된다. 새로운 소비가능곡선은 선분 $T(1 + i_2)T$이다. 새로운 소비자최적은 상위의 무차별곡선과의 접점인 E_2에서 이루어지고, 소비자는 더 큰 만족을 누리게 된다. 이 경우 첫 해 소비는 P_2이고, 둘째 해 소비는 F_2이다. 이자율이 상승함으로 첫 해의 소비는 감소하고, 둘째 해의 소비는 증가하는 것을 볼 수 있다. 첫 해 소비감소란 저축증가를 의미한다. 우리는 이 사실에서 '이자율상승 → 저축증가'의 관계를 얻을 수 있다. 이를 저축효과라고 한다.

자금의 공급이 저축을 통해 이루어진다고 가정하면, 이자율이 상승할 때 자금의 공급은 증가한다.

[그림 14-14]는 이자율과 저축 및 자금공급의 관계를 보인다.

(a)는 저축곡선이다. 우상향의 저축곡선은 이자율이 상승할 때 저축이 증가하는 저축효과를 반영하고 있다. 이 저축곡선은 [그림 14-13](b)의 횡축 좌우를 바꾸어 그린 것이라 볼 수 있다.

(b)는 (a)에서 차용한 자금공급곡선이다. 자금의 공급은 이자율에 대해서 증가함수 관계이다.

그림 14-14 이자율과 저축 및 자금공급의 관계

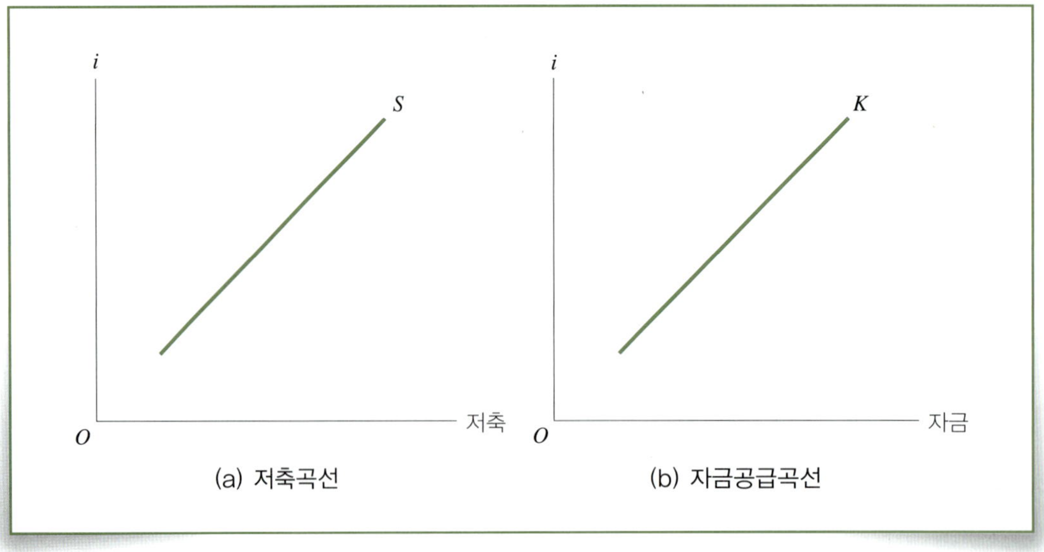

보론 3 지대이론

지대가 비싸기 때문에 곡가(穀價)가 비싼 것이 아니라,
곡가가 비싸기 때문에 지대가 지불되는 것이다
– D. Ricardo –

지대(地代)란 토지의 사용료를 말한다. 즉 지대란 토지를 생산요소로 제공한 대가로 지주(地主)가 받는 보수이다. 지대가 토지의 가격이 아닌 것은 임금이 노동자의 가격이 아닌 것과 같다.

지대이론은 공급량이 고정되어 있는 생산요소, 특히 토지 및 자연자원에 귀속되는 소득에 관한 이론이다. 그런데 엄밀히 말하면, 공급량이 고정되어 있거나 또는 적어도 단기적으로 공급량이 제한되어 있는 생산요소는 토지만이 아니다. 따라서 지대이론은 토지대차이론보다 더 넓은 개념을 포함한다. 넓은 의미의 지대를 렌트(rent)라고 한다.

1. 리카도의 차액지대론

'지대론' 하면 리카도를 떠올릴 정도로 리카도는 지대에 관하여 탁월한 분석을 하였다. 리카도의 지대론은 차액지대론(differential rent theory)이라는 이름으로 널리 알려져 있다. 19세기 초 영국에서는 곡가와 지대가 크게 올라서 큰 사회문제가 되고 있었다. 많은 사람들은 곡가가 오르는 이유가 지주들이 지대를 올린 때문이라고 주장하였는데, 리카도는 그와 반대로 나폴레옹전쟁으로 대륙으로부터 곡물 수입의 길이 막히고, 이로 인하여 곡가가 올라서 토지에 대한 수요가 늘고 이것이 지대를 상승시켰다고 주장하였다.

리카도는 지대 발생 요인으로 두 가지를 들었다. 하나는 토지의 비옥도 또는 위치의 차등이고, 다른 하나는 토지의 수확체감이다.

지대가 발생하는 이유는 비옥한 토지의 양이 제한되어 있기 때문이다. 토지의

지대는 그 토지의 생산성과 한계지(限界地)의 생산성의 차이에 해당한다. 한계지란 경작되는 토지 중 생산성이 가장 낮은 토지를 말한다. 한계지에서의 지대는 0이고, 한계지에서의 곡물생산비가 곡물가격이 된다. 비옥한 토지의 생산물 수입의 차액이 지대이다. 바로 이러한 의미에서 리카도의 지대론을 차액지대론이라고 한다. 따라서 인구가 증가하여 비옥도가 낮은 토지가 경작되면 지대가 계속해서 상승하고 또 지가도 상승하여 기존의 토지소유자는 자연히 부유해진다. 이와 같이 지대나 지가의 상승은 지주의 노력 없이 이루어지는 것이므로 하나의 불로소득이다.

리카도가 지대를 설명하면서 사용한 '한계지'의 '한계'라는 말은 경제이론에 한계 개념 도입의 시초가 되었다.

읽을거리 David Ricardo

리카도(1772~1823)는 대학의 문턱에도 가보지 못한 사람이다. 그러나 그는 그 어떤 학자보다도 탁월한 능력으로 경제이론에 파고들었다. 그는 금융시장에 대하여도 정식교육을 받은 바가 없었다. 그러나 그는 증권시장에서 수백만 파운드를 벌어들였다.

명철한 두뇌와 실용적 지식을 지닌 리카도는 학계의 거물들과 격렬한 논쟁을 벌였는데 이기지 못한 때가 없었다. 그는 이 한 마디로 그들의 주장을 일축했다.

"그런 건 대학교수들에게나 통할 바보같은 소리야."

–「죽은 경제학자의 살아있는 아이디어」에서

2. 전용수입과 경제적 지대

오늘날의 경제분석에는 '렌트(rent)'가 단순히 토지의 사용료라는 좁은 의미를 벗어나 좀 더 폭넓은 개념을 포함하는 경제적 지대(economic rent)라는 용어로 많이 쓰이고 있다. 또 경제적 지대와 관계가 있는 전용수입, 생산자잉여 등의 용어도 경제분석에서 중요한 역할을 하고 있다.

(1) 전용수입과 경제적 지대

경제적 지대의 뜻을 알기 위해서는 전용수입을 이해하는 것이 필요하다. 따라서 먼저 전용수입(轉用收入, transfer earnings)에 대해서 알아보자.

전용수입이란 어떤 생산요소가 다른 용도로 전용되지 않고 현재의 용도에 머물도록 하고자 할 때 지급해야 하는 최소한의 금액을 말한다.

전용수입: 어떤 생산요소가 다른 용도로 전용되지 않도록 하기 위해 지급해야 하는 최소한의 지급액

다소 애매한 이 정의는 다음의 예를 보면 그 의미가 명백해진다.

어떤 유명한 탤런트의 화장품 광고 출연료가 5,000만 원이다. 그 탤런트는 마음속으로 출연료가 3,000만 원이어도 출연할 생각을 가지고 있다. 그러나 출연료가 3,000만 원 이하로 되면 이 탤런트는 광고 출연을 포기하고 다른 일을 한다고 하자. 이 경우의 3,000만 원은 이 탤런트로 하여금 광고출연을 하게 하기 위하여 필요한 최소한의 보수, 즉 전용수입이다. 전용수입은 기회비용의 의미를 가지고 있다는 것을 알 수 있다.

한편 실제 수입과 전용수입의 차액 2,000만 원을 경제적 지대라고 한다.

경제적 지대란 어떤 생산요소를 현재의 용도에 머물도록 하기 위하여 필요한 지급액(전용수입)을 초과하는 금액을 말한다.

경제적 지대: 어떤 생산요소를 현재의 용도에 머물도록 하기 위하여 최소한으로 필요한 지급액을 초과한 금액

즉 경제적 지대란 요소 공급이 제한되거나 비탄력적일 경우 공급자가 기회비용 이상으로 얻는 몫이다.

경제적 지대를 렌트라고도 부른다. 원래 렌트는 토지 사용료를 의미하지만, 전용수입을 초과하는 수입의 의미로 쓰이게 된 것이다.

이 경제적 지대를 제2장에서는 생산자잉여라고 불렀던 것을 독자 여러분은 기억할 것이다. 그러나 이 두 가지 개념이 완전히 같지는 않다. 생산자잉여는 상품 생산자인 기업이 얻는 잉여이고, 경제적 지대는 생산요소 공급자가 얻는 잉여이다.

생산요소 가격에는 전용수입과 경제적 지대가 포함되어 있다. 그러나 경우에

그림 14-15 전용수입과 경제적 지대

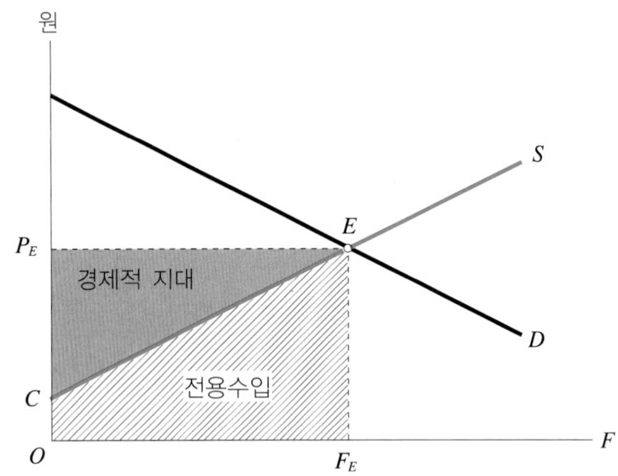

따라서는 그 가격이 전용수입만으로 구성된 경우도 있고, 반대로 경제적 지대만으로 구성된 경우도 있다. 우선 일반적인 경우부터 알아보자.

[그림 14-15]는 전용수입과 경제적 지대를 보이고 있다.

공급곡선이 우상향하는 경우에는 경제적 지대와 전용수입이 공존하게 된다. 균형가격 P_E가 성립되어 있는 경우 생산요소는 F_E가 고용될 것이다. 마지막 고용단위, 즉 F_E수준의 마지막 단위에서는 P_E가 전용수입이다. 왜냐하면, 이 마지막 단위가 고용되기 위해서는 적어도 가격이 P_E가 되어야 하기 때문이다. 그러나 그 앞 단위에서는 전용수입은 P_E가 아니라 공급곡선의 기울기에 따라 조금씩 작아진다. 즉 CE 아래 부분이 전용수입이다. 이렇게 볼 때 생산요소에 지불할 총액인 사각형 OP_EEF_E의 넓이 중에서 삼각형 CP_EE 부분은 경제적 지대, 즉 생산자잉여이고 사다리꼴 $OCEF_E$는 전용수입이다.

전용수입과 경제적 지대의 상대적 크기는 공급의 가격탄력성에 의해 결정된다. 공급의 가격탄력성이 크면 경제적 지대는 작고 전용수입은 크며, 반대로 탄력성이 작으면 전용수입은 작고 경제적 지대는 크다. 만약에 공급곡선의 모양이 수평이거나 수직이 되면 요소공급자는 전용수입만 얻거나, 아니면 경제적 지대만 얻게 된다.

[그림 14-16]은 공급곡선의 형태에 따른 경제적 지대와 전용수입을 보이고

그림 14-16 공급곡선의 형태에 따른 경제적 지대와 전용수입

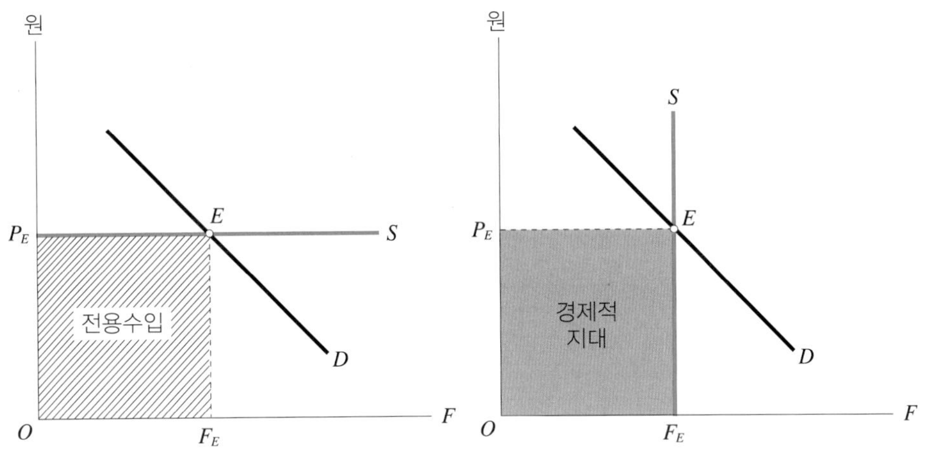

(a) 공급곡선이 수평인 경우 (b) 공급곡선이 수직인 경우

있다.

(a)는 공급곡선이 수평인 경우이다. 만약 어떤 생산요소의 공급곡선이 수평이어서 가격탄력성이 무한대이면, 요소 공급자는 그 요소시장에서 결정된 가격을 받지 않고서는 요소를 한 단위도 공급하지 않는다. 이 경우에 요소가격은 그 전액이 전용수입이 된다. 그림에서 전용수입은 사각형 OP_EEF_E의 넓이이다.

(b)는 공급곡선이 수직인 경우이다. 그림처럼 생산요소의 공급이 고정되어 있어 탄력성이 0인 경우에는 그 요소의 가격이 오직 수요의 크기에 의하여 결정된다. 따라서 공급량이 완전히 고정되어 있는 이 생산요소의 가격은 전액이 경제적 지대가 된다. 즉 수직 모양의 요소공급곡선과 요소수요곡선이 만나 결정된 이 가격에는 이 생산요소가 다른 용도로 전용되지 못하게 하기 위하여 필요한 지불분은 전혀 없다. 그러므로 이 경우 전용수입은 0이며, 요소가격 전액이 경제적 지대가 된다.

(2) 준지대

경제적 지대의 개념을 확장한 용어로 준지대(準地代, quasi-rent)가 있다. 준지대 개념은 한계생산력을 정의할 수 없는 고정요소의 가격을 설명하는데 유용하다.

소비자잉여의 개념을 경제이론에 처음 도입한 마샬은 리카도의 지대 개념을 토지 이외의 생산요소에도 적용할 수 있다고 보았다. 그는 모든 생산요소에서 잉여가 발생할 수 있다고 보았다. 그는 모든 생산요소의 소득에는 렌트적 요소가 포함되며, 그 크기는 기간에 의하여 결정된다고 보았다. 이러한 요소가격에 포함되는 렌트적 요소를 준지대라고 한다. 즉 생산요소의 투입량이 고정되어 있기 때문에 발생하는 잉여가 준지대이다.

기업은 고정투입요소와 가변투입요소를 고용한다. 기업의 비용은 고정비용과 가변비용의 합으로 구성되어 있다. 생산물을 판매한 총수입에서 가변요소의 비용을 제하면 그것이 고정투입요소의 보수가 된다. 공급이 고정되어 있는 생산요소에 귀속되는 비용을 준지대라 한다. 생산이론이나 시장이론에서의 비용 개념으로 말한다면, 단기총비용에서 가변비용을 뺀 부분, 즉 고정요소에 대한 비용을 준지대라고 할 수 있다.

준지대: 공급이 고정되어 있는 생산요소에 귀속되는 비용(보수)을 말하며, 총수입에서 총가변비용을 제한 금액

준지대의 개념은 우리가 완전경쟁시장의 균형을 분석할 때 사용하는 시장조건의 그림을 이용하면 명확하게 알 수 있다.

[그림 14-17]은 준지대를 보이고 있다.

완전경쟁기업의 단기균형은 점 A에서 이루어지고 있다. 가격은 P이고 최적생산량은 Q^*이다. 따라서 총수입은 사각형 $OPAQ^*$의 넓이이다. 한편 총가변비용은 AVC가 결정해 주며, 그림에서는 점 C가 Q^*를 생산하고 있을 때의 평균가변비용의 높이이다. 그리고 총가변비용은 사각형 $OFCQ^*$의 넓이이다. 준지대는 총수입과 총가변비용의 차액인 빗금친 사각형 $FPAC$의 넓이가 된다. 이중 □$FEBC$는 총고정비용이고, □$EPAB$는 초과이윤이다. 따라서 준지대는 총고정비용과 초과이윤의 합이라고 볼 수 있다. 만약 손실이 발생하고 있다면 준지대는 총고정비용에서 손실을 제한 부분이 된다는 것도 참고로 알아두기 바란다.

한편 장기에 있어서는 새로운 기업의 진입으로 생산량이 증가하기 때문에 가격은 하락할 것이고 준지대는 감소하게 된다. 그런데 이윤과는 달리, 가격이 계속해서 하락하여 손실이 발생하더라도 생산이 지속하는 한 준지대는 계속 발생한다. 그러다가 AVC의 최저점까지 가격이 하락하면 준지대는 0이 된다. 그보다 가격

그림 14-17 준지대

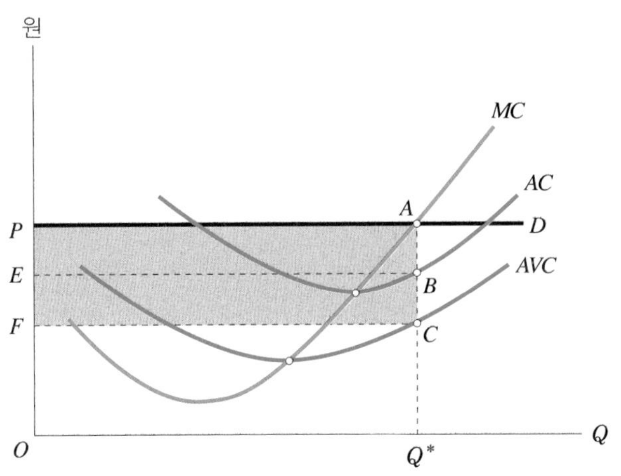

이 더 낮아지면 기업은 생산을 중단한다. 즉 평균가변비용곡선의 최저점은 조업중단점인 것이다. 따라서 이론상 준지대는 생산이 지속되는 한 발생한다고 보는 것이다.

요 · 약

01. 요소시장: 생산요소에 대한 수요와 공급이 이루어지는 시장, 상품시장 개념과 대칭적이다. 요소시장에서는 한계수입생산곡선이나 한계생산물가치곡선이 수요곡선의 구실을 한다.
   - 생산요소에 대한 수요를 파생적 수요라고 한다.

02. 한계수입생산과 한계생산물가치
   - 한계수입생산: 생산요소 한 단위를 추가로 투입할 때 수입의 증가분
   - 요소의 한계생산물가치: 생산요소를 한 단위 더 투입할 때 증가하는 생산물의 가치

03. 한계요소비용(*MFC*: marginal factor cost) : 한 단위의 생산요소를 추가로 고용하기 위한 비용을 말한다. 한계요소비용곡선은 요소의 공급곡선이 된다.

04. 요소시장에서의 수요곡선: *MRP*
   요소시장에서의 공급곡선: *MFC*

05. 요소시장에서도 기업의 이윤극대화를 위한 행동원칙은 요소투입으로 인한 한계수입과 추가되는 비용이 일치되게 하는 것이다. 즉 $MRP = MFC$가 되도록 요소투입량을 결정하는 것이다.

06. 요소시장의 균형이론
   - 상품시장이 경쟁이고 요소시장도 경쟁이면 $VMP = MFC$ 원칙
   - 상품시장이 독점이고 요소시장이 경쟁이면 $MRP = MFC$ 원칙
   - 상품시장이 경쟁이고 요소시장에서 수요독점이면 $VMP = MFC$ 원칙, *AFC*에서 요소가격 결정
   - 상품시장이 독점이고 요소시장에서 수요독점이면 $MRP = MFC$ 원칙, *AFC*에서 요소가격 결정

07. 쌍방독점시장: 수요독점자와 공급독점자가 만나는 시장, 공급자와 수요자의 협상력에 의해 가격이 결정된다.

08. 요소시장균형이론에 나오는 용어는 다음과 같다.
   - *MRP* : marginal revenue product, $MRP = MP \times MR_X$
   - MRP_L : marginal revenue product of labor, $MRP_L = MP_L \times MR_X$
   - MRP_K : marginal revenue product of capital, $MRP_K = MP_K \times MR_X$
   - *VMP* : value of marginal product, $VMP = MP \times P$
   - VMP_L : value of marginal product of labor, $VMP_L = MP_L \times P$
   - VMP_K : value of marginal product of capital, $VMP_K = MP_K \times P$
   - *FC* : factor cost
   - *MFC* : marginal factor cost

- MFC_L : marginal factor cost of labor
- MLC : marginal labor cost = marginal factor cost of labor
- MFC_K : marginal factor cost of capital
- MKC : marginal capital cost = marginal factor cost of capital
- AFC : average factor cost
- AFC_L : average factor cost of labor
- AFC_K : average factor cost of capital
- ALC : average labor cost
- AKC : average capital cost
- ME : marginal expenditure
- MIC : marginal input cost

09. 노동의 공급은 소득과 여가소비의 선택과정에서 결정된다.

10. 임금률의 상승은 여가소비에 대체효과와 소득효과를 발생시킨다. 임금률 상승이 여가소비를 증가시키는 것을 소득효과라고 하고, 임금률상승이 여가소비를 감소시키는 것을 대체효과라고 한다.

11. 후방굴절노동공급곡선이란 임금률이 높아짐에 따라 노동의 공급이 처음에는 증가하다가 임금률이 충분히 높아지면 오히려 감소하는 현상을 나타내는 노동공급곡선을 말한다.

12. 투자의 한계효율(MEI)이란 어떤 투자의 결과도 미래에 발생할 것이 예상되는 순이익의 현재가치를 그 투자를 하기 위한 현재비용과 같게 만드는 할인율이다.

13. 자본에 대한 수요는 파생수요이며, 그 파생수요는 자본의 생산성에 의하여 결정된다. 자본의 수요곡선은 자본의 한계수입을 의미하는 MRP_K이다.

- 자본의 한계수입은 의미상 자본의 한계투자효율과 같다. 투자수요곡선은 MEI곡선에서 차용한 것이 된다.

14. 저축이란 현재소비를 줄여 미래소비를 늘리려는 경제행위이다. 이자는 현재가치와 미래가치 사이의 자원배분을 해주는 매개변수이다.

15. 지대이론은 공급량이 고정되어 있는 생산요소, 특히 토지 및 자연자원에 귀속되는 소득에 관한 이론이다. 지대론으로는 리카도의 차액지대론이 유명하다.

16. 지대라고 흔히 번역하여 사용하는 렌트란 용어는 공급량이 제한되어 있는 생산요소에 귀속되는 소득을 말한다.

17. 경제적 지대란 어떤 생산요소를 현재의 용도에 머물도록 하기 위하여 최소한으로 필요한 지급액을 초과하는 금액이다. 생산요소가 실제로 얻고 있는 수입과 전용수입과의 차액으로 생산자잉여의 의미를 지니고 있다.

• 렌트라는 말은 리카도 당시에는 토지의 사용에 대한 대가라는 의미였는데, 지금에 와서는 어떤 생산요소를 현재의 용도에 머물도록 하기 위하여 필요한 지급액(전용수입)을 초과하는 수입이라는 뜻으로 사용되고 있다. 이 렌트가 바로 경제적 지대이다.

18. 전용수입이란 어떤 생산요소가 다른 용도로 전용되지 않도록 하기 위하여 현재의 용도에 지급하여야 하는 최소한의 지급액을 말한다.

19. 준지대(quasi-rent): 공급이 고정되어 있는 생산요소에 귀속되는 비용(보수)을 말하며, 총수입에서 총가변비용을 제한 금액이다.

연 · 습 · 문 · 제

01. 요소시장과 상품시장을 비교하여 설명하시오.

02. 생산요소에 대한 수요를 왜 파생적 수요라고 하는가 설명하시오.

03. 요소시장의 균형원리를 설명하시오.

04. 한계생산물수입과 한계생산물가치는 각각 어떤 의미인가 설명하시오.

05. 요소시장에서의 수요곡선 역할을 하는 것은 무엇인가?

06. 요소시장에서의 공급곡선 역할을 하는 것은 무엇인가?

07. 김씨는 햄버거 가게를 운영중이다. 이 가게는 완전경쟁시장에서 햄버거를 2,000원에 판매하고 있고 18명을 고용하고 있으며, 시간당 6,000원을 임금으로 지급하면서 이윤을 극대화하고 있다. 만일 햄버거 가격이 3,000원으로 오른다면 현재의 고용수준에서 노동의 한계생산물가치는 시간당 얼마인가, 그리고 이 가게의 노동투입량은 증가할까 아니면 감소할까?

08. 쌍방독점이란 어떤 형태의 시장을 말하는가. 그리고 이 시장에서의 균형은 어떻게 이루어지는가 설명하시오.

09. 수요독점이란 어떤 상황을 말하는가?

10. 여가와 소득 사이의 선택행동을 통하여 노동공급곡선을 도출하시오.

11. 임금상승의 대체효과와 소득효과를 설명하시오.

12. 후방굴절노동공급곡선이란 무엇을 말하며 노동공급곡선이 굴절하는 이유는 무엇인가?

13. 자본에 대한 수요는 어떤 원리에 의하여 발생하는가 설명하시오.

14. 지대, 렌트, 경제적 지대 등의 용어가 의미하는 바를 설명하시오.

15. 전용수입이란 무엇을 말하는가?

16. 준지대(quasi-rent)란 무엇이며 지대와는 어떻게 다른가 말하시오.

17. 어떤 회사의 고용수준이 L, 생산량이 $L(100 - L)$이라고 하자. 생산물의 시장가격은 10원이다. 그리고 기업의 총비용은 wL이라고 하자. 여기서 w는 임금이다.

(1) 고용수준은 얼마인가?

(2) 임금이 20원에서 40원으로 증가하면 고용수준은 어떻게 변하는가?

해답 및 풀이

07. {해답} 증가시킨다.

{풀이} 요소시장에서 완전경쟁기업의 이윤극대화 조건은 한계생산물가치와 요소가격이 동일한 수준, 즉 $VMP_L = MP_L \times P = P_L$ 이다. 가격이 오르기 전 노동의 한계생산물가치는 $VMP_L = MP_L \times 2{,}000$원 $= 6{,}000$원이고 이 식을 풀면 노동요소의 한계생산물은 $MP_L = 3$이다. 그런데 햄버거 가격이 3,000원으로 오르면 노동의 한계생산물가치는 $VMP_L = MP_L \times 3{,}000$원 $= 3 \times 3{,}000$원 $= 9{,}000$원이 된다. 따라서 노동의 한계생산물가치가 노동임금보다 크게 된다. 즉 $VMP_L = 9{,}000$원 $> 6{,}000$원 $=$ 노동임금 관계가 된다. 이 경우에 가계는 노동투입량을 증가시킬 것이다.

17. {풀이} (1) 기업의 이윤은 $10L(100-L)-wL$이다. 기업은 이윤을 극대화하기 위한 고용수준을 선택한다. 이윤극대화를 위한 고용수준은 $50 - \frac{w}{20}$이다.

(2) 임금이 20원이면 고용수준은 49이고 40원이면 48이다. 임금의 증가로 고용수준은 감소한다.

PART 05

chapter 15

소득분배이론

이 장에서는 소득이 어떤 원리로 창출되고, 또 분배되는가를 연구하는 소득분배이론을 소개한다. 소득불평등과 관련된 논의는 불평등도를 측정하는데서 시작한다. 소득불평등도를 측정하는 도구로는 10분위분배율, 소득5분위배율, 로렌츠곡선, 지니계수, 그리고 앳킨슨지수 등이 있다. 이들의 쓰임과 지수를 읽는 방법은 각각 다르니 주의해서 읽고 해석해야 한다. 이 용어들을 잘 이해하면 소득분배에 관한 기사를 읽기 쉬울 것이다.

위에 언급한 내용은 주로 계층별 소득분배에 관한 내용이다. 기능별 소득분배이론 또한 불평등 문제 못지않게 중요한 내용이다. 노동과 자본에 대한 소득분배의 원리를 신고전파의 견해를 빌려 설명하는 이 내용은 노사관계 갈등의 뿌리를 이해하는 데 도움이 된다.

제1절 소득분배이론의 의의

소득(所得, income)이란 생산요소에 대한 보수이다. 소득에는 가계에 지급되는 대가와 기업이윤이 포함된다. 가계에 지급되는 대가란 가계가 제공한 생산요소에 대한 보수를 말한다. 가계가 제공한 생산요소에 대한 보수로는 노동에 대한 임금, 토지에 대한 임대료, 자본에 대한 이자 등이 있다. 기업소득인 이윤은 경영(management)이라는 생산요소에 대한 보수이다.

소득은 가계생활의 원천이며, 기업 생산활동의 유인(誘因)이다. 소득이 어떤 원리로 창출되고 또 어떻게 분배되는가를 연구하는 이론을 소득분배이론이라고 한다. 소득분배이론에 반드시 등장하는 두 단어가 평등과 효율이다. 경제학자 오쿤(A. Okun)은 "시장의 효율성이라는 떡도 얻으면서 동시에 그 떡의 평등한 분배도 누릴 수 있는 방도는 없다."고 하였다. 두 가지 모두를 동시에 성취하기가 어렵다는 뜻이다.

소득분배이론은 일반적으로 두 방향으로 연구된다.

하나는 사회 전체의 소득이 사회구성원 개인에게 분배되는 과정을 분석하는 것이고, 다른 하나는 사회 전체의 소득이 생산에 참여한 생산요소에 분배되는 과정을 분석하는 것이다.

먼저, 개인에 대한 분배, 특히 소득이 높거나 낮은 계층 사이에서 총소득이 분배되는 과정을 분석하는 것을 계층별 소득분배(階層別 所得分配, size distribution of income)이론, 또는 인적분배(personal income distribution)이론이라고 부른다.

계층별 소득분배이론: 개개인에 대한 분배, 특히 소득이 높거나 낮은 계층 사이에서 총소득이 분배되는 과정을 분석하는 이론

계층별 소득분배이론에서는 소득의 분배가 불평등하게 이루어짐에 유의하고, 소득불평등의 원인과 정도를 연구한다.

다음으로, 사회 전체의 소득이 생산에 참여한 생산요소에 분배되는 과정을 연구하는 이론을 기능별 소득분배(技能別 所得分配, functional distribution of income)이론이라고 한다.

기능별 소득분배이론: 사회 전체의 소득이 생산에 참여한 생산요소에 분배되는 과정을 분석하는 이론

기능별 소득분배이론에서는 사회 전체의 소득이 노동, 자본, 토지와 같은 본원적 생산요소의 소유자에게 어떻게 분배되는가를 연구한다. 기능별 소득분배이론은 노동자의 몫, 자본가의 몫, 토지소유자의 몫을 연구하는 이론이라는 점에서 현실적인 학문분야라고 할 수 있다. 하지만, 기능별 소득분배이론은 계층별 소득분배이론에 비해 그리 큰 주목을 받지 못하고 있다. 그 이유는 소득이란 노동자, 자본가, 토지소유자 등이 함께 생산활동을 해서 만들어지므로 각자의 몫을 사전적으로 구분하는 것이 쉽지 않다. 이에 반해 계층별 소득분배이론은 사후적으로 부자와 빈자를 구분하므로 소득분배 상태를 분석하는데 상대적으로 쉽다는 장점을 지닌다. 앞에서도 말한 바와 같이, 이 책에서는 주로 계층별 소득분배에 관해 설명하기로 한다.

제2절 소득불평등 문제

앞 절에서 설명한 바와 같이 계층별 소득분배이론은 사회 전체의 소득이 구성원 개인에게 분배되는 과정을 보여준다. 주요 관심사는 부유층과 빈곤층 사이에 소득이 얼마나 불평등하게 분배되어 있는가이다. 먼저 소득이 불평등하게 분배되는 원인에 대해 알아보기로 하자.

2.1 소득불평등의 원인

앞에서 언급한 오쿤(A. Okun)과 마찬가지로 파레토(V. Pareto) 역시 불평등문

제는 본질적으로 해결될 수 없는 문제이며, 불평등을 초래하는 요소는 너무나도 강력하고 끈질기기 때문에 정부도 해결할 수 없는 것이라고 하였다. 불평등이 발생되는 원인은 다양할 뿐 아니라 복합적일 수 있다. 여기서는 주요 원인에 대해 간략히 살펴보자.

첫째, 부(富)의 차이이다. 최근에 유행하는 단어인 금수저와 흙수저가 이러한 부의 차이를 대변해 준다. 부자의 자녀는 부모의 재산을 상속받아 부유층으로 남을 수 있으며, 부를 교육에 투자하여 더 많은 임금을 받을 수도 있다.

둘째, 개인능력의 차이이다. 능력은 선천적일 수도 있고 후천적일 수도 있으며, 동일한 조건을 가진 형제들 사이에서도 육체적 및 정신적 능력의 차이가 있을 수 있다.

셋째, 교육과 훈련 등의 차이이다. 교육과 훈련은 인간의 능력을 증진시킨다. 따라서 교육과 훈련을 받은 자는 그렇지 못한 자에 비하여 높은 소득을 획득할 수 있는 기회를 가지게 된다.

넷째, 운의 차이이다. 복권에 당첨되어 부자가 될 수도 있는 것이다.

다섯째, 노력의 차이이다. 부지런한 사람도 있고, 게으른 사람도 있다. 이러한 노력의 차이는 생산성의 차이를 가져올 수 있다.

공평분배와 평등분배

공평한 분배가 바람직하다는 것은 누구나 인정하지만, 공평의 기준이 무엇인지에 대해서는 다양한 의견이 존재한다. 피구(A. C. Pigou)[1]는 국민소득 중에 가난한 사람에게 돌아가는 평균소득이 높을수록 사회 전체의 후생이 증가한다고 하였다. 이것은 국민소득이 모든 사람에게 '평등하게 분배'되는 것이 바람직한 상태라고 하는 것이다.

피구처럼 평등분배가 공평한 분배라는 주장도 있지만, 평등분배를 반대하는 의견도 있다. 그 이유는 평등분배가 공평한 분배라는 보장을 할 수 없을 뿐 아니라 평등분배는 생산성의 하락을 유발할 수 있기 때문이다.

소득분배가 강제로 평등화되면 사람들은 노동보다는 여가를 선택하게 된다. 그러면 총생산량은 감소하게 되고, 경제성장은 이루어지지 않는다. 사회주의국가들의 시장경제 전환이 이를 증명해 주고 있다. 피구가 평등분배가 바람직하다고 하

1) 피구(1887~1959)는 영국의 경제학자이다. A. Marshall의 후계자. 후생경제학의 창시자.

면서도 '생산이 감소하지 않는 한'이란 전제조건을 붙인 것은 평등분배의 추진이 생산의욕을 감소시킬 수도 있다는 것을 알고 있었기 때문이다.

또한 소득이 평등하게 분배되면 자본축적이 감소하여 경제발전이 지연될 수도 있다. 소득불평등의 원인은 주로 자본 축적의 정도에 달려 있다. 축적된 자본에서 소득이 발생하기 때문에 자본 소유자는 많은 소득을 얻을 수 있는 반면, 그렇지 못한 사람은 적은 소득을 얻게 된다. 만약 자본 소유자와 비소유자에게 소득이 평등하게 분배된다면 누구도 절약하여 자본을 축적하려 하지 않을 것이다.

능력이 있는 자에게 많이 분배해 주는 것이 공평분배라는 주장도 있다. 능력에 따라서 분배하는 방식이 오늘날 가장 많이 통용되는 분배 방식이라 할 수 있다. 많은 사람들이 능력에 따른 분배가 생산을 증대시키는 바람직한 방법이라고 믿고 있다. 독자 여러분이 제1장에서 배운 것처럼, 사회주의경제도 "능력에 따른 노동과 노동에 따른 분배"를 지향할 정도이다.

2.2 쿠즈네츠의 U자형 가설

경제발전과 소득분배의 관계는 어떠할까?

쿠즈네츠(S. Kuznets)[2)]는 여러 나라의 소득통계를 분석해서 경제발전과 소득분배 균등도에 관한 U자형 가설을 수립하였다. 그에 따르면, 전통사회가 형성된 시기에는 부의 축적이 거의 없으므로 소득분배는 균등하고, 오히려 빈곤이 문제가 되었다. 전통사회를 벗어나 경제발전을 시작하면 초기에는 국민소득의 증가와 함께 점차 빈부의 격차가 생기며, 경제발전이 정착되는 중기에는 소득 불평등이 가장 심화되고, 경제발전이 성숙 단계에 접어들면 소득불평등이 점차 개선된다. 특히, 고소득경제가 도래하면 소득불평등이 크게 완화되어 소득분배 균등도는 전통사회와 같아지며, 절대빈곤은 사라지게 된다.

이 가설은 [그림 15-1]과 같이 나타낼 수 있다. 가로축에는 경제발전 단계를 표시하고, 세로축에는 소득분배 균등도를 표시하면, 경제가 발전함에 따라 소득불평

2) 쿠즈네츠(1901~1985)는 러시아태생의 미국경제학자이다. 미첼(W. Mitchell)과 함께 국민소득 연구, 경기순환, 소득불평등도의 측정 등 다방면에 업적을 남겼다.

그림 15-1 쿠즈네츠의 U자형 가설

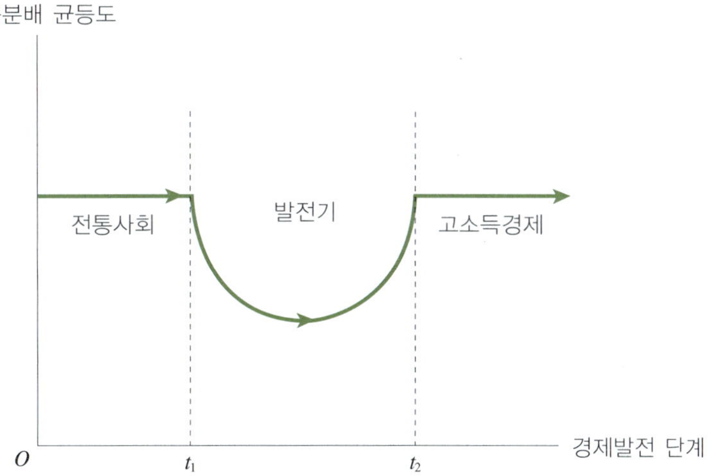

등이 심화되다가 완화되는 과정을 나타낼 수 있는데, 이 소득균등도곡선이 U자 모양을 보이게 된다고 해서 이를 '쿠즈네츠의 U자형 가설'이라고 부른다.

> **쿠즈네츠의 U자형 가설**: 경제발전 초기에는 소득의 균등도가 낮아지고, 중기 이후에는 소득의 균등도가 높아져, 소득분배 균등도 곡선이 U자형을 갖는다는 가설

[그림 15-1]은 쿠즈네츠의 U자형 가설을 표현한 것이다.

그림의 세로축은 소득분배의 균등도를, 가로축은 경제발전의 단계, 즉 시간의 흐름을 나타내고 있다.

경제발전 이전에는 국민 모두가 저소득수준에 머물러 있었기 때문에 소득 차이가 그리 크지 않다. 모두 다 가난한 것이다. 따라서 그림을 보면 균등도곡선이 전통사회가 지속되는 동안은 수평으로 나타나고 있다. 경제발전이 시작되면서 경제발전의 대열에 일찍 참여한 자본가를 중심으로 한 사람들은 빠르게 저소득수준을 탈피할 수 있게 된다. 하지만 전통적 생산방식을 지속하고 있는 사람들은 그대로 저소득수준이 유지되어 소득불평등이 점차 확대되어 간다. 그림을 보면 발전기에 접어들면서 균등도곡선이 하강하고 있다.

그러나 경제발전의 진행에 따라 정부는 사회복지적 차원에서 연금제도, 의료보험제도, 최저임금제도, 누진과세, 보조금 등 소득재분배정책을 실시함으로써 소득불평등이 점점 완화되어간다. 따라서 균등도곡선이 상승하게 된다. 그래서 결과적으로 소득균등도곡선은 U자 모양을 보인다는 것이다. 한편 세로축에 소득불평등도를 표시하고 가로축에 경제발전 단계를 표시하면 불평등도의 흐름은 역(逆)U자 모양을 보이게 된다. 그래서 쿠즈네츠의 U자형 가설을 '쿠즈네츠의 역U자형 가설'이라고도 부른다.

하지만, 이 가설에 대한 반론을 제기하는 사람들도 많다. 예를 들어, 기술혁신은 새로운 경제발전의 시발점이 되고, 기술혁신의 주체는 빠르게 부를 축적하게 되며, 기술혁신에 수동적인 사람들은 상대적으로 낮은 부를 축적하게 되어 소득불평등이 다시 확대될 수 있다는 것이다.

2.3 절대적 빈곤과 상대적 빈곤

— 빈곤에 관한 우리 속담 2제 —
사촌이 논을 사면 배가 아프다
배고픈 건 참아도 배 아픈 건 못 참는다

빈곤(貧困, poverty)이란 사람들 생활에서의 기본적 욕구가 충족되지 않은 상태를 말한다.

빈곤은 다음과 같이 세 가지 유형으로 구분할 수 있다.

첫째, 절대적 빈곤(absolute poverty)이다. 절대적 빈곤이란 생활의 기본적 필수품을 획득할 수 없어 최저의 생활수준도 유지하지 못하는 상태를 말한다. 좀 더 구체적으로 말하면 신체적 건강과 효능을 최소한 유지할 수 있을 정도의 의식주를 획득하기 위한 자원이 결핍상태에 있는 상태이다. 절대적 빈곤의 개념은 주로 생계비와 영양에 의하여 파악되며, 기준으로 사용하는 빈곤의 정도를 빈곤선(貧困線, poverty line)이라고 부른다. 빈곤선이란 육체적 능률을 유지하는 데 필요한 최소한의 생활수준을 말한다. 빈곤선이라는 말은 영국의 사회학자 라운트리(B. Rowntree)가 그의 저서 「빈곤, 도시생활 연구」(1901)에서 처음 사용하였다. 라운트리는 영양기준을 기초로 하여 제1차 빈곤과 제2차 빈곤을 설정하여 빈곤에 대해 설명하였다. 제1차 빈곤이란 그들의 수입으로는 절대적인 육체적 능률의 유지에 부족한 상태를 말하고, 제2차 빈곤이란 음주. 도박 등을 하지 않는 한 육체적 능률의 유지를 충족할 수 있는 상태를 말한다.

둘째, 상대적 빈곤이다. 상대적 빈곤은 어떤 가구가 그가 속한 사회 구성원 대다수가 누리는 생활수준에 미치지 못하는 상태를 말한다. 상대적 빈곤은 어느 특정한 사회의 전반적인 생활수준과 밀접히 관련된 개념으로 상대적 박탈감과 불평등의 주요 원인으로 작용한다.

셋째, 주관적 빈곤이다. 주관적 빈곤이란 자신이 충분히 갖고 있지 않다고 느끼는 것을 말하는데, 이는 제3자의 판단에 의해 어떤 객관적인 수준이 정해지는 것이 아니라 개인의 주관적인 판단에 의하여 결정된다. 주관적 빈곤은 크게 분류하면 상대적 빈곤의 한 종류이다.

빈곤의 악순환

저개발국가의 빈곤은 쉽사리 없어지지 않는 경향을 가지고 있다. 이러한 경향을 넉시(R. Nurkse)는 빈곤의 악순환(vicious circle of poverty)이라 불렀다.

빈곤의 악순환이란 자본축적의 부족이 빈곤을 유발하고, 그 빈곤으로 자본축적이 어려워져 빈곤이 해소되지 않는 현상을 말한다.

빈곤의 악순환에는 다음과 같은 3가지 유형이 있다.

첫째, 소득과 자본의 관계에서 나타나는 악순환이다. 즉, '자본부족 → 낮은 생산성 → 낮은 소득 → 낮은 저축 → 자본부족'이 이루어지는 상황이며, 이는 '낮은 소득 → 낮은 구매력 → 시장 협소 → 투자유인 부족 → 자본부족 → 낮은 소득'의 악순환으로 귀결된다.

둘째, 빈곤과 건강의 관계에서 나타나는 악순환이다. 즉, '빈곤 → 영양부족 → 건강하지 않은 삶 → 낮은 생산성 → 빈곤'으로 이루어진다.

셋째, 빈곤과 교육의 관계에서 나타나는 악순환이다. 즉, '빈곤 → 낮은 교육 → 낮은 숙련도 → 낮은 생산성 → 빈곤'의 관계이다.

PART 05

읽을거리 **상속과 자선사업**

세계 최고의 부호인 빌 게이츠(B. Gates)는 세 자녀에게 1천만 달러만 물려주고 나머지 재산은 자선사업에 쓰겠다고 발표했다. 세계적인 컴퓨터 소프트웨어 기업인 마이크로소프트의 창설자인 게이츠의 재산은 460억 달러에 이른다. 이 중 자식한테는 0.02%만 남기고 나머지는 사회를 위하여 쓰도록 하겠다는 것이다.

빌 게이츠는 아이들이 너무 많은 돈을 가진 채 인생을 시작하는 것은 좋지 않다고 생각한다고 말했다. 그는 자기와 아내는 건강·교육·연구 등과 관련해 불평등이 가장 심한 분야를 알고 있다면서 그 분야에 지원을 집중할 것이라고 말했다. 게이츠는 또 재산을 모은 이들은 불평등을 해소하기 위해 이를 사회에 환원하는 방법을 발견하길 바란다는 말도 하였다. 아울러 그는 아이들의 인생과 잠재력은 출생과 무관해야 한다고 주장하였다.

빌 게이츠 부부는 1999년부터 2003년까지 5년 간 게이츠재단을 통해 보건과 교육분야에 229억 달러(27조 3천억 원)를 기부하거나 기부를 약정하였다. 이는 이들의 현재 보유자산 460억 달러의 54%에 이르는 금액이다. 이들 부부는 부를 대물림하지 않고 사회에 환원함으로 부가 존경받을 수 있다는 것을 실천을 통해 보여주고 있다.

제3절 계층별 소득분배

앞에서는 소득불평등의 문제와 원인에 대해 생각해 보았다. 이 절에서는 불평등의 정도를 측정하는 방법에 대해 살펴보고자 한다.

우선 독자 여러분이 명심해야 할 것은 소득의 (불)평등도를 측정하는 확실한 방법은 없다는 것이다. 앞에서 언급한 바와 같이, 이 책에서는 계층별 소득분배에 초점을 맞추어 설명하게 된다. 계층별 소득분배를 측정하는 대표적인 지수로는 10분위분배율, 소득5분위배율, 지니계수, 앳킨슨지수 등이 있고, 그림을 통해 소득의 평등정도를 보여주는 로렌츠곡선도 있다.

3.1 10분위분배율과 5분위배율

10분위분배율

계층별 소득분배를 측정하는 방법 중에 가장 많이 사용되는 불평등도 지수는 10분위분배율(十分位分配律, deciles distribution ratio: *DDR*)이다. 10분위분배율은 한 나라의 모든 소득계층을 소득의 크기순으로 배열하고 이를 10등급으로 분류하여, 하위 1등급에서 4등급까지의 소득합계를 상위 9등급과 10등급의 소득합계로 나눈 비율이다.

$$10분위분배율 = \frac{하위\ 40\%\ 계층의\ 총소득}{상위\ 20\%\ 계층의\ 총소득}$$

10분위분배율은 그 지수가 클수록 소득이 평등하게 분배되고 있다는 것을 나타낸다. 이론상으로 십분위분배율의 영역은 0부터 2까지이다. 0은 완전불평등분배를 나타내고, 2는 완전평등분배를 나타낸다. 10분위분배율이 1을 초과하는 경우는

표 15-1 한국의 10분위분배율 (단위: %)

구분 \ 연도	2003	2004	2005	2006	2007	2008	2009	2010	2011	2012	2013	2014	2015	2016
제1분위	2.43	2.41	2.24	2.21	2.14	2.12	2.13	2.22	2.16	2.21	2.21	2.28	2.45	2.24
제2분위	4.62	4.54	4.40	4.35	4.23	4.24	4.27	4.34	4.37	4.42	4.44	4.51	4.56	4.35
제3분위	6.08	5.94	5.83	5.79	5.73	5.70	5.77	5.93	5.96	6.01	6.10	6.05	6.09	5.95
제4분위	7.33	7.12	7.13	7.00	7.02	6.97	7.08	7.29	7.32	7.30	7.37	7.28	7.35	7.30
제5분위	8.49	8.37	8.37	8.29	8.26	8.23	8.36	8.47	8.51	8.46	8.48	8.51	8.56	8.51
제6분위	9.77	9.66	9.67	9.64	9.60	9.57	9.69	9.68	9.74	9.68	9.70	9.71	9.75	9.73
제7분위	11.10	11.10	11.13	11.18	11.09	11.04	11.14	11.14	11.11	11.08	11.11	11.05	11.09	11.13
제8분위	12.81	12.91	12.87	13.06	12.96	12.92	12.97	12.87	12.79	12.83	12.89	12.83	12.72	12.85
제9분위	15.30	15.47	15.45	15.56	15.64	15.68	15.58	15.46	15.40	15.40	15.42	15.43	15.15	15.30
제10분위	22.09	22.48	22.90	22.92	23.34	23.53	23.02	22.60	22.63	22.60	22.28	22.37	22.27	22.64
DDR	0.55	0.53	0.51	0.50	0.49	0.49	0.50	0.52	0.52	0.52	0.53	0.53	0.55	0.52

주: 표에는 소득의 합을 사용하지 않고, 분위별 소득점유율을 사용한다.
소득의 합을 사용하는 경우에도 동일한 10분위분배율을 얻는다.
자료 : 통계청, 가계동향조사(신분류): 소득10분위별 가구당 가계수지(전국, 2인 이상).

PART 05

거의 없으며, 0.55이상이면 소득분배가 양호한 것으로, 0.35이하이면 소득분배가 양호하지 않은 것으로 평가된다.

〈표 15-1〉은 한국의 10분위분배율을 연도별로 보여주고 있다. 한국의 경우에는 2003년부터 2008년까지 낮아지다가 그 이후에는 조금씩 소득분배가 양호한 상태로 가는 것을 볼 수 있다.

소득5분위배율

10분위분배율은 상위계층 20%와 하위계층 40%의 소득을 비교하기 때문에 불평등정도를 직관적으로 알기 어렵다는 단점이 있다. 또 하위계층의 소득을 분자로, 상위계층의 소득을 분모로 하여 계산하기 때문에 소득격차를 알아보려면 분모와 분자를 뒤집어 보아야 한다. 10분위분배율의 이러한 단점을 보완한 지수가 소득5분위배율이다. 소득5분위배율은 다음과 같이 계산된다.

$$\text{소득5분위배율} = \frac{\text{상위 20\% 계층의 총소득}}{\text{하위 20\% 계층의 총소득}}$$

소득5분위배율은 통계청에서 주로 사용하며, 최근에는 많은 학자들도 이 지표를 사용하고 있다. 소득5분위배율은 상위 20% 계층의 총소득과 하위 20% 계층의 총소득을 비교하며, 상위소득을 분자로 하여 계산하기 때문에 소득격차를 직관적으로 알 수 있게 해준다.

〈표 15-2〉는 한국의 소득5분위배율을 연도별로 보여주고 있다. 소득5분위배율은 앞에서 설명한 바와 같이 상위계층 20%의 소득점유율을 하위 20%의 소득점유율로 나눈 것으로, 지수가 클수록 소득분배가 불평등하다는 것을 나타낸다. 표를 보면 우리나라의 소득5분위배율은 2003년 이후 2008년까지 지속적으로 커지는 추세였지만, 그 이후에는 작아지는 추세를 보인다.

10분위분배율과 5분위배율은 측정이 쉽기 때문에 가장 많이 사용되지만, 한 국가의 전체 소득을 대상으로 하는 것이 아니므로 두 국가의 소득균등도를 비교하기에는 적절하지 않다.

표 15-2 한국의 5분위배율 (단위: %)

구분 \ 연도	2003	2004	2005	2006	2007	2008	2009	2010	2011	2012	2013	2014	2015	2016
제1분위	7.04	6.95	6.64	6.57	6.37	6.37	6.40	6.56	6.53	6.63	6.65	6.79	7.01	6.58
제2분위	13.41	13.06	12.96	12.79	12.75	12.66	12.85	13.22	13.28	13.32	13.48	13.33	13.44	13.26
제3분위	18.26	18.03	18.04	17.93	17.86	17.79	18.05	18.15	18.25	18.14	18.17	18.21	18.32	18.24
제4분위	23.91	24.01	24.00	24.23	24.05	23.96	24.11	24.01	23.91	23.91	24.00	23.88	23.81	23.98
제5분위	37.39	37.95	38.36	38.48	38.98	39.21	38.59	38.06	38.03	38.00	37.70	37.79	37.43	37.94
5분위 배율	5.31	5.46	5.78	5.86	6.12	6.16	6.04	5.80	5.82	5.73	5.67	5.57	5.34	5.76

주: 표에는 소득의 합을 사용하지 않고, 분위별 소득점유율을 사용한다.
소득의 합을 사용하는 경우에도 동일한 소득5분위배율을 얻는다.
자료: 통계청, 가계동향조사(신분류): 소득10분위별 가구당 가계수지(전국, 2인 이상).

3.2 로렌츠곡선과 지니계수

소득불평등의 정도를 그림으로 나타내는 방법도 있다. 이 중 널리 알려진 것이 로렌츠곡선(Lorenz curve)이다.

로렌츠곡선

로렌츠곡선은 한 나라의 소득계층을 소득의 크기순으로 배열하고 하위 몇%에 해당되는 비율과 그 계층의 소득 점유율간의 관계를 나타낸 곡선이다. 이해하기 쉽게 [그림 15-2]를 통해 알아 보자. 원점을 중심으로 가로축은 인구점유 비율을, 세로축은 소득점유 비율을 나타낸다. 예를 들어, 점 B는 〈표 15-2〉의 2015년 통계로 20%의 저소득 계층이 전체 소득의 7.01%를 차지하고 있음을 보여준다.

로렌츠곡선: 한 나라의 소득계층을 소득이 적은 사람에서 많은 사람의 순서로 왼쪽에서 오른쪽으로 가로축에 배열하고 가로축의 인구누적비중과 세로축의 소득 누적비중간의 관계를 나타낸 곡선

즉 로렌츠곡선은 국민 전체의 소득분배 상태를 인구누적 비율과 소득누적 비율의 관계로 그림에 나타낸 것이다.

PART 05

그림 15-2 로렌츠곡선

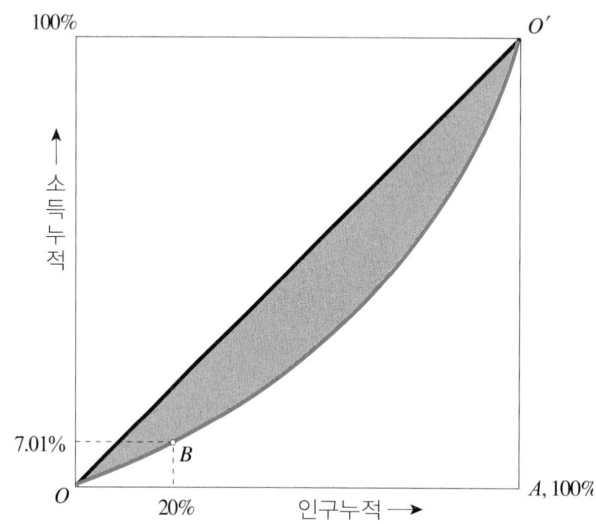

로렌츠곡선은 대각선에 가까울수록 소득분배가 평등에 가까우며, 대각선에서 멀리 떨어져 있을수록 불평등하다는 것을 나타낸다. 현실적으로는 있을 수 없으나, 만일 모든 사람의 소득이 완전히 균등한 경우에는 로렌츠곡선이 대각선 *OO′*와 일치하게 되는데, 이것을 완전평등선이라고 한다. 반대로 대단히 큰 부자가 있어 혼자서 국민소득 전부를 차지하고 나머지 사람의 소득은 모두 0인 경우에는 로렌츠곡선이 직각선 *OAO′*가 되는데, 이것을 완전불평등선이라고 한다. 이런 양 극단은 현실적으로 있을 수 없으므로 실제로 로렌츠곡선은 이 양 극단의 사이에 위치하는 곡선의 모양을 보인다.

로렌츠곡선은 소득분배 상태를 비교하는데 편리하다. 예를 들어 두 나라의 소득분배 상태를 비교하거나 한 나라의 서로 다른 두 시점의 소득분배 상태를 비교할 때 직관적 판단을 할 수 있도록 해 준다.

[그림 15-3]은 로렌츠곡선을 이용한 불평등도 비교이다.

그림을 보면 두 나라(혹은 두 시점)의 소득분배가 각각 *OAO′*과 *OBO′*일 때 *A*나라(시점)가 *B*나라(시점)보다 소득분배가 평등하다는 것을 직관적으로 알 수 있다.

그러나 로렌츠곡선이 [그림 15-4]와 같이 서로 교차하며 로렌츠곡선과 대각선

그림 15-3 로렌츠곡선을 통한 불평등도 비교

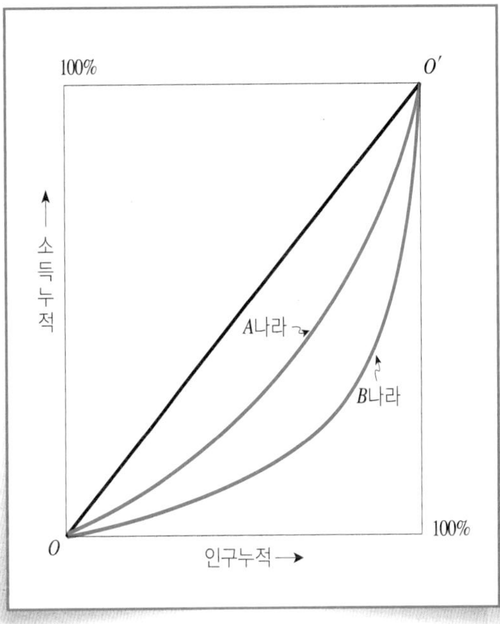

그림 15-4 로렌츠곡선의 해석

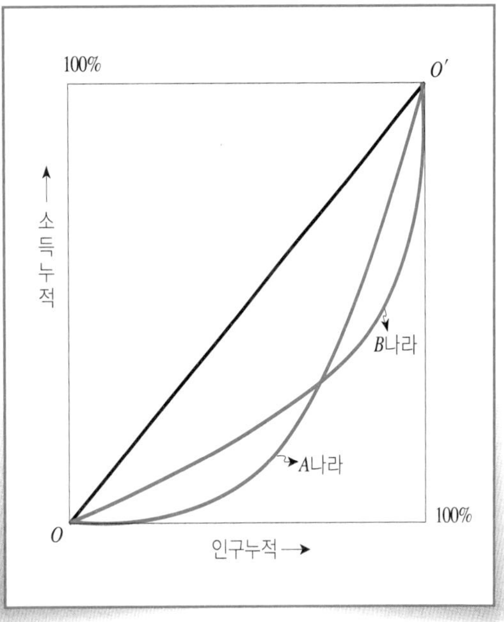

으로 이어진 면적이 비슷한 경우에는 어느 쪽이 더 평등한 분배라고 말하기가 어렵다. 즉 직관적 관찰만으로는 어느 쪽이 더 평등한지 알 수 없다. 또 관점에 따라 판단이 달라질 수 있다. 저소득층의 몫에 관심을 갖고 관찰하면 *A*나라가 더 불평등하고, 고소득층을 생각하면 *B*나라 쪽이 더 불평등하다. 둘 중에서 어느 쪽이 더 불평등한가의 문제는 소득계층 중에서 저소득층과 고소득층의 어느 쪽에 관심을 가지고 보느냐에 달려 있다. 저소득층에 많은 소득이 돌아가는 것이 평등한 것이라고 보는 가치관을 가지고 있다면, *B*나라가 *A*나라에 비해 더 평등하다고 생각할 것이다. 그러나 고소득층의 소득이 평등한 것을 평등한 소득분배라고 생각하는 사람의 눈에는 *A*나라가 *B*나라에 비해 더 평등한 것이 된다. 이와 같이 두 개의 로렌츠곡선이 교차하는 경우에는 가치판단의 문제로 귀착하게 된다.

지니계수

이제 지니계수(Gini coefficient)에 대해서 알아보자. 로렌츠곡선이 그림으로 소득불평등도를 보여주는 것에 비하여 지니계수는 소득불평등도를 수치로 보여준다.

앞에서 본 [그림 15–2]에서 초승달 모양의 면적을 삼각형 OAO'의 면적으로 나눈 값이 바로 지니계수이다. 물론 로렌츠곡선이 완전평등선에 가까울수록 지니계수의 값은 작아지고, 완전불평등선에 가까이 위치할수록 지니계수는 커진다. 이론적으로 지니계수 값의 범위는 0(완전평등의 경우)과 1(완전불평등의 경우) 사이이다. 그러나 현실적으로 각국의 소득분배 통계를 보면 매우 불평등한 나라도 0.6을 넘는 경우는 거의 없고, 매우 평등한 나라에서는 0.2 정도의 값을 나타내고 있다. 브라질과 같은 나라의 지니계수가 0.5를 넘고, 스웨덴이나 과거 사회주의국에서는 0.2~ 0.3 수준이다.

지니계수를 계산하는 방법은 여러 가지가 있다. 가장 간단한 방식은 앞에서 설명한 바와 같이 로렌츠곡선 그림의 초승달 면적을 삼각형 면적으로 나누어 보는 것이다. 그런데 이 방법은 설명은 간단하지만 실제 계산은 쉽지 않다. 로렌츠곡선이 나타내는 초승달 면적을 구하기가 쉽지 않기 때문이다. 그래서 지니계수는 다음과 같은 방식으로 구한다.

임의의 개인 i와 j를 가정하면 지니계수 G는 다음과 같다.

$$G = \frac{1}{2n(n-1)\mu} \sum_{i=1}^{n} \sum_{j=1}^{n} |Y_i - Y_j|$$

단, n은 사람 수, Y_i는 개인 i의 소득, Y_j는 개인 j의 소득, μ는 평균소득

이 공식을 보면 지니계수는 모든 사람의 소득에 대해 짝을 만들어 일일이 비교하여 그 차액을 평균소득 μ로 나누어 만든 지표라는 것을 알 수 있다. 이것을 사회후생함수를 가지고 이야기하자면, 임의의 두 사람의 소득을 비교했을 때 소득이 낮은 쪽은 그 소득격차로 인해 불만이 생기게 된다고 보고, 가능한 한 그 불만의 크기가 작을수록 사회후생이 커진다는 의미를 갖고 있다. 만일 부자에게서 빈자에게로 소득이전이 이루어진다면 위의 식에서 $Y_i - Y_j$의 값이 감소할 것이고, 따라서 지니계수도 당연히 작아진다.

[그림 15–5]는 2006년부터 2016년까지 10년간 지니계수의 추이를 보여주고 있다. 10분위분배율 그리고 소득5분위분배율과 마찬가지로 2008년까지 불평등도가 지속해서 커지는 추세이다가, 작아지는 추세로 반전하여 2015년까지 계속 작아졌다. 하지만, 2016년에는 지니계수가 0.304로 높아졌음을 알 수 있다.

그림 15-5 국내 연도별 지니계수(2006년~2016년)

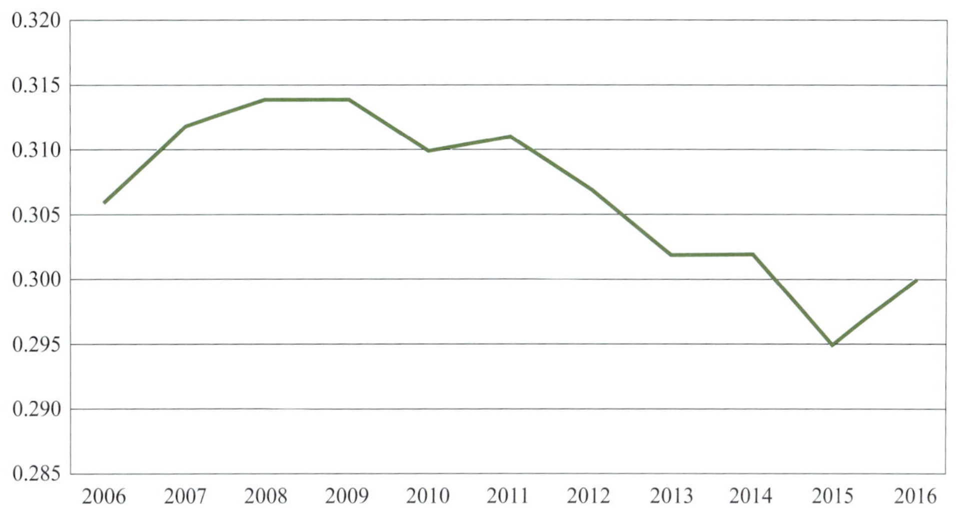

3.3 앳킨슨지수

앞에서 살펴본 불평등지수는 암묵적으로 어떤 가치판단을 전제로 하고 있다. 소득분배 연구에 많은 업적을 남긴 영국의 경제학자 앳킨슨(A. Atkinson)[3)]은 사회후생함수(social welfare function)[3)]를 명시적으로 가정한 새로운 불평등지수를 제시하였다.

앳킨슨은 균등분배대등소득(均等分配對等所得, equally distributed equivalent level of income)이란 개념을 도입하였다. 균등분배대등소득은 다음과 같이 계산된다.

학돌이와 학순이만 살고 있는 가상의 세계를 고려하자. 우선, 학돌이의 월 평균소득이 130만원 그리고 학순이의 월 평균 소득이 270만원인 상황을 가정하자. 이 경우를 상황 1이라 하자. 상황 1에서 평균 소득은 200만원이다. 이제 두 명에게

3) 앳킨슨(1944~)은 영국의 경제학자로 불평등과 소득분배이론의 대가이다. 1975년 불평등이론의 고전이라고 하는『불평등의 경제학(Economics of Inequality)』, 2015년『불평등을 넘어(Inequality)』를 출간하였다.

PART 05

150만원이 균등하게 분배된다고 가정하자. 이 경우를 상황 2라고 하자. 상황 1과 상황 2에서 사회후생이 동일하다면, 월 150만원의 소득이 균등분배대등소득이다. 불평등으로 사회후생 수준이 낮아진다는 점을 고려하면, 그 낮은 사회후생 수준을 유지하는 균등분배대등소득은 일반적으로 낮을 것이다. 그렇다면 독자 여러분은 다음과 같은 생각을 할 수 있다. 한 사회의 소득불평등도가 높을수록 그 사회의 평균소득과 균등분배대등소득의 차이는 커진다. 독자 여러분이 생각한 것을 미리 인지한 사람이 앳킨슨이다.

앳킨슨지수(I)는 다음과 같이 나타낼 수 있다.

$$I = 1 - \frac{Y_e}{\mu}$$

이 식에서 Y_e는 균등분배대등소득을 나타내고, μ는 평균소득을 나타낸다. 이 책의 단순한 예를 고려하면, μ는 상황 1에서 200만원이고 Y_e는 상황 2에서 150만원이다. 따라서 앳킨슨지수는 1 – 150/200 = 0.25이다. 소득이 완전히 균등하게 분배되어 있다면 균등분배대등소득 Y_e와 현실의 평균소득 μ 사이에는 차이가 없을 것이므로 앳킨슨지수 I는 0의 값을 가질 것이다. 반대로 소득분배가 극도로 불평등하게 되어 있다면 Y_e는 0에 가까울 것이므로 I는 1의 값에 수렴할 것이다. 이 책의 예를 고려하면 $I = 0.25$인데, 이것은 소득이 균등하게 분배된다면 평균소득인 200만원의 75%의 소득(150만원)만 가지고도 동일한 수준의 사회후생을 달성할 수 있다는 것을 의미한다.

보 론 기타 소득 불평등지수

(1) 파레토계수

파레토는 각국의 소득분배가 다음과 같은 일정한 분포를 보일 것이라고 추정하였다.

$$N = AY^{-a}$$

그림 15-6 파레토분포

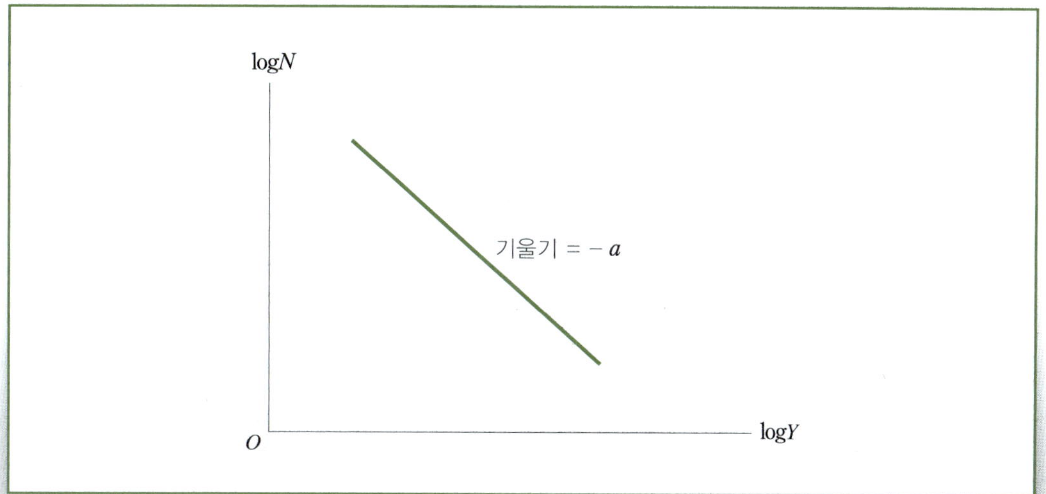

여기서 Y는 소득을 나타내고, N은 Y 이상의 소득을 가진 사람의 누적도수이다. 또는 대수를 취해 이 식을 변형하면 $\log N = \log A - \alpha \log Y$로 쓸 수 있다.

이것을 그림으로 나타내면 [그림 15-6]과 같이 가로축은 $\log Y$, 세로축은 $\log N$으로 하여 소득분포 상태를 나타낼 수 있다. 이 곡선을 파레토곡선이라고 한다. 여기서 α의 절대치가 클수록 직선의 기울기가 가파르고, 그 나라의 소득분배는 평등하다. 그 이유는 α가 클수록 고소득층에 올라갔을 때 거기에 속하는 사람의 수가 급속히 줄어 소득분배가 평등함을 의미하기 때문이다. 물론 α가 작을수록 소득분배는 불평등하다. 이러한 의미를 가지고 있는 α를 파레토계수라고 하며, 하나의 불평등지표로 사용할 수 있다.

파레토에 의하면 파레토계수 α는 어느 나라나 대개 1.5 정도라고 한다. 이 파레토계수는 계산이 쉽고 명료하여 많이 이용되어 왔다.

PART 05

(2) 대수분산

다음에는 대수분산이라는 지표를 보기로 하자. 대수분산의 공식은 다음과 같다.

$$V = \frac{1}{n}\sum_{i=1}^{n}(\log Y_i - \frac{1}{n}\sum_{j=1}^{n}\log Y_j)^2$$

각 사람의 소득에 대수를 취한 뒤 그 분산을 계산한 값이다.

대수분산은 다음과 같은 특징을 지닌다.

첫째, 소득에 log를 취했기 때문에 소득이 낮아질수록 그에 적용되는 가중치가 상대적으로 커지고, 따라서 저소득층의 소득에 민감하게 반응하는 성질이 있다. 똑같은 1,000원이 이전된다고 하더라도 소득이 10만 원인 사람으로부터 9만 원인 사람에게 재분배되느냐, 아니면 100만 원인 사람에게서 99만 원인 사람에게 재분배되느냐 하는 것의 의미가 다르다. 이 경우 전자의 재분배가 후자보다 사회적으로 더 중요한 의미가 있다고 간주할 수 있는데, 대수분산은 이런 조건을 충족시킬 수 있다.

둘째, 모든 소득이 같은 비율로 변화할 경우에는 지표의 크기가 불변이다. 다른 표현을 쓴다면 이 지표는 소득의 측정 단위에 영향을 받지 않으며, 평균소득의 변화에 대해 무관하다. 말하자면, 우리나라의 소득을 원화로 계산하든 달러로 표시하든 대수분산의 값은 마찬가지이고, 모든 사람의 소득이 일제히 두 배가 되더라도 이 지표의 값은 불변이다.

셋째, 이 지표는 쉽게 분해될 수 있는 성질이 있다. 예컨대 전체의 소득불평등이 남자 사이의 불평등, 여자 사이의 불평등, 그리고 남녀간의 소득격차 중 어디서 주로 발생하는가 하는 문제를 분석하려고 할 때 쉽게 분해할 수 있어 편리하다.

제 4 절 기능별 소득분배이론

기능별 소득분배(機能別 所得分配, functional distribution of income)이론이란 사회의 총생산물이 생산에 참여한 생산요소들에 어떻게 분배되는가를 분석하는 이론이다. 기능적 분배라고 하는 것은 생산요소가 생산에 기여하는 정도, 즉 기능에 따른 대가로써 총생산물가치가 각 생산요소에 분배되는 것이라 보기 때문이다.

기능적 분배이론으로는 한계생산력설(限界生産力說, marginal productivity

theory)이 있다. 한계생산력설이란 생산요소인 노동 · 토지 · 자본의 한계생산력에 의하여 그들의 가격인 임금 · 지대 · 이자라고 하는 소득이 결정된다고 주장하는 신고전학파의 이론이다.

현실적으로 볼 때, 오늘날 자본주의경제체제에서는 생산요소인 노동 · 토지 · 자본 등의 생산에 관한 기여 정도(생산기능의 정도)에 의해 분배가 이루어지고 있다고 볼 수 있다. 여기서 어떠한 생산요소가 어떤 기능의 이름으로 얼마만큼의 분배를 얻고 있는가를 파악하는 것이 기능적 분배의 문제이다.

4.1 신고전학파의 한계생산력설

완전경쟁시장을 전제로 하는 신고전학파의 기능별 소득분배이론은 다음과 같은 가정으로부터 출발한다.

첫째, 노동과 자본이 모두 가변요소이다.

둘째, 생산함수는 1차동차이고, 규모에 대한 수확불변이다.

셋째, 이윤극대화를 추구하는 기업은 생산요소를 고용할 때 그 요소의 한계생산물가치 *VMP*만큼 지급한다.

이와 같은 가정하에 신고전학파가 생각하는 기능별 소득분배 원리에 대해 알아보자.

노동소득과 자본소득의 비율

우리는 제8장에서 생산요소 투입의 최적화를 분석한 바 있다.

생산자최적은 노동과 자본의 요소가격 비율과 한계생산력 비율이 같을 때 달성된다. 즉 생산자최적 조건은 다음과 같다.

$$\frac{P_L}{P_K} = \frac{MP_L}{MP_K} \qquad (15-1)$$

식(15−1)의 양변에 노동과 자본 투입량의 비율을 각각 곱해주면 다음의 식을 얻는다.

PART 05

$$\frac{P_L \cdot L}{P_K \cdot K} = \frac{MP_L \cdot L}{MP_K \cdot K} \quad (15-2)$$

이 식은 노동부문 소득과 자본부문 소득의 비율, 즉 요소별 소득 결정원리를 보여준다. 왜 그런가 알아보자.

이 식에서 $P_L \cdot L$은 노동부문의 소득이고, $P_K \cdot K$는 자본부문의 소득이다. 이에 따라 식의 왼쪽 항은 노동부문과 자본부문 소득의 비율인 $\frac{\text{노동소득}}{\text{자본소득}}$을 나타낸다.

이러한 사항을 고려하여 식(15−2)를 다시 쓰면 다음과 같다.

$$\frac{\text{노동소득}}{\text{자본소득}} = \frac{MP_L \cdot L}{MP_K \cdot K} \quad (15-3)$$

한편 식(15−3)의 오른쪽 항은 그 요소별 소득 결정원리를 보이고 있다. 양 요소 소득의 크기는 요소의 투입량과 한계생산성을 곱한 만큼이다.

이 식은 노동부문의 소득과 자본부문의 소득의 비율은 각각의 한계생산성과 투입량의 곱의 비율과 같다는 것을 보여준다. 즉 노동과 자본의 소득은 각각의 한계생산성만큼으로 결정된다는 것이다.

한계생산력설

이처럼 요소소득의 크기가 한계생산력(限界生産力)에 비례한다는 신고전학파의 주장을 한계생산력설이라고 한다. 신고전학파의 한계생산력설은 Cobb-Douglas생산함수를 이용하여 분석하면 이해가 쉽다.

우선, 신고전학파의 대표적인 생산함수인 *CD*함수는 다음과 같다.

$$Q = AL^{\alpha}K^{1-\alpha}$$

이 식을 이용하여 먼저 노동부문의 소득비율을 알아보자. 참고로 이 부분은 제7장 보론에서 이미 설명한 바 있다.

노동부문의 소득은 $L \cdot MP_L$이다. 따라서 총소득 중 노동부문이 차지하는 비율, 즉 노동분배율은 다음과 같다.

$$\text{노동분배율} = \frac{\text{노동소득}}{\text{총소득}} = \frac{MP_L \cdot L}{Q}$$

여기서 $MP_L = \dfrac{\partial Q}{\partial L} = \alpha \cdot AL^{\alpha-1}K^{1-\alpha}$이므로 위 식은 다음과 같다.

$$노동분배율 = \frac{L \cdot \alpha \cdot AL^{\alpha-1}K^{1-\alpha}}{AL^{\alpha}K^{1-\alpha}} = \frac{\alpha AL^{\alpha}K^{1-\alpha}}{AL^{\alpha}K^{1-\alpha}}$$
$$= \alpha \qquad (15-4)$$

또 자본부문의 소득은 $K \cdot MP_K$이므로 총소득 중 자본부문이 차지하는 비율, 즉 자본분배율은 다음과 같다.

$$자본분배율 = \frac{자본소득}{총소득} = \frac{MP_K \cdot K}{Q}$$

여기서 $MP_K = \dfrac{\partial Q}{\partial K} = (1-\alpha) \cdot AL^{\alpha}K^{-\alpha}$이므로 위 식은 다음과 같다.

$$자본분배율 = \frac{K \cdot (1-\alpha) \cdot AL^{\alpha}K^{-\alpha}}{AL^{\alpha}K^{1-\alpha}} = \frac{(1-\alpha) \cdot AL^{\alpha}K^{1-\alpha}}{AL^{\alpha}K^{1-\alpha}}$$
$$= 1-\alpha \qquad (15-5)$$

식(15−4)와 식(15−5)에서 노동분배율은 α이고, 자본분배율은 $1-\alpha$이다.

이를 좀 더 자세히 설명하면 다음과 같다.

CD함수에서 α와 $1-\alpha$는 각각 요소의 생산성을 나타낸다. 즉 α는 생산량의 노동탄력성을 나타내고, $1-\alpha$는 생산량의 자본탄력성을 나타낸다. 그런데 신고전학파의 주장에 의하면 생산요소에 대한 분배는 그 요소의 생산성만큼 이루어진다. 따라서 α와 $1-\alpha$는 각각 노동분배율과 자본분배율이 된다. 그래서 이들을 분배계수라고도 한다.

한편 한계생산력설을 그림으로 보면 이해하기 쉽다.

[그림 15−7]은 생산자최적 상황에서의 소득분배를 보이고 있다.

생산자최적은 등량선과 예산선의 접점 E에서 이루어지고 있다.

한편 앞의 식(15−3)에서 본 바와 같이 노동소득과 자본소득의 비율은 다음과 같다.

$$\frac{노동소득}{자본소득} = \frac{MP_L \cdot L}{MP_K \cdot K}$$

그림 15-7 생산자최적과 소득분배

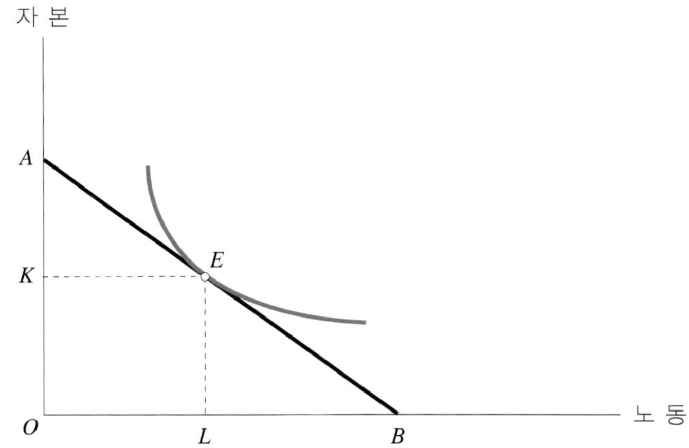

이 식 오른편 항의 $\frac{MP_L \cdot L}{MP_K \cdot K}$은 양 요소 한계생산성의 비율이다. 생산자최적이 달성될 때 양 요소 한계생산성의 비율은 한계기술대체율과 같고, 이는 등량선의 기울기와 같다. 따라서 오른편 항은 다음과 같이 쓸 수 있다.

$$\frac{MP_L \cdot L}{MP_K \cdot K} = \text{등량선의 기울기} \cdot \frac{L}{K} \tag{15-6}$$

이제 이 식을 그림과 연관 지어 보자.

점 E에서 등량선의 기울기는 $\frac{OA}{OB}$이다. 그리고 노동투입량은 OL이고 자본투입량은 OK이다.

이를 식(15-6)에 대입하면 다음과 같은 결과를 얻는다.

$$\text{등량선의 기울기} \cdot \frac{L}{K} = \frac{OA}{OB} \cdot \frac{OL}{OK} = \frac{LE}{LB} \cdot \frac{OL}{LE} = \frac{OL}{LB}$$

결국, 다음 식을 얻는다.

$$\frac{\text{노동소득}}{\text{자본소득}} = \frac{OL}{LB}$$

완전분배 정리

상품시장과 요소시장이 모두 완전경쟁시장이라고 생각하는 신고전학파는 각 요소가 그 생산성과 투입량만큼 분배받아 완전분배(完全分配)가 이루어진다고 생각한다. 이를 완전분배의 정리라고 한다. 완전분배의 정리는 오일러의 정리를 이용하여 증명할 수 있다.

생산이론에서 본 바와 같이 오일러의 정리(Euler's theorem)는 다음과 같다.

$$L \cdot MP_L + K \cdot MP_K = Q$$

한편 상품시장과 요소시장이 완전경쟁시장이면 노동가격은 한계생산물가치 VMP만큼이다.

$$P_L = VMP_L = MP_L \cdot P$$

이 식에서 P_L은 노동가격이며 P는 생산물가격이다.

이 식을 MP_L에 대해 나타내면 다음과 같다.

$$MP_L = \frac{P_L}{P} \qquad (15-7)$$

같은 방법으로 자본의 한계생산력 MP_K를 나타내면 다음과 같다.

$$MP_K = \frac{P_K}{P} \qquad (15-8)$$

위의 식(15−7)과 식(15−8)을 각각 오일러의 정리 공식에 대입하면 다음과 같다.

$$L \cdot \frac{P_L}{P} + K \cdot \frac{P_K}{P} = Q$$

이 식의 양변에 P를 곱하여 정리하면 다음과 같다.

$$L \cdot P_L + K \cdot P_K = P \cdot Q$$

이 식에서 $L \cdot P_L$은 노동부문의 소득이고, $K \cdot P_K$는 자본부문의 소득이다. $P \cdot Q$

는 총소득이다. 식은 총소득이 노동과 자본 양 요소소득으로 완전히 분배된다는 것을 보여주고 있다.

4.2 힉스의 상대적 분배 결정이론

힉스는 기술진보가 노동자 후생에 미치는 영향을 분석하기 위하여 생산요소간의 대체탄력성의 개념을 이용하여 노동과 자본간 상대적 분배의 결정이론을 전개하였다.

생산요소의 대체탄력성은 제7장에서 설명한 바 있다. 대체탄력성은 한계기술대체율의 변화에 따른 요소결합비율 변화의 비율이다. 그런데 생산자균형이 이루어지면 한계기술대체율은 두 생산요소의 가격비율과 같아진다. 즉 한계기술대체율 대신 두 생산요소의 가격비율로 그 정의를 바꿀 수 있다. 이에 따라 대체탄력성이란 생산요소의 상대적 가격의 변화에 따른 생산요소의 상대적 사용량의 변화비율을 의미하게 된다. 그것은 상대적 가격의 변화율로 상대적 사용량의 변화율을 나눈 값으로 표시한다.

대체탄력성 E_S는 다음과 같다.

$$E_S = \frac{d(\frac{K}{L})/(\frac{K}{L})}{d(MRTS_{LK})/(MRTS_{LK})}$$

$$= \frac{d(\frac{K}{L})/(\frac{K}{L})}{d(\frac{P_L}{P_K})/(\frac{P_L}{P_K})}$$

생산요소의 대체탄력성은 1보다 클 수도 있고 작을 수도 있다. 대체탄력성의 크기에 따라 노동과 자본 가격 변동시 그 분배 비율도 달라진다.

대체탄력성이 1일 때는 노동과 자본 상대가격의 변화율이 노동과 자본의 상대적 사용량의 변화율과 같기 때문에 노동 대 자본의 상대적 분배분은 불변이다.

만약 대체탄력성이 1보다 크다면 노동임금의 상대적 하락(자본이자에 대한)비율보다 노동사용의 상대적 증가(자본사용량에 대한)비율이 더 크다는 것을 의미한다. 이에 따라 임금수준의 상대적 하락(자본이자에 대한)은 노동의 사용량을 상대적으로 크게 증대시키고, 따라서 노동의 상대적 분배분(자본 분배분에 대한)을 증가시킨다.

만약 대체탄력성이 1보다 작다면 노동임금의 상대적 하락비율보다 노동사용의 상대적 증가비율이 작다는 것을 의미하므로, 임금수준의 상대적 하락은 노동사용량을 상대적으로 적게 증가시키고, 따라서 노동의 상대적 분배분을 감소시킨다.

요 · 약

01. 소득이 어떤 원리로 창출되고 또 분배되는가를 연구하는 이론이 소득분배이론이다. 소득분배이론은 대개 두 방향으로 연구된다. 첫째는 소득이 사회구성원 개개인에게 어떻게 분배되는가의 문제이고, 둘째는 소득이 생산에 참여한 생산요소에 분배되는 과정을 분석하는 것이다.

- 개개인에 대한 분배, 특히 소득이 높거나 낮은 계층 사이에서 총소득이 분배되는 과정을 분석하는 것을 계층별 소득분배이론 또는 인적분배이론이라 한다.
- 생산요소에의 분배 과정을 분석하는 것을 기능별 소득분배이론이라고 한다.

02. 소득분배에 차이가 발생하는 원인으로는 부(富)의 차이, 개인능력의 차이, 교육과 훈련의 차이 등이 있다.

03. 평등분배가 반드시 공평한 분배인 것은 아니다.

04. 경제발전의 진전에 따라 소득불평등이 심화되고, 따라서 소득균등도곡선은 U자형을 이루게 된다고 해서 이를 쿠즈네츠의 U자가설이라고 한다.

05. 인간생활에 있어서 기본적인 수요도 충족시키지 못하는 경우를 절대적 빈곤(absolute poverty)이라 한다. 사회 내의 자기보다 부유한 생활을 하는 계층을 보고 자기의 빈곤감을 느끼는 사실을 상대적 빈곤(relative poverty)이라 한다.

06. 저개발국가의 빈곤은 쉽사리 없어지지 않는 경향을 가지고 있다. 이러한 경향을 빈곤의 악순환이라고 한다.

07. 인적분배이론 또는 계층별 소득분배이론에서는 주로 소득불평등도에 관심을 가진다.

08. 소득불평등도를 측정하는 도구로는 10분위분배율, 소득5분위배율, 로렌츠곡선, 지니계수, 그리고 앳킨슨지수 등이 있다.

- 10분위분배율이란 하위 40%의 소득총액을 상위 20%의 소득총액으로 나눈 것이다. 수치가 클수록 평등분배에 가깝다.
- 소득5분위배율은 상위 20%의 소득총액을 하위 20%의 소득총액으로 나눈 것이다. 수치가 작을수록 평등분배에 가깝다.
- 로렌츠곡선은 사람들을 소득의 크기대로 순서를 매긴 뒤, 낮은 소득을 가진 사람부터 시작해서 횡축에서 인구를 누적해 가고, 종축에는 그들의 소득을 누적해 가면서 그린 곡선이다. 대각선과 그리는 초승달 모양의 넓이가 작을수록 평등분배에 가깝다.
- 지니계수는 로렌츠곡선이 그리는 초승달 모양의 넓이를 수치로 나타낸 것으로, 작을수록 평등분배에 가깝다.
- 앳킨슨지수는 평등분배 대등소득이라는 개념을 사용하여 통계상의 평등성보다는

실제로 느끼는 후생상의 평등성에 관심을 갖는 측정법이다.

09. 기능별 소득분배이론의 대표적인 것으로는 한계생산력설이 있다. 각 요소소득의 크기는 요소의 투입량과 한계생산성을 곱한 만큼으로 결정된다고 하여 한계생산력설이라고 한다.

10. 힉스는 생산요소간 대체탄력성의 크기를 가지고 소득분배를 설명하였다. 만약 대체탄력성이 1보다 크다면 임금하락시 임금하락보다 노동사용 증가비율이 더 커서 노동의 상대적 분배분을 증대시킨다.

연 · 습 · 문 · 제

01. 계층별 소득분배이론과 기능별 소득분배이론을 비교하여 설명하시오.

02. 소득불평등 발생 원인에 대해서 설명하시오.

03. 쿠즈네츠의 U자가설이란 무엇인가 설명하시오.

04. 절대적 빈곤이란 무엇이며 상대적 빈곤과는 어떻게 다른가 설명하시오.

05. 10분위분배율, 소득5분위배율, 로렌츠곡선, 지니계수, 그리고 앳킨슨지수 등을 차례로 설명하시오.

06. 다음의 표는 *A*국의 소득십분위별 소득분포이다. (1) 10분위분배율, (2) 소득5분위배율은 각각 얼마인가 계산하시오.

소득계층	점유비율(%)
제1분위	3
제2분위	5
제3분위	6
제4분위	7
제5분위	8
제6분위	9
제7분위	11
제8분위	12
제9분위	15
제10분위	24

07. 소득분배에 대한 다음 설명의 옳고 그름을 가리시오.

(1) 10분위분배율의 값이 클수록 소득분배가 더 불균등하다.

(2) 지니계수가 클수록 소득분배가 더 불균등하다.

(3) 소득분배의 불균등도가 높을수록 로렌츠곡선은 대각선의 아래로 더 늘어지는 형태가 된다.

(4) 앳킨슨지수가 클수록 소득분배가 더 불균등하다.

(5) 소득5분위배율의 값이 클수록 소득분배가 균등에 가깝다.

08. 집단 *A*와 집단 *B*가 있다고 하자. 집단 *A*는 개인 a_1과 개인 a_2로 이루어져 있으며 집단 *B*는 개인 b_1과 b_2로 이루어져 있다. 아래 그림은 각 집단의 개별 소득을 보여준다.

	집단 *A*		집단 *B*
a_1의 소득	2	b_1의 소득	3
a_2의 소득	6	b_2의 소득	15

(1) 각 집단의 지니계수를 구한 후, 어느 집단이 더 공평한지 설명하시오.

(2) 피구(Pigou)는 어떤 소득분배를 좋아하는지 설명하시오.

(3) 피구의 주장에 반대하는 사람이 있다면, 반대하는 사람의 주장은 무엇인지 설명하시오.

09. 한계생산력설이란 무엇인가?

10. 오일러의 정리가 시사하는 분배원리는 무엇인가?

11. 힉스의 상대적 분배결정이론을 설명하시오.

12. 생산에 있어서 대체탄력성이 1보다 크다고 한다. 임금하락시 노동에 대한 상대적 분배는 어떻게 되는가?

해답 및 풀이

06. {해답} (1) $\frac{7}{13}$ (2) $\frac{39}{8}$

{풀이} $10\text{분위분배율} = \frac{\text{하위 40\% 소득계층의 소득점유율}}{\text{상위 20\% 소득계층의 소득점유율}} = \frac{3+5+6+7}{15+24} = \frac{21}{39} = \frac{7}{13}$

$\text{소득5분위배율} = \frac{\text{상위 20\% 소득점유율}}{\text{하위 20\% 소득점유율}} = \frac{39}{8}$

07. {해답} (1) 그르다. (2) 옳다. (3) 옳다. (4) 옳다. (5) 그르다.

08. {풀이} (1) 집단 A의 지니계수는 $\frac{\{|2-6|+|6-2|\}}{2} \times 2 \times 4 = \frac{1}{2}$, 집단 B의 지니계수는 $\frac{\{|3-15|+|15-3|\}}{2} \times 2 \times 9 = \frac{2}{3}$. 집단 A의 지니계수가 더 작으므로 지니계수에 따르면 집단 A가 더 공평하다.

(2) 피구는 '평등하게 분배'되는 것이 바람직한 상태라고 하였다: 집단 A의 소득분배를 더 좋아한다.

(3) 평등분배가 공평한 분배라는 보장을 할 수 없을 뿐 아니라 평등분배는 생산성의 하락을 유발할 수 있기 때문이다.

읽을거리 他人能解 정신의 운조루

흉년에 논 사지 말고 인근 백리 안에 굶어죽는 사람 없도록 하라는 경주 최 부자 집의 가훈은 듣기만 해도 후덕(厚德)하다. 대부분의 사람들은 흉년에 논 사라고 가르치는 것이 현실이다. 그래서 흔히 최 부자 집을 조선시대 노블리스 오블리주(noblesse oblige)의 전형이라 한다.

노블리스 오블리주 정신을 소리 나지 않게 조용히 보이는 곳이 또 하나 있으니, 운조루(雲鳥樓)가 그곳이다.

구례군 토지면에는 운조루라 하는 아흔 아홉 칸 집이 있다. 이 운조루는 구름 속의 새처럼 숨어사는 집이라는 뜻을 가지고 있으며, 조선 영조시대에 류이주가 세운 집이다. 대문을 들어서면 양쪽으로 수 십간의 행랑이 늘어서 있다. 이처럼 행랑이 줄이어 서있는 모습에서 줄행랑치다라는 말이 나왔다 한다. 자그마한 마당을 지나면 사랑채이고, 약간 오른쪽으로 안채가 들어서 있다. 사랑채와 안채는 곳간으로 연결되어 있다.

이 곳간에는 어른 키 정도 되는 크기의 쌀뒤주가 하나 놓여 있다. 뒤주의 아래에는 쌀을 꺼내는 구멍이 있는데, 그 구멍의 덮개에 다음과 같은 글씨가 쓰여 있다.

"타인능해(他人能解)"

타인능해란 다른 사람도 마음대로 이 뒤주를 열 수 있다는 뜻이다. 즉 이 뒤주는 아무라도 와서 쌀을 퍼가도록 만든 것이다. 운조루 주인이 주변의 가난한 사람들을 돕기 위한 뒤주인 것이다. 이 뒤주가 놓인 곳간은 대문에서 가장 가까운 곳에 있으며, 안채는 다시 문이 달려 있어서 곳간과 격리되어 있다. 가난한 사람들이 안채에 들어가 자존심 상하는 구걸을 하지 않고 쌀을 가져가도록 되어 있는 것이다.

주인은 가난한 사람들을 도우면서, 그 자존심과 인격도 배려하고 있는 것이다.

또 운조루는 다른 집에 비해서 굴뚝이 낮게 설치되어 있다. 굴뚝은 높아야 아궁이에서 불이 잘 탄다. 그럼에도 불구하고 굴뚝이 낮은 것은 밥 짓는 연기가 높이 올라가지 않도록 하기 위해서이다. 인근의 가난한 사람들이 부잣집에서 하늘 높이 올라가는 연기를 보며 더 배고파 할 것을 염려한 배려이다.

최 부자 집 가훈과 함께, 가난한 사람 인격까지 생각하면서 베푸는 운조루 주인의 마음이 각박한 시대에 사는 우리의 가슴을 따뜻하게 한다.

part 6

후생 및 공공의 경제

Chapter 16 일반균형 및 후생경제 분석
Chapter 17 시장실패
Chapter 18 정보경제학과 환경경제학

일반균형 및 후생경제 분석

chapter

16

이 장에서는 먼저 시장의 일반균형 문제를 분석한다.

그렇다면, 지금까지 여러 번 나왔던 균형은 균형이 아니란 말인가. 그렇지는 않다. 다만 앞에서 분석한 대부분의 균형은 '부분'적인 균형이라는 이야기이다. 이 장에서는 '일반' 균형을 분석한다. 일반균형분석에서는 글자 그대로 여러 시장의 동시적 균형과 동시적 자원배분문제가 다루어진다.

일반균형분석에는 에지워스상자가 등장한다. 판도라의 상자는 아니니 마음대로 열어보기 바란다. 또 파레토최적이라는 단어가 아주 많이 등장한다. 여러 번 나온다는 것은 그만큼 비중이 크다는 얘기이다. 경제학에서는 최선의 상태를 말할 때 파레토최적이라는 말을 자주 사용하므로 그 개념을 잘 이해하기 바란다.

이어서 후생문제를 분석한다. 후생경제학에 나오는 사회무차별곡선이나 효용가능곡선은 어디에선가 보았던 것 같은 곡선들이다. 즉 무차별곡선과 생산가능곡선이 바로 그것이다. 경제이론의 이단아 같은 차선(次善)이론도 흥미 있는 내용 중 하나이다. 독자 여러분은 'best는 아니어도 second best를 선택하는 것이 더 좋을 수도 있다'는 사실에도 주목하기 바란다.

남에게 대접을 받고자 하는 대로 너희도 남을 대접하라.

- 누가복음 6: 31 -

제1절 미시적 일반균형

1.1 부분균형분석

경제학에는 균형에 대한 이야기가 많이 나온다. 그것은 경제활동이라는 것이 유한한 자원을 효율적으로 이용해야 하는 과제에서 벗어날 수 없고, 효율성을 달성하기 위해서는 어떤 균형이 필요하기 때문이다. 즉 자원의 유한성은 선택행동을 요구하고, 그 선택의 귀착점은 균형인 것이다.

지금까지 이 책에서 분석한 균형 중 몇 가지를 들어보면, 수요와 공급의 균형, 상품시장의 균형, 생산요소시장의 균형 등이 있다. 이러한 분석은 대표적인 한 상품이나 생산요소의 수요와 공급을 분석하는 것이다. 이처럼 특정한 소비자나 기업 또는 특정한 시장을 독립시켜서 분석하는 것을 부분균형분석(部分均衡分析)이라 한다. 미시경제학에서 지금까지 분석한 대부분의 내용은 부분균형분석이다.

부분균형분석에서는 다른 가격들이 일정불변이라는 가정하에서 시장(또는 기업)의 수요곡선과 공급곡선이 유도되고, 한 시장의 가격 및 공급량의 변동이 다른 시장의 가격 및 수급량에 영향을 미치지 않는다고 가정된다. 그래서 부분균형분석에는 '다른 조건이 동일하다면(ceteris paribus)'이라는 말이 자주 사용된다.

이러한 부분적인 분석은 개별소비자나 개별기업 행동의 합리성 여부는 판별할 수 있다. 그러나 사회 전체적으로 보아서 그 가격이 합리적 수준인가, 그 기업 행동이 합리적인가, 자원이용이 합리적인가는 판별할 수 없다.

예를 들어 수요공급이론을 통하여 볼펜시장의 균형을 찾아냈다고 하자. 그 균형은 볼펜시장의 균형은 설명할 수 있으나 다른 시장과의 연관관계는 설명해 주지 못한다. 설령 볼펜시장은 균형이라고 해도 인접한 만년필시장 등 다른 필기구시장이 변하면 볼펜시장도 영향을 받아 변하게 되고, 그 경우 볼펜만의 시장균형이란 의미가 없는 것이다. 또 운동화산업이 균형을 이룬다고 해서 그것이 사회 전체의 균형을 의미하지는 않는다. 운동화산업은 원료 이용에 있어서 중간재인 고무나 피혁산업에 영향을 미친다. 또 노동이나 자본시장에 영향을 미친다. 이 경우 운동화 산업이 균형을 달성한다고 해서 자원이 합리적으로 이용된다고 볼 수는 없는 것이다. 완전경쟁시장균형이 달성된다고 해도 그것은 어디까지나 그 산업에서의 효율성 달성이지 사회 전체의 효율성은 보장해 주지 못한다.

소비자최적이나 생산자최적도 마찬가지로 부분적인 효율성을 말해 줄 뿐이다.

어느 한 소비자가 쌀과 라면 구입에 있어서 소비자최적을 이루고 있다고 하자. 한 소비자의 행동은 자기만의 소비자최적으로 끝나지 않는다. 한 사람의 소비는 다른 사람의 소비를 감소시키는 등 영향을 미치게 된다. 그것은 생산에 있어서도 마찬가지이다. 어느 한 상품의 생산에 생산자최적이 이루어진다 해도 이는 다른 상품의 생산에 영향을 미치게 된다. 생산요소의 사용에는 경합성(競合性)이 있기 때문이다.

사회 전체의 균형 달성과 효율성 등을 알아내려면 사회 전체의 소비자나 기업들을 고려해야 한다. 옆 사람의 형편도 고려해야 한다는 것이다. 결국 일반균형분석이 필요하다는 이야기다.

1.2 일반균형분석

시장효과를 분석할 때 사회 전체의 효율성 달성 여부를 판별하기 위해서는 개별시장 뿐만 아니라 서로 의존관계에 있는 여러 시장의 동시균형을 고려해 보아야 한다. 옆집 소비자의 행동, 다른 기업의 행동, 그리고 다른 상품시장의 균형도 고려해서 균형 달성 여부를 판단하려는 폭넓은 분석기법이 필요한 것이다.

그것은 어떤 특정한 소비자나 기업 그리고 시장이 변화하면 반드시 다른 소비자나 기업 그리고 시장의 변화를 초래하기 때문이다. 즉 한 경제사회 내의 각 경제주체들은 상호의존관계를 가지고 있는 것이다.

각 경제주체의 상호의존관계를 고려해서 경제를 분석하는 방법을 일반균형분석(一般均衡分析, general equilibrium analysis)이라 한다. 또 상호의존하는 관계에서 각 경제주체들의 행동이 균형에 도달한 상태를 일반균형이라 한다.

일반균형분석: 각 시장의 상호의존관계를 고려한 분석

시장을 가지고 말하면, 현행 가격수준에서 모든 생산물시장과 요소시장의 수요 공급들이 일치하는 상태를 일반균형이라고 한다. 이처럼 일반균형이론에서는 여러 가지 시장의 동시균형과 자원배분 문제를 분석한다.

일반균형이론에는 미시적 일반균형이론과 거시적 일반균형이론이 있다. 미시적 일반균형이론이란 여러 가지 상품시장들과 기업들간의 상호의존관계를 분석하는 이론이며, 거시적 일반균형이론이란 국민경제 전체의 상품시장, 화폐시장 및 노동시장의 상호의존관계를 분석하는 이론이다.

일반균형이론은 왈라스(L. Walras)에 의하여 도입되었으며, 1950년대에 이르러서는 애로우(K. Arrow)[1), 드브류(G. Debreu)[2) 등이 일반균형의 존재와 특성을 수학적으로 규명하였다.

일반균형분석은 개별시장을 따로 분석하지 않고 다른 부문과의 상호의존관계를 고려하는 분석이기 때문에 사회 전체의 후생과 자원배분의 효율성을 분석하는 데 편리하다.

제 2 절 일반균형과 파레토최적

2.1 파레토최적

앞에서도 설명한 바와 같이 소비이론이란 대표 소비자 한 사람의 최적행동을 분석하는 이론으로 부분균형분석이라 볼 수 있다. 생산이론 또한 부분균형분석으로 대표기업의 행동을 분석하는 것이다. 그런데 현실세계에는 수많은 소비자와 기

1) 애로우(K. Arrow)는 미국의 경제학자로 1972년 경제 '경제균형 모델'과 '사회적 후생론'을 개척한 공로를 인정받아 힉스와 함께 노벨경제학상을 수상하였다. 또한 애로우는 '애로우의 불가능성 정리(Arrows's impossibility theorem)'를 제시하였다. '불가능성 정리'는 투표자들에게 세 개 이상의 서로 다른 대안을 제시하면, 어떤 투표 제도도 일관된 선호순위를 찾을 수 없는 현상을 설명하는 것이다.

2) 드브류(G. Debreu)는 프랑스의 경제학자로 1983년 노벨경제학상을 수상하였다. 그는 애로우와 '경쟁적 경제에서의 균형'으로 사회적 균형의 존재를 규명하였다.

업이 있다. 그리고 이들 개개인의 최적행동은 서로 다른 사람과 기업에 영향을 미친다. 따라서 의미있는 최적행동 분석이 되려면 한 사람이나 기업의 최적행동 뿐만 아니라 상대방이 있는 경우의 상호 최적행동을 분석하는 것이 필요하다.

상대방이 있는 경우의 상호작용까지 고려한 분석은 일반균형의 의미를 가지게 된다. 이 분석에는 파레토최적(Pareto optimality) 개념이 도입된다. 파레토최적이란 타인에게 피해를 입히지 않고서는 어느 누구도 더 이상 잘 살게 할 수 없을 정도로 자원이 잘 배분되어 있는 상태를 말한다.

파레토최적: 타인에게 피해를 입히지 않고서는 어느 누구도 더 이상 잘 살게 할 수 없을 정도로 자원이 잘 배분되어 있는 상태

파레토최적은 파레토효율성(Pareto efficiency)이라고도 한다. 파레토최적이 달성되면 일반균형이 달성된다. 그래서 일반균형이론에는 파레토최적이라는 용어가 자주 등장한다. 파레토최적이라는 용어는 경제이론에서는 물론 매스컴에서도 흔히 볼 수 있는 일상적인 용어가 되고 있다.

이 파레토최적은 에지워스의 상자그림(Edgeworth box diagram)을 가지고 분석하면 이해하기 쉽다. 에지워스의 상자그림은 소비에 있어서의 일반균형 및 파레토최적과 생산에 있어서의 일반균형 및 파레토최적을 직관적으로 이해하게 해 준다. 에지워스의 상자그림은 보통 에지워스상자(Edgeworth box)라고 말한다.

에지워스상자란 상품 또는 생산요소의 총부존량을 나타내는 사각형이다. 무차별곡선에 대한 초보적인 이해만 있다면 에지워스상자를 이용하여 일반균형에 쉽게 접근할 수 있다.

읽을거리

에지워스(F. Edgeworth, 1845~1926)

영국의 경제학자·통계학자. 옥스퍼드대학에서 공부한 후 런던의 킹스 칼리지 윤리학 강사를 거쳐, 옥스퍼드대학의 경제학 교수가 되었고, 왕립경제학회가 발간하는 「Economic Journal」의 편집장을 지냈다. 그는 수학적 방법으로 경제학을 연구하였으며, 통계학·확률론·지수론에서도 뛰어난 업적을 남겼다. 무차별곡선을 발전시켜 가치론의 수학적 분석을 전개하였고, 통계학 분야에서는 에지워스식 물가지수를 고안하였다. 특히 상자그림에 의한 파레토최적 연구로 유명하다.

2.2 소비의 일반균형과 파레토최적

에지워스상자는 소비재나 생산요소의 양이 고정된 상황에서의 경제행위 사이의 상호작용을 분석하는데 편리한 그림이다. 우선 에지워스상자가 어떻게 그려지고 어떻게 해석되는가 알아보자.

[그림 16-1]은 에지워스상자이다.

에지워스상자는 다음과 같은 가정 아래 그려진다.

어떤 무인도에 항해하다 표류된 A와 B 두 사람이 살고 있다. 이 섬에는 그들이 난파된 배에서 가져 온 약간의 식품과 의류 두 가지 물품만 존재한다. 두 사람이 가지고 있는 식품의 총량은 가로축의 길이인 O_AX이고, 의류의 총량은 세로축의 길이인 O_AY이다. 두 사람은 에지워스상자의 가로와 세로의 길이가 나타내는 양만큼의 식품과 의류를 서로 나누어 소비해야 한다.

A의 식품 소비량은 O_A를 원점으로 한 수평거리로 나타나고, 의류 소비량은 O_A를 원점으로 한 수직거리로 나타난다. 예를 들어 점 P는 A가 O_AR만큼의 식품과 O_AS만큼의 의류를 소비하고 있다는 것을 나타낸다.

B가 소비하는 식품의 양은 상자의 오른쪽 위 모서리 O_B를 원점으로 해서 왼쪽

그림 16-1 에지워스상자(소비)

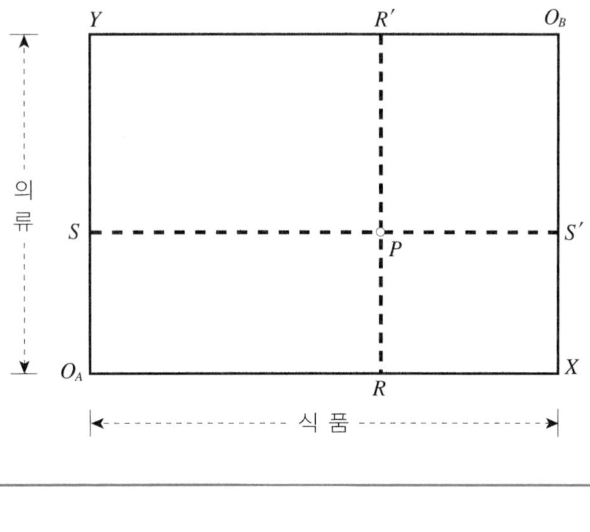

그림 16-2 교환과 소비계약곡선

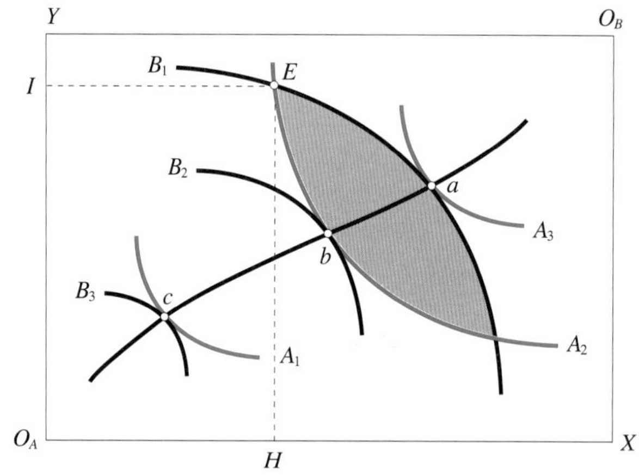

수평거리로 나타난다. 그리고 B가 소비하는 의류의 양은 O_B를 원점으로 해서 아래쪽 수직거리로 나타난다. 예를 들어 점 P는 B가 O_BR'만큼의 식품과 O_BS'만큼의 의류를 소비함을 나타낸다.

이제 교환이 일어나는 경우 최적소비에 이르는 과정을 살펴보기로 하자. 앞에서 가정한 대로 소비자는 A와 B 두 사람 뿐이고, 이들이 소비 가능한 소비재로는 식품과 의류 두 가지 뿐이다. 생산은 없는 상태이고, 유일한 경제문제는 주어진 양의 식품 및 의류를 두 소비자간에 배분하는 것이다.

[그림 16-2]는 두 소비자간의 교환을 통한 최적소비 달성 과정이다.

두 사람이 섬에 가지고 있는 식품 총량은 O_AX이고, 의류 총량은 O_AY이다. 이중 A는 O_AH 만큼의 식품과 O_AI 만큼의 의류를 가지고 있으며, B는 XH 만큼의 식품과 YI만큼의 의류를 가지고 있다고 하자. 이를 초기부존(initial endowment)이라고 한다. 그림의 점 E는 초기부존점이다.

교환의 시작

만일 두 사람이 식품과 의류를 서로 자유롭게 교환한다면 어떤 거래가 이루어질 것인가? 식품과 의류가 두 사람간에 어떻게 배분될 때 최적이라고 할 수 있는가? 이를 알기 위해서 두 사람의 효용 관계를 나타내는 무차별곡선을 에지워스상자 안에 그려 넣어 보자. A_1, A_2, A_3는 소비자 A의 무차별곡선이고 B_1, B_2, B_3는 소비자 B의 무차별곡선이다. 두 종류의 무차별곡선들은 서로 그 원점을 달리하고 있다. A의 효용은 O_A를 원점으로 해서 오른쪽 위(右上)로 갈수록 커진다. B의 효용은 O_B를 원점으로 해서 왼쪽 아래(左下)로 갈수록 커진다.

처음에 초기부존점 E에서 A는 무차별곡선 A_2가 나타내는 만큼의 효용을 누리고 있으며, B는 무차별곡선 B_1이 나타내는 만큼의 효용을 누리고 있다. 그런데 자세히 보면 점 E를 지나는 무차별곡선 A_2의 기울기가 B_1의 기울기보다 더 가파르다. 즉 A의 한계대체율이 B의 한계대체율보다 크다. 그 말은 A에게는 상대적으로 보아 식품의 한계효용이 크고, B에게는 의류의 한계효용이 크다는 뜻이다. 두 사람이 자유롭게 교환할 수 있다면, A는 B에게 의류를 주고, 그 대신 식품을 얻으려 할 것이다. 교환의 균형은 a와 b 사이의 어딘가에서 이루어질 것이다. a에서 이루어지면 B의 만족도는 감소함이 없이 A의 만족도는 증가하게 되며, b에서 이루어진다면 A의 만족도는 감소함이 없이 B의 만족도는 증가하게 된다. 즉 '교환의 이익'이 발생한다. 그러나 교환이 지나쳐서 a나 b를 벗어나면 한 사람의 만족도가 다시 감소하기 시작한다.

두 사람 사이 소비의 최적배분은 a나 b 등에서 이루어지는데, 이들 점은 두 무차별곡선이 등을 맞대고 있다는 공통점이 있다. A의 무차별곡선과 B의 무차별곡선이 서로 등을 접하고 있다는 것은 두 사람 무차별곡선의 기울기, 즉 한계대체율이 서로 같다는 것을 의미한다.

소비계약곡선

에지워스상자 안에서 방향이 서로 다른 두 무차별곡선이 등을 맞대고 있는 접점(接點)을 이은 궤적을 소비계약곡선이라고 한다. 소비계약곡선상의 점들은 타인에게 피해를 입히지 않고서는 더 이상 자기의 만족도를 증가시킬 수 없는 상태의 점들이다. 즉 파레토최적이 달성되는 점들이다.

소비계약곡선: 에지워스상자 그림에서 무차별곡선들이 등을 맞대고 있는 점들의 궤적으로, 소비에 있어서 파레토최적이 달성되는 점들이다

이 소비계약곡선상의 점들에서는 두 사람 무차별곡선의 한계대체율이 각각 같다. 즉 각 점에서는 다음의 조건이 성립한다.

$$MRS_{XY}^{A} = MRS_{XY}^{B} \qquad (16-1)$$

소비계약곡선은 두 사람 소비에 있어서 최적점들의 집합이라고 할 수 있다. 이 최적점들의 집합을 소비의 일반균형, 또는 이 균형이 교환을 통해 달성되었다고 해서 교환의 일반균형이라고 한다.

한편 그림에서 두 무차별곡선 A_2와 B_1으로 둘러싸인 회색부분은 A, B 두 사람이 교환을 통하여 서로의 후생수준을 증가시킬 수 있는, 즉 교환의 이익이 가능한 영역이다. 이 영역에서는 적절한 교환을 통해 경제주체 중 누구의 효용도 감소하지 않으면서 적어도 한 사람의 효용이 증가될 수 있다. 교환이 가져다주는 이러한 경제적 효과를 파레토개선(改善)이라고 한다.

파레토개선: 교환을 통해 한 경제주체의 효용감소 없이 다른 경제주체의 효용수준이 증가하는 현상

또, 파레토개선이 이루어지기 전의 배분 상태를 파레토열위(劣位), 그리고 파레토개선 이후의 배분 상태를 파레토우위(優位)라고 한다. 한편 회색의 고구마 모양 파레토열위 영역은 교환이 계속됨에 따라 점점 줄어들어 마침내 없어지게 되며, 이 때 두 무차별곡선은 접하게 된다. 즉 경제는 파레토개선을 통해 파레토최적에 이를 수 있다.

읽을거리

파레토(V. Pareto, 1848~1923)

이탈리아의 경제학자·사회학자. 토리노 공과대학을 졸업한 후 실업계에 투신하였다가, 경제학 연구를 시작하여 1892년 왈라스의 뒤를 이어 스위스 로잔느대학 교수가 되었다. 왈라스의 후계자이며, 로잔느학파의 대표자의 한 사람이기도 한 그는 「경제학 개요」 등의 저작을 통하여 무차별곡선에 의한 선택의 이론을 전개하여 왈라스가 수립한 일반균형이론을 재구성하였다. 그는 파레토최적의 사고방식을 도입, 신(新)후생경제학에의 길을 열었으며, 또 소득분포에 대해서는 통계조사에 입각하여 파레토의 법칙이라 하는 소득분포의 불평등도를 나타내는 경험적인 경제법칙을 도출하였다.

2.3 생산의 일반균형과 파레토최적

소비에 있어서의 파레토최적 원리는 생산에도 적용할 수 있다.

생산의 파레토최적은 다른 상품의 생산을 감소시키지 않고서는 어떠한 상품의 생산량도 더 증가시킬 수 없을 정도로 자원이 잘 이용되고 있는 상태이다. 다시 말하면 생산의 파레토최적은 생산자원이 가장 합리적으로 배분된 상태이다.

생산의 일반균형과 파레토최적이 어떻게 이루어지는가 알아보기 위하여 다음과 같은 가정을 해 보자.

어느 경제에 식품을 생산하는 X재 산업과 의류를 생산하는 Y재 산업만 존재하고, 생산요소도 노동과 자본만 있다고 하자.

[그림 16-3]은 위와 같은 가정을 나타내는 에지워스상자이다.

상자의 세로축 길이는 자본의 총량을 나타내고 가로축의 길이는 노동의 총량을 나타낸다. 두 산업이 사용할 수 있는 노동 총량은 O_XL, 자본 총량은 O_XK이다. 상자 안의 각 점은 노동과 자본이 두 산업간에 어떻게 배분되는가를 나타낸다.

X재 산업에 배분되는 노동량은 왼쪽 아래 O_X를 원점으로 하는 수평거리로 나타나고, 자본량은 원점에서의 수직거리로 나타난다. 상자 안의 점 Q는 X재 산업

그림 16-3 에지워스상자(생산)

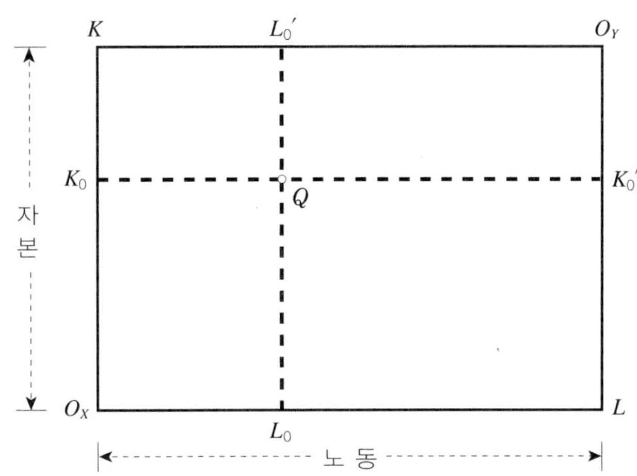

에 O_XL_O 만큼의 노동과 O_XK_O만큼의 자본이 사용되고 있다는 것을 나타낸다. 한편 Y재 산업에 배분되는 자본량은 상자의 오른쪽 위 O_Y를 원점으로 해서 아래쪽의 수직거리로 나타나고, 노동량은 왼쪽으로의 수평거리로 나타난다. 즉 Y재 산업에는 O_YL_O'만큼의 노동과 O_YK_O'만큼의 자본이 사용되고 있다.

이제 [그림 16−4]를 보면서 생산의 파레토최적에 대해 알아 보자.

그림의 상자 안에는 식품과 의류 생산의 등량선이 나타나 있다. x_1, x_2 및 x_3는 식품 생산의 등량선들이고, y_1, y_2 및 y_3는 의류 생산의 등량선들이다. 초기에 노동 및 자본의 배분이 점 W에서 이루어지고 있다고 하자. 즉 X재를 생산하는 식품산업에서는 O_XA만큼의 노동과 O_XB만큼의 자본을 사용하고, Y재를 생산하는 의류산업에서는 LA만큼의 노동과 KB만큼의 자본을 사용하는 상태이다. 점 W에서 X재의 생산량은 x_1이고, Y재의 생산량은 y_2이다.

그러면 두 산업 사이에 생산요소의 최적배분은 어떤 점으로 될 것인가? 초기배분점 W에서는 한계기술대체율이 의류산업에서보다 식품산업에서 더 높다. 두 산업에 있어서 한계기술대체율이 같지 않다는 것은 생산요소들이 효율적으로 배분되지 않고 있다는 것을 뜻한다. 이러한 경우에는 요소 사용을 대체하여 등량선 x_1을 따라 이동함으로 생산점을 a로 옮긴다면 식품의 생산감소 없이 의류의 생산을 y_3로 늘릴 수 있다. 그러나 더 이상 이동한다면 의류 생산이 감소하게 된다. 즉 a는

그림 16−4 생산계약곡선

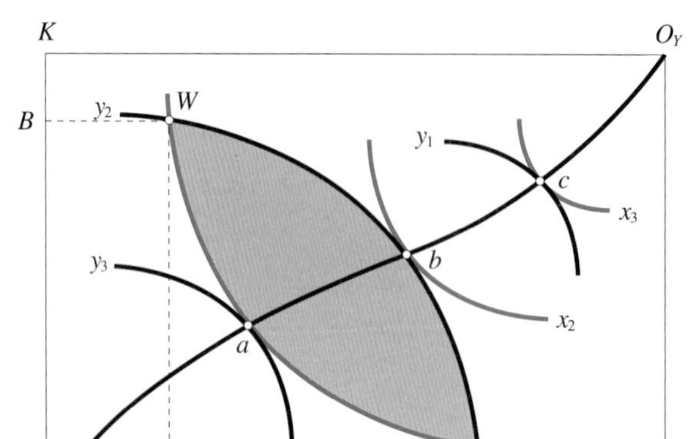

파레토최적이 달성된 효율적인 생산점인 것이다. 그리고 이 요소대체 과정을 파레토개선이라고 하는 것은 앞에서 설명한 바와 같다. 그림에서 고구마 모양의 회색 부분은 파레토개선이 가능한 파레토열위 영역이다.

한편 이 점 a에서는 두 등량선이 등을 맞대고 있다. 두 생산자에게 생산요소들 사이의 한계기술대체율이 같다는 것을 나타낸다.

이러한 성격을 가진 점들은 a 외에도 많이 있다. 이는 이 점들은 다른 산업에 피해를 주지 않고서는 자기 산업의 생산량을 더 이상 증가시킬 수 없을 정도로 자원배분이 잘 된 상태의 점들이다. 즉 생산의 일반균형이 달성된 파레토최적 상태이다. 생산요소들의 최적배분은 한계기술대체율이 같게 되는 점들의 궤적, 즉 식품생산의 등량선과 의류생산의 등량선이 접하는 점들의 궤적에서 이루어진다. 이러한 점들의 궤적을 생산계약곡선이라고 한다.

> **생산계약곡선**: 생산에 있어서 파레토최적점들의 궤적으로 에지워스상자 안 등량선들이 서로 등을 맞대는 접점들의 궤적

한편 등량선이 서로 접한다는 것은 등량선의 기울기가 같다는 것이고, 등량선의 기울기가 같다는 것은 요소간 한계기술대체율이 같다는 것을 의미한다. 따라서 파레토최적점에서는 다음 식이 성립한다.

$$MRTS^{X}_{LK} = MRTS^{Y}_{LK} \tag{16-2}$$

생산계약곡선상의 모든 점은 위 조건을 만족하며, 파레토최적점들이 된다.

제3절 생산과 소비의 종합적 일반균형

3.1 생산가능곡선과 기술적 효율 및 경제적 효율

생산요소의 총량이 일정하다고 가정하고, 이 요소를 사용하여 현재의 기술수준으로 생산이 가능한 두 종류 상품 생산량의 여러 가지 조합을 좌표상에 나타내면 생산가능곡선(*PPC*: production possibility curve)이 된다.

[그림 16-5]는 에지워스상자에서 유도된 생산가능곡선이다.

앞의 [그림 16-4]의 생산계약곡선상의 각 점이 나타내는 *X*재와 *Y*재의 생산량 조합을 생산평면에 나타내면 생산가능곡선이 된다. 그림에서 O_Y는 주어진 생산요소를 모두 *X*재 생산에만 투입하는 경우의 생산량을 나타내며, O_X는 생산요소를 모두 *Y*재의 생산에만 투입하는 경우의 생산량이다. 만약 *X*재 생산을 증가시키고자 하면 *Y*재의 생산을 감소시켜야 한다. 생산가능곡선은 이처럼 기회비용의 의미를 가지고 있으며 우하향하는 형태를 취한다. 그리고 *Y*재 생산을 감소시키면서 *X*재

그림 16-5 생산가능곡선

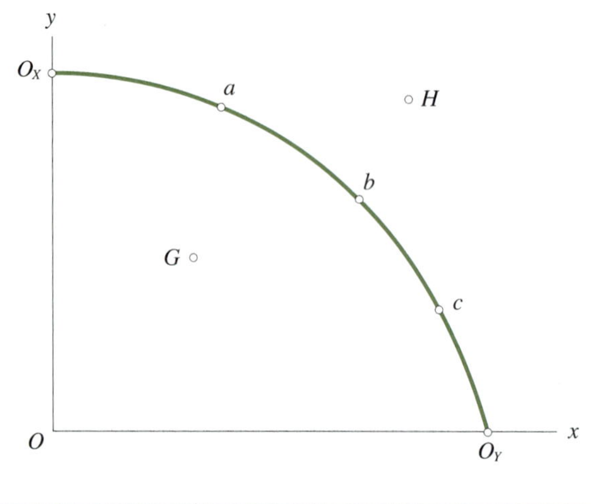

생산을 증가시키면 X재 생산에 적합한 생산요소(노동과 자본)가 점점 희소해지기 때문에, Y재 생산 감축분에 비해서 X재의 생산 증가분은 상대적으로 점차 감소해 간다. 그 말은 X재 생산의 기회비용이 증가한다는 의미이며, 그만큼 생산의 대체가 어려워진다는 것을 나타낸다. 제7장에서 분석한 방식으로 표현하면 한계변환율이 체증하는 것이다. 따라서 생산가능곡선은 원점에 대하여 오목한 형태를 취하게 된다.

생산가능곡선상의 한 점이 나타내는 두 상품의 생산량은 현재의 생산요소량과 생산기술수준으로서는 최대의 효율을 발휘해서 생산한 수량이다. 즉 생산가능곡선상의 점 a, b, c는 모두 기술적 효율(technical efficiency)이 있는 생산 결과를 나타낸다. 앞에서도 설명한 바와 같이 생산가능곡선상의 점, 즉 기술적 효율이 있는 생산의 조건은 다음과 같다.

$$MRTS_{LK}^{X} = MRTS_{LK}^{Y}$$

한편 생산가능곡선의 내부에 있는 점 G에서의 생산은 기술적 효율이 없는 경우이다. 생산가능곡선의 외부에 있는 점 H에서의 생산은 주어진 생산자원으로서는 불가능하다.

어떤 생산방식이 총수입을 극대화시킨다면 이 생산방식에 경제적 효율(economic efficiency)이 있다고 한다. 그러나 생산방식에 기술적 효율이 있다고 해서 반드시 경제적 효율까지 달성하는 것은 아니다. 예를 들어 생산가능곡선상의 모든 점들이 나타내는 두 상품의 생산조합은 기술적 효율이 있지만, 그러한 조합들의 생산이 모두 경제적 효율이 있는 것은 아니다. 경제적 효율의 달성 여부를 알려면 수입을 고려해 보아야 한다. 기술적 효율과 함께 경제적 효율도 있는 점은 생산가능곡선과 수입곡선이 서로 접하는 점이다. 수입곡선은 두 상품 생산의 수입을 나타내 주는 선분을 말하며 제9장에서 설명한 바 있다. 최적생산점은 생산가능곡선과 수입곡선의 접점(接點)이라는 점에서 한계변환율과 두 상품 가격비율이 동일한 한 점이다.

경제적 효율이 달성되는 생산조건은 다음과 같다.

$$MRT_{XY} = \frac{P_X}{P_Y} \tag{16-3}$$

경제적 효율은 기본적으로 생산가능곡선 상에서 달성된다. 따라서 경제적 효율이 달성되면 자동적으로 기술적 효율도 달성된다.[3)]

3.2 생산과 소비의 일반균형

이제 생산과 소비의 일반균형 및 이상적 자원배분에 대해 알아볼 때가 되었다.

한 경제의 자원배분이 수입곡선과 생산가능곡선이 접하는 점에서 결정되면 그때의 두 상품 생산량은 기술적 효율과 경제적 효율이 동시에 달성되는 파레토최적하의 생산량이다. 그 생산량을 *A*, *B* 두 사람이 교환을 통해서 나누어 소비하는 에지워스상자를 그리면 소비에 있어서의 파레토최적과 이상적 자원배분의 조건을 알아낼 수 있다.

[그림 16−6]은 생산과 소비의 일반균형을 보이고 있다.

이 그림은 기술적 효율과 경제적 효율 하에 생산된 두 생산물을 두 사람이 나누어 소비하는 관계를 동시에 보이고 있다. *PP*는 수입곡선이며 그 기울기는 두 생산물의 가격비율을 나타낸다. 점 O_B는 생산가능곡선과 수입곡선이 접하는 생산조합으로, 기술적 효율과 함께 두 상품의 한계변환율과 가격비율이 같아 경제적으로도 효율적인 생산점이다. 이 생산물을 두 사람이 나누어 소비하는 관계를 보이는 것이 O_B가 그리는 사각형, 에지워스상자이다.

에지워스상자 안에는 두 사람의 무차별곡선들이 나타나 있다. 상자 안 두 모서리를 이어주는 O_ADO_B선은 소비계약곡선이다. 소비계약곡선상에서 두 사람의 무차별곡선들은 서로 등을 맞대고 있어서 소비의 파레토최적이 달성되고 있다. 그러나 이 선상의 모든 점에서 두 사람의 효용이 극대화된다고 말할 수 없다. 소비계약곡선상의 모든 점들에서 두 상품간의 한계대체율은 같지만, 두 사람의 소비에서 두 상품의 가격은 고려되지 않고 있기 때문이다. 소비에 있어서의 효용극대화를 위해서는 상품의 효용과 함께 가격이라는 기회비용도 고려해야 한다. 즉 소비자의 효용이 극대화되기 위해서는 무차별곡선의 기울기와 두 생산물의 가격비율을 나타내는 예산선의 기울기가 같아야 한다.

---

3) 뒤에 나오는 [그림 16−6]의 점 O_B가 기술적 효율과 경제적 효율이 동시에 달성되는 점이다.

그림 16-6 생산과 소비의 일반균형

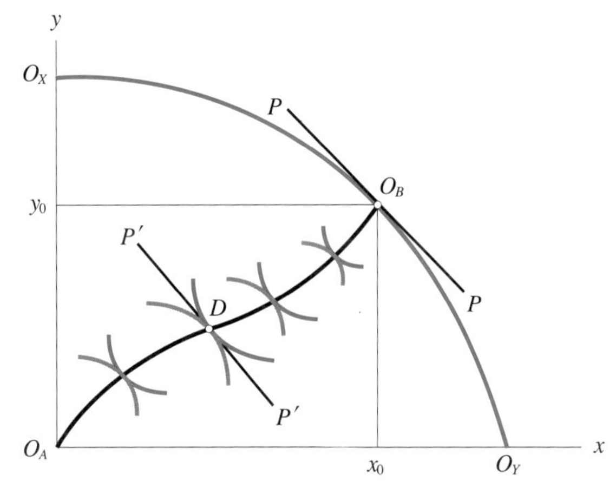

이 추가된 조건을 만족시키는 소비조합이 D이다. 이 점에서 무차별곡선의 기울기, 즉 한계대체율과 선분 $P'P'$의 기울기가 일치되고 있다. 선분 $P'P'$는 수입곡선 PP와 기울기가 같다. 즉 $P'P'$는 두 상품 가격비율을 나타내고, 예산선 역할을 한다. 따라서 점 D는 효율적으로 생산된 생산물을 효율적으로 소비하고 있는 조합이다.

우선 O_B조합은 기술적 효율과 경제적 효율이 보장되는 생산의 일반균형과 생산의 파레토최적이 달성되는 점이다. 수입곡선 PP와 동일한 기울기를 가지는 다른 하나의 가격선 $P'P'$가 소비계약곡선상의 한 점인 D에서 두 사람의 무차별곡선에 접하게 되면, 그 점에서는 두 사람의 소비자가 효용을 극대로 하는 교환의 일반균형과 소비의 파레토최적이 달성된다.

결론적으로 경제가 O_B에서 X재와 Y재를 생산해서 D에서 A, B 두 사람이 소비하면 생산의 기술적 효율과 경제적 효율이 달성되는 동시에 소비의 파레토최적이 달성된다.

이상적 자원배분의 조건

앞에서도 설명한 바와 같이 [그림 16-6]의 O_B조합에서 생산하여 D조합에서 소비하면 자원의 이상적 배분이 실현된다. 이 그림을 중심으로 이상적 자원배분의 조건을 알아 보자.

첫째, 소비자들간에 상품의 최적배분이 달성되어야 한다. 그 조건은 두 소비자의 두 상품에 대한 한계대체율이 서로 같고, 또 가격비율과도 같아야 한다는 것이다. 완전경쟁시장에서는 각 상품의 가격이 결정되어 있으므로 A, B 두 사람이 만나는 가격비율, 즉 예산선의 기울기는 동일하다. 따라서 최적소비조건인 한계대체율과 두 상품의 가격비율은 두 사람에게 모두 같게 된다.

결국 다음과 같은 소비의 파레토최적 조건이 성립된다.

$$MRS_{XY}^{A} = MRS_{XY}^{B} = \frac{P_X}{P_Y} \tag{16-4}$$

둘째, 생산요소의 최적배분 조건이 달성되어야 한다. 이 조건은 두 생산자에게 있어서 두 생산요소간의 한계기술대체율이 서로 같아야 하고, 각 생산물의 기회비용을 반영하는 요소의 가격비율과도 같아야 한다는 것이다.

완전경쟁인 요소시장에서 생산요소의 가격은 수요 · 공급에 의해서 결정되고, 생산자들은 한계생산물이 균등하도록 노동과 자본을 투입한다. 그 균형조건은 등량선의 기울기인 $MRTS_{LK}^{X}$와 생산요소의 가격비율인 예산선의 기울기가 같아야 한다는 것이다. 즉 X재 생산에서는 $MRTS_{LK}^{X} = \frac{P_L}{P_K}$ 조건이 필요하다. 여기서 P_L은 노동의 가격인 임금률이며, P_K는 자본의 가격인 이자율이다. 그리고 Y재 생산의 균형조건도 같은 이유로 $MRTS_{LK}^{Y} = \frac{P_L}{P_K}$이다. 한편 완전경쟁인 요소시장에서는 생산요소의 가격이 주어진 것이어서 그 가격비율은 같으므로 다음과 같은 조건이 성립한다.

$$MRTS_{LK}^{X} = MRTS_{LK}^{Y} = \frac{P_L}{P_K} \tag{16-5}$$

셋째, 생산과 소비의 종합적 효율성, 즉 생산물 구성의 효율성 조건이 달성되어야 한다. 생산과 소비의 종합적 효율성은 어떤 소비자에 있어서 임의의 두 상품간의 한계대체율이 생산에 있어서 그 두 상품간의 한계변환율과 일치할 때 달성된다. 이는 소비자가 생산물에 대하여 평가하는 한계가치인 한계대체율과 생산물의 한계비용의 비율인 한계변환율이 같아야 한다는 의미이다. 즉 다음의 조건이 성립해야 한다.

$$MRS_{XY} = MRT_{XY} \tag{16-6}$$

이상의 사실을 종합하면 이상적 자원배분의 조건은 다음과 같다.

$$MRS^{A}_{XY} = MRS^{B}_{XY} = \frac{P_X}{P_Y}(\text{소비의 효율성}) \tag{16-7}$$

$$MRTS^{X}_{LK} = MRTS^{Y}_{LK} = \frac{P_L}{P_K}(\text{생산의 효율성}) \tag{16-8}$$

$$MRS_{XY} = MRT_{XY}(\text{생산물 구성의 효율성}) \tag{16-9}$$

단, 소비의 효율성이 달성되면 한계대체율과 가격비율이 일치하기 때문에 세 번째 조건식은 다음과 같이 나타낼 수 있다.

$$MRS_{XY} = MRT_{XY} = \frac{P_X}{P_Y} \tag{16-10}$$

이상과 같은 생산과 소비의 일반균형 조건은 두 가지 상품과 두 개인만이 존재하는 경제하에서의 조건이다.

[그림 16-6]의 점 D에서는 이러한 조건들이 모두 충족되고 있다.

이러한 조건들은 다음과 같이 일반화해서 말할 수도 있다.

다수의 생산요소, 다수의 상품, 그리고 다수의 개인이 존재하는 현실의 경제에 있어서는 모든 상품 생산의 한계변환율이 모든 상품들의 가격비율과 같고, 그러한 가격비율들이 모든 개인들의 소비에 있어서의 한계대체율과 같아야 하며, 또한 모든 상품 생산의 기술적 한계대체율이 같아야 생산과 소비의 일반균형이 달성되고, 생산과 소비의 동시적인 파레토최적이 이루어지며, 이상적인 자원배분이 달성된다. 이러한 이상적인 자원배분은 상품시장이 완전경쟁이고, 요소시장도 완전경쟁일 때 달성될 수 있다.

그러나 이상과 같은 조건들이 충족되더라도 소득분배의 공평성(公平性)이 이루어졌다고 단언할 수는 없다. 즉 효율성이 공평성을 보장하지는 않는다. 공평성을 다루는 이론은 후생경제학이다.

제 4 절 후생경제학

4.1 후생경제학의 등장

오늘날 경제가 발전하고 복지사회를 지향하면서 후생복지에 대하여 관심이 높아지고 있다. 후생(厚生, welfare)이란 효용을 느끼는 정도를 말한다.

일반적으로 상품을 소비하는 양이 많으면 효용이 증가하고 경제적 후생도 증가한다고 생각한다. 그런데 일정한 자원과 기술수준 하에서 생산할 수 있는 상품의 양과 질은 자원배분의 효율성에 따라서 달라진다. 또 생산된 생산물을 어떻게 분배하느냐에 따라 구성원의 후생상태가 달라진다. 따라서 주어진 조건 하에서 어떻게 하면 효율적으로 생산하고, 효율적으로 분배하여 경제적 후생(economic welfare)을 극대화시킬 수 있을 것인가 하는 문제가 대두되었고, 이 경제적 후생을 연구하는 학문을 후생경제학(厚生經濟學, economics of welfare)이라 한다.

구체적으로 말하면, 후생경제학이란 자원배분과 소득분배가 어떤 조건하에서 최적상태에 도달하는가를 분석하고, 나아가서 자원배분과 소득분배를 어떤 방향으로 개편하는 것이 경제적 후생을 극대로 하는가를 연구하는 경제학의 한 분야이다. 후생경제학은 피구(A. Pigou)로부터 시작하였다고 볼 수 있다. 피구는 그의 저서『후생경제학』(The Economics of Welfare, 1920)에서 사회적 후생 중에서 경제적 후생을 문제로 삼는 것이 후생경제학이라 하였다.

4.2 사회후생함수

효용함수는 한 개인 효용의 크기와 성질을 알게 해주는 소비이론의 유용한 함수이다. 동일한 논리로 사회후생의 크기와 성질을 알게 해주는 분석도구가 사회후생함수이다.

사회후생함수

어느 사회 구성원 각각의 효용수준이 주어졌을 때, 그 효용수준의 크기와 관계를 통하여 사회 전체 후생의 수준을 나타내주는 함수를 사회후생함수(social welfare function)라고 한다.

사회가 A와 B 두 명의 개인들로 구성되어 있다 하고, A의 효용수준을 U_A로, B의 효용수준을 U_B로 표시하면 사회후생함수는 다음과 같다.

$$SW = W(U_A, U_B) \tag{16-11}$$

이 함수를 이용하면 A, B 두 사람 사이의 후생무차별곡선을 그릴 수 있다. 이 무차별곡선을 사회후생무차별곡선(*SIC*: social indifference curve)이라고 한다. 사회후생무차별곡선은 제3장에서 분석한 두 상품 사이의 효용무차별곡선과 그 원리가 같으므로 설명은 생략한다. 사회후생무차별곡선은 보통 사회무차별곡선이라고 부른다.

식(16-11)에서 보듯이 사회후생수준은 사회 구성원 각자의 효용수준에 의해 결정된다. 그런데 사회의 후생수준은 구성원 효용수준에 대한 연구자의 가치판단에 따라 다르게 나타난다. 즉 구성원의 효용수준을 어떤 가치기준을 가지고 평가하느냐에 따라 사회의 후생수준이 달라진다. 이에 따라 사회후생함수 자체의 형태가 달라진다. 또 구성원 효용수준에 대한 가치평가가 다르면 사회후생무차별곡선의 형태도 달리 나타난다.

한편 사회후생상태에 대한 가치판단은 여러 가지가 있을 것이다. 이 중 공리주의자, 평등주의자, 극단적 평등주의자의 사회후생함수는 어떻게 구성되며, 그 함수에서 파생되는 사회무차별곡선은 어떤 모양을 가지는가를 알아보자.

공리주의자의 사회후생함수

공리주의자(功利主義者)는 정당한 행동이란 행위자 자신과 그 행동의 영향을 받는 사람들 모두를 위해서 최대의 행복을 산출하는 것이라고 주장한다. 공리주의자가 생각하는 정당한 행동의 기준인 '최대로 가능한 전체의 행복이나 효용'은 '최대다수의 최대행복(The greatest happiness of the greatest number)'이라는 말로 널리 알려져 있다.

공리주의자인 벤담(J. Bentham)은 사회후생함수를 다음 식과 같이 표현하였다.

$$SW = U_A + U_B \tag{16-12}$$

이 사회후생함수를 공리주의(功利主義, utilitarianism)적 사회후생함수라고 한다.

식(16−12)를 보면 사회 전체의 후생수준이 각 개인의 효용의 합으로 결정된다. 공리주의자들은 쾌락의 양을 측정하거나 가감(加減)하는 것이 가능하다고 보았다. 마찬가지로 고통의 양을 측정하고 가감할 수 있으며, 고통의 합을 쾌락의 합으로부터 빼는 것도 가능하다고 보았다.

이러한 형태의 사회후생함수는 어떤 가치판단을 내포하는가?

공리주의적 사회후생함수는 소득수준이 낮은 사람이거나 높은 사람이거나 동일한 가중치를 부여한다. 이 후생함수는 개인의 효용의 크기에는 관심이 없다. 단지 사회 전체 효용의 크기에만 관심이 있는 것이다. 공리주의자가 보는 사회 전체의 후생은 두 사람 사이에서 효용이 어떻게 분배되는가에 관계없이 개인효용의 합에 의해서만 결정된다. 즉 공리주의자들은 분배문제에 관심이 없다.

이제 구체적인 예를 들어 이들의 견해를 알아보자.

甲, 乙 두 나라가 있고, 각국의 구성원은 두 사람씩이다. 甲 나라 두 사람이 나누어 누리는 효용은 각각 50, 50이다. 이에 비해 乙나라 두 사람의 효용은 각각 80, 20이다. 이 경우 甲과 乙 두 나라 효용의 분배 상태는 서로 다르지만 사회 전체의 후생수준은 동일하다고 계산된다. 즉 甲, 乙 두 나라의 사회 전체의 후생수준은 각각 100이다. 이처럼 분배에 대해 무관심하고 오직 총량만 관심을 갖는 것이 공리주의자의 특성이다.

[그림 16−7]은 공리주의자의 견해를 반영한 사회무차별곡선 *SIC*이다. 공리주의자의 사회무차별곡선은 그림에서 보는 바와 같이 우하향이고 45°기울기를 갖는 직선이다. 무차별곡선이 직선이라는 것은 대체율이 일정하다는 것을 뜻한다. *A*와 *B* 두 사람의 효용이 체감하거나 체증하지 않고 일정한 비율로 교환될 수 있음을 뜻한다. 또 기울기가 45°라는 것은 교환비율이 1:1이라는 것을 의미한다.

이러한 공리주의적 견해는 결과만을 중시하는 사회적 풍조를 낳을 수 있다. 특히 분배문제에 대해서는 파이(pie)의 크기에만 관심이 있을 뿐, 그것이 어떻게 분배되는가에 대해서는 관심이 없다. 경제에 있어서 양적 성장정책을 이론적으로 뒷

그림 16-7 공리주의적 사회무차별곡선

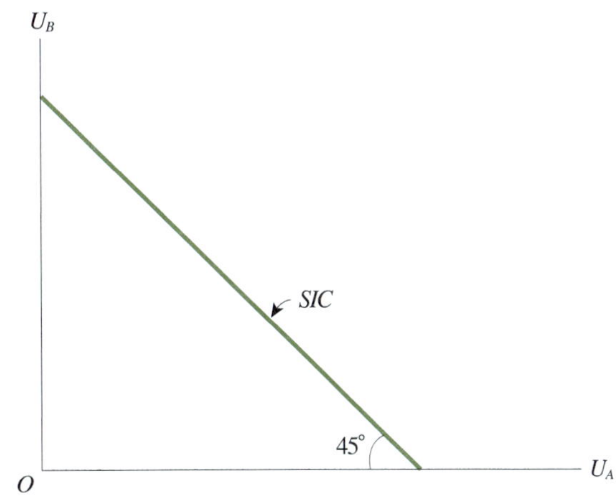

받침한다고 볼 수 있다.

평등주의자의 사회후생함수

공리주의와는 달리 분배 상태를 사회후생의 척도로 고려하는 견해도 있다. 평등분배를 염두에 둔 사회후생함수로는 다음 함수가 대표적이다.

$$SW = U_A \cdot U_B \tag{16-13}$$

이 함수를 보면 사회후생수준은 구성원 두 사람이 누리는 효용의 곱으로 결정된다. 결과적으로, 이 함수는 높은 효용수준을 누리고 있는 사람의 효용에는 상대적으로 낮은 가중치를 부여하고, 낮은 효용수준을 누리고 있는 사람의 효용에는 상대적으로 높은 가중치를 부여하고 있다.

어떤 근거로 그러한 해석을 하는가. 이번에도 공리주의자 분석의 경우와 같이 구체적인 예를 들어 알아보자.

甲, 乙 두 나라가 있고, 각국의 구성원은 두 사람씩이다. 甲나라 두 사람의 효용은 각각 50, 50이다. 이에 비해 乙나라 두 사람의 효용은 각각 80, 20이다. 이 경우에 평등주의자의 견해를 가지고 甲, 乙 두 나라 각각 사회 전체의 후생수준을 계산해보자.

먼저 甲나라의 사회후생수준은 2,500이다. 그리고 乙나라의 사회후생수준은 1,600이다. 각 나라 구성원이 느끼는 효용의 합계는 같지만 그 분배상태가 다르기에 사회후생의 정도는 이렇게 다르게 나타난다. 사회후생에 관한 한 가지 재미있는 현상에 대해 알아보자. 만약 丙나라가 있고 이 나라의 효용 분배상태는 40과 40이라 하자. 이 나라의 효용 총량은 80 밖에 되지 않지만 평등주의자 방법에 의한 사회후생수준은 40× 40에서 1,600이다. 그것은 80, 20으로 분배된 乙나라의 사회후생과 같은 수준이다. 즉 사회후생 총량이 적더라도 평등하게 분배된다면, 사회후생 총량은 많더라도 불평등하게 분배된 나라와 후생수준이 같을 수 있다.

이 함수는 평등주의적 이념을 반영하고 있기 때문에 평등주의자의 사회후생함수라고도 한다. 평등주의자의 사회후생함수는 소득재분배를 통한 빈자보호의 이론적 근거가 되고 있다. 동일한 100만 원의 소득이 저소득자에게는 큰 효용을 주고, 고소득자에게는 작은 효용을 주는 것을 우리는 잘 알고 있다.

[그림 16−8]은 평등주의적 사회후생함수에서 도출되는 사회무차별곡선이다.

그림에서 보는 바와 같이 이 사회무차별곡선은 우하향이며 원점에 대해 볼록한 모양을 하고 있다.

무차별곡선이 원점에 볼록하면 오른쪽으로 가면서 그 기울기가 감소한다. 그림에서도 점 a에서의 기울기의 절대치가 3이고, b에서는 $\frac{1}{2}$로 감소하고 있다. 기울

그림 16−8 평등주의자의 사회무차별곡선

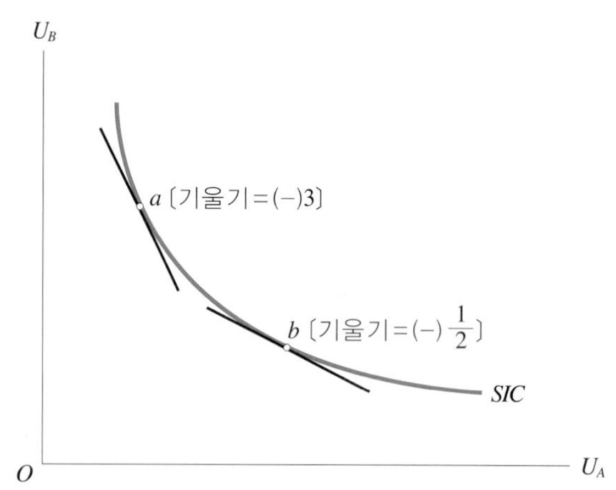

기가 감소한다는 것은 대체율이 체감한다는 뜻이다. 여기에서 대체율은 두 구성원 사이의 효용대체율이다.

먼저 점 a를 보자. 이 점에서의 기울기, 즉 두 사람 사이의 효용대체율은 3이다. 효용대체율이 3이라는 것은 B의 효용을 3만큼 감소시키고 대신 A의 효용을 1만큼 증가시키면 사회 전체의 후생수준은 동일하게 유지된다는 것을 뜻한다. 즉 A의 한계효용이 B의 한계효용보다 사회적으로 3배의 중요성을 가지고 있다. 이것은 사회후생수준을 계산할 때 높은 효용수준을 누리는 B에게는 상대적으로 낮은 비중을 주고, 효용수준이 낮은 A에게는 높은 효용수준을 부여한다는 것을 뜻한다.

이번에는 점 b를 보자. 이 점에서의 기울기는 $\frac{1}{2}$이고, 따라서 두 사람 사이의 효용대체율이 $\frac{1}{2}$이다. 효용대체율이 $\frac{1}{2}$이라는 것은 B의 효용을 1만큼 감소시키고 대신 A의 효용을 2만큼 증가시킬 때 사회 전체의 후생수준은 동일하게 유지된다는 것을 뜻한다. 점 b에서는 B의 한계효용이 A의 한계효용보다 사회적으로 2배의 중요성을 가지고 있다. 그림에서 효용의 크기를 나타내주는 원점에서의 거리를 각각 볼 때, b에서는 A가 누리는 효용이 B의 효용보다 크다. 결과적으로 사회적 약자에게 더 큰 비중을 둔다는 것을 알 수 있다.

이처럼 평등주의자들은 사회후생수준을 산출할 때 저소득층 등 낮은 효용을 누리고 있는 사람에게 가중치를 둔다.

참고로, 만약 평등주의적 경향이 강하면 무차별곡선은 점점 볼록한 정도가 강해진다. 그것은 극단적 평등주의로 이행하는 것이다. 반면에 볼록한 정도가 약해지면 무차별곡선은 직선에 가까워진다. 앞에서 분석한 공리주의자의 견해로 이행한다는 것을 독자 여러분은 짐작할 것이다.

극단적 평등주의자의 사회후생함수

평등주의자 중에는 가장 가난한 사람의 효용수준이 그 사회의 후생수준이라고 생각하는 학자도 있다. 이들을 극단적 평등주의자라고 한다. 특히 롤즈(J. Rawls)[4]는 바람직한 분배란 그 사회에서 가장 가난한 사람의 효용을 극대화시키는 것이라고 주장하였다. 롤즈의 견해를 반영한 사회후생함수는 다음과 같다.

$$SW = \min(U_A, U_B) \qquad (16-14)$$

4) 롤즈(J. Rawls)는 현대경제학에 도덕적 가치를 회복시키고자 노력한 미국의 철학자로 공리주의를 강하게 비판하였다.

이 함수식에서 min이란 두 변수 중에서 작은 것에 의해 사회후생이 결정된다는 것을 나타낸다. 즉 이 사회의 후생수준은 가장 가난한 사람의 효용의 크기에 의해 결정된다는 것을 의미한다. 독자 여러분은 이 함수의 형태가 무차별곡선이론에서 본 왼쪽 구두 오른쪽 구두의 경우, 그리고 등량선이론에서 본 레온티에프 생산함수와 같다는 것을 알 수 있을 것이다.

이러한 견해를 최소극대화원칙(maxi-min principle)이라고 한다.

[그림 16-9]는 극단적 평등주의를 반영하는 사회무차별곡선이다.

그림에서 보듯이 극단적 평등주의자의 사회무차별곡선은 L자 모양이다. 사회무차별곡선이 L자 모양이라는 것은 사회후생에 대해 어떤 기준을 가지고 가치판단을 하는가?

그림에서 *a*상황의 사회후생과 *b*상황의 사회후생 상태를 비교해 보자.

*A*에게는 *a*상황에서 누리는 효용수준이나 *b*상황에서 누리는 효용수준이나 각각 U_{A1}으로 같다. 그런데 *B*에게는 *b*상황에서 누리는 효용수준이 *a*상황에서보다 더 크다. 따라서 *A*, *B* 두 사람이 누리는 후생의 합계, 즉 사회 전체의 후생수준은 *b*상황의 것이 *a*상황의 것보다 더 커야 한다. 그러나 그렇지 않다. 그림을 보면 *a*상황이나 *b*상황이나 모두 동일한 사회무차별곡선상에 있다. 즉 사회후생수준은 *a*상황, *b*상황 모두 동일하다. 또 이러한 결과는 *a*상황과 *c*상황을 비교해도 마찬가지이다.

그림 16-9 롤즈의 사회무차별곡선

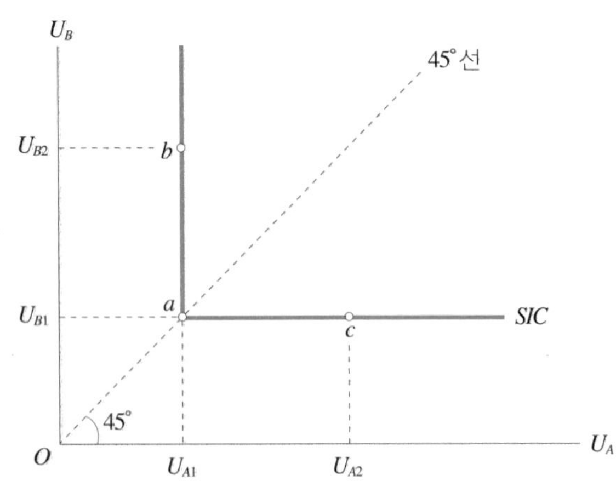

사회 전체가 누리는 후생의 합계는 c상황이 a상황보다 나아야 하는데도 동일한 사회무차별곡선상에 있는 점인 것이다.

이처럼 L자 모양 사회무차별곡선은 사회 구성원 일부의 후생이 좋아지더라도 후생수준이 낮은 사람의 후생이 좋아지지 않는 한 사회 전체의 후생수준은 나아지지 않는다는 견해를 반영하고 있다.

이번에도 앞의 구체적인 예를 들어 극단적 평등주의자의 견해를 알아보자.

甲, 乙 두 나라가 있고, 각국의 구성원은 두 사람씩이다. 甲나라 두 사람의 효용은 각각 50, 50이다. 이에 비해 乙나라 두 사람의 효용은 각각 80, 20이다. 이 경우에 극단적 평등주의자의 견해를 가지고 甲, 乙 두 나라의 전체 후생을 계산해보면 甲나라의 사회후생은 50이고, 乙나라의 사회후생은 20이다. 각 나라 구성원이 느끼는 효용의 합계는 각각 100으로 동일하지만 그 분배상태가 다르기에 사회후생의 정도는 이렇게 다르게 나타난다.

4.3 효용가능곡선과 사회후생

(1) 효용가능곡선

앞에서는 가치관을 반영한 사회후생함수를 통하여 사회무차별곡선을 분석하였다. 이 절에서는 새로이 효용가능곡선(效用可能曲線)을 도입하여 최적 사회후생을 알아본다.

소비이론에서 최적선택 문제를 분석할 경우, 목적함수로는 효용함수가 사용되고 주어진 소득이 제약조건으로 사용된다. 생산이론에서 최적선택 문제를 분석할 경우에는 생산함수가 목적함수로 사용되고, 주어진 예산은 제약조건으로 사용된다. 제약조건이 수반되는 것은 경제 문제라는 것이 자원은 유한하고 희소성이 있다는 것에서부터 출발하기 때문이다.

사회후생의 분석에는 제약조건으로 효용가능곡선이 등장한다. 효용가능곡선이란 무엇이며, 어떤 성질을 가지고 있기에 후생분석에서 제약조건 역할을 하는가 알아보자. 최적 사회후생 상태를 알아내기 위해 우선 [그림 16-10]을 보자. 이 그림은 생산과 교환의 일반균형을 나타낸 [그림 16-6]을 가져온 것이다.

그림 16-10 효율적 생산과 소비계약곡선

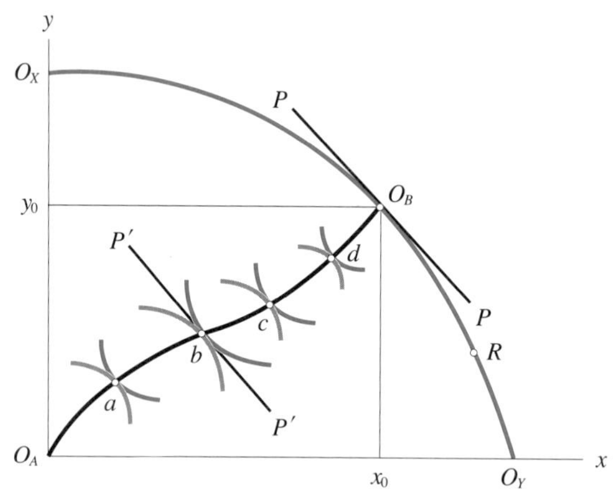

앞에서도 설명한 바와 같이, 이 그림은 기술적 효율과 경제적 효율이 있는 생산관계로 이루어진 두 종류의 상품 X재와 Y재 생산량 x_0와 y_0의 조합 O_B를 두 사람이 나누어 소비하는 관계이다. O_B가 그리는 사각형은 에지워스상자 구실을 한다. 즉 생산가능곡선상 O_B에서 생산된 두 상품을 에지워스상자 안에서 두 사람이 소비하는 관계이다. 두 사람의 한계대체율이 일치하여 교환의 일반균형을 이루는 소비조합점 a, b, c, d는 소비계약곡선을 구성하고 있다. 소비계약곡선상의 점들은 파레토 최적이 달성되는 점들이라는 것도 앞에서 설명하였다.

이 중에서도 b는 생산과 교환의 일반균형을 동시에 달성할 뿐만 아니라 생산과 소비의 종합적 효율까지 달성하는 점이다. 그것은 이 점에서 한계변환율, 예산선의 기울기, 한계대체율이 모두 같아 효율적으로 생산되고 효율적으로 분배되어 소비되고 있기 때문이다.

한편, 이 소비조합점 a, b, c, d는 각각 두 개의 무차별곡선을 거느리고 있다. 즉 각 점은 두 사람의 효용수준을 동시에 나타내는 소비조합점이다. 이 소비조합점을 효용평면에 옮기면 어떤 모양이 될까.

소비계약곡선상의 각 소비조합에서 소비자 두 사람이 얻는 효용수준들의 궤적을 그림으로 나타내면 효용가능곡선이 된다.

[그림 16-11]은 효용가능곡선이다.

그림 16-11 효용가능곡선

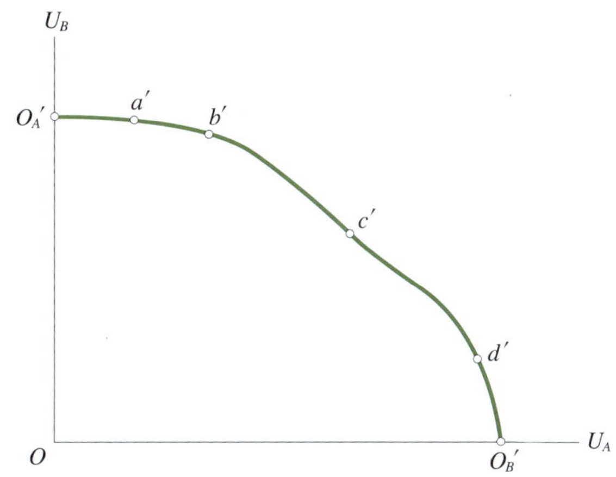

이 그림의 가로축은 A의 효용수준을 나타내고, 세로축은 B의 효용수준을 나타낸다. 세로축의 점 O_A'는 앞 그림의 점 O_A에 해당되는 조합으로, 생산된 두 종류의 상품 모두를 B가 혼자 소비하는 경우의 효용수준이다. 가로축의 점 O_B'는 앞 그림의 점 O_B에 해당되는 조합으로, 생산된 두 종류의 상품 모두를 A가 혼자서 소비하는 경우의 효용수준이다. O_A'와 O_B'사이의 곡선상의 점들 a', b', c', d'는 각각 앞 그림의 a, b, c, d에 대응하는 조합이며, 생산물을 A와 B가 나누어 소비하는 경우의 효용수준들을 나타내고 있다. 이 중에서도 b'는 생산과 교환의 일반균형을 달성하고, 생산과 소비의 종합적 효율성까지 달성한 점 b의 대응점이다.

소비계약곡선상에서 두 사람의 소비자가 누릴 수 있는 효용수준의 조합을 효용공간에 나타낸 곡선을 효용가능곡선 또는 효용가능경계(utility possibility frontier)라고 한다.

효용가능곡선: 소비계약곡선상에서 소비자들이 누릴 수 있는 효용수준들의 조합들을 효용공간에 나타낸 곡선

그런데 효율적인 생산량조합은 무수히 많이 존재하므로 그 생산량조합들 각각에 대해 역시 무수히 많은 효용가능곡선이 도출될 수 있다. 생산가능곡선상의 각 점, 즉 생산량조합마다 효용가능곡선이 하나씩 존재하는 것이다.

이 수많은 효용가능곡선을 한 효용공간에 그려 넣으면 어떤 모양이 될까?

[그림 16-12]를 보자.

앞에서도 설명한 바와 같이, 이 그림의 곡선 $O_A'O_B'$는 [그림 16-10]의 생산가능곡선상의 한 생산량조합 O_B에 대응되는 효용가능경계선을 옮겨 놓은 것이다.

이제 생산이 [그림 16-10]의 생산가능곡선상에 있는 다른 한 점인 R에서 이루어진다고 하자. 그럴 경우 생산조합 R도 다른 하나의 에지워스상자를 그릴 것이고 그 속에 소비계약곡선을 가질 것이다. 따라서 이 소비계약곡선으로부터 또 다른 효용가능경계선을 도출해 낼 수 있을 것이다. 그림의 RR'곡선이 바로 이 R의 생산량조합에서 유도되는 효용가능곡선이다.

우리가 그림에서 보는 바와 같이, 맨 처음 그린 효용가능곡선 $O_A'O_B'$와 나중에 그린 RR'는 서로 교차하기도 하면서, 바깥쪽에 위치하기도 하고 안쪽에 위치하기도 한다. 그것은 생산점이 변하면서 두 상품의 생산이 변하고, 또 이것을 나누어 소비하는 두 사람의 소비자의 소비량이 변하면서 각 소비조합 효용의 크기가 달라지기 때문이다. 예를 들어 R에서 생산될 경우 교환과 생산의 종합적 일반균형을 달성할 때의 소비조합에서 얻는 효용조합이 r'라고 하자. 독자 여러분은 생산이 O_B에서 이루어질 때, 교환과 생산의 종합적 일반균형 달성을 통해 얻는 효용조합은 b'임을 기억할 것이다. r'도 그런 성질을 가지는 효용조합이라는 의미이다. 즉 r'도 R에서

그림 16-12 총효용가능곡선

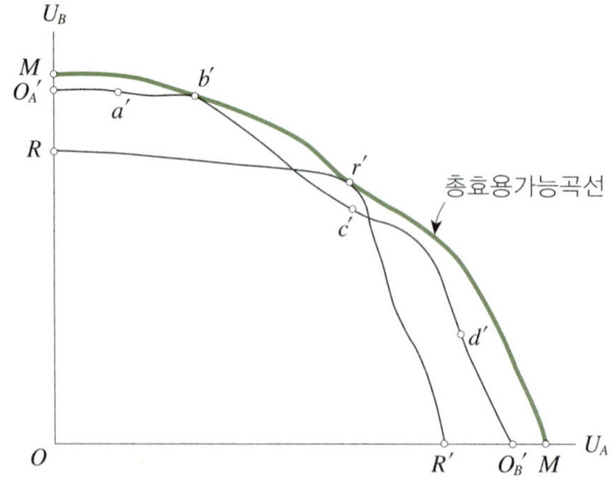

생산이 이루어질 때 두 소비자가 누릴 수 있는 가장 큰 사회후생을 나타낼 것이다.

생산가능곡선상의 모든 생산량조합은 이러한 최상의 효용조합을 하나씩 가질 것이다. 즉 생산가능곡선상의 점은 하나의 소비계약곡선을 만들어내고, 그 소비계약곡선은 하나의 효용가능곡선을 만들어내며, 그 효용가능곡선에는 이상적인 효용조합이 있을 것이다.

이처럼 무수히 많은 수의 효용가능곡선상의 점들 중에서 이상적인 자원배분을 달성한 효용조합점들의 궤적을 구해보면 그 궤적은 효용가능곡선들의 바깥쪽 포락선(包絡線)이 된다. 이 포락선을 총효용가능곡선이라고 한다.

> 총효용가능곡선: 파레토효율적 배분점에서의 소비자들의 효용수준의 조합으로 이루어지는 곡선으로서 효용가능곡선들의 포락선

그림으로 보면 b'와 r'에 해당되는 점들이 만들어내는 곡선이 총효용가능곡선이다. 총효용가능곡선상의 한 점은 생산의 효율성, 소비의 효율성, 생산과 소비의 종합적 효율성을 동시에 충족시키는 자원이용을 나타내는 효용조합이다. 이 세 가지 조건 중 하나라도 충족되지 못하면 그 효용조합점은 총효용가능곡선의 안쪽에 위치하게 된다.

이러한 점에서 총효용가능곡선을 최대효용가능경계선이라고도 한다.

지금까지 우리는 효용가능곡선을 도출하였다. 앞 절에서는 목적함수인 사회후생함수와 사회무차별곡선을 도출하였고, 이 절에서는 제약조건이라고 할 수 있는 효용가능곡선을 도출하였다. 최적 사회후생을 말할 수 있는 준비가 된 셈이다.

(2) 사회후생의 극대화

총효용가능곡선상의 모든 점은 이상적 자원배분의 세 가지 조건을 갖춘 점들이다. 즉 총효용가능곡선상의 모든 점은 파레토효율적 배분에 대응되는 소비자들의 효용조합을 나타내므로 효율적인 점들이라고 말할 수 있다. 따라서 파레토효율성 기준만으로 본다면 총효용가능곡선상의 모든 점들은 어느 조합이 좋고 어느 조합이 못하다는 평가를 할 수 없다.

그러나 효용수준의 배분이 사회적으로 최적인가를 평가하는 것은 효율성의 문제가 아니라 소득분배의 문제이며, 따라서 어떤 다른 사회 선택기준을 필요로 한다.

후생경제학에 맡겨지는 과제는 이제 효용공간상의 총효용가능곡선을 제약조건으로 하여 사회후생함수를 극대화시키는 최적화문제로 귀착된다. 물론 어떠한 사회적 가치판단을 전제로 하는가에 따라 사회후생함수의 형태가 달라지며, 이에 따라 사회적으로 최적인 효용수준의 배분점도 달라진다. 그러나 분석 기법은 사회적후생의 극대화 문제도 개별소비자의 효용극대화 문제의 경우와 동일한 방법으로 분석될 수 있다.

자, 이제 사회후생을 극대화시키는 효용 분배에 대해 알아보자.

[그림 16-13]은 사회후생의 극대화를 보여준다.

이 그림에는 네 개의 사회무차별곡선이 표시되어 있다. 또 *MM*은 총효용가능곡선이다. 이 사회무차별곡선을 이용하면 사회후생을 극대화시키는 배분을 결정할 수 있다. 즉 총효용가능곡선과 만나는 사회무차별곡선들 중에서 가장 높은 사회후생수준을 나타내는 사회무차별곡선을 찾아냄으로써 사회후생을 극대화시키는 배분을 찾아낼 수 있다. 사회후생을 극대화시키는 효용조합은 사회무차별곡선과 최대효용가능경계가 서로 접하는 점 *E*이다. 이 효용조합은 총효용가능곡선상의 점이므로 그에 대응되는 배분은 파레토효율적이다. 어떤 배분이 최적배분이 되려면 파레토효율적 배분이어야 할 뿐만 아니라, 사회무차별곡선과 총효용가능곡선이 서로 접한다는 조건을 추가적으로 충족시켜야 한다.

그림 16-13 사회후생의 극대화

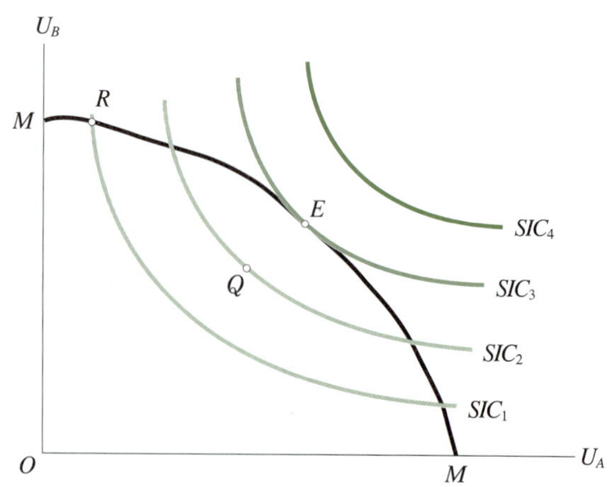

그러나 파레토효율적 배분이 파레토효율적이 아닌 배분보다 항상 바람직하다는 것은 아니다. 예를 들어 그림에서 Q의 효용조합에서의 배분은 파레토효율적 배분이 아닌 반면, R의 효용조합에서의 배분은 파레토효율적 배분이다. 그러나 무차별곡선으로 판단할 때 Q에서의 사회후생이 R에서의 사회후생보다 크다. 이는 비록 파레토효율성의 관점에서는 비효율적이라고 하더라도 소득분배의 관점에서는 사회적으로 보다 바람직한 배분이 존재할 수 있다는 것을 의미한다.

(3) 차선의 이론

앞의 그림에서 점 Q는 파레토효율적이지 않고 점 R은 파레토효율적이다. 그런데 사회후생은 Q가 R에 비해 크다. 이 현상을 설명하는 시도가 차선의 이론(次善理論, theory of the second best)이다. 립시(R. Lipsey)[5]와 랑카스터(K. Lancaster)[6]는 이 현상을 다음과 같이 설명하였다.

"만약 파레토최적을 위한 필요조건, 즉 자원의 최적배분을 위한 한계조건들의 한 가지 또는 두 가지 이상이 어떤 이유로 충족될 수 없다면, 그 때는 일반적으로 나머지 한계조건들을 충족시킬 필요도 없고, 충족시키는 것이 바람직하지도 않다."[7]

어떤 이유 때문에 일부의 파레토최적 조건들이 실현되지 못한다면 나머지 최적조건들이라도 충족시키는 것이 좋을 것으로 생각되지만 그렇지 않다는 것이다. 그림을 사용하여 이를 알아보기로 보자.

[그림 16-14]에서 원점에 볼록한 곡선들은 사회무차별곡선이고 원점에 오목한 곡선은 생산가능곡선이다. 이상적인 생산과 분배는 점 E에서 이루어진다. 그런데 이 때 사회의 경제여건상 FG의 제약이 존재한다고 가정하자. 즉 FG를 포함한 안쪽만 선택이 가능하다고 하자. 이 상황에서 사회후생을 극대화시키기 위해서는 FG상의 S가 선택되어야 한다. 그런데 S는 생산가능곡선의 내부에 있는 점이다. 생산가능곡선 내부의 점들은 자원이 효율적으로 이용되지 못하고 있는 상황이다. 그런데도 생산가능곡선상의 H 보다는 S를 선택하면 사회후생이 증가하게 된다. H를

5) 립시는 캐나다 태생으로 영국에서 활동한 경제학자. 필립스곡선 등을 연구.

6) 랑카스터(K. Lancaster)는 호주 출생으로 미국에서 활동한 경제학자. 립시와 함께 「차선에 대한 일반이론」을 출간한 것으로 유명하고 수리경제학 교과서도 저술.

7) Lipsey, R., and K. Lancaster, "The General Theory of Second Best," *Review of Economic Studies*, Vol. 24, 1956~57, pp. 11~32.

그림 16-14 차선이론

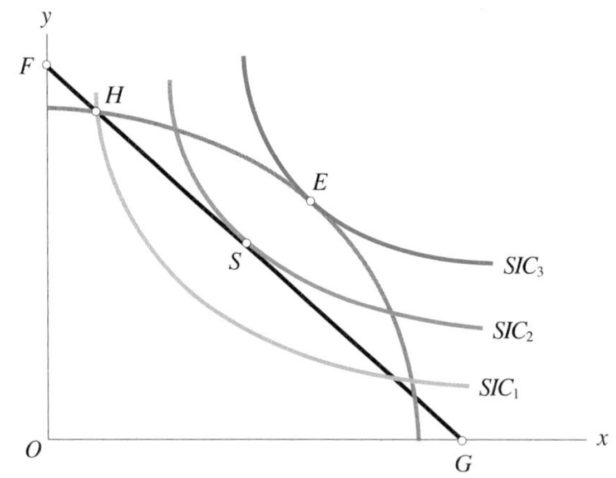

지나는 사회무차별곡선의 사회후생에 비해 S를 지나는 사회무차별곡선의 사회후생이 더 크기 때문이다.

차선의 이론은 경제정책에 대해 중요한 시사점을 제공한다. 경제의 전반적인 상황을 고려하지 않고 부분적으로 효율성을 달성하려고 한다면 사회후생이 감소할 수 있음을 보여준다. 차선의 이론을 설명하기 위해 자주 인용되는 사례가 독과점시장과 관련된 규제정책이다. 이 책에서도 독과점시장의 사례를 들어 보기로 한다. 독과점시장은 파레토효율적이지 않다. 정부가 모든 독과점시장을 완전경쟁시장으로 전환시킨다면 파레토효율적 자원배분을 달성할 수 있다. 하지만 모든 독과점시장을 완전경쟁시장으로 전환시키지 못한다면 파레토효율적 자원배분을 달성할 수 없을 뿐 아니라, 사회후생을 감소시킬 수도 있다는 것이다. 따라서 차선의 이론은 정부가 경제정책을 조심스럽게 운용해야 한다는 것을 알려주는 것이다.

4.4 일반균형과 후생

독자 여러분은 제1장에서 경제학에서 해결해야 할 과제를 자원의 배분(효율), 소득의 분배(형평), 그리고 경제의 안정과 성장이라고 배웠다. 제15장에서는 소득불평등에 대한 원인과 불평등의 정도를 측정하는 방법에 대해 배웠다. 여기서는 자원의 효율적인 배분과 소득의 불평등한 분배를 동시에 해결하기 위한 경제학자들의 연구에 대해 소개할 것이다.[8)]

아담 스미스(A. Smith)는 「국부론」(國富論, Wealth of Nations)에서 다음과 같이 말한다.[9)]

"모든 개인이 …… 자신이 할 수 있는 한 최대로 자신의 자본을 국내산업의 부양에 사용하고, 따라서 국내산업의 생산물이 최대의 가치를 갖도록 국내산업을 이끌려고 노력할 때, 그들은 필연적으로 사회의 연간소득을 그들이 할 수 있는 한 최대로 만들려고 일하는 것이 된다.

그는 일반적으로 공공이익을 증가시킬 의도가 전혀 없으며, 자신이 얼마나 그렇게 하고 있는지도 전혀 모른다. 해외산업의 부양보다 국내산업의 부양을 선호하면서 그는 단지 자신의 안전만을 추구할 뿐이고, 생산물이 가장 큰 가치를 가질 수 있도록 국내산업을 경영함으로써 그는 단지 자신의 이익만을 추구할 뿐이다. 그리고 이 경우에도 그는 다른 많은 경우에서처럼 보이지 않는 손(invisible hands)에 이끌려 전혀 자신의 의도에 들어 있지 않은 목표를 추구하게 된다. 더욱이 그 목표가 의도한 것이 아니라는 사실이 항상 사회에 더 많은 해가 되지 않는다. 개인은 자신의 이익을 추구함으로써 실제로 사회의 이익을 증가시키려고 의도했을 때 보다 훨씬 효과적으로 사회의 이익을 증진시킨다. 나는 공공선을 위해 사업을 하는 척하는 사람이 이루어 놓은 좋은 일을 결코 많이 알지 못한다."

위의 글을 요약하면, 시장기구(市場機構, market mechanism)라는 보이지 않는 손을 통해 개인의 사익추구 행위는 사회적으로 가장 바람직한 상태를 이끈다는 것이다. 어떻게 이런 상태가 이루어질까. 독자 여러분은 초과공급이 발생하면 시장가격이 하락하고 초과수요가 발생하면 시장가격이 상승하는 가격조정기능에 대해 배웠다. 또한 완전경쟁시장에서 자원이 효율적으로 배분되는 것을 배웠으며, 파레토최적이라는 용어를 알게 되었다. 독자 여러분이 배운 내용을 이해하면, 다음과 같은 사실을 알 수 있을 것이다: "완전경쟁은 파레토최적을 달성하게 해준다".

후생경제학의 제1정리와 제2정리는 모든 시장이 완전경쟁인 경우에 일반균형

8) 경제의 안정과 성장에 대한 논의는 이 책의 범위를 벗어나므로, 생략한다. 이에 대한 논의는 거시경제학에서 다루게 될 것이다.

9) A. Smith 『애덤 스미스의 지혜』, 벤자민 로지 편/ 박순성 역, 자유기업원, 1997.

과 파레토최적간의 상호관계를 설명하는 것이다.[10)]

후생경제학의 제1정리

모든 시장이 완전경쟁일 때 일반균형이 자원을 효율적으로 배분한다는 사실을 입증한 것이 후생경제학의 제1정리(first fundamental theorem of welfare economics)이다.

> 후생경제학 제1정리: 완전경쟁하에서 소비자의 선호관계가 단조적(monotonic)이고 생산과 소비에 외부성(externality)[11)]이 존재하지 않으면 일반균형의 배분은 파레토 효율적이다.

사람들의 상호이득을 추구하는 교환이 끝난 다음에 이루어지는 균형은 경제적으로 효율적인 배분상태가 된다는 것이다.

모든 시장이 완전경쟁일 때 이루어지는 일반균형 하에서 소비와 생산은 균형을 이룬다. 즉 소비에 있어서는 모든 소비자에게 동일한 상품 가격이 주어지고, 또 모든 소비자는 그 한계대체율이 같도록 소비한다. 생산에 있어서는 모든 상품에 생산요소로서 동일한 노동과 자본 가격이 주어지고, 그 한계기술대체율도 같도록 생산한다. 그리고 생산물의 가격은 한계생산비와 같게 설정된다.

한편 후생경제학의 제1정리에는 전제가 따른다. 첫째, 경제에 외부효과(外部效果, external effect)가 존재하지 않아야 한다. 그러나 현실에서 이러한 조건이 항상 충족되는 것은 아니다. 즉 현실 경제에 시장실패는 광범위하게 존재한다. 둘째, 파레토 최적이 소득분배의 불평등을 개선한다는 보장이 없다. 하지만, 일반균형과 파레토최적의 관계를 일반화시켰다는 점에서 의의가 있다. 이제 소득분배의 형평성도 함께 고려하는 이론을 소개하기로 한다. 그것은 후생경제학의 제2정리이다.

후생경제학의 제2정리

완전경쟁시장은 자원의 효율적 배분을 달성할 수 있을까. 외부성이 존재한다면

---

10) 완전경쟁인 경우에 일반균형과 파레토최적의 관계에 대한 심도 있는 분석은 1951년에 발표된 애로우(K. Arrow)에 의해 이루어졌다. 이에 따라 후생경제학의 제1정리와 제2정리는 애로우의 제1정리와 제2정리로 불린다. 그 이후 애로우는 드브류(G. Debreu)와 함께 제1정리 및 제2정리를 더욱 일반화시켰다.

11) 외부성에 관해서는 제17장에서 소개할 것이다. 여기서 간략히 소개하면 어떤 경제주체의 행위가 제 3자의 효용이나 이윤에 영향을 주지만, 시장기구를 거치지 않으므로 행위에 대한 대가나 보상이 없는 효과를 말한다.

완전경쟁시장도 자원의 효율적 배분을 달성할 수 없게 된다. 또한 외부성이 존재하지 않는다고 가정하더라도, 형평의 문제를 해결한다는 보장이 없다. 초기부존자원을 재배분한 후 파레토최적 배분이 이루어지면 모든 시장에서 일반균형이 달성된다는 것을 후생경제학의 제2정리라고 한다.

> **후생경제학 제2정리:** 완전경쟁하에서 소비자의 선호가 단조적이고 볼록성을 충족시키는 경우, 초기 부존자원의 적절한 재배분에 의해 임의의 파레토 효율적인 자원배분이 달성될 수 있으며, 그 자원배분 상태는 일반균형이 된다.

여기에도 전제가 있는데, 소비에 있어서나 생산에 있어서 대체율이 체감되어야 한다는 것이다. 이 말은 무차별곡선과 등량선이 원점에 대해 볼록해야 한다는 것을 의미한다. 물론 소비자들의 선호체계가 합리적이어야 한다는 것도 전제 중 하나이다. 초기 부존자원을 원래대로 둔 채 실현된 일반균형은 효율성은 달성하지만 형평성은 달성하지 못할 경우가 있다. 이 때 정부가 조세나 이전지출 등 정책수단을 통해 초기부존자원을 재배분하고 시장에 맡기면 효율성과 형평성도 달성할 수 있다는 것이다.

이것은 형평성을 위해 굳이 효율성을 희생해야만 하는 것이 아니라는 것을 말해준다. 즉, 효율성(efficiency)과 형평성(equity)은 상충(相衝, trade-off)관계가 아니라 독립된 관계라는 것이다.

요 · 약

01. 부분균형분석은 개별소비자나 개별기업 행동의 합리성 여부는 판별할 수 있지만 사회전체적인 합리성은 판별할 수 없다.

02. 일반균형분석에서는 여러 가지 상품시장의 동시적 균형과 동시적 자원배분문제가 다루어진다. 일반균형분석에는 여러 가지 상품시장들과 기업들간의 상호의존관계를 분석하는 미시적 일반균형분석과 국민경제 전체의 재화시장, 화폐시장 및 노동시장의 상호의존관계를 분석하는 거시적 일반균형분석이 있다.

03. 파레토최적(Pareto optimality): 타인에게 피해를 입히지 않고서는 어느 누구도 더 이상 잘 살게 할 수 없을 정도로 자원이 잘 이용되고 있는 상태. 파레토효율성(Pareto efficiency)이라고도 한다.

04. 경제주체 중 어느 누구의 후생감소 없이 교환을 통하여 어느 한 주체의 후생이 증가하는 것을 파레토개선이라 한다.

05. 에지워스상자 그림은 일정하게 주어진 자원을 과부족 없이 모두 사용하는 경우의 일반균형과 파레토최적을 설명하는데 편리하다.

- 소비계약곡선: 소비에 있어서 파레토효율이 이루어지는 점들의 궤적
- 생산계약곡선: 생산에 있어서 파레토효율점들의 궤적

06. 생산가능곡선의 생산은 모두 기술적 효율이 있는 생산방법을 나타낸다.

07. 등수입선과 생산가능곡선이 접하는 점에서 기술적 효율과 경제적 효율이 이루어진다.

08. 소비(교환)와 생산의 동시적 일반균형 조건은 다음과 같다.

$$MRS^A_{XY} = MRS^B_{XY} = \frac{P_X}{P_Y}\text{(소비의 효율성)}$$

$$MRTS^X_{LK} = MRTS^Y_{LK} = \frac{P_L}{P_K}\text{(생산의 효율성)}$$

$$MRS_{XY} = MRT_{XY}\text{(생산물 구성의 효율성)}$$

09. 사회후생함수(social welfare function): 개인들의 후생을 결정하는 모든 변수들을 나열한 사회상태들의 집합

10. 공리주의적 사회후생함수: 개인의 효용을 기수적인 것으로 가정하고 사회 전체의 후생은 개인효용의 합에 의해서만 결정된다고 보는 견해를 반영한 사회후생함수

11. 평등주의적 사회후생함수: 높은 수준의 효용을 누리고 있는 사람의 효용에는 상대적으로 낮은 가중치를 부여하고, 낮은 효용수준을 누리고 있는 사람의 효용에는 상대적

으로 높은 가중치를 부여하는 방법으로 사회후생수준을 평가하는 사회후생함수

12. 극단적 평등주의 사회후생함수: 그 사회에서 가장 낮은 효용수준을 누리고 있는 사람의 효용수준을 사회 전체의 후생수준으로 보는 사회후생함수
13. 효용가능경계선: 소비계약곡선상에서 소비자들이 누릴 수 있는 효용수준들의 조합들을 효용공간상에 나타낸 곡선
14. 차선이론은 경제의 전반적인 상황을 고려하지 않고 부분적으로 효율성을 달성하려고 한다면 사회후생이 감소할 수 있음을 보여준다.
15. 후생경제학의 제1정리: 완전경쟁하에서 소비자의 선호관계가 단조적이고 생산과 소비에 외부성이 존재하지 않으면 일반균형의 배분은 파레토 효율적이다.
16. 후생경제학의 제2정리: 완전경쟁하에서 소비자의 선호가 단조적이고 볼록성을 충족시키는 경우, 초기 부존자원의 적절한 재배분에 의해 임의의 파레토 효율적인 자원배분이 달성될 수 있으며, 그 자원배분 상태는 일반균형이 된다.

연·습·문·제

01. 일반균형분석이란 무엇인가. 부분균형분석과는 어떻게 다른가?
02. 파레토최적(Pareto optimality)이란 무엇인가 설명하시오.
03. 이기성은 시장실패의 원인인지 설명하시오.
04. 파레토최적과 파레토개선을 관련지어 설명하시오.
05. 소비계약곡선이란 무엇인가 설명하시오.
06. 생산계약곡선이란 무엇인가 설명하시오.
07. "생산가능곡선의 모든 점은 생산의 기술적 효율이 있는 생산방법을 나타낸다. 그러나 경제적효율을 보장하지는 않는다." 이 말을 설명하시오.
08. 생산가능곡선이 원점에 오목한 이유는 무엇인가. 그 시사점은 무엇인가?
09. 소비와 생산의 동시적 일반균형조건은 다음과 같다.

$$MRS_{XY}^{A} = MRS_{XY}^{B} = \frac{P_X}{P_Y}$$

$$MRTS_{LK}^{X} = MRTS_{LK}^{Y} = \frac{P_L}{P_K}$$

$$MRS_{XY} = MRT_{XY}$$

각 항목이 의미하는 바를 설명하시오.

10. 사회후생함수란 무엇인가 설명하시오.
11. 공리주의적 사회후생함수란 무엇인가 설명하시오.
12. 평등주의적 사회후생함수란 무엇인가 설명하시오.
13. 극단적 평등주의 사회후생함수를 설명하시오.
14. 효용가능곡선이란 무엇인가 설명하시오.
15. 차선이론이란 무엇인가 설명하시오.

해답 및 풀이

03. {풀이} 합리성은 두 가지 요건으로 정의된다. 첫째, 다른 사람의 이익에 상관없이 자신의 이익만을 추구한다. 둘째, 의사결정을 할 때 일관성 있는 선택을 한다.
합리성이 시장실패의 원인이 아니므로, 이기성도 시장실패의 원인이 아니다.
시장실패의 대표적 원인은 (1) 불완전경쟁, (2) 외부효과, (3) 소비에 비경합성과 비배제성이 존재하는 상품, (4) 시장에 불확실성이 존재하는 경우를 들 수 있다.

읽을 거리

한비야의 둘째 딸

방글라데시에 있는 둘째 딸(결연 맺은) 아도리의 아버지는 인력거꾼이다. 새벽부터 밤늦게까지 인력거 끄는 일을 하지만 식구들에게 하루 한 끼 먹이기도 어렵다. 그 인력거가 남의 것이기 때문이다. 인력거 임대료는 보통 하루 수입의 절반 정도이다. 수리비나 부품 값, 비 올 때 치는 비닐 지붕 값도 인력거꾼이 내야 하니, 임대료를 주고 나면 남는 것이 거의 없다.

혹시 극빈자 동네에 반드시 있는 게 무엇인지 아는가? 고리대금업자다. 하루 벌어 하루 먹고 사는 사람들은 집에 아픈 사람이 생기거나 결혼 등 큰일을 치르려면 돈을 빌리는 수밖에 없다. 이런 저런 이유로 조금씩 빌린 돈이 50달러, 우리 돈 5만 원이 넘어가면 고리대금업자는 채무자의 아이 한 명을 데려간다. 그리고 아이를 새벽부터 밤까지 부려먹고 돈은 한 푼도 주지 않는다. 아이의 임금이 빌려간 50달러의 이자이기 때문이다. 원금을 갚기 전에는 이 담보노동에서 헤어날 방법이 없으며, 가난한 부모에게 50달러는 도저히 갚을 수 없는 어마어마한 돈이다.

내 딸 아도리도 담보노동 어린이였다. 다섯 살 때부터 담뱃잎 마는 일을 하느라 학교는커녕 햇빛 아래서 놀아본 적도 없는 아이다. 손은 거칠고 상처투성이였다. 담보노동에서 풀려난 지 몇 달이 지났지만 손바닥의 상처가 아물지 않아, 아직도 밤마다 손을 소금물에 담가야 진통이 된다.

담보노동 아이가 풀려났다고 해서 끝이 아니다. 가난한 사람들은 구조적으로 돈을 빌리지 않을 수 없기 때문에 이 아이가 다시 담보노동을 하게 되는 것은 시간문제이다.

후원은 이래서 중요하다. 내가 5만 원을 들여 아이를 풀려나게 하고, 2만 원을 보낸다고 해서 당장 아도리가 학교에 다닐 수 있는 것은 아니다. 극빈자들은 애든 어른이든 돈벌이를 할 수 있는 사람을 총동원해야 먹고 살 수 있기 때문에 아이를 학교에 보낼 수 없다. 그래서 우선 아이가 벌어오는 만큼의 수입을 보장해주는 게 중요하다. 그 방법 중의 하나가 젖이 나오는 어미 염소를 빌려 주는 것이다. 그 염소젖을 팔아 아이 수입을 대체하면 아이가 학교에 다닐 수 있다. 게다가 어미 염소가 새끼를 낳으면 그 새끼는 이 집 것이 된다. 다음에는 우리가 인력거를 사서 아버지에게 임대료의 반값만을 받고 빌려준다. 그리고 그 임대료를 모았다가 아버지가 인력거를 살 수 있게 도와준다. 이렇게 해서 아버지는 꿈도 꾸지 못했던 인력거 주인이 되는 것이다. 인력거 한 대, 그리고 아이가 받는 초등교육으로 드디어 이 식구는 가난의 굴레에서 벗어날 발판을 마련하는 것이다.

내 딸의 학비는 물론 어미 염소, 인력거 대여금 등이 한 달에 2만 원으로 해결된다.

2만 원이 이렇게 큰돈인 줄 정말 몰랐다.

– 한비야, 「지도밖으로 행군하라」, 푸른숲(2006)에서 발췌 –

chapter 17

시장실패

우리는 일상생활 속에서 유형 · 무형의 다양한 시장과 접하며 살고 있다. 그래서 무심코 생각하기 쉽다. '시장은 만능'이라고. 실제로 시장경제체제라는 것은 인류가 찾아낸 가장 효율적인 경제체제이다. 마치 투표제도가 아직까지 가장 좋은 의사결정 방법인 것처럼. 그러나 투표제도가 완벽한 의사결정제도가 되지 못하는 것처럼, 시장경제체제 또한 완벽한 경제체제는 아니다. 즉 시장이 만능은 아니다.

어떤 것은 상품으로 시장생산이 불가능하기도 하고, 시장이 있고 생산이 되어도 시장기능이 효율적으로 작동되지 못할 경우가 있다. 이 장에서는 시장이 제대로 작동되지 않는 경우와 그 이유, 그리고 시장을 보완하는 정부의 역할에 대해 알아본다.

나그네

강나루 건너서
밀밭 길을
구름에 달 가듯이
가는 나그네
길은 외줄기
남도 삼백리

술 익는 마을마다
타는 저녁놀
구름에 달 가듯이
가는 나그네

- 박목월 -

제 1 절 시장실패의 의의와 원인

아담 스미스(A. Smith)는 우리가 의식주를 해결하여 살 수 있는 것은 이것을 생산해서 제공하는 이들의 자비심 덕분이 아니라 자기의 이익을 위한 행동 덕분이라고 말하였다. 사회 구성원들이 각자 자기의 이익을 위한 행동을 하면 이러한 행동들이 모여서 사회 전체의 선(善)을 형성한다는 것이다. 이 때 자기의 이익을 위한 행동이란 상품생산을 말한다. 스미스가 말하는, 사람들이 자기의 이익을 위해 상품을 생산하는 사회체제를 시장경제체제라고 부른다. 대부분의 현대인은 이 시장경제체제 아래 살고 있다. 경제활동, 즉 생산, 교환, 분배, 소비 활동이 시장기구를 통해 이루어지고 있는 것이다.

시장실패의 의의

그런데 이 시장경제체제 아래서 시장이 아예 성립되지 못하거나, 시장이 성립되어도 그 시장에서 전체의 선이 실현되지 못하는 경우도 발생한다. 예를 들어 자원이 특정한 산업에 집중되거나 생산활동으로 벌어들이는 소득의 분배가 공평하지 못한 경우도 발생한다. 즉 시장경제체제가 완벽한 것은 아니다. 시장기구가 효율적인 자원배분을 실현하지 못하는 상황을 시장실패(市場失敗, market failure)라고 한다.

시장실패: 시장기구가 효율적인 자원배분을 실현하지 못하는 상황

시장기구가 효율적인 자원배분을 실현하지 못하면 그 시장에서는 공평한 소득분배도 달성되지 못한다.

시장실패의 원인

시장실패를 일으키는 원인 중 대표적인 것으로는 다음 네 가지를 들 수 있다.

① 불완전경쟁

② 외부효과 발생

③ 소비에 비경합성(非競合性, non-rivalry)과 비배제성(非排除性, non-excludability)이 있는 상품

④ 시장에 불확실성 존재

이 중 세 번째의 경우, 즉 어떤 상품의 소비에 있어서 비경합성과 비배제성이 존재하는 경우에는 그 상품의 시장은 아예 성립이 불가능하다. 아무도 돈을 들여 그 상품을 사려하지 않을 것이기 때문이다. 그리고 나머지 세 경우에는 시장이 성립되어도 그 시장에서 효율적인 자원배분이 실현되지 못한다. 좀 더 자세한 사항은 다음 절에서 설명한다.

한편 시장실패가 일어나면 정부가 시장에 개입하거나 때로는 시장에 직접 참여하기도 한다. 그러나 정부의 개입이 오히려 시장실패를 더 심화시킬 수도 있다. 제11장 독점시장이론에서 독점의 폐해를 시정(是正)하기 위하여 정부가 조세수단 등을 통해 규제에 나설 때, 그 규제가 시장효과를 개선시키지 못하거나, 개선시킨다고 해도 부작용이 발생하는 현상을 분석한 바 있다.

정부의 간섭이나 개입이 효과를 보지 못하거나 역효과를 내어 부작용이 생기는 이러한 상황을 정부실패(政府失敗, government failure)라고 한다.

이제 시장실패는 어떻게 일어나며, 그 대책은 무엇인가 알아보자.

제2절 불완전경쟁

어느 산업이 불완전경쟁 상태, 즉 독점이나 과점 또는 독점적 경쟁이면 시장실패를 초래한다. 그것은 독과점기업들이 정상이윤을 초과하는 가격설정을 하거나 생산량을 감축하기 때문이다. 독과점기업은 이윤증대를 위하여 정상이윤을 초과하는 가격을 설정하고 사회적으로 적정한 수준보다 적은 양을 생산한다. 이러한 독과점기업의 행동은 소비자잉여의 일부만을 생산자잉여로 전환시키킴으로써 자원이 효율적으로 이용되지 못하는 결과를 빚는다. 이러한 가격상승 및 생산량 감축은 사회적 후생의 감소를 초래한다. 이러한 상황이 바로 시장실패이다.

불완전경쟁시장에서 시장실패가 어떻게 발생하게 되는지 구체적으로 알아보자.

첫째, 상품시장이 독점화되면 시장실패가 일어난다. 제11장에서 독점의 효과를 분석한 바 있다. 즉 독점시장은 완전경쟁시장에 비해 다음과 같은 효과를 가진다.

① 생산량이 감소한다.

② 가격이 상승한다.

③ 소비자잉여의 일부가 생산자잉여로 전환된다.

④ 사회적 후생 손실이 생긴다.

이러한 독점의 효과는 바로 시장실패로 연결된다. 시장이 독점화되면 완전경쟁시장에 비해 생산량이 감소한다. 생산량이 감소한다는 것은 완전경쟁시장에 비해 자원이 효율적으로 이용되지 못하는 상태를 의미한다. 이러한 자원의 비효율적 배분은 제11장의 [그림 11-13]을 이용하여 설명한 적이 있다. 즉, [그림 11-13]은 독점시장에서 하버거삼각형만큼의 사회적 후생손실이 발생한 상태를 보여준다.

한편 과점시장이나 독점적 경쟁시장도 시장실패를 초래한다. 일반적으로 과점기업도 생산량 감축을 통하여 가격상승을 추구하거나 최저생산비를 넘어서는 비용으로 생산함으로써 효율적인 자원이용의 실패를 초래한다.

둘째, 요소시장이 독점화되는 경우에도 시장실패가 일어난다. 요소시장 독점화의 시장실패 현상은 상품시장 독점화의 경우와 동일하다. '상품'시장이 '요소'시장으로 바뀌었을 뿐이다. 요소시장이 독점화되면 고용감소, 요소가격 상승, 사회적 후생손실 등 자원배분의 비효율성이 발생한다. 예를 들어 노동시장에 강력한 노동조합이 결성되어 노동공급이 독점되면 임금은 상승하고 고용감소가 일어나는 등 시장실패 현상이 나타난다.

셋째, 카르텔이 결성되는 경우에도 시장실패가 일어난다. 경쟁적인 시장이라 해도 만약 카르텔이 결성되면 시장실패 현상이 나타난다. 산업조직 형태 중 기업에 가장 유리한 형태는 독점시장이다. 카르텔이란 다수의 기업이 담합을 통해 독점기업처럼 행동하는 것이다. 따라서 카르텔이 결성되면 독점의 경우와 동일한 시장실패 현상이 일어난다.

넷째, 수요독점시장에서도 시장실패가 일어난다. 일반적으로 수요독점기업은 어떤 상품을 구입할 때 그 상품의 공급곡선과 수요곡선이 만나는 점이 결정해주는 양만큼 구입하지 않고 수요곡선과 한계지출(*ME*: marginal expenditure)곡선이 만나는 점이 나타내는 양만큼 구입한다. 이 경우 상품 구입량은 완전경쟁 때보다 적게 결정된다. 즉 효율적인 자원이용에 실패한다. 또 그 가격도 한계생산비보다 낮은 가격으로 결정된다.

노동시장에서 어느 기업이 수요독점이면 이러한 현상은 더 두드러지게 나타난다. 수요독점적 노동시장에서는 노동의 고용이 한계생산물가치곡선 VMP_L과 한계지출곡선 *ME*가 만나는 점에서 결정된다. 이 고용량은 경쟁시장일 경우의 균형인 한계생산물가치곡선과 노동공급곡선이 만나는 점에서 결정되는 고용수준보다 적다. 노동자원이 효율적으로 이용되지 못하는 것이다. 더구나 수요독점기업은 노동의 한계생산물가치보다 낮게 임금을 설정한다. 즉 임금착취까지 일어난다.

제 3 절 외부효과

3.1 외부효과

우리는 어떤 경제주체의 경제활동이 가져다 주는 사적편익(私的便益, private benefits)과 사회적편익(社會的便益, social benefits)에는 서로 차이가 없고, 사적비용(private cost)과 사회적비용(social cost) 또한 서로 차이가 없는 것으로 가정하고 이론을 전개하였다.

예를 들어, 생산자에게 발생하는 사적비용과 사회에 발생하는 사회적비용이 같은 것으로 보았고, 사회에 비용이 발생하면 생산자에게도 똑같은 만큼의 비용이 발생하는 것으로 보았다. 또 생산자들에게 편익이 발생하면 사회에도 똑같은 만큼의 편익이 발생하는 것으로 보았다.

그러나 실제로는 이와 같은 가정이 맞지 않는 경우도 있다. 예를 들어 어떤 생산자가 다른 사회구성원에게 편익을 주면서도 그 편익에 대한 보상을 받지 못하거나, 어떤 경우에는 다른 구성원에게 손실을 끼치면서도 그 손실에 대한 보상을 해주지 않는 경우도 있다. 즉 개별 경제주체의 비용이나 편익이 사회의 비용이나 편익과 같지 않은 경우도 많이 있는 것이다. 즉 사적편익과 사회적편익이 다를 수 있고, 사적비용과 사회적비용 또한 다를 수 있는 것이다.

어떤 경제주체의 행위가 다른 사람에게 보상 없이 비용을 발생시키거나 대가 없는 편익을 발생시키는 것을 외부효과(外部效果, external effect)라고 한다.

> 외부효과: 어떤 경제주체의 생산활동이 제 3자에게 대가나 보상이 없는 편익이나 손실을 끼치는 상태

좀 더 엄밀히 말하면, 첫째 어떤 개인의 경제활동이 다른 생산자의 생산활동 또는 다른 소비자의 효용수준에 영향을 미치고, 둘째 그와 같은 효과가 가격에 의해 보상되지 않는다는 두 가지 조건을 갖출 때 이를 외부효과라고 한다. 이 조건 중 첫째 조건을 상호의존성 조건(interdependence condition)이라고 하고, 둘째 조건을 가격형성불능 조건(non-price condition)이라고 한다.

한편 외부효과에는 외부경제와 외부비경제가 있다. 외부효과가 외부적 편익인 경우를 외부경제(external economy)라고 하고, 외부적 비용인 경우에는 외부비경제(external diseconomy)라고 한다.

3.2 외부효과의 시장효과와 보완

(1) 외부경제 발생

방아 찧을 때는 옆에서 고개만 끄덕여 주어도 힘이 된다

외부경제란 어떤 경제주체의 행위가 다른 경제주체들에게 편익을 가져다 주되, 그것에 대한 보상이 이루어지지 않는 경우이다. 외부경제에는 생산부문에서 발생하는 경우와 소비부문에서 발생하는 경우의 두 가지가 있다.

먼저 생산에 있어서의 외부경제(external economies of production)를 생각해 보자. 외부경제가 경제주체의 생산활동의 결과로 발생하는 것을 생산에 있어서의

외부경제라고 한다. 생산에 있어서의 외부경제 발생의 예로는 양봉업자의 생산활동을 들 수 있다. 과수원 옆에서 양봉업자가 벌을 친다고 하자. 양봉업자가 과수원에서 꿀을 채취하면 벌들이 과실나무의 수분(受粉)을 도와주기 때문에 착과율이 높아진다. 양봉업자의 생산활동에 외부경제가 나타나고 있는 것이다. 이러한 외부경제가 발생하게 되면 양봉업자의 생산비용, 즉 사적비용(private cost)보다 사회적 비용(social cost)이 낮아지는 효과가 발생한다.

[그림 17−1]은 생산에 있어서 외부경제가 발생할 경우의 시장효과이다.

그림에는 수요곡선 하나와 한계비용곡선 두 개가 그려져 있다. 한계비용곡선이 두 개인 것은 비용에 대한 양봉업자와 사회의 인식이 다르기 때문이다. 그림을 보면 양봉업자의 사적 한계비용곡선 MC_P보다 사회적 한계비용곡선 MC_S가 아래에 위치해 있다. 왜일까. 양봉업자의 비용은 실제 비용 그대로이다. 그러나 사회가 느끼는 한계비용은 다르다. 즉 양봉업에서 발생하는 '외부경제'의 화폐가치만큼 비용을 낮추어주는 것이다.

한편, 한계비용곡선은 공급곡선 구실을 한다. 이에 따라 시장균형은 수요곡선 D와 공급곡선 역할을 하는 MC_P가 만나는 E_P점에서 이루어진다. 이에 따라 시장가격은 P_P이고 기업의 최적생산량은 Q_P이다. 그러나 사회적으로 바람직한 생산량수

그림 17−1 외부경제 발생과 시장실패

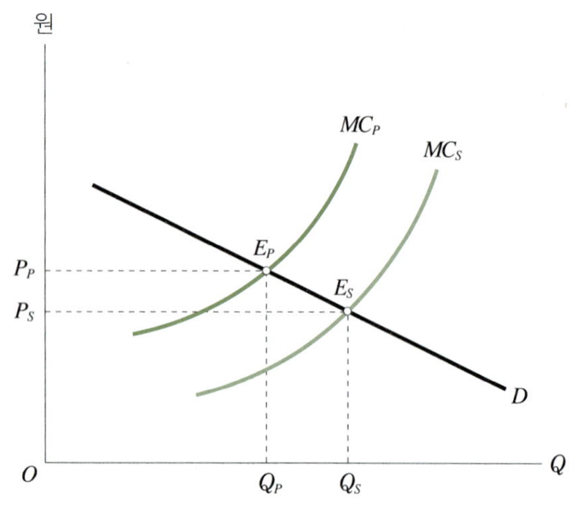

준은 수요곡선과 MC_S가 만나는 균형점 E_S에서 결정되는 Q_S로 사적 균형때의 생산량보다 많다. 그리고 가격은 P_S로 사적 균형때보다 낮다.

이상에서 분석한 바와 같이 생산에서 외부경제가 존재하면 사회적으로 바람직한 생산량보다 적게 생산되고, 가격은 높아 시장실패가 일어난다. 정부는 이를 바로잡기 위해 보조금을 지급하거나 세금을 감면해 줌으로써 생산자의 사적비용을 낮추어 생산증가를 유도할 수 있다.

다음으로 소비에 있어서의 외부경제(external economies of consumption)도 생각해 볼 수 있다. 어떤 소비자의 경제행위가 다른 사람들에게 편익을 가져다 주되, 그것에 대한 보상이 이루어지지 않는 경우이다. 예를 들어 간디나 테레사 수녀처럼 위대한 영혼을 지닌 이들의 검소한 생활은 이웃 사람들에게 유형무형의 좋은 영향을 끼쳤다.

(2) 외부비경제 발생

외부비경제란 어떤 경제주체의 행위가 다른 경제주체들에게 손실을 끼치되, 그 손실에 대한 보상이 이루어지지 않는 경우이다.

외부비경제도 두 가지로 나누어 볼 수 있다.

먼저 생산에 있어서의 외부비경제(external diseconomies of production)가 발생하는 경우이다. 외부비경제가 기업의 생산활동으로부터 비롯되는 경우를 생산에 있어서의 외부비경제라고 한다. 어떤 기업이 폐기물을 배출하여 하천을 오염시키는 경우, 또는 해로운 연기를 배출하여 공기를 오염시키는 경우 등이다. 이 경우 기업이 인식하는 사적비용과 실제로 사회가 부담하게 되는 사회적비용은 서로 다르게 되는데, 그 까닭은 오염에 책임이 있는 기업이 오염에 대한 비용을 부담하지 않기 때문이다.

[그림 17-2]는 생산에 있어서 외부비경제 발생시의 시장효과를 나타내고 있다.

그림의 MC_P는 공해발생기업의 한계비용곡선이고, MC_S는 그 기업의 생활활동에 대하여 사회가 부담하는 사회적 한계비용곡선이다. 기업의 이윤극대화는 수요곡선과 공급곡선 역할을 하는 MC_P가 만나는 E_P에서 이루어지고, 생산량은 Q_P이며 가격은 P_P이다. 그러나 사회적으로 바람직한 생산량은 Q_S로 사적 균형 때보다 적고, 가격은 P_S로 사적 균형에 비해 높다.

그림 17-2 외부불경제 발생과 시장실패

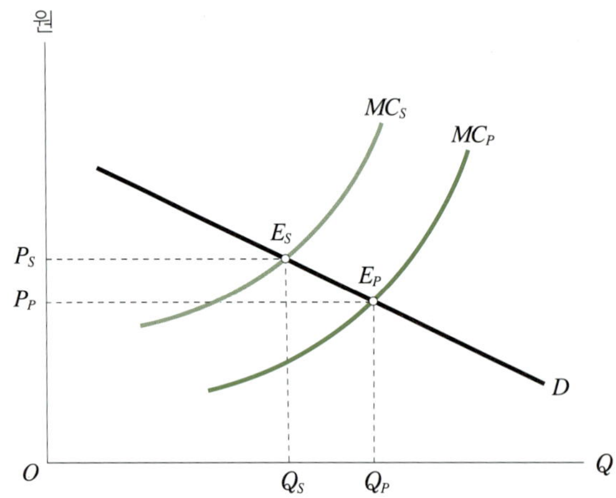

외부비경제가 발생하면 기업의 생산량이 사회적으로 바람직한 생산량보다 많아서 문제가 된다. 이럴 때는 공해배출 부담금을 부과하거나 세금을 부과함으로써 시장실패를 보완할 수 있다. 공해배출기업에 공해배출 부담금을 부과하면 결과적으로 그 기업의 한계생산 비용이 상승하게 되기 때문에 그 기업은 사회적으로 바람직한 수준까지 생산을 감소시키게 되는 것이다.

한편 소비에 있어서의 외부비경제(external diseconomies of consumption)란 어떤 소비자의 행위가 다른 사람들에게 손실을 끼치되, 그 손실에 대한 보상이 이루어지지 않는 경우를 말한다. 소비의 외부비경제 예로는 명품바람을 들 수 있다.

읽을거리 소비의 외부비경제 – 명품바람

명품(名品)이란 원래 뛰어나거나 이름난 물건을 말하며, 영어로는 럭셔리(luxury goods) 또는 명성 높은 상품(prestige product)이다. 우리나라에서는 명품이라는 말이 고급 브랜드를 칭하는 용어로 널리 사용되고 있다.

유행에 민감한 우리나라 소비자들은 과시적 욕구가 강하고, 기업은 이러한 소비자의 욕구를 겨냥하는 광고를 쏟아내고 있다. 명품을 구입하는 이유는 여러 가지겠지만, 공통적인 이유는 다른 사람에게 과시하고 싶은 욕구이다. 그리고 '다른 사람이 사니까'이다. 유럽에 배낭여행을 간 학생이 거친 빵을 먹으며 여비를 아끼다가도 명품을 보면 덥석 구입하는 것이 우리의 현실이다. 최근에는 대중적으로 인기가 높은 명품을 즐겨 사는 사람들을 매스티지 족(族)이라고 부른다. 매스티지(masstige)란 대중(mass)과 명품(prestige product)을 조합한 단어로, 웰빙시대 중산층 소비자들의 소비심리를 나타내는 말이다.

우리나라에서 팔리는 소위 명품은 유독 비싸다. 예를 들어 명품이라는 유모차가 미국에서는 33만 원인데 비해 우리나라에서는 70만 원 가까이에 팔린다. 또 BMW 525의 가격이 뉴욕에서는 4만 3,500달러인데 비해 우리나라에서는 9만 1,923달러로 두 배가 넘는다. 그렇지 않아도 비싼 것이 명품인데, 우리나라에서는 그보다도 더 비싸니 그 낭비가 얼마나 큰지 모르겠다.

한 두 사람의 사치적이고 과시적인 소비가 이웃의 구매의욕을 필요 이상으로 자극하면서 사회적비용을 유발하고 있는 현상, 그것이 바로 소비의 외부비경제이다.

제4절 경합성과 배제성

4.1 상품재와 공공재

기업이 시장에서 판매를 목적으로 생산하는 일반적인 재화와 서비스를 '상품재(商品財)'라고 하자. 시장이론에서 상품이라고 말할 때 그 상품재는 명시적으로 나타내지는 않았지만 묵시적으로 다음 두 가지 성질을 가지고 있다고 가정된다.

첫째, 소비에 있어서 경합성(競合性, rivalry)이 있다. 경합성이 있다는 말은 한 상품으로부터 나오는 효용은 어떤 한 소비자에게만 귀속된다는 것을 뜻한다. 즉 어떤 상품에 경합성이 있을 때, 한 사람이 그 상품을 소비하면 다른 사람은 소비할 수 없다. 예를 들어 내가 오렌지 한 개를 사서 소비한다면 다른 사람은 그 오렌지를 소비할 수 없다.

둘째, 소비에 있어서 배제성(排除性, excludability)이 있다. 소비에 배제성이 있다는 말은 상품 값을 지불하지 않거나 소비 자격이 없는 사람은 소비하지 못하도록 하는 것이 가능하다는 뜻이다. 예를 들어 입장권을 구입하지 않은 사람은 극장에 들어가지 못하도록 할 수 있다.

일반적으로 상품재에는 경합성과 배제성이 있기 때문에 이런 상품에 대해서는 사람들이 소비에 대한 대가로 돈을 내야 한다.

그렇다면 우리가 소비하는 모든 상품이 두 가지 성질을 다 가지고 있는가? 반드시 그렇지는 않다. 우리 주위에는 경합성과 배제성을 가지지 않은 재화나 서비스도 많이 있다. 국가안보나 환경의 질, 도로, 가로등, 항만시설, 등대 등이 이에 해당한다. 소비에 있어서 경합성과 배제성을 가지지 않아서 사용이 자유로운 상품을 공공재(公共財, public goods)라고 한다.

공공재: 소비에 경합성과 배제성이 없어서 사용이 자유로운 상품

공공재는 경합성이 없어서 어떤 한 사람이 그 상품을 소비한다 해도 다른 사람들이 그 상품을 소비할 수 있는 양을 감소시키지 않는다. 또 배제성이 없어서 어떤 사람이 가격을 지불하지 않는다고 해서 그 사람의 소비를 배제하기가 어렵다.

공공재의 이러한 특성은 무임승차 문제를 일으킨다.

4.2 공공재 시장공급의 어려움

앞에서는 상품재의 특성을 살펴보았다. 이제 공공재의 특성을 살펴보고, 공공재에 발생하는 무임승차 문제에 대해 알아보자.

어떤 상품이 다수의 소비자들에 의해 공동으로 소비될 수 있는 성질을 가지면

그 상품은 비경합성(非競合性, non-rivalry)을 갖는다. 텔레비전의 방송은 일단 송출되면 시청자가 추가되어도 방송비용이 증가하지 않으므로 생산된 방송서비스를 공동으로 소비할 수 있다는 특성을 갖는다. 즉 이런 서비스는 한 사람의 소비가 다른 사람의 소비를 감소시키지 않는다. 이처럼 한 사람의 소비가 다른 사람의 소비를 감소시키지 않는 성질을 비경합성이라 한다. 그리고 이러한 성격을 갖는 상품을 비경합성 상품(non-rivalry goods)이라고 한다.

비경합성: 한 사람의 소비가 다른 사람의 소비를 감소시키지 않는 성질

한편 상품의 시장이 성립하고 거래가 가능하려면 사적인 소유권의 확립이 필요하다. 사적으로 점유한 상품을 타인이 임의로 사용할 수 없도록 할 수 있는 소비의 배제성이 존재해야 사람들은 가격을 지불할 것이기 때문이다. 다시 말하면 배제성 조건이 존재해야 한다는 것이다. 그러나 뱃길을 밝혀 주는 등대가 제공하는 혜택을 어떤 배는 누리지 못하도록 배제하기는 어렵다. 또 정부에 의해 생산되는 국방서비스의 혜택을 특정한 부류의 국민이 누리지 못하도록 배제하는 것도 불가능하다. 상품에 대한 가격을 지불하지 않는다 해도 소비를 배제할 수 없는 성질을 비배제성(非排除性, non-excludability)이라 한다.

비배제성: 어느 상품에 대한 가격을 지불하지 않는다 해도 그 소비를 배제할 수 없는 성질

소비에 있어서 배제가 불가능한 상품은 소비자들이 값을 지불하려 하지 않으므로 이윤 동기에 의한 상품생산이 불가능하다.

공공재와 무임승차

소비의 비배제성과 비경합성은 별개의 특성으로, 어떤 상품이 이 두 가지 특성 중에서 어떤 한 특성을 지닌다고 해서 반드시 또 다른 특성을 지니게 되는 것은 아니다. 그런데 공공재 중에는 국방, 등대 등이 제공하는 서비스들과 같이 소비의 비배제성과 비경합성을 동시에 지니는 재화나 서비스도 있다. 이와 같은 재화나 서비스를 순수공공재(pure public goods)라고 한다.

순수공공재: 소비의 비배제성과 비경합성을 동시에 지니는 재화나 서비스

순수공공재는 비배제성과 비경합성의 특성 때문에 상품으로의 생산이 불가능하므로 시장에 의한 자원배분이 불가능하다. 좀 더 정확히 말하면, 비경합적이라는 이유를 들어 값을 지불하지 않으려 하고, 비배제적인 성질 때문에 생산자가 값을 받을 수가 없다.

만약 순수공공재의 가격을 협상에 의해 결정한다고 하자. 각 소비자는 자신의 순수공공재에 대한 진정한 수요를 감추고 거짓된 수요를 나타낼 강한 유인을 갖는다. 순수공공재에 대하여 소비자들은 자신의 수요를 작은 것처럼 신호를 보내어 공공재의 생산비용을 타인에게 전가하고 무상으로 공공재를 소비하려 한다. 이와 같은 문제를 무임승차자 문제(free-rider problem)라고 한다. 즉 순수공공재는 소비의 비경합성 때문에 시장공급을 통해서는 파레토효율적 생산과 소비가 이루어질 수 없을 뿐만 아니라, 집단적인 의사결정에 의해 공급하고자 하는 경우에도 무임승차자의 문제로 인해 합리적인 의사결정이 어렵다. 따라서 순수공공재는 대부분 정부나 공공기관이 공급하게 된다.

준공공재

어떤 상품은 비배제성과 비경합성을 동시에 가지는 순수공공재와는 달리 비배제성이나 비경합성 중 한 가지 특성만 가지기도 한다. 이러한 재화나 서비스를 준공공재(準公共財, impure public goods)라고 한다.

준공공재에는 두 종류가 있다. 하나는 소비에 있어서 경합성은 없지만 배제성은 있는 경우이다. 유료로 제공되는 인터넷 정보가 그러한 성질을 가지는 서비스이다. 인터넷 정보는 한 사람이 그 정보를 얻는다고 해서 닳아 없어져 다른 사람이 소비하지 못하도록 하지 않는다. 그렇지만 요금을 내지 않은 사람이 정보에 접근하는 것은 차단할 수 있다. 준공공재 중에서도 이처럼 배제성이 있는 재화나 서비스는 상품재로의 생산이 가능하다.

다른 하나는 소비에 있어서 경합성이 있지만 배제성이 없는 경우이다. 교통체증이 생긴 일반도로가 그 성질을 가진 서비스이다. 아무나 이 도로를 사용할 수 있어서 배제성은 없지만, 어떤 사람이 사용하고 있어서 체증이 일어난 경우 다른 사람은 사용이 배제된다. 태평양에 있는 참치 떼도 마찬가지이다. 아무나 잡을 수 있되, 그 고기를 한 사람이 잡아버리면 다른 사람은 잡을 수 없다. 이러한 준공공재를 특히 공유재, 또는 공유자원(common resources)이라고 한다. 이러한 공유자원은 경합성이 있지만 값을 지불하지 않은 사람의 소비를 배제하기가 어렵기 때문에 무임승차가 가능하다.

4.3 공공재의 적정공급

앞에서 살펴 본 바와 같이 순수공공재나 공유재는 대부분 상품으로의 생산이 불가능하기 때문에 그 공급을 가격기구에 맡길 수 없다. 결국 정부 등 공공기관이 공급을 담당하는 것이다. 이 경우에는 가격기구가 작용하지 않기 때문에 다른 방법에 의해 그 공급량이 결정되어야 한다.

정부나 공공기관은 어떤 원리에 의해서 공공재를 공급할 것인가. 공공재의 적정공급 원리는 무엇인가?

[그림 17−3]은 공공재의 적정공급 결정 과정을 보여준다.

어느 경제에 A와 B 두 사람만 살고 있다고 하자. 그림에서 D_A는 어떤 상품에 대한 A의 수요곡선, D_B는 같은 상품에 대한 B의 수요곡선이다.

(a)는 완전경쟁하에서 생산되는 일반 상품의 최적생산량 수준 결정 과정을 보여준다. 일반 상품시장의 시장수요곡선은 개별소비자 수요곡선의 수평적 합으로 얻어진다. 즉 그림의 D_G는 시장수요곡선으로서, 개별수요곡선의 수평적 합이다. 이 일반 상품시장의 균형은 시장수요곡선과 시장공급곡선이 만나는 점 H에서 달성되고 최적생산량 수준은 Q^*이다. 즉 이 생산량 수준에서 각 소비자가 이 상품 한 단위를 추가소비함으로써 얻게 되는 한계편익(marginal benefits)과 기업이 한 단위를 추가생산하는데 드는 한계비용(marginal costs)이 같다. 이 경우에 A는 C만큼을 소비하고, B는 F만큼을 소비하게 된다. 또 이 경우에 A의 한계편익은 CE이고, B의 한계편익은 FG이다. 이 때 $CE = FG = Q^*H$이므로, 각 소비자에게 있어서의 한계편익은 한계비용(공급곡선은 한계비용곡선이다)과 같다.

(b)는 공공재의 최적생산량 수준 결정 과정을 보여준다.

공공재의 시장수요곡선은 각 소비자의 편익에 대한 수요인 개별수요곡선을 ‘수

그림 17-3 최적생산량의 결정

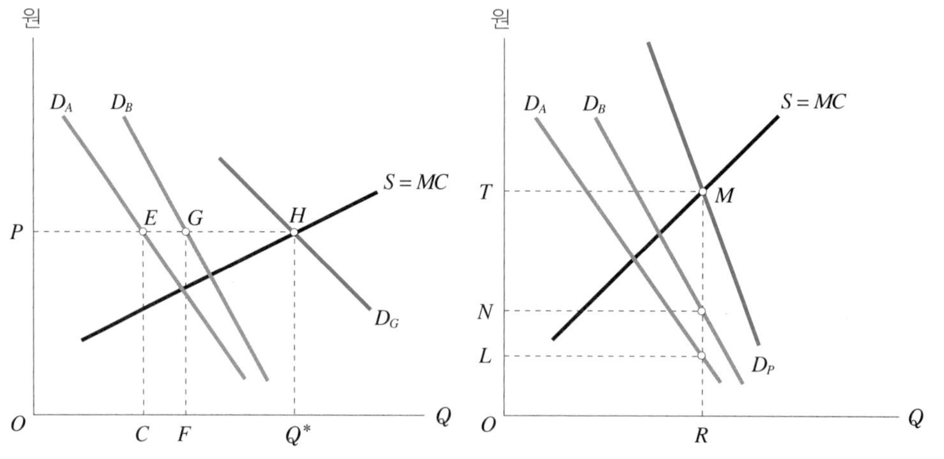

(a) 일반 상품 (b) 공공재

직적'으로 합한 것이다.[1] 즉 그림의 D_P가 공공재의 시장수요곡선이다. 이 시장수요곡선은 공공재가 주는 편익의 합계인 셈이다. 한편 공공재 공급곡선은 우상향의 MC곡선이다. 공공재의 건설비용 성격을 가지는 선분이다. 이제 공공재의 공급균형은 수요곡선과 공급곡선이 만나는 점 M에서 달성된다. 이 균형수준에서 공공재의 최적생산량은 R만큼이다. 이 때 소비자들이 얻는 편익, 즉 소비자들이 지불할 용의가 있는 가격의 합은 T이다.

공공재의 시장수요곡선이 개별수요곡선의 수직적 합인 이유는 다음과 같다.

예를 들어 이 공공재가 독도에 있는 등대라고 하자. 등대가 제공하는 서비스는 여러 선박이 서로 다른 선박의 소비를 감소시킴이 없이 동시에 소비할 수 있다. 다른 소비자의 소비를 감소시키지 않고 동시소비가 가능한 것은 공공재가 가지는 비경합성 때문이다. 그래서 같은 양의 서비스에 대하여 전체 소비자의 편익은 위로 더해서 얻어진다. 즉 총가격은 개별소비자의 지불용의가 있는 가격들을 위로 더해 가는 것이다.

R이 최적생산량 수준이 되는 이유를 더 생각해 보자.

---

1) 이와 같은 공공재의 수요곡선을 가수요곡선(pseudo-demand curve) 혹은 지불용의곡선(willing-to pay curve)이라고도 한다. R. N. Dorfman, Economics of Environment, 2nd ed.(New York: Norton, 1977) 참조.

최적생산량이란 사회적 한계편익(marginal social benefits)과 사회적 한계비용(marginal social costs)을 같게 해 주는 생산량수준을 말한다. 여기에서 사회적 한계편익이란 각 소비자들이 얻게 되는 한계편익을 모두 합한 것이다. 따라서 생산량이 *R*일 때 공공재로부터 얻게 되는 사회적 한계편익은 *L*과 *N*의 수직적 합인 *T*만큼이다. 한편 공공재의 생산량이 *R*일 때 사회적 한계비용은 *M*이다. 최적생산량수준은 사회적 한계편익과 사회적 한계비용을 같게 해주는 수준인데, *R*이 바로 편익과 비용이 동일한 점인 것이다. 그림에서 볼 때 이 생산량수준에서 사회적 한계편익과 사회적 한계비용의 높이가 같다.

이와 같이 공공재의 경우에는 각 소비자들의 한계편익의 합계가 그 서비스의 한계비용과 같아질 때 경제적 효율이 달성된다. 즉 n명이 공공재의 소비에 참가할 때 공공재의 최적생산 조건은 다음과 같다.

$$\sum_{i=1}^{n} P_i = MC$$

여기서 P_i는 i번째 소비자가 공공재에 대하여 지불할 용의가 있는 가격, 즉 그 공공재에서 얻는 편익의 수준을 나타낸다.

이같은 공공재의 최적생산량 결정방식을 린달[2)]해(Lindahl solution)라고 한다.

제 5 절 불확실성

우리는 제6장에서 시장에 불확실성(不確實性)이 존재하는 경우의 소비자행동을 분석하였다. 그리고 조건부상품의 불확실성을 제거해 주는, 다시 말해서 위험을 인수하는 보험제도에 대하여 알아보았다. 어떤 시장에 불확실성이 존재하게 되면 그 시장은 실패하게 된다. 생산자나 소비자가 우연에 의존하는 생산형태나 소비형태를 보이게 되기 때문에 합리성을 전제로 하는 시장원리는 작동하지 못하게

2) 린달(E. Lindahl, 1891~1960)은 스웨덴의 경제학 및 재정학자.

되는 것이다.

시장에 불확실성이 있게 되면 그 불확실성, 즉 위험을 인수하는 보험시장이 형성되어 시장의 불확실성을 제거해 주거나, 선물시장(先物市場)이나 옵션시장 등 파생상품시장이 생겨 가격변동으로 인한 생산 및 소비자의 위험을 완화시켜 주기도 한다. 이러한 시장을 위험시장(market for risk)이라고 한다.

보험이란 위험기피적 소비자들이 위험을 피하기 위해 보험료(premium)를 지불하고 자기 위험을 보험자에게 인수시키는 제도이다. 그러면 보험에 가입하여 어떤 효용을 얻을 수 있는가. 이미 우리가 제6장에서 분석한 바와 같이 보험에 가입하면 불확실성을 제거하고 더 높은 만족도를 누릴 수 있다. 보험은 불확실성문제를 해결하여 주는 제도로 시장실패를 완화시켜 준다. 그러나 보험도 시장실패를 완전히 보완해 주지는 못한다. 비대칭정보하에서 역선택(adverse selection)과 도덕적 해이(moral hazard)가 존재하기 때문이다. 역선택과 도덕적 해이 문제는 다음 장에서 소개한다.

선물시장이란 미래의 약정한 날에 약정한 가격으로 거래를 함으로써 가격변동위험을 헤지(hedge)하는 시장이다. 옵션시장도 상품을 사거나(call) 판매(put)할 권리를 매매하여 가격변동위험을 제거하는 시장이다.

요 · 약

01. 시장 자체가 성립하지 못하거나, 시장이 성립되어도 효율적인 자원배분과 공평한 소득분배를 실현하지 못하는 경우도 있다. 이렇게 시장기능이 제대로 작동하지 못하는 것을 시장실패(market failure)라고 한다.
    - 시장실패를 일으키는 원인으로는 불완전경쟁, 경제의 외부효과, 불확실성, 상품의 비경합성 및 비배제성 등이 있다.
02. 외부효과(external effect): 어떤 경제주체의 생산활동이 제3자에게 편익이나 손실을 끼치는 상태.
    - 생산에서 외부경제가 존재하면 사회적으로 바람직한 생산량보다 적게 생산되고 가격도 높아 시장실패가 일어난다.
    - 외부비경제가 발생하는 경우는 기업의 생산량이 사회적으로 바람직한 생산량보다 많아서 문제가 된다.
03. 공공재란 소비에 경합성과 배제성이 없어서 사용이 자유로운 상품을 말한다.
    - 비경합성 상품(non-rivalry goods): 한 사람의 소비가 다른 사람의 소비를 감소시키지 않는 성질을 가지는 상품
    - 비배제성(non-excludability): 어느 재화나 서비스에 대한 가격을 지불하지 않았다 하여도 그 소비를 배제할 수 없는 성질
04. 순수공공재란 소비의 비경합성과 비배제성을 동시에 지니는 재화와 서비스를 말한다.
05. 준공공재란 공공재가 가지는 비경합성과 비배제성 중 한 가지 성질을 가지는 재화와 서비스를 말한다.
06. 공공재는 상품으로의 생산이 불가능하기 때문에 대개 공공 공급이 이루어진다.
07. 공공재에 대해 가격을 지불하려 하지 않는 현상을 무임승차자 문제라고 한다.
08. 공공재의 경우 수요곡선은 개별수요의 수직적 합이다. 공공재의 적정공급은 개별수요자의 한계편익의 수직적 합이 만들어내는 수요곡선과 공급곡선이 교차하는 점에서 이루어진다.
09. 시장에 불확실성이 존재하면 시장실패가 일어난다. 불확실성으로 인한 시장실패의 보완책으로는 보험이 있다.
10. 보험시장에는 역선택과 도덕적 해이가 발생하기 쉽다.

연 · 습 · 문 · 제

01. 독점시장의 경우는 분명히 시장이 성립하고 거래가 이루어지는데도 시장실패라고 한다. 독점을 시장실패라고 부르는 이유는 무엇인가?

02. 외부효과란 무엇을 말하며, 어떻게 시장실패를 일으키는가를 외부경제가 발생할 때와 외부비경제가 발생할 때의 경우를 예로 들어 설명하시오.

03. 어느 상품의 생산과정에서 공해와 같은 외부비경제가 발생한다고 가정하자. 완전경쟁기업이 산출량 결정시 이 비용을 고려하지 않고 있다. 균형산출량 수준에서 P(상품가격), PMC(사적 한계비용), 그리고 SMC(사회적 한계비용)의 크기는 서로 어떤 관계인가 말하시오.

04. 소비에 있어서의 비경합성이란 무엇인가 설명하시오.

05. 소비에 있어서의 비배제성이란 무엇을 말하는가 설명하시오.

06. 공공재의 경우 시장수요곡선은 어떻게 이루어지는가?

07. 소비의 특성을 기준으로 아래 표와 같이 상품을 분류한다고 하자. 아래 상품은 각각 어떤 유형인가 말하시오.

	배제성	비배제성
경합성	Ⅰ	Ⅱ
비경합성	Ⅲ	Ⅳ

(1) 정체되고 있는 국도 (2) 케이블 TV (3) 유료인터넷 정보 (4) 기상예보 (5) 인기프로를 상영하고 있는 극장

08. 린달해란 무엇인가 설명하시오.

해답 및 풀이

03. {해답} $P = PMC < SMC$

{풀이} 외부비경제 발생시에는 $PMC < SMC$ 관계가 성립하게 된다. 한편 완전경쟁기업의 균형에서는 $P = MC$이다. 그러므로 $P = PMC < SMC$이다.

07. {해답} (1) Ⅱ (2) Ⅲ (3) Ⅲ (4) Ⅳ (5) Ⅰ

{풀이} (1) 준공공재 (2) 준공공재 (3) 준공공재 (4) 공공재 (5) 사적재

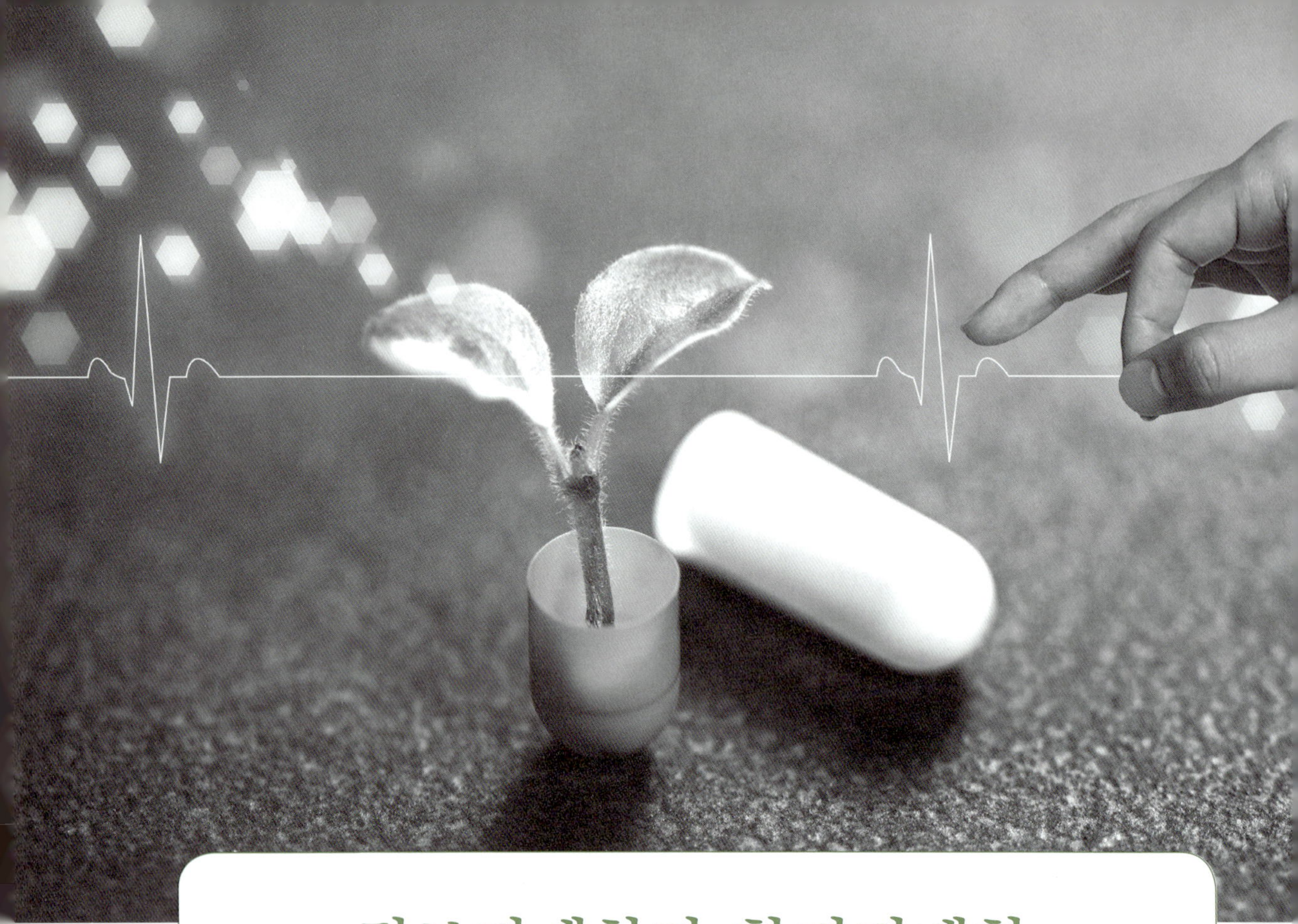

정보경제학과 환경경제학

chapter 18

정보경제학(情報經濟學)과 환경경제학(環境經濟學)은 최근 들어 매우 중요시되는 분야이다. 두 분야는 제17장에서 배운 시장실패의 원인을 분석하며, 특히 정보경제학은 불확실성, 그리고 환경경제학은 외부성, 비경합성 및 비배제성과 밀접한 관련을 갖고 있다.

정보경제학은 정보가 비대칭적인 상황에서, 즉 한 사람은 어떤 정보를 알고 있지만 다른 사람은 그 정보를 모르는 상황에서 발생하는 문제를 다룬다. 이 장에서는 정보가 비대칭적인 상황을 역선택, 도덕적 해이, 주인-대리인의 문제로 분류하여 공부한다.

환경경제학은 환경이 오염되거나 자원이 고갈되는 상황에서 발생하는 문제를 다룬다. 이산화탄소는 공기를 오염시킬 뿐만 아니라 기후도 변화시킨다[이산화탄소의 배출을 유발하는 석유가 고갈되는 것이 나을까. 그렇지는 않다]. 이 장에서는 외부성, 비경합성과 비배제성에 따른 환경오염에 초점을 맞춰 환경경제학을 소개한다.

네 손이 선을 베풀 힘이 있거든 마땅히 받을 자에게 베풀기를 아끼지 말며
네게 있거든 이웃에게 이르기를 갔다가 다시 오라 내일 주겠노라 하지 말며

- 잠언 3: 27~28 -

제 1 절 정보경제학

1.1 정보와 경제

(1) 정보경제학의 등장

기원전 218년경 카르타고[1]와 로마의 제2차 포에니 전쟁이 발발하였다. 카르타고의 유명한 장군 한니발(Hannibal)은 강한 해군력을 이용하여 지중해로 공격할 것이라는 로마의 예상과 달리 지금의 프랑스 남부를 지나 만년설로 뒤덮인 험준한 알프스를 넘어 이탈리아 북부로 진격한다. 시실리 섬을 통과하는 가까운 길 대신 먼 길을 택한 것이다. 이탈리아 북부로 진격한 한니발은 로마의 군대에 대해 손바닥 보듯이 알고 있었다. 반면에 로마는 자기 영토에 들어와 있는 한니발의 군대에 대해 아는 것이 거의 없었다. 한니발은 칸나이 전투[2]에서 대승을 거두게 된다. 이처럼 어떤 상황 속에서 한쪽은 정보를 가지고 있고 다른 한쪽은 정보가 없을 때, 정보가 비대칭적(非對稱的)이라고 한다. 정보의 비대칭이 존속하는 동안 한니발은 연전연승할 수 있었다. 전쟁뿐 아니라 경제에서도 정보의 역할은 매우 중요하다.

정보(情報, information)란 이처럼 매우 중요한 가치를 가졌으면서도 경제학의 주의를 끌지는 못했었다. 그러다가 1960년대에 들어와 그 중요성이 인식되기 시작하면서 정보에 관한 연구가 활발하게 진행되고 있다.[3]

경제학에서 말하는 정보란 개별 경제주체가 직면하고 있는 불확실성을 줄일 수 있는 지식을 말한다.

정보: 소비자나 기업 등 경제주체가 직면하는 불확실성을 줄일 수 있는 지식체계

1) 카르타고(Carthage)는 현재 북아프리카의 튀니지 일대에 위치했던 고대 도시국가이다. 기원전 814년경 고대 페니키아인이 건설한 것으로 추측된다.

2) 제2차 포에니 전쟁 중(기원전 216년) 이탈리아 동남부의 칸나이에서 카르타고 군대와 로마 군대 사이에 벌어진 전투이다.

3) 본 절은 H. R. Varian, 『Microeconomic Analysis』, Second Edition, New York · London : W. W. Norton & Company, 1984와 이영환의 『정보경제학』(율곡, 1999), 그리고 조병택 · 임덕호의 『미시경제학』(형설출판사, 2000)을 참조한 것임.

정보의 부족이나 비대칭성은 불확실성에서 온다. 현대사회에 살고 있는 모든 사람들이 공통적으로 직면하고 있는 현상은 불확실성이다. 역설적으로 말하자면, 모든 것이 불확실하다는 사실만큼 확실한 것은 없다. 그래서 현대는 불확실성의 시대로 규정되기도 한다.

경제주체들, 즉 가계, 기업, 정부는 다양한 형태의 불확실한 요인들을 고려하여 의사결정을 해야 한다. 최근에 경제학자들은 정보가 완전히 갖추어지지 않은 현실적인 상황을 분석하기 위해 노력하고 있다. 이러한 수요에 의해 자연스럽게 등장한 학문이 정보경제학(情報經濟學, information economics)이다. 즉 정보가 가지는 경제적 역할을 연구하는 경제학의 한 분야를 정보경제학이라 한다. 정보경제학은 정보가 가지고 있는 가치와 그 역할을 경제학의 관점에서 분석하려는 시도이다.

요즈음에는 정보를 일반 경제재와 구분하기 위하여 정보재(情報財)라고 부르기도 한다. 즉 정보는 그 가치 때문에 상품성을 가진 서비스로 취급받게 되는 것이다. 이제 정보재의 특성에 대해 알아보자.

(2) 정보재의 특성

정보재는 일반적인 경제재와는 구분되는 다음과 같은 몇 가지의 특수한 성질을 가지고 있다.

첫째, 정보재는 공공재(公共財, public good)의 성격을 가지고 있다. 정보재는 대부분 소비에 있어서 비경합성을 가지고 있다. 정보재란 한 번 공개되면 복제가 가능할 뿐만 아니라, 복제가 되어도 원래의 정보가 파괴되지 않는다. 따라서 일단 확보된 정보재는 추가비용 없이 이용자를 무한히 증가시킬 수 있다. 즉 한 번 생산된 정보의 한계비용은 0이다. 그래서 특별히 소비배제 장치를 하지 않는다면 무료 이용이 가능하다. 즉 대부분의 정보재는 디지털화되어 있어서 복제, 재생산, 반복 소비 등이 가능하다.

둘째, 정보재의 거래는 불가역성(不可逆性, irreversibility)을 지닌다. 일반 상품의 거래는 거래를 취소하면 매매 이전의 상태로 돌아갈 수 있다. 즉 가역적(可逆的)이다. 그러나 정보는 일단 거래가 이루어지면 매매계약을 취소한다고 하여도 원래의 상태로 돌아갈 수 없다.

셋째, 정보재는 불가분성(不可分性, indivisibility)을 지닌다. 일반 상품은 크기와 양에 따라 그 가격이 다른 것이 보통이다. 그러나 정보는 내용 전체가 한 덩어리로 체계화될 때 가치를 갖는다. 즉 대부분의 정보재는 나누어지면 가치를 잃는다.

넷째, 정보재는 경험재(經驗財, experience goods)의 성격을 갖는다. 경험재란 재화나 서비스를 구매하거나 실험적으로 사용해 보아야 특성을 알 수 있는 상품을 말한다. 정보재는 그 생산과 소비 과정에 불확실성이 존재한다. 따라서 획득하고 소비해 보아야 그 가치가 드러난다.

다섯째, 정보재는 망 외부효과(網外部效果, network externality)를 갖는다. 망 외부효과란 정보 네트워크에 참여자가 많아질수록 그 참여자들이 얻는 효용이 기하급수적으로 증가되는 것을 말한다. 이처럼 정보서비스에는 멧칼프의 법칙(Metcalfe's law)이 작용한다. 망 외부효과와 멧칼프법칙은 제7장에서도 간단히 소개한 바 있다.

정보서비스가 갖는 이러한 현상 때문에 정보재의 생산에는 일반적으로 규모의 경제가 작용하고 정보재시장을 독점화시킨다. 즉 정보재 생산의 한계비용은 0에 가깝고, 또 규모의 경제가 작용하기 때문에 자연독점으로 진행되기 쉽다.

(3) 비대칭정보 문제

정보경제학이란 역설적이게도 정보를 분석하는 것이 아니라 비대칭정보를 분석하는 학문이라고 말할 수 있다. 사실 정보가 모든 사람에게 대칭적이라면 그 정보는 이미 희소성을 잃게 되고, 따라서 선택의 대상이 아니며 경제학에서 분석하는 대상이 될 필요도 없게 된다. 그러한 점에서 정보경제학이란 정보가 불완전하게 주어졌을 때 개인이 어떻게 행동하는지를 다루는 학문이라고 볼 수 있는 것이다.

비대칭정보가 왜 주목을 받는가 알아보자.

비대칭정보

일반적으로 정보의 보유량은 거래 당사자마다 다를 수 있다. 어떤 거래에서 한쪽이 상대방보다 우월한 정보를 보유하고 있을 때, 정보가 비대칭적이라고 한다. 정보경제학에서 주목하는 것은 이러한 비대칭정보(asymmetric information)의 상황이다. 경제학자들이 비대칭정보 상황에 주목하는 것은 비대칭정보 하에서는 전통적인 경제이론이 그대로 적용되지 않기 때문이다. 즉 시장 참여자가 가지는 정보가 비대칭적이면 전통적인 수요 · 공급 이론이나 균형이론으로는 설명이 불가능하거나 불충분한 경제현상들이 존재한다.

이러한 비대칭정보 상황은 우리가 경제생활에서 자주 접한다. 예를 들면, 편의점 주인과 아르바이트 학생, 중고자동차의 판매자와 수요자, 보험회사와 보험가입자, 고용인과 피고용인, 공무원과 시민, 공기업 경영자와 납세자, 지주와 소작인, 은행과 대출을 희망하는 기업 등 하도 많아 일일이 열거하기도 힘들다.

비대칭정보 상황은 그 비대칭성이 계약체결 시점을 기준으로 언제 발생하느냐에 따라 두 가지로 나누어 부른다. 하나는 감추어진 특성(hidden characteristics)으로 인한 비대칭정보 상황이고, 다른 하나는 감추어진 행동(hidden action)으로 인한 비대칭정보 상황이다.

감추어진 특성이란 거래계약 체결 '이전'에 서비스 혹은 거래의 특성을 계약 당사자 중 어느 한 쪽만 알고 있는 비대칭정보 상황을 말한다.

감추어진 특성: 계약체결 이전에 서비스 혹은 거래의 특성을 계약 당사자 중 어느 한 쪽만 알고 있는 상황을 말한다.

감추어진 특성으로 인한 비대칭정보 상황은 금융시장과 보험시장 등에서 역선택을 일으키기 쉽다. 파산 직전의 기업이 그 사실을 감추고 은행에서 거액의 대출을 받는 것은 감추어진 특성에 의한 비대칭정보 상황에서의 역선택이다.

한편 감추어진 행동이란 계약체결 이후 계약자 중 어느 한 쪽이 취한 행동을 상대방이 알 수 없는 상황을 말한다.

감추어진 행동: 계약체결 이후 계약자 중 어느 한 쪽이 취한 행동을 상대방이 알 수 없는 상황을 말한다.

감추어진 행동으로 인한 비대칭 정보 상황은 보험시장에서는 도덕적 해이를, 고용시장에서는 주인-대리인 문제를 일으키기 쉽다. 자동차보험 계약을 체결한 뒤 피보험자가 사고를 냈을 경우 피보험자가 계약체결 이후에 취한 행동에 따라 보상액은 달라져야 한다. 그러나 보험회사가 이를 정확하게 파악하기는 어려운 일이다. 이 경우 운전자가 취한 행동은 보험회사의 입장에서는 감추어진 행동이 된다.

비대칭정보 상황에서, 우월한 정보를 가진 쪽은 거래의 수요자일 수도 있고 공급자일 수도 있다. 기업이 은행에 융자를 신청할 경우 은행은 기업주만큼 상환능력을 정확히 알 수 없다. 또 생명보험 계약을 하는 경우에 피보험자가 가까운 장래에 사망할 확률이 얼마나 되는지 보험회사는 보험계약자만큼 알지 못한다. 어떤 상품은 소비자가 생산자에 비해서 그 성능을 잘 알지 못한다. 후자의 예는 공급자 측이 수요자 측에 비해 더 우월한 정보를 가진 경우이고, 생명보험의 예는 수요자 측이 더 우월한 정보를 가진 경우이다.

이제 비대칭정보 상황에서 발생하는 역선택, 도덕적 해이, 주인-대리인 문제란 어떤 것인가, 그리고 그 대책은 무엇인가에 대해 차례로 알아보자.

1.2 역선택과 그 대책

(1) 역선택

비대칭정보 상황의 거래에서는 정보 없는 자가 불리한 거래를 할 가능성이 높다. 비대칭정보 상황의 거래에서 정보를 갖지 못한 측이 자신에게 불리한 선택을 하는 것을 역선택(逆選擇, adverse selection)이라 한다. 자동차시장과 보험시장의 예를 들어 역선택에 대해 알아보자.

중고자동차시장과 레몬현상

중고자동차시장을 예로 들어보자. 어느 중고차시장이 있는데 성능이 좋은 우량 중고차와 성능이 나쁜 불량 중고차가 절반씩 섞여 있다. 가격은 우량차가 800만 원 내외의 가격에서 판매자도 구매자도 거래할 용의가 있으며, 불량차는 400만 원 정도의 가격에서 거래할 용의가 있다. 만약 중고차의 성능에 대하여 매매 양편이 잘 알고 있거나, 판매자가 정직하게 우량과 불량을 구별하여 판매한다면 우량차는 800만 원, 불량차는 400만 원 내외의 가격에 거래될 것이다.

문제는 판매자는 차의 성능을 알지만 이를 숨기고, 구매자는 성능을 알 수 없는 경우의 거래이다. 이렇게 정보가 비대칭적인 상황이 되면 구매자는 어떤 행동을 보일 것인가. 그는 기대치에 의해 행동할 것이다. 즉 우량차를 만날지 아니면 불량차를 만날지 알 수 없기 때문에 확률분포에 의하여 행동하는 것이다.

구매자에게 중고차의 기대치는 양 차 가격의 확률에 의한 가중평균일 것이다. 두 종류의 차는 각각 절반씩 섞여 있으므로 기대치를 계산하면 다음과 같다.

$$\text{기대치} = 800 \times 0.5 + 400 \times 0.5 = 600(\text{만 원})$$

이 경우 구매자는 위험성을 감안하여 600만 원만 지불하려 할 것이다.

이제 판매자의 입장에서 생각하여 보자. 우량차는 800만 원의 가치가 있는데도 구매자는 평균 기대치인 600만 원만 지급하려고 한다. 이 때, 판매자가 취할 수 있는 행동은 무엇인가. 당연히 불량차만 팔려고 내어놓을 것이다. 즉 불량차만 시장에 나오게 된다. 마치 악화(惡貨, bad money)가 양화(良貨, good money)를 몰아내듯이, 불량차가 우량차를 시장에서 몰아내 버리는 것이다.

정보가 비대칭적인 상황에서 불량품만 나오는 시장을 레몬시장(lemon market)이라고 한다.

레몬시장: 정보가 비대칭적인 상황에서 불량품만 나오는 시장을 말한다.

어떤 경제주체가 중고차시장에 차를 판매하기 위해 내놓았다는 사실은 그 차가 불량차라는 사실을 나타내기 때문에 이러한 의미에서 시장기구는 자체선별(自體選別, self selection)의 기능을 수행한다고 말할 수 있다.

정보의 비대칭성 때문에 우량품이 시장에 나오지 않고 불량품만 나오거나 거래되는 현상을 레몬현상(lemon phenomenon)[4]이라고 한다.

보험시장과 역선택

제6장에서 배운 바와 같이 보험제도는 불확실성의 문제점을 보완하는 시장제도이다. 하지만 정보의 비대칭은 보험시장에서도 흔히 발견된다. 여기서는 보험시장의 문제점인 역선택에 대해 알아보자.

보험시장에서는 대개 보험의 가입자가 보험회사보다 위험에 대한 정보에서 유리한 위치에 있다. 즉 생명보험에서 가입자의 건강 상황, 화재보험에서 가입자 보유 보험물건의 화재위험 노출 정도, 자동차보험에서 운전자의 운전습관과 주된 운행지의 도로사정 등은 모두 보험가입자가 보험회사에 비해 유리한 정보를 가지고 있다. 이때 보험회사가 평균율 방식으로 보험료를 책정한다면 아무래도 사고발생확

4) 본문의 lemon phenomenon(중고차시장의 정보 비대칭현상)은 광의의 정보의 비대칭성을 의미한다.

률이 높은 사람이 보험에 더욱 많이 가입할 것이다. 즉 위험상품시장에 레몬현상이 일어난다. 그리고 이러한 상황은 보험회사로 보아 역선택이 된다.

공정한 보험에 두 명의 소비자, 즉 학순이와 학돌이가 가입하는 상황을 생각해 보자.5) 그들의 부는 동일하지만 그들의 유형은 다른 상황에서 역선택이 발생하는 원인을 알아보기로 한다. 보험에 가입하지 않으면 학순이와 학돌이는 초기부(initial wealth)뿐만 아니라 화재 여부에 따른 부의 변화도 동일하다고 가정하자.

[그림 18-1]은 완전정보하의 보험선택을 보인다. 그림의 수평축은 화재가 발생하지 않은 경우의 조건부상품(W_N)을, 그리고 수직축은 화재가 발생한 경우의 조건부상품(W_F)을 나타낸다. A점은 학순이와 학돌이가 보험에 가입하지 않는 상황을 고려한 재산의 초기부존 상태이다. 이제 두 소비자의 유형에 대해 가정할 차례이다. 학순이는 꼼꼼해서 '꺼진 불도 다시 보는' 유형이다. 하지만, 학돌이는 덜렁대서 '불이 꺼졌겠지'하는 유형이다. 따라서 학순이의 화재발생 확률이 학돌이의 화재발생 확률에 비해 낮다. 학순이의 화재발생 확률을 p_L, 학돌이의 화재발생 확률

그림 18-1 완전정보하의 보험선택

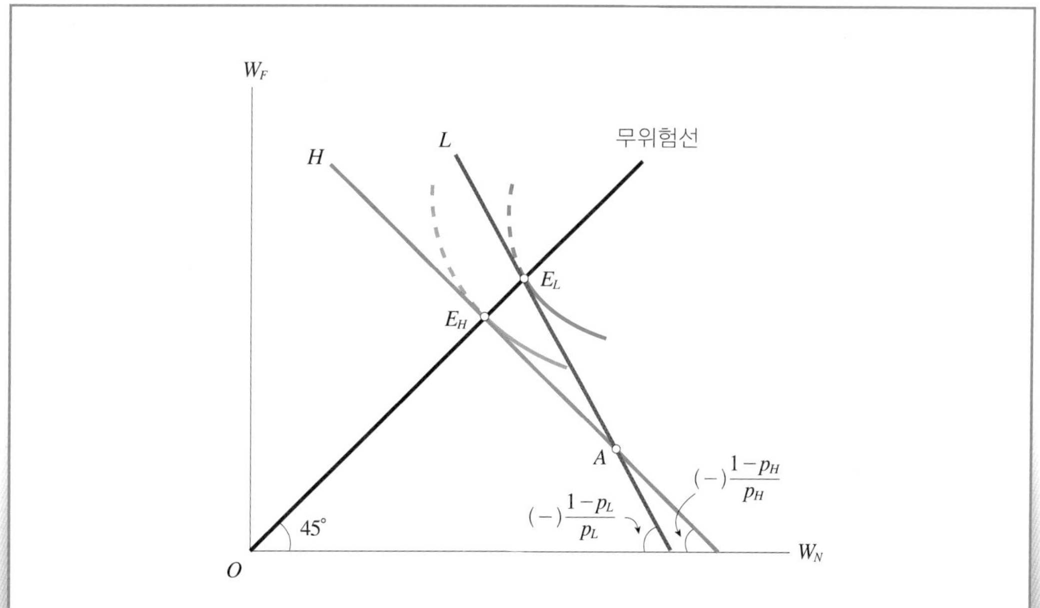

5) 보험회사가 프리미엄률을 불이 날 확률과 동일한 수준으로 선택하는 경우에, 그 보험회사가 제시한 보험을 공정한 보험이라고 부른다. 자세한 내용은 제6장을 참조하기 바란다.

률을 p_H이라 하자: $0 < p_L < p_H < 1$.

먼저 소비자의 유형을 보험회사가 알고 있는 상황, 즉 완전정보 모형을 고려하자. [그림 18-1]은 완전정보하에서 공정한 보험이 제공되는 경우에 학순이의 예산선과 학돌이의 예산선을 보여준다. 학순이가 갖게 될 예산선(AL)의 기울기는 $-\frac{1-p_L}{P_L}$이며, 학돌이가 갖게 될 예산선(AH)의 기울기는 $-\frac{1-p_H}{P_H}$이다. 독자 여러분은 학순이의 예산선이 학돌이의 예산선에 비해 기울기가 가파른 것을 볼 수 있는데, 그 이유는 공정한 보험에서 프리미엄률과 불이 날 확률이 동일하기 때문이다. 즉 학순이에게 p_L의 낮은 프리미엄률이 책정되고 학돌이에게 p_H의 높은 프리미엄률이 책정된다. 이처럼 다른 유형의 소비자에 따라 다른 프리미엄률을 제시하면, 학순이는 E_L를 선택하고 학돌이는 E_H를 선택하여 효용을 각각 극대화한다. 공정한 보험을 가정하였으므로 보험회사의 이윤은 0이다. 소비자들은 유형에 관계없이 무위험상의 한 점을 선택하여 위험을 완전히 제거하게 된다. 또한 화재발생을 꼼꼼하게 방지하려는 학순이가 그렇지 않은 학돌이에 비해 낮은 프리미엄률을 지불하게 되므로 높은 소비수준을 갖는다.

다음으로 소비자의 유형을 보험회사가 알고 있지 못한 상황, 즉 비대칭정보 모형을 고려하자. 이 상황에서 보험회사는 학순이와 학돌이의 화재발생 확률을 정확히 모르고 평균적인 확률만 안다. 평균 화재발생 확률은 $\frac{p_L+p_H}{2}$이며, 공정한 보험이 되기 위한 조건은 두 소비자에 대해 프리미엄률을 $\frac{p_L+p_H}{2}$로 책정하는 것이다. 설명을 쉽게 하기 위해 $p_M = \frac{p_L+p_H}{2}$라고 하자.

[그림 18-2]는 공정한 보험에서 평균율 방식으로 프리미엄률을 책정하는 경우에 학순이와 학돌이의 예산선이 동일함을 보여준다. 두 소비자가 갖게 될 예산선(AF)의 기울기는 $-\frac{1-p_M}{P_M}$이다. 이러한 방식으로 예산선이 제시되면 학순이는 완전보험수준보다 낮은 E_L을 선택함으로써, 즉 부분보험을 선택함으로써 약간의 위험을 스스로 부담하는 반면, 학돌이는 완전보험수준을 초과하는 E_H를 선택한다. 학순이는 프리미엄율 p_M이 자신의 화재발생 확률 p_L에 비하여 높다고 생각하고, 반대로 학돌이는 화재발생 확률에 비하여 프리미엄률이 낮다고 인식하기 때문이다.

화재발생 가능성이 높은 사람은 보험료가 낮게 느껴져서 더 많은 보험을 구입하고, 화재발생 가능성이 낮은 사람은 보험료가 높게 느껴져서 적은 보험을 구입한다. 보험회사 입장에서 볼 때, 화재발생 가능성이 낮아 가입했으면 하는 사람은 가입을 기피하고, 가입하지 않았으면 하는 사람은 가입하겠다고 찾아오는 소위 역

그림 18-2 평균율 방식으로 보험료를 책정하면

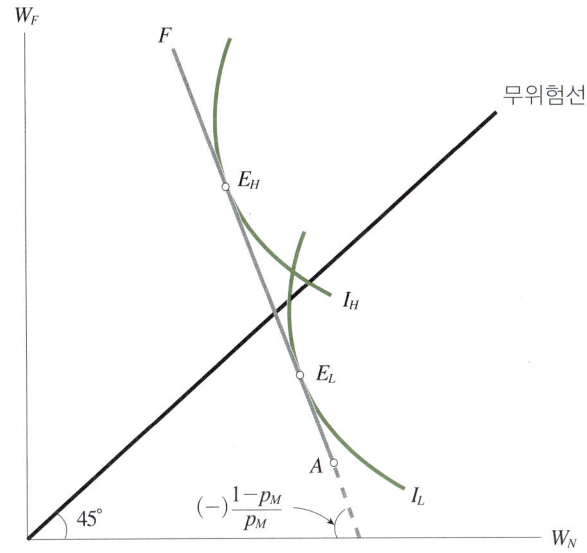

선택 현상이 일어나는 것이다. 이러한 역선택으로 소비자의 유형에 대한 정보를 갖고 있지 않은 보험회사는 0의 이윤이 아닌 음의 이윤, 즉 손실에 직면하게 된다.

더욱 문제가 되는 것은 평균율 방식의 프리미엄률이 제시되면 E_H를 선택한 유형의 소비자들은 화재가 발생함으로 오히려 재산이 더 많아진다는 것이다. 즉 이런 유형의 소비자들은 사고가 나면 더 좋은 것이다. 이렇게 되면 고의적인 화재 등 도덕적 해이로 인한 보험범죄도 발생하게 된다.

읽을거리

레몬법

레몬시장과 관련된 재미있는 소비자 보호법이 미국에 있다.

레몬법(lemon laws)이라 하는 이 법률은 자동차나 전자제품을 구입하는 소비자들을 불량품에서 보호하기 위한 리콜(recall) 법률이다. 미국에는 1975년에 연방 레몬법이 제정되었고, 주마다 레몬법이 별도로 만들어져 있다. 즉 자동차를 구입한 후 보증기간 동안 일정 횟수 이상 수리를 받게 될 때 교환이나 환불이 가능하다. 이 레몬법은 자동차 외에 전자제품 구입자에게도 적용된다. 우리나라에도 이 레몬법을 도입하려는 움직임이 있다.

(2) 역선택에 대한 대책

역선택은 손해를 입게 되는 거래 당사자는 물론이고, 사회적으로도 시장실패를 초래하여 사회적 비용을 발생시킨다. 이에 따라 거래 당사자는 물론이고 정부도 역선택을 완화시키려는 노력을 하게 된다.

역선택은 정보를 갖지 못한 측에게만 손해를 끼친다고 생각할 수 있는데, 사실은 그렇지 않다. 어떤 시장은 역선택이 장기적이고 광범위하게 일어나면 정보를 가진 측도 손해를 보게 된다. 예를 들어 중고자동차시장이 레몬시장이 되면 소비자에게 외면을 받게 되고, 시장 존립이 위태로워진다. 이렇게 되면 우량자동차를 가진 사람도 거래를 할 수 없게 된다. 그래서 정보를 가진 측도 역선택에 대한 대책이 필요하다.

정보를 가진 측은 주로 자신의 우량한 특성을 알리려고 시도한다. 그 방법으로는 신용 및 평판 유지, 신호발송, 광고, 품질보증제도 등이 있다. 그리고 정보가 없는 측에서는 정보 있는 측이 발송하는 신용과 평판, 신호, 광고, 품질보증제도를 이용하여 자신에게 불리한 역선택을 감소시킬 수 있다.

신용과 평판 유지

비대칭정보가 존재하는 중고차시장을 생각해보자.

중고자동차시장에서 판매자는 구매자에 비해 차의 성능에 대해 더 정확한 정보를 갖고 있는 것이 일반적이다. 그런데 중고차 판매자는 가능한 한 신용을 확보하면서 오랜 기간 동안 고객들을 상대로 영업활동을 하는 것이 유익하다는 것을 알고 있기 때문에, 불량차를 비싼 가격으로 팔아 일시적으로 많은 이익을 올리기보다는 신용을 바탕으로 많은 고객을 확보함으로써 장기적인 이익을 추구하려고 할 것이다. 이와 같이 신용을 축적함으로써 장기적인 이익을 추구하려는 노력은 정보를 갖고 있는 측과 그렇지 못한 측 사이에 장기적이고 안정적인 거래관계를 구축하도록 하는 동기를 제공할 수 있다. 그리고 일단 상호 신뢰관계가 형성되기만 하면 좋은 평판을 바탕으로 구매자와 판매자 모두에게 바람직한 거래관계가 지속될 수 있다.

신호발송

소비자 등 경제주체는 시장에서 성립된 가격이나 수요 · 공급 수준 등을 통해 의사결정을 한다. 경제주체가 의사결정을 하는 경우에 판단기준이 되는 여러 요소들의 집합을 신호, 또는 영어 그대로 사용해서 시그널(signal)이라고 한다.

노동시장에서는 일반적으로 학력이 신호의 역할을 한다. 노동시장에서 구직자는 해당 직종에 필요한 적성이나 경험이 없는 경우에도 자신의 능력과 우수성을 과시하려 한다. 이에 대해 구인자는 한정된 자료를 가지고 비교적 짧은 기간 동안의 조사 및 관찰을 통해 그 구직자가 자기 회사에 필요한 사람인가 여부를 판단해야 한다. 이처럼 노동시장에서는 구인자가 구직자의 능력에 대해 정확한 정보를 갖지 못한 상태에서 고용 여부를 결정하는 경우가 많다. 이 경우 노동시장에는 학력이 능력에 대한 판단자료가 된다.

이제 학력이 어떻게 노동시장에서 신호역할을 하는가 알아보자.

어느 노동시장에 직무수행 능력이 높은 사람도 있고 낮은 사람도 있다고 하자. 기업은 능력이 높은 사람에게는 상대적으로 높은 임금을, 능력이 낮은 사람에게는 낮은 임금을 지불한다. 그런데 구직자들 가운데 누가 능력이 높고 낮은지는 쉽게 알기 어렵다. 이와 같이 정보가 불충분한 상태에서 노동자를 고용하려고 할 때, 능력의 판단 기준으로 학력수준이 이용되곤 한다. 학력이 높은 사람을 능력이 높은 사람으로 판단하여 높은 임금을 주고, 학력이 낮은 사람을 능력이 낮은 사람으로 판단하여 낮은 임금을 주자는 것이다.

학력이 높은 사람에게 높은 임금을 준다면 구직자들은 당연히 높은 학력을 갖추려고 할 것이다. 그러나 실제로는 그렇지 않다. 즉 모든 사람이 다 높은 학력을 갖추는 것은 아니다. 왜냐하면 학력을 갖추는데 들어가는 비용이 모든 사람에게 꼭 같지 않기 때문이다. 일정수준의 학력을 취득하는 데 들어가는 비용은 대개 능력과 반비례한다. 능력 있는 학생은 장학금을 받으며 학력을 취득하고, 능력 없는 학생은 과외수업을 받거나 학원에 다녀야 하고 심지어는 해외연수까지 다녀와야 한다. 즉 동일수준의 학력을 취득하는 데 능력이 있는 사람은 적은 비용을, 그리고 능력이 높지 않은 사람은 많은 비용을 지불해야 한다.

구직자는 학력을 갖추어 얻는 임금에서 학력을 갖추는데 들어간 비용을 제한 실질임금과 학력을 갖추지 않고 얻는 임금을 비교하여 학력을 갖추거나 아니면 그

냥 직장을 얻거나 할 것이다.

먼저, 능력 없는 사람 입장에서 생각해 보자. 그는 많은 비용을 지불하여야 학력을 갖출 수 있다. 만약 학력 없는 채 취업하여 받는 자기의 낮은 임금이 고학력자의 높은 임금에서 교육비용을 제한 실질임금보다 많다면 그 사람은 굳이 학력을 갖추려 하지 않을 것이다. 그러나 능력이 있는 사람은 교육비용이 상대적으로 적게 들기 때문에 학력을 갖추어 높은 임금을 받는 것이 나을 수 있다. 이 사람은 학력을 꼭 갖추려 할 것이다.

결과적으로 능력 있는 사람은 학력을 갖추어, 능력 없는 사람은 학력 없이 노동시장에 등장한다. 즉 학력이 노동자의 능력에 대한 신호 역할을 하는 것이다. 물론 현대 사회에서 학력 취득이라는 것은 부모나 본인의 경제력, 적성 등의 조건에 좌우되기 때문에 위의 가정이 꼭 들어맞는 것은 아니다. 그러나 현실적으로는 노동시장에서 구인자 측에서 의사결정을 하는 데 학력이 하나의 기준이 되고 있다. 이와 같이 어떤 판단기준을 제시하고, 제시된 기준에 따라 사람들이 선택한 최적행동이 판단을 뒷받침할 수 있을 때 나타나는 균형을 시그널균형(signaling equilibrium)이라고 한다.

학력과 같은 신호는 정보 없는 측에게는 판단의 자료로, 정보가 있는 측에서는 그 정보를 알리는 수단으로 이용할 수 있다. 즉 신호를 통하여 거래 쌍방이 서로 정보의 비대칭성을 줄이고 결국은 역선택 발생을 감소시키게 된다.

광고

광고도 신호발송의 한 방법이다. 상품 공급자들은 광고를 이용하여 상품의 우수성을 소비자들에게 알릴 수 있다. 문제는 그와 같은 광고가 사실인가의 여부이다. 왜냐하면 나쁜 품질의 상품을 공급하는 생산자들 역시 품질이 우수하다고 허위광고 또는 과장광고를 할 수 있기 때문이다. 그러나 일반적으로 좋은 품질의 상품을 공급하는 생산자일수록 광고를 통해 그러한 사실을 알리려는 욕구가 훨씬 더 크게 나타나는 것으로 알려져 있다. 좋은 품질의 상품을 공급하는 생산자는 현재의 소비자뿐만 아니라 미래의 소비자에게도 동일한 상품을 반복해서 판매할 수 있기 때문에 상품에 대한 광고욕구가 크게 나타난다.

이와는 대조적으로 품질이 나쁜 상품을 공급하는 생산자는 소비자들이 그 제품을 사용하면서 품질을 정확히 파악할 수 있기 때문에 비록 허위광고를 통해 현재의 소비자에게는 상품을 판매할 수 있더라도 미래의 소비자에게는 동일한 상품을 반복해서 판매할 수 없다는 것을 알고 있어 그만큼 광고욕구는 감소한다.

결과적으로 소비자들이 광고의 빈도가 높을수록 좋은 상품이라는 생각을 갖는다면 좋은 상품일수록 훨씬 자주 광고매체에 등장하는 경향을 보일 것이다. 즉 광고는 소비자들에게 중요한 신호를 제공한다.

품질보증제도

비대칭정보 하에 있는 상품 선별장치로 품질보증제도가 있다. 앞에서는 노동시장에서 나타나는 신호의 역할에 대해 설명했다. 이 신호를 제도화시키면 노동시장뿐만 아니라 비대칭정보가 존재하는 그밖에 다른 시장들에서도 중요한 역할을 수행할 수 있다.

신호를 구체적으로 제도화시킨 것이 품질보증제도이다. 품질보증제도는 정보 있는 자에게는 품질의 우수성을 알릴 수 있는 기회를 주고, 정보 없는 자에게는 품질에 대한 신뢰를 주어 시장의 불확실성을 없애주는 구실을 한다. 생명보험 가입 때 건강진단서를 제출하는 것도 품질보증의 한 방법이다. 또 일반인은 쉽게 그 가치를 알아보기 어려운 보석을 구입할 때 첨부된 보석감정서는 역선택을 줄일 수 있는 품질보증 장치이다.

이러한 선별장치는 금융시장에서도 유효할 수 있다. 금융시장에서는 고위험 고수익(high risk high return)이 보통이다. 이 경우 자금공급자가 리스크 프리미엄(risk premium)을 요구하기보다는 신용도 높은 차입자에게 자금을 대여하는 신용할당을 통해 역선택 발생 가능성을 줄일 수 있다.

정부의 역할

여러 시장에서 역선택이 일어날 경우 결국 사회적비용이 된다. 따라서 정부는 역선택 방지를 위한 조정자의 역할을 하는 것이 필요하다. 즉 허위 또는 과장광고를 규제하거나 기업의 분식회계(粉飾會計)를 막도록 하는 것이 필요하다. 또 기업이 매년 공인회계사의 회계감사를 받게 하거나 그 결과를 공시하게 하는 것도 역선택을 방지하는 효과가 있다.

그 외에도 KS 표시 등 각종 표준제도, 성능 표시 의무화, 각종 정보의 공시 의무화 등이 있다. 최근 농산물에 원산지 표시를 하게 하는 것도 역선택을 줄이기 위한 조치이다. 옛날에는 외제냐 묻고 물건을 사던 시절이 있었는데, 요즈음에는 국산이냐 확인하고 사는 세상이다. 다행이라는 생각이 든다.

1.3 도덕적 해이와 그 대책

(1) 도덕적 해이

정보가 비대칭적인 상황에서 발생할 수 있는 또 하나의 현상은 도덕적 해이이다. 정보가 비대칭적일 때 정보를 가진 측이 정보를 가지지 못한 측에게 감추어진 행동을 취하는 것을 도덕적 해이라고 한다. 최근에는 원어 그대로 모럴 해저드(moral hazard)라는 말을 많이 사용한다.

도덕적 해이 현상은 주로 보험시장과 금융시장에서 많이 발생한다. 그리고 다음 절에서 설명할 주인-대리인 문제도 도덕적 해이의 일종이다.

화재보험시장에서 모든 가입자는 동질적이고, 또한 화재를 당할 확률이 동일하지만, 실제 화재발생 확률의 어느 정도는 가입자의 개인별 조심성에 달려 있다고 하자. 이 때 보험회사에서 그 조심성의 정도를 알 수 있다면 문제는 발생하지 않는다. 즉 보험회사는 조심성을 고려하여 그들의 수지를 맞출 수 있는 보험료를 정할 수 있는 것이다.

반면에 보험회사가 가입자의 조심성의 정도를 알지 못하고 과거의 통계자료에만 의존한다고 하자. 즉 보험료를 보험가입 이전 과거의 조심성에 입각하여 결정한다고 하자. 만약 화재로 인한 손실에 대해 완전히 보장이 된다면 가입자가 과연 보험 가입 전만큼 여전히 조심을 할 것인가. 즉 손실에 대한 완전배상보험에 가입하였는데 보험에 들기 전과 같이 조심을 할 것인가 문제이다. 아무래도 조심성이 떨어질 것이며, 그렇게 되면 보험회사 측에서 볼 때 보험가입자의 가입 전 화재발생 확률보다 가입 후 화재발생 확률이 더 높아져 손실을 보게 될 것이다.

도덕적 해이 현상은 우리 사회에서 광범위하게 발생하고 있다. 이 도덕적 해이에는 선의의 도덕적 해이도 있고, 악의의 도덕적 해이도 있다. 선의의 도덕적 해이도 문제지만 더욱 심각한 것은 악의의 도덕적 해이이다. 보상금을 노리는 고의성 교통사고, 보험금을 노리는 고의성 화재 등이 그것이다. 심지어는 신체의 일부나 생명을 손상시키며 보험금을 타내려 하는 일까지 발생하여 커다란 사회문제가 되기도 한다. 다음에는 도덕적 해이 대책에 대해 알아보자.

(2) 도덕적 해이에 대한 대책

도덕적 해이 또한 역선택처럼 손해를 보는 거래 당사자는 물론이고, 사회적으로도 시장실패를 초래하여 사회적 비용을 발생시킨다. 특히 보험 분야의 도덕적 해이는 보험범죄를 발생시켜 사회적인 문제가 되고 있다. 이에 따라 거래 당사자는 물론이고 정부에서도 도덕적 해이를 완화시키고 법적으로도 그 발생을 예방하려는 노력을 하고 있다.

도덕적 해이의 특성은 단기적으로 도덕적 해이를 일으킨 쪽이 이득을 본다는 것이다. 즉 고의로 보험사고를 발생시켜 보험금을 타내는 등, 법이나 다른 심판을 받기까지는 단기적으로 이득을 얻는다. 따라서 정보를 가진 측이 자진해서 도덕적 해이에 빠지지 않는다는 것 외에는 정보를 가진 측에 대한 대책은 없다. 즉 도덕적인 문제이다. 정보를 갖지 못한 측의 대책으로는 보험시장에서 부분보험제도, 기초공제제도 등이 있고 금융시장에서는 담보나 보증제도가 있으며, 노동시장에서는 성과급제도가 있다.

본인 부담

보험시장에서 완전보험은 도덕적 해이를 초래하기 쉽다. 보험회사가 모든 손실을 보상하여 주기 때문이다. 이 때 도입할 수 있는 것이 부분보험이다. 부분보험제도란 보험사고 발생 시 손해액의 전부가 아니라 일정비율만 보상하는 것이다. 손실의 일정금액을 본인에게 부담하게 하면 가입자는 주의를 더 기울이게 된다. 또 사고에 따라 다음 계약기간 보험료율을 올리는 방법도 도덕적 해이를 감소시킬 수 있는 방법이다. 이러한 방법은 의료보험에도 적용된다. 즉 진료비의 일부는 본인에게 부담하게 하여 과도한 진료를 하는 것을 막고 본인 건강에도 더 주의를 기울이게 유도하는 것이다.

기초공제제도는 손실액 중 일정액 이하는 본인이 부담하고 일정액을 초과한 부분만 보험회사에서 부담하는 방식이다. 가입자는 사고를 줄이려는 노력을 하게 된다. 아울러 화재 진압장치를 하지 않았거나, 안전벨트를 착용하지 않았을 경우 보상금을 낮추는 것도 주의를 더 기울이게 한다.

금융시장에서 채무자에게 부과하는 담보나 보증제도는 부채상환을 게을리 했을 때 더 중한 짐을 지게 하기 때문에 채무자가 부채상환 노력을 하게 만든다.

인센티브 부여

노동시장에서의 성과급제도는 주인-대리인 문제 발생을 줄이는 장치이다. 모든 근로자에게 노동의 양이나 질에 관계없이 임금을 동일하게 지급할 때 도덕적 해이 문제가 생길 수 있다. 이 때 임금을 성과급으로 주면 작업강도에 대한 유인이 될 수 있다. 성과에 의하여 임금이 지급되기 때문에 열심히 하지 않으면 임금이 줄어들게 된다. 열심히 일하여 성과가 오르면 그만큼 더 벌 수 있기 때문에 근로자도 이익이다. 이를 응용한 제도가 각종 인센티브(incentive)제도이다.

끝으로, 정부 또한 도덕적 해이를 줄이기 위한 노력을 많이 한다. 그것은 도덕적 해이가 오늘날 커다란 사회문제로 대두되고 있기 때문이다. 정부는 도덕적 해이 발생을 방지하고 도덕적 해이가 범죄로 이어지는 경우 그에 대한 규제를 통해 도덕적 해이를 감소시키려 한다. 특히 보험 분야에는 중복보험을 금지하고, 타인의 명의로 생명보험을 가입하는 경우에 본인의 확인 등 여러 가지 제도가 도입되어 있다.

1.4 주인-대리인 문제와 그 대책

(1) 주인-대리인 문제의 발생

독자 여러분은 독점시장이론에서 '망하는 집 머슴은 배부르고, 흥하는 집 머슴은 배곯는다'는 말을 본 적이 있을 것이다. 그러한 속담은 주인-대리인 문제 때문에 생긴 말이다.

주인-대리인 문제란 글자 그대로 주인과 대리인 간에 발생하는 문제이다. 어느 상점의 주인이 종업원에게 상점의 일을 맡기고 있다고 하자. 주인은 상점에서 높은 이윤을 얻기를 바란다. 그러나 종업원은 가능한 편히 근무하기를 바란다. 그런데 주인은 종업원이 하는 일을 하루 종일 보고 있을 수는 없다. 대부분의 시간을 종업원이 스스로 일하도록 맡긴다. 자기 일처럼 성실히 일해 준다면야 오죽 좋으련만 그렇지 않는 경우가 많다.

주인-대리인 문제

종업원은 정보를 가지고 있으나 주인은 정보를 가지지 못한 비대칭정보 상황에서, 정보를 가진 대리인이 정보를 가지지 못한 주인에게 바람직하지 못한 행동을 하는 현상을 주인-대리인 문제(principal-agent problem)라고 한다.

주인-대리인 문제: 정보를 가진 대리인이 정보를 가지지 못한 주인에게 바람직하지 못한 행동을 하는 현상

여기서 대리인(agent)은 위임받은 임무를 직접 수행하는 사람을 말하며, 주인(principal)은 대리인의 임무수행 결과에 영향을 받는 당사자들이다.

주인-대리인 문제는 주인과 대리인 양자 간에 이해관계가 서로 다르고, 주인이 단순한 관찰만 가지고는 대리인이 위임받은 일을 얼마나 성실히 수행하는지 알 수 없다는 것을 두 당사자가 모두 알고 있을 때 발생한다. 즉 감추어진 행동에 대한 정보의 비대칭성이 존재할 때 주인-대리인 문제가 발생한다. 즉 대리인이 비대칭정보 뒤에 숨어서 자기의 이득을 챙기는 도덕적 해이 현상이 나타나기 쉬운 것이다.

이제 '주인과 종업원'의 관계를 주식회사의 주인과 종업원인 '주주와 회사임직원'의 관계로 연역시켜 보자. 주주는 회사임직원들이 경영을 잘 해서 이익을 많이 남겨서 배당이 많이 나오고 주식가격이 오르기를 바란다. 이에 비해 회사임직원은 근무는 편하게 하고 임금은 많이 받고 싶어 한다. 이처럼 주주와 회사임직원들의 이해가 상반될 때, 주주가 회사임직원들의 근무태도를 효과적으로 관찰하거나 감시할 수 있다면 별 문제가 발생하지 않는다. 그러나 자기 생활이 있는 주주가 매일 회사에 나와 임직원들의 근무를 감독하거나 관리할 수 없다. 또 설사 그런 시간이 있다 하더라도 기술적으로 그것이 불가능하다. 즉 회사 내부 사정이나 근무의 성실성을 임직원 자신들만큼 정확히 알 수는 없는 노릇이다. 즉 전형적인 정보의 비대칭현상이 발생하는 것이다.

이 경우에 회사임직원들이 주주의 이윤을 극대화시키는 방향으로 의사결정을 하기보다는 그들 자신이 추구하는 목표를 달성하려는 방향으로 의사결정을 하기 쉽다. 예를 들어 대기업의 최고 경영자가 이윤극대화보다는 매출액극대화를 노리

는 경영으로 자기의 영향력 확대나 기업 몸집 불리기에만 몰두하여 주주에게 간접적인 손해를 입히기도 한다. 이런 현상이 주식회사에서 발생할 수 있는 전형적인 주인-대리인 문제이다.

주인-대리인 문제는 여러 분야에서 광범위하게 발생하고 있다. 항공사가 가장 반기는 고객은 회사 일로 해외출장 가는 사람이라고 한다. 회사가 출장비를 지급해주는 이들 출장자들은 항공료의 할인혜택보다는 등급 높은 좌석이나 마일리지가 많이 쌓이는 티켓을 원한다. 로펌(law firm)에 근무하는 변호사가 거액의 수임료를 받을 수 있는 의뢰인을 개인 앞으로 빼돌리거나, 종합병원에서 근무하고 있는 의사가 돈 많은 환자를 빼돌리는 행위도 주인-대리인의 문제에 속한다고 볼 수 있다. 이 밖에도 변호사가 의뢰인의 의뢰사항을 성실히 수행하지 못하거나, 공복이라고 하는 공무원이 국민들의 요구에 부응하지 못하는 경우 등 그 예는 수없이 많다.

(2) 주인-대리인 문제 대책

주인-대리인 문제 발생을 막기 위한 대책으로는 소유권의 이전, 성과급의 지급 등이 있다.

소유권의 이전이란 주인이 대리인에게 기업의 일부를 판매하는 것을 말한다. 대리인인 종업원은 이제 일부나마 주인이 된다. 따라서 비대칭정보 뒤에 숨어서 주인에게 손해를 끼치는 도덕적 해이의 모습은 일부라도 감소할 것이다. 자기도 같이 손해를 보기 때문이다. 도덕적 해이 대책의 일반적인 원칙은 이처럼 자기부담을 늘려 책임을 분담토록 하는 것이다.

도덕적 해이 대책에서 소개한 바와 같이 성과급 지급 제도도 주인-대리인 문제에 대한 보편적인 해결 방안이다. 성과급이란 경영자의 보수를 경영의 성과, 즉 이윤의 크기에 비례하여 지급하는 일종의 인센티브제도이다. 근로자에게도 생산성에 따라 성과급을 주어 성실근무를 유인할 수 있다. 경영인에 대한 성과급으로 대표적인 것은 스톡옵션제도이다. 이 경우 경영자는 자신의 이익을 극대화시키기 위해 자신이 경영하고 있는 기업의 주가가 상승하는 데 경영목표를 둘 것이며, 이는 기업의 소유주인 주주의 목표와 합치되므로 비대칭정보 문제를 상당히 해소할 수 있다.

한편 근로자에게 해당 기업에 근무할만한 유인을 주기 위한 효율임금도 주인-대리인 문제 해결을 위한 성과급의 일종이라고 볼 수 있다. 효율임금가설은 아직 케인지언이 내세운 가설에 불과하지만, 실질임금이 높을수록 노동자의 생산성이 커진다는 그들의 주장은 현실에서 상당한 설득력을 가지고 있다. 즉 높은 실질임금은 근로자의 이직률을 낮출 수 있고 태업을 방지할 수 있다. 왜냐하면 평균임금보다 높은 임금은 당연히 이직률을 낮출 수 있으며, 태업이 적발될 경우 해직이 되면 해직의 기회비용이 높으므로 근로자는 더 열심히 일하게 된다는 것이다.

최근 정부기관의 장이나 지방정부의 장에게 판공비 사용을 공개하게 하는 것도 시민과 공직자간에 일어나는 주인-대리인 문제 해결을 위한 한 가지 방법이다.

제2절 환경경제학

소가 없으면 구유는 깨끗하려니와 소의 힘으로 얻는 것이 많으니라
- 잠언 14: 4 -

2.1 공해의 비용

산업화가 진행되면서 지구의 환경은 날로 오염 · 훼손되고 있다.

환경오염이란 기업의 생산활동 기타 사람의 활동에 따라 발생되는 대기오염, 수질오염, 토양오염, 소음 등 사람의 건강이나 환경에 피해를 주는 상태를 말한다. 또 환경훼손이란 야생 동식물의 남획 및 그 서식지의 파괴, 생태계 질서의 교란, 자연경관의 훼손 등으로 자연환경의 본래적 기능에 중대한 손상을 주는 행위나 상태를 말한다.

(1) 공해의 비용

환경오염과 환경훼손을 묶어서 흔히 공해라고 한다. 공해로 인하여 좋은 공기나 물은 더 이상 무제한적으로 얻을 수 있는 자유재가 아니라 공급이 제한된 한정적인 자원이 되고 있다. 생수를 사서 마셔야 하는 현상은 50년 전에는 상상도 못할 일이었다. 공해로 인해 식수도 마음 놓고 마시지 못하는 세상이 된 것이다. 이산화탄소 배출증가로 인한 지구 온난화 현상은 생태계 전체의 변화를 가져오고 있으며 인류의 생존마저도 위협하는 정도가 되고 있다. 이에 따라 환경의 중요성이 부각되고 있으며, 공해를 줄이고 규제하려는 노력이 계속되고 있다.

공해는 부정적인 외부효과를 초래한다. 외부효과란 어떤 사람이나 기업의 경제활동이 제3자에게 이득이나 손해를 미쳤음에도 그에 대한 대가나 보상이 지불되지 않는 성질을 말한다. 외부효과에는 외부경제와 외부비경제가 있다. 이 중 외부비경제는 제3자에게 손해를 끼치고도 그에 대한 보상이 지불되지 않는 상황을 말한다. 이 외부비경제를 '부정적인 외부효과'라고도 한다.

공해가 발생할 경우, 공해 배출자와 손해(비용) 부담자가 다른 것이 일반적이다. 그리고 이 때문에 공해가 발생한다 해도 과언이 아니다. 공해 발생으로 인한 손해를 자신이 모두 감당해야 한다면 사람들은 함부로 공해를 발생시키지 않을 것이다. 어떤 기업이 폐기물을 대기나 하천으로 배출시키면, 오염된 자연환경을 다시 이용 가능한 원래의 상태로 되돌리기 위해서는 대개 다른 사람들이 그 비용을 부담하는 것이 일반적이다. 공해를 일으킨 당사자들은 자연환경을 사용하는 사회적 비용보다는 적은 비용만 지불한다. 즉 공해 발생시 유발자의 사적비용보다 기업활동과 상관이 없는 제 3자까지 부담하는 사회적비용이 더 크다.

(2) 위기와 기회

공해시대에 환경오염은 비용만 유발하는가?

최근에는 공해감소 노력과 함께, 공해저감 자체가 상품으로 등장하고 있다. 이산화탄소 배출권 거래가 그것이다. 이러한 변화 추세는 시장경제에서 어쩌면 당연한 것일 수도 있다. 시장경제에서는 수요와 공급 원리에 의해 생산되고 소비된다. 공해시대에 공해감소 프로그램이 필요하다면 그것은 수요가 되는 것이고, 따라서 수요 있는 곳에 공급은 생기니 바로 각종 환경상품(green product)이다. 환경상품이란 친환경적인 상품, 즉 공해 없는 상품을 말하기도 하지만, 공해저감시설과 각종 공해저감제도 자체도 환경상품이다.

친환경상품을 말하는 환경상품은 사회의 웰빙(well-being) 조류와 맞물려 폭발적으로 그 수요가 증가하고 있다. 다음으로 각종 공해감소시설과 제도 자체가 환경상품이 된다. 최근 들어 시설이 증가하고 있는 풍력발전도 환경상품의 일종이다. 풍력발전은 국제 석유가격 상승과 고갈에 대비한 대체에너지 개발의 성격이 있는 데다가, 석유에너지나 원자력에너지에 비해 거의 공해를 발생시키지 않는다는 점에서 각광을 받고 있다.

경영 분야의 환경상품은 환경경영(environmental management)이라는 용어를 탄생시키며 기업경영의 관심분야로 떠오르고 있다. 환경경영이란 기업의 생산활동에서 수반되는 공해발생을 최소화하면서 지속적인 발전을 도모하고자 하는 제반 경영활동을 말한다. 지금까지는 공해의 규제나 저감 노력이 기업에 비용이 되는 것으로만 인식되어 왔다. 그러나 반드시 그것만은 아니다. 예를 들어 공해방지시설, 공해방지 아이디어 등은 그 수요가 연일 증가하고 있다. 공해방지시설을 하면 보조금을 받기도 한다. 공해시대에 기업은 새로 창출되는 공해저감 수요에 직면하고 있고, 이는 기업경영에 새로운 돌파구일 수도 있는 것이다. 즉 공해방지라는 과제는 기업들에게 단기적 직접적으로는 위협이지만 장기적으로는 잠재적 사업 기회가 되는 것이다. 물론 그러한 경영적 환경상품 수요란 어디까지나 공해를 저감시키려는 노력에서 파생된 것이다.

이제 정책당국의 공해발생 저감 노력, 즉 공해의 규제에 대해 알아보자.

2.2 공해균형: 최적공해수준의 도출

공해야 '少少益善'[6]인 줄 누가 모르랴만

공해와 관련한 비용으로는 공해의 사회적비용과 공해제거비용의 두 가지가 있다. 공해의 사회적비용이란 공해의 해악을 말하는 것으로, 이 사회적인 손실을 보

6) 적을수록 더 좋다는 뜻이며, 다다익선(多多益善)에 대한 대칭 어구로 필자의 조어.

통 공해비용이라고 한다. 공해제거비용은 글자 그대로 공해를 제거하는데 들어가는 모든 비용을 말하며 이를 공해규제비용이라고 한다.

공해는 많이 배출되면 배출될수록 그 해악으로 인하여 사회적비용이 증가한다. 또 공해를 감소시키려고 제거시스템을 가동하면 공해는 감소하지만 공해제거비용이 증가한다. 이처럼 공해의 사회적비용과 공해제거비용 간에는 서로 상충관계(trade-off)가 있다. 더구나 이 두 비용은 체증적으로 증가되는 성질을 가지고 있다. 따라서 공해zero 상태로 끌고 가기도 어렵고, 비용이 무섭다고 공해제거 노력을 포기할 수도 없다. 즉 공해zero 상태가 가장 좋은 것도 못 되고, 공해가 만연한 상태는 더더욱 아니다.

공해는 완전히 제거할 대상이 아니라 '적절히 제거'해야 할 대상이다. 여기에서 소위 '공해균형'이라는 말이 나온다. 적은 것만이 능사가 아니라면 공해의 '적절한 수준'이 있을 것이다. 그 수준을 우리는 공해균형이라고 부를 수 있다. 하지만 공해균형이라는 말은 생소하다. 공해는 적을수록 좋은 것이지, 무슨 균형까지 필요할까 하는 생각 때문이다.

이제 완전히 제거할 대상이 아니라 적절히 제거할 대상이라는 점을 생각하며 공해균형, 즉 최적공해수준 도출 원리에 대해서 알아보자. 최적공해수준은 공해의 두 비용곡선을 보면 직관적으로 알아낼 수 있다.

[그림 18-3]은 최적공해수준 도출 원리를 보이고 있다.

(a)는 한 산업의 공해배출수준에 따른 사회적비용을 보여준다. 그림을 보면 공해의 사회적비용곡선은 우상향에다 가로축에 볼록한 모양을 가진다. 이것은 산업이 정화처리를 하지 않고 그대로 배출하는 공해의 양이 많을수록 사회적비용은 '누진적'으로 커진다는 것을 의미한다.

(b)는 이 산업의 공해제거비용과 공해배출량수준의 관계를 보여준다. 그림을 보면 공해제거비용곡선이 우하향하며 가로축에 볼록한 모양을 하고 있다. 이것은 공해배출을 줄이기 위해서는 그 제거비용이 '누진적'으로 증가한다는 것을 나타낸다. 즉 공해를 zero수준에 가깝도록 줄이려고 할 경우 비용이 빠르게 증가하는 것을 볼 수 있다. 한편 공해제거비용을 줄이면 대신 공해배출량이 증가한다. 공해배출량과 공해제거비용은 서로 감소함수의 관계이다. (c)는 공해배출수준에 따라 사회가 부담하는 총비용이다. 총비용은 공해에 따른 사회적비용과 공해제거비용의

그림 18-3 최적공해수준 도출

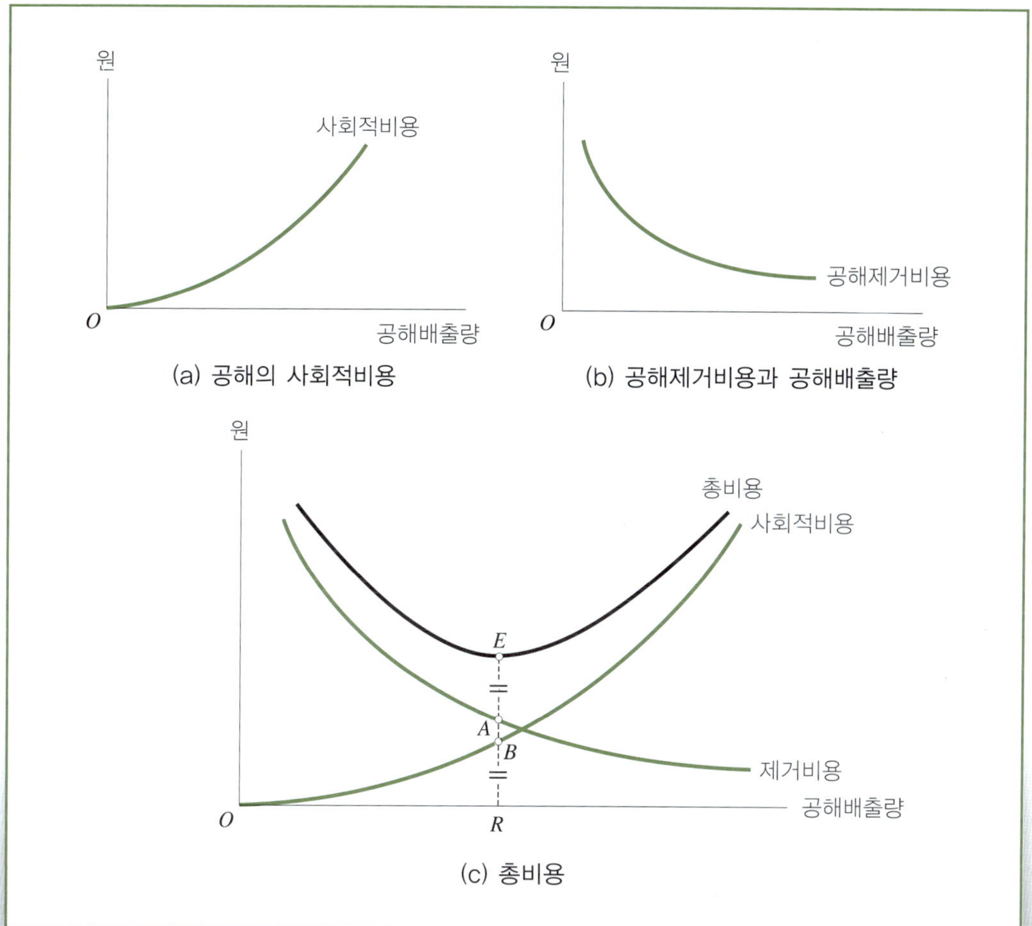

합이다.

그림에서 보듯이 공해배출의 총비용곡선은 U자 모양이다. 총비용곡선이 U자 모양이라는 것은 공해배출이 적을 때도 비용이 많이 들고, 공해배출이 많을 때도 비용이 많이 든다는 것을 말해준다. 즉 공해배출을 줄이면 해악으로 인한 사회적비용은 적지만 공해제거비용이 많이 들어서 사회의 총비용이 크다. 반면에 공해배출을 많이 허용하면 제거비용은 적게 들지만 해악으로 인한 사회적비용이 커서 총비용이 크다. 공해란 당연히 적어야 되겠지만 누진적으로 드는 제거비용 때문에 한없이 줄일 수도 없다는 것을 말해준다. 사회적으로 보아, 공해는 다다익선(多多益善)은 결코 아니지만 소소익선(少少益善) 또한 아닌 것이다. 공해zero 수준을 찾

PART 06

는게 아니라 최적공해수준을 찾아야 하는 이유가 여기에 있다.

사회 전체의 입장에서 보면 최적공해배출량은 이 두 비용의 합, 즉 공해에 따른 사회적비용과 공해제거비용의 합이 최저인 수준이다. 즉 그림의 *R*이다. 그림을 보면 *A*와 *B*의 수직적 합계인 *E*는 공해 총비용의 최소점이다.

만일 이 산업이 최적수준보다 적은 양의 공해물질을 배출하고 있다 하자. 이 경우에는 차라리 공해배출을 더 허용하는 것이 총비용을 줄이는 일이다. 공해증가로 인한 사회적비용의 증가액보다 공해제거비용의 감소액이 더 커서 사회 전체의 총비용은 오히려 감소하게 되는 것이다. 즉 *R*의 왼쪽 구간에서는 공해배출을 약간 더 허용하는 것이 사회 전체로서 더 낫다는 얘기이다. 반면에 이 산업이 최적수준보다 많은 양의 공해물질을 배출하고 있다면 그 때는 공해배출을 감소시켜야 총비용을 줄인다. 공해를 제거하는 비용의 증가액보다 공해비용의 감소액이 더 커서 총비용은 감소하는 것이다. 즉 *R*의 오른쪽 구간에서는 공해의 해악이 너무 커서 제거비용이 더 들더라도 공해를 감소시키는 것이 낫다.

이를 더 확실히 알아보자.

[그림 18–4]는 한계분석을 통하여 최적공해수준을 도출하는 과정이다. 이 그림은 공해배출의 사회적한계비용과 공해제거에 들어가는 한계비용을 나타내고 있다. 공해의 사회적 *MC*곡선은 이 산업이 공해를 한 단위 추가 배출함에 따라 사회가 겪어야 하는 추가비용(한계비용)을 나타내고 있다. 즉 공해의 사회적한계비용

그림 18–4 공해와 공해제거의 한계비용

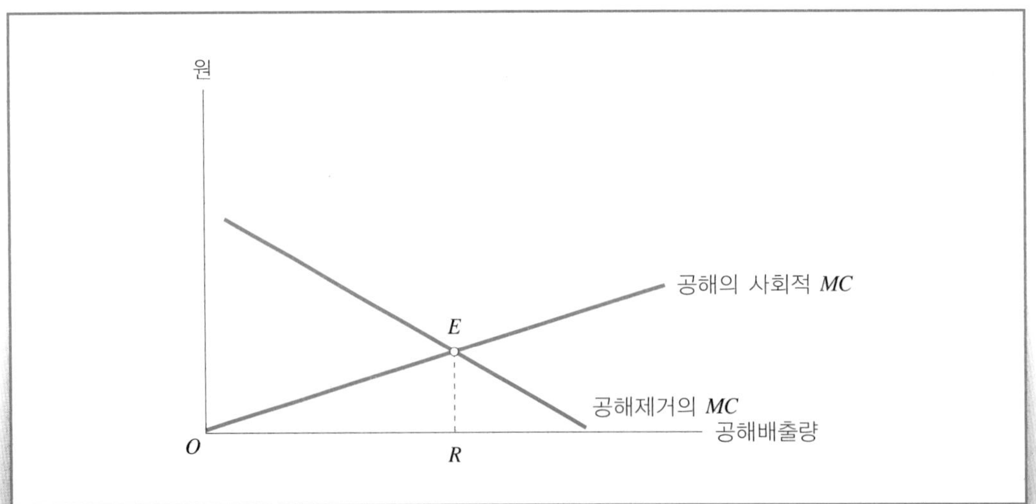

곡선이다. 또 공해제거의 MC곡선은 이 산업이 공해배출을 한 단위 줄이는 데 드는 추가비용(한계비용)을 보여 주고 있다. 공해제거는 공해감소를 의미하기 때문에 편익의 증가를 의미하게 된다. 따라서 최적공해수준 도출 문제라는 것은 결국 공해비용과 제거로 인한 편익의 문제이다.

사회 전체의 입장에서 보면, 이 산업의 최적공해 배출량은 이 두 곡선의 교차점 E에서 정해진다. 이 점에서는 공해 한 단위 추가배출에 따른 사회적 추가비용과 공해 한 단위를 줄이는 데 따른 추가비용이 같다. 따라서 최적공해수준은 R이다. 그리고 이 R은 앞 그림 (c)의 R과 위치가 동일하다. 총량분석이나 한계분석이나 그 결론은 동일하다. 한편, 단순히 생각하면 최적공해수준이 0이라고 생각할 수 있지만, 즉 공해zero가 되도록 규제하면 좋지 않겠느냐 생각할 수 있지만 그렇지 않다. 그 이유는 어느 한도를 넘어서면 공해를 줄이는 데 드는 비용이 공해를 줄여서 나오는 편익보다 더 크게 되기 때문이다.[7)]

2.3 공해의 규제

정부는 어떠한 방식의 규제를 통하여 공해를 최적수준으로 유도하는가?

정부가 공해를 규제하는 방식에는 직접규제, 간접규제, 공공생산 등이 있다. 간접규제 방식에는 공해배출세 부과, 보조금 지급, 공해배출권시장 개설, 소유권 인정 등이 있다. 공공생산이란 공해방지시설에 막대한 비용이 들거나 그 생산에 시장성이 없어서 기업이 담당하기 어려운 부문을 정부가 맡는 것을 말한다. 하수종말처리장, 쓰레기소각시설, 방사능폐기물처리장시설 등은 그 좋은 예이다.

이 절에서는 직접규제, 공해배출세 부과 또는 보조금 지급, 공해배출권시장 개설, 소유권 인정에 대해 설명한다.

(1) 직접규제

공해에 대한 직접규제 방식에는 공해를 일으키는 원인행위를 처음부터 금지하

7) 더 자세한 논의는 A. Freeman, R. Haveman, and A. Kneese, 「The Economics of Environmental Policy」 (New York: Wiley, 1973) 참조.

는 방식과, 환경기준을 설정하고 그 기준을 넘지 못하도록 하는 방식이 있다.

금지 방식은 공해의 해악이 매우 커서 공해배출을 허용하지 않아야 하는 경우에 사용된다. 즉 수은이나 핵폐기물은 아예 그 배출을 금지시키고 반드시 수거 처리하도록 한다. 경성(硬性)세제나 독성이 강한 특정 농약의 사용을 금지시키기도 한다. 국립공원을 지정하여 그 안에서 환경을 훼손하는 일을 금지하고, 그린벨트나 도시주거지역 또는 수자원보호지역을 설정하고, 공업지역과 수출공단을 설정하여 공해배출을 차등화시키는 방식도 이에 속한다.

환경기준 설정 방식은 인간생활을 위한 환경자원의 최소한의 질적 수준을 설정하여 두고, 공해가 이 기준을 넘지 않도록 규제하는 것을 말한다. 공해배출업체에 대하여 특정한 공해 방지장치를 설치하게 한다든가, 어떤 생산요소만을 사용하게 하는 등의 처방적 규제조치를 취할 수도 있고, 공해물질의 배출허용기준을 설정하여 두고, 이 기준을 초과하면 벌과금을 부과하는 경우도 있다.

소음공해와 그 직접규제의 예를 들어보면 다음과 같다.

우리나라에서는 50데시벨(㏈) 이상인 음을 소음공해로 본다. 대표적인 소음공해로는 공장소음, 교통소음, 항공기소음 등이 있다. 이러한 소음을 직접 규제하기 위한 법으로는 1990년 8월 1일 제정 공포된 환경정책기본법, 환경분쟁조정법, 소음진동규제법 등이 있다. 또 1994년 7월부터 시행된 소음진동규제법 시행규칙 개정안은 개정 전 주거, 상업 지역의 생활소음 기준만으로 단속해 오던 소음규제에 건설소음, 교통소음 규제기준을 새로 포함시켰다.

(2) 공해배출세 부과

공해배출세(emission tax)란 일정한 환경기준을 초과하는 공해배출기업에 대해 부과하는 세금을 말한다. 공해배출세는 자신이 배출한 공해의 양에 따라 납부해야 하는 과태료 성격의 조세이다.

외부효과의 내재화

공해배출세를 피구세(Pigouvian tax)라고도 한다. 피구는 공해배출기업에 대해 공해배출로 발생하는 사회적 한계비용만큼 배출세를 내도록 하자고 주장하였다. 그래서 외부비경제를 시정하기 위해 외부비경제를 유발하는 기업에 부과하는 세금을 피구세라고 한다.

한편 넓은 의미의 피구세는 역(逆)의 세금도 포함한다. 피구세의 정신은 외부비경제의 경우 세금을 매겨 그 외부성을 줄이자는 것이며, 반대로 외부경제의 경우는 보조금을 주어 장려하는 것도 포함한다. 즉 외부성의 내재화(internalizing the externality)를 도모하자는 것이다. 우리나라의 휘발유세는 교통혼잡과 교통사고를 줄이고, 깨끗한 환경을 유지하는 데 도움이 되는 효과를 가진다는 점에서 피구세의 일종이라고 볼 수 있다.

어쨌든, 공해배출세는 공해배출량에 비례하여 부과되기 때문에 기업은 공해배출을 감소시키려고 노력하게 된다. 그래서 사회적으로 공해발생이 감소하는 효과를 갖는다. 그러나 생산비의 상승으로 가격이 상승하고, 그 비용은 소비자가 부담해야 한다.

공해배출세 부과의 이론적 근거와 그 효과를 분석해보자.[8)]

[그림 18-5]는 공해배출세 부과의 효과를 보이고 있다. 이 그림은 제17장에서 본 것으로, 생산에 있어서 외부비경제 발생시의 시장효과를 나타내고 있다. 그림

그림 18-5 공해배출세 부과의 효과

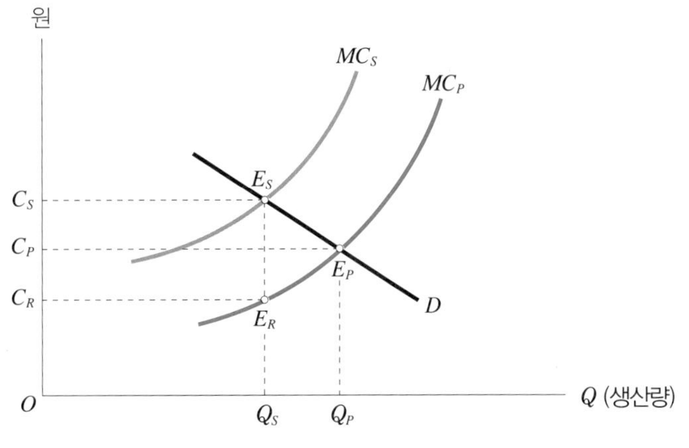

8) 생산량과 오염배출량의 연계성이 작은 경우에 [그림 18-5]로 설명한 정책효과는 나타나지 않는다. 연계성이 작은 경우에 공해배출세보다는 제품부과금이 더 적절하다.
공해배출세와 제품부과금의 차이점과 각각의 정책효과에 대한 자세한 설명은 환경경제학 관련 교재를 참고하기 바란다.

의 가로축은 이 기업의 생산량을 나타낸다. 그리고 이 축은 공해배출량도 나타낸다. 즉 이 분석에서는 공해배출량이 생산량에 비례한다고 본다.

그림에는 수요곡선과 함께, 공급곡선이 두 개 나타나 있다. MC_P는 공해배출기업의 한계비용곡선, 즉 사적 MC이다. MC_S는 그 기업의 생산활동으로 인해 사회전체가 직간접적으로 부담하는 사회적비용의 한계비용, 즉 사회적 MC이다. 이 두 한계비용곡선은 각각 공급곡선이 된다. 한계비용곡선이 공급곡선의 구실을 한다는 것을 독자 여러분은 기억하고 있을 것이다.[9)]

기업의 균형은 시장수요곡선과 공급곡선의 역할을 하는 사적 한계비용곡선인 MC_P가 만나는 점 E_P에서 이루어진다. 이 기업에 적정생산량 및 공해배출량은 Q_P이다. 그러나 이 생산량은 어디까지나 그 기업에 적정할 뿐이다. 사회는 Q_P가 말해주는 만큼의 공해를 감수해야 하며, 이 수준은 적정수준보다 많다. 사회적으로 바람직한 생산량 및 공해배출량은 Q_S이다.

이제 정부가 공해배출세를 기업에 부담시킨다고 하자. 정책당국은 공해배출세를 부과함으로 공해배출량을 사회적으로 바람직한 Q_S수준으로 낮추려 하고 있다. 이를 위해서는 기업이 한계비용을 MC_S로 느끼도록 해주어야 한다. 즉 E_RE_S 구간의 길이만큼 세금을 부과하는 것이다. 이제 세금을 포함한 기업의 한계비용곡선은 MC_S가 되고, 균형은 E_S에서 이루어진다.

공해배출세 부과의 원리는 세금을 부과하여 기업의 사적비용과 사회적비용이 같도록 만들어주는 것이다. 이 경우 적정생산량 및 공해배출량은 Q_S이다. 그리고 이 생산량은 사회적으로 바람직한 수준이다.

한편 피구세를 외부효과세(externality tax)라고도 한다. 피구세가 세금을 통해서 부정적인 외부효과는 감소시키고, 반면에 보조금을 통해서 긍정적인 외부효과는 장려하려는 목적을 가진 세금이라는 점을 염두에 둔 말일 것이다.

보조금 지급

공해와 관련한 보조금은 두 가지 방향에서 주어진다. 하나는 외부경제, 즉 긍정적인 외부효과를 발생시키는 기업에 보조금을 주는 방법이고, 다른 하나는 공해감소시설을 가동하는 기업에 주는 보조금이다.

---

9) 제10장 완전경쟁시장이론의 '단기공급곡선 도출'을 보시오. 그 외 독점시장이론 등에서도 MC곡선이 공급곡선 역할을 하는 상황이 많이 나온다.

외부경제가 발생하는 경우, 기업이 느끼는 비용과 사회적비용은 차이가 난다. 구체적으로 말하면 기업의 사적비용보다 사회적비용이 낮다. 이 때 보조금을 주어서 기업의 사적비용을 낮추어줌으로써 사회적비용과 같도록 해주자는 것이다. 위의 그림에서 사적한계비용과 사회적 한계비용을 바꾸어 보면 되고, 그 효과의 방향도 바꾸어 보면 된다.

이제 공해감소시설을 가동하는 기업에게 주는 보조금에 대해 알아보자. 기업이 공해감소시설을 설치해서 공해배출을 감소시키면 사회적으로는 바람직하지만 그 기업에게는 비용증가와 생산감소로 인한 경영악화가 발생한다. 이 때 정부는 보조금을 주어 기업의 수지를 맞추어줄 수 있다.

우리나라도 온실가스를 줄이는 기업에 현금으로 보조금을 주는 제도를 도입하고 있다. 이는 기업이 자발적으로 온실가스를 줄이도록 유도하기 위한 제도이다. 이러한 조치는 한국이 앞으로 국제협약에 따라 온실가스를 감축하게 될 경우 철강, 석유화학 등 에너지소비형 산업이 타격을 입고, 이는 국민경제에 큰 부담을 주기 때문에 미리 온실가스를 줄일 필요가 있다는 판단에 따른 것이다.

보조금 지급의 효과는 앞의 [그림 18-5]로 분석할 수 있다.

정부의 요구에 따라 기업은 공해감소시설을 가동하면 당연히 생산비가 증가한다. 그림에서 E_RE_S 구간의 길이가 공해감소시설로 인한 비용증가분이다. 기업은 공해감소시설 가동으로 인해 생산비용 상승과 이로 인한 생산감소를 겪고 있다.

이때 정부가 당근정책으로 공해감소시설을 설치한 기업에 보조금을 지원한다고 하자. 정부가 E_SE_R 구간의 길이에 해당하는 보조금을 지급하고, 기업이 보조금으로 공해감소시설을 설치한다면 기업의 한계생산비는 이전의 한계생산비인 MC_P로 낮아질 수 있다. 이에 따라 적정생산량은 Q_P가 될 수 있다.

하지만, 보조금이 공해배출량를 감소시킨다고 예단할 수 없다. 보조금제도는 보조금액만큼 정부로부터 기업으로 소득을 이전시킨다. 따라서 기업의 소득이 증가한다. 이때 보조금을 받은 기업이 공해감소시설에 투자하지 않고, 생산량을 Q_P로 결정하게 되면, 오염배출량은 감소하지 않는다. 특히 보조금을 받지 않았다면 시장에서 퇴출당했을 기업이 보조금으로 생산을 지속할 수 있게 되고, 보조금을 받기 위해 새로운 기업이 시장에 진입하게 되면 사회적으로 오염물질의 배출량이 증가하는 결과를 초래할 수 있다.

(3) 공해배출권시장

공해배출권이란 정부나 UN 등 공해규제 당국이 적정공해수준을 결정하고서, 그에 해당하는 공해배출량을 할당해 준 공해배출의 한도를 말한다. 좀 더 구체적으로 말하면 개별기업이나 국가가 배출할 수 있는 공해량을 사전에 할당해주는 것이다.

공해배출량을 할당받을 경우, 어떤 기업이나 국가는 산업구조가 할당량보다 더 많이 공해를 배출해야 하는 형편이고, 어떤 기업이나 국가는 더 적게 배출해도 되는 형편이기도 할 것이다. 이에 따라 남아도는 측이 모자라는 측에게 배출권을 판매하는 시장이 발생하게 된다. 공해배출권을 매매하는 시장을 공해배출권시장이라고 한다. 할당량보다 적게 공해를 배출하는 측은 이 배출권시장의 공급자로, 할당량보다 더 많은 공해를 배출하는 측은 수요자로 이 시장에 참여한다. 공해배출권시장의 가장 좋은 예는 온실가스 배출권시장이다. 온실가스 배출권시장은 국제협약인 교토의정서와 관계가 있다.

먼저 교토의정서의 내용을 알아보고 공해배출권시장인 온실가스 배출권시장에 대해 알아보자.

교토의정서[10)]

일본 교토에서 채택한 지구온난화 규제 및 방지의 국제협약인 기후변화협약의 구체적 이행 방안을 말한다. 2005년에 공식 발효된 이 교토의정서는 선진국의 온실가스 감축 목표치를 규정하고 있다. 온실가스의 대표적인 것으로는 이산화탄소가 있다. 이산화탄소는 지구가 받아들인 태양열이 우주로 방사되는 것을 막아 지구의 온도를 상승시키는 역할을 한다. 즉 이산화탄소는 온실효과를 가지고 있다. 지구온난화는 기상재해를 일으키고 농업 및 식량생산에 대한 직접적인 타격을 주게 된다. 이에 따라 온실가스를 줄이려는 노력이 국제적으로 이루어지고 있는 것이다.

온실가스 감축 의무이행 대상국은 캐나다, 일본, 유럽연합(EU) 회원국 등 총 38개국이다. 이들은 온실가스 총배출량을 감축하여야 한다. 각국의 감축 목표량은

---

10) 교토의정서는 2012년에 종료되었으며, 후속 조치에 관한 결과는 각 당사자국의 협상기술과 협력을 유도하는 인센티브에 의해 결정될 것이다.

차별화되어 있다. 개발도상국들은 의무량을 따로 정하지 않고 자발적으로 온실가스를 줄이기로 되어있다.

교토의정서는 감축 이행시 신축성을 허용하기 위하여 배출권 거래 등의 제도를 도입하였다. 즉 온실가스 배출량의 감축에 시장 개념을 도입했다. 목표치보다 더 많은 온실가스를 줄인 나라들이 목표에 미달한 나라들에 여분의 온실가스 배출권을 상품처럼 파는 국제 배출권 거래가 그것이다. 즉 교토의정서에 의해 파생된 시장이 온실가스 배출권시장이다.

탄소거래소

온실가스 배출권시장이란 교토의정서에 의해 개설된 온실가스에 가격을 매겨 배출권을 거래하는 시장이다. 거래 대상이 되는 온실가스란 지구온난화의 원인으로 알려진 이산화탄소, 아산화질소, 메탄, 불화탄소, 수소화불화탄소, 불화유황 등을 말한다. 그런데 이 중 이산화탄소가 온실가스의 대표적인 것이고, 따라서 기술적으로 다른 것들을 모두 이산화탄소등가치(carbon dioxide equivalent)로 환산하기 때문에 온실가스를 대표하는 용어로 이산화탄소를 사용하고 있다. 이에 따라 온실가스 배출권시장은 보통 이산화탄소 배출권시장이라고 불리며, 줄여서 탄소시장이라고도 불린다. 또 온실가스 배출권이 거래되는 기구를 탄소거래소라고 부른다.

이산화탄소 배출의 권리를 매매한다는 것은 우리에게 얼른 이해가 가지 않는 일이지만, 이미 그 시장은 가동되고 있고 또 앞으로 우리 경제에 상당한 영향을 끼칠 수 있는 시장이다. 교토의정서에 의하면 국가별로 이산화탄소 배출한도가 할당되어 있다. 이 경우 국가에 따라 그 할당량에 미달할 수도 있고, 이를 초과하는 국가가 또 있을 수 있다. 미달한 국가는 미달한 만큼을 시장에 팔고, 초과한 나라는 이를 매입하는 것이다. 즉 국가나 기업은 회사별로 이산화탄소 배출량을 정해놓고 이를 초과하면 벌금을 내든지 탄소거래소에서 탄소를 배출할 수 있는 권리를 그만큼 사야한다.

공해배출 할당량을 초과한 국가와 기업은 그 초과한 부분만큼 배출권을 매입하는 비용이 발생하기 때문에 가능한 한 내부적으로 온실가스 배출을 감축하려 할 것이다. 이 제도의 목적은 온실가스에 가치를 부여함으로써 온실가스 배출권을 매입해야 하는 국가와 기업이 스스로 온실가스 감축 노력을 하도록 하는 것이다.

공해배출권시장 개설은 공해문제도 시장 메커니즘으로 해결하자는 것이다.

한편 공해배출권 매매는 피구세의 일종이라고 볼 수 있으며, 외부효과를 내부화하기 위한 방법이라고 볼 수 있다. 이 제도는 공해문제에 시장원리를 도입했다는 점에서 합리적이고 효율적인 공해대책이 될 수 있다. 그러나 실무에 들어갈 경우 공해배출권의 국가별 할당, 감시 등 어려운 문제도 많이 있다. 또 이 제도에 직접 영향을 받는 산업은 결국 비용증가라는 과제에 직면한다.

읽을거리

이산화탄소 농도 '저지선' 붕괴... 기후변화 재앙 현실 되나

세계 이산화탄소 농도가 처음으로 '심리적 한계선'인 400ppm대에 들어섰다.

기상청은 24일 "지난해 전지구 이산화탄소 연평균 농도가 400.0ppm을 기록했다고 세계기상기구(WMO)가 발표했다"고 밝혔다. 세계기상기구가 1958년 이산화탄소 농도를 관측하기 시작한 이래 400ppm대에 진입한 것은 처음이다. 1ppm은 어떤 양이 전체의 100만분의 1을 차지한 것을 나타낸다. 이산화탄소 농도 400ppm은 지구온난화로 인한 기후변화의 임계점인 산업화 이전 대비 2도 상승을 억제하려는 세계의 노력에서 심리적 저지선을 의미해왔다. 지난해 유엔 기후변화협약 당사국총회는 지구 평균온도 상승을 2도 이하로 유지하고 가급적 1.5도까지 안정시키기로 합의한 바 있다.

지난해 이산화탄소 농도는 2014년에 비해 2.3ppm이 늘어나 최근 10년 연평균 농도 증가량(연간 2.1ppm)보다 더 크게 증가했다. 세계 이산화탄소 농도는 120여개 관측지점의 자료로 산출된다.

우리나라의 경우 기상청 안면도 기후변화감시소에서 1999년부터 이산화탄소 농도를 측정해오고 있는데, 2012년(400.2ppm) 처음으로 400ppm을 넘어섰으며 지난해에는 407.0ppm이 기록됐다. 안면도 이산화탄소 농도는 10년 연평균 2.3ppm 증가, 지난해 2.5ppm 증가로 세계 이산화탄소 농도 증가속도를 앞지르고 있다.

– 한겨레신문 2016. 10. 24. 발췌 –

쓰레기종량제

쓰레기종량제는 공해배출권 시장원리를 쓰레기배출에 응용한 제도이다.

우리나라는 기업이나 개인이 공해를 유발할 경우, 그 공해의 방지와 오염 · 훼손된 환경을 복원할 책임을 지며, 공해로 인한 비용을 부담하도록 규정하고 있다.

쓰레기종량제의 원리는 쓰레기배출권을 정부가 판매하는 것이다. 즉 쓰레기의 처리비용을 배출자에게 부과함으로써 쓰레기의 배출량은 줄이고, 재활용품은 분리 배출하도록 유도하는 제도이다. 구체적으로 말하면 쓰레기배출량에 따라 그 처리비를 차등적으로 부과함으로써 쓰레기배출량이 늘어나면 처리비도 그만큼 많이 부담하는 제도이다.

우리나라는 애초에 건물면적, 재산세 등을 기준으로 쓰레기처리 수수료를 징수하였다. 이 제도 하에서는 일정한 수수료를 내고 쓰레기를 무제한으로 배출할 수 있었다. 그러다가 쓰레기종량제를 도입하여 실제 쓰레기배출량을 기준으로 수수료를 부과하는 제도로 전환하였다. 종량제 적용 대상 폐기물은 일반 가정과 소규모 사업장에서 발생한 생활폐기물, 즉 일반 쓰레기이다. 쓰레기배출자는 쓰레기를 규격봉투에 담아 배출해야 한다. 규격봉투는 지정된 판매소에서 정해진 가격으로 구입한다. 규격봉투 판매가격이 결국 쓰레기 처리비용인 셈이다. 규격봉투를 산다는 것은 쓰레기배출권을 구입하는 것과 같다. 즉 공해배출권시장이 개설된 것이다. 공해배출권시장의 균형은 쓰레기배출(규격봉투)의 수요곡선과 공급곡선이 만나는 점에서 결정된다.

[그림 18-6]은 공해배출권시장의 균형을 보이고 있다.

그림의 가로축은 쓰레기배출량, 즉 규격봉투의 수량을 나타내고 세로축은 가격이다. 수요곡선과 공급곡선은 결국 쓰레기봉투의 수요와 공급을 나타낸다. 이 시

그림 18-6 공해배출권시장의 균형

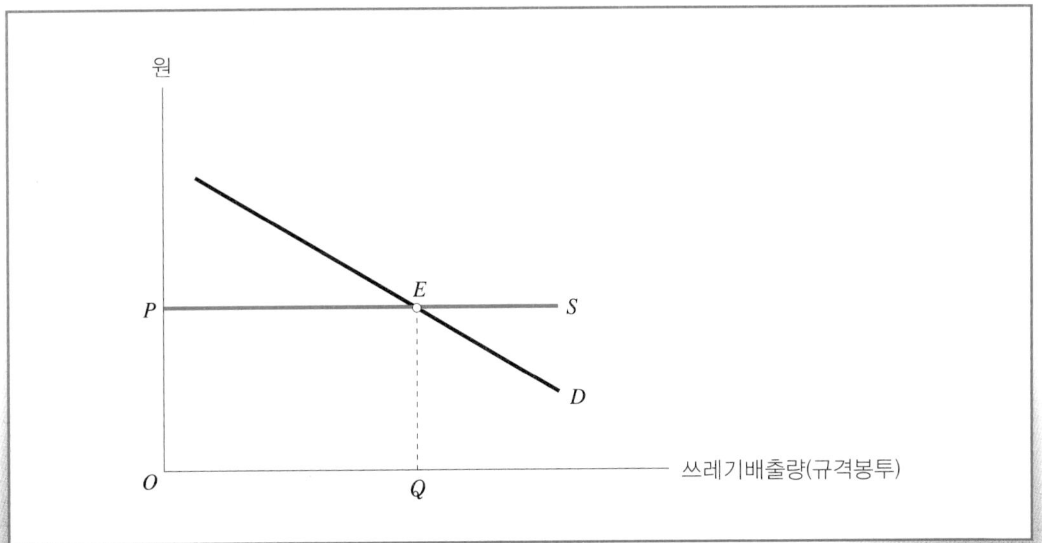

장에서 당국은 쓰레기배출권(규격봉투)을 공급하고, 주민은 쓰레기배출권을 수요한다. 수요곡선은 주민이 쓰레기를 버림으로 얻는 편익을 반영한다. 쓰레기를 한없이 버릴 수는 없을 것이고, 그 편익은 배출량이 증가하면서 감소할 것이다. 따라서 쓰레기배출의 수요곡선은 우하향이다. 이에 비하여 쓰레기 처리비용을 반영하는 쓰레기배출권의 공급곡선은 장기적으로 우상향이 된다. 단 우리나라 쓰레기종량제하에서는 규격봉투의 가격이 정해져 있으므로 정가제의 공급곡선이 되어 수평모양이 된다. 쓰레기배출권시장의 균형은 우하향인 수요곡선과 우상향(또는 수평)인 공급곡선이 만나는 점 E에서 이루어진다. Q는 쓰레기를 버리는 규격봉투의 수량, 즉 쓰레기배출량을 의미한다.

쓰레기종량제 도입 이후 우리나라에서는 쓰레기배출량이 감소하고 재활용품 수거량이 증가되는 긍정적인 효과를 거두고 있다. 이론과 실제가 맞아떨어지는 좋은 예이다.

(4) 코즈정리 - 소유권 인정

어떤 기업이 생산활동을 하면서 한 하천을 오염시키고 있다 하자. 그리고 이 하천 하류의 물을 사용하고 있는 사람이 일정한 수준의 수질에 대한 소유권을 갖고 있다고 하자. 이 경우, 어떤 기업이 하천을 오염시키면 그 소유권자는 공해배출 기업에 대하여 손해배상 청구 소송을 할 권리를 가지게 된다. 공해배출 기업은 수질오염으로 인해 다른 사람들에게 끼친 비용을 보상해 주어야 한다.

반대로 어떤 기업이 하천 수질을 높여서 그 하천의 사용자가 편익을 얻게 되었다고 하자. 이 기업은 하천의 사용자에게 보상을 요구할 수도 있을 것이다. 만일 양쪽이 협상하는데 드는 비용이 그리 크지 않다면, 외부경제 또는 외부비경제를 발생케 한 측은 그러한 외부효과로 영향을 받는 측과 협상할 수 있다.

코즈(R. Coase)[11]는 완전경쟁하의 경제에서는 매우 큰 외부효과가 존재한다 하더라도 이해 당사자간의 협상에 드는 비용이 적은 경우에는 자원의 효율적 배분이 이루어질 수 있다고 주장하였다. 협상과정에서 외부효과를 발생케 하는 측은 자신

11) 코즈(1910년~2013년)는 영국출신의 법경제학자이다. 1991년 노벨경제학상을 수상하였으며, 그의 주요 논문은 다음과 같다.
Coase, R.(1937), "The Nature of the Firm," *Economica*.
Coase, R.(1960), "The Problem of Social Cost," *Journal of Law and Economics*.

의 행위가 상대방에게 미치는 효과를 적절히 보상하는 방향으로 나아가게 된다. 예를 들어 공기소유권을 흡연자가 가지고 있다면 그는 자기가 원하는 만큼 담배를 피울 수 있다. 그러나 비흡연자에게 공기소유권이 있다면 비흡연자는 오염에 대한 보상을 요구할 수 있는 것이다. 즉 소유권을 만들어주면 되는 것이다.

이러한 내용을 흔히 코즈정리(Coase's theorem)라고 한다. 이해 당사자들 간의 협상비용이 적은 경우에 소유권을 명확히 해 주면 자발적 합의에 의해 효율적 자원배분이 실현된다는 것이다.

코즈정리: 이해 당사자들 사이에 협상비용이 적은 경우, 소유권을 명확히 해주면 자발적 합의에 의해 효율적 자원배분이 실현되는 것을 설명한 이론이다.

요 · 약

01. 정보란 소비자나 기업과 같은 각 경제주체가 직면하고 있는 불확실성을 줄일 수 있는 지식을 말한다.

02. 정보가 가지는 경제적 역할을 연구하는 경제학의 분야를 정보경제학이라 한다.

03. 정보재의 특성은 다음과 같다.
첫째, 정보재는 공공성을 가지고 있다.
둘째, 정보재의 거래는 불가역적이다.
셋째, 정보재는 불가분적이다.
넷째, 정보재는 그 생산과 소비 과정에 불확실성이 존재한다.
다섯째, 정보재는 망 외부효과를 가지고 있다.

04. 망 외부효과란 정보 네트워크에 참여자가 많아질수록 그 참여자들이 얻는 가치가 기하급수적으로 증가되는 것을 말한다.

05. 거래의 일방이 상대방보다 우월한 정보를 보유하고 있을 때, 거래 당사자 간에 정보의 비대칭성이 존재한다고 한다.

06. 감추어진 특성이란 계약체결 이전의 상태에서 상품 혹은 거래의 특성을 계약 당사자 중 어느 한 쪽만 알고 있는 정보의 비대칭적 상황을 말한다.

07. 감추어진 행동이란 계약체결 이후 계약자 중 어느 한 쪽이 취한 행동을 상대방이 알 수 없는 상황을 말한다.

08. 정보가 비대칭적인 상황에서 불량품만 시장에 나오는 현상을 레몬시장이라고 한다.

09. 역선택 대책으로는 정보 있는 측에게 신용과 평판 유지, 신호 발송, 광고 등이 있고, 정보 없는 측에게 품질보증제도 이용 등이 있다.

10. 도덕적 해이에 대한 대책으로는 성과급, 부분보험, 품질보증제도 등이 있다.

11. 주인-대리인 문제란 주인과 대리인의 이해관계가 다를 때 대리인이 주인의 요구에 부응하지 못하는 상황을 말한다.

12. 주인-대리인 문제에 대한 대책으로는 소유권의 이전, 성과급제도 등이 있다.

13. 환경오염이란 기업활동에 따라 발생되는 대기오염 등 사람의 건강이나 환경에 피해를 주는 상태를 말한다.

14. 환경훼손이란 자연환경의 본래적 기능에 중대한 손상을 주는 상태를 말한다.

15. 환경오염과 환경훼손을 공해라고 한다.

16. 공해가 발생할 경우 공해 배출자와 손해(비용)부담자가 다른 것이 일반적이다.

17. 환경경영이란 기업의 생산활동에서 수반되는 공해발생을 최소화하면서 지속적인 발전을 도모하고자 하는 제반 경영활동을 말한다.

18. 공해의 사회적비용과 공해제거비용 간에는 서로 상충관계(trade–off)가 있으며, 각각 체증적으로 증가되는 성질을 가지고 있다.
19. 공해는 완전히 제거할 대상이 아니라 적절히 제거해야 할 대상이다.
20. 공해를 규제하는 방식에는 직접규제, 간접규제, 공공생산 등이 있다.
21. 간접규제 방식에는 공해배출세 부과, 보조금 지급, 공해배출권시장 개설, 소유권 인정 등이 있다.
22. 공공생산이란 공해방지시설에 막대한 비용이 들거나 그 생산에 시장성이 없어서 기업이 담당하기 어려운 부문을 정부가 맡는 것을 말한다.
23. 공해배출세(emission tax)란 일정한 환경기준을 초과하는 공해배출기업에 대해 부과하는 세금을 말한다.
24. 교토의정서란 기후변화협약의 구체적 이행 방안을 말한다.
25. 쓰레기종량제란 폐기물의 처리비용을 쓰레기 배출자에게 부과함으로써 폐기물의 배출량은 줄이고 재활용품은 분리 배출하도록 유도하는 제도이다.
26. 코즈정리란 이해 당사자 간의 거래비용이 무시할 수 있을 정도로 적은 경우, 소유권을 명확히 해주면 소유권이 어느 쪽에 귀속되었느냐에 상관없이 자발적 합의에 의해 효율적 자원배분이 실현된다고 하는 이론을 말한다.

연·습·문·제

01. 정보에는 어떤 특성이 있는가?
02. 대칭정보와 비대칭정보 중 경제학에서 주목하는 상황은 어떤 상황이며, 그 이유는 무엇인가 설명하시오.
03. "정보의 거래는 불가역적이다"라는 말을 설명하시오.
04. 정보의 망 외부효과란 무엇인가?
05. 망 외부효과는 멧칼프법칙과 어떤 관계가 있는가?
06. 정보의 비대칭성이란 무엇이며 정보의 비대칭성이 존재하면 역선택이나 도덕적 해이가 일어난다고 하는데 그 메커니즘을 설명하시오.
07. 감추어진 특성이란 무엇을 말하는가?
08. 감추어진 행동이란 무엇을 말하는가?
09. 레몬시장이란 무엇인가?
10. 역선택 대책을 말하시오.
11. 도덕적 해이에 대한 대책을 말하시오.
12. 주인-대리인 문제 발생의 예를 하나 들고 그 대책을 말하시오.
13. 외부비경제와 공해를 연관지어 설명하시오.
14. 환경상품이란 무엇인가?
15. 환경경영이란 무엇인가?
16. 공해의 비용의 예를 들어보시오.
17. 다음 주장이 가지는 문제점을 설명하시오.
    "공해는 제거해서 없앨수록 사회적으로 좋다."
18. 공해배출세 부과의 효과를 설명하시오.
19. 피구세의 의의와 영향을 설명하시오.
20. 온실가스란 무엇인가?
21. 중국의 탄소시장 개설이 우리나라에 미칠 영향을 말하시오.
22. 공해방지시설 가동 시 보조금을 지급하는 제도의 효과를 설명하시오.
23. 교토의정서가 앞으로 우리 기업활동에 미칠 영향을 말하시오.
24. 공해배출권시장이란 무엇을 말하는가?
25. 우리나라 쓰레기종량제 실시의 효과를 설명하시오.
26. 코즈정리에 대해 설명하시오.

국문 색인

[ㄱ]
가격규제 368
가격기구 13
가격변동위험 592
가격보조 158
가격상한제 61
가격선도모형 403
가격설정 354
가격설정자 340
가격소비곡선 133, 134
가격수용자 319
가격순응자 340, 470
가격오퍼곡선 133
가격의 경직성 402
가격의 매개변수적 기능 41
가격이론(價格理論) 10
가격지수 171, 176
가격차별 338, 350
가격탄력성 133, 348
가격형성 불능의 조건 581
가격효과 137, 153, 168
가변비용 283
가변투입요소 221
가역적 598
가입비 356
가중된 한계생산력 균등의 법칙 274
가중된 한계효용 균등의 법칙 124
가중치 172
가중평균 187
가치함수 277
감추어진 특성 600
감추어진 행동 600
강선호관계 83, 98, 186
개별수요곡선 589
거미집이론 53
거시적 일반균형이론 539
게임 424
게임의 결과 425
게임의 규칙 425
게임이론 423, 424
결합생산 247
결합생산물 308
결합생산물곡선 248
결합생산물의 적정생산 308
경기자 425
경영 463
경영자재량모형 305
경제적 비용 264
경제적 지대 494
경제적 효율 548, 549
경제적 후생 554
경제체제 13
경합과점 417
경합독점 417
경합성 538, 586
경합시장 414
경합시장이론 414
계층별 소득분배이론 505
계획경제체제 13
고센의 제1법칙 91
고위험고수익 609
고정계수생산함수 236
고정비용 283, 471
고정생산요소 221, 324
고정투입요소 221
공공생산 373
공공재 373, 586
공급의 가격탄력성 25, 51
공급의 법칙 34
공리주의 556
공리주의자 555
공유자원 589
공정승산선(公正勝算線) 200
공정한 보험 204
공해균형 618
공해배출권 625
공해배출권시장 627
공해배출세 622
과시소비현상 73

과시효과 73
과점 385
과점시장(寡占市場) 384
교섭력 483
교토의정서 626
교통혼잡비용 266
교환가치 92
국민소득이론(國民所得理論) 10
국부론 569
굴절수요곡선 401
굴절수요곡선모형 387, 399, 402
귀속비용 263
규모수확 239
규모수확 감소 239
규모수확 불변 239
규모수확 증가 239
규모에 대한 수확 239
규모의 경제 289, 370
규모의 비경제 290, 370
균등분배대등소득 519
균형 425, 434
극대화 11
극소화 11
기능별 소득분배 522
기능별 소득분배이론 506, 522
기대보수 443
기대수요곡선 409
기대수익 94
기대치 188
기대효용 187
기대효용이론 187
기수적 효용 87
기술적 효율 548
기술진보 244
기술혁신 245, 289
기업폐쇄점 329
기초공제제도 611
기펜재 135
기회비용 118, 264, 484, 550
기회비용곡선 119
기회집합 118
꾸르노균형 389, 390
꾸르노모형 387
꾸르노점 390

[ㄴ]
나이트 183
내부해 276
내쉬균형 389, 432, 434, 435
노동공급곡선 472
노동분배율 524
노동수요곡선 467, 479
노동집약적 기술진보 246
능률파라미터 241, 243

[ㄷ]
다중 내쉬균형 436
단기공급곡선 328
단기비용함수 281
단기총비용곡선 282
단기확장경로 281
단위탄력적 45
단조성 85, 102
담합 386, 402, 579
대규모생산에 따른 경제성 289
대규모생산의 법칙 289
대량생산의 법칙 290
대리인 613
대립관계의 경쟁 318
대체재 51
대체탄력성 241, 242, 528
대체효과 138, 153, 169, 468, 485
대칭적 599
도덕적 해이 371, 592, 610
도박 참가비 195
도함수 19
독립재 51
독점 339
독점권 351
독점시장 338
독점의 효과 363
독점이윤 345, 348
독점적 경쟁 407
동등변화 144
동시게임 449
동적 안정성 55
동전맞추기 441
동행효과 70
등기대치선 197, 198
등량곡선(等量曲線) 99, 230
등량곡선지도 232
등비선 267
등생산량곡선 232
등수입선 309
등예산선 267
등이윤선 394
등효용곡선(等效用曲線) 99

[ㄹ]
라그랑지승수 276
라그랑지함수 276
라스페이레스가격지수 176
라스페이레스수량지수 172
레몬법 605
레몬시장 602

레몬현상 602
레온티에프 236
레온티에프 효용함수 108
레온티에프생산함수 236
로렌츠곡선 515
리스 269
리스크 프리미엄 609
리카도 493
린달해 591

[ㅁ]
마디 429, 452
마셜적 수요곡선 141, 153
마크업 가격설정 307
망 외부효과 225, 599
맞대응 433
매몰비용 264
멧칼프의 법칙 225
멱함수 19
명시적 비용 263
모서리해 125
무어의 법칙 225
무위험선 197, 200
무임승차 587
무임승차자 문제 588
무차별곡선 98
무차별곡선지도 100
무차별관계 83, 98
묶어팔기 357
물품세 66, 365, 366
미분법 18
미시적 일반균형이론 539

[ㅂ]
배제성 586
버트란드모형 387, 398
범위의 경제 311
범위의 비경제 311
베르누이 187
베이지안게임 454
변곡점 224, 226
보상된 예산선 142
보상변화 144, 153
보상수요곡선 141, 142, 153
보수 425
보수행렬 440
보수행렬표 431
보완재 50
보이지 않는 손 569
보조예산선 140, 161, 170
보험금 196
복점 385
부가가치세 65
부가급여 305
부가보험료 192
부분균형분석 537
부분보험 208
부분보험제도 611
분계선 238
분배파라미터 241, 243
불가분성 598
불가역성 598
불공정한 보험 207
불안정적 균형 52
불안정적 상태 435
불완비정보게임 454
불완전담합모형 403
불완전정보게임 433, 454
불포만성 8, 102
불확실성 183, 577
비경합성 577, 587
비대립적 경쟁 318
비대칭정보 599
비례수요곡선 409
비배제성 577, 587
비용감소산업 330
비용극소화 272, 277
비용불변산업 330
비용선 267
비용증가산업 330
비재화 107, 108, 125
비정합게임 447
비탄력적 45
비협조적 게임이론 423
빈곤의 악순환 511

[ㅅ]
사용가치 92
사적비용 265, 580, 582
사적편익 580
사전편찬법식 선호 85
사치재 49, 131
사회적 가치 333
사회적 한계비용 591
사회적 한계편익 591
사회적비용 265, 580, 618
사회적잉여 60
사회적편익 580
사회후생 338, 354
사회후생무차별곡선 555
사회후생함수 519, 554, 555
산업조직론 350
산출물 220
산출효과 469
상대가격 40
상대적 빈곤 511
상충관계 618
상품묶음 81, 164, 168, 183

상품재 585
상호의존 538
상호의존성의 조건 581
상호작용 423
생산가능곡선 247, 310, 548
생산계약곡선 547
생산량극대화 271, 273
생산량극대화의 1계조건 276
생산량극대화의 2계조건 276
생산물곡선 222
생산물변환곡선 248
생산에 있어서의 외부경제 581
생산에 있어서의 외부비경제 583
생산요소 220, 463
생산용량 398
생산의 노동생산성 241
생산의 쌍대성 274
생산의 일반균형 545
생산의 효율성 553
생산자잉여 58, 363, 495
생산자최적 280
생산조건 349
생산중단가격 329
생산파라미터 241
생산함수 220
선도거래 210
선도자 394, 430
선물시장 209, 592
선택변수 17
선호관계 83
성과급제도 611, 612
성대결 게임 439
소득5분위배율 512
소득보조정책 158
소득분배 354, 365
소득분배의 공평성 553
소득분배이론 505
소득불평등도 517
소득소비곡선 128, 133
소득의 (불)평등도 512
소득재분배 93
소득확장경로 128
소득효과 139, 153, 169, 485
소비가능곡선 118, 154, 491
소비가능집합 491
소비계약곡선 543, 550, 562
소비에 있어서의 외부경제 583
소비에 있어서의 외부비경제 584
소비의 효율성 553
소비자잉여 58, 353, 363
소비자최적 122, 146, 155
소비자최적화 110
소비집합 81
손익분기점 330
수량지수 171, 172
수요가격 33
수요독점 473, 579
수요독점자 374, 375
수요량의 변화 37
수요의 가격탄력성 25, 43, 343
수요의 교차탄력성 25, 50, 408
수요의 법칙 32
수요의 변화 38
수요의 소득탄력성 25, 49, 133
수요함수 29
수입곡선 309
수입관세 68
수확체감의 법칙 225, 226
수확체증의 법칙 156
순보험료 192
순수경쟁시장 330
순수공공재 587
순수과점 385
순수전략 441
순수전략 내쉬균형 441
순차게임 396, 449
스놉수요곡선 72
스미스의 역설 92
스타켈버그 전쟁상황 396
스타켈버그모형 387, 394, 395
스타켈버그불균형 396
슬러츠키적 수요곡선 142
시그널 607
시그널균형 608
시세차익 210
시장가격 40, 332
시장경제이론(市場經濟理論) 9
시장경제체제 13
시장공급곡선 18, 330
시장균형 52
시장기구 13, 569
시장분리가격차별 360
시장수요곡선 18, 31, 589
시장실패 365, 570, 577
시장원리 333
시장조건 349
신고전학파 523
신빙성이 없는 전략 452
신용할당 609
신호발송 605
실질소득 137
10분위분배율 512, 513
쌍방독점 339, 483
쓰레기종량제 628

[ㅇ]
안장점 448
안정적 균 52
안정적 상태 435
암묵적 담합모형 403
암시장 62
앳킨슨지수 512, 519
약선호관계 83, 98, 186
약정가격 211
에지워스 98
에지워스상자 540, 550
에지워스의 상자그림 540
엥겔곡선 129
여가소비 484
역사적 비용 265
역선택 592, 561
역진귀납 396, 454
연속성 85, 186
열등재 49, 131, 168
예산선 118, 198, 267
예산제약 117
예산제약식 117, 144
예산집합 118
오일러 241
오일러의 정리 242, 527
온실가스 627
온실가스 배출권 627
온실효과 626
옵션매도자 211
옵션시장 209, 592
옵션프리미엄 211
완비성 84, 186
완전가격차별 352, 353
완전경쟁시장이론 317
완전대체재 106, 125, 126
완전보완재 106, 127, 236
완전보완적 생산관계 236
완전보험 206
완전분배의 정리 527
완전불평등선 516
완전비탄력적 44
완전성 84
완전정보게임 396, 433
완전카르텔 406
완전탄력적 45
완전평등분배 513
완전평등선 516
완전한 정보 319
외부경제 581
외부비경제 581, 616
외부효과 70, 570, 577, 581, 616, 627
외부효과세 624
요소비용 470
요소시장 463, 579
요소시장균형이론 463
요소시장의 균형 476
요소시장이론 375
요소의 대체탄력성 242
욕망포화(慾望飽和)의 법칙 91
용의자의 딜레마 427, 432
용할증가격설정 307
우월전략 438, 440
우월전략균형 438
웨보노믹스 225
위험기피자 189
위험상품시장 603
위험성 183
위험시장 592
위험애호자 189
위험중립자 189, 192
위험프리미엄 191
유량 29, 270
유효수요 10
2계도함수 20
2계미분 20
2계조건 146
이부가격 355
이산화탄소 배출권시장 627
이윤극대화 가설 299
이윤극대화 모형 17
이윤극대화 행위 325
이윤극대화준칙 299, 344
이윤부가율 307
이윤세 365
2차도함수 300
2차조건 300
이행성 84, 100, 186
인센티브제도 612
인식수요곡선 409
인적분배 505
1계미분 20, 88
1계조건 146
일물일가의 원칙 319
일반균형 538
일반균형분석 538
1차동차 241
1차미분 145
임원비용 305
입장료 356

[ㅈ]
자금공급곡선 492
자금수요 490
자본분배율 525
자본생산성 241
자본재 269
자본절약적 기술진보 247

자본집약적 기술진보 246
자연독점 339, 599
자유경쟁 333
자유로운 진입과 퇴출 319
자체선별 602
잔여수요 403
잠재가격 40
잠재적 경쟁 339
잠재적 비용 263
잠재적 진입기업 414
잠재적인 경쟁 414
장기비용함수 281
장기총비용곡선 282, 288
장기최적생산수준 291
장기평균비용곡선 288
장기한계비용곡선 288
장기확장경로 281, 333
재량이윤 306
재량이윤곡선 306
저장의 경제성 289
저축곡선 492
저축이론 491
전개형 449
전개형 게임 429
전도함수 21
전략 425, 426
전략적 상황 386
전략적 의사결정 424
전략적 행동 386
전략프로필 426
전략형 게임 431
전매 351
전매권 339, 386
전미분 21, 109
전용수입 495
절대가격 40
절대적 빈곤 510
점탄력성 43
정규형 449
정규형 게임 431, 435
정률세 66
정보 597
정보경제학 598
정보재 598
정보집합 430, 439
정부실패 578
정상이윤 264, 325
정상이윤율 가격설정 368
정상재 49, 155
정액세 66
정제 436
정합게임 447
제1계조건 145
제1급가격차별 351
제2급가격차별 351
제3급가격차별 351
제로섬 게임 445
제로이윤 조건 332
제약조건 117
제품의 동질성 320
제품차별화 320, 408
조건부 요소수요 271
조건부 전략 450
조건부상품 195
조건부상품시장 196
조건부상품이론 195
조건부청구권 196
조세의 귀착 65
조세의 효과 367
조업중단점 329
주관적 빈곤 511
주인-대리인 문제 601, 613
준공공재 588
준지대 497
중립재 108, 125
중립적 기술진보 246
지니계수 512, 517
지대 493
지대이론 493
지배적 기업 402
지표기업 404
지표기업모형 404
진입유인 412
진입장벽 339, 386, 414
진입저지가격 339

[ㅊ]

차별화된 과점 385
차선의 기회 264
차선의 이론 567, 568
차액지대론 493
차입자금 490
초과보험 198
초과이윤 325, 361
초기부존 542
초기부존점 203
총괄세 365, 367
총보험료 192
총생산물곡선 222
총수입곡선 341
총효용가능곡선 565
최고가격 352
최고가격제 61
최대다수의 최대행복 555
최대효용가능경계선 565
최소극대화 전략 447
최소극대화원칙 560
최소한의 가격 36

최소효율규모 291
최저가격제 61
최적 생산요소조합 270
최적공해수준 618
최적대응 434, 440, 444
최적대응곡선 388
최적대응함수 392
최적생산량 344
최적소비점 122, 133, 485
최적시설규모 291
최적화 11, 121, 434
추종자 394, 430
추측된 변화 387
치고 빠지기 414

[ㅋ]

카르텔 348, 405, 579
카르텔의 불안정성 407
코즈정리 630, 631
콜옵션 211
콥-더글러스생산함수 240
쿠즈네츠의 U자형 가설 508

[ㅌ]

탄소거래소 626
탄소시장 627
테두른 헤시안 146, 277
통상수요곡선 142
퇴출유인 412
퇴출장벽 414
투기자 210
투자수요곡선 489
투자의 한계효율 488
특허 339, 386

[ㅍ]

파레토개선 544, 547
파레토계수 520
파레토열위 544, 547
파레토우위 544
파레토최적 540, 550
파레토효율성 540
파생수요 463
파셰가격지수 176
파셰수량지수 172
페테르부르크의 역설 94
펠츠만 효과 4
편도함수 21
편미분 21
편승수요곡선 71
편승효과 70
평균가변비용 285
평균고정비용 285, 471
평균비용 가격설정 370
평균생산물곡선 227
평균수입 341
평균수입곡선 341
평균요소비용 470
포기소득 264
포락선 288, 565
포화점 109
폰노이만-모겐스턴 효용함수 188
풀-코스트원리 307
품질보증제도 606, 609
풋옵션 212
피구세 622, 627
필수재 49, 131

[ㅎ]

하버거 363
하버거삼각형 354, 363
하부게임 452
하부게임균형 453
하부게임완전균형 452
한계기술대체율 234, 274, 526
한계기술대체율체감의 법칙 235
한계대체율 82, 101, 103, 110, 201
한계대체율체감 146
한계대체율체감의 법칙 105
한계변환율 249, 310, 549
한계비용 3, 23, 285, 589
한계비용 가격설정 368
한계생산 24
한계생산가치 334
한계생산력 균등의 법칙 274
한계생산력설 522, 523
한계생산물 226
한계생산물가치 465, 480
한계생산물곡선 228
한계생산물수입 464
한계생산물의 균등화 원리 274
한계생산물체감의 법칙 226
한계수입 322, 341
한계수입곡선 341
한계요소비용 470, 488
한계이윤 23
한계지출 475, 580
한계투입비용 475
한계편익 589
한계혁명 24
한계효용 23, 82, 88
한계효용불변 96
한계효용체감 91
한계효용체감의 법칙 82, 123

한계효용체증 96
할인요금제 153
할증요금제 153
해외덤핑 359
행동 426
행사가격 211
허가료 356
헛된 위협 453
헤저 210
헤징 210
현금보조 159
현물보조 159
현시선호의 강공리 166
현시선호의 약공리 165
현시선호이론 164
협조적 게임 429
협조적 게임이론 423
호탄력성 42
혼합경제체제 13, 15
혼합전략 436, 442
확률분포 183, 442, 601
확산 54
확실선(確實線) 200
확실성 183
확장경로 278
환경경영 617
환경상품 616
회계적 비용 263
효용가능경계 563
효용가능곡선 561, 563
효용극대화 17, 86, 120
효용극대화 조건 123, 146
효용무차별 상품묶음 98
효용함수 85, 86
효율임금 615
효율적 규모 292
후방굴절노동공급곡선 158, 486
후생경제학 제1정리 570
후생경제학 제2정리 571
후생삼각형 60, 363
힉스적 수요곡선 142

영문 색인

[A]

absolute poverty 510
action 426
ad valorem tax 66
adverse selection 592, 601
arbitrage 351
arc elasticity 43
asymmetric information 599
average cost 285
average cost pricing 370
average factor cost 470
average fixed cost 285, 472
average revenue 322
average variable cost 285

[B]

backward bending labor supply curve 486
backward bending supply curve of labor 158
backward induction 396, 454
bads 108
bandwagon demand curve 71
bandwagon effect 70
bargaining power 483
barometric firm 404
barometric firm model 404
barriers to entry 414
barriers to exit 414
battle of sexes 439
Bayesian game 454
benefit 219
best response curve 388
bilateral monopoly 483
black market 62
block pricing 354
break-even point 330
budget constraint 117
budget line 117, 267
bundling 357

[C]

call option 211
capacity 398
capital goods 269
cardinal utility 87
cartel 405
centralized cartel 406
certainty 183
ceteris paribus 31, 537
Coase's theorem 630
Cobb-Douglas 240, 524
cob-web theorem 53
collusion 386, 402
commodity bundle 81
common resources 589
compensate 142
compensated budget line 142
compensating variation 144
competition 318
complementary goods 50
conditional factor demand 271
conjectural variation 387
constant cost industry 330
constant returns to scale 239
constant-sum game 447
consumption set 81
contestable market 414
contestable market theory 414
contingent claims 196
contingent commodities 195
contingent strategy 450
converge 54
cooperative game 429
corner solution 125
cost line 267
Cournot equilibrium 390
Cournot point 390

[D]

deciles distribution ratio 513

decreasing cost industry 330
decreasing returns to scale 239
demonstration effect 72
derived demand 463
differential rent theory 493
differentiated oligopoly 385
diseconomies of scale 290
diseconomies of scope 311
dominant firm 402
dominant strategy 438
dominant strategy equilibrium 438
dumping 359
duopoly 385
dynamic stability 55

[E]
economic cost 264
economic efficiency 549
economic rent 494
economic system 13
economics of welfare 554
economies in stock 289
economies of mass production 289
economies of scale 289
economies of scope 311
Edgeworth box 540
efficient scale 292
emission tax 622
empty threat 453
Engel curve 131
entry fee 356
entry-forestalling price 339
envelope curve 288
environmental management 617
equally distributed equivalent level of income 519
equilibrium 425
equivalent variation 144
Euler's theorem 242, 527
excise tax 66
excludability 586
expected demand curve 409
expected payoff 443
expected utility theory 187
expected value 188
extensive form game 429
external diseconomies of consumption 584
external diseconomies of production 583
external economies of consumption 583
external effect 70, 581
externality tax 624

[F]
factor cost 470
factor market 463
fair odds line 200
first mover 430
first-degree price discrimination 352
fixed cost 283, 471
fixed inputs 221
flow 270
follower 394, 430
forgone income 264
forward transaction 210
franchise 339, 386
free entry and exit in the long-run 319
free-rider problem 588
full insurance 206
full-cost pricing 307
full-cost principle 307
functional distribution of income 505, 522
futures market 209

[G]
game of imperfect information 454
game of incomplete information 455
game situation 424
game theory 424
general equilibrium analysis 538
Gini coefficient 517
government failure 578
green product 616

[H]
Harberger's triangle 363
hedger 210
hedging 210
Hicksian demand curve 142
hidden action 600
hidden characteristics 600
high risk high return 609
hit and run 414
homogeneous goods 319

[I]
incidence of tax 65
income consumption curve 128
income effect 137

increasing cost industry 330
increasing returns to scale 239
incredible strategy 452
independent goods 51
indifference curve 98
indifference curve map 100
indivisibility 598
industrial organization 350
inferior goods 49
inflection point 224, 228
information 597
information set 430
initial endowment 542
innovation 289
input or production factor 220
interaction 423
interdependence condition 581
invisible hands 569
irreversibility 598
iso-expected value line 197
iso-profit line 394
iso-quant 232
iso-quant curve 232
iso-quant map 232

[J]

joint product curve 248
joint production 247

[K]

kinked demand curve model 399

[L]

LAC: long-run average cost 288
Lagrange function 276
Lagrange multiplier 276
Laspeyres price index 176
Laspeyres quantity index 172
law of decreasing marginal product 226
law of demand 30
law of diminishing returns 226
law of one price 319
law of supply 34
leader 394, 430
lease 269
lemon laws 605
lemon market 602
lemon phenomenon 602
license fee 356
Lindahl solution 591
long run 221
long-run cost function 281
Lorenz curve 515
LTC: long-run total cost 288
lump-sum tax 367
luxuries 49

[M]

management 463
marginal benefits 589
marginal cost 285
marginal cost pricing 368
marginal costs 589
marginal efficiency of investment 488
marginal expenditure 475
marginal expense of input 488
marginal factor cost 470
marginal input cost 475
marginal productivity theory 522
marginal rate of technical substitution 234
marginal rate of transformation 249
marginal revenue 322
marginal revenue product 464
marginal social benefits 591
marginal social costs 591
marginal utility 88
market economic system 13
market economy theory 9
market failure 365, 577
market for risk 592
market mechanism 13, 569
mark-up pricing 307
Marshallian demand curve 141
matching pennies 441
maxi-min principle 560
maximin strategy 447
maximum price 33, 352
Metcalf's Law 225
minimum efficient scale 291
minimum price 36
mixed strategy 442
monopolistic competition 407
monopoly 339
monopoly profit 345
monopsonist 374
Moore's Law 225
moral hazard 371, 592
multiple Nash equilibria 436

[N]

Nash equilibrium 389, 432, 434
natural monopoly 339

necessities 49
network externality 225, 599
next best opportunity 264
node 429, 42
nonconstant-sum game 447
non-cooperative game 429
non-excludability 587
non-price condition 581
non-rivalry 587
normal form game 431
normal goods 49
normal profit 264

[O]

oligopoly 385
opportunity cost 118, 264
opportunity cost curve 119
optimum scale of plant 291
option 211
option buyer 211
option price 211
option writer 211
ordinal utility 87
other things being equal 31
outcome 425
output effect 469
over insurance 198

[P]

Paasche price index 176
Paasche quantity index 172
parametric function of price 41
Pareto efficiency 540
Pareto optimality 540
patent 339, 386
payoff 425
payoff matrix 431
per unit tax 66
perceived demand curve 409
perfect information game 396
perfect price discrimination 353
personal income distribution 505
Pigouvian tax 622
planned economic system 14
player 425
point elasticity 43
potential competition 339, 414
potential entrants 414
preference relation 83
price ceiling 61
price consumption curve 133
price discrimination 350
price effect 137
price elasticity of supply 51
price index 171
price mechanism 13
price offer curve 133
price rigidity 402
price setter 340
price taker 340
price theory 10
price-taker 319, 470
principal 613
principal-agent problem 613
prisoners' dilemma 427
private benefits 580
private cost 265, 580, 582
probability distribution 442
product differentiation 408
product transformation curve 248
production function 220
production possibility curve 248, 548
production technology 220
profit maximization 299
proportional demand curve 409
public goods 586
pure oligopoly 385
pure public goods 587
pure strategy Nash equilibrium 441
pure strategy 441
purely competitive market 320
put option 212

[Q]

quantity index 171
quasi-rent 497

[R]

refinement 436
rent 493
returns to scale 239
ridge line 238
risk averter 189
risk lover 189
risk neuter 189
risk premium 191, 609
rivalry 318, 586
rule 425

[S]

saddle point 448
saturation point 109, 228
second mover 430
second-degree price discrimination

354
sequential game 396
sequential move game 449
short run 221
short-run cost function 281
shutdown point 329
signaling equilibrium 608
simultaneous move game 449
Slutsky demand curve 142
Smith's paradox 92
snob demand curve 72
snob effect 71
social benefits 580
social cost 265, 580, 582
social indifference curve 555
social surplus 60
social welfare function 519, 555
speculator 210
St. Petersburg's paradox 94
Stackelberg disequilibrium 396
Stackelberg equilibrium 395
Stackelberg warfare 396
strategic behavior 386
strategic decision making 424
strategic form game 431
strategic situation 386
strategy 425, 426
strategy profile 426
strict preference relation 83
strike price 211
subgame 452
subgame equilibrium 453
subgame-perfect equilibrium 452
substitute goods 51
substitution effect 137
sunk cost 265

[T]

technical efficiency 549
technical innovation 246
technical progress 244
theory of revealed preference 166
theory of the second best 567
third-degree price discrimination 358
tit-for-tat 433
total revenue 321
trade-off 618
transfer earnings 495
two-part tariff 355

[U]

uncertainty 183
utilitarianism 556
utility possibility frontier 563

[V]

value function 277
value of marginal product 465
variable cost 283
variable inputs 221
Veblen effect 73

[W]

Wealth of Nation 569
webo-nomics 225
welfare triangle 363
welfare triangle 60

[X]

X-inefficiency 364

[Z]

zero profit condition 332
zero-sum game 447

인명 색인

꾸르노 12, 387
내쉬 389, 428
넉시 511
노이만 186
더글러스 240
드브류 539
라운트리 510
라이벤슈타인 70, 364
라인하르트 젤턴 423
랑카스터 567
로버트 아우만 423
로버트 액셀로드 433
롤즈 559
리카도 494
린달 591
립시 567
마리스 307
마셜 7, 16
메릴 플러드 427
멜빈 드레셔 427
모겐스턴 186
버트란드 398
베르누이 191
베블렌 72
벤담 556
보몰 303, 414
사뮤엘슨 164
셸링 428
쉐퍼드 12
스미스 92
스위지 399
스타켈버그 394
슬러츠키 139
아우만 428
애로우 539
앨버트 터커 427
앳킨슨 519
에지워스 540
엥겔 131
오스카 모르겐스턴 423
왈라스 539
윌리그 414
윌리암슨 305
제본스 12
존 내쉬 423
존 하사니 423
챔버린 408
콥 240
쿠즈네츠 508
토머스 셸링 423
파레토 98, 506, 544
판자 414
폰 노이만 423
피구 507, 554
홀 307
히치 307
힉스 139

Alfred Marshall 16
Arrow, K. 539
Atkinson, A. 519
Aumann, R. 423, 428
Axelrod, R. 433
Baumol, W. 303, 414
Bentham, J. 556
Bernoulli, D. 187, 191
Bertrand, J. 398
Chamberlin, E. 408
Cobb, C. 240
Cournot, A. 12
Cournot, A. 387
Debreu, G. 539
Douglas, P. 240
Dresher, M. 427
Edgeworth, F. 98, 540
Engel, E. 131
Euler, E. 242
Ezekiel, M. 53
Hall, R. 307
Harberger, A. 363
Harsanyi, J. 423

Hitch, C. 307
Jevons, W. 12
Knight, F. 183
Kuznets, S. 508
Lancaster, K. 567
Leibenstein, H. 70, 364
Leontief, W. 236
Lindahl, E. 591
Lipsey, R. 567
M. Flood 427
Marris, R. 307
Marshall, A. 7
Morgenstern, O. 186, 423
Nash, J. 389, 423, 428
Neumann, J. von 186, 423
Nurkse, R. 511
Panzar, J. 414
Pareto, V. 98, 506, 544
Pigou, A. 507, 554
Rawls, J. 559
Rowntree, B. 510
Samuelson, P. 164
Schelling, T. 423, 428
Selten, R. 423
Shephard, W. 12
Smith, A. 92
Stackelberg, H. von 394
Sweezy, P. 399
T. Veblen 72
Tucker, A. 427
Walras, L. 539
Williamson, O. 305
Willig, R. 414

[저 자 약 력]

박 성 훈

[학력 및 경력]
고려대학교 경제학과 졸업
서강대학교 대학원 경제학 석사
미국 University of Wyoming 경제학 박사
대한민국 사회보장위원회 민간위원 역임
대한민국 입법고시 출제위원 역임
한국산업경제학회 회장 역임
산업경제연구 편집위원장 역임
(현) 한국경제학회 이사
(현) 한국경제학회 호남지회장
(현) 조선대학교 경제학과 교수

[저서 및 논문]
『녹색도시를 꿈꾸는 저탄소 사회전략』, 한울 (2011)
『Public－Private Environmental Conflicts』 in J. Wesseler and H.－P Weikard (eds.), Risk and Uncertainty in Environmental and Natural Resource Economics. Edward Elgar Publishing (2003)
경제학연구, 국제경제연구, Applied Economics Letters, Asian Journal of Law and Economics, Economics Bulletin, International Economic Journal, Review of Law and Economics, Seoul Journal of Economics 등 국내외 학술지에 논문 다수

이 상 학

[학력 및 경력]
서울대학교 경제학과 졸업
미국 University at Buffalo 경제학 박사
한국은행 조사1부 근무
대외경제정책연구원(KIEP) 책임연구원 역임
(현) 국민대학교 경상대학 국제통상학과 교수

[저서 및 논문]
『국제무역론』, 율곡출판사 (2018)
『한국경제를 위한 국제무역 · 금융현상의 올바른 이해』, 해남 (2012) (문화체육관광부 우수교양도서)
Journal of International Economics, Journal of World Trade, Public Choice, European Journal of Political Economy, Economic Inquiry, Quarterly Review of Economics and Finance, Journal of Economics and Business, Review of Law and Economics, Applied Economics Letters, Advances in Applied Microeconomics, International Economic Journal, Journal of Korea Trade, Global Economic Review 등 국내외 학술지에 논문 다수

노 상 채

[학력 및 경력]
조선대학교 경제학과 졸업
조선대학교 대학원 경제학 석사
전북대학교 대학원 경제학 박사
조선대학교 중앙도서관장 역임
WorldVision 운영협의회 위원
(현) 조선대학교 경제학과 명예교수

[저서 및 논문]
『미시경제학』, 법문사
『화폐금융론』, 박영사
『속담 속의 경제학』, 글누림 (문화체육관광부 우수교양도서)
『고사성어로 보는 스토리경제학』, 글라이더
외 논문 다수

미시경제학 [제3판]

2013년 2월 20일 초판 발행
2017년 2월 28일 제2판 발행
2020년 2월 25일 제3판 1쇄 발행

저 자 박성훈 · 이상학 · 노상채

발행인 배 효 선

발행처 도서출판 法 文 社

주 소 10881 경기도 파주시 회동길 37-29
등 록 1957년 12월 12일 제2-76호(윤)
TEL (031)955-6500~6 FAX (031)955-6525
e-mail (영업) bms@bobmunsa.co.kr
(편집) edit66@bobmunsa.co.kr
홈페이지 http://www.bobmunsa.co.kr

조 판 (주) 성 지 이 디 피

정가 35,000원 ISBN 978-89-18-91088-8